渤海大学哲学一级学科硕士研究生学位课程教材

哲学经典研读

吴春岩　　陈晓英　　郑淑媛　**主编**

东北大学出版社
·沈　阳·

图书在版编目（CIP）数据

哲学经典研读 ／ 吴春岩，陈晓英，郑淑媛主编.—
沈阳：东北大学出版社，2024. 4
ISBN 978－7－5517－3524－7

Ⅰ．①哲…　Ⅱ．①吴…　②陈…　③郑…　Ⅲ．①哲学 －
研究　Ⅳ．①BO

中国国家版本馆 CIP 数据核字（2024）第 091601 号

────────────────────

出 版 者：东北大学出版社
　　　　　地址：沈阳市和平区文化路三号巷 11 号
　　　　　邮编：110819
　　　　　电话：024－83683655（总编室）　83687331（营销部）
　　　　　传真：024－83687332（总编室）　83680180（营销部）
　　　　　网址：http://press. neu. edu. cn
　　　　　E-mail：neuph@ neupress. com
印 刷 者：辽宁一诺广告印务有限公司
发 行 者：东北大学出版社
幅面尺寸：185mm×260mm
印 　 张：26
字 　 数：650 千字
出版时间：2024 年 4 月第 1 版
印刷时间：2024 年 4 月第 1 次印刷
责任编辑：郎 　 坤　刘振军
责任校对：杨 　 坤
封面设计：潘正一

ISBN 978－7－5517－3524－7　　　　　　　　　　定 　 价：78.00 元

目　录

中国哲学篇

《周易》（节选）

  《周易》成书于殷周之际。传说是周文王所作，"文王拘羑里而演周易"。也有人认为《周易》是伏羲所作，也有人认为是孔子所作。我们认为，《周易》是由多人经过长期积累编写而成，在殷周之际基本成书，其后仍然有很多人对其进行修改。

  《周易》包括六十四卦，分为卦象、卦辞和爻辞。战国时期，儒家编辑了《易传》来解释《周易》。东汉末年，郑玄把彖、象纂入经中。魏晋时期，王弼的《周易略例》把《周易》和《易传》放在一起，彖辞、象辞和文言被排在每一卦爻辞之后。系辞、序卦、说卦单独成章，排在后面。

  《周易》原本是卜筮之书。据史籍记载，夏、商也有卜筮之书，夏之卜筮之书称为《连山》，商之卜筮之书称为《归藏》。夏商周时期，生产力水平较低，人们以想象、意象的模式来认识世界。《周易》以这种想象、意象的思维模式总结了对世界的看法。在哲学的立场上来看，《周易》可以看作中国哲学的开端。

  首先，《周易》已经抽象出了某些哲学概念。如易、阴阳等。易有"三易"：变易、简易、不易。其中变易是具有哲学意义的概念。人们通过对世界的观察和思考，总结了各种变化现象，提出了"易"的概念，认为这个世界是运动变化的。阴阳也分别代表了两类事物，是从具体事物的属性中抽象出的两类性质。凡是温暖的、向上的、刚健属性就被归为阳，相反的属性被归为阴。

  其次，《周易》已经概括出成对的哲学范畴。如阴阳、悔吝、吉凶等。这些成对的范畴，概括了世界上事物之间的对立统一关系。阴阳两类事物的性质是对立的，如温暖与寒冷、刚健与温顺等。这些成对的哲学范畴体现了周人对世界事物性质的概括性总结。

  最后，《周易》构建了一个较为完整的世界图式。《周易》以乾、坤、坎、兑、离、震、艮、巽八卦代表天、地、水、泽、火、雷、山、风八类事物，以这八类事物概括了这个世界的构成。

☰

乾[1]，元亨利贞[2]。

初九[3]，潜龙[4]勿用。

九二，见[5]龙在田[6]，利见大人[7]。

九三，君子[8]终日乾乾[9]，夕惕[10]若厉[11]，无咎[12]。

九四，或跃在渊[13]，无咎。

九五，飞龙在天，利见大人[14]。

上九，亢龙有悔[15]。

用九[16]，见群龙无首[17]，吉。

[1] 乾：卦名。

[2] 元亨利贞：是乾卦的四种德性。元，始。亨，通。利，和。贞，正。言此卦之德，有纯阳之性，自然能以阳气始生万物而得元始亨通，能使物性和谐，各有其利，又能使物坚固贞正得终。此卦自然令物有此四种使得其所，故谓之四德。

[3] 初九：乾卦的第一爻为初九。在卦象中，阳爻（—）称为九，阴爻（--）称为六。

[4] 潜龙：潜伏的龙。潜，潜伏。龙，指变化之物，以龙喻之。

[5] 见：同"现"，出现，显现。

[6] 田：地上。

[7] 大人：有人君之德的人。

[8] 君子：以阳居三位，故称"九三"；以居不得中，故不称"大人"；阳而得位，故称君子。

[9] 乾乾：刚健自强。

[10] 夕惕：夕，傍晚。惕，戒惧，小心谨慎。谓终竟此日后，至向夕之时，犹怀忧惕。

[11] 若厉：若，如也。也有人解为语气词。厉，危也。言寻常忧惧，恒如倾危，乃得无咎。谓既能如此戒慎，则无罪咎，如其不然，则有咎。

[12] 无咎：没有灾祸。

[13] 或：疑惑。跃，跳跃。渊，大海。

[14] 飞龙在天，利见大人：九五阳气盛至于天，故云"飞龙在天"。此自然之象，犹若圣人有龙德飞腾而居天位，德备天下，为万物所见，故天下利见大人。

[15] 亢：极高处。上九亢阳之至，大而极盛，故曰"亢龙"。此自然之象，以人事言之，似圣人有龙德，上居天位，久而亢极，物极则反，故"有悔"也。

[16] 用九：卦象上无此爻。卜筮时，六爻都是老阳，变为坤卦时，就要看用九爻辞来定吉凶。六十四卦只有乾坤二卦有用九和用六。

[17] 无首：六阳爻变为阴爻，所以无首。群龙指六爻都是阳爻。

坤[1]，元亨，利牝马[2]之贞。君子有攸往[3]，先迷，后得主[4]利。西南得朋，东北丧朋，安贞吉[5]。

初六，履霜坚冰至[6]。

六二，直方大，不习无不利[7]。

六三，含章可贞[8]，或从王事，无成有终[9]。

六四，括囊[10]，无咎无誉[11]。

六五，黄裳元吉[12]。

上六，龙战于野[13]，其血玄黄[14]。

用六，利永贞[15]。

[1] 坤：卦名。

[2] 牝马：母马。

[3] 攸：所。有攸往，有所行。

[4] 先迷，后得主：坤卦代表柔顺。如果先于乾则会迷失，后于乾则会得主宰。

[5] 安贞吉：西南和坤同类为阴，东北为阳，与坤不同类，失去同类。但得阳为主宰，阴兼有阳，故得安静贞正之吉。

[6] 履：践。踩到霜为深秋，慢慢累积，到冬天就结成坚固的冰。

[7] 直方大，不习无不利：生物不邪，谓之直也。地体安静，是其方也。无物不载，是其大也。此三德为地之德，不需要先有所习，不假修营，物皆自成，无所不利。六二居中得正位，地之德为顺从，不需有所动作。

[8] 含章可贞：含，含而不露。章，美。贞，正。六三爻内含章美之道，待命乃行，可以得正。

[9] 或从王事，无成有终：或顺从于王事，故不敢为事之首。不期望显赫成功，只是恪守臣责，上唱下和，奉行其终。

[10] 括囊：括，结。囊用来贮物，比喻心中藏有智识。闭其知而不用，故曰"括囊"。

[11] 无咎无誉：功不显物，故曰"无誉"。不与物忤，故曰"无咎"。

[12] 黄裳元吉：黄，中正之色。裳，下身服饰。元，大。黄裳为正色之下服。六五，阴居尊位，能守正谦下，则能大吉。

[13] 龙战于野：以阳谓之龙，上六是阴之至极，阴盛似阳，故称"龙"，阳气之龙与之交战，乾在坤卦之外，战于卦外，故曰"于野"。

[14] 其血玄黄：玄黄，天地之正色。阴阳相伤，言乾坤合居。

[15] 用六，利永贞：用六，六爻皆为变爻，则据六爻辞来推断吉凶。永，长。贞，正。永贞，长能贞正。六是柔顺，不可纯柔，故利在永贞。

䷊

泰[1]，小往大来[2]，吉亨。

初九，拔茅茹，以其汇[3]，征吉[4]。

九二，包荒[5]，用冯河[6]，不遐遗，朋亡[7]，得尚于中行[8]。

九三，无平不陂，无往不复[9]，艰贞无咎[10]。勿恤其孚[11]，于食有福[12]。

六四，翩翩[13]，不富以其邻[14]，不戒以孚[15]。

六五，帝乙归妹[16]，以祉元吉[17]。

上六，城复于隍[18]，勿用师[19]。自邑告命[20]贞吝[21]。

[1] 泰：卦名。卦象为下乾上坤，象征天地阴阳二气交感而生万物。

[2] 小往大来：乾为天居于下卦，天气上升，为大来；坤为地居于上卦，地气下降，为小往。上下相交通，故曰"泰"。

[3] 拔茅茹，以其汇：茅，草名。茹，相牵引之貌。汇，类也，以类相从。初九为泰卦初爻，向上交六四，九二、九三分别上交六五、上六。初九、九二、九三为同类，六四、六五、上六为同类，相互交往，如同拔出茅草，根相互牵连而起。

[4] 征吉：三阳同志，俱志在外，因此出征则吉。

[5] 包荒：包含荒秽之物。

[6] 用冯河：冯河，无舟渡水，冯陵于河，是顽愚之人。能用顽愚之人，表明九二能包含容受。

[7] 不遐遗，朋亡：遐，远也。遗，弃也。亡，无也。用心弘大，无所疏远弃遗于物。得中无偏，所在皆纳，无私于朋党之事。

[8] 得尚于中行：尚，配。中行，谓六五。九二所为如处中而行，以此得配六五之中。

[9] 无平不陂，无往不复：陂，斜坡。复，返。九三处天地相交之际，将各分复其所处。乾体初虽在下，今将复归于上，坤体初虽在上，今欲复归于下，是初始平者，必将有险陂。初始往者，必将有反复。天将处上，地将处下，闭而不通，是"天地之将闭"。所以往前通泰，路无险难，自今以后，时既否闭，路有倾危，是"平路之将陂"。此因三之向四，是下欲上。则上六将归于下，是上欲下，故云"复其所处"。

[10] 艰贞无咎：艰，险。贞，正。已居变革之世，应有危殆，只因为己居得其正，动有其应，艰难贞正，乃得无咎。

[11] 勿恤其孚：恤，忧。孚，诚信。以九三居不失正，动不失应，是信义诚著。信义先以诚著，故不须忧其孚信。

[12] 于食有福：以信义自明，故饮食有福。

［13］翩翩：鸟疾飞的样子。六四主坤首，而欲下复，见命则退，故翩翩而下。

［14］不富以其邻：以，用。邻，指与六四相邻的六五与上六。六四下复，众阴悉皆从之，故不待财富而用其邻。

［15］不戒以孚：戒，告诫。孚，诚信。六四的邻居六五、上六都跟从自己向下回复，共同志愿，不待戒告而自孚信以从。

［16］帝乙归妹：帝乙，殷代帝王，为纣王之父。归，嫁。

［17］以祉元吉：祉，福祉。六五为尊位，女为尊位，下配九二，履顺中正，以获福祉，是为大吉。

［18］城复于隍：复，反复。隍，城下沟。无水称隍，有水称池。上六居于泰卦的上极，向下复回，泰卦将崩。

［19］勿用师：师，众人。泰之上六，居泰之极，与下不通，众心离析，故不可用。

［20］自邑告命：向君所居之城邑发布命令，不能及远。

［21］贞吝：下既不听从命令，故"贞吝"。

否[1]，否之匪人[2]，不利君子贞[3]，大往小来[4]。

初六，拔茅茹，以其汇，贞吉亨[5]。

六二，包承[6]。小人吉，大人否亨[7]。

六三，包羞[8]。

九四，有命无咎[9]，畴离祉[10]。

九五，休否[11]，大人吉。其亡其亡，系于苞桑[12]。

上九，倾否[13]，先否后喜[14]。

［1］否：卦名。与泰卦相反，泰为通，否为塞。卦象为天在上，地在下，阴阳二气不能交感，万物闭塞，不能生长。

［2］否之匪人：否闭之世，不是人道交通的时代。

［3］不利君子贞：贞，正。君子道消，所以不利于君子遵行正道。

［4］大往小来：阳主生息，故称"大"；阴主消耗，故称"小"。大往，阳往而消；小来，阴来而息。

［5］拔茅茹，以其汇，贞吉亨：初六居坤卦之初，处顺静之始，不能逆动。六二、六三与其同类，如同拔茅草而根相牵连，三爻皆不动，守正不敢怀谄苟进，故得吉亨。

［6］包承：包容承顺。六二为下卦之中，九五为上卦之中，卦象为地包天而承顺天之象。

［7］小人吉，大人否亨：否闭之时，小人路通，故于小人为吉。若大人用此"包承"之德，能否闭小人之"吉"，其道乃亨。

［8］包羞：言初六、六二、六三俱用小人之道包承于上，因失位不当，所包承之事，唯羞辱自己。

［9］有命无咎：命，命令。九四以阳处阴位，其阴爻皆是小人，为否塞不通之时。有命于小人，初六守正不进，处于穷下。今九四有命命之，故无咎。

［10］畴离祉：畴谓畴匹，这里指初六。离，同"丽"，附著。言九四命初六，身既无咎，初六既被命，附依祉福，即言初六得福。

［11］休否：休，美。大人在否塞之时行休美之事，能施此否闭之道，遏绝小人。

［12］其亡其亡，系于苞桑：苞，本。在道消之世，大人居于尊位而遏小人，必近危难，须恒自戒慎其意，常惧其危亡。

［13］倾否：上九处否之极，否道已终，将发生变化。

［14］先否后喜：否道未倾之时，是否之道；否道已倾之后，其事得通。因此先否而后得喜。

明夷[1]，利艰贞[2]。

初九，明夷于飞，垂其翼[3]。君子于行，三日不食[4]。有攸往，主人有言[5]。

六二，明夷，夷于左股[6]，用拯马壮[7]吉。

九三，明夷于南狩[8]，得其大首[9]，不可疾贞[10]。

六四，入于左腹[11]，获明夷之心[12]，于出门庭[13]。

六五，箕子之明夷，利贞[14]。

上六，不明晦[15]，初登于天，后入于地[16]。

［1］明夷：卦名。夷，伤。此卦离在下，坤在上，为日入地中。

［2］利艰贞：日入地中，比喻昏君在上，贤明之人受到伤害。在这种艰难委曲的环境中，需要持志守正。

［3］明夷于飞，垂其翼：上六，为明夷之主。初九处于卦始，离上六最远，是最远于难。绝迹匿形逃难，不能循着正常的路线走，所以高飞而去，故曰"明夷于飞"。"垂其翼"者，飞不敢显，故曰"垂其翼"。按照卦象解释，下卦为离卦，五行属火，火性炎上，故离卦为飞鸟，故曰"于飞"。上卦为坤，抑制离卦，故曰"垂其翼"。

［4］君子于行，三日不食：君子志于逃命，饥不遑食，所以三日不食。按照卦象解释，上卦为坤卦，皆为阴爻，五为阳位，但没有居五，阴暗在上。初爻为阳爻，有君子明德，耻于食昏君之禄，故曰"君子于行，三日不食"。

［5］有攸往，主人有言：这样的君子之人和其他的人不同，所以人必然会疑怪而有所言说。按照卦象解释，六四爻应和初爻，众阴六四、六五、上六在上，为初爻主人。初爻应变为六四爻，上卦变为震卦，震为雷声，为言说，因此众阴有言。言，震，故曰"有攸

往，主人有言"。

[6] 夷于左股：左股被伤，行不能壮。六二为阴爻，以柔居中，被伤则更体现柔顺，不行刚壮之事。

[7] 用拯马壮：避难有伤不壮，不被昏君所疑，仍然可以在朝廷有一席之位，不至于心怀恐惧如鸟飞一样逃跑，可以用马慢慢行走而获成长。

[8] 明夷于南狩：南方，文明之所。狩，征伐之类。"明夷于南狩，得其大首"，初藏明而往，托狩而行，到南方而发挥贤明。

[9] 得其大首：大首，昏君。按照卦象解释，初爻藏明而往，到了文明之所发挥贤明。九三应于上六，是明夷之臣发明以征昏君，而得其"大首"。

[10] 不可疾贞：既然诛其昏君，就要使老百姓归正，老百姓迷失日久，不可马上改正，适宜慢慢教化，故曰"不可疾贞"。

[11] 入于左腹：左，凡用事为右，从于左而不从于右，是卑顺不逆。腹，事情之地。

[12] 获明夷之心：六四为柔处于坤卦，与上六接近，能够卑顺不忤逆，获得明夷之心意。

[13] 于出门庭：既得其心意，但是又近而不危，随时可以避难，是门庭而已。

[14] 箕子之明夷，利贞：箕子，是商纣王的叔父，明于天道、《洪范》之九畴。其德可以为王，故可以居于五。知纣之恶，无可奈何。同姓恩深，不忍弃去，被发佯狂，以明为暗。故曰"箕子之明夷"。卒以全身，为武王师，名传无穷，故曰"利贞"。按照卦象看，六五居于五，以柔居于阳刚之位，内明外暗，群阴遮蔽，掩盖其明，但是明不能被熄灭。箕子之事，恰当其象。

[15] 不明晦：上六居明夷之极，是至暗之主，不明而晦。

[16] 初登于天，后入于地：离在坤下，出于地可光照四国，其后由于入于地下而转晦暗，被诛灭。

《论语》（节选）

《论语》是由孔子弟子及其再传弟子根据其记载孔子言行的笔记采辑而成的语录文集，是研究孔子思想的主要资料。在汉代，《论语》分为《古文论语》《鲁论语》《齐论语》。三种《论语》本子在篇目数量上有差异，在文字上也有出入。西汉末年，安昌侯张禹以《鲁论语》为依据，融会《齐论语》编出定本，被当时儒生所推崇，称为《张侯论》；东汉末年郑玄以《张侯论》为依据，参照《齐论语》《古文论语》，做《论语注》。孔子（前551—前479年），名丘，字仲尼，中国古代著名思想家、教育家，被后世奉为"至圣先师""万世师表"。

《论语》中包含了丰富内容，反映了孔子及其弟子对时代问题的呼应。春秋末年，王纲解纽，礼崩乐坏，社会面临变革。面对这样的时代，孔子及其弟子提出了解决礼崩乐坏问题的方法。他们用"仁"重新解释礼乐制度，使礼乐制度在新的时代有所损益，能够成为新的时代的社会秩序和价值体系。围绕这个问题，孔子及其弟子又对天命、鬼神以及如何学以成人等问题进行了探讨，形成了儒家的从修养成人，继而学而优则仕，治国理政，最后达致天人合一的内圣而外王的初步框架，以此回应了时代问题。

学而篇第一（节选）

子^[1]曰："学^[2]而时^[3]习^[4]之，不亦说^[5]乎？有朋^[6]自远方^[7]来，不亦乐^[8]乎？人不知^[9]而不愠^[10]，不亦君子^[11]乎？"

[1] 子：指孔子。子，男子之通称。也有人认为是有德之男子通称。古人称师曰子。《论语》中单称"子"者，皆指孔子，首先因为孔子的圣德世人皆知，不用特别指出其姓氏。其次，《论语》为其弟子及再传弟子所编辑，孔子为其先师，称为"子"。

[2] 学：觉，觉悟所未知。

[3] 时：时刻。时习者，无时而不习。皇侃《论语义疏》认为，学有三时：一是身中时，指人在不同的年龄学习不同的内容。二是年中时。郑玄认为，人在一年之中，随着四季阴阳的变化而学习不同的内容，则功效倍增。郑玄云："春夏，阳也。《诗》、《乐》者声，声亦阳也。秋冬，阴也。《书》、《礼》者事，事亦阴也。互言之者，皆以其术相成。""诵谓歌乐也。弦谓以丝播。时阳用事则学之以声，阴用事则学之以事，因时顺气，于功易也。"三是日中时。在一日之中的不同时段，学习不同的内容。《学记》云："故君子之于学也，藏焉，修焉，息焉，游焉。"

[4] 习：鸟数次练习飞翔。学习不已，就像鸟屡次飞翔。也可解为觉悟所知，将以行动。

[5] 说：音悦，喜悦。学者时时自觉学习，每日学有所知，行有所进，融会贯通，故心中喜悦。

[6] 朋：同类，同门，群党。

[7] 自远方：学业稍成，能招朋友，有同门之朋从远方而来，与己讲习。

[8] 乐：音勒。悦为内心喜悦；乐为体现在外的喜悦。程子曰："以善及人，而信从者众，故可乐。"也可以理解为：能与远来的同门讲习也很快乐。

[9] 人不知：古之学者为己，别人不知道我的学问已成；或解为：别人不知道某些知识或者事情。

[10] 愠：怒。学问是自己的事，别人不知道我的学问已成是别人的事情，因此不愠怒；或解为：君子不求备于人，有人不知某些事则恕之而不愠怒。

[11] 君子：成德之名。

《四书章句集注》：愚谓及人而乐者顺而易，不知而不愠者逆而难，故惟成德者能之。然德之所以成，亦曰学之正、习之熟、说之深，而不已焉耳。

有子[1]曰："其为人也孝弟[2]而好犯上[3]者，鲜[4]矣；不好犯上而好作乱[5]者，未之有也。君子务本[6]，本立而道生[7]。孝弟也者其为仁之本[8]与！"

[1] 有子：有若，孔子弟子。

[2] 孝弟：善事父母为孝，善事兄长为弟。

[3] 犯上：犯，侵犯。上，在自己之上的人。

[4] 鲜：少。

[5] 作乱：悖逆争斗之事。

[6] 务本：务，致力。本，基本，根本。

[7] 本立而道生：道，人所由行的路。事物之理，也是人所由行，所以也称为道。生，出。也有人认为"君子务本，本立而道生"是有若引用的古逸诗或者孔子语。意为君子致力于孝弟，以为道之基本。基本既立，而后道生。

[8] 孝弟也者其为仁之本：仁，爱人。为仁，行仁。

《四书章句集注》：程子曰："孝弟，顺德也，故不好犯上，岂复有逆理乱常之事。德有本，本立则其道充大。孝弟行于家，而后仁爱及于物，所谓亲亲而仁民也。故为仁以孝弟为本。论性，则以仁为孝弟之本。"或问："孝弟为仁之本，此是由孝弟可以至仁否？"曰："非也。谓行仁自孝弟始，孝弟是仁之一事。谓之行仁之本则可，谓是仁之本则不可。盖仁，是性也，孝弟，是用也，性中只有个仁、义、礼、智四者而已，曷尝有孝弟来。然仁主于爱，爱莫大于爱亲，故曰孝弟也者，其为仁之本与！"

子曰："巧[1]言令[2]色，鲜矣仁[3]！"

[1] 巧：好，使言语好。

[2] 令：善，使颜色善。

[3] 鲜矣仁：巧言令色想使人悦爱，多有伪作，少能有仁。

曾子[1]曰："吾日三省[2]吾身[3]：为[4]人谋[5]而不忠[6]乎？与朋友交而不信[7]乎？传[8]不习[9]乎？"

[1] 曾子：曾参，孔子弟子。

[2] 省：察。

[3] 身：自身。

[4] 为：帮助。

[5] 谋：咨询事情的难易。

[6] 忠：诚。诚心以为人谋谓之忠。《论语集注》认为尽己之谓忠。

[7] 信：实之谓信。又同"申"，言以相申束使不相违背。

[8] 传：师有所传授于己，受之于师。

[9] 习：熟之于己，习兼知行。口耳相传，专用心于内，故传之无弊，不妄传。

《论语注疏》：以谋贵尽忠，朋友主信，传恶穿凿，故曾子省慎之。

子曰："道[1]千乘之国[2]，敬事而信[3]，节用而爱人[4]，使民以时[5]。"

[1] 道：治理，为之政教。

[2] 千乘之国：公侯之国，其地可出兵车千乘。

[3] 敬事而信：敬，肃慎。事，政事。信，诚信。

[4] 节用而爱人：节，节俭。用，财用。爱，怎（ài），从心无声，惠。

[5] 使民以时：使，令，教。民，众氓。一做无知之称。

子曰："弟子[1]入则孝，出则悌[2]，谨[3]而信，泛[4]爱众，而亲仁[5]。行有余力[6]，则以[7]学文[8]。"

[1] 弟子：为人弟，为人子。男子后生为弟。

[2] 悌：顺从。

[3] 谨：行为遵守常规，恭谨。

[4] 泛：广泛，宽博。

[5] 仁：仁爱的人。

[6] 余力：间暇余力。

[7] 以：用。

[8] 文：一说为《诗》《书》《礼》《乐》《易》《春秋》六经；一说为谓诗书六艺之文。

《论语注疏》：此章明人以德为本，学为末。……能行以上诸事，仍有间暇余力，则可以学先王之遗文。若徒学其文而不能行上事，则为言非行伪也。

曾子曰："慎[1]终[2]追[3]远[4]，民德[5]归[6]厚[7]矣。"

[1] 慎：诚，慎谨。

[2] 终：老死。君子老死称终，小人曰死。

[3] 追：逐。

[4] 远：久。

[5] 德：德性。《乐记》认为，德者，性之端也。《淮南子·齐俗训》认为，得其天性谓之德。

[6] 归：归其所。

[7] 厚：增强，提高。

《四书章句集注》：盖终者，人之所易忽也，而能谨之；远者，人之所易忘也，而能追之：厚之道也。故以此自为，则己之德厚，下民化之，则其德亦归于厚。

子曰："父在[1]观[2]其志[3]；父没[4]观其行[5]；三年[6]无改于父之道[7]，可谓孝矣。"

[1] 在：存活于世。

[2] 观：仔细地看。

[3] 志：心意。

[4] 没：殁，终。

[5] 行：行事。

[6] 三年：长久。刘宝楠《论语正义》引宋氏翔凤《发微》说，认为三年即为三年居丧，哀慕若父存，无所改父之道。

[7] 无改于父之道：一说为父亲之道为善道，所以可以长久不改；若为非道，则可以朝死而夕改，是为孝。一说为父亲之道无论道与非道，皆不改变，则为孝。一说为三年居丧，哀慕若父存，无所改父之道。

《四书章句集注》：父在，子不得自专，而志则可知。父没，然后其行可见。故观此足以知其人之善恶，然又必能三年无改于父之道，乃见其孝，不然，则所行虽善，亦不得为孝矣。尹氏曰："如其道，虽终身无改可也。如其非道，何待三年。然则三年无改者，孝子之心有所不忍故也。"游氏曰："三年无改，亦谓在所当改而可以未改者耳。"

为政篇第二（节选）

子曰："为政[1]以德[2]，譬[3]如北辰[4]，居其所[5]而众星共[6]之。"

[1] 政：政事。政，正，正人之不正。

[2] 德：一说为"德者，得也。物得以生，谓之德"（《论语注疏》）；一说为"德之为言得也，得于心而不失也"。

[3] 譬：比喻。

[4] 北辰：北极，天之枢。

[5] 居其所：静止在所在的地方不动。

[6] 共：拱手，向，言众星四面旋绕而拱向之。

《四书章句集注》：程子曰："为政以德，然后无为。"范氏曰："为政以德，则不动而化、不言而信、无为而成。所守者至简而能御烦，所处者至静而能制动，所务者至寡而能服众。"

子曰："《诗》三百[1]，一言[2]以蔽[3]之，曰：'思无邪[4]。'"

[1] 三百：大略数。古有诗三千余篇，孔子删定《诗》三百零五篇。

[2] 一言：一句为一言。

［3］蔽：当，遮盖。

［4］思无邪：思，心有所念，能容之。无邪，方正不曲为正，反正为邪。

《论语正义》：毛诗序云，诗者，志之所之也。在心为志，发言为诗。又云，故正得失，动天地，感鬼神，莫近于诗。又云，故变风发乎情，止乎礼义。发乎情，民之性也。止乎礼义，先王之泽也。……《史记·屈贾列传》：国风好色而不淫，小雅怨诽而不乱，皆言诗归于正也。

子曰："道［1］之以政［2］，齐［3］之以刑［4］，民免［5］而无耻［6］；道之以德［7］，齐之以礼，有耻且格［8］。"

［1］道：导引。一说为教化。

［2］政：法制禁令。

［3］齐：齐整。

［4］刑：刑罚。

［5］免：苟免，脱避。

［6］耻：羞愧。

［7］德：道德，德教。

［8］格：来，至。一说正。

《四书章句集注》：愚谓政者，为治之具。刑者，辅治之法。德礼则所以出治之本，而德又礼之本也。此其相为终始，虽不可以偏废，然政刑能使民远罪而已，德礼之效，则有以使民日迁善而不自知。故治民者不可徒恃其末，又当深探其本也。

子曰："吾十有［1］五而志［2］于学［3］，三十而立［4］，四十而不惑［5］，五十而知天命［6］，六十而耳顺［7］，七十而从［8］心所欲，不逾矩［9］。"

［1］有：又。

［2］志：心之所之。

［3］学：大学之道。一说成童之岁，识虑方明，可以志于学。

［4］立：立于学，学有所成。

［5］惑：疑惑。

［6］命：使命，天之所禀受。

［7］耳顺：顺，不逆，不违。耳听其言，则知其微意而不逆。一说，听人言有善，则顺从之。

［8］从：随从。

［9］矩：衡量是否方正的工具。引申为常法，规矩。

《四书章句集注》：愚谓圣人生知安行，固无积累之渐，然其心未尝自谓已至此也。是其日用之间，必有独觉其进而人不及知者。故因其近似以自名，欲学者以是为则而自勉，非心实自圣而姑为是退托也。后凡言谦辞之属，意皆放此。

孟懿子[1]问孝。子曰:"无违[2]。"樊迟[3]御[4],子告之曰:"孟孙问孝于我,我对曰,无违。"樊迟曰:"何谓也?"子曰:"生事之以礼[5],死葬之以礼[6],祭之以礼[7]。"

[1] 孟懿子:鲁大夫仲孙氏,名何忌。

[2] 无违:谓不悖离礼。

[3] 樊迟:孔子弟子,名须。齐人,少孔子三十六岁。

[4] 御:御马,为孔子驾车。

[5] 生事之以礼:父母在世时要冬温夏清昏定晨省,按照礼的规定侍奉。

[6] 死葬之以礼:父母去世要按照礼的规定以棺椁衣衾成殓,找一个好地方下葬。

[7] 祭之以礼:父母去世除服后要按照礼的规定进行春秋祭祀来哀思父母。

《四书章句集注》:胡氏曰:"人之欲孝其亲,心虽无穷,而分则有限。得为而不为,与不得为而为之,均于不孝。所谓以礼者,为其所得为者而已矣。"

子游[1]问孝。子曰:"今之孝者,是谓能养[2]。至于犬马皆能有养;不敬[3],何以别[4]乎?"

[1] 子游:孔子弟子,姓言,名偃。

[2] 养:以饮食供养者。

[3] 敬:尊敬。

[4] 别:分别。现在所说的孝,是说能以饮食供养父母。人们畜养犬马都能以饮食供养以供驱使。但是如果没有恭敬之心,如何区别二者呢?或说:犬能守御,马能代劳,对人都有用处。但犬马无知,不能以恭敬之心对待人。如果人只能供养父母而却不敬,则与犬马没有区别。

《四书章句集注》:胡氏曰:"世俗事亲,能养足矣。狎恩恃爱,而不知其渐流于不敬,则非小失也。子游圣门高弟,未必至此,圣人直恐其爱逾于敬,故以是深警发之也"。

子夏问孝。子曰:"色难[1]。有事弟子服其劳,有酒食[2]先生[3]馔[4],曾[5]是以为孝乎?"

[1] 色难:以和颜悦色孝亲很难。或说,顺承父母颜色,观父母之志趣,不待父母发言之后再顺承。

[2] 食:音寺,饭。

[3] 先生:父兄。

[4] 馔:饮食。

[5] 曾:则。

《四书章句集注》:盖孝子之有深爱者,必有和气;有和气者,必有愉色;有愉色者,必有婉容；故事亲之际，惟色为难耳，服劳奉养未足为孝也。

子曰："君子[1]不器[2]。"

[1] 君子：成德之士。
[2] 器：器皿。

哀公问曰："何为则民服[1]？"孔子对曰："举[2]直[3]错[4]诸[5]枉[6]，则民服；举枉错诸直，则民不服。"

[1] 服：服从。另有畏惧之义。
[2] 举：举而用之。
[3] 直：正见，刚正。
[4] 错：置，废置，舍置。另有投置之义。
[5] 诸：众。另有"之"义。
[6] 枉：不正，邪。
《论语正义》：案春秋时，世卿持禄，多不称职。贤者隐处，虽有仕者，亦在下位。故此告哀公以举措之道。直者居于上而枉者置之下位，使贤者得尽其才，而不肖者有所受治。亦且界之以位，未甚决绝，俾知所感奋而犹可以大用。故下篇告樊迟以举直错诸枉能使枉者直即此意也。

或[1]谓孔子曰："子奚[2]不为政[3]？"子曰："书[4]云：'孝乎惟孝友于兄弟，施于有政。'是亦为政，奚其为为政？"

[1] 或：有人。
[2] 奚：何，为什么。
[3] 为政：居官为政。
[4] 书：《尚书》。这里指《尚书·周书》中的《君陈》篇。
《四书章句集注》：书云孝乎者，言书之言孝如此也。善兄弟曰友。书言君陈能孝于亲，友于兄弟，又能推广此心，以为一家之政。孔子引之，言如此，则是亦为政矣，何必居位乃为为政乎？盖孔子之不仕，有难以语或人者，故托此以告之，要之至理亦不外是。
《论语注疏》：彼云："王若曰：'君陈，惟尔令德，孝恭惟孝，友于兄弟，克施有政。'"孔安国云："言其有令德，善事父母，行已以恭。言善事父母者，必友于兄弟，能施有政。"

子张问："十世[1]可知也？"子曰："殷因于夏礼[2]，所损益，可知也；周因于殷礼，所损益，可知也。其或继周者，虽百世，可知也。"

[1] 世：王者易姓受命为一世。另一说认为三十年为一世。

[2] 礼：制度。

《四书章句集注》：马氏曰："所因，谓三纲五常。所损益，谓文质三统。"愚按：三纲，谓：君为臣纲，父为子纲，夫为妻纲。五常，谓：仁、义、礼、智、信。文质，谓：夏尚忠，商尚质，周尚文。三统，谓：夏正建寅为人统，商正建丑为地统，周正建子为天统。三纲五常，礼之大体，三代相继，皆因之而不能变。其所损益，不过文章制度小过不及之间，而其已然之迹，今皆可见。则自今以往，或有继周而王者，虽百世之远，所因所革，亦不过此，岂但十世而已乎！圣人所以知来者盖如此，非若后世谶纬术数之学也。胡氏曰"子张之问，盖欲知来，而圣人言其既往者以明之也。夫自修身以至于为天下，不可一日而无礼。天叙天秩，人所共由，礼之本也。商不能改乎夏，周不能改乎商，所谓天地之常经也。若乃制度文为，或太过则当损，或不足则当益，益之损之。与时宜之，而所因者不坏，是古今之通义也。因往推来，虽百世之远，不过如此而已矣。"

八佾篇第三（节选）

孔子谓[1]季氏[2]："八佾舞于庭[3]，是可忍[4]也，孰[5]不可忍也？"

[1] 谓：评论，言说。

[2] 季氏：鲁大夫季孙氏，在当时为季桓子。

[3] 八佾舞于庭：佾，列也。按照礼制，天子用八，诸侯用六，大夫四，士二。每佾人数，如其佾数。如天子为八八六十四人，诸侯六六三十六人，大夫四四一十六人，士二二为四人。也有人认为，"每佾八人。"则分别为六十四人、四十八人、三十二人、一十六人。按照舞者八人为列，八八六十四人。桓子用此八佾舞于家庙之庭。

[4] 忍：容忍。又一说为忍心。

[5] 孰：谁。

《四书章句集注》：谢氏曰："君子于其所不当为，不敢须臾处，不忍故也。而季氏忍此矣，则虽弑父与君，亦何所惮而不为乎？"

子曰："人而不仁，如[1]礼何？人而不仁，如乐何？"

[1] 如，奈。

《论语注疏》：言人而不仁，奈此礼乐何？谓必不能行礼乐也。

《四书章句集注》：游氏曰"人而不仁，则人心亡矣，其如礼乐何哉？言虽欲用之，而礼乐不为之用也。"程子曰："仁者天下之正理。失正理，则无序而不和。"李氏曰："礼乐待人而后行，苟非其人，则虽玉帛交错，钟鼓铿锵，亦将如之何哉？"

林放[1]问礼之本[2]。子曰："大哉问[3]！礼，与其奢[4]也宁俭[5]；丧，与其易[6]也宁戚[7]。"

[1] 林放：鲁人。

[2] 本：本意。又一说为根本。

[3] 大哉问：孔子在回答问题之前，先感叹表扬林放以及所问的问题。礼之末节，人尚不知，林放能问其本，其意非小，故曰"大哉问"。

[4] 奢：侈，多，过度。

[5] 俭：节约，简陋，不及。

[6] 易：和易，治，节文习熟。

[7] 戚：哀戚。

《四书章句集注》：孔子以时方逐末，而放独有志于本，故大其问。盖得其本，则礼之全体无不在其中矣。

《四书章句集注》：礼贵得中，奢易则过于文，俭戚则不及而质，二者皆未合礼。然凡物之理，必先有质而后有文，则质乃礼之本也。范氏曰："夫祭与其敬不足而礼有余也，不若礼不足而敬有余也，丧与其哀不足而礼有余也，不若礼不足而哀有余也。礼失之奢，丧失之易，皆不能反本而随其末故也。礼奢而备，不若俭而不备之愈也；丧易而文，不若戚而不文之愈也。俭者物之质，戚者心之诚，故为礼之本。"杨氏曰："礼始诸饮食，故污尊而抔饮，为之簋、笾、笾、豆、罍、爵之饰，所以文之也，则其本俭而已。丧不可以径情而直行，为之衰麻哭踊之数，所以节之也，则其本戚而已。周衰，世方以文灭质，而林放独能问礼之本，故夫子大之，而告之以此。"

子曰："君子无所争[1]。必也射[2]乎！揖让而升，下而饮[3]。其争也君子[4]。"

[1] 君子无所争：君子之人，谦卑自牧，无所争胜。

[2] 射：大射之礼。按照郑玄之说，诸侯将有祭祀之事，与群臣射箭观其礼数，中者可以参加祭祀之事，不中者不得与祭。

[3] 揖让而升，下而饮：大射之礼，二人并进揖礼三次之后登上台阶进入堂上。射完箭，做揖礼走下堂。等到大家都两两射完走下堂。射胜的人向不胜的人做揖礼，不胜者走上堂，取盛酒的觯站着饮酒。

[4] 其争也君子：言君子恭逊不与人争，惟于射而后有争。筹多的人射中的多，筹少的人射中少，胜的人揖让不胜的人饮酒。这也是君子之争。

《论语注疏》：郑注《射义》云："饮射爵者亦揖让而升降。胜者袒，决遂，执张弓。不胜者袭，说决拾，却左手，右加弛弓于其上而升饮。君子耻之，是以射则争中。"

《四书章句集注》：言君子恭逊不与人争，惟于射而后有争。然其争也，雍容揖逊，乃如此，则其争也君子，而非若小人之争矣。

子夏问曰："'巧笑倩兮，美目盼兮，素以为绚兮^[1]。'何谓也？"子曰："绘事后素^[2]。"曰："礼后乎^[3]？"子曰："起^[4]予^[5]者商^[6]也！始可与言《诗》已矣^[7]。"

[1] 巧笑倩兮，美目盼兮，素以为绚兮：《诗经》之《卫风·硕人》之二章，有脱句。倩，笑的样子；盼，眼睛转动的样子；绚，文貌。素，比喻礼。此诗句言庄姜既有巧笑、美目、倩盼之容，又能以礼成文绚然。

又一说有：朱熹认为都是逸诗。倩，好看的嘴和面颊。形容笑的好看的样子。盼，眼睛黑白分明。素，粉地，画的质地。绚，采色，画的装饰。言人有此倩盼之美质，而又加以华采之饰，如有素地而加采色。子夏疑其反谓以素为饰，故问之。

[2] 绘事后素：绘，绘画。凡绘画先布众色，然后以素分布其间，以成其文，喻美女虽有倩盼美质，亦须礼以成之。

又一说有：朱熹认为，绘事，绘画之事也。后素，后于素也。考工记曰："绘画之事后素功。"谓先以粉地为质，而后施五彩，犹人有美质，然后可加文饰。即认为绘画之事在素之后。先有粉地再绘画。

[3] 礼后乎：以素来比喻礼，素在绘画之后，礼在质之后。

又一说有：朱熹认为，以素比喻为质，以礼比喻绘画。素在绘画之前，绘画在质地之后，礼在质之后。

[4] 起：启发，发明。

[5] 予：我。指孔子自己。

[6] 商：子夏的名。

[7] 始可与言《诗》已矣：子夏因诗而知学，知礼与质的关系，不仅仅是局限于诗之章句。所以孔子认为可以开始与子夏谈论《诗经》了。

《四书章句集注》：谢氏曰："子贡因论学而知诗，子夏因论诗而知学，故皆可与言诗。"杨氏曰："'甘受和，白受采，忠信之人，可以学礼。苟无其质，礼不虚行'。此'绘事后素'之说也。孔子曰'绘事后素'，而子夏曰'礼后乎'，可谓能继其志矣。非得之言意之表者能之乎？商赐可与言诗者以此。若夫玩心于章句之末，则其为诗也固而已矣。所谓起予，则亦相长之义也。"

祭^[1]如在，祭神^[2]如神在。子曰："吾不与^[3]祭，如不祭。"

[1] 祭：祭祀先祖。

[2] 祭神：祭祀宗庙之外的神。

[3] 与：参与，亲身祭祀。

《四书章句集注》：言己当祭之时，或有故不得与，而使他人摄之，则不得致其如在之诚。故虽已祭，而此心缺然，如未尝祭也。范氏曰："君子之祭，七日戒，三日斋，必见所祭者，诚之至也。是故郊则天神格，庙则人鬼享，皆由己以致之也。有其诚则有其神，无其诚则无其神，可不谨乎？'吾不与祭，如不祭'，诚为实，礼为虚也。"

子曰："周监[1]于二代[2]，郁郁[3]乎文哉！吾从[4]周。"

[1] 监：视。
[2] 二代：指夏和商。
[3] 郁郁：文章隆盛之貌。
[4] 从：从而行之。

《四书章句集注》：言其视二代之礼而损益之。

子曰："《关雎》[1]，乐而不淫[2]，哀而不伤[3]。"

[1]《关雎》：《诗·国风·周南》首篇名。
[2] 淫：过度。
[3] 伤：过分悲哀。

《论语注疏》：《诗序》云："乐得淑女以配君子，忧在进贤，不淫其色。"是乐而不淫也。"哀窈窕，思贤才，而无伤善之心焉。"是哀而不伤也。乐不至淫，哀不至伤，言其正乐之和也。

《四书章句集注》：淫者，乐之过而失其正者也。伤者，哀之过而害于和者也。关雎之诗，言后妃之德，宜配君子。求之未得，则不能无寤寐反侧之忧；求而得之，则宜其有琴瑟钟鼓之乐。盖其忧虽深而不害于和，其乐虽盛而不失其正，故夫子称之如此。欲学者玩其辞，审其音，而有以识其性情之正也。

子曰："居上不宽[1]，为礼不敬，临丧[2]不哀，吾何以观[3]之哉？"

[1] 宽：宽宏。
[2] 临丧：临视他人之丧。
[3] 观：看，又一说为观礼。

《论语注疏》：此章总言礼意。居上位者宽则得众，不宽则失于苛刻。凡为礼事在于庄敬，不敬则失于傲惰。亲临死丧当致其哀，不哀则失于和易。凡此三失，皆非礼意。人或若此不足可观，故曰："吾何以观之哉！

《四书章句集注》：居上主于爱人，故以宽为本。为礼以敬为本，临丧以哀为本。既无其本，则以何者而观其所行之得失哉？

里仁篇第四（节选）

子曰："不仁者不可以久处约[1]，不可以长处乐[2]。仁者安仁[3]，知者利仁[4]。"

[1] 约：穷困。
[2] 乐：逸乐。

［3］安仁：自然而然安而行之。

［4］利仁：有利贪而行之。

《四书章句集注》：不仁之人，失其本心，久约必滥，久乐必淫。惟仁者则安其仁而无适不然，知者则利于仁而不易所守，盖虽深浅之不同，然皆非外物所能夺矣。谢氏曰："仁者心无内外远近精粗之间，非有所存而自不亡，非有所理而自不乱，如目视而耳听，手持而足行也。知者谓之有所见则可，谓之有所得则未可。有所存斯不亡，有所理斯不乱，未能无意也。安仁则一，利仁则二。安仁者非颜闵以上，去圣人为不远，不知此味也。诸子虽有卓越之才，谓之见道不惑则可，然未免于利之也。"

子曰："富与贵，是人之所欲也。不以其道得之[1]，不处也。贫与贱，是人之所恶也。不以其道得之，不去也。君子去[2]仁，恶乎成名？君子无终食[3]之间违仁，造次[4]必于是，颠沛[5]必于是。"

［1］不以其道得之：不当得而得之。

［2］去：离开。

［3］终食：一饭之顷。

［4］造次：仓促，急遽苟且之时。

［5］颠沛：偃仆，僵顿，倾覆流离之际。

《四书章句集注》：言君子为仁，自富贵贫贱取舍之间，以至于终食造次颠沛之顷，无时无处而不用其力也。然取舍之分明，然后存养之功密；存养之功密，则其取舍之分益明矣。

子曰："我未见好仁者，恶不仁者。好仁者，无以尚[1]之；恶不仁者，其为仁矣，不使不仁者加[2]乎其身。有能一日用其力于仁矣乎？我未见力不足者。盖有之矣，我未之见也。"

［1］尚：上，无以加之。

［2］加：施加。

《四书章句集注》：此章言仁之成德，虽难其人，然学者苟能实用其力，则亦无不可至之理。但用力而不至者，今亦未见其人焉，此夫子所以反复而叹惜之也。

子曰："士[1]志于道[2]，而耻恶衣恶食者，未足与议[3]也。"

［1］士：四民之首，通过学习具有德行和道义的人。开始出仕也称为士。

［2］道：仁义之道。

［3］议：言。

《论语正义》：士既志道，而以口体之养不若人为耻，忮害贪求之心必不能免。故言"未足与议"以绝之也。

子曰："参乎！吾道一以贯[1]之。"曾子曰："唯。"子出，门人问曰："何谓也？"曾子曰："夫子之道，忠恕[2]而已矣。"

[1] 贯：一训为"通"，"一以贯之"解为广纳群言，有一心以容天下之量。二训为"行事"，"一以贯之"解为皆以行事为教也。

[2] 忠恕：尽己之谓忠，推己之谓恕。

《四书章句集注》：程子曰："以己及物，仁也；推己及物，恕也，'违道不远'是也。忠恕一以贯之：忠者天道，恕者人道；忠者无妄，恕者所以行乎忠也；忠者体，恕者用，大本达道也。此与'违道不远'异者，动以天尔。"又曰："'维天之命，于穆不已'，忠也；'乾道变化，各正性命'，恕也。"又曰："圣人教人各因其才，吾道一以贯之，惟曾子为能达此，孔子所以告之也。曾子告门人曰：'夫子之道，忠恕而已矣'，亦犹夫子之告曾子也。中庸所谓'忠恕违道不远'，斯乃下学上达之义。"

子曰："君子喻[1]于义[2]，小人喻于利[3]。"

[1] 喻：晓，明白。
[2] 义：仁义，礼义，道义，指精神上的追求。
[3] 利：物质利益。

《四书章句集注》：义者，天理之所宜。利者，人情之所欲。程子曰："君子之于义，犹小人之于利也。唯其深喻，是以笃好。"

公冶长篇第五（节选）

子贡曰："夫子之文章[1]，可得而闻也；夫子之言性[2]与天道[3]，不可得而闻也。"

[1] 文章：孔子整理诗书礼乐教授学生，明白可见。
[2] 性：人所受以生。
[3] 天道：一说天行；一说元亨日新之道，指易学。

《四书章句集注》：性者，人所受之天理；天道者，天理自然之本体，其实一理也。言夫子之文章，日见乎外，固学者所共闻；至于性与天道，则夫子罕言之，而学者有不得闻者。盖圣门教不躐等，子贡至是始得闻之，而叹其美也。程子曰："此子贡闻夫子之至论而叹美之言也。"

子张问曰："令尹[1]子文三仕为令尹，无喜色；三已[2]之，无愠[3]色。旧令尹之政，必以告新令尹。何如？"子曰："忠矣。"曰："仁矣乎？"曰："未知[4]。焉得仁？""崔子弑[5]齐君，陈文子有马十乘，弃而违[6]之。至于他邦，则曰：'犹吾大夫崔子也。'违之。之一邦，则又曰：'犹吾大夫崔子也。'违之。何如?"子曰："清矣。"曰："仁矣乎?"曰："未知。焉得仁?"

[1] 令尹：官名，楚上卿执政者。

[2] 已：停止。

[3] 愠：怨怒。

[4] 知：一说为知道；一说为智慧。

[5] 弑：杀，臣杀君为弑。

[6] 违：离开。

《四书章句集注》：愚闻之师曰："当理而无私心则仁矣。今以是而观二子之事，虽其制行之高若不可及，然皆未有以见其必当于理，而真无私心也。子张未识仁体，而悦于苟难，遂以小者信其大者，夫子之不许也宜哉。"

子曰："孰谓微生高直[1]? 或乞醯[2]焉，乞诸其邻而与之。"

[1] 直：不委曲。

[2] 醯：音西，醋。

《四书章句集注》：夫子言此，讥其曲意徇物，掠美市恩，不得为直也。

雍也篇第六（节选）

哀公问："弟子孰为好[1]学?"孔子对曰："有颜回者好学，不迁怒[2]，不贰过[3]。不幸短命死矣。今也则亡[4]，未闻好学者也。"

[1] 好：喜好。

[2] 迁怒：迁移愤怒。

[3] 贰过：复犯原来的错误。

[4] 亡：无，没有。

《四书章句集注》：张子曰："慊于己者，不使萌于再。"或曰："诗书六艺，七十子非不习而通也，而夫子独称颜子为好学。颜子之所好，果何学欤?"程子曰："学以至乎圣人之道也。""学之道奈何?"曰："天地储精，得五行之秀者为人。其本也真而静。其未发也五性具焉，曰仁、义、礼、智、信。形既生矣，外物触其形而动于中矣。其中动而七情出焉，曰喜、怒、哀、惧、爱、恶、欲。情既炽而益荡，其性凿矣。故学者约其情使合于中，正其心，养其性而已。然必先明诸心，知所往，然后力行以求至焉。若颜子之非礼勿视、听、言、动，不迁怒贰过者，则其好之笃而学之得其道也。然其未至于圣人者，守之也，非化之也。假之以年，则不日而化矣。今人乃谓圣本生知，非学可至，而所以为学者，不过记诵文辞之间，其亦异乎颜子之学矣。"

子华使于齐，冉子为其母请粟。子曰："与之釜。"请益[1]。曰："与之庾。"冉子与之粟五秉[2]。子曰："赤之适齐也，乘肥马，衣轻裘。吾闻之也：君子周急[3]不继富。"原思为之宰[4]，与之粟[5]九百，辞。子曰："毋！以与尔邻里乡党乎！"

[1]　益：增加。

[2]　秉：与釜、庾等为古代计量单位。齐国有四种计量单位：豆、区、釜、钟。四升为豆，四豆为区，区为一斗六升。四区为釜，釜为六斗四升。十升为一斗，十斗为一斛。十六斗为一庾，十庾为一秉。

[3]　周急：周济困急。

[4]　原思为之宰：原思，孔子弟子，名宪。孔子为鲁司寇时，以思为宰。

[5]　粟：原思作为宰的俸禄。

《四书章句集注》：程子曰："夫子之使子华，子华之为夫子使，义也。而冉子乃为之请，圣人宽容，不欲直拒人。故与之少，所以示不当与也。请益而与之亦少，所以示不当益也。求未达而自与之多，则己过矣，故夫子非之。盖赤苟至乏，则夫子必自周之，不待请矣。原思为宰，则有常禄。思辞其多，故又教以分诸邻里之贫者，盖亦莫非义也。"张子曰："于斯二者，可见圣人之用财矣。"

子曰："贤[1]哉，回也！一箪[2]食，一瓢饮，在陋巷，人不堪[3]其忧，回也不改其乐。贤哉，回也！"

[1]　贤：有德行；多才。

[2]　箪：竹器。

[3]　堪：能忍受。

《四书章句集注》：程子曰："颜子之乐，非乐箪瓢陋巷也，不以贫窭累其心而改其所乐也，故夫子称其贤。"又曰："箪瓢陋巷非可乐，盖自有其乐尔。其字当玩味，自有深意。"又曰："昔受学于周茂叔，每令寻仲尼颜子乐处，所乐何事？"愚按：程子之言，引而不发，盖欲学者深思而自得之。今亦不敢妄为之说。学者但当从事于博文约礼之诲，以至于欲罢不能而竭其才，则庶乎有以得之矣。

述而篇第七（节选）

子曰："志[1]于道[2]，据[3]于德[4]，依[5]于仁[6]，游[7]于艺[8]。"

[1]　志：心之所向，仰慕。

[2]　道：自然的无体无象的道；人伦日用之间所当行的道。

[3]　据：执守。

［4］德：得，物从道那里得来的规定性。

［5］依：依仗；不违。

［6］仁：仁人；博施于民而能济众。

［7］游：闲暇游玩。

［8］艺：六艺，包括五礼、六乐、五射、五驭、六书、九数。五礼：吉、凶、军、宾、嘉。六乐：《云门》、《大咸》、《大韶》、《大夏》、《大濩》、《大武》也。五射：白矢、参连、剡注、襄尺、井仪也。五驭：鸣和鸾、逐水曲、过君表、舞交衢、逐禽左也。六书：象形、会意、转注、指事、假借、谐声也。九数：方田、粟米、差分、少广、商功、均轮、方程、赢不足、旁要。

《四书章句集注》：此章言人之为学当如是也。盖学莫先于立志，志道则心存于正而不他；据德则道得于心而不失；依仁则德性常用而物欲不行；游艺则小物不遗而动息有养。学者于此，有以不失其先后之序、轻重之伦焉，则本末兼该，内外交养，日用之间，无少间隙，而涵泳从容，忽不自知其入于圣贤之域矣。

子曰："自行束脩[1]以上，吾未尝无诲[2]焉。"

［1］束脩：十脡肉干。此为挚礼，古代男子年十五束带修饰，可以行挚礼。束脩表示年龄。另一说认为束脩为约束修饰。

［2］诲：教诲。另一说为悔吝，小的瑕疵。

《四书章句集注》：古者相见，必执贽以为礼，束脩其至薄者。盖人之有生，同具此理，故圣人之于人，无不欲其入于善。但不知来学，则无往教之礼，故苟以礼来，则无不有以教之也。

子曰："不愤[1]不启[2]，不悱[3]不发[4]。举一隅[5]不以三隅反[6]，则不复[7]也。"

［1］愤：满，盈。形容心快要想明白却又差一点而不能想明白。

［2］启：开。

［3］悱：想说却说不出。

［4］发：表达。

［5］隅：方。

［6］反：反思。

［7］复：重复。

《四书章句集注》：程子曰："愤悱，诚意之见于色辞者也。待其诚至而后告之。既告之，又必待其自得，乃复告尔。"又曰："不待愤悱而发，则知之不能坚固；待其愤悱而后发，则沛然矣。"

子食[1]于有丧[2]者之侧，未尝饱也。

［1］食：吃饭。

［2］丧：丧事。

《论语注疏》：此章言孔子助丧家执事时，故得有食。饥而废事，非礼也。饱而忘哀，亦非礼。故食而不饱，以丧者哀戚，若饱食于其侧，是无恻怆隐痛之心也。

子曰："饭疏[1]食饮水，曲肱[2]而枕之，乐亦在其中矣。不义而富且贵，于我如浮云。"

［1］疏：粗粝。

［2］肱：臂。

《四书章句集注》：圣人之心，浑然天理，虽处困极，而乐亦无不在焉。其视不义之富贵，如浮云之无有，漠然无所动于其中也。程子曰："非乐疏食饮水也，虽疏食饮水，不能改其乐也。不义之富贵，视之轻如浮云然。"又曰："须知所乐者何事。"

子不语[1]怪[2]、力[3]、乱[4]、神[5]。

［1］语：称道。

［2］怪：怪异。

［3］力：传说中的力气之事。

［4］乱：臣弑君之事。

［5］神：鬼神之事。

泰伯篇第八（节选）

曾子曰："士不可以不弘[1]毅[2]，任重而道远。仁以为己任[3]，不亦重乎？死而后已[4]，不亦远乎？"

［1］弘：广大。

［2］毅：刚强而有决断。

［3］任：担任。

［4］已：停止。

《四书章句集注》：程子曰："弘而不毅，则无规矩而难立；毅而不弘，则隘陋而无以居之。"又曰："弘大刚毅，然后能胜重任而远到。"

子曰："兴[1]于诗[2]，立[3]于礼[4]，成[5]于乐[6]。"

［1］兴：起。

［2］诗：指《诗经》。

［3］立：立身。

［4］礼：包括恭敬辞让的礼之实，动容周旋的礼之文，冠丧射等礼之事。

［5］成：成性。

［6］乐：五声十二律以及按其节律的歌舞。

《四书章句集注》：程子曰："天下之英才不为少矣，特以道学不明，故不得有所成就。夫古人之诗，如今之歌曲，虽闾里童稚，皆习闻之而知其说，故能兴起。今虽老师宿儒，尚不能晓其义，况学者乎？是不得兴于诗也。古人自洒扫应对，以至冠、昏、丧、祭，莫不有礼。今皆废坏，是以人伦不明，治家无法，是不得立于礼也。古人之乐，声音所以养其耳，采色所以养其目，歌咏所以养其性情，舞蹈所以养其血脉。今皆无之，是不得成于乐也。是以古之成材也易，今之成材也难。"

子罕篇第九（节选）

子罕[1]言利[2]与命[3]与仁。

［1］罕：稀，少。

［2］利：利益。

［3］命：天命。

《论语注疏》：以此三者，中知以下寡能及知，故孔子希言也。

子畏[1]于匡，曰："文王既没，文[2]不在兹[3]乎？天之将丧斯[4]文也，后死者[5]不得与于斯文也；天之未丧斯文也，匡人其如予何？"

［1］畏：畏惧，戒心。

［2］文：指礼乐制度；又一说为随身所带典籍。

［3］兹：此。

［4］斯：此。

［5］后死者：后于文王死者，指孔子自己。

颜渊喟然[1]叹曰："仰之弥高，钻之弥坚。瞻之在前，忽焉在后。夫子循循[2]然善诱[3]人，博我以文，约我以礼，欲罢不能。既竭吾才，如有所立卓[4]尔。虽欲从之，末[5]由也已。"

［1］喟然：叹息声。

［2］循循：按次序顺行。

［3］诱：进。

［4］卓：高。

[5] 末：无。

子在川[1]上曰："逝[2]者如斯夫！不舍昼夜。"

[1] 川：流水。
[2] 逝：往。

《四书章句集注》：程子曰："此道体也。天运而不已，日往则月来，寒往则暑来，水流而不息，物生而不穷，皆与道为体，运乎昼夜，未尝已也。是以君子法之，自强不息。及其至也，纯亦不已焉。"又曰："自汉以来，儒者皆不识此义。此见圣人之心，纯亦不已也。纯亦不已，乃天德也。有天德，便可语王道，其要只在谨独。"愚按：自此至篇终，皆勉人进学不已之辞。

乡党篇第十（节选）

食[1]不厌精，脍不厌细。食饐而餲[2]，鱼馁[3]而肉败，不食。色恶，不食。臭恶，不食。失饪[4]，不食。不时，不食。割不正，不食。不得其酱不食。肉虽多，不使胜食气。惟酒无量，不及乱。沽[5]酒市脯不食。不撤[6]姜食，不多食。

[1] 食：饭。
[2] 饐而餲：臭味变化。
[3] 馁：坏败。
[4] 失饪：食物做得过熟过生。
[5] 沽：卖。
[6] 撤：去。

先进篇第十一（节选）

季路问事[1]鬼神。子曰："未能事人，焉能事鬼？"曰："敢问死。"曰："未知生，焉知死？"

[1] 事：侍奉。

《四书章句集注》：程子曰："昼夜者，死生之道也。知生之道，则知死之道；尽事人之道，则尽事鬼之道。死生人鬼，一而二，二而一者也。或言夫子不告子路，不知此乃所以深告之也。"

子路、曾皙、冉有、公西华侍坐[1]。子曰："以吾一日长乎尔，毋吾以[2]也。居则曰：'不吾知也！'如或知尔，则何以哉？"子路率尔[3]而对曰："千乘之国，摄[4]乎大国之间，加之以师旅，因之以饥馑；由也为之，比[5]及三年，可使有勇，且知方^[6]也。"夫子哂之。"求！尔何如？"对曰："方六七十，如五六十，求也为之，比及三年，可使足民。如其礼乐，以俟君子。""赤！尔何如？"对曰："非曰能之，愿学焉。宗庙之事，如会同，端^[7]章甫^[8]，愿为小相焉。""点！尔何如？"鼓瑟希^[9]，铿尔，舍瑟而作^[10]，对曰："异乎三子者之撰^[11]。"子曰："何伤乎？亦各言其志也。"曰："莫春^[12]者，春服既成，冠者五六人，童子六七人，浴乎沂，风^[13]乎舞雩^[14]，咏而归^[15]。"夫子喟然叹曰："吾与点也！"三子者出，曾皙后。曾皙曰："夫三子者之言何如？"子曰："亦各言其志也已矣。"曰："夫子何哂由也？"曰："为国以礼，其言不让，是故哂之。""唯求则非邦也与？""安见方六七十如五六十而非邦也者？""唯赤则非邦也与？""宗庙会同，非诸侯而何？赤也为之小，孰能为之大？"

[1] 侍坐：侍奉在孔子坐侧。

[2] 吾以：以吾，因为我年长。

[3] 率尔：轻遽之貌。

[4] 摄：迫。

[5] 比：近。

[6] 方：义，礼法。

[7] 端：玄端服。

[8] 章甫：礼冠。

[9] 希：间歇。

[10] 作：起来。

[11] 撰：具，为政之具。一说同"诠"，善言。

[12] 莫春：暮春。

[13] 风：风凉。一说同"讽"，歌。

[14] 舞雩：祭天祷雨之处。

[15] 归：归来。一说"馈"。

《四书章句集注》：程子曰："古之学者，优柔厌饫，有先后之序。如子路、冉有、公西赤言志如此，夫子许之。亦以此自是实事。后之学者好高，如人游心千里之外，然自身却只在此。"又曰："孔子与点，盖与圣人之志同，便是尧、舜气象也。诚异三子者之撰，特行有不掩焉耳，此所谓狂也。子路等所见者小，子路只为不达为国以礼道理，是以哂之。若达，却便是这气象也。"又曰："三子皆欲得国而治之，故夫子不取。曾点，狂者也，未必能为圣人之事，而能知夫子之志。故曰'浴乎沂，风乎舞雩，咏而归'，言乐而得其所也。孔子之志，在于老者安之，朋友信之，少者怀之，使万物莫不遂其性。曾点知之，故孔子喟然叹曰'吾与点也！'"又曰："曾点、漆雕开，已见大意。"

颜渊篇第十二（节选）

颜渊问仁。子曰："克[1]己[2]复[3]礼为仁。一日克己复礼，天下归仁焉。为仁由己，而由人乎哉？"颜渊曰："请问其目。"子曰："非礼勿视，非礼勿听，非礼勿言，非礼勿动。"颜渊曰："回虽不敏，请事斯语矣。"

[1] 克：约束；胜。
[2] 己：身。
[3] 复：反。

《四书章句集注》：程子曰："颜渊问克己复礼之目，子曰，'非礼勿视，非礼勿听，非礼勿言，非礼勿动'，四者身之用也。由乎中而应乎外，制于外所以养其中也。颜渊事斯语，所以进于圣人。后之学圣人者，宜服膺而勿失也，因箴以自警。其视箴曰：'心兮本虚，应物无迹。操之有要，视为之则。蔽交于前，其中则迁。制之于外，以安其内。克己复礼，久而诚矣。'其听箴曰：'人有秉彝，本乎天性。知诱物化，遂亡其正。卓彼先觉，知止有定。闲邪存诚，非礼勿听。'其言箴曰：'人心之动，因言以宣。发禁躁妄，内斯静专。矧是枢机，兴戎出好，吉凶荣辱，惟其所召。伤易则诞，伤烦则支，己肆物忤，出悖来违。非法不道，钦哉训辞！'其动箴曰'哲人知几，诚之于思；志士励行，守之于为。顺理则裕，从欲惟危；造次克念，战兢自持。习与性成，圣贤同归。'"愚按：此章问答，乃传授心法切要之言。非至明不能察其几，非至健不能致其决。故惟颜子得闻之，而凡学者亦不可以不勉也。程子之箴，发明亲切，学者尤宜深玩。

齐景公问政[1]于孔子。孔子对曰："君君，臣臣，父父，子子[2]。"公曰："善哉！信如君不君，臣不臣，父不父，子不子，虽有粟，吾得而食诸？"

[1] 政：政事。
[2] 君君，臣臣，父父，子子：君当思所以为君，臣当思所以为臣，父当思所以为父，子当思所以为子。

子路篇第十三（节选）

叶公语孔子曰："吾党[1]有直躬[2]者，其父攘[3]羊，而子证[4]之。"孔子曰："吾党之直者异于是：父为子隐[5]，子为父隐。直在其中矣。"

[1] 党：乡党。
[2] 直躬：直身。一说为人名。

［3］攘：六畜自来而留取。

［4］证：告。

［5］隐：蔽，不称扬其过错。

《论语注疏》：言吾党之直者，异于此证父之直也，子苟有过，父为隐之，则慈也；父苟有过，子为隐之，则孝也。孝慈则忠，忠则直也，故曰直在其中矣。今律，大功以上得相容隐，告言父祖者入十恶，则典礼亦尔。而叶公以证父为直者，江熙云："叶公见圣人之训，动有隐讳，故举直躬，欲以此言毁訾儒教，抗衡中国。夫子答之，辞正而义切，荆蛮之豪丧其诖矣。"

《四书章句集注》：谢氏曰："顺理为直。父不为子隐，子不为父隐，于理顺邪？瞽瞍杀人，舜窃负而逃，遵海滨而处。当是时，爱亲之心胜，其于直不直，何暇计哉？"

　　子曰："君子和[1]而不同[2]，小人同而不和。"

［1］和：调和，和谐。

［2］同：同一。

《论语注疏》：君子心和，然其所见各异，故曰不同。小人所嗜好者同，然各争利，故曰不和。

宪问篇第十四（节选）

　　子路曰："桓公杀公子纠，召忽死之，管仲不死。"曰："未仁乎？"子曰："桓公九合诸侯，不以[1]兵车，管仲之力也。如[2]其仁，如其仁。"

［1］以：用。

［2］如：乃；均。

《四书章句集注》："如其仁"，言谁如其仁者，又再言以深许之。盖管仲虽未得为仁人，而其利泽及人，则有仁之功矣。

《论语正义》：俞氏樾诸子平议谓："法言是拟论语，其中所云'如其富，如其富''如其智，如其智''如其寝，如其寝'皆不予之辞，则'如其仁，如其仁'盖不许其仁也。言管仲但论其事功可也，不必论其仁也。"俞君此说，深得扬子之意。其与论语本旨不必合也。

　　子贡曰："管仲非仁者与？桓公杀公子纠，不能死，又相[1]之。"子曰："管仲相桓公，霸[2]诸侯，一匡[3]天下，民到于今受其赐。微[4]管仲，吾[5]其被发[6]左衽[7]矣。岂若匹夫匹妇之为谅[8]也，自经[9]于沟渎[10]而莫之知也？"

［1］相：为相，辅佐。

[2] 霸：把持，压迫。

[3] 匡：正。

[4] 微：无。

[5] 吾：中国。

[6] 被发：不结发，编发披之体后。

[7] 左衽：衣衿向左。

[8] 谅：信。

[9] 经：缢，系。

[10] 沟渎：沟渠。

子曰："古之学者为己[1]，今之学者为人[2]。"

[1] 为己：为了自己而学。

[2] 为人：为了他人而学。

《论语注疏》：范晔云："为人者冯誉以显物，为己者因心以会道也。"

《四书章句集注》：程子曰："为己，欲得之于己也。为人，欲见知于人也。"程子曰："古之学者为己，其终至于成物。今之学者为人，其终至于丧己。"愚按：圣贤论学者用心得失之际，其说多矣，然未有如此言之切而要者。于此明辨而日省之，则庶乎其不昧于所从矣。

或[1]曰："以德[2]报[3]怨，何如？"子曰："何以报德？以直报怨，以德报德。"

[1] 或：有人。

[2] 德：恩惠。

[3] 报：复，酬；回报。

《四书章句集注》：于其所怨者，爱憎取舍，一以至公而无私，所谓直也。于其所德者，则必以德报之，不可忘也。或人之言，可谓厚矣。然以圣人之言观之，则见其出于有意之私，而怨德之报皆不得其平也。必如夫子之言，然后二者之报各得其所。然怨有不雠，而德无不报，则又未尝不厚也。此章之言，明白简约，而其指意曲折反复。如造化之简易易知，而微妙无穷，学者所宜详玩也。

卫灵公篇第十五（节选）

卫灵公问陈[1]于孔子。孔子对曰："俎豆[2]之事，则尝闻之矣；军旅之事，未之学也。"明日遂行。

[1] 陈：也做"阵"，军阵行列之法。

[2] 俎豆：礼器。

《论语注疏》：孔子之意，治国以礼义为本，军旅为末，本未立，则不可教以末事。

在陈绝粮，从者病，莫能兴[3]。子路愠[4]见曰："君子亦有穷[5]乎？"子曰："君子固穷，小人穷斯滥[6]矣。"

[3] 兴：起。
[4] 愠：怒。
[5] 穷：穷困。
[6] 滥：溢。

《四书章句集注》：何氏曰："滥，溢也。言君子固有穷时，不若小人穷则放溢为非。"程子曰："固穷者，固守其穷。"亦通。愚谓圣人当行而行，无所顾虑。处困而亨，无所怨悔。于此可见，学者宜深味之。

季氏篇第十六（节选）

孔子曰："君子有三畏[1]：畏天命[2]，畏大人[3]，畏圣人之言。小人不知天命而不畏也，狎[4]大人，侮[5]圣人之言。"

[1] 畏：畏服。
[2] 天命：天之命。
[3] 大人：有位之人。
[4] 狎：惯忽。
[5] 侮：轻慢，戏玩。

《四书章句集注》：尹氏曰："三畏者，修己之诚当然也。小人不务修身诚己，则何畏之有？"

阳货篇第十七（节选）

子曰："礼云礼云，玉帛[1]云乎哉？乐云乐云，钟鼓[2]云乎哉？"

[1] 玉帛：圭璋之属和束帛之属，皆行礼之物。
[2] 钟鼓：乐器。

《论语注疏》：言礼之所云，岂在此玉帛云乎哉者？言非但崇此玉帛而已，所贵者，在于安上治民。"乐云乐云，钟鼓云乎哉"者，钟鼓，乐之器也。乐之所贵者，贵其移风易俗，非谓贵此钟鼓铿锵而已，故孔子叹之。重言之者，深明乐之本不在玉帛钟鼓也。

宰我问："三年之丧，期[1]已久矣。君子三年不为礼，礼必坏；三年不为乐，乐必崩。旧谷既没[2]，新谷既升[3]，钻燧改火[4]，期可已[5]矣。"子曰："食夫稻，衣夫锦，于女[6]安乎？"曰："安。""女安，则为之。夫君子之居丧，食旨[7]不甘，闻乐不乐，居处不安，故不为也。今女安，则为之！"宰我出。子曰："予之不仁也！子生三年，然后免于父母之怀[8]。夫三年之丧，天下之通丧也。予也有三年之爱于其父母乎？"

[1] 期：周年。

[2] 没：尽。

[3] 升：登。

[4] 钻燧改火：燧，取火之木。改火，春取榆柳之火，夏取枣杏之火，季夏取桑柘之火，秋取柞楢之火，冬取槐檀之火，也是一年而周。

[5] 已：停止。

[6] 女：汝，你。

[7] 旨：美，甘。

[8] 怀：怀抱。

《四书章句集注》：范氏曰："丧虽止于三年，然贤者之情则无穷也。特以圣人为之中制而不敢过，故必俯而就之。非以三年之丧，为足以报其亲也。所谓三年然后免于父母之怀，特以责宰我之无恩，欲其有以跂而及之尔。"

子张篇第十九（节选）

子夏曰："君子有三变：望[1]之俨然[2]，即[3]之也温，听其言也厉[4]。"

[1] 望：远望。

[2] 俨然：矜持端庄的样子。

[3] 即：就。

[4] 厉：严正。

叔孙武叔毁[1]仲尼。子贡曰："无以为[2]也！仲尼不可毁也。他人之贤者，丘陵也，犹可逾[3]也；仲尼，日月也，无得而逾焉。人虽欲自绝[4]，其何伤于日月乎？多[5]见其不知量[6]也。"

[1] 毁：訾毁。

[2] 无以为：无以为毁。

[3] 逾：逾越。

[4] 绝：绝弃。

[5] 多：适。

[6] 量：分量。

　　陈子禽谓子贡曰："子为恭[1]也，仲尼岂贤于子乎？"子贡曰："君子一言以为知[2]，一言以为不知，言不可不慎也。夫子之不可及也，犹天之不可阶[3]而升也。夫子之得邦家者，所谓立[4]之斯立，道[5]之斯行[6]，绥之[7]斯来，动[8]之斯和。其生也荣，其死也哀。如之何其可及也？"

[1] 恭：恭敬。

[2] 知：如"智"，智慧。

[3] 阶：阶梯。

[4] 立：以礼立之。

[5] 道：导，引导。

[6] 行：从。

[7] 绥：安。

[8] 动：鼓舞。

尧曰篇第二十（节选）

　　子曰："不知命[1]，无以为君子也；不知礼[2]，无以立也；不知言[3]，无以知人也。"

[1] 命：天之赋命。

[2] 礼：礼义。

[3] 言：言辞。

　　《论语注疏》：此章言君子立身知人也。命，谓穷达之分。言天之赋命，穷达有时，当待时而动。若不知天命而妄动，则非君子也。礼者，恭俭庄敬，立身之本。若其不知，则无以立也。听人之言，当别其是非。若不能别其是非，则无以知人之善恶也。

　　《四书章句集注》：尹氏曰："知斯三者，则君子之事备矣。弟子记此以终篇，得无意乎？学者少而读之，老而不知一言为可用，不几于侮圣言者乎？夫子之罪人也，可不念哉？"

《孟子》（节选）

　　《孟子》是孟子自著，由弟子万章、公孙丑等编辑和整理。《史记》记载："退而与万章之徒序诗书，述仲尼之意，著孟子七篇。"东汉赵岐作《孟子题辞》，认为七篇之外还有外书四篇佚失了。七篇分别为梁惠王、公孙丑、滕文公、离娄、万章、告子、尽心，共258章，35410字。孟子（约前372—前289），名轲，字子舆，战国中期儒家代表人物。

孟子的地位在宋代之后逐渐提升。唐代韩愈把孟子纳入到儒家道统之中。宋代理学家推崇孟子，将其称为"亚圣"，《孟子》列为"四书"之一。其注释主要包括东汉赵岐的《孟子注》，宋代孙奭的《孟子注疏》、朱熹的《孟子集注》，清代焦循的《孟子正义》等。

孟子的哲学思想主要包括仁政、性善、尽心知性知天以及精神修养等。其思想发展了孔子思想向内的一面，成为宋明理学心性思想的重要资源。孟子思想中的浩然之气、大丈夫、民贵君轻等精神深深影响了中华文化。

《孟子》一书表达了孟子对时代问题的哲学思考。孟子所面对的是战国时期诸侯争霸的局面。各个诸侯王所追求的是富国强兵，称霸天下。如何富国强兵、称霸天下成为诸侯所关注的问题。孟子继承孔子的思想，回应这一时代之问的答案是以不忍人之心行不忍人之政。孟子认为人性本善。君王通过反思自身善性并修养其善性，付诸政事，则形成百姓有恒产且有善性的善政。这样的政治才是王道政治，这样的国家才是真正的强国。同时，孟子认为，君子反思修养善性，则形成富贵不能淫、威武不能屈的大丈夫人格，秉持道义，可与君主的政道抗衡。普通人反思修养善性，则可以侍奉父母。另外，孟子通过追问人性善的来源，而讲到"尽心知性知天"等天道问题，探索了修养的形上根据，形成了后世所说的"内在超越"。

梁惠王章句上（节选）

孟子见梁惠王[1]。王曰："叟[2]，不远千里而来，亦将有以利[3]吾国乎？"孟子对曰："王何必曰利？亦[4]有仁义而已矣。王曰：'何以利吾国？'大夫曰：'何以利吾家？'士庶人曰：'何以利吾身？'上下交[5]征[6]利而国危矣！万乘[7]之国弑其君者，必千乘之家；千乘之国弑其君者，必百乘之家。万取千焉[8]，千取百焉，不为不多矣；苟[9]为后义而先利[10]，不夺不餍[11]。未有仁而遗[12]其亲者也，未有义而后[13]其君者也。王亦曰仁义而已矣，何必曰利？"

[1] 梁惠王：魏惠王。其居于大梁，故号曰梁王。

[2] 叟：长老之称，对长辈老年人的称呼。

[3] 利：利益，富国强兵之类。

[4] 亦：只要，仅仅。

[5] 交：俱；相互。

[6] 征：取。

[7] 乘：四匹马拉的兵车为一乘。

[8] 万取千焉：在一万乘的诸侯国中有一千乘的卿大夫。

[9] 苟：诚；假如。

[10] 后义而先利：把义放在后面，把利放在前面。

[11] 不夺不餍：不争夺就不满足。餍，饱，满足。

[12] 遗：遗弃，抛弃。

[13] 后：把君主放在后面。

　　齐宣王问曰："齐桓晋文之事[1]，可得闻乎？"孟子对曰："仲尼之徒，无道[2]桓文之事者，是以后世无传焉，臣未之闻也。无以[3]，则王乎？"曰："德何如则可以王矣？"曰："保民[4]而王，莫之能御也。"曰："若寡人者，可以保民乎哉？"曰："可。"曰："何由知吾可也？"曰："臣闻之胡龁曰：王坐于堂上，有牵牛而过堂下者，王见之，曰：'牛何之[5]？'对曰：'将以衅钟[6]。'王曰：'舍[7]之，吾不忍其觳觫[8]，若无罪而就死地。'对曰：'然则废衅钟与？'曰：'何可废也？以羊易[9]之。'不识有诸？"曰："有之。"曰："是心足以王矣。百姓皆以王为爱[10]也，臣固知王之不忍[11]也。"

[1] 齐桓晋文之事：齐桓公和晋文公的事。二者都是春秋时期的霸主。

[2] 道：言。

[3] 无以：以通已，停止。不停下来。

[4] 保民：爱护百姓。

[5] 之：往，去。

[6] 衅钟：用动物血涂抹新铸成的钟。这是古代的一种仪式。一说认为可以消除不祥；一说认为可以弥补钟上的缝隙；一说认为取其膏泽，护养精灵。

[7] 舍：舍去。

[8] 觳觫：恐惧的样子。

[9] 易：代替。

[10] 爱：吝啬。

[11] 不忍：不忍心，恻隐之心。

公孙丑章句上（节选）

　　孟子曰："人皆有不忍人之心[1]。先王有不忍人之心，斯[2]有不忍人之政[3]矣。以不忍人之心，行不忍人之政，治天下可运之掌上。所以谓人皆有不忍人之心者：今人乍[4]见孺子[5]将入于井，皆有怵惕[6]恻隐[7]之心；非所以内[8]交于孺子之父母也，非所以要[9]誉于乡党朋友也，非恶[10]其声而然也。由是观之，无恻隐之心，非人也；无羞恶之心，非人也；无辞让之心，非人也；无是非之心，非人也。恻隐之心，仁之端[11]也；羞恶之心，义之端也；辞让之心，礼之端也；是非之心，智之端也。人之有是四端也，犹其有四体[12]也。有是四端而自谓不能者，自贼[13]者也；谓其君不能者，贼其君者也。凡有四端于我者，知皆扩而充之矣。若火之始然[14]，泉之始达。苟能充之，足以保四海；苟不充之，不足以事父母。"

[1] 不忍人之心：不忍加恶于人之心；同情心。

[2] 斯：就。

[3] 不忍人之政：不忍加恶于人的政事。

[4] 乍：暂，猝然。

[5] 孺子：可以行动但无知的小子。

[6] 怵惕：恐惧、惊骇。

[7] 恻隐：深切伤痛。

[8] 内：纳，结交。

[9] 要：求。

[10] 恶：厌恶。

[11] 端：首，开端。

[12] 四体：四肢。

[13] 贼：贼害。

[14] 然：同"燃"，燃烧。

离娄章句上（节选）

淳于髡[1]曰："男女授[2]受[3]不亲，礼与？"孟子曰："礼也。"曰："嫂溺[4]则援[5]之以手乎？"曰："嫂溺不援，是豺狼也。男女授受不亲，礼也；嫂溺援之以手者，权[6]也。"曰："今天下溺矣，夫子之不援，何也？"曰："天下溺，援之以道，嫂溺，援之以手，子欲手援天下乎？"

[1] 淳于髡：齐国的辩士。

[2] 授：与。

[3] 受：取。

[4] 溺：溺水。

[5] 援：援救。

[6] 权：权衡；反经而善。

万章章句上（节选）

万章曰："尧以天下与舜，有诸？"孟子曰："否。天子不能以天下与人。""然则舜有天下也，孰与之？"曰："天与之。""天与之者，谆谆[1]然命[2]之乎？"曰："否。

天不言，以行与事示之而已矣。"曰："以行与事示之者，如之何？"曰："天子能荐[3]人于天，不能使天与之天下，诸侯能荐人于天子，不能使天子与之诸侯；大夫能荐人于诸侯，不能使诸侯与之大夫。昔者尧荐舜于天而天受之，暴[4]之于民而民受之。故曰：'天不言，以行与事示之而已矣。'"曰："敢问：'荐之于天而天受之，暴之于民而民受之'，如何？"曰："使之主祭而百神享之，是天受之，使之主事而事治，百姓安之，是民受之也。天与之，人与之。故曰：'天子不能以天下与人。'舜相尧二十有八载，非人之所能为也，天也。尧崩，三年之丧毕，舜避尧之子于南河之南。天下诸侯朝觐者，不之尧之子而之舜；讼狱[5]者，不之尧之子而之舜；讴歌[6]者，不讴歌尧之子而讴歌舜。故曰天也。夫然后之中国，践天子位焉，而居尧之宫。逼尧之子，是篡也，非天与也。泰誓曰：'天视自[7]我民视，天听自我民听。'此之谓也。"

[1] 谆谆：恳诚。
[2] 命：告晓。
[3] 荐：推荐。
[4] 暴：显。
[5] 讼狱：狱不决而讼之。
[6] 讴歌：歌咏赞美。
[7] 自：从。

告子章句上（节选）

告子曰："性，犹杞柳[1]也。义，犹桮棬[2]也。以人性为仁义，犹以杞柳为桮棬。"孟子曰："子能顺杞柳之性而以为桮棬乎？将戕贼[3]杞柳而后以为桮棬也。如将戕贼杞柳而以为桮棬，则亦将戕贼人以为仁义与？率天下之人而祸[4]仁义者，必子之言夫！"告子曰："性犹湍水[5]也，决诸[6]东方则东流，决诸西方则西流。人性之无分于善不善也，犹水之无分于东西也。"孟子曰："水信无分于东西，无分于上下乎？人性之善也，犹水之就下也。人无有不善，水无有不下。今夫水，搏[7]而跃之，可使过颡[8]；激[9]而行之，可使在山。是岂水之性哉？其势则然也。人之可使为不善，其性亦犹是也。"

[1] 杞柳：一种灌木，枝条可以编制器具。
[2] 桮棬：桮素，制作杯子的素材。
[3] 戕贼：破坏。
[4] 祸：祸害。
[5] 湍水：波流瀠回，无方向。

［6］诸：之于。

［7］搏：拍击。

［8］颡：额。

［9］激：水因受到阻碍或震荡而向上涌。

尽心章句下（节选）

孟子曰："民为贵，社[1]稷[2]次之，君为轻。是故得乎丘民[3]而为天子，得乎天子为诸侯，得乎诸侯为大夫。诸侯危社稷，则变置[4]。牺牲[5]既成[6]，粢盛[7]既洁，祭祀以时，然而旱干水溢，则变置社稷。"

［1］社：土神。

［2］稷：谷神。

［3］丘民：田野之民。

［4］变置：改变更立。

［5］牺牲：为祭祀准备的牛羊猪等祭品。

［6］既成：已经长成。

［7］粢盛：盛在祭器内以供祭祀的谷物。

《易传》（节选）

《易传》是战国时期儒家解释《易经》的十篇著作。包括《彖》上下、《象》上下、《系辞》上下、《文言》、《序卦》、《说卦》、《杂卦》，通称为《十翼》。《彖》解释了六十四卦的卦名、卦辞。《象》中解释卦名、卦象和卦义的六十四条称为大象，解释爻象的三百八十六条称为小象。《文言》解释了乾坤两卦。《序卦》解释了六十四卦的排列顺序。《说卦》说明了八卦所象征的事物的通例。《杂卦》则不依照顺序解说了六十四卦的卦义。《系辞》为《易经》的通论。

《易传》作为解释《易经》的哲学著作，通过解释《易经》提出了自己的哲学问题。在《易传》中比较明显地提出了天人关系问题。这一问题包括人在天地之间的位置，如何在天地之间生存等问题。《易传》解决天人关系问题主要的思路为：卦象的形成、卦象的解说、实践。《易传》认为圣人通过观察世界得出了关于世界的看法，以卦象表现出来。这一过程体现了卦象的形成过程。接下来，《易传》认为，卦象的位置排列反映了自然万物的顺序，人效仿自然的顺序形成对自身位置的认知。继而按照卦象行事，就会获得较为有利的结果。

《系辞》是《易经》的通论，较为集中地反映了战国时期儒家阐发《易经》的思想，同时也反映了儒道思想相互影响的历史现象。

《系辞》分为上下二篇，按照何休的说法："上篇明无，故曰'易有太极'，太极即无也。又云'圣人以此洗心，退藏于密'，是其无也。下篇明几，从无入有，故云'知几其神乎'。"

"系"有二义。一是系属之义，圣人系属此辞于爻卦之下。二是纲系之义，卦与爻，各有其辞以释其义，则卦与爻，各有纲系。

系辞上（节选）

第一章

天尊地卑，乾坤定矣[1]。卑高以陈，贵贱位矣[2]。动静有常，刚柔断矣[3]。方以类聚，物以群分，吉凶生矣[4]。在天成象，在地成形，变化见矣[5]。

[1] 尊：尊贵。卑：卑下。圣人模拟天地万物而成卦象。天高上而地卑下，乾坤二卦模拟天地的高上和卑下，画出乾坤二卦象。

[2] 陈：陈列。位：位置。

[3] 常：规律。断：断定。

[4] 方：处所，所向之地。吉凶：合其群类则吉利，不合群类则有凶事。

[5] 象：日月星辰之象。形：山川草木之形。见：显现。

是故，刚柔相摩[6]，八卦相荡[7]。鼓之以雷霆，润之以风雨[8]，日月运行，一寒一暑，乾道成男，坤道成女[9]。乾知大始[10]，坤作成物[11]。乾以易知[12]，坤以简能[13]。

[6] 摩：切摩，交迫。

[7] 荡：推荡。

[8] 鼓：鼓动。润：润泽。

[9] 道：自然而生。成：生成。

[10] 知：主。大始：创始。

[11] 作：造作。

[12] 易：易略。知：主。

[13] 简：简省。能：能力。

易则易知，简则易从[14]。易知则有亲，易从则有功[15]。有亲则可久，有功则可大。可久则贤人之德，可大则贤人之业。易简，而天下之理得矣[16]；天下之理得，而成位乎其中矣[17]。

[14] 易：平易。知：知晓。从：遵从。

[15] 亲：亲近。功：功业。

[16] 易简，而天下之理得矣：若能易略简省，则得知天下之理。

[17] 而成位乎其中：则能成立卦象于天地之中。

第二章

圣人设卦观象[1]，系辞焉而明吉凶[2]，刚柔相推而生变化[3]。

[1] 设：创设。象：卦象。

[2] 系：系属。系属吉凶之文辞于卦爻之下，而显明此卦爻吉凶。

[3] 刚柔：阳爻、阴爻。

是故，吉凶者，失得之象也[4]。悔吝者，忧虞之象也[5]。变化者，进退之象也[6]。刚柔者，昼夜之象也[7]。六爻之动，三极之道也[8]。是故君子所居而安者，易之序也[9]。所乐而玩者，爻之辞也[10]。

[4] 失得：失去和得到。辞之吉者是得之象，辞之凶者是失之象。

[5] 悔：追悔。吝：吝啬。忧：忧愁。虞：安乐。

[6] 进退：上升和退后。

[7] 刚：阳刚。柔：阴柔。

[8] 三极之道：天地人三才至极之道。初、四，下极；二、五，中极；三、上，上极也。又说初二为地，三四为人，五上为天。

[9] 序：易象之次序。

[10] 乐：爱乐。玩：习玩。

是故，君子居则观其象，而玩其辞[11]；动则观其变，而玩其占[12]。是以自天佑[13]之，吉无不利。

[11] 象：卦象。辞：卦爻辞。

[12] 动：行动。占：占卜之吉凶。

[13] 佑：助佑。

第五章

一阴一阳之谓道[1]，继[2]之者善也，成[3]之者性也。仁者见之谓之仁，知者见之谓之知[4]。百姓日用而不知，故君子之道鲜[5]矣。显诸仁，藏诸用[6]，鼓万物而不与圣人同忧[7]，盛德大业[8]至矣哉。富有之谓大业，日新[9]之谓盛德。生生[10]之谓易，成象之谓乾[11]，效法之为坤[12]，极数知来之谓占[13]，通变之谓事[14]，阴阳不测之谓神[15]。

[1] 一：无，虚无。又说一阴一阳相互转化即是道。
[2] 继：遵从。又一说认为继做"统"，乾能统天生物，坤合乾性，养化成之。
[3] 成：成就。
[4] 知：同"智"。智者见到道的智的一面。
[5] 鲜：少。
[6] 显：显现。用：功用，功能。藏诸用：潜藏功用，不使物知。
[7] 鼓：鼓动万物生长。忧：以经营万民为忧。
[8] 盛德大业：极盛之德，广大之业。
[9] 日新：日日更新。
[10] 生生：生而又生。不绝之辞。
[11] 成象之谓乾：画日月星辰之象而成乾卦。
[12] 效法之为坤：效法天而成坤卦。
[13] 极数知来之谓占：穷极蓍策之数，豫知来事，占问吉凶。
[14] 通变之谓事：通达变化指导行动就是事。
[15] 神：变化之极，不可以测知。

第八章（节选）

圣人有以见天下之赜[1]，而拟诸其形容[2]，象其物宜[3]，是故谓之象。圣人有以见天下之动，而观其会通[4]，以行其典礼[5]。系辞焉以断其吉凶，是故谓之爻。言天下之至赜而不可恶也[6]。言天下之至动而不可乱也[7]。拟之而后言，议之而后动，拟议以成其变化[8]。

[1] 赜：繁乱，幽深难见。
[2] 拟：比类。形容：形态外貌。
[3] 象其物宜：与物相宜之象。
[4] 会通：会合变通。
[5] 以行其典礼：以施行其典法礼仪。
[6] 言天下之至赜而不可恶也：就是说对于天下至幽深之处，不可厌恶。
[7] 言天下之至动而不可乱也：就是说天下之极变动，论说之时，不可错乱。
[8] 言：言说。议：议论。成：完成。

第九章

天一地二，天三地四，天五地六，天七地八，天九地十。天数五，地数五，五位相得而各有合。天数二十有五，地数三十。凡天地之数五十有五。此所以成变化而行鬼神也[1]。

[1] 这一段按照程颐和朱熹的说法应当移至此处。原在"故再扐而后挂"之后。其中"天一地二，天三地四，天五地六，天七地八，天九地十。"不见于《周易正义》和《周易集解》。

按照1、3、5、7、9相加为25是天之数，2、4、6、8、10相加为30，为地之数。天地之数之和为55。天地之数包含了天地万物，一切神秘莫测的变化都包含其中。鬼神：形容神秘莫测的变化。

大衍之数五十，其用四十有九[2]。分而为二以象两，挂一以象三[3]，揲之以四[4]以象四时，归奇于扐以象闰[5]，五岁再闰，故再扐而后挂[6]。乾之策，二百一十有六[7]；坤之策，百四十有四。凡三百有六十，当期之日[8]。二篇之策，万有一千五百二十，当万物之数也[9]。是故四营而成易[10]，十有八变而成卦[11]，八卦而小成[12]。引而伸之，触类而长之，天下之能事毕矣[13]。显道神德行，是故可与酬酢，可与佑神矣[14]。子曰："知变化之道者，其知神之所为乎[15]？"

[2] 大衍之数五十：天地之数是五十（有人认为此处脱去"有五"二字）。其用四十有九：卜筮是用49根蓍草。去掉6根表示去掉六爻之数。也有认为大衍之数五十，去掉1根蓍草，去掉的1根代表太极虚无之义。

[3] 分而为二：49根蓍草随手分为2份。以象两：以象征天地。挂一以象三：从左边一份中取出1根蓍草夹在左手四、五指之间象征天地人三才。

[4] 揲之以四：揲，音舌或碟，从成束的物品中抽取。把左右两份蓍草按照4个1组分开。

[5] 奇：按4个1组抽取完毕后剩下的蓍草数目。扐：音勒，手指间。闰：闰月。把剩下的蓍草夹在左手三、四指间。这是一变。（余数为4或8）

[6] 五岁再闰：五年有2个闰年。故再扐而后挂：把除了夹在三、四指指间的蓍草之外的蓍草（44或48根）重新分成2份，不再挂1，4个1组分开，余数再夹在指间（归扐）。剩下的蓍草为或40或36或32。这是二变。把这个程序重复1次为第三变。这就是"再扐而后挂"。此后剩下的蓍草为36、32、28、24，除以4，得9、8、7、6。其中9、7为阳爻，8、6为阴爻。9、6为老阳和老阴，为变爻，8、7为少阴和少阳，为不变爻。

[7] 乾之策：指占筮乾卦的策数。策：指上面所得9、8、7、6的阴阳爻的数字。这里以9作为阳爻的代表数。9是除以4得来的（见上面"揲之以四"），所以9乘以4得36策。乾卦共有6个阳爻，所以需要216策得到乾卦。所以乾卦的策数是216。坤卦同理。以6作为阴爻的代表数，6是除以4得来的，所以6乘以4得24策。坤卦共有6个阴

爻，所以需要 144 策得到坤卦。

[8] 三百有六十：乾卦 216 策，坤卦 144 策，乾坤共 360 策。期：一年。

[9] 二篇：上下经。共 64 卦，一卦 6 爻，共 384 爻，其中阴阳爻各一半，阳爻数为 36，36 乘以 192 为 6912 策，阴爻数为 24，24 乘以 192 为 4608 策，二者相加为 11520 策，象征了万物之数。

[10] 营：经营。四营：四营指分而为二以象两，一营；挂一以象三，二营；揲之以四以象四时，三营；归奇于扐以象闰，四营。经过四次经营，蓍策就形成了卦的一爻。也有人认为，营是指上面的 7、8、9、6。

[11] 十有八变而成卦：参阅上面注释 [4][5]，3 变而形成 1 爻，一卦 6 爻，18 变后成为一卦。分揲其蓍，皆以四四为数，以象四时。奇谓四揲之余，归此残奇于所扐之策而成数，以法象天道。归残聚余，分而成闰也。既分天地，天于左手，地于右手，乃四四揲天之数，最末之余，归之合于扐挂之一处，是一揲也。又以四四揲地之数，最末之余，又合于前所归之扐而裒挂之，是再扐而后挂也。

[12] 八卦而小成：乾坤震巽坎离艮兑八卦象征天地雷风水火山泽，对于万物来说还有所不尽，所以称为小成。

[13] 引而伸之：引申为六十四卦。触类而长之：接触事物归类，所代表的事物不断增长。天下之能事毕矣：天下事物能够归类则可以概括天下之事物。

[14] 显道神德行：张载、朱熹皆认为应为"显道神德行"，有版本作"道显神德行"。显：显明。道：无形大道。神：神秘莫测。德行：道德修养。酬酢：应对报答。佑神：佑助神秘莫测之变化。

[15] 其知神之所为乎：可知神秘莫测的变化。

第十一章（节选）

是故，易有太极[1]，是生两仪[2]，两仪生四象[3]，四象生八卦，八卦定吉凶，吉凶生大业[4]。是故，法象莫大乎天地[5]，变通莫大乎四时，县象著明莫大乎日月[6]，崇高莫大乎富贵；备物致用，立成器以为天下利[7]，莫大乎圣人；探赜索隐，钩深致远[8]，以定天下之吉凶，成天下之亹亹[9]者，莫大乎蓍龟。是故，天生神物，圣人则之[10]；天地变化，圣人效之；天垂象，见吉凶，圣人象之[11]。河出图，洛出书，圣人则之[12]。易有四象，所以示[13]也。系辞焉，所以告[14]也。定之以吉凶，所以断[15]也。

[1] 太极：天地未分之前，元气混而为一，即是太初、太一。筮法上即是天地的总数为五十有五。

[2] 两仪：指天地。也有人认为指乾坤二卦。就筮法而言是指将大衍之数去六爻，剩下 49，分二以象两。

[3] 四象：指四时。也有人认为指金木水火，禀天地而有，故云："两仪生四象"，

土则分王四季，又地中之别，故只讲四象。体现于卦上则是阴阳相重，生出老阳、少阴、少阳、老阴。从筮法上说，是指揲之以四以象四时。

[4] 四象生八卦：四时运行，生出八种物质，即天、地、雷、风、水、火、山、泽。从卦象上看，震木、离火、兑金、坎水，各主一时，又巽同震木，乾同兑金，加以坤、艮之土为八卦。大业：大的功业。

[5] 法：效法。象：物象。

[6] 县：同"悬"。悬象指天象。著明：显著明亮。

[7] 备物致用：备天下之物，为天下所用。立成器以为天下利：造成器物以为天下之利。

[8] 探：谓窥探求取。赜：幽深难见。索：求索。隐：隐藏。钩：钩取。致：招致。

[9] 亹亹：音尾，勉力勤奋。

[10] 神物：指蓍龟。则：以为法则。

[11] 垂象：垂示日月星辰之天象。

[12] 河出图，洛出书：河图洛书，有人认为是关于黄河和洛水的地理书。也有人认为是伏羲时代，有龙马出黄河，背上有图，伏羲取法而成八卦。夏禹时代，洛水有神龟出现，背上有纹，大禹取法做成《洪范》，其为《尚书》中的一篇。

[13] 示：显示。

[14] 告：告知。

[15] 断：判断。

系辞下（节选）

第一章

八卦成列，象在其中矣[1]。因而重之，爻在其中矣[2]。刚柔[3]相推，变在其中矣。系辞焉而命[4]之，动在其中矣。吉凶悔吝者，生乎动[5]者也。刚柔者，立本者也。变通者，趣时者也[6]。吉凶者，贞胜者也[7]。天地之道，贞观[8]者也。日月之道，贞明[9]者也，天下之动，贞夫一者[10]也。夫乾，确然示人易矣。夫坤，隤然示人简矣[11]。爻也者，效[12]此者也。象[13]也者，像此者也。爻象动乎内，吉凶见乎外，功业见乎变，圣人之情见乎辞[14]。天地之大德曰生[15]，圣人之大宝曰位[16]。何以守位曰仁，何以聚人曰财。理财正辞，禁民为非曰义[17]。

[1] 八卦：指乾坤震巽坎离艮兑。列：排列。象：指其所代表的天地风雷水火山泽八种物象。

[2] 重：重叠。爻：指六十四卦，每卦6爻，共384爻。

[3] 刚柔：即阴阳。在卦上指阴阳爻。

[4] 命：告，告知。

［5］动：变动。

［6］刚柔：刚柔之象。卦上指刚柔二爻。立本：根本。趣时：跟随四时。

［7］贞：正，守一贞正。胜：解为克胜。有解为"灭"。贞胜：守一贞正则克胜此吉凶。有解为"阳生则吉，阴消则凶者"，也有解为"吉凶不是固定的，而是常相胜"。

［8］贞观：天地之道正，可以观瞻。

［9］贞明：日月照临之道，可以正普照天下。

［10］贞夫一者：天下万事之动，皆正乎纯一。

［11］确然：刚健的样子。易：和易。隤然：柔顺的样子。简：简约。

［12］效：效法。

［13］象：成象。

［14］内：卦内。外：卦外的事物。辞：卦爻辞。

［15］生：广生万物。

［16］宝：宝物，有用之物。位：有用之地。

［17］理财正辞：管理财务，分辨是非。非：非正道。

第二章（节选）

古者包牺氏[1]之王天下也，仰则观象于天，俯则观法于地，观鸟兽之文，与地之宜[2]，近取诸身，远取诸物[3]，于是始作八卦，以通神明之德，以类万物之情[4]。

［1］包牺氏：伏羲。
［2］地之宜：大地上适宜生长的植物。
［3］身：指身体的耳目鼻口之类。物：指身体之外的事物。
［4］通：汇通。神明之德：神秘莫测的变化属性。类：分类别。情：情实，状态。

第十章

易之为书也，广大悉备，有天道焉，有人道焉，有地道焉。兼三才而两之故六[1]。六者非它也，三才之道也，道有变动故曰爻，爻有等[2]，故曰物，物相杂[3]故曰文，文不当[4]，故吉凶生焉。

［1］六：天道、地道、人道为三才，从卦上看，初二爻为地，三四爻为人，五上爻为天，合为六。
［2］等：类。
［3］杂：阴阳交错。
［4］文不当：阴阳交错相互妨碍。

《荀子》（节选）

《荀子》，荀子著，最后 6 篇或系其弟子所记。荀子（约前 313—前 238），名况，字卿。又名孙卿子。战国末期赵国人。曾游学于齐，三为稷下学宫祭酒。受楚国春申君之邀请，做兰陵令。春申君死被免职后，专门从事著述。

《荀子》共 32 篇。《荀子》一书的注释，包括唐代杨倞的《荀子注》、清代王先谦的《荀子集解》、近代人梁启雄的《荀子简释》。

《荀子》一书是先秦时期儒家思想应对时代问题的总结。荀子生活在战国末期，新的社会秩序和价值体系初步形成，神的权威几乎不复存在，富国强兵等逐利行为成为社会主流，政治上统一的趋势开始出现。面对这样的时代，荀子不再寻求现实生活的形上之源问题，而是把目光投向现实生活本身，这使其哲学思想呈现出浓厚的现实主义色彩。荀子提出了区分天人的观点，认为天是自然之天，有自己的运行规律，并不因为人类社会而改变。人类社会借由圣人制定的礼法而建立并维持其正常运转。礼法之所以能够保证社会运转，在于每个人都遵守礼法。之所以遵守礼法在于人性本身的利欲的需求和人的理性的存在。基于这样的逻辑思路，荀子提出了隆礼重法、制名、人性教化、认知理性、修身等哲学思想，代表了儒家智识主义的发展趋向。

劝学（节选）

君子之学也，入乎耳，箸乎心[1]，布乎四体[2]，形乎动静[3]。端而言[4]，蝡而动[5]，一[6]可以为法则。小人之学也，入乎耳，出乎口；口耳之间则四寸耳，曷足以美七尺之躯哉！古之学者为己[7]，今之学者为人[8]。君子之学也以美其身；小人之学也以为禽犊[9]。故不问而告谓之傲[10]，问一而告二谓之嚍[11]。傲，非也；嚍，非也；君子如向矣[12]。

[1] 箸：同"著"。箸乎心：心中记住而不忘记。

[2] 布乎四体：布满身体。

[3] 形乎动静：显露于行动。

[4] 端而言：端为喘，喘息。言：微言。或者解为端庄而言。

[5] 蝡而动：蝡为微动。

[6] 一：皆。

[7] 为己：为修养自己。

[8] 为人：为给别人看。

[9] 禽犊：馈献之物。

［10］傲：喧躁。

［11］嘽：同"讚"，用语言强加赞助。又解为语声细碎。

［12］向：同"响"，如响应声。

学莫便乎近其人[13]。礼乐法而不说[14]，诗书故而不切[15]，春秋约而不速[16]。方其人之习君子之说[17]，则尊以遍[18]矣，周于世[19]矣。故曰：学莫便乎近其人。

［13］便：便捷。近：亲近。人：良师益友。

［14］法而不说：有大的法则而不详细解说。

［15］故而不切：记载旧事而不切合亲近。

［16］约而不速：文义隐约而不能快速明白其意义。

［17］方：仿效。习：实习。

［18］尊以遍：以广博受到尊敬。

［19］周于世：周遍于世务。

学之经莫速乎好其人[20]，隆礼次之。上不能好其人，下不能隆礼，安特将学杂识志顺诗书而已耳[21]。则末世穷年，不免为陋儒而已[22]。将原先王，本仁义，则礼正其经纬蹊径[23]也。若挈裘领，诎五指而顿之，顺者不可胜数也[24]。不道礼宪[25]，以诗书为之，譬之犹以指测河也，以戈舂黍也，以锥飡壶也，不可以得之矣[26]。故隆礼，虽未明，法士[27]也；不隆礼，虽察辩，散[28]儒也。

［20］经：同"径"，途径。好：喜好。

［21］安：语助词。特：仅仅。杂识志：庞杂志记。仅仅将学习一些庞杂志记，记诵《诗》《书》的教条。

［22］末世穷年：终生。陋儒：鄙陋的儒生。

［23］蹊径：小路。

［24］挈：提起。诎：同"屈"，屈曲。顿：抖动。

［25］道：蹈，实践。又一说为"言说"。宪：标准。

［26］戈：兵器中的一种。飡：音孙，晚饭，泛指饭食。壶：古人贮存食物的用具。

［27］法士：尊崇礼法的士。

［28］散：不自检束。

天论（节选）

天行有常[1]，不为尧存，不为桀亡。应之以治则吉，应之以乱则凶[2]。强本[3]而节用，则天不能贫；养备而动时，则天不能病[4]；修道而不贰[5]，则天不能祸。故水旱不能使之饥，寒暑不能使之疾，祅怪不能使之凶[6]。本荒而用侈[7]，则天不能使之富；养略而动罕[8]，则天不能使之全；倍道而妄行[9]，则天不能使之吉。故水旱未至而饥，寒暑未薄[10]而疾，祅怪未至而凶。受时[11]与治世同，而殃祸与治世异，不可以怨天，其道[12]然也。故明于天人之分[13]，则可谓至人[14]矣。

[1] 天：自然之天。常：常规，规律。
[2] 应：回应，对待。治：治理安定。乱：治理混乱。
[3] 本：农业生产，农桑。
[4] 养备：指衣食充足。动时：运动当时。不能病：疾疹不发生。
[5] 贰：倍，差错。又一说为专一。
[6] 祅：同"妖"，指自然灾害。凶：祸害。
[7] 荒：荒废。用：费用。侈：过度。
[8] 养略：衣食不足。动：活动。罕：稀少。
[9] 倍：同"背"。违背。妄：胡乱。
[10] 薄：迫，迫近。
[11] 受时：接受天时。
[12] 道：天道，规律。
[13] 明于天人之分：明确天和人的职分。
[14] 至人：承担人的职责的人。

不为而成，不求而得，夫是之谓天职[15]。如是者，虽深其人不加虑焉[16]；虽大不加能焉[17]；虽精不加察焉[18]，夫是之谓不与天争职。天有其时，地有其财，人有其治，夫是之谓能参[19]。舍其所以参，而愿其所参，则惑矣[20]。

[15] 为：有意作为。求：有目的的追求。天职：天地职分。
[16] 如是者：指上句中的天职。深：精深。加虑：加以考虑。
[17] 大：广大。能：逞能。
[18] 精：精微，精细。察：考察，察辨。
[19] 时：四时。财：财富。治：治理。参：配合，参与。
[20] 所以参：能参，配合天地职分的能力。愿：愿意，希望。所参：天地的自然职分。

列星随旋，日月递照，四时代御[21]，阴阳大化，风雨博施[22]，万物各得其和以生，各得其养以成[23]，不见其事而见其功，夫是之谓神[24]。皆知其所以成，莫知其无形，夫是之谓天[25]。唯圣人为不求知天[26]。

[21] 列星：有位置名称的星，可能指二十八宿。随旋：相随旋转。递：交替。代御：交替为用。
[22] 阴阳大化：寒暑交替，万物变化。博施：广博施行。

［23］和：和气。养：风雨。

［24］事：和养之事。功：功效。神：神秘莫测。

［25］所以成：万物形成现在状态的原因是天的职责。莫知其无形：没有看到天有意做事的样子。

［26］不求知天：不追求知道天如何做事。

解蔽（节选）

·

人何以知道？曰：心。心何以知？曰：虚壹而静[1]。心未尝不臧也，然而有所谓虚[2]；心未尝不满也，然而有所谓一[3]；心未尝不动[4]也，然而有所谓静。人生而有知，知而有志[5]；志也者，臧也；然而有所谓虚；不以所已臧害所将受，谓之虚[6]。心生而有知，知而有异；异也者，同时兼知之[7]；同时兼知之，两[8]也；然而有所谓一；不以夫一害此一谓之壹[9]。心卧则梦，偷则自行，使之则谋[10]；故心未尝不动也；然而有所谓静；不以梦剧乱知谓之静[11]。未得道而求道者，谓之[12]虚壹而静。作之：则将须道者之虚则入[13]，将事道者之壹则尽[14]，尽将思道者静则察[15]。知道察，知道行，体道者也[16]。虚壹而静，谓之大清明[17]。万物莫形而不见，莫见而不论，莫论而失位[18]。坐于室而见四海，处于今而论久远。疏观万物而知其情[19]，参稽治乱而通其度[20]，经纬天地而材官万物[21]，制割大理而宇宙里矣[22]。恢恢广广，孰知其极？罪罪广广，孰知其德？涽涽纷纷，孰知其形[23]？明参日月，大满八极，夫是之谓大人[24]。夫恶有蔽矣哉[25]！

［1］何以：以何，凭借什么。虚壹而静：不以原有知识妨碍接受新知识，不以接受一种知识妨碍另一种知识的接受，不因纷乱而扰乱静思。

［2］臧：同"藏"，储藏。虚：虚心，空虚。

［3］满：当为"两"，同时兼知。一：专一。

［4］动：运动。

［5］知：认识能力。志：在心为志。同"识"，记忆。

［6］害：妨碍。将受：将要接受的。

［7］异：不同。兼知：另一方面的认知。

［8］两：两个方面兼知。

［9］不以夫一害此一谓之壹：不因对一方面的认知妨碍对另一方面的认知。

［10］卧：就寝，睡觉。偷：松懈。自行：放纵。使：役使。谋：谋虑。

［11］梦：想象。剧：嚣烦。乱：扰乱。

［12］谓之：说给他。

［13］作之：实行。此后恐有脱字。将：将要。须：对待。入：纳入。

［14］事：从事。壹：专一。尽：穷尽认知事物。

[15] 思：思索。静：宁静。察：察知。

[16] 知道察，知道行，体道者也：通过精察认知道，通过力行实践道，这是不离道的人。也可断为：知道，察；知道，行；体道者也。意为知道而明察，知道而力行，这是不离道的人。

[17] 大清明：没有壅蔽的认知状态。

[18] 莫：没有。形而不见：有形而不能被看见。见而不论：看见而不能论说。失位：失去适当的位置。

[19] 疏：通。情：情实。

[20] 参：验证。稽：考察。度：制度。

[21] 经纬：安排。材：谓当其分，又说通“裁”，裁制。官：不失其任。又有解为“管理”。

[22] 制割：掌握，控制。里：通“理”，条理。

[23] 恢恢广广：宽广。睪睪：音皋皋，广大的样子。涫涫：音贯，沸腾的样子。纷纷：杂乱的样子。

[24] 参：并列。大：伟大。八极：八方极远之地。大人：达到大清明境界的人。

[25] 恶：音乌。蔽：蒙蔽。

正名（节选）

今圣王没，名守慢[1]，奇辞起，名实乱[2]，是非之形不明[3]，则虽守法之吏，诵数[4]之儒，亦皆乱也。若有王者起，必将有循于旧名，有作于新名。然则所为有名[5]，与所缘以同异[6]，与制名之枢要[7]，不可不察也。

[1] 名守：遵守各种名称的规定。慢：怠慢。

[2] 名实：事物的名称和事物本身。乱：名实不相符。

[3] 是非之形不明：是与非的界限不分明。

[4] 诵数：诵记经书条文。

[5] 所为有名：所以要确定名称的道理。

[6] 所缘以同异：名称同异的根据缘由。

[7] 制名之枢要：给予名称的关键。

异形离心交喻[8]，异物名实玄纽[9]，贵贱不明，同异不别；如是，则志必有不喻之患[10]，而事必有困废[11]之祸。故知者为之分别制名以指实[12]，上以明贵贱，下以辨同异。贵贱明，同异别，如是则志无不喻之患，事无困废之祸，此所为有名也。

[8] 异形：不同的形态。离心：分离人之心。喻：知晓。异形离心交喻：事物有不同形态，分离人之心，每人有交错不同的认识。

[9] 玄：深隐，又认为通"互"。纽：纽结。不同的事物名称与事物本身有深藏的纽结错乱。

[10] 志：心志。喻：不能知晓。患：担心，忧患。

[11] 困废：困顿废止。

[12] 制名以指实：分界制名用来指向实事。

然则何缘而以同异？曰：缘天官[13]。凡同类同情者，其天官之意物也同[14]。故比方之疑似而通，是所以共其约名以相期也[15]。形体、色理以目异[16]；声音清浊、调竽、奇声以耳异；甘、苦、咸、淡、辛、酸、奇味以口异；香、臭、芬、郁、腥、臊、洒、酸、奇臭以鼻异；疾、痒、凔、热、滑、铍、轻、重以形体异；说、故、喜、怒、哀、乐、爱、恶、欲以心异[17]。心有征知。征知，则缘耳而知声可也[18]，缘目而知形可也。然而征知必将待天官之当簿其类，然后可也[19]。五官簿之而不知，心征之而无说[20]，则人莫不然谓之不知。此所缘而以同异也。

[13] 缘：根据，缘由。天官：耳目鼻口心体，各有所司主，所以称为"官"。

[14] 凡同类同情者，其天官之意物也同：凡是同样种类同样情实的事物，天官对其的认知也一样。意物：认识事物。

[15] 比方之：方并，合并。疑：做"拟"。似：相似。通：通名。约名：共同约定的名。相期：相互按照约定的名进行交流。

[16] 理：纹理。以目异：用眼睛辨别差异。

[17] 奇声：奇异的声音。郁：腐臭。洒，应当为漏：马发出的臭气。酸：牛发出的臭味。凔：音创，寒。铍：涩。说：同"悦"。故：同"固"，郁闷。

[18] 征：召，招引。知：认知。

[19] 待：等待。当：主。簿：簿书。类：同类，如可闻之类是耳听一类；可见之类是目之类。天官之当簿其类：天官各主其簿书，不杂乱。

[20] 说：表达。

然后随而命[21]之，同则同之，异则异之[22]。单足以喻则单，单不足以喻则兼[23]；单与兼无所相避则共；虽共不为害矣[24]。知异实者之异名也，故使异实者莫不异名也，不可乱也[25]，犹使异实者莫不同名也[26]。

[21] 命：命名。

[22] 同：相同。同之：给与相同的名。异：不同。

[23] 单：单名。喻：表达，晓谕。兼：复名。

[24] 避：排斥。共：共名，一类事物的名。害：妨害。

[25] 异实：不同的事物。异名：不同的名称。

[26] 犹使异实者莫不同名也：有时不同的事物也使用同名。或者此"异实"为"同实"之误，意为"同样的事物有同样的名"。

故万物虽众，有时而欲徧举之，故谓之物；物也者，大共名也^[27]。推而共之，共则有共^[28]，至于无共然后止^[29]。有时而欲徧举之，故谓之鸟兽。鸟兽也者，大别名^[30]也。推而别之，别则有别，至于无别然后止^[31]。

[27] 徧，同遍。大共名：最高层次的事物的名。

[28] 共则有共：共名之上还有共名。如马作为共名，推理下去，还有家畜、动物等共名。

[29] 至于无共然后止：到了再也没有共名的时候停止。

[30] 徧，同偏，单，别。大别名：最低层次的事物的名。

[31] 至于无别然后止：到了再也没有分别的名之后停止。

名无固宜^[32]，约之以命^[33]，约定俗成谓之宜，异于约则谓之不宜。名无固实^[34]，约之以命实，约定俗成，谓之实名^[35]。名有固善，径易而不拂^[36]，谓之善名。

[32] 名无固宜：名称没有固定适宜。

[33] 约之以命：相约以命名。

[34] 名无固实：名称没有固定要给与某事物。

[35] 实名：事物和名称相约定被给与一定的名。

[36] 径：直接。易：平易。拂：违背。

物有同状而异所者，有异状而同所者，可别也^[37]。状同而为异所者，虽可合，谓之二实^[38]。状变而实无别而为异者，谓之化^[39]。有化而无别，谓之一实^[40]。此事之所以稽实定数^[41]也。此制名之枢要也。后王之成名，不可不察也。

[37] 状：形状。所：处所。

[38] 二实：两个不同的事物。

[39] 化：形状变化而实没有区别，这称作化。

[40] 一实：一个事物。

[41] 稽实定数：稽考事物以确定名数。

性恶（节选）

人之性恶，其善者伪也^[1]。今人之性，生而有好利焉，顺是^[2]，故争夺生而辞让亡^[3]焉；生而有疾恶^[4]焉，顺是，故残贼生而忠信亡焉；生而有耳目之欲，有好声色焉，顺是，故淫乱生而礼义文理^[5]亡焉。然则从人之性，顺人之情，必出于争夺，合于犯分乱理，而归于暴^[6]。故必将有师法之化^[7]，礼义之道，然后出于辞让，合于文理，而归于治。用此观之，然则人之性恶明矣，其善者伪也。

[1] 伪：人为，矫其本性。

[2] 顺是：顺其性。

[3] 亡：消失。

[4] 疾恶：嫉恨厌恶。

[5] 文理：节文条理。

[6] 犯分乱理：违反名分，破坏条理。暴：暴乱。

[7] 师法之化：教育与法制的教化。

《礼记》（节选）

《礼记》是战国至汉初儒家的著作选录。各篇著作的作者多不可考。《汉书·艺文志》记载："《记》百三十一篇。"班固自注"七十子后学所记也"。当时还有两个删节本子。一是戴德的八十五篇的《大戴礼记》，一是其侄子戴圣的四十九篇的《小戴礼记》。目前十三经中的《礼记》是《小戴礼记》，即现在我们所说的《礼记》。关于《礼记》的注释主要有东汉郑玄的注和唐代孔颖达的疏，合称为《礼记正义》，被收入到《十三经注疏》之中。此外还有元代陈澔的《礼记集说》，清孙希旦的《礼记集解》、朱彬的《礼记训纂》等。《大学》与《中庸》是《礼记》中的两篇，后来连同《论语》《孟子》被宋代朱熹合编为《四书》，并加以注释，即《四书章句集注》。

《大学》的作者不详。朱熹认为是曾子所做。朱熹将《大学》分为经和传两个部分。认为经"盖孔子之言，而曾子述之。凡二百五字。其传十章，则曾子之意而门人记之也"。后人考证，有的认为《大学》是秦汉之际的儒者所做，也有人认为是战国时期的儒家所做。

《大学》是一篇讲述儒家政治哲学的著作，继承和发展了儒家的政治哲学思想，提出了"明明德、亲民、止于至善"的三纲领以及"格物、致知、正心、诚意、修身、齐家、治国、平天下"的八条目等政治哲学思想。这些政治哲学思想主要试图解决当时统治者如何治国理政以强大自身力量，进而能够平治天下的时代问题。其解决问题的逻辑思路是：君主乃至大臣甚至庶人首先要通过格物致知、正心诚意等修养己身，而后推至处理家族、诸侯国事务，最后达至治理天下。所以如果天下人皆能修身，那么则天下大治。故修身为本，本治则天下治。

《中庸》的作者不详，程颢、程颐和朱熹认为是子思所做，认为《中庸》是孔门传授心法。从整个文本来看，《中庸》经历了较长的形成和演变过程，最终呈现今天的面貌。《中庸》提出的"天命之谓性"、"诚""中和"等思想对孟子和宋明理学产生了深远影响。

大学（节选）

大学之道[1]，在明明德[2]，在亲[3]民，在止于至善[4]。知止而后有定，定而后能静，静而后能安，安而后能虑，虑而后能得[5]。物有本末，事有终始，知所先后，则近道矣[6]。

[1] 大学：大人之学。郑玄《三礼目录》中载："名曰《大学》者，以其记博学，可以为政也。"道：准则，宗旨。

[2] 明：显明。明德：美好的德行。

[3] 亲：亲爱。此为孔颖达《礼记正义》之解。程朱解"亲"为"新"，意为"新者，革其旧之谓也"。

[4] 止：到达而不再迁移。至善：最高的应当之处。

[5] 定：定向。静：不妄动。安：安和，安于所处。虑：思虑。得：有所得。

[6] 本末：指事物的主次关系。始终：指事物的根源与结局。近：接近。

古之欲明明德于天下者，先治其国[7]，欲治其国者，先齐其家[8]；欲齐其家者，先修其身；欲修其身者，先正其心[9]；欲正其心者，先诚其意[10]；欲诚其意者，先致其知，致知在格物[11]。物格而后知至，知至而后意诚，意诚而后心正，心正而后身修，身修而后家齐，家齐而后国治，国治而后天下平。自天子以至于庶人，壹是[12]皆以修身为本。其本乱而末治者，否矣[13]。其所厚者薄，而其所薄者厚，未之有也[14]。此谓知本，此谓知之至也[15]。……

[7] 天下：古代中国全部领域。国：诸侯邦国。

[8] 齐：整齐、整顿。家：卿大夫的采邑，也泛指家族、家庭。

[9] 正：心端正无倾邪。心：所有的思虑之所在。

[10] 诚：实。意：意念。

[11] 致：招致。格：来。物：事物。

[12] 壹是：一切。

[13] 本：修身。否：不可能。

[14] 厚：亲厚。薄：轻薄。

[15] 本：根本。朱熹把这句话放在传第五章："右传之五章，盖释格物、致知之义，而今亡矣。此章旧本通下章，误在经文之下。闲尝窃取程子之意以补之曰：'所谓致知在格物者，言欲致吾之知，在即物而穷其理也。盖人心之灵莫不有知，而天下之物莫不有理，惟于理有未穷，故其知有不尽也。是以大学始教，必使学者即凡天下之物，莫不因其已知之理而益穷之，以求至乎其极。至于用力之久，而一旦豁然贯通焉，则众物之表里精粗无不到，而吾心之全体大用无不明矣。此谓物格，此谓知之至也。'"

所谓诚其意者，毋自欺[16]也。如恶恶臭，如好好色，此之谓自谦[17]。故君子必慎其独也[18]。小人闲居为不善，无所不至，见君子而后厌然，揜其不善，而著其善[19]。人之视己，如见其肝肺然，则何益矣[20]。此谓诚于中形于外[21]。故君子必慎其独也。曾子曰："十目所视，十手所指，其严乎[22]！"富润屋，德润身，心广体胖，故君子必诚其意[23]。

[16] 自欺：诓骗自身。

[17] 恶恶臭：厌恶恶臭的气味。好好色：喜爱美色。谦：同"慊"，满足。

[18] 慎：谨慎。独：独处。

[19] 闲居：独处。厌：掩藏。揜：同"掩"，掩盖。著：显示。

[20] 人之视己：言小人为恶，外人视之，昭然明察，如见肺肝的样子。

[21] 诚：诚实。中：中心。形：可见之形。

[22] 十目所视：十人之目所见。严：因畏敬而忌惮。

[23] 润：润色，修饰。胖：音盘，安舒。

所谓修身正在其心者，身有所忿懥[24]，则不得其正[25]，有所恐惧，则不得其正，有所好乐，则不得其正，有所忧患，则不得其正。心不在焉，视而不见，听而不闻，食而不知其味。此谓修身在正其心。

[24] 身有所忿懥：程子认为，"身有所忿懥"之"身"当作"心"，即"心有所忿懥"。忿懥：愤怒。

[25] 正：端正无倾邪。

所谓齐其家在修其身者，人之其所亲爱而辟焉[26]，之其所贱恶而辟焉，之其所畏敬而辟焉，之其所哀矜而辟焉[27]，之其所敖惰[28]而辟焉。故好而知其恶[29]，恶而知其美者，天下鲜矣。故谚有之曰："人莫知其子之恶，莫知其苗之硕[30]。"此谓身不修不可以齐其家。

[26] 之：适，到。辟：譬喻。人之其所亲爱而辟焉：假设我到某个人那里，见彼有德，则为我所亲爱，当反自譬喻于我。以彼有德，所以为我所亲爱，则我若自修身有德，必然亦能使众人亲爱于我。另外有解"之"为"于"，"辟"为偏僻，全句解为"人对其所亲爱的人有偏"。

[27] 贱恶：鄙视厌恶之人。哀矜：同情怜悯之人。

[28] 敖惰：简慢看不起的人。

[29] 好而知其恶：喜欢一个人而知道他的缺点。

[30] 硕：大，引申为苗壮。

所谓治国必先齐其家者，其家不可教而能教人者，无之。故君子不出家而成教于国[31]。孝者，所以事君也；弟者，所以事长也；慈者，所以使众也[32]。《康诰》曰："如保赤子。"心诚求之，虽不中不远矣[33]。未有学养子而后嫁者也[34]。一家仁，一国兴仁；一家让，一国兴让；一人贪戾，一国作乱，其机如此[35]。此谓一言偾[36]事，一人定国。尧、舜率天下以仁而民从之。桀、纣率天下以暴而民从之。其所令反其所好[37]，而民不从。是故君子有诸己而后求诸人[38]，无诸己而后非诸人[39]。所藏乎身不恕，而能喻诸人者，未之有也[40]。故治国在齐其家。《诗》云："桃之夭夭，其叶蓁蓁。之子于归，宜其家人。"宜其家人，而后可以教国人[41]。《诗》云："宜兄宜弟。"宜兄宜弟，而后可以教国人。《诗》云："其仪不忒，正是四国[42]。"其为父子兄弟足法[43]，而后民法之也。此谓治国在齐其家。

[31] 不出家而成教于国：不出家门而教化影响全国。

[32] 事：侍奉。使：驱使，命令。

[33] 心诚求之，虽不中不远矣：诚心寻求婴儿的需求，虽然不能完全符合，但也不会相差太远。

[34] 未有学养子而后嫁者也：母亲抚养子女，自然而爱，自然满足赤子的需求，非由学习而来，都是出自自然而然的本心。

[35] 兴：兴起。戾：横暴。机：发动原因。

[36] 偾：覆败。

[37] 好：喜好。

[38] 诸：于。有诸己而后求诸人：君子有善行于己，而后可以求于人，使行善行。

[39] 无诸己而后非诸人：无恶行于己，而后可以非责于人为恶行。

[40] 藏：隐藏。恕：推己及人。喻：晓谕。

[41] 夭夭：年轻少壮的样子。蓁蓁：美盛。之子：是子，此指女子之嫁者。归：妇人谓嫁曰归。宜：善，可以为夫家之人。

[42] 忒：差错。正：匡正。

[43] 足法：足以效法。

所谓平天下在治其国者，上老老而民兴孝[43]，上长长而民兴弟[44]，上恤孤而民不倍[45]，是以君子有絜矩之道也[46]。所恶[47]于上，毋以使下，所恶于下，毋以事上；所恶于前，毋以先后；所恶于后，毋以从前；所恶于右，毋以交于左；所恶于左，毋以交于右；此之谓絜矩之道。

[43] 上：上位者。老老：尊敬老人。兴：兴起。

[44] 长长：尊敬长者。弟：同"悌"。

[45] 恤：忧恤救助。孤：孤儿。倍：背弃。

[46] 絜：结，度。矩：法，所以为方。

[47] 恶：憎恶。

中庸（节选）

天命之谓性[1]，率性之谓道[2]，修道之谓教[3]。道也者，不可须臾[4]离也；可离，非道也。是故君子戒慎乎其所不睹[5]，恐惧乎其所不闻。莫见乎隐，莫显乎微[6]。故君子慎其独也。喜、怒、哀、乐之未发，谓之中。发而皆中节[7]，谓之和。中也者，天下之大本[8]也。和也者，天下之达道[9]也。致中和，天地位焉，万物育焉[10]。

[1] 命：命令。唐孔颖达疏曰："天本无体，亦无言语之命，但人感自然而生，有贤愚吉凶，若天之付命遣使之然，故云'天命'"。性：自然天性。《孝经说》曰："性者，生之质命，人所禀受度也。"

[2] 率：遵循。道：通物之名，或解为"犹如道路"。

[3] 修：修治。教：教化。

[4] 须臾：片刻。

[5] 其所不睹：其不被看见。

[6] 莫：无。见：显现。隐：暗处。微：细事。

[7] 发：发动。中节：合于度。

[8] 大本：大根本。

[9] 达道：通达之路。

[10] 致：达到。位：正，各安其位。育：生长。

仲尼曰："君子中庸[11]，小人反中庸，君子之中庸也，君子而时中[12]；小人之中庸也，小人而无忌惮也[13]。"

子曰："中庸其至矣乎！民鲜能久矣[14]。"……

[11] 中：不偏不倚，无过无不及。庸：有"庸"和"常"二义。

[12] 时中：时时合节。

[13] 小人之中庸也：王肃本做"小人之反中庸也"。忌惮：顾忌和畏惧。

[14] 至：极至。鲜：少。

哀公问政。子曰："文武之政，布在方策[15]。其人存，则其政举；其人亡，则其政息[16]。人道敏政，地道敏树。夫政也者，蒲卢[17]也。故为政在人，取人以身，修身以道，修道以仁[18]。仁者人也。亲亲为大；义者宜也[19]。尊贤为大。亲亲之杀[20]，尊贤之等，礼所生也。在下位不获乎上，民不可得而治矣！[21]故君子不可以不修身；思修身，不可以不事亲；思事亲，不可以不知人；思知人，不可以不知天。"

天下之达[22]道五，所以行之者三。曰：君臣也，父子也，夫妇也，昆弟[23]也，朋友之交也，五者天下之达道也。知仁勇三者，天下之达德也，所以行之者一也[24]。或生而知之，或学而知之，或困而知之，及其知之一也[25]。或安而行之，或利而行之，或勉强而行之，及其成功一也[26]。子曰：好学近乎知，力行近乎仁，知耻近[27]乎勇。知斯三者，则知所以修身；知所以修身，则知所以治人；知所以治人，则知所以治天下国家矣。凡为天下国家有九经，曰：修身也，尊贤也，亲亲也，敬大臣也，体群臣也，子庶民也，来百工也，柔远人也，怀诸侯也[28]。修身则道立，尊贤则不惑，亲亲则诸父昆弟不怨，敬大臣则不眩，体群臣则士之报礼重，子庶民则百姓劝，来百工则财用足，柔远人则四方归之，怀诸侯则天下畏之[29]。齐明盛服[30]，非礼不动，所以修身也；去谗远色[31]，贱货而贵德，所以劝贤也；尊其位，重其禄，同其好恶[32]，所以劝亲亲也；官盛任使[33]，所以劝大臣也；忠信重禄[34]，所以劝士也；时使薄敛[35]，所以劝百姓也；日省月试，既廪称事[36]，所以劝百工也；送往迎来，嘉善而矜不能[37]，所以柔远人也；继绝世，举废国，治乱持危，朝聘以时，厚往而薄来，所以怀诸侯也[38]。凡为天下国家有九经，所以行之者一[39]也。凡事豫[40]则立，不豫则废。言前定则不跲，事前定则不困，行前定则不疚，道前定则不穷[41]。在下位不获[42]乎上，民不可得而治矣。获乎上有道，不信乎朋友，不获乎上矣；信乎朋友有道，不顺乎亲[43]，不信乎朋友矣；顺乎亲有道，反诸身不诚，不顺乎亲矣；诚[44]身有道，不明乎善，不诚乎身矣。诚者，天之道也；诚之者，人之道也[45]。诚者不勉而中，不思而得，从容中道，圣人也。诚之者，择善而固执之者也[46]。博学之，审问之，慎思之，明辨之，笃行之[47]。有弗学，学之弗能，弗措也[48]；有弗问，问之弗知，弗措也；有弗思，思之弗得，弗措也；有弗辨，辨之弗明，弗措也；有弗行，行之弗笃，弗措也。人一能之己百之[49]，人十能之己千之。果能此道矣。虽愚必明，虽柔必强。……

[15] 文武：周文王与周武王。布：记载。方：版。策：简。

[16] 举：行。息：灭。

[17] 敏：勉，勉力。蒲卢：即蜾蠃或土蜂，取桑虫之子以为己子。善为政的人，化养他民以为己民，像蒲卢一样。又一说认为是蒲苇，易生速成。比喻人存政举，其易如此。

[18] 人：贤人。身：指君身。

[19] 亲亲：亲近亲人。宜：于事得宜。

[20] 杀：降等，由爱亲人到爱天下人依次降等。

[21] 此处为衍文。

[22] 达：通行。

[23] 昆弟：兄弟。

[24] 所以行之者一也：一种说法认为"一"是诚实、专一，能使知、仁、勇实行的方法就是诚实专一。一种说法认为，言百王以来，行此五道三德，其义一也，古今不变也。这里"一"是一致之意。一种说法认为"一"是衍文，原意应是达德用以实现达道。

呼应"天下之达道五,所以行之者三"。

[25] 困:困惑。一:言初知之时,其事虽别,既知之后,并皆是"知"。

[26] 安:安静无所求。利:贪利。勉:勉强。

[27] 近:接近。

[28] 经:不变常道。体:接纳,体察。子:如爱儿子一样。来:招来。也有解为"劳",奖励之意。百工:各种工匠。柔:笼络。远人:远方来的宾客。怀:怀柔。

[29] 眩:迷惑。劝:勉。

[30] 齐:整齐。明:谓严明。盛服:正其衣冠。

[31] 去谗远色:远离谗言美色。

[32] 好:庆赏。恶:诛罚。同其好恶:对于同姓既有亲疏,恩亲虽不同,义必须等,故不特有所好恶。

[33] 官盛:谓官之盛大。任使:有属臣的大臣,当令任使属臣,不可以小事专劳大臣。

[34] 忠信重禄:对忠信之士给予厚禄。

[35] 时使薄敛:适时役使百姓,征敛赋税要轻。

[36] 日省月试:每天检查,每月考核。既廪称事:既同"饩",赠送食物。廪:粮仓,指粮食。称:相称。事:工效。

[37] 嘉:奖励。矜不能:同情能力低下的人。

[38] 继绝世,举废国:古礼天子不灭国,诸侯不灭姓,令后继有人,以承祭祀。朝聘:古代诸侯亲自朝见周天子称朝,派卿、大夫代往称聘。厚往而薄来:谓天子赏赐诸侯多而诸侯交纳纳贡少。

[39] 一:诚,也有认为指的是"豫"。

[40] 豫:素定,预先,事先。

[41] 跲:被绊倒,引申为失误。疚:愧悔。穷:困穷不通。

[42] 获:得,意为不获得上级信任。

[43] 顺乎亲:孝顺父母亲。

[44] 诚:真实无妄。

[45] 诚者:与诚合一的圣人。诚者,天之道也:真实无妄是天性。诚之者:学而致此至诚的人。诚之者,人之道也:勉力学此至诚,是人之道。

[46] 择:选择。固执:固守不失。

[47] 审问:详细地询问。笃行:切实地践行。

[48] 弗:不。措:措置休废。

[49] 人一能之己百之:他人一学则能知之,自己当百倍用功而学。

自诚明,谓之性[50]。自明诚,谓之教[51]。诚则明矣,明则诚矣。

［50］自：由。自诚明，谓之性：由天性至诚，达到明悟天道，这叫作天性。

［51］自明诚，谓之教：由对天道之知达到对天性之诚的彰显，这叫作教化。

唯天下至诚，为能尽其性[52]；能尽其性，则能尽人之性；能尽人之性，则能尽物之性；能尽物之性，则可以赞天地之化育[53]；可以赞天地之化育，则可以与天地参[54]矣。

［52］至诚：至极诚信。尽其性：穷尽本性。

［53］赞：助。化育：造化生长。

［54］参：同"三"。与天地参：与天地并立为三。

其次致曲[55]。曲能有诚，诚则形，形则著，著则明，明则动，动则变，变则化[56]。唯天下至诚为能化。

［55］其次：次于至诚之人，或自明诚之人。致：推致。曲：细小之事，偏。

［56］曲能有诚：在细小之事上达到诚。形：外部形态。著：显著。明：光明。动：感动。变：初时渐渐改变。化：新旧两体俱有，变尽旧体而有新体谓之为"化"。

至诚之道，可以前知[57]。国家将兴，必有祯祥；国家将亡，必有妖孽[58]。见乎蓍龟，动乎四体[59]。祸福将至，善，必先知之；不善，必先知之。故至诚如神[60]。

［57］前知：预先知晓。

［58］祯祥：吉祥的征兆。妖孽：怪异反常的事物。

［59］蓍龟：蓍草和龟卜。四体：龟的四足。一说人的手足，指人的举止动作。

［60］神：鬼神。

诚者自成也，而道自道也[61]。诚者物之终始，不诚无物。是故君子诚之为贵[62]。诚者非自成己而已也，所以成物[63]也。成己，仁也；成物，知也。性之德也，合外内之道也，故时措之宜[64]也。

［61］自成：自己成就。自道：自导，自己引导。

［62］诚之为贵：以诚为贵。

［63］成物：成就外物。

［64］措：用。时措之宜：以时措之，得其时而用而皆得其宜。

故至诚无息[65]。不息则久，久则征[66]；征则悠远，悠远则博厚，博厚则高明[67]。博厚，所以载物也；高明，所以覆物也；悠久，所以成物也。博厚配地，高明配天，悠久无疆。如此者，不见而章[68]，不动而变，无为而成。天地之道，可一言而尽也。其为物不贰，则其生物不测[69]。天地之道，博也，厚也，高也，明也，悠也，久也。今夫天，斯昭昭之多，及其无穷也，日月星辰系焉，万物覆焉[70]。今夫地，一撮土之多。及其广厚，载华岳而不重，振河海而不洩，万物载焉[71]。今夫山，一卷石之多，及其广大，草木生之，禽兽居之，宝藏兴焉[72]。今夫水，一勺之多，及其不测，鼋鼍蛟龙鱼鳖生焉，货财殖[73]焉。《诗》曰："维天之命，於穆不已[74]！"盖曰天之所以为天也。"於乎不显，文王之德之纯！"[75]盖曰文王之所以为文也，纯亦不已。

[65] 息：停止，间断。

[66] 征：效验，征验。

[67] 高明：高大光明。

[68] 章：彰明。

[69] 不贰：专一。不测：神秘莫测。

[70] 昭昭：小小光明。覆：覆盖。

[71] 华岳：华山。振：收。

[72] 卷：古本做"拳"，拳头，也有解为"区"。兴：产生。

[73] 殖：孳生，增殖。

[74] 於：同"乌"，叹词。穆：深远，又解为"美"。

[75] 不：同"丕"，大。又一说，"不显，犹言岂不显"。显：光明。纯：纯一不杂。又一说，"纯，谓不已"。

大哉！圣人之道。洋洋[76]乎发育万物，峻极于天[77]。优优大哉！礼仪三百，威仪三千[78]。待其人然后行[79]。故曰：苟不至德，至道不凝[80]焉。故君子尊德性而道问学[81]。致广大而尽精微[82]。极高明而道[83]中庸。温故而知新，敦厚以崇礼[84]。是故居上不骄，为下不倍；国有道其言足以兴；国无道其默足以容[85]。《诗》曰："既明且哲，以保[86]其身。"其此之谓与！

[76] 洋洋：充满。

[77] 育：生。峻：高大。

[78] 优优：宽裕的样子。礼仪：经礼。威仪：曲礼。

[79] 待其人然后行：必待贤人然后施行其事。

[80] 凝：成。

[81] 德性：道德之性自然至诚。道：由。问学：学诚者。言贤人行道由于问学，谓勤学乃致至诚。

[82] 致：推致。尽：极尽。

[83] 道：通达。

[84] 敦：加厚。崇：尊崇。

[85] 倍：违背。兴：兴起在位。容：容身。

［86］保：安。

◪◪ 《道德经》（节选）

《道德经》为老子所做。关于老子其人其书学术界争论较大。一种观点认为老子是春秋末年楚国人，姓李名耳，字聃，被称为道家学派的创始人，曾自著《道德经》。一种观点认为老子是战国时期西出函谷关的太史儋，关令尹喜邀请其写下《道德经》五千言。1993 年出土的郭店楚简中有关于《道德经》的竹简，文字相当于现行本的三分之一，有部分文字和思想有所不同。所以有人认为这是《道德经》的原本。总之，老子其人和其书的确切情况仍旧不甚清晰，至今尚无定论。

《道德经》共分 81 章，分为上篇《道经》37 章和下篇《德经》44 章。通行本是《道经》在前，马王堆帛书本、《韩非子》的《解老》和《喻老》都是《德经》在前。《道德经》注本主要有王弼和河上公的注本，明代焦竑的《老子翼》等。

老子所处的时代是春秋战国时期，其所回应的时代问题是面对礼崩乐坏的社会现实如何重建社会秩序和价值体系。老子首先批判了当时社会的礼乐制度，认为此时的礼乐制度已经是形式上的礼乐，甚至成为诈伪的工具。老子认为，此时的统治者应该效仿道的自然无为来治理百姓。通过"无为而无不为"，成就小国寡民的理想社会。

第一章

道可道[1]，非常[2]道；名可名[3]，非常名。无名天地之始，有名万物之母[4]。故常无欲以观其妙；常有欲以观其徼[5]。此两者同出而异名，同谓之玄[6]。玄之又玄，众妙之门[7]。

［1］道：万物的本原。可道：言说。

［2］常：恒常。

［3］名：名称、概念。可名：可称谓。

［4］无名天地之始，有名万物之母：此二句可有不同断句。一为"无名，天地之始；有名，万物之母。"一为"无，名天地之始；有，名万物之母"。始，原始。

［5］故常无欲以观其妙；常有欲以观其徼：此二句可有不同断句。一为"故常无欲，以观其妙；常有欲，以观其徼"。一为"故常无，欲以观其妙；常有，欲以观其徼"。妙：微妙。徼：归终，边界。

［6］两者：指有无。同出：同出于道。异名：不同的称谓。玄：默然幽昧。

［7］门：门户。

第二章

天下皆知美之为美，斯恶已[1]。皆知善之为善，斯不善已。故有无相生，难易相成，长短相较[2]，高下相倾[3]，音声相和[4]，前后相随，恒也。是以圣人处无为之事，行不言之教[5]，万物作[6]焉而不辞，生而不有，为而不恃[7]，功成而弗居[8]。夫唯弗居，是以不去[9]。

[1] 斯：有。已：同矣。
[2] 较：比较。有的本子为"形"，显现之义。
[3] 倾：趋向。
[4] 音：声音组合。声：简单的发声。和：唱和。
[5] 教：教化。
[6] 作：兴起。
[7] 恃：自恃。
[8] 居：居功。
[9] 去：离开。

第五章

天地不仁，以万物为刍狗[1]；圣人不仁，以百姓为刍狗。天地之间，其犹橐籥乎[2]？虚而不屈[3]，动而愈出。多言数穷，不如守中[4]。

[1] 刍狗：古代祭祀所用之物，用后即弃。
[2] 橐：排橐，风箱。籥：乐籥，箫籥。又说橐籥为冶铸时所用的吹风炽火之器。
[3] 屈：音掘，竭，尽。
[4] 多言：指政令繁苛。数：同"速"，快速。守中：持守虚静之心。

第十四章

视之不见名曰夷[1]；听之不闻名曰希[2]；搏之不得名曰微[3]。此三者不可致诘[4]，故混而为一。其上不皦，其下不昧，绳绳兮不可名，复归于无物[5]。是谓无状之状，无物之象，是谓惚恍[6]。迎之不见其首，随之不见其后。执古之道，以御今之有[7]。能知古始[8]，是谓道纪[9]。

[1] 夷：无色。

[2] 希：无声。

[3] 搏：抚摸。又做"抟"。微：无形。

[4] 致诘：追问。

[5] 皦：光明。昧：昏暗。绳绳：连绵无穷。

[6] 惚恍：若存若亡，不可见之。

[7] 执：执守。御：治理。有：同"域"，指国家。

[8] 古始：上古的开始。

[9] 纪：原为"已"，应为"纪"，纲纪，规律。

第十九章

绝圣弃智[1]，民利百倍；绝仁弃义，民复孝慈；绝巧弃利[2]，盗贼无有。此三者以为文不足[3]，故令有所属[4]。见素抱朴[5]，少私[6]寡欲。

[1] 圣：聪明。智：才智。

[2] 巧：奇巧之物。利：货利。

[3] 三者：指绝圣弃智、绝仁弃义、绝巧弃利。文：文饰，礼法条文。

[4] 属：归属。

[5] 见素：显示素朴。抱朴：执守质朴。

[6] 少私：正而无私。又说通"思"。

第二十一章

孔德之容，惟道是从[1]。道之为物[2]，惟恍惟惚。惚兮恍兮，其中有象[3]；恍兮惚兮，其中有物[4]；窈兮冥兮，其中有精[5]；其精甚真，其中有信[6]。自今及古，其名不去，以阅众甫[7]。吾何以知众甫之状哉？以此[8]。

[1] 孔：大。也有解为：空。容：动。又解为：容貌。从：遵循。

[2] 道之为物：道之于万物。也有解为："道这个东西。"

[3] 惟：语助词。恍惚：恍恍惚惚，没有偶对没有中间，是对道的没有分化的状态的描写。象：气之可见者称为象。

[4] 物：形之可见者。

[5] 窈：深远。冥：暗昧。精：精气。也有解为：精神、生机等。

[6] 信：信验，征验。

[7] 阅：观察，又解为：说，禀，总。众：万物。甫：开始。也有解为：父，大。

[8] 以此：指道。又解为：以上，以今。

第二十五章

有物混成[1]，先天地生。寂兮寥兮[2]，独立不改[3]，周行而不殆[4]，可以为天地母。吾不知其名，字之曰道，强[5]为之名曰大。大曰逝，逝曰远，远曰反[6]。故道大，天大，地大，王亦大[7]。域中有四大[8]，而王居其一焉。人法地，地法天，天法道，道法自然[9]。

[1] 混：混然，不可区分。成：生成。
[2] 寂：无声。寥：无形。
[3] 独立：无对，不依赖于他物。不改：不变。
[4] 周行：普遍运行。殆：所在皆通。
[5] 强：勉强。
[6] 曰：而，则。逝：行。远：辽远。反：同"返"，归，复。
[7] 道大：包罗天地，无所不容。天大：无所不盖。地大：无所不载。王亦大：王大，无所不制。也有做"人亦大"。人为万物之灵，为天演中最进化之物，故曰"人亦大"。
[8] 域：宇宙。域中有四大：道，以名称标示的"大"，但是不如无称之大。无称不可得而名曰域，道、天、地、王皆在无称之内，故曰，域中有四大。
[9] 法：效法。自然：自然而然。又解为：无称之言，穷极之辞。

第二十八章

知其雄，守其雌，为天下谿[1]。为天下谿，常德不离，复归于婴儿。知其白，守其黑，为天下式[2]。为天下式，常德不忒，复归于无极[3]。知其荣，守其辱，为天下谷[4]。为天下谷，常德乃足[5]，复归于朴[6]。朴散则为器，圣人用之，则为官长[7]，故大制不割[8]。

[1] 知：知道。守：安守。谿：同"溪"，溪流。
[2] 式：楷式，标准。
[3] 忒：差忒，差失。无极：无穷极。
[4] 谷：山谷。
[5] 足：充实。
[6] 朴：质朴。
[7] 朴：真。真散生出特殊的事物。也有解为素木。指木料被分割则成为器皿。用：

运用。官长：百官之长。

[8] 制：制度。又解为制御。割：分割，区分。

第三十五章

执大象[1]，天下往。往而不害，安[2]平太。乐与饵[3]，过客[4]止。道之出口，淡乎其无味，视之不足见，听之不足闻，用之不足既[5]。

[1] 大象：指大道。或谓大道之法象。

[2] 安：静，和乐。也有解为：则，乃。

[3] 乐与饵：歌舞与美味。

[4] 过客：过往客人。也有解为：一，指道。

[5] 既：尽。也有解为：小食。

第三十七章

道常无为而无不为[1]。侯王若能守之，万物将自化[2]。化而欲作[3]，吾将镇之以无名之朴[4]。无名之朴，夫亦将无欲[5]。不欲以静，天下将自正[6]。

[1] 无不为：万物都由做和为形成。

[2] 自化：自然顺化。

[3] 欲作：想要有为或变化。又解为：在生化过程中，贪欲要生出来。

[4] 镇：镇抚，压制。无名之朴：指道。

[5] 无欲：也有本子为"不欲"，不发生贪欲。又解为：不欲作为。

[6] 正：有版本做"定"，安定。

第四十二章

道生一[1]，一生二[2]，二生三，三生万物[3]。万物负阴而抱阳[4]，沖气以为和[5]。人之所恶，唯孤寡不穀[6]，而王公以为称。故物或损之而益，或益之而损[7]。人之所教，我亦教之[8]。强梁者[9]不得其死，吾将以为教父[10]。

[1] 一：一说认为，从道转化出有，有是混一的整体，故称为"一"；二说认为，一为气；三说认为，一为无。

[2] 二：一说认为，二为天地；二说认为，二为阴阳；三说认为，一为无，又说一，故有言与无为二。

［3］三：一说认为天地生出阴阳二气，二气相互作用生出和气，和气集聚生出万物。二说认为，阴阳生和、清、浊三气，分为天地人。三说认为，有一有二，于是生三，从无到有，从数上说就到此了。再往下说，就不是道了。

［4］负：背负。抱：怀抱。又解为：向，倾向。

［5］冲：激荡。和：和柔。

［6］孤寡不穀：孤单、寡少、不善。

［7］损：减少。益：增加。

［8］人之所教，我亦教之：人如何教我，亦如我如何教人，顺之勿违。

［9］强梁者：强暴之人。

［10］教父：师傅。一说为教之始。父：始。

第七十六章

人之生也柔弱，其死也坚强[1]。草木之生也柔脆，其死也枯槁[2]。故坚强者死之徒[3]，柔弱者生之徒。是以兵强则不胜，木强则兵[4]。强大处下[5]，柔弱处上[6]。

［1］生：活着。坚强：死时形体僵硬。

［2］柔脆：柔韧脆弱。枯槁：枯萎干瘪。

［3］徒：类。

［4］是以兵强则不胜，木强则兵：有的本子为"是以兵强则灭，木强则折"，似乎较好。

［5］强大处下：强大者转化为弱小必居下。又一说认为，根干坚强处下。

［6］柔弱处上：弱小转化为强大，最终处上。又一说认为，枝叶柔弱处上。

第八十一章

信言不美[1]，美言不信。善者不辩[2]，辩者不善。知者不博[3]，博者不知。圣人不积，既以为人己愈有[4]，既以与[5]人己愈多。天之道，利而不害；圣人之道，为而不争[6]。

［1］信言：真实的话。美：华丽滋美。

［2］善者：有德之人。辩：巧辩。

［3］知者：知道之人。博：多见闻。

［4］积：积藏私财。既：尽。尽量帮助别人，自己愈富有。

［5］与：给予。尽量给予人，自己更丰足。

［6］害：伤害。圣人之道，为而不争：圣人做事不相争而不相伤。

《庄子》（节选）

《庄子》是庄子及其后学所著，又称为《南华经》。庄子（约前369—前286年）名周，战国中期宋国人，曾经做过宋国蒙地管理漆园的小吏。楚威王使大夫往见庄子，欲聘其为相，庄子却之。"千金，重利；卿相，尊位也。子独不见郊祭之牺牛乎？养食之数岁，衣以文绣，以入大庙。当是之时，虽欲为孤豚，岂可得乎？子亟去，无污我。我宁游戏污渎之中自快，无为有国者所羁，终身不仕，以快吾志焉。"（《史记·老子韩非列传》）后庄子隐居，从事著述。"其学无所不窥，然其要本归于老子之言。故其著书十余万言，大抵率寓言也。"（《史记·老子韩非列传》）据《汉书·艺文志》记载，《庄子》有五十二篇。后由于崔譔、向秀、郭象等不同注家各自按照自己的意思取舍，致使《庄子》的篇数各有不同。现行《庄子》本为郭象本，共计三十三篇。

《庄子》分为内篇七、外篇十五、杂篇十一。但是，关于内、外、杂篇是否是庄子自著存在着争论。目前学术界的大多数意见认为内七篇是庄子所著。外、杂篇是庄子后学所著。

庄子面对礼崩乐坏的时代，并没有像儒家或者老子那样提出了一些具体的解决方法，而是立足于道的理想状态，批判远离理想状态的社会现实，指出世情背后的本质是大道的隐藏。要想回到道的理想状态，就需要不断超越现实社会奉行的价值与秩序，直至于无任何现实规定性的道。但这在现实社会中无法实现，故而庄子想象了无何有之乡，逍遥于精神世界。这对于个体的精神生活提供了慰藉。这种对于形上世界的追求，虽然无法解决社会现实问题，但是在哲学上探讨了道生成万物等世界如何生成的问题；齐物之论与齐之物论等探讨了如何认知这一世界等问题。尤其是对于如何在精神世界中返回道等精神修养问题作出了明确的回答。这些都为中国哲学的发展作出了贡献，也影响了中国人的精神生活。

庄子内篇·齐物论

（一）

南郭子綦隐机而坐[1]，仰天而嘘[2]，荅焉似丧其耦[3]。颜成子游立侍乎前，曰："何居乎[4]？形固可使如槁木，而心固可使如死灰乎[5]？今之隐机者，非昔之隐机者也？[6]"子綦曰："偃，不亦善乎，而问之也！今者吾丧我，汝知之乎[7]？汝闻人籁[8]而未闻地籁，汝闻地籁而未闻天籁夫！"

[1] 南郭子綦：居住在南郭，以为号。子綦是名字。隐：倚靠。机：一种靠背椅子。
[2] 嘘：叹，吐气。

〔3〕荅：解体貌，神失其所的样子。耦：匹，对，身与神为耦。一说耦为身。一说耦读为寓，寄托之意，神寄寓于身。

〔4〕颜成子游：子綦的学生，姓颜，名偃，谥号成，字子游。居：故，原因。

〔5〕槁木：干枯的树木。死灰：完全熄灭的火灰。

〔6〕今之隐机者，非昔之隐机者也：一说今天隐机的子綦和以往的子綦不同；一说为子游以前见过隐机的人，子綦和他们不同。

〔7〕而：同尔，你。丧：遗忘。吾丧我：我自忘。

〔8〕籁：箫。

　　子游曰：“敢问其方[9]。”子綦曰：“夫大块噫气[10]，其名为风。是唯无作，作则万窍怒呺[11]。而独不闻之翏翏乎[12]？山林之畏佳[13]，大木百围之窍穴，似鼻，似口，似耳，似枅，似圈，似臼，似洼者，似污者[14]。激者、謞者、叱者、吸者、叫者、譹者、宎者，咬者[15]，前者唱于，而随者唱喁[16]，泠风则小和，飘风则大和，厉风济则众窍为虚[17]。而独不见之调调之刁刁乎[18]？”子游曰：“地籁则众窍是已，人籁则比竹[19]是已，敢问天籁。”子綦曰：“夫吹万不同[20]，为而使其自己也。咸其自取，怒者其谁邪？[21]”

〔9〕敢：表恭敬之义。方：道术，道理。

〔10〕大块：大地。一说无物；一说天；一说元气；等等。噫气：出气。

〔11〕是：指风。作：起。

〔12〕而：你。翏翏：音六，长风声。

〔13〕畏佳：山阜高峻。

〔14〕围：合抱。枅：音机，柱上方木。圈：木制杯子，一说羊圈栏杆。洼：深池。污：污下，小池。

〔15〕激：水湍激声。謞：音效，像箭射出去的声音。叱：叱骂或发怒的喘气声。吸：吸气声。叫：叫喊声。譹：音嚎，嚎哭声。宎：音杳，风吹过深谷的声音。咬：鸟叫声，又说哀切声。

〔16〕于，喁：皆是风吹树动前后相随之声。

〔17〕泠风：小风，和风。飘风：回风，大风，疾风。厉风：烈风。济：停止。虚：寂，无声。

〔18〕而：你。调调之刁刁：树木摇动的样子。

〔19〕比竹：排箫。比，并。

〔20〕吹万：言天气吹煦，生养万物，形气不同。

〔21〕自取：自得。怒者：使其怒者。其谁邪：还有谁呢。

（二）

大知闲闲，小知间间[1]。大言炎炎，小言詹詹[2]。其寐也魂交，其觉也形开[3]。与接为构，日以心斗[4]。缦者、窖者、密者[5]。小恐惴惴，大恐缦缦[6]。其发若机栝，其司是非之谓也[7]；其留如诅盟，其守胜之谓也[8]；其杀如秋冬，以言其日消也[9]；其溺之所为之，不可使复之也[10]；其厌也如缄，以言其老洫也[11]；近死之心，莫使复阳也[12]。喜怒哀乐，虑叹变慹[13]，姚佚启态[14]。乐出虚，蒸成菌[15]。日夜相代乎前而莫知其所萌[16]。已乎，已乎！旦暮得此，其所由以生乎[17]！

[1] 知：同"智"。闲：宽裕，广博。间间：分别。又解为覵（sì），窥伺。
[2] 炎：猛烈，有气焰。詹：音毡，词费，琐细。
[3] 寐：睡梦。魂交：精神交错。觉：醒。形开：目开意悟，身心开始活动。
[4] 与接为构：人事交接，相合纠葛。心斗：以心计相角斗。
[5] 缦：宽心。窖：深。密：严谨。
[6] 惴惴：小心的样子。缦缦：沮丧。
[7] 发：发言。机：弩牙。栝：箭括。司：主，主管。
[8] 留：不发言。诅盟：盟誓。守胜：守己以胜人。
[9] 杀：萧杀。日消：琢削使其本性日渐消亡。
[10] 溺：沉溺。复：复返。
[11] 厌：闭藏。缄：秘固。洫：深。又一说洫为溢。
[12] 近死：接近死亡。复阳：复生。
[13] 虑：思虑。叹：悲叹。变：反复。慹：音执，恐怖而不敢动。
[14] 姚：同"佻"，轻佻。佚：放纵。启：情欲开启。态：娇淫妖冶。
[15] 乐：乐声。虚：空虚的箫管。蒸：蒸汽。
[16] 代：替代更迭。萌：萌生。
[17] 已：停止。旦暮：早晚。此：萌生的根源。

非彼无我，非我无所取[18]。是亦近矣，而不知其所为使[19]。若有真宰，而特不得其眹[20]。可行已信，而不见其形，有情而无形[21]。百骸、九窍、六藏、赅而存焉[22]，吾谁与为亲？汝皆说[23]之乎？其有私[24]焉？如是皆有为臣妾乎？其臣妾不足以相治乎[25]？其递相为君臣乎？其有真君存焉[26]！如求得其情与不得，无益损乎其真[27]。一受其成形，不亡以待尽[28]。与物相刃相靡[29]，其行尽如驰而莫之能止，不亦悲乎[30]！终身役役而不见其成功，苶然疲役而不知其所归，可不哀邪[31]！人谓之不死奚[32]益！其形化[33]，其心与之然，可不谓大哀乎？人之生也，固若是芒[34]乎？其我独芒，而人亦有不芒者乎？

[18] 彼：指自然。又一说指以上各种情态。取：禀受。
[19] 近：相近。所为使：使所为，使其如此作为。

[20] 真宰：真的主宰者。特：语助词。朕：征兆。

[21] 可行已信：能运动，自己得到信验。情：情实。

[22] 百骸：人身体中的百个骨节。赅：备，完备。

[23] 说：同"悦"，喜欢。

[24] 私：偏私。

[25] 臣妾：士女之贱职。治：治理，管理。

[26] 递相：轮流更换。真君：即前所说真宰。

[27] 如求得其情与不得：如果得到实际情况与得不到实际情况。益：增加。损：减少。

[28] 受：禀受。待：等待。尽：结束。

[29] 刃：逆。靡：顺。又解为：磨切。

[30] 尽：尽是。莫之能止：没有谁能使之停止。

[31] 役役：疲役，疲劳。苶：音（nié），疲顿。

[32] 奚：何。

[33] 化：老化，僵化。

[34] 芒：暗昧。

（三）

夫随其成心而师之，谁独且无师乎[1]？奚必知代而心自取者有之？愚者与有焉[2]！未成乎心，而有是非，是今日适越而昔至也[3]。是以无有为有[4]。无有为有，虽有神禹[5]且不能知，吾独且奈何哉！

[1] 成心：情意之心。或解为心之足以制一身之用，即成见，已有的见解。或解为心之所志，随而成之。师：动词，以之为师，也可解为效法。

[2] 奚必知代：指何必知自己和别人的长处与短处，以自己的长处替代别人的短处。也有解为何必知喜怒哀乐恐虑之情日夜相代乎前。也有解为何必认识变化之理。心自取者有之：心以为是，则取所谓是者而是之，心以为非，则取所谓非者而非之，故曰心自取。也有解为心能自得师者有之。与有：参与其中共同拥有。

[3] 未成乎心，而有是非：一切情感尚未生于心。也有解为未成凝一之心，妄起意见。

[4] 以无有为有：理无是非，而惑者以为有。

[5] 神禹：神人大禹。

夫言非吹也，言者有言[6]。其所言者特未定也[7]。果有言邪？其未尝有言邪[8]？其以为异于鷇[9]音，亦有辩[10]乎？其无辩乎？道恶乎隐而有真伪[11]？言恶乎隐而有是非？道恶乎往而不存？言恶乎存而不可[12]？道隐于小成，言隐于荣华[13]。故有儒墨之是非，以是其所非而非其所是[14]。欲是其所非而非其所是，则莫若以明[15]。

[6] 吹：吹风，即天籁。言者：说话的人。

[7] 所言：所说的内容之是非。定：确定。

[8] 果：决定。果有言邪？其未尝有言邪：决定说话，但是是非的标准未定；没有曾经说话吗？但是已经根据自己的是非标准说了。

[9] 鷇：音扣，雏鸟出壳前啄蛋壳的声音，比喻有声音而无意义。

[10] 辩：分别。

[11] 恶乎：音呜呼，于何，在哪里。隐：被隐蔽。

[12] 存：在。不可：皆可以。

[13] 小成：每个人固守自己的成见认为是道，不知道的广大。荣华：浮辩之辞，华美之言。

[14] 以是其所非而非其所是：以自己认为对的标准来否定别人的不对的观点，以自己认为不对的标准来否定别人的对的观点。

[15] 莫若以明：不如反覆相明，还以彼是之所明，互取以相证。又解为：不若以本然之明照之。又解为：不如让万物以其本性自明之。

物无非彼，物无非是[16]。自彼则不见，自知则知之[17]。故曰：彼出于是，是亦因彼。彼是方[18]生之说也。虽然，方生方死，方死方生；方可方不可，方不可方可[19]；因是因非[20]，因非因是。是以圣人不由而照之于天[21]，亦因是也。是亦彼也，彼亦是也。彼亦一是非，此亦一是非，果且有彼是乎哉？果且无彼是乎哉？彼是莫得其偶[22]，谓之道枢[23]。枢始得其环中[24]，以应无穷。是亦一无穷，非亦一无穷也。故曰：莫若以明。

[16] 是：此。

[17] 自知：自知己。

[18] 方：方将。也有解为并。

[19] 可，不可：可以不可以，或解为是非。

[20] 因是因非：有因而是者，即有因而非者；有因而非者，即有因而是者。

[21] 不由：不由是非之途。照：明。天：自然。

[22] 偶：对立。

[23] 枢：枢要，枢纽，关键。

[24] 环中：指空。

以指喻指之非指，不若以非指喻指之非指也[25]；以马[26]喻马之非马，不若以非马喻马之非马也。天地一指也，万物一马也。

［25］指：手指。有解为公孙龙所说的"指"，即事物的本质。喻：说明。非指：即事物的属性。

［26］马：戏筹。也有解释为牛马之马。

　　可[27]乎可，不可乎不可。道行之而成[28]，物谓之而然[29]。恶乎然？然于然[30]。恶乎不然？不然于不然。物固[31]有所然，物固有所可。无物不然，无物不可。故为是举莛与楹[32]，厉[33]与西施，恢恑憰怪[34]，道通为一[35]。其分也，成也[36]；其成也，毁也。凡物无成与毁，复通为一。唯达者知通为一，为是不用而寓诸庸[37]。庸也者，用也；用也者，通也；通也者，得也；适得而几矣[38]。因是已。已而不知其然[39]，谓之道。劳神明为一而不知其同也，谓之"朝三"[40]。何谓"朝三"？狙公赋芧，曰："朝三而暮四[41]。"众狙皆怒。曰："然则朝四而暮三。"众狙皆悦。名实未亏而喜怒为用，亦因是也[42]。是以圣人和之以是非而休乎天钧[43]，是之谓两行[44]。……

［27］可：自认为可以。

［28］道：道路。行：行走。成：成为道路。

［29］物谓之而然：物的名称是指称出来的。凡物称谓什么名字，那么就叫这个名字，并不是先有名字后有物的。

［30］恶乎：于何，出自哪里。然：这样。于：自。

［31］固：本来。

［32］故为是举：因此为了这个来举例。莛：茎。也有解为：屋梁。楹：屋柱。

［33］厉：病癞。

［34］恢：宽大。恑：奇变。憰：矫诈。怪：妖异。

［35］道通为一：从道上看都是通而为一的。

［36］分：分散。成：形成。

［37］达者：达道之人。寓：寄。庸：平常。不用而寓诸庸：不用己见而寓诸寻常之理。

［38］用：不用之用，用而忘用。通：通达。得：自得。适：适然，切合，适意。几：尽，近于。

［39］因：因任。是：指上面讲的不用而寓诸庸。已而不知其然：因任自然去做不知为什么这样做。

［40］劳：劳费。神明：精神。为一：追求齐一。同：原本同一。

［41］狙公赋芧：养猕猴的老人。赋：付与。芧：音序，橡子。朝：早上。三：三升。暮：晚上。

［42］名实未亏而喜怒为用：名既不亏，实亦无损，而一喜一怒，为用愚迷。也有解为名实两无亏损，而喜怒为其所用，顺其天性而已，亦因任之义。

［43］和：和通。休：休息。天钧：自然均平。

［44］两行：并行。不离是非而因任自然，而后无是非，称为两行。

　　古之人，其知有所至矣[45]。恶乎至？有以为未始有物者，至矣，尽矣，不可以加矣[46]！其次以为有物矣，而未始有封也[47]。其次以为有封焉，而未始有是非也。是非之彰也，道之所以亏也[48]。道之所以亏，爱之所以成[49]。果且有成与亏乎哉？果且无成与亏乎哉？有成与亏，故昭氏之鼓琴也；无成与亏，故昭氏之不鼓琴也[50]。昭文之鼓琴也，师旷之枝策也，惠子之据梧也，三子之知几乎。皆其盛者也，故载之末年[51]。唯其好之也，以异于彼，其好之也，欲以明之[52]。彼非所明而明之，故以坚白之昧终[53]。而其子又以文之纶终，终身无成[54]。若是而可谓成乎，虽我[55]亦成也；若是而不可谓成乎，物与我无成也。是故滑疑之耀，圣人之所图也[56]。为是不用而寓诸庸，此之谓"以明"[57]。

［45］知：认知。至：造极之名，极点。

［46］未始有物：未曾有物存在。加：增加。

［47］封：界限。

［48］彰：彰明。亏：亏损，败坏。

［49］爱：偏爱，私爱。成：形成，成就。

［50］昭氏：姓昭，名文，古之善鼓琴者。昭氏鼓琴，虽然巧妙，而鼓一音则丧失其他四音，未若置而不鼓，则五音自全。

［51］师旷：字子野，晋平公乐师，精通音律。枝：柱。策：打鼓。也有解为：击节枝。惠子：惠施，靠着梧桐树谈名理。几：尽。盛：盛年。载：行。末年：衰末之年，晚年。

［52］好：偏好。异：不一样。彼：众人。明：明示。

［53］彼非所明而明之：众人不明白而勉强明示众人。昧：暗昧。

［54］其子：他的儿子。文：昭文。纶：琴弦。也有解为：知。

［55］我：众人。

［56］滑：音古，乱。疑：不定。耀：眩耀。图：图域，域限。也有解为：去除。

［57］以明：以本然之明照之。

（四）

　　今且有言于此[1]，不知其与是类乎？[2]其与是不类乎？类与不类，相与为类[3]，则与彼无以异矣。虽然，请尝言之：有始也者，有未始有始也者，有未始有夫未始有始也者[4]；有有也者，有无也者，有未始有无也者[5]，有未始有夫未始有无也者。俄而[6]有无矣，而未知有无之果孰有孰无也。今我则已有谓[7]矣，而未知吾所谓之其果有谓乎？其果无谓乎？

［1］且：暂且。言：言说。

［2］是：我。也有解为是非之"是"。不是即为非。类：类别。

［3］相与为类：相合即成类。

［4］尝：尝试。始：开端。未始：未尝开端。

［5］有未始有无也者：在"有无"存在之前还有没有"有无"存在（的时候）。

［6］俄而：忽然。

［7］谓：言。

夫天下莫大于秋毫之末，而太山为小[8]；莫寿乎殇子，而彭祖为夭[9]。天地与我并生，而万物与我为一。既已为一矣，且得有言乎？既已谓之一矣，且得无言乎？一与言为二[10]，二与一为三[11]。自此以往，巧历不能得，而况其凡乎[12]！故自无适有[13]，以至于三，而况[14]自有适有乎！无适焉，因是已[15]！

［8］秋毫：动物秋天生出的非常细小的毫毛。太山：大山，或指泰山。

［9］殇子：未成年去世的小孩子。彭祖：传说中活了八百岁的长寿之人。

［10］一与言为二：万物齐一与说出万物齐一就是二。

［11］二与一为三：万物齐一与说万物齐一为"二"，万物齐一为"一"，二者合起来即为"三"。

［12］巧历：善巧算历之人，精益计算之人。凡：凡夫，凡人。

［13］自：从。适：往。

［14］况：何况。

［15］因是已：因任自然吧。

夫道未始有封，言未始有常，为是而有畛也[16]。请言其畛：有左有右，有伦有义[17]，有分有辩，有竞有争，此之谓八德[18]。六合[19]之外，圣人存而不论；六合之内，圣人论而不议[20]；春秋经世先王之志，圣人议而不辩[21]。故分也者，有不分也；辩也者，有不辩也。曰："何也？"圣人怀之，众人辩之以相示也[22]。故曰：辩也者，有不见也[23]。

［16］封：封域，界限。常：定常。为是：指前面说的为言无常。畛：畛域，界限。

［17］伦：理。义：宜。有伦有义：物物有理，事事有宜。又有作"有论有议"，指议论。

［18］分：分析。辩：辩别。竞：并逐，角逐。争：争斗。德：类。

［19］六合：天地四方。

［20］论：论说。议：评议。

［21］春秋：时代。又说为《春秋》史书。经世，治理天下。也有解"经"为典诰。志：记载。辩：辩别。

［22］怀：包容。相示：相夸示。

[23] 不见：不见大道。或不见己之非，不见人之是。

夫大道不称，大辩不言，大仁不仁，大廉不嗛，大勇不忮[24]。道昭而不道，言辩而不及，仁常而不成，廉清而不信，勇忮而不成[25]。五者园而几向方矣[26]！故知止其所不知，至矣[27]。孰知不言之辩，不道之道？若有能知，此之谓天府[28]。注焉而不满，酌焉而不竭[29]，而不知其所由来，此之谓葆光[30]。

[24] 称：称谓。言：言说。仁：偏爱。嗛：谦。忮：音志，逆，损害。

[25] 昭：昭示。辩：辩论。及：到。常：常定。成：周，周遍。信：实，可信。成：成就。

[26] 园：圆方之圆。几：近。

[27] 止：停止。至：造极。

[28] 天府：自然之府藏。

[29] 注：注入。酌：取出。

[30] 葆：蔽。葆光：若有若无，谓之葆光。

（五）

故昔者尧问于舜曰："我欲伐宗、脍、胥敖，南面而不释然。其故何也[1]？"舜曰："夫三子者，犹存乎蓬艾之间[2]。若不释然何哉！昔者十日并出，万物皆照，而况德之进[3]乎日者乎！"

[1] 伐：讨伐。宗、脍、胥敖：尧时的三个小部落。南面：君位。释：同"怿"，怡悦貌。也有解为"舍释"。

[2] 三子：三国国君。蓬艾：蓬蒿艾草，比喻未开化的荒蛮之地。

[3] 进：超过。

啮缺问乎王倪曰："子知物之所同是[4]乎？"曰："吾恶乎[5]知之！""子知子之所不知邪？"曰："吾恶乎知之！""然则物无知邪？"曰："吾恶乎知之！虽然，尝试言之：庸诅[6]知吾所谓知之非不知邪？庸诅知吾所谓不知之非知邪？且吾尝试问乎女：民湿寝则腰疾偏[7]死，鳅然乎哉？木处则惴栗恂惧[8]，猨猴然乎哉？三者孰知正处[9]？民食刍豢，麋鹿食荐，蝍蛆甘带，鸱鸦耆鼠，四者孰知正味[10]？猨猵狙以为雌[11]，麋与鹿交，鳅与鱼游。毛嫱丽姬，人之所美也；鱼见之深入，鸟见之高飞，麋鹿见之决骤[12]，四者孰知天下之正色哉？自我观之，仁义之端，是非之涂，樊然淆乱，吾恶能知其辩[13]！"啮缺曰："子不知利害，则至人[14]固不知利害乎？"王倪曰："至人神矣！大泽焚而不能热，河汉冱而不能寒，疾雷破山、风振海而不能惊[15]。若然者，乘云气，骑日月，而游乎四海之外，死生无变于己，而况利害之端乎！[16]"

［4］同是：共同认为是。

［5］恶乎：于何。

［6］庸讵：何用。

［7］偏：偏枯。

［8］处：处于。惴栗恂惧：恐迫。

［9］正处：正定处所。

［10］刍豢：野蔬和家畜。荐：茂盛的草。蝍蛆甘带：蜈蚣以小蛇作为美味。鸱鸦耆鼠：鸱鸦和乌鸦喜欢吃鼠类。

［11］猨猵狙以为雌：猨和猵狙互相寻找雌类。

［12］毛嫱丽姬：古代美女。决骤：疾走不回头。

［13］涂：门路。樊然淆乱：繁杂错乱。

［14］至人：妙极之体之人。

［15］沍：音互，结冻。惊：惊恐。

［16］若然者：像这样的人。变：改变。己：自己。端：方面。

瞿鹊子问乎长梧子曰："吾闻诸夫子[17]：圣人不从事于务，不就利，不违害，不喜求，不缘道[18]，无谓有谓[19]，有谓无谓，而游乎尘垢之外。夫子以为孟浪[20]之言，而我以为妙道之行也。吾子以为奚若[21]？"长梧子曰："是皇帝之所听荧也[22]，而丘也何足以知之！且女亦大早计，见卵而求时夜，见弹而求鸮炙[23]。予尝为女妄言之，女以妄听之奚[24]，旁日月，挟宇宙，为其脗合，置其滑涽，以隶相尊[25]。众人役役，圣人愚芚，参万岁而一成纯[26]。万物尽然，而以是相蕴[27]。

［17］夫子：有人认为是孔子。

［18］务：事务。就：追求。违：避，逃避。求：妄求。缘道：以攀缘之心行乎虚通至道者。

［19］谓：言。

［20］孟浪：率略，大略。

［21］吾子：您。奚若：如何。

［22］皇帝：三皇五帝。听荧：疑惑不明的样子。

［23］大早计：太早的计划。时夜：司晨，指公鸡。弹：弹子。鸮炙：烤鸠肉。

［24］妄：姑妄。奚：何如。

［25］旁：依附。挟：怀藏。脗合：吻合。置：放下。滑涽：纷乱。以隶相尊：以皂隶仆役为尊贵。

［26］役役：忙碌辛劳。愚芚：愚钝无知。参万岁：参合古今一切事变。纯：精纯不杂之道。

［27］万物尽然：万物无所不然。以是相蕴：以万物与精纯不杂之道相蕴积。

予恶乎知说生之非惑邪[28]！予恶乎知恶死之非弱丧而不知归者邪[29]！丽之姬，艾封人[30]之子也。晋国之始得之也，涕泣沾襟。及其至于王所，与王同筐[31]床，食刍豢，而后悔其泣也。予恶乎知夫死者不悔其始之蕲[32]生乎？梦饮酒者，旦而哭泣；梦哭泣者，旦而田猎。方其梦也，不知其梦也[33]。梦之中又占[34]其梦焉，觉而后知其梦也。且有大觉而后知此其大梦也，而愚者自以为觉，窃窃然知之[35]。"君乎！牧乎！"固哉[36]！丘也与女皆梦也，予谓女梦亦梦也。是其言也，其名为吊诡[37]。万世之后，而一遇大圣，知其解者，是旦暮遇之[38]也。

[28] 予：我。说：同悦。说生：以生为欢乐。

[29] 弱丧：小时候失去故居，在他乡安居。归：回归故居。

[30] 艾封人：艾地守封疆者。

[31] 筐：方正。

[32] 蕲：音祈，求。

[33] 田猎：打猎。方：方将，正在。

[34] 占：占候梦想，思度吉凶。

[35] 大觉：圣人。也有解为死为大觉，则生是大梦。窃窃：精细明察的样子。

[36] 君：君主。牧：牧人。固：固陋。

[37] 女：汝，你。吊：音地，至极。诡：诡异离奇。

[38] 旦暮遇之：早上和晚上遇到一起。

"既使我与若[39]辩矣，若胜我，我不若胜，若果是也？我果非也邪？我胜若，若不吾胜，我果是也？而果非也邪？其或[40]是也？其或非也邪？其俱是也？其俱非也邪？我与若不能相知也。则人固受其黮暗[41]，吾谁使正之？使同乎若者正之，既与若同矣，恶能正之？使同乎我者正之，既同乎我矣，恶能正之？使异乎我与若者正之，既异乎我与若矣，恶能正之？使同乎我与若者正之，既同乎我与若矣，恶能正之？然则我与若与人俱不能相知也，而待彼也邪[42]？"

"何谓和之以天倪[43]？"曰："是不是[44]，然不然。是若果是也，则是之异乎不是也亦无辩；然若果然也，则然之异乎不然也，亦无辩[45]。化声之相待，若其不相待[46]。和之以天倪，因之以曼衍[47]，所以穷年也[48]。忘年忘义，振于无竟，故寓诸无竟[49]。"

[39] 若：你。

[40] 或：不定，或是或非。

[41] 黮暗：不明之貌。

[42] 待彼：等待谁来判定。

[43] 天倪：自然的分际。

[44] 是不是：是也是不是。

[45] 然之异乎不然也，亦无辩：然和不然相异也不能区分。

[46] 化声：是非之辩为化声。也有解为随物而变，谓之化声。相待：相互凭依。

[47] 因：因任。曼衍：变化。

[48] 穷：尽。年：天年之性命。

[49] 忘年忘义：忘记生死和忘记是非。振：通畅。竞：穷，极。也有认为同"境"。寓：寄。

（六）

　　罔两问景曰："曩子行，今子止；曩子坐，今子起。何其无特操与[1]？"景曰："吾有待[2]而然者邪？吾所待，又有待而然者邪？吾待蛇蚹蜩翼邪[3]？恶识所以然？恶识所以不然？"

[1] 罔两：影子外面的虚影。景：影子。曩：以前。子：你。特操：特定的操守，行止有常。

[2] 待：凭依。

[3] 蛇蚹：蛇蜕下的旧皮。蜩翼：蜩新长出的甲。

　　昔者庄周梦为胡蝶，栩栩[4]然胡蝶也。自喻适志与[5]！不知周也。俄然觉，则蘧蘧然[6]周也。不知周之梦为胡蝶与？胡蝶之梦为周与？周与胡蝶则必有分矣。此之谓物化[7]。

[4] 栩栩：忻畅的样子。

[5] 喻：晓，明白。自喻适志与：自己自知快乐，使其志畅发。

[6] 蘧蘧然：惊动的样子。

[7] 分：分别。物化：物理变化。

《墨子》（节选）

　　《墨子》一书是墨子弟子及其后学记述墨子言行的著作。现存五十三篇。其中《兼爱》《非攻》《天志》《明鬼》《尚贤》《尚同》《非乐》《非命》《节葬》《节用》等篇代表了墨子的主要思想。《耕柱》《贵义》《公孟》《鲁问》《公输》五篇记述墨子言行。《经》上、下，《经说》上、下，《大取》，《小取》六篇，是后期墨家的作品。《备城门》以下十一篇是墨子后学所做，也有人认为是汉代作品。

　　墨子（约前468—前376年），名翟，春秋战国之际的鲁国人（或说宋国人），是墨家学派的创始人。墨子可能出身工匠，后做过宋国大夫。早年曾学过儒业，不满儒家学说，遂自创墨家学派。

面对春秋战国之际的社会问题，墨子提出了自己的主张。他认为战乱频仍的原因是人和人之间不相爱。如果人与人之间相爱就会解决这一问题。儒家的"爱有差等"是从自身的血缘之爱出发以人性之善、理性之具来保证血缘之爱扩展到非血缘之爱。墨子的"兼爱"的实现基础是交相利。以义利统一保障兼相爱的实现。同时，墨子又运用"天志"和"明鬼"等实现赏善罚恶，进一步保障兼相爱的实现。另外，又提出了非攻、尚贤、尚同、节用、非乐等思想来应对具体的现实问题。墨子死后，墨离为三，其思想主要为自然科学、逻辑学等内容。

墨家在先秦时期与儒学同为显学。但是墨家学派很快消失了。由于其思想"蔽于用而不知文"，即具有实用性，理论性不强，因此"言而无文行之不远"。另外，其所倡导的思想不适合统治阶级的需要，导致墨学中绝。直到清代才有人对《墨子》做全面研究。

尚贤上（节选）

故古者圣王之为政，列德而尚贤[1]。虽在农与工肆之人，有能则举之[2]。高予之爵，重予之禄，任之以事，断予之令[3]。曰："爵位不高，则民弗敬；蓄禄不厚，则民不信；政令不断，则民不畏。"举三者授之贤者，非为贤赐也，欲其事之成。故当是时，以德就列，以官服事，以劳殿赏，量功而分禄[4]。故官无常贵而民无终贱。有能则举之，无能则下之。举公义，辟私怨，此若言之谓也[5]。

[1] 列：位次。
[2] 农与工肆之人：农民、工匠和商人。举：推举而用之。
[3] 断：决断。
[4] 服事：为公家任事。殿：定。
[5] 辟：除去。若：此，重复之语。

故古者尧举舜于服泽之阳，授之政，天下平[6]。禹举益于阴方之中，授之政，九州成[7]。汤举伊尹于庖厨之中，授之政，其谋得[8]。文王举闳夭、泰颠于罝罔之中，授之政，西土服[9]。故当是时，虽在于厚禄尊位之臣，莫不敬惧而施[10]；虽在农与工肆之人，莫不竞劝而尚意[11]。

[6] 服泽：位于何地不详。阳：水的北面，山的南面。
[7] 阴方：不详何地。九州：大禹治水后分天下为九州。成：平定。
[8] 庖厨：厨师。得：得以成功。
[9] 罝：音居，捕兔的网，泛指捕鸟兽的网。罔：捕鱼的网。服：信服，服从。
[10] 施：惕，小心谨慎。
[11] 劝：勤勉，努力。意：疑当为"悳"，今"德"字。

故士者，所以为辅相承嗣[12]也。故得士则谋不困，体不劳，名立而功成，美章而恶不生，则由得士也[13]。是故子墨子言曰：得意贤士不可不举[14]，不得意贤士不可不举，尚[15]欲祖述尧、舜、禹、汤之道，将不可以不尚贤。夫尚贤者，政之本也。

[12] 辅相承嗣：辅助和助手。

[13] 困：困扰。章：彰明。

[14] 得意：得意之时。

[15] 尚：假如。

兼爱中（节选）

子墨子言曰："仁人之所以为事者，必兴天下之利，除去天下之害，以此为事[1]者也。"然则天下之利何也？天下之害何也？子墨子言曰："今若国之与国之相攻，家之与家之相篡，人之与人之相贼[2]，君臣不惠忠[3]，父子不慈孝，兄弟不和调，此则天下之害也。"然则崇此害亦何用生哉[4]？以不相爱生邪？子墨子言："以不相爱生。今诸侯独知爱其国，不爱人之国，是以不惮[5]举其国，以攻人之国。今家主[6]独知爱其家，而不爱人之家，是以不惮举其家，以篡人之家。今人独知爱其身，不爱人之身，是以不惮举其身，以贼人之身。是故诸侯不相爱，则必野战；家主不相爱，则必相篡；人与人不相爱，则必相贼；君臣不相爱，则不惠忠；父子不相爱，则不慈孝；兄弟不相爱，则不和调。天下之人皆不相爱，强必执弱，富必侮贫，贵必敖贱，诈必欺愚[7]。凡天下祸篡怨恨，其所以起者，以不相爱生也，是以仁者非之。"

[1] 为事：做事。

[2] 攻：攻伐。篡：篡夺。贼：贼害。

[3] 惠忠：君惠臣忠。

[4] 崇：为察字之误，考察。用：以。

[5] 惮：害怕，忌惮。

[6] 家主：卿大夫。

[7] 执：控制。敖：同傲，轻视。

既以非之，何以易[8]之？子墨子言曰："以兼相爱、交相利之法易之。"然则兼相爱、交相利之法，将奈何哉？子墨子言："视人之国，若视其国；视人之家，若视其家；视人之身，若视其身[9]。是故诸侯相爱，则不野战；家主相爱，则不相篡；人与人相爱，则不相贼；君臣相爱，则惠忠；父子相爱，则慈孝；兄弟相爱，则和调。天下之人皆相爱，强不执弱，众不劫寡，富不侮贫，贵不敖贱，诈不欺愚。凡天下祸篡怨恨，可使毋起者，以相爱生也，是以仁者誉[10]之。"

[8] 易：替换。

[9] 视：看待。其：指他。

[10] 誉：赞美。

非命上（节选）

子墨子言曰："古者王公大人，为政国家者，皆欲国家之富，人民之众，刑政之治。然而不得富而得贫，不得众而得寡，不得治而得乱，则是本失其所欲，得其所恶，是故何也？"

子墨子言曰："执有命者以杂于民间者众[1]。执有命者之言曰：'命富则富，命贫则贫；命众则众，命寡则寡；命治则治，命乱则乱；命寿则寿，命夭则夭命（以下有脱文）虽强劲，何益哉？'上以说王公大人，下以驵百姓之从事，故执有命者不仁[2]。故当执有命者之言，不可不明辨。"

然则明辨此之说，将奈何哉？子墨子言曰："必立仪[3]。言而毋仪，譬犹运钧[4]之上，而立朝夕[5]者也，是非利害之辨，不可得而明知也。故言必有三表[6]。"何谓三表？子墨子言曰："有本之者，有原之者，有用之者。于何本[7]之？上本之于古者圣王之事；于何原[8]之？下原察百姓耳目之实；于何用之？废以为刑政，观其中国家百姓人民之利[9]，此所谓言有三表也。"

[1] 执有命者：持有命定论的人。

[2] 说：游说，说服。驵：借为"阻"，阻止。

[3] 立仪：确立标准。

[4] 运钧：运转的陶轮。

[5] 立朝夕：立起测定时间的工具来确立东西方向。太阳在东面则影子在西面（夕），太阳在西面则影子在东面。

[6] 言必有三表：衡量言辞有三条标准。

[7] 本：考其本始。

[8] 原：度察，考察。

[9] 用：运用，推行。废：发，施行。刑政：刑罚政事。中：合乎。

小取（节选）

夫辩者[1]，将以明是非之分，审治乱之纪[2]，明同异之处，察名实之理[3]，处利害，决嫌疑[4]。焉摹略万物之然[5]，论求群言之比[6]。以名举实[7]，以辞抒意[8]，以说出故[9]。以类取[10]，以类予[11]。有诸己不非诸人[12]，无诸己不求诸人[13]。或也者，不尽也[14]。假者，今不然也[15]。效者，为之法也；所效者，所以为之法也[16]。故中[17]效则是也，不中效则非也，此效也。辟也者，举也物而以明之也[18]。侔也者，比辞而俱行也[19]。援[20]也者，曰子然，我奚独不可以然也？推也者，以其所不取之同于其所取者，予之也[21]。是犹谓也者[22]，同也。吾岂谓也者，异也[23]。

［1］辩者：辩学，名学。

［2］审：推究。纪：纲纪。

［3］同异：是当时争论的主要内容。同异问题即是指是否是同一个概念的问题。名实：也是争论的主要内容。名：大概指名称、称谓。实：大概指客观事物及其属性。

［4］决嫌疑：决断疑惑难明之事理。

［5］焉：则，乃。摹略：求取事物要旨。

［6］比：类比。

［7］以：用。举：拟实，模拟实在事物。

［8］辞：辞说，相当于判断。抒：表达，抒发。

［9］说：解释，阐明，相当于推理。故：原因，根据。

［10］以类取：用类取同类的做例证。相当于归纳推理。

［11］以类予：用类推理未知。相当于演绎推理。

［12］有诸己不非诸人：自己赞同的观点不能非难别人持有的同样观点。

［13］无诸己不求诸人：自己不赞同的观点不能要求别人赞同这种观点。

［14］或也者：或然，不尽然，相当于特称或者宣言判断。也解为疑惑的意思，是盖然判断。

［15］假：假设，假言判断。今：现在。

［16］效者：法则。所效：确立法则的根据。

［17］中：音众，合乎。

［18］辟：同"譬"，譬喻。相当于类比推理。也：相当于"他"。《墨子》中皆以"也"为"他"。

［19］侔：齐等。比辞而俱行：辞义齐等，比而同之。两个同类判断，一个正确，则另一个也正确。

［20］援：援引。引彼以例此。

［21］推：求。予：谓所求者在此，所不求者在彼，取彼就此，以得其同。即相当于归纳推理和演绎推理。

［22］是犹谓也：是就是谓，两个命题相同，可以类推。

［23］吾岂谓也者：吾怎能是谓呢？两个命题不相同，不可以类推。

《韩非子》（节选）

《韩非子》为韩非遗著并加入他人论述韩非学说的文章编成。共五十五篇。

韩非（约前280—前233年），战国末期人，法家学说的集大成者。出身韩国贵族，喜刑名法术之学，与李斯俱师事荀卿，后入秦，死于狱中。秦王推崇韩非的法家主张，使其成为秦的统治思想。

韩非面对各诸侯国富国强兵统一天下的需求，认为要根据时代的变化改变治国的方略。他提出了法术势合一的法治思想，为秦统一天下和建立封建帝国做了理论准备。

五蠹（节选）

上古之世，人民少而禽兽众，人民不胜[1]禽兽虫蛇。有圣人作，构木为巢以避群害[2]，而民悦之，使王天下，号之曰有巢氏。民食果蓏蚌蛤[3]，腥臊恶臭而伤害腹胃，民多疾病。有圣人作，钻燧取火以化腥臊，而民悦之，使王天下，号之曰燧人氏。中古之世，天下大水，而鲧、禹决渎[4]。近古之世，桀、纣暴乱，而汤、武征伐。今有构木钻燧于夏后氏之世者，必为鲧、禹笑矣；有决渎于殷、周之世者，必为汤、武笑矣。然则今有美尧、舜、汤、武、禹之道于当今之世者，必为新圣笑矣。是以圣人不期修古，不法常可[5]，论世之事，因为之备[6]。宋人有耕者，田中有株，兔走触株，折颈而死，因释其耒而守株，冀复得兔[7]，兔不可复得，而身为宋国笑。今欲以先王之政，治当世之民，皆守株之类也。

[1] 不胜：经不起；不能承受。
[2] 作：兴起。构木为巢：在树上构筑巢。
[3] 蓏：音裸，瓜类植物的果实。蛤：音格，蚌类。
[4] 决渎：疏通水道。
[5] 不期修古：不期望遵循古法。不法常可：不以被常认可的规则作为模式。
[6] 论世之事：分析当世之事。因为之备：以此作为准备。
[7] 株：树桩。走：跑。耒：农具。冀：希望。

古者丈夫[8]不耕，草木之实足食也；妇人不织，禽兽之皮足衣也。不事力而养足[9]，人民少而财有余，故民不争。是以厚赏不行，重罚不用，而民自治。今人有五子不为多，子又有五子，大父[10]未死而有二十五孙。是以人民众而货财寡，事力劳而供养薄，故民争，虽倍赏累罚而不免于乱[11]。

[8] 丈夫：指成年男子。

[9] 事力：用力。养：供养。

[10] 大父：祖父。

[11] 倍：加倍。累：累加，多次。

尧之王天下也，茅茨不翦，采椽不斫；粝粢之食，藜藿之羹；冬日麑裘，夏日葛衣；虽监门之服养，不亏于此矣[12]。禹之王天下也，身执耒臿以为民先，股无胈，胫不生毛，虽臣虏之劳，不苦于此矣[13]。以是言之，夫古之让天子者，是去监门之养，而离臣虏之劳也，古传天下而不足多也[14]。今之县令，一日身死，子孙累世絜驾[15]，故人重之。是以人之于让也，轻辞古之天子，难去今之县令者，薄厚之实异也。夫山居而谷汲者，膢腊而相遗以水[16]；泽居苦水者，买庸而决窦[17]。故饥岁之春，幼弟不饷；穰岁之秋，疏客必食。非疏骨肉爱过客也，多少之心异也[18]。是以古之易[19]财，非仁也，财多也；今之争夺，非鄙也，财寡也。轻辞天子，非高也，势薄也；重争士橐[20]，非下也，权重也。故圣人议多少、论薄厚，为之政。故罚薄不为慈，诛严不为戾，称[21]俗而行也。故事因于世，而备适于事[22]。

[12] 茅茨不翦：茅草苫屋不加修剪。采：栎木。斫：砍削。粝粢：粗米和稷类，泛指粗粮。藜藿：野菜，泛指粗劣的饭菜。监门：守门的人。服养：衣服和食物。亏：短少。

[13] 臿：音插，掘土工具。胈：白肉。胫：小腿。

[14] 臣虏：臣仆和俘虏。多：重。

[15] 絜驾：束马驾车，指不徒行。

[16] 谷汲：到谷底汲水。膢：楚地风俗，二月祭饮食之神的节日。腊：十月祭百神的节日。遗：赠送礼品。

[17] 庸：庸工。窦：水道口。

[18] 饷：供给食物。穰岁：丰年。疏客：疏远的客人。心，有版本作"实"。

[19] 易：看轻。

[20] 士橐：即仕讬，官职和依托贵族。

[21] 称：相称。

[22] 因：根据。适：适应。

古者文王处丰镐之间，地方百里，行仁义而怀西戎，遂王天下[23]。徐偃王处汉东，地方五百里，行仁义，割地而朝者三十有六国。荆文王恐其害己也，举兵伐徐，遂灭之。故文王行仁义而王天下，偃王行仁义而丧其国，是仁义用于古不用于今也。故曰：世异则事异[24]。当舜之时，有苗不服，禹将伐之。舜曰："不可。上德不厚而行武[25]，非道也。"乃修教三年，执干戚舞，有苗乃服[26]。共工之战，铁铦短者及乎敌[27]，铠甲不坚者伤乎体。是干戚用于古不用于今也。故曰：事异则备变。上古竞于道德，中世逐于智谋，当今争于气力。齐将攻鲁，鲁使子贡说之。齐人曰："子言非不辩[28]也，吾所欲者土地也，非斯言所谓也。"遂举兵伐鲁，去门十里以为界。故偃王仁义而徐亡，子贡辩智而鲁削。以是言之，夫仁义辩智，非所以持国[29]也。去偃王之仁，息子贡之智，循徐、鲁之力使敌万乘，则齐、荆之欲不得行于二国矣。

[23] 丰镐：地名，丰和镐。怀：安抚。

[24] 异：不同。

[25] 上：同尚，崇尚。

[26] 修教：修治教化。干：盾。戚：大斧。舞：跳舞。

[27] 铁铦短者及乎敌：武器短的会被敌人击中。短，有版本作"矩"。

[28] 辩：说理分明。

[29] 持国：保全国家。

《公孙龙子》（节选）

《公孙龙子》是一部具有系统的名辩理论的名家代表作品，为公孙龙所著。

公孙龙（约前320—前250年）是战国时期赵国人，是名家学派的主要代表人物。诸子面对礼崩乐坏的时代问题都提出了解决问题的方法。名实关系的恰当处理是解决这一问题的重要方法。因此，战国时期出现了名辩思潮。公孙龙等名家从政治上的名实关系走向了认识论和逻辑学上的名实关系。名家注重研究概念与概念、概念与物、概念的外延与内涵等，提出了概念的内涵和外延要符合事物本身的观点来解决名实关系问题，为解决社会政治问题提供了认识论和逻辑学的基础，使限于政治的名实关系的研究得以向其他领域扩展，提高了中国哲学的思辨性。

现存的《公孙龙子》一共有六篇，即《迹府》《白马论》《指物论》《通变论》《坚白论》《名实论》。

白马论

"白马非马"[1]，可乎？曰：可。曰：何哉？曰：马者，所以命形也[2]；白者，所以命色也。命色者非命形也。故曰：白马非马。

[1] 白马非马：白马不是马。

[2] 命：称谓。

曰：有白马不可谓无马也[3]。不可谓无马者，非马也[4]？有白马为有马，白之非马，何也？曰：求马，黄、黑马皆可致[5]；求白马，黄、黑马不可致。使白马乃马也，是所求一也[6]。所求一者，白者不异马也。所求不异，如黄、黑马有可有不可，何也？可与不可，其相非明[7]。故黄、黑马一也，而可以应有马，而不可以应有白马，是白马之非马，审矣[8]！

[3] 有白马不可谓无马也：有白马就不可以说没有马。
[4] 不可谓无马者，非马也：既然不可以说没有马，那么白马不是马吗？
[5] 求：要求。致：送到。
[6] 使：假使。一：一样，相同。
[7] 其相非明：其相互排斥是很明显的。
[8] 应：回应，接受。审：清楚。

曰：以[9]马之有色为非马，天下非有[10]无色之马也。天下无马，可乎？曰：马固有色，故有白马。使马无色，有马如已[11]耳，安取[12]白马？故白者非马也。白马者，马与白也，马与白非马也，故曰白马非马也。曰：马未与白为马，白未与马为白。合马与白，复名[13]白马。是相与以不相与[14]为名，未可。故曰：白马非马未可。

[9] 以：因。
[10] 非有：没有。
[11] 如已：而已。
[12] 安取：哪里去取。
[13] 复名：又称谓。
[14] 相与：为一类。不相与：不是一类。

曰：以有白马为有马，谓有白马为有黄马，可乎？曰：未可。曰：以[15]有马为异有黄马，是异黄马于马也；异黄马于马，是以黄马为非马。以黄马为非马，而以白马为有马，此飞者入池而棺椁异处[16]，此天下之悖言乱辞[17]也。

[15] 以：把。为异：相区别。
[16] 飞者：会飞的。异处：分开相处。
[17] 悖言乱辞：悖反之言和胡乱的言辞。

曰："有白马不可谓无马者"，离白[18]之谓也；不离[19]者有白马不可谓有马也。故所以为有马者，独以马为有马耳，非以白马为有马。故其为有马也，不可以谓"马马"[20]也。曰："白者不定所白[21]，忘之而可也。白马者，言白定所白也，定所白者非白也[22]。马者，无去取于色[23]，故黄、黑皆所以应；白马者，有去取于色[24]，黄、黑马皆所以色去[25]，故唯白马独可以应耳。无去者非有去也[26]，故曰白马非马。"

[18] 离白：把白马中的白色属性去掉。
[19] 不离：不把白色属性去除。
[20] 马马：把白色属性和马都视为马，就是马马。
[21] 白者不定所白：白色没有固定在某一物体上成为属性。
[22] 定所白者非白也：固定为马的属性的白就不是白了。
[23] 无去取于色：没有选择颜色去选取马。
[24] 有去取于色：按照颜色选取马。
[25] 黄、黑马皆所以色去：黄色和黑色的马因为颜色不对被舍弃。
[26] 无去者非有去也：没有按照颜色选取与按照颜色选取是不同的。

坚白论

坚白石三[1]，可乎？曰：不可。曰：二，可乎？曰：可。曰：何哉？曰：无坚得白，其举[2]也二；无白得坚，其举也二。

[1] 坚白石三：坚、白、石为三。
[2] 举：举其所见。

曰：得其所白，不可谓无白；得其所坚，不可谓无坚：而之石也，之于然也[3]，非三也[4]？曰：视不得其所坚而得其所白者，无坚也[5]。拊[6]不得其所白而得其所坚，得其坚也，无白也。

[3] 之石也，之于然也：此石就是这样。
[4] 非三也：不是三吗？
[5] 视：看。无坚：没有坚。
[6] 拊：拍。

曰：天下无白，不可以视石[7]；天下无坚，不可以谓石[8]。坚白石不相外[9]，藏三[10]可乎？曰：有自藏[11]也，非藏而藏也。曰：其白也，其坚也，而石必得以相盛盈[12]。其自藏奈何？曰：得其白，得其坚，见与不见离[13]。不见离，一一不相盈[14]，故离。离也者，藏也。

[7] 不可以视石：不可以视石而见其白。
[8] 不可以谓石：不可以用坚称谓石。
[9] 坚白石不相外：坚、白、石不相外而为一体。

[10] 藏三：一体之中藏坚、白、石三者。

[11] 自藏：自然而藏。

[12] 盈：满。

[13] 见与不见离：显现与不显现分离。

[14] 一一不相盈：白、坚都不能同时相充满石。

　　曰：石之白，石之坚，见与不见，二与三，若广修[15]而相盈也。其非举乎[16]？曰：物白焉，不定[17]其所白；物坚焉，不定其所坚。不定者兼[18]，恶乎其石也？曰：循石[19]，非彼无石[20]。非石，无所取乎白石。不相离者，固乎然其无已[21]。曰：于石一也，坚白二也，而在于石，故有知[22]焉，有不知焉；有见焉，有不见焉。故知与不知相与离，见与不见相与藏。藏故，孰谓之不离[23]？

[15] 广修：宽度与长度。

[16] 其非举乎：岂不是正确的列举吗？

[17] 不定：不固定。

[18] 兼：兼及。

[19] 循石：因循石头，指抚摸石头。

[20] 非彼无石：没有坚性就没有石。

[21] 固乎然其无已：本来就这样，永远不停止。

[22] 知：触摸而知。

[23] 孰谓之不离：谁说不分离呢？

　　曰：目不能坚，手不能白。不可谓无坚，不可谓无白。其异任[24]也，其无以代[25]也。坚白域[26]于石，恶乎离？曰："坚未与石为坚而物兼[27]。未与物为坚而坚必坚[28]。其不坚石、物而坚，天下未有若[29]坚，而坚藏。白固[30]不能自白，恶能白石物乎？若白者必白，则不白物而白焉。黄黑与之然。石其无有[31]，恶取坚白石乎？故离也。离也者因是[32]。力与知果，不若因是[33]。且犹白以目以火见。而火不见，则火与目不见，而神见[34]。神不见[35]，而见离[36]。坚以手，而手以捶[37]，是捶与手知而不知[38]，而神与不知[39]。神乎？是之谓离焉。离也者天下，故独而正[40]。

[24] 异任：任务不同。

[25] 代：代替。

[26] 域：寓。

[27] 坚未与石为坚而物兼：坚未必与石头结合才谓坚，与其他物结合也是坚。

[28] 未与物为坚而坚必坚：坚不与石或其他物结合仍然是坚。

[29] 若：这样。指前面不与石、物结合的坚。

[30] 固：本来。

[31] 石其无有：石没有坚白。

[32] 因是：因此。

[33] 力与知果：抚摸与观看石头的结果。不若因是：不如根据这些而相信坚白分离。有的本子做"力与知，果不若因是"。解为：果决不得，故不如因是天然之自离。

[34] 神见：依靠精神来见。

[35] 神不见：精神也单独看不见。

[36] 而见离：石头、眼睛、精神都是分离的。

[37] 捶：木棍之类。

[38] 知而不知：好像知道坚，实际上不知道坚。

[39] 神与不知：神也不能单独得到知。

[40] 独而正：指分离是万物所处的独一无二的正位。

名实论

天地与其所产焉[1]，物也。物以物其所物而不过焉[2]，实也[3]。实以实其所实而不旷焉[4]，位也[5]。出其所位，非位，位其所位焉，正也。以其所正，正其所不正；以其所不正，疑其所正[6]。其正者，正其所实也[7]；正其所实者，正其名也[8]。其名正则唯乎其彼此焉[9]。谓彼而彼不唯乎彼[10]，则彼谓不行[11]；谓此而此不唯乎此，则此谓不行。其以当不当也[12]。不当而当，乱也。故彼彼当乎彼，则唯乎彼[13]，其谓行彼；此此当乎此，则唯乎此，其谓行此。其以当而当也。以当而当，正也。故彼彼止于彼，此此止于此，可。彼此而彼且此，此彼而此且彼，不可。夫名，实谓也[14]。知此之非此也，知此之不在此也，则不谓也[15]；知彼之非彼也，知彼之不在彼也，则不谓也。至矣哉，古之明王。审其名实[16]，慎其所谓[17]。至矣哉，古之明王。

[1] 产：出产。

[2] 过：超过限度。

[3] 实：物的命名不超过物的限度。也可以指概念的外延。

[4] 旷：空缺。

[5] 位：物的命名不超过物的限度又不空缺。也可以指概念的内涵。

[6] 疑：怀疑，审查。

[7] 其正者，正其所实也：正就是物的命名不超过物的限度，即不超过其外延。

[8] 正其所实者，正其名也：物的命名不超过物的限度即概念的外延，就是正名。

[9] 其名正则唯乎其彼此焉：正名就是通过名区分彼此的唯一性。

[10] 谓彼而彼不唯乎彼：称谓彼而这一称谓不是唯一的彼的称谓。

[11] 则彼谓不行：那么这一称谓就不能通行。

[12] 其以当不当也：自以为称谓相当而实际上不相当。

［13］唯：唯一。

［14］夫名，实谓也：名就是对物不超过其限度的称呼。

［15］不谓：名就是对物超过其限度的称呼。

［16］名实：名与其不超过物的限度的命名。

［17］所谓：所称谓的内涵。

《春秋繁露》（节选）

《春秋繁露》是董仲舒的著作。后人疑其不尽出董仲舒一人之手。现存十七卷八十二篇。

董仲舒（前179—前104年），西汉时期广川人，治公羊《春秋》，为今文经学大师。汉景帝时为博士。汉武帝即位，做《举贤良对策》三篇，又称"天人三策"，回答了武帝的策问。同时提出了"《春秋》大一统者，天地之常经，古今之通谊也。今师异道，人异论，百家殊方，指意不同，是以上亡以持一统；法制数变，下不知所守。臣愚以为诸不在六艺之科孔子之术者，皆绝其道，勿使并进。邪辟之说灭息，然后统纪可一而法度可明，民知所从矣。"这一主张被武帝接受并加以实现。其后由于言灾异被下狱，诏赦之。董仲舒为人廉直，曾相胶西王，后以修学著书为事。年老，以寿终于家。

董仲舒面对西汉时期政权的合法性、如何让政权永久存在的时代问题，提出天人感应、王朝更替的三统三正、性三品以及教化思想等，回应了时代问题。同时也针对儒学的需求，构建了一个融会阴阳五行思想的宇宙体系，推进了儒学形上思想的发展。另外，"以《春秋》断狱"，将其运用于实际政治生活。

深察名号第三十五（节选）

治天下之端，在审辨大[1]；辨大之端，在深察名号。名者，大理之首章也，录其首章之意，以窥其中之事，则是非可知，逆顺自著，其几通于天地矣[2]。是非之正，取之逆顺；逆顺之正，取之名号；名号之正，取之天地；天地为名号之大义也[3]。古之圣人，謞而效天地谓之号，鸣而施命谓之名[4]。名之为言，鸣与命也，号之为言，謞而效也，謞而效天地者为号，鸣而命者为名，名号异声而同本，皆鸣号而达天意者也[5]。天不言，使人发其意；弗为，使人行其中；名则圣人所发天意，不可不深观也[6]。

［1］端：开始。审：审察。辨：分别。大：总纲。

［2］大理：大的道理，总纲。几：几乎。通：沟通。

［3］大义：要义。

[4] 謞：音哮，呼叫。施命：授予天命。

[5] 言：字，言辞。达天意：表达天意。

[6] 发：发现。深观：深入观察。

实性第三十六

孔子曰："名不正，则言不顺。"今谓性已善，不几于无教而如其自然，又不顺于为政之道矣[1]；且名者性之实，实者性之质，质无教之时，何遽能善[2]。善如米，性如禾，禾虽出米，而禾未可谓米也；性虽出善，而性未可谓善也。米与善，人之继天而成于外也[3]，非在天所为之内也；天所为，有所至而止，止之内谓之天，止之外谓之王教，王教在性外，而性不得不遂[4]。故曰：性有善质，而未能为善也，岂敢美辞，其实然也[5]。天之所为，止于茧麻与禾，以麻为布，以茧为丝，以米为饭，以性为善，此皆圣人所继天而进也，非情性质朴之能至也，故不可谓性[6]。正朝夕者视北辰，正嫌疑者视圣人，圣人之所名，天下以为正[7]。今按圣人言中本无性善名，而有善人吾不得见之矣，使万民之性皆已能善，善人者何为不见也，观孔子言此之意，以为善甚难当[8]；而孟子以为万民性皆能当之，过矣[9]。圣人之性，不可以名性，斗筲之性，又不可以名性，名性者，中民之性[10]。中民之性，如茧如卵，卵待覆二十日而后能为雏[11]；茧待缲以涫汤而后能为丝[12]；性待渐于教训而后能为善[13]；善，教训之所然也，非质朴之所能至也，故不谓性。性者宜知名矣，无所待而起，生而所自有也；善所自有，则教训已非性也[14]。是以米出于粟，而粟不可谓米；玉出于璞，而璞不可谓玉；善出于性，而性不可谓善；其比多在物者为然[15]，在性者以为不然，何不通于类也[16]？卵之性未能作雏也，茧之性未能作丝也，麻之性未能为缕也，粟之性未能为米也。春秋别物之理以正其名，名物必各因其真[17]。真其义也，真其情也，乃以为名。名霣石则后其五，退飞则先其六，此皆其真也。圣人于言无所苟而已矣[18]。性者，天质之朴也，善者，王教之化也；无其质，则王教不能化，无其王教，则质朴不能善。质而不以善性，其名不正，故不受也[19]。

[1] 性：本性。几：将近，差不多。教：教化。如：如同。顺：符合。

[2] 名：名称。实：实际，真实。质：资质，素质。遽：急遽。有版本作"处"。

[3] 人之继天而成于外也：人继续天命，在天之外形成的。

[4] 王教：君王的教化。遂：随遂。

[5] 美辞：应做异辞，不同的说法。实然也：实际就是这样。

[6] 以米为饭：应该为"以禾为米"。进：进一步。至：到达。

[7] 正嫌疑者：纠正疑惑的人。视：观察。名：说出的话。正：目标，标准。

[8] 当：对等。

[9] 过：过分。

[10] 斗筲：一种竹器，仅容一斗二升，形容鄙细之人。中民：庸民。

[11] 覆：遮蔽。

[12] 缲：同缫，抽茧出丝。滔汤：沸滚的水。

[13] 待：等待。教训：教导训诫。

[14] 性者宜知名矣：有人认为性的前面有脱落的文字。本性是应该知晓的名称。待：条件。

[15] 其比多在物者为然：这些比喻在物中被认为是对的。

[16] 通：相通，合。

[17] 别：区别。因：根据。

[18] 苟：马虎，随便。

[19] 质而不以善性：有人认为有缺讹。也有人认为是"质不能而以善性"。可解为：以质而不以善来说本性。其名不正，故不受也：称之为善性则不是正确的名，所以不被接受。

为人者天第四十一（节选）

为生不能为人，为人者，天也，人之人本于天，天亦人之曾祖父也，此人之所以乃上类天也[1]。人之形体，化天数而成；人之血气，化天志而仁；人之德行，化天理而义；人之好恶，化天之暖清；人之喜怒，化天之寒暑；人之受命，化天之四时[2]。人生有喜怒哀乐之答，春秋冬夏之类也。喜，春之答也，怒，秋之答也，乐，夏之答也，哀，冬之答也，天之副在乎人，人之情性有由天者矣，故曰受，由天之号也[3]。为人主也，道莫明省身之天[4]，如天出之也[5]，使其出也，答天之出四时而必忠其受也[6]，则尧舜之治无以加，是可生可杀而不可使为乱[7]，故曰：非道不行，非法[8]不言。此之谓也。

传[9]曰：唯天子受命于天，天下受命于天子，一国则受命于君。君命顺，则民有顺命；君命逆，则民有逆命；故曰："一人有庆，兆民赖之。"[10]此之谓也。传曰：政有三端：父子不亲，则致其爱慈[11]；大臣不和，则敬顺其礼；百姓不安，则力其孝弟。孝弟者，所以安百姓也，力者，勉行之身以化之。天地之数，不能独以寒暑成岁，必有春夏秋冬；圣人之道，不能独以威势成政，必有教化[12]。故曰：先之以博爱，教以仁也；难得者，君子不贵，教以义也；虽天子必有尊也，教以孝也；必有先也，教以弟也。此威势之不足独恃，而教化之功不大乎！

[1] 为生：指为生者，父母。为人者：应为"人之为人者"。类：同类，类似。

[2] 化：转化。天志：天的意志。理：分，文理，引申为规则。义：同"宜"，适宜。受命：接受的天命。

[3] 答：应答，回应。副：符合。由：出于。受：给予和接受。号：称谓，命名。

[4] 道：大道，法则。莫明：没有比反省自身的天命更明智的。

[5] 如：如同。出：产生。

[6] 忠：尽忠，忠于。

[7] 可生可杀而不可使为乱：可以生可以杀但不可以使其扰乱天的受命。

[8] 法：法则。

[9] 传：解释《春秋》的文字。

[10] 庆：吉庆。兆民：天子之民，百姓。赖：依赖。

[11] 端：方面。致：使。

[12] 威势：权威和势力。化：教化。

王道通三第四十四（节选）

古之造文者，三画而连其中，谓之王；三画者，天地与人也，而连其中者，通其道也[1]。取天地与人之中以为贯而参通之，非王者孰能当是[2]。是故王者唯天之施，施其时而成之[3]，法其命而循[4]之诸人，法其数而以起事[5]，治其道而以出法[6]，治其志而归之于仁[7]。仁之美者在于天，天仁也，天覆育万物，既化而生之，有养而成之，事功无已，终而复始，凡举归之以奉人[8]。察[9]于天之意，无穷极之仁也。人之受命于天也，取仁于天而仁也。是故人之受命天之尊[10]，父兄子弟之亲[11]，有忠信慈惠之心，有礼义廉让之行，有是非逆顺之治，文理灿然而厚，知广大有而博[12]，唯人道为可以参天[13]。天常以爱利为意[14]，以养长为事，春秋冬夏皆其用也；王者亦常以爱利天下为意，以安乐一世为事，好恶喜怒而备用也[15]。然而主之好恶喜怒，乃天之春夏秋冬也，其俱暖清寒暑而以变化成功也。天出此物者[16]，时则岁美，不时则岁恶。人主出此四者，义则世治，不义则世乱，是故治世与美岁同数，乱世与恶岁同数，以此见人理之副天道也[17]。

[1] 造文：造字。道：大道，原则。

[2] 贯：贯通。参通：检验通晓。当是：与此相当。

[3] 施：施与。施其时而成之：应做"法其时而成之"，效法四时而成人。

[4] 循：因循。

[5] 数：度数，计数。起事：兴事，做事。

[6] 治其道而以出法：应为"法其道而以出治"，效法大道来治理。

[7] 治其志而归之于仁：应做"法其志而归之于仁"，效法天志使之归向仁爱。

[8] 美：美好。覆育：覆盖养育。已：停止。奉：奉献。

[9] 察：审察。

[10] 是故人之受命天之尊：有人认为是衍文。

[11] 父兄子弟之亲：前当有"有"字。

[12] 知广大有而博：应为"知广大而有博"。

[13] 参天：与天匹配。

[14] 爱利：仁爱有益。意：本意。

[15] 好恶喜怒而备用也：一说应为"好恶喜怒皆其用也"。

[16] 天出此物者：有人认为应为"天出此四者"，指前所说"暖清、寒暑"四种变化。

[17] 副：符合。

天辨在人第四十六（节选）

难者曰："阴阳之会，一岁再遇，遇于南方者以中夏，遇于北方者以中冬，冬，丧物之气也，则其会于是何？"[1] "如金木水火，各奉其主以从阴阳，相与一力而并功[2]。其实非独阴阳也，然而阴阳因之以起，助其所主。故少阳因木而起，助春之生也；太阳因火而起，助夏之养也；少阴因金而起，助秋之成也；太阴因水而起，助冬之藏也[3]。阴虽与水并气而合冬，其实不同，故水独有丧而阴不与焉[4]。是以阴阳会于中冬者，非其丧也。春爱志也[5]，夏乐志也，秋严志也，冬哀志也。故爱而有严，乐而有哀，四时之则也。喜怒之祸，哀乐之义，不独在人，亦在于天；而春夏之阳，秋冬之阴，不独在天，亦在于人。人无春气，何以博爱而容众？人无秋气，何以立严而成功？人无夏气，何以盛养而乐生？人无冬气，何以哀死而恤丧[6]？天无喜气，亦何以暖而春生育？天无怒气，亦何以清而秋杀就[7]？天无乐气，亦何以疏阳而夏养长；天无哀气，亦何以激阴而冬闭藏[8]。故曰：天乃有喜怒哀乐之行，人亦有春秋冬夏之气者，合类之谓也[9]。

[1] 难者：问难的人。会：交会。一岁：一年。再：二次。中：一季之中。丧：失去。

[2] 奉：供奉，侍奉。从：跟从。相与：相互给与。功：成果。

[3] 少阳，太阳，少阴，太阴：《易传·系辞》有"易有太极，是生两仪，两仪生四象"。四象一般指"少阴、少阳、太阳（老阳）、太阴（老阴）"。主要用来描述阴阳从衰至盛的动态变化。

[4] 不与：没有丧失。

[5] 志：标记。

[6] 哀死而恤丧：致哀死亡，体恤丧者。

[7] 就：终。

[8] 疏：疏通。激：激发。闭藏：隐匿收藏。

[9] 合类：同类。

同类相动第五十七（节选）

今平地注水，去燥就湿；均薪施火，去湿就燥[1]。百物去其所与异，而从其所与同。故气同则会，声比则应，其验皦然也[2]。试调琴瑟而错之，鼓其宫则他宫应之，鼓其商而他商应之，五音比而自鸣，非有神，其数然也[3]。美事召美类，恶事召恶类，类之相应而起也，如马鸣则马应之，牛鸣则牛应之。帝王之将兴也，其美祥亦先见，其将亡也，妖孽亦先见，物故以类相召也[4]，故以龙致雨，以扇逐暑，军之所处，以棘楚，美恶皆有从来，以为命，莫知其处所[5]。

[1] 注：灌注。去：离开。就：靠近。均：平铺。
[2] 会：会合。比：靠近。皦然：清楚明白的样子。
[3] 错：置。数：度数。
[4] 妖：衣服、歌谣、草木之怪谓之妖。孽：禽兽、虫蝗之怪谓之孽。故：应为"固"。
[5] 以棘楚：应为"生以棘楚。"楚：大荆。命：天命。

《论衡》（节选）

《论衡》由汉代王充所著。共八十五篇，其中《招致》有目无正文。

王充（27—约97年），会稽上虞人，师事扶风班彪。曾经为郡中功曹，因谏诤不合离开，后归家从事著述，病卒于家。

王充针对当时天人感应、谶纬流行的乱象，提出了元气自然观，认为元气构成事物与人；一切事物的产生都是一种自然的过程，没有任何目的性；世上也不存在鬼神。王充否认生而知之，认为人可以通过耳目的认知了解周围的世界。王充以一种唯物主义的方式回应了时代问题。

物势（节选）

儒者论曰："天地故生人。[1]"此言妄也。夫天地合气，人偶自生也[2]；犹夫妇合气，子则自生也。夫妇合气，非当时欲得生子；情欲动而合，合而生子矣。且夫妇不故生子，以知天地不故生人也。然则人生于天地也，犹鱼之于渊，虮虱之于人也。因气而生，种类相产，万物生天地之间，皆一实也[3]。

[1] 故：有目的有意识的行为。

[2] 偶：自然巧合。

[3] 实：事实，实在。

论死（节选）

世谓死人为鬼，有知能害人[1]。试以物类验之，死人不为鬼，无知不能害人。何以验之？验之以物。人，物也；物，亦物也。物死不为鬼，人死何故独能为鬼？世能别人物不能为鬼，则为鬼不为鬼尚难分明[2]。如不能别，则亦无以知其能为鬼也。人之所以生者，精气也，死而精气灭。能为精气者[3]，血脉也。人死血脉竭，竭而精气灭，灭而形体朽，朽而成灰土，何用为鬼[4]？人无耳目则无所知，故聋盲之人，比于草木。夫精气去人[5]，岂徒与无耳目同哉？朽则消亡，荒忽不见，故谓之鬼神。人见鬼神之形，故非死人之精也。何则[6]？鬼神，荒忽不见之名也。人死精神升天，骸骨归土，故谓之鬼。鬼者，归也；神者，荒忽无形者也。或说：鬼神，阴阳之名也。阴气逆物而归，故谓之鬼；阳气导物而生，故谓之神。神者，伸也[7]。申复无已，终而复始。人用神气生[8]，其死复归神气。阴阳称鬼神，人死亦称鬼神。气之生人，犹水之为冰也。水凝为冰，气凝为人；冰释为水，人死复神[9]。其名为神也，犹冰释更名水也。人见名异，则谓有知，能为形而害人，无据以论之也。

[1] 有知：有知觉灵明。

[2] 别：辨别。尚：还。

[3] 能为精气者：能养精气者。

[4] 何用：以何，凭借什么。

[5] 去人：离开人。

[6] 何则：为什么。

[7] 伸：当作申，舒展，伸张。

[8] 神气：导物而生的阳气。

[9] 复神：复归于神气。

实知（节选）

实者，圣贤不能知性，须任耳目以定情实[1]。其任耳目也，可知之事，思之辄决；不可知之事，待问乃解。天下之事，世间之物，可思而知，愚夫能开精；不可思而知，上圣不能省[2]。孔子曰："吾尝终日不食，终夜不寝以思，无益，不如学也。"天下事有不可知，犹结有不可解也。见说[3]善解结，结无有不可解。结有不可解，见说不能解也。非见说不能解也，结有不可解。及其解之，用不能也[4]。圣人知事，事无不可知。事有不可知，圣人不能知，非圣人不能知，事有不可知。及其知之，用不知也。故夫难知之事，学问所能及也；不可知之事，问之学之，不能晓也。

[1] 知性：当为"性知"，生而知之。任：使用。情实：事实。
[2] 决：判断。精：精通，明白。省：觉悟。
[3] 见说：当做兒说，读为倪，善于解结的人。
[4] 用不能也：因此不能解开。

《老子注》与《周易略例》（节选）

《老子注》与《周易略例》是王弼对《老子》和《周易》的解释。

王弼（226—249 年）是三国魏玄学贵无论的代表。他主要针对当时分裂的社会现实、日益虚伪和浇薄的社会道德状况以及经学的烦琐和谶纬化，援老入儒，运用辨名析理的方法，依据《周易》《老子》《庄子》"三玄"阐明"以无为本""崇本举末"的哲学思想，以期解决以上社会问题。他用以无为本、以寡御众来解决社会分裂问题，以"名教本于自然"来说明社会道德等本来合于人的本性，以此建立真正的道德等。同时，其言意之辨的思想提高了中国哲学思维水平。

老子注（节选）

第三十八章

上德不德，是以有德；下德不失德，是以无德。上德无为而无以为；下德为之而有以为。上仁为之而无以为；上义为之而有以为。上礼为之而莫之应，则攘臂而扔之。故失道而后德，失德而后仁，失仁而后义，失义而后礼。夫礼者，忠信之薄，而乱之首。前识者，道之华，而愚之始。是以大丈夫处其厚，不居其薄；处其实，不居其华。故去彼取此。

德者，得也。常得而无丧[1]，利而无害，故以德为名焉。何以得德？由乎道也。何以尽德？以无为用[2]。以无为用则莫不载也，故物无焉，则无物不经，有焉，则不足以免其生[3]。是以天地虽广，以无为心。圣王虽大，以虚为主。故曰，以复而视，则天地之心见。至日而思之，则先王之至睹也[4]。故灭其私而无其身，则四海莫不瞻[5]，远近莫不至。殊其己而有其心[6]，则一体不能自全，肌骨不能相容。是以上德之人，唯道是用。不德其德，无执无用，故能有德而无不为，不求而得，不为而成，故虽有德而无德名也[7]。下德求而得之，为而成之，则立善以治物，故德名有焉。求而得之必有失焉，为而成之必有败焉，善名生则有不善应焉，故下德为之而有以为也。无以为者，无所偏为[8]也。

[1] 丧：丧失。

[2] 尽德：达到最大限度的德。以无为用：把无作为功用。

[3] 载：承载。经：经由。有：具体存在。免其生：避免生死。

[4] 复：复卦，以复卦来看。复卦的象辞曰："复见其天地之心乎"。至日：冬至和夏至。见于复卦的象辞。"先王以至日闭关，商旅不行，后不省方"，意思是至日先王闭关静思。至睹：看到的最高原则。

[5] 瞻：仰视，指敬仰。

[6] 殊：特殊。其心：私心。

[7] 不德其德：不以德为德。无执无用：不执着于无用。无德名：不以德称谓。

[8] 偏为：偏于有所为或无所为。

凡不能无为而为之者，皆下德也。仁义礼节是也，将明德之上下，辄举下德以对上德，至于无以为，极下德下之量，上仁是也，足及于无以为而犹为之焉[9]。为之而无以为，故有为，为之患[10]矣。本在无为，母在无名，弃本舍母而适其子，功虽大焉，必有不济[11]。名虽美焉，伪亦必生。不能不为而成，不兴而治，则乃为之，故有宏普博施仁爱之者，而爱之无所偏私，故上仁为之而无以为也。爱不能兼，则有抑抗正真而义理之者，忿枉祐真，助彼攻此，物事而有以心为矣，故上义为之而有以为也[12]。直不能笃则有游饰修文，礼敬之者，尚好修敬，校责往来，则不对之间，忿怒生焉[13]。故上德为之而莫之应，则攘臂而扔之[14]。

[9] 极下德下之量：第二个"下"为衍文，应为"极下德之量"，居于下德的最上等。足：值得，够得上。

[10] 患：祸患。

[11] 济：成。

[12] 抑：抑制。抗：抬高。真：应为"直"。忿枉祐真：真，当作"直"，愤恨枉曲助力正直。物事：以外物为事。有以心为：用心作为。

[13] 笃：笃实。游饰：表面的装饰。修文：文饰。校责：计较责备。不对之间：得不到回应的时候。

[14] 上德：应为上礼。攘臂而扔之：卷起袖子露出臂膀拉人使人遵守礼。

夫大之极也，其唯道乎，自此已往，岂足尊哉[15]。故虽盛业大富而有万物，犹各得其德，虽贵以无为用，不能舍无以为体也[16]，不能舍无以为体则失其为大矣，所谓失道而后德也。以无为用，德其母[17]，故能已不劳焉而物无不理。下此已往，则失用之母，不能无为而贵博施，不能博施而贵正直，不能正直而贵饰敬，所谓失德而后仁，失仁而后义，失义而后礼也。夫礼也，所始首于忠信不笃，通简不阳，责备于表，机微争制，夫仁义发于内，为之犹伪，况务外饰而可久乎[18]。故夫礼者，忠信之薄而乱之首也。

[15] 大之极：最至极。自此已往：自道以往。

[16] 舍：居住，驻停。不能舍无以为体也：不能使无居住而作为体。

[17] 德其母：以德为母，意指失道而后德，能以德为母，但与道相比的以无为本则不如道。

[18] 通：圆通。有人认为通应作"易"。简：简易。阳：显著分明，也有人认为阳应为"畅"。机微：通"几微"，细微。争制：争执。

前识者，前人而识也，即下德之伦也[19]。竭其聪明以为前识，役其智力以营庶事，虽德其情，奸巧弥密，虽丰其誉，愈丧笃实。劳而事昏，务而治薉，虽竭圣智而民愈害[20]。舍[21]己任物，则无为而泰。守夫素朴，则不顺典制[22]，耽彼所获，弃此所守，识道之华而愚之首，故苟得其为功之母，则万物作焉而不辞也。万事存焉而不劳也，用不以形，御不以名，故仁义可显，礼敬可彰也[23]。

[19] 前人而识：在别人之前认识。伦：类。

[20] 德：应为"得"，得到。丰：丰富。务：勉力。薉：同"秽"，荒乱。

[21] 舍：居住，驻停。

[22] 典制：典章制度。

[23] 御：统治。彰：彰显。

夫载之以大道，镇之以无名，则物无所尚，志无所营，各任其贞，事用其诚，则仁德厚焉，行义正焉，礼敬清焉[24]。弃其所载，舍其所生，用其成形，役其聪明，仁则诚焉，义其竞焉，礼其争焉[25]。故仁德之厚，非用[26]仁之所能也，行义之正，非用义之所成也。礼敬之清，非用礼之所济也。载之以道，统之以母，故显之而无所尚，彰之而无所竞，用夫无名，故名以笃焉。用夫无形，故形以成焉。守母以存其子，崇本以举其末，则形名俱有而邪不生[27]。大美配天而华不作，故母不可远，本不可失。仁义，母之所生，非可以为母。形器，匠之所成，非可以为匠也。舍其母而用其子，弃其本而适其末，名则有所分，形则有所止，虽极其大，必有不周，虽盛其美，必有患忧，功在为之，岂足处也[28]。

[24] 载：承载。营：营谋。贞：正常。清：洁净。

[25] 义其竞焉，礼其争焉："其"应为"则"。

[26] 用：有意识去作为。

[27] 统之以母：以无为无名来统领。崇本以举其末：推崇无来列举有。

[28] 分：分别，区分。止：局限。为之：有意为之。足：值得。处：对待。

第四十章（节选）

反者道之动，弱者道之用。天下万物生于有，有生于无。

天下之物，皆以有为生[1]。有之所始[2]，以无为本。将欲全有[3]，必反于无也。

[1] 生：生出。
[2] 始：开始。
[3] 全有：全部的有。

周易略例（节选）

明象

夫象者，何也？统论一卦之体，明其所由之主者也[1]。夫众不能治众，治众者，至寡者也。夫动不能制动，制天下之动者，贞夫一者也[2]。故众之所以得咸存者，主必致一也[3]；动之所以得咸运者，原必无二也。

[1] 象：指《周易》的象辞。一卦之体：一卦的整体。由：凭借。主：主导。
[2] 贞夫一：正于一，一指道体，道体虚静。
[3] 致一：归于一。

物无妄然，必由其理[4]。统之有宗，会之有元[5]，故繁而不乱，众而不惑。故六爻相错，可举一以明也；刚柔相乘，可立主以定也[6]。是故杂物撰德，辩是与非，则非其中爻，莫之备矣[7]！故自统而寻之，物虽众，则知可以执一御也；由本以观之，义虽博，则知可以一名举也[8]。故处璇玑以观大运，则天地之动未足怪也；据会要以观方来，则六合辐辏未足多也[9]。故举卦之名，义有主矣；观其象辞，则思过半矣[10]！夫古今虽殊，军国异容，中之为用[11]，故未可远也。品制万变，宗主存焉；象之所尚，斯为盛矣。

[4] 妄然：胡乱。理：规律，道理。
[5] 宗：宗主。会：会合。元：首领，君。
[6] 乘：承。刚柔相乘：指阳爻居阴位，阴爻居阳位，互相因承。主：指中爻。
[7] 杂物撰德：六爻错杂，持有各自德性。中爻：二五两爻。
[8] 一：道体。举：列举。
[9] 璇玑：测天象的仪器。会要：总纲。方来：将来。辐辏：形容人或物聚集像车辐集中于车毂一样。
[10] 思过半：思考就达到一半了。
[11] 中：中爻。

夫少者，多之所贵也；寡者，众之所宗也。一卦五阳而一阴，则一阴为之主矣；五阴而一阳，则一阳为之主矣[12]！夫阴之所求者阳也，阳之所求者阴也。阳苟一焉，五阴何得不同而归之？阴苟只焉，五阳何得不同而从之^[13]？故阴爻虽贱，而为一卦之主者，处其至少之地也。或有遗爻而举二体者，卦体不由乎爻也^[14]。繁而不忧乱，变而不忧惑，约以存博，简以济众，其唯象乎！乱而不能惑，变而不能渝，非天下之至赜，其孰能与于此乎^[15]！故观象以斯，义可见矣。

[12] 阳：阳爻。阴：阴爻。主：主导。

[13] 只：单一。

[14] 二体：一卦由上下两卦组成，二体指上下两卦。

[15] 渝：改变。赜：深奥，玄妙。

明象

夫象者，出意者也^[1]。言者，明象者也^[2]。尽意莫若象^[3]，尽象莫若言。言生于象，故可寻言以观象^[4]；象生于意，故可寻象以观意。意以象尽，象以言著。故言者所以明象，得象而忘言；象者，所以存意^[5]，得意而忘象。犹蹄者所以在兔，得兔而忘蹄；筌者所以在鱼，得鱼而忘筌也^[6]。然则，言者，象之蹄也；象者，意之筌也。是故，存言者，非得象者也；存象者，非得意者也。象生于意而存象焉，则所存者乃非其象也^[7]；言生于象而存言焉，则所存者乃非其言也。然则，忘象者，乃得意者也；忘言者，乃得象者也。得意在忘象，得象在忘言。故立象以尽意，而象可忘也；重画以尽情^[8]，而画可忘也。……

[1] 象：卦象，也指物象。意：卦义，也指意义。

[2] 言：卦爻辞，也指语言和概念。

[3] 尽意：充分表达意义。

[4] 寻：玩味，寻味。

[5] 存：存有。

[6] 蹄：捕兔的工具。筌：捕鱼的工具。

[7] 非其象：不是生于意的象。

[8] 画：指爻。重画：重爻为卦。情：情实。

是故触类可为其象，合义可为其征^[9]。义苟在健，何必马乎^[10]？类苟在顺，何必牛乎？爻苟合顺，何必坤乃为牛？义苟应健，何必乾乃为马？而或者定马于乾，案文责卦，有马无乾，则伪说滋漫，难可纪矣^[11]。互体不足，遂及卦变；变又不足，推致五行。一失其原，巧愈弥甚^[12]。纵复或值^[13]，而义无所取。盖存象忘意之由也。忘象以求其意，义斯见矣。

[9] 触类：接触相类的事物。合义：义理相同的事物。征：象征。

[10] 何必马乎：何必拘泥于马？

[11] 案文责卦：按照卦爻辞考查卦象。滋漫：滋生蔓延。纪：记载。

[12]互体：一卦中二至四爻，三至五爻又可各成一卦，一卦包含四卦，称为互体。卦变：改变卦中某个爻，另成一卦。推致：推论到。指王弼批评汉儒象数学派的穿凿附会解易。

[13]纵复：纵然，即使。值：相符。

《肇论》（节选）

《肇论》是僧肇的著作，由后人编辑而成。包括《不真空论》《物不迁论》《般若无知论》《涅槃无名论》。

僧肇（384—414年）是东晋僧人。长安人，俗姓张。家贫以替人抄书为业，因此历观经史。曾读老子道德章，叹曰："美则美矣。然期神冥累之方。犹未尽也。"后见古维摩经，始知所归，出家学佛。僧肇才思幽玄，又善谈说，后从鸠摩罗什为师。

僧肇所处的东晋时代，佛教以般若性空之学为其中心，形成了"六家七宗"之分。到鸠摩罗什综合《般若》经论而建立毕竟空义，阐发了般若性空的正义。后来僧肇继承他的学说，在般若与中观学的基础上，结合中国传统思想范畴，另作阐释，成为"秦解空第一人"。

针对六家七宗对"空"的不同理解，《不真空论》以缘起说为基础，对于六家七宗进行了批判，提出了不真即空的观点：一是事物皆非真生，故谓之"空"；二是形非实有，所以说是"不真"，因此名之曰"不真空"。同时在《物不迁论》中提出"动静未始异，而惑者不同"。世俗的见解认为事物是变化的，而佛教的真理认为事物是不变的，两者都根据"昔物不至今"，即过去的事物不曾延续到现在，得出了相反的结论。需要指出的是，不迁之意并非通常所说的静止，而是非动非静，即动即静，也就是即体即用。另外提出了"般若无知论"，般若意为引导人们为圣成佛的特殊智慧。般若不把虚幻的假象当作认识对象，也不去认识它，所以可以说是无知。而般若能够通过与实相直接彻底冥合来把握实相，因此达到"无不知"。

物不迁论（节选）

夫生死交谢，寒暑迭迁，有物流动，人之常情[1]。余则谓之不然[2]。何者？《放光》云："法无去来，无动转者。"[3]寻夫不动之作，岂释动以求静，必求静于诸动。必求静于诸动，故虽动而常静。不释动以求静，故虽静而不离动。然则动静未始异[4]，而惑者不同[5]。缘使真言滞于竞辩，宗途屈于好异[6]。所以静躁之极[7]，未易言也。……

[1]交谢：交互往逝。迭迁：更相迁易。常：寻常。

[2] 余：我。

[3] 法：事物或现象。动转：运动流转。

[4] 动静未始异：动静本来没有不同。

[5] 而惑者不同：而迷惑之人认为不一样。

[6] 真言：指佛教。滞：停滞。竞辩：指异说。宗途：指法理。屈：不伸。好异：指谓异解。

[7] 静躁之极：关于动静的原理。

试论之曰：《道行》云[8]："诸法本无所从来，去亦无所至。"《中观》云："观方知彼去，去者不至方[9]。"斯皆即动而求静，以知物不迁明矣。夫人之所谓动者，以昔物不至今[10]，故曰动而非静；我之所谓静者，亦以昔物不至今，故曰静而非动。动而非静，以其不来；静而非动，以其不去。然则所造未尝异，所见未尝同[11]。逆之所谓塞，顺之所谓通。苟得其道，复何滞哉？伤夫人情之惑久矣，目对真而莫觉[12]！既知往物而不来，而谓今物而可往！往物既不来，今物何所往？何则？求向物于向，于向未尝无；责向物于今，于今未尝有[13]。于今未尝有，以明物不来；于向未尝无，故知物不去。覆而求今，今亦不往。是谓昔物自在昔，不从今以至昔；今物自在今，不从昔以至今。故仲尼曰："回也见新，交臂非故。"[14]如此，则物不相往来，明矣。既无往返之微朕[15]，有何物而可动乎？然则旋岚偃岳而常静，江河竞注而不流，野马飘鼓而不动，日月历天而不周[16]。复何怪哉？……

[8]《道行》：指《道行般若经》。

[9] 方：方所，指去处。

[10] 昔：往昔。至：到。

[11] 造：造诣。所见：所见到的。

[12] 目：眼睛。真：物不迁的真义。

[13] 向：以前。责：索取。

[14] 回：颜回。见新：所见者日新。交臂：顷刻。非故：过去的事情。事见《庄子》之《田子方》。

[15] 朕：征兆。

[16] 旋岚偃岳：暴风和倾倒的山岳。竞注：竞相流注。野马：春天田野和水面上的游气。历天：经天，在天上运行。不周：不周行。

故谈真有不迁之称，导俗有流动之说[17]。虽复千途异唱，会归同致矣[18]。而征文者闻不迁，则谓昔物不至今；聆流动者，而谓今物可至昔[19]。既曰古今，而欲迁之者，何也？是以言往不必往，古今常存，以其不动[20]；称去不必去，谓不从今至古，以其不来。不来，故不驰骋于古今，不动，故各性住于一世[21]。然则群籍殊文，百家异说，苟得其会，岂殊文之能惑哉[22]？是以人之所谓住，我则言其去；人之所谓去，我则言其住。然则去住虽殊，其致一也。故经云："正言似反，谁当信者？"斯言有由矣[23]。何者？人则求古于今，谓其不住；吾则求今于古，知其不去[24]。今若至古，古应有今；古若至今，今应有古。今而无古，以知不来；古而无今，以知不去。若古不至今，今亦不至古，事各性住于一世，有何物而可去来？

[17] 谈真：讲论真理。导俗：教导世俗。

[18] 会归同致：总归趋势是一致的。

[19] 征文：征责于经文。聆：听。

[20] 言往不必往：言说过去并不是真的过去。古今常存：古和今的存在。以其不动：因为事物是不动的。

[21] 驰骋：走。性：事物的性状。住：停留。一世：古今中的一世。

[22] 群籍：经书。殊文：文字记载不同。会：统要。

[23] 由：理由。

[24] 不住：不停留，运动。不去：不离开。

不真空论

夫至虚无生者，盖是般若玄鉴之妙趣，有物之宗极者也[1]。自非圣明特达，何能契神于有无之间哉[2]？是以至人通神心于无穷，穷所不能滞，极耳目于视听，声色所不能制者，岂不以其即万物之自虚，故物不能累其神明者也[3]。是以圣人乘真心而理顺，则无滞而不通；审一气以观化，故所遇而顺适[4]。无滞而不通，故能混杂致淳；所遇而顺适，故则触物而一，如此，则万象虽殊，而不能自异[5]。不能自异，故知象非真象；象非真象，故则虽象而非象。然则物我同根，是非一气，潜微幽隐，殆非群情之所尽[6]。故顷尔谈论，至于虚宗，每有不同。夫以不同而适同[7]，有何物而可同哉？故众论竞作而性莫同焉。何则？

[1] 至虚无生：毕竟空真境，不真实，故不生。般若：成佛的智慧。玄鉴：深远的观照。趣：趣向。有物：万物。宗：宗本。

[2] 圣明：指般若。特达：奇特明达。何能契神于有无之间：怎么能以精神契合中道非有非无之理。

[3] 即：不离。即万物之自虚：不离万物本身，其自身就是虚幻的，不必另寻虚无本体。累：劳累。神明：指精神。

[4] 乘：凭借。真心：指般若智慧。理顺：整理顺空之道。一气：借用《庄子》的通天下一气的思想说明诸法无差别。化：千变万化。适：往适。

[5] 自异：独立的自性区别于他物。

[6] 物我同根：外物与我同归于空。潜：潜藏。微：微细。幽：幽深。隐：隐映。

殆：几乎。群情：普通的人。尽：穷尽。

［7］顷尔：俄顷，很少时间。虚宗：指大乘般若空宗。以：用。适：往。

"心无"者，无心于万物，万物未尝无[8]。此得在于神静，失在于物虚[9]。"即色"者，明色不自色，故虽色而非色也。夫言色者，但当色即色，岂待色而后为色哉[10]？此直语色不自色，未领色之非色也[11]。"本无"者，情尚于无，多触言以宾无[12]。故非有，有即无；非无，无即无[13]。寻夫立文之本旨者，直以非有非真有，非无非真无耳。何必非有无此有，非无无彼无[14]？此直好无之谈，岂谓顺通事实，即物之情哉[15]？

夫以物物于物，则所物而可物；以物物非物，故虽物而非物[16]。是以物不即名而就实，名不即物而履真[17]。然则真谛独静于名教之外，岂曰文言之能辨哉[18]？然不能杜默，聊复厝言以拟之[19]。

［8］心无：指支愍度的心无论。无心：心不执着于外物。

［9］得：有所得。失：失误。物虚：物性本空。

［10］即色：指支道林（支遁）的即色论。色：指物质现象。即色论认为，物质现象是因缘和合而成，故无自性。因此色只是一种假象，故"色不自色"。岂待色色而后为色：岂能靠色有自性而后成为色。

［11］此直语色不自色，未领色之非色也：这是批评即色论。只讲到色无自性，所以是空。没有领悟到色本性为空，还是以色为有。

［12］本无：指道安、竺法汰等人的本无论，认为"无在万化之前，空为众形之始"。尚：推崇。宾：服。宾无：以无为宾客，主人都向宾客，指都向无。

［13］故非有，有即无：否认有，就是以有为无。

［14］立文：佛经中所说的。非有非真有：非有不是真有，是假有。非有无此有：把非有理解为没有。

［15］即物之情：合乎事物的实性。

［16］以物物于物：用物的名称把物叫作物。则所物而可物：被称为物的可以是物。

［17］即：合乎。履真：趋于真。

［18］真谛：最真实的道理，与"俗谛"相对称。名教：名言概念。

［19］杜：塞。杜默：沉默。厝：措置。

试论之曰：《摩诃衍论》云：诸法亦非有相，亦非无相[20]。《中论》云：诸法不有不无者，第一真谛也[21]。寻夫不有不无者，岂谓涤除万物，杜塞视听，寂寥虚豁，然后为真谛者乎[22]？诚以即物顺通，故物莫之逆；即伪即真，故性莫之易[23]。性莫之易，故虽无而有；物莫之逆，故虽有而无。虽有而无，所谓非有；虽无而有，所谓非无。如此，则非无物也，物非真物。物非真物，故于何而可物[24]？故经云："色之性空，非色败空。"[25]以明夫圣人之于物也，即万物之自虚，岂待宰割以求通哉[26]？

[20]《摩诃衍论》：指《大智度论》。

[21]《中论》：印度大乘空宗典籍，龙树所做。

[22] 涤除：洗荡。杜：塞。寂寥：无声无色。

[23] 诚：信。诚以即物顺通：万物之有为空故顺通。即伪即真：即俗谛之伪即是真谛之真。

[24] 故于何而可物：何处有此物？

[25] 经：指《维摩诘经》。败：毁坏。

[26] 宰割：治理分割。

是以寝疾有不真之谈[27]，《超日》有即虚之称[28]。然则三藏殊文，统之者一也[29]。故《放光》云[30]，第一真谛，无成无得；世俗谛故，便有成有得。夫有得即是无得之伪号，无得即是有得之真名。真名故，虽真而非有；伪号故，虽伪而非无。是以言真未尝有，言伪未尝无。二言未始一，二理未始殊[31]。故经云[32]，真谛俗谛，谓有异耶？答日，无异也。此经直辩真谛以明非有，俗谛以明非无。岂以谛二而二于物哉[33]？然则万物果有其所以不有，有其所以不无。有其所以不有，故虽有而非有，有其所以不无，故虽无而非无。虽无而非无，无者不绝虚[34]；虽有而非有，有者非真有。若有不即真，无不夷迹，然则有无称异，其致一也[35]。

[27] 寝疾有不真之谈：此指《维摩诘经》中的《问疾品》的"菩萨病者，非真非有。众生病，亦非真非有也"。

[28]《超日》有即虚之称：此指《超日明经》（佛说超日明三昧经）："不有寿，不保命，四大空也。"

[29] 三藏：佛教典籍中的经、律、论的总称。统之者一也：统之于毕竟空也。

[30]《放光》指《放光般若经》。

[31] 二言未始一：真言和伪言未曾一样。二理未始殊：有无之理未曾不一样。

[32] 经：指《大品经第二十二卷·道树品》（《摩诃般若波罗蜜经》）。

[33] 岂以谛二而二于物哉：不以"谛名"有二，则谓"法体"有二。

[34] 绝：断绝。

[35] 夷迹：夷平事相之迹象。称异：称谓不同。致一：实质一样。

故童子叹日："说法不有亦不无，以因缘故诸法生。"[36]《璎珞经》云："转法轮者，亦非有转，亦非无转，是谓转无所转。"此乃众经之微言也。何者？谓物无耶，则邪见非惑；谓物有耶，则常见为得。以物非无，故邪见为惑；以物非有，故常见不得。然则非有非无者，信真谛之谈也。故《道行》云[37]："心亦不有亦不无。"《中观》云[38]：物从因缘故不有，缘起故不无。寻理即其然矣。所以然者，夫有若真有，有自常有，岂待缘而后有哉？譬彼真无，无自常无，岂待缘而后无也？若有不能自有，待缘而后有者，故知有非真有。有非真有，虽有不可谓之有矣。不无者，夫无则湛然不动，可谓之无。万物若无，则不应起，起则非无，以明缘起，故不无也。故《摩诃衍论》云，一切诸法，一切因缘，故应有；一切诸法，一切因缘，故不应有；一切无法，一切因缘，故应有；一切有法，一切因缘故不应有[39]。寻此有无之言，岂直反论而已哉[40]？

[36] 童子：《维摩诘经》之《佛国品》中毗耶离城长者子，名宝积。因缘：佛教中所说的事物得以存在的条件，主要条件叫作因，辅助条件叫作缘。一切事物都是因缘和合而成。

[37]《道行》：指《道行般若经》。

[38]《中观》：指《中论》。

[39] 诸法：各种现象。应有：指由因缘和合而成。不应有：指因缘消散而归于无。无法：指不存在的现象。有法：指存在的现象。

[40] 反论：说相反的话。

若应有即是有，不应言无；若应无即是无，不应言有。言有是为假有，以明非无，借无以辨非有。此事一称二，其文有似不同。苟领其所同，则无异而不同[41]。然则万法果有其所以不有，不可得而有；有其所以不无，不可得而无。何则？欲言其有，有非真生；欲言其无，事象既形。象形不即无，非真非实有。然则不真空义显于兹矣。故《放光》云，诸法假号不真。譬如幻化人，非无幻化人，幻化人非真人也[42]。

[41] 一称二：一件事两个说法。苟：苟且。领：领会。同：中道。

[42] 幻化人：假人，比喻现象界。不是否定现象界的存在，而是认为现象界的真实性。

夫以名求物，物无当名之实。以物求名，名无得物之功。物无当名之实，非物也；名无得物之功，非名也。是以名不当实，实不当名。名实无当，万物安在？故《中观》云：物无彼此[43]，而人以此为此，以彼为彼。彼亦以此为彼，以彼为此。此彼莫定乎一名，而惑者怀必然之志[44]。然则彼此初非有，惑者初非无。既悟彼此之非有，有何物而可有哉？故知万物非真，假号久矣[45]。是以《成具》立强名之文，园林托指马之况[46]。如此，则深远之言，于何而不在？是以圣人乘千化而不变，履万惑而常通者，以其即万物之自虚，不假虚而虚物也[47]。故经云：甚奇，世尊！[48]不动真际为诸法立处，非离真而立处，立处即真也[49]。然则道远乎哉？触事而真。圣远乎哉？体之即神！

[43]《中观》：指《中观论》之《如来品》。物无彼此：一切事物从本质上说没有彼此的分别，分别是人强加给事物的。

[44] 以上几句本于《庄子》之《齐物论》，僧肇引庄学解释《中论》。必然之志：认

为此必然是此，彼必然是彼。

［45］假号：假的名称。

［46］《成具》：《成具光明定意经》。立强名之文：经中有"是法无所有法故，强为其名"。园林：指庄子。指马：指《庄子》之《齐物论》中："以指喻指之非指，不若以非指喻指之非指也。以马喻马之非马，不若以非马喻马之非马也。天地一指也，万物一马也。"况：比喻。

［47］不假虚而虚物：不靠虚无实体而认为是虚无。

［48］经：指《大品经》。世尊：释迦摩尼的尊称。

［49］真际：事物的真实本性。为诸法立处：明一切诸法是实际，能令众生，知诸法皆是真际。

《六祖坛经》（节选）

《六祖坛经》也称《六祖大师法宝坛经》，简称《坛经》。相传是唐代禅宗六祖惠能的弟子法海依据惠能的言行写成的。

惠能（638—713 年）俗姓卢，生在南海新兴。禅宗五祖弘忍传授衣钵，为禅宗第六祖，世称禅宗六祖。惠能时期，佛教形成了唯识、华严、密、净、律等各派，完成了佛教哲学的中国化过程。禅宗随佛教传入中土，经历了达摩初祖直至五祖弘忍。从整体上说，惠能之前的佛教更多是从理论思辨的角度在心上来观世界。诸如唯识宗的"万法唯识"、华严宗的"法界观"、天台宗的"一心三观"和"三谛圆融"等。因此，佛教虽然以其俗谛收获了大量信徒，但是由于真谛较为烦琐精致，不易掌握，所以与中国传统文化仍然有隔阂。惠能面对这样的问题，以禅宗的心性作为基础构建了新的禅宗理论体系。"禅"作为禅定之义在佛教中已有其思维修的含义。惠能则把心性作为核心观点建立了以心传心、见性成佛的禅宗佛学体系，突出了践行成佛的宗旨。同时，面对禅宗自身的渐修理论，根据"见性成佛"的核心观点合乎逻辑地得出"顿悟成佛"之说。由于禅宗与中国传统文化有着深厚的渊源，被中国大众接受，成为中国佛教最大的宗派。

《坛经》作为唯一被称为"经"的中国佛教经典，包含了惠能的见性成佛、自心皈依、不假外求等基本哲学思想。

行由品第一（节选）

祖一日唤诸门人总来[1]。吾向汝说：世人生死事大。汝等终日只求福田[2]，不求出离生死苦海[3]。自性若迷[4]，福何可救？汝等各去自看智慧，取自本心般若之性，各作一偈，来呈吾看[5]。若悟大意，付汝衣法[6]，为第六代祖。……

[1] 祖：指五祖弘忍。总：汇集。

[2] 福田：佛教以为供养布施，行善修德，能受福报，犹如播种田亩，有秋收之利，故称。

[3] 苦海：生死之苦，犹如大海。

[4] 自性：本有之如来自性，又称真如。

[5] 智慧：知俗谛为智，了悟第一义（真谛）为慧。般若：智慧，众生之本心中的般若实性。偈：佛家所唱词句，一般五字、七字为一句，四句为一偈。也有变体。

[6] 衣法：袈裟和佛法。

    ……神秀作偈成已[7]，数度欲呈，行至堂前，心中恍惚，遍身汗流，拟呈不得。……是夜三更，不使人知，自执灯，书偈于南廊壁间，呈心所见。偈曰：身是菩提树，心如明镜台，时时勤拂拭，勿使惹尘埃[8]。秀书偈了，便却归房，人总不知。……祖三更唤秀入堂，问曰：偈是汝作否？秀言：实是秀作，不敢妄求祖位。望和尚慈悲，看弟子有少智慧否[9]？祖曰：汝作此偈，未见本性，只到门外，未入门内。如此见解，觅无上菩提[10]，了不可得。无上菩提，须得言下识自本心，见自本性。不生不灭，于一切时中，念念自见[11]。万法无滞，一真一切真[12]。万境自如如[13]，如如之心，即是真实。若如是见，即是无上菩提之自性也。汝且去一两日思惟，更作一偈，将来吾看。汝偈若入得门，付汝衣法。神秀作礼而出。又经数日，作偈不成，心中恍惚，神思不安，犹如梦中，行坐不乐。

[7] 神秀：弘忍的大弟子。

[8] 菩提树：植物名。相传释迦牟尼坐在此树下成等正觉，因而称为菩提树。明镜台：较大的镜奁，上面可以架镜，所以称镜台。

[9] 少：些少。

[10] 无上菩提：菩提意为觉悟。菩提有三等：声闻、缘觉、佛。佛所得菩提为无上菩提，意为没有能超过的觉悟。

[11] 念念：刹那刹那。

[12] 万法：万有事理。真：离虚妄即是真。

[13] 如如：自性不动不变。

    复两日，有一童子于碓坊过[14]，唱诵其偈。惠能一闻，便知此偈未见本性，……惠能偈曰：菩提本无树，明镜亦非台，本来无一物，何处惹尘埃。书此偈已，徒众总惊，无不嗟讶，各相谓言：奇哉！不得以貌取人。何得多时使他肉身菩萨[15]。祖见众人惊怪，恐人损害，遂将鞋擦了偈。曰：亦未见性。众以为然。次日，祖潜至碓坊，见能腰石舂米，语曰：求道之人，为法忘躯[16]，当如是乎？乃问曰：米熟也未？惠能曰：米熟久矣，犹欠筛在。祖以杖击碓三下而去。惠能即会祖意，三鼓入室[17]。祖以袈裟遮围，不令人见。为说《金刚经》，至"应无所住而生其心[18]"，惠能言下大悟，一切万法，不离自性。遂启祖言：何期自性本自清净；何期自性本不生灭；何期自性本自具足[19]；何期自性本无动摇；何期自性能生万法。祖知悟本性，谓惠能曰：不识本心，学法无益。若识自本心，见自本性，即名丈夫、天人师、佛[20]。三更受法，人尽不知，便传顿教[21]，及衣钵。云：汝为第六代祖。善自护念[22]。广度有情[23]，流布将来，无令断绝。……

[14] 碓坊：舂米房。
[15] 肉身菩萨：以父母所生之身而至菩萨深位之人。
[16] 为法忘躯：为求佛法不顾身命。
[17] 三鼓：夜12时。
[18] 无所住而生其心：一切事物皆无自性，皆从心生，如果觉悟到真实本性，心就是无所住着了。
[19] 何期自性本自具足：没有想到自性本就无所缺欠。
[20] 丈夫：勇修正道无所退转的修行者之称。天人师：如来十号之一，谓天与人的教师。
[21] 顿教：顿悟之教。
[22] 护念：保护与忆念。
[23] 有情：有情识者。

……惠能辞违祖已，发足南行。……凡经一十五载，时与猎人随宜说法。猎人常令守网。每见生命，尽放之。每至饭时，以菜寄煮肉锅[24]。或问，则对曰：但吃肉边菜。一日思惟，时当弘法，不可终遁[25]。遂出至广州法性寺。值印宗法师讲涅槃经。时有风吹幡动[26]。一僧曰风动，一僧曰幡动，议论不已。惠能进曰：不是风动，不是幡动，仁者心动[27]。一众骇然。

[24] 以菜寄煮肉锅：把菜寄放在猎人的肉锅里煮熟。
[25] 弘法：宣扬佛教教义。遁：隐没不出。
[26] 幡：寺院挂的旗子。
[27] 仁者：有德的人，指僧徒。

般若品第二（节选）

善知识[1]，不悟即佛是众生。一念悟时，众生是佛。故知万法尽在自心。何不从自心中，顿见真如本性[2]？《菩萨戒经》云：我本元自性清净[3]。若识自心见性，皆成佛道。《净名经》云：即时豁然，还得本心。善知识，我于忍和尚处[4]，一闻言下便悟，顿见真如本性。是以将此教法流行，令学道者，顿悟菩提[5]，各自观心，自见本性。

[1] 善知识：佛教语。一般用来称呼说法的大师。此处指听法的人。

[2] 真如：指本体真实无妄，永恒不变。非语言、思维所能表达，故名真如。

[3] 自性清净：自性清净心，离一切妄染。

[4] 忍和尚：指五祖弘忍。

[5] 顿悟菩提：顿时悟得菩提之义。

定慧品第四（节选）

师示众云：善知识，本来正教，无有渐顿。人性自有利钝。迷人渐修，悟人顿契，自识本心。自见本性，即无差别。所以立顿渐之假名。善知识，我此法门，从上以来，先立无念为宗[1]，无相为体[2]，无住为本[3]。无相者，于相而离相。无念者，于念而无念。无住者，人之本性。于世间善恶好丑，乃至冤之与亲，言语触刺欺争之时，并将为空，不思酬害。念念之中，不思前境[4]。若前念今念后念，念念相续不断，名为系缚[5]。于诸法上，念念不住，即无缚也。此是以无住为本。善知识，外离一切相，名为无相。能离于相，则法体清净。此是以无相为体。

[1] 无念：佛教认为眼、耳、鼻、舌、身、意所反映的对象色、声、香、味、触、法等为境，心不受外境的影响，称为"无念"。宗：宗旨。

[2] 无相：无分别各个事物。

[3] 无住：心不执着于外界事物。

[4] 前境：指过去的在心中显现的外境。

[5] 系缚：烦恼的异名。

善知识，于诸境上，心不染，曰无念。于自念上，常离诸境，不于境上生心。若只百物不思，念尽除却，一念绝即死，别处受生，是为大错[6]。学道者思之。若不识法意，自错犹可，更劝他人。自迷不见，又谤佛经。所以立无念为宗。善知识，云何立无念为宗？只缘口说见性迷人，于境上有念，念上便起邪见，一切尘劳妄想[7]，从此而生。自性本无一法可得[8]。若有所得，妄说祸福，即是尘劳邪见。故此法门立无念为宗。

[6] 大错：把无念理解为没有任何念可以到彼岸成佛是为大错。

[7] 尘劳：指烦恼。

[8] 自性本无一法可得：自性本有，涅槃菩提之法，没有可修之法，也无所得。

善知识，无者无何事？念者念何物？无者无二相[9]，无诸尘劳之心。念者念真如本性。真如即是念之体，念即是真如之用[10]。真如自性起念[11]，非眼耳鼻舌能念。真如有性，所以起念。真如若无，眼耳色声，当时即坏。善知识，真如自性起念，六根虽有见闻觉知，不染万境，而真性常自在。故经云：能善分别诸法相，于第一义而不动[12]。

[9] 二相：分别。
[10] 真如即是念之体，念即是真如之用：真如为体念为用。
[11] 真如自性起念：真如有自性，能以真如上起念则无染。
[12] 第一义：涅槃，指成佛的最高境界。

付嘱品第十（节选）

大师先天二年癸丑岁，八月初三日，于国恩寺斋罢，谓诸徒众曰：汝等各依位坐，吾与汝别。法海白言：和尚留何教法，令后代迷人得见佛性？师言：汝等谛听[1]。后代迷人，若识众生，即是佛性；若不识众生，万劫觅佛难逢。吾今教汝识自心众生，见自心佛性。欲求见佛，但识众生；只为众生迷佛，非是佛迷众生。自性若悟，众生是佛；自性若迷，佛是众生。自性平等，众生是佛；自性邪险，佛是众生。汝等心若险曲，即佛在众生中；一念平直[2]，即是众生成佛。我心自有佛，自佛是真佛。自若无佛心，何处求真佛？汝等自心是佛，更莫狐疑。外无一物而能建立，皆是本心生万种法。故经云：心生种种法生，心灭种种法灭。

[1] 谛听：谛，审。用心听。
[2] 平直：是法平等，无有高下。

《太极图说》与《通书》（节选）

《太极图说》与《通书》是北宋周敦颐的哲学著作。

周敦颐（1017—1073年），字茂叔，道州营道人。因家在庐山莲花峰下，取营道故居濂溪名之，又称濂溪先生。

北宋的"庆历新政"引起士林学风的变化。学者们不满汉唐以来儒学的衰微和经学的注疏传统，要求重返三代、回归孔孟。同时抨击佛道，反对形式华美内容空洞的骈体文。在这样的时代背景下，周敦颐著《太极图说》和《通书》等，提出了"无极而太极"这一命题和强调"诚"这一传统儒学概念。《太极图说》把"无极"和"太极"两个哲学范畴统一起来，剔除了其中的宇宙生成论的时间因素，使"太极"与"无极"形成了逻辑关系。二者是二而一、一而二的统一关系。这种宇宙本体解决了传统儒学对于形上问题的粗陋回答，使其宇宙本体论迥异于佛教的"假有"之说，坚持了生生不息大化流行的宇宙的客观实在性和存在的合理性。《通书》把《周易》与《中庸》互训，突出强调传统儒学"诚"的概念，指出"诚"来源于乾元，是纯粹至善。人通过继承天道获得本原之善。但是人不能像自然一样直接体现"诚"，需要通过"复"而完成。"诚"沟通了天道与性命，建立了儒家的道德本体论。

太极图说

无极而太极[1]。太极动而生阳；动极而静，静而生阴。静极复动。一动一静，互为其根[2]。分阴分阳，两仪立焉[3]。阳变阴合，而生水火木金土，五气顺布，四时行焉[4]。五行，一阴阳也，阴阳，一太极也，太极，本无极也。五行之生也，各一其性[5]。无极之真，二五之精，妙合而凝[6]。"乾道成男，坤道成女"，二气交感，化生万物，万物生生，而变化无穷焉。惟人也得其秀而最灵。形既生矣，神发知矣[7]，五性感动[8]，而善恶分，万事出矣。圣人定之以中正仁义（圣人之道，仁义中正而已矣），而主静，（无欲故静。），立人极焉[9]。故圣人与天地合其德，日月合其明，四时合其序，鬼神合其吉凶。君子修之吉，小人悖之凶。故曰："立天之道，曰阴与阳。立地之道，曰柔与刚。立人之道，曰仁与义。"又曰："原始反终，故知死生之说。""大哉《易》也"，斯其至矣！

[1] 无极而太极："无极"出于《老子》二十八章："常德不忒，复归于无极"。太极出于《周易》之《系辞》："易有太极，是生两仪"。按照朱熹的解释，不言无极，则太极同于一物，而不足为万化根本；不言太极，则无极沦于空寂，而不能为万化根本。

[2] 根：根基，指动静相互依存。

[3] 两仪：指天地。

[4] 阳变阴合：阳气变动，阴气与之配合。五气：指五行之气。

[5] 一：相同，一样。五行、阴阳、太极、无极都是相同的。

[6] 真：指太极的真实不空寂以生化万物。精：极精微的精气存在。

[7] 发：发生，生成。

[8] 五性：仁义礼智信。

[9] 主静：循理为静，非动静对待之静。人极：做人的最高根本。

通书（节选）

诚上第一

诚者，圣人之本[1]。"大哉乾元，万物资始"，诚之源也[2]。"乾道变化，各正性命"，诚斯立焉[3]。纯粹至善者也。故曰："一阴一阳之谓道，继之者善也，成之者性也。"元、亨，诚之通；利、贞，诚之复[4]。大哉《易》也，性命之源乎！

［1］本：根本。

［2］大哉乾元，万物资始：出自《周易·乾卦·文言》，意为万物从乾元生出。源：源头。

［3］乾道变化，各正性命：出自《周易·乾卦·文言》，意为乾元变化，人合乎天性和天命形成。立：出现，树立。

［4］通：生长顺通。复：复归。

诚下第二

圣，诚而已矣。诚，五常之本，百行之源也[1]。静无而动有[2]，至正而明达也。五常百行，非诚，非也，邪暗，塞也[3]。故诚则无事[4]矣。至易而行难。果而确[5]，无难焉。故曰："一日克己复礼，天下归仁焉。"

［1］五常：仁义礼智信。行：行为。

［2］静无而动有：静而无欲，动则有念。

［3］非诚：不诚。非也：不对。

［4］无事：不需要用力去做。

［5］果：果决。确：固守。

诚几德第三

诚，无为，几，善恶[1]。德：爱曰仁，宜曰义，理曰礼，通曰智，守曰信。性焉安焉之谓圣[2]，复焉[3]，执焉之谓贤[4]，发微不可见[5]，充周不可穷之谓神[6]。

［1］几，善恶：微动既有善恶。

［2］性焉安焉：安于本性。

［3］复：回复本性。

［4］执：固守。

［5］发微不可见：发动微小处不能见到。

［6］充周不可穷：充满普遍不可穷尽。

圣第四

寂然不动者，诚也。感而遂通者，神也。动而未形，有无之间者[1]，几也。诚精故明，神应故妙，几微故幽[2]。诚、神、几，曰圣人[2]。

［1］有无之间：谓不可以有言，不可以无言，故直谓之"微"。

[2] 诚、神、几：三者名异而实同。以其无为，谓之诚；以其不落于有无，谓之神；以其无而实有，谓之几。

《正蒙》（节选）

《正蒙》是北宋张载的代表著作。

张载（1020—1077 年），祖籍大梁，后移居至陕西眉县横渠镇，后人称其为横渠先生，是宋明理学关学流派的创始人。"为天地立心，为生民立命，为往圣继绝学，为万世开太平"的"横渠四句"表现了其作为儒者的理想和境界。

在北宋儒学复兴的思潮中，张载批判佛老，以气为本构建理学的形上本体，以气化解释宇宙的大化流行，在二者统一基础上解释了世界的统一性与变化发展问题，从而肯定了世界的实存性。

《正蒙》语言较为简略，自称"枯珠晬盘"。门人苏昞仿效《论语》的形式分类编次为十七篇。后世注本较多，比较有名的为王夫之的《张子正蒙注》。

张载之所以称其为《正蒙》，取自《周易》之蒙卦，意为"养其蒙使正者，圣人之功也"。王夫之做《张子正蒙注》，认为："谓之《正蒙》者，养蒙以圣功之正也。圣功久矣，大矣，而正之惟其始。蒙者，知之始也。孟子曰：'始条理者，智之事也。'其始不正，未有能成章而达者也。"

太和篇（节选）

太和所谓道，中涵浮沉、升降、动静、相感之性，是生絪缊、相荡、胜负、屈伸之始[1]。其来也几微易简，其究也广大坚固[2]。起知于易者乾乎[3]！效法于简者坤乎[4]！散殊而可象为气，清通而不可象为神[5]。不如野马[6]、絪缊，不足谓之太和。语道者知此，谓之知道；学易者见此，谓之见易[7]。不如是，虽周公才美，其智不足称也已[8]。

[1] 太和：至和之气。道：天地人物之通理，即所谓太极。一说指太和之气变化流行的过程。涵：如水中涵影之象。絪缊：太和未分之本然，指元气。一说形容气体弥漫的样子。相荡：相互推动。

[2] 来：开始。几微：隐微，不明显。究：结果。

[3] 起知于易者乾：太和本然之体，未有知，未有能，易简而已。而其所涵之性，有健有顺，故知从乾开始。易：平易。

[4] 效法：学习。简：简单。

[5] 散：分离。殊：不同。可象：有形象可见。清通：纯一通达。神：神妙莫测。

［6］野马：春天清晨田野的游气，望之如马奔腾。

［7］语：谈论。见易：把《周易》实证于心。

［8］周公：指周公旦。称：称道。

太虚无形，气之本体，其聚其散，变化之客形尔[9]；至静无感，性之渊源，有识有知，物交之客感尔[10]。客感客形与无感无形，惟尽性者一之[11]。

［9］太虚：尚未形成具体事物的气。本体：本来状态。客形：有来有去的具体事物之行。

［10］至静无感：太虚静到极点没有与物接触没有感觉。客感：自外而至与物的接触则获得感觉。

［11］惟尽性者一之：只有穷尽事物本性的人才能统一客感客形与无感无形。

天地之气，虽聚散、攻取百涂，然其为理也顺而不妄[12]。气之为物，散入无形，适得吾体；聚为有象，不失吾常[13]。太虚不能无气，气不能不聚而为万物，万物不能不散而为太虚。循是出入，是皆不得已而然也[14]。然则圣人尽道其间，兼体而不累者，存神其至矣[15]。彼语寂灭者往而不反，徇生执有者物而不化，二者虽有间矣，以言乎失道则均焉[16]。聚亦吾体，散亦吾体，知死之不亡者[17]，可与言性矣。

［12］攻：攻伐。取：吸取。涂：途径。理：规律。不妄：诚，真实。

［13］吾体：指气的本然状态。吾常：指气变化的正常规律。

［14］不得已而然：有自然必然性。

［15］尽道其间：掌握气聚气散之间的规律。兼体：指客感客形与无感无形合为一体。存神其至：不为物欲所迁，与太和缊氤之本体相合无间。

［16］语寂灭者往而不反：指谈论寂灭的佛教徒涅槃不返。徇生执有者物而不化：指执着于生的道教徒认为肉体永远存在。间：区别。

［17］死之不亡者：指气。

知虚空即气，则有无、隐显、神化、性命通一无二，顾聚散、出入、形不形，能推本所从来，则深于易者也[18]。若谓虚能生气，则虚无穷，气有限，体用殊绝，入老氏"有生于无"自然之论，不识所谓有无混一之常；若谓万象为太虚中所见之物，则物与虚不相资，形自形，性自性，形性、天人不相待而有，陷于浮屠以山河大地为见病之说[19]。此道不明，正由懵者略知体虚空为性，不知本天道为用，反以人见之小因缘天地[20]。明有不尽[21]，则诬世界乾坤为幻化。幽明不能举其要，遂躐等妄意而然[22]。不悟一阴一阳范围天地、通乎昼夜、三极大中之矩，遂使儒、佛、老、庄混然一涂[23]。语天道性命者，不罔于恍惚梦幻，则定以"有生于无"，为穷高极微之论[24]。入德之途，不知择术而求，多见其蔽于诐而陷于淫矣[25]。

[18] 虚空即气：虚空就是气。通一无二：都是一气而不是两个东西。易：指《周易》。

[19] 有无混一之常：有无统一于气的规律。资：资助，依仗。待：条件。见病之说：有问题的说法。

[20] 懵者：糊涂的人。体：本体。用：作用。因缘：条件。

[21] 明：智慧。

[22] 幽明：气未成形为幽，已成形为明。蹭等：越过等级。

[23] 范：模范。围：周围。范围天地：法则天地以施其化。三极：天地人最高的中心点。大中之矩：普遍的中道的准则。

[24] 语天道性命者：指儒家。恍惚梦幻：指佛家学说。有生于无：指道家学说。

[25] 诐：音必，偏颇，不正。淫：过度。

气块然太虚[26]，升降飞扬，未尝止息，易所谓"细缊"，庄生所谓"生物以息相吹"、"野马"者与！此虚实、动静之机，阴阳、刚柔之始。浮而上者阳之清，降而下者阴之浊，其感遇聚散，为风雨，为雪霜，万品之流形，山川之融结，糟粕煨烬，无非教也[27]。气聚则离明得施而有形，气不聚则离明不得施而无形[28]。方其聚也，安得不谓之客[29]？方其散也，安得遽谓之无？故圣人仰观俯察，但云"知幽明之故"，不云"知有无之故"。盈天地之间者，法象而已；文理之察，非离不相睹也[30]。方其形也，有以知幽之因；方其不形也，有以知明之故。气之聚散于太虚，犹冰凝释于水，知太虚即气，则无无[31]。故圣人语性与天道之极，尽于参伍之神变易而已[32]。诸子浅妄，有有无之分，非穷理之学也。

[26] 块然：充满运动的样子。

[27] 感遇：相交感相遇。感遇聚散，有人认为当作"感通聚结"。煨烬：灰烬。教：示人以理。

[28] 离：离卦，代表火、日、目。离明：指视觉。施：施加。

[29] 客：过客。

[30] 法象：具体的事物和形象。文理：条理。

[31] 无无：不是虚无。

[32] 参伍：错综复杂。

乾称篇[1]（节选）

乾称父，坤称母；予兹藐焉，乃混然中处[2]。故天地之塞，吾其体；天地之帅，吾其性[3]。民吾同胞；物吾与也[4]。大君者，吾父母宗子；其大臣，宗子之家相也[5]。尊高年，所以长其长；慈孤弱，所以幼其幼；圣，其合德；贤，其秀也[6]。凡天下疲癃残疾、惸独鳏寡，皆吾兄弟之颠连而无告者也[7]。于时保之[8]，子之翼也；乐且不忧，纯乎孝者也。违曰悖德，害仁曰贼，济恶者不才，其践形，惟肖者也[9]。知化则善述其事，穷神则善继其志[10]。不愧屋漏为无忝，存心养性为匪懈[11]。恶旨酒，崇伯子之顾养[12]；育英才，颖封人之锡类[13]。不弛劳而底豫[14]，舜其功也；无所逃而待烹，申生其恭也。体其受而归全者，参乎！勇于从而顺令者，伯奇也[15]。富贵福泽，将厚吾之生也；贫贱忧戚，庸玉汝于成也[16]。存，吾顺事；没[17]，吾宁也。

[1] 张载把此篇书于四牖示学者，在东窗的题为《订顽》；程颐改为《西铭》。后来朱熹把《西铭》从《乾称篇》中分出，单独注释成为独立一篇。

[2] 藐：藐小。混然：相合而无间隙。

[3] 塞：充塞。帅：统帅。

[4] 与：朋友。

[5] 大君：君主。宗子：嫡长子。

[6] 合德：与父母之德合；秀：父母所矜爱之贤子孙。

[7] 疲癃：年老多病。惸：音穷，孤苦无依的人。颠连而无告：困苦狼狈无所诉告。

[8] 于时保之：出于《诗·周颂·我将》："畏天之威，于时保之"。时：是。翼：扶助。

[9] 违：违背父母之命。济：帮助。践形：践行德性显现于形色。肖：象父母的儿子。

[10] 化：天地生物之事。神：天地生物之心理。

[11] 屋漏：室内隐僻处。忝：有愧，辱没。匪懈：不懈怠。

[12] 旨酒：美酒。崇伯子：即大禹。顾养：养亲奉天。

[13] 颖封人：即颖考叔。锡：同赐。锡类：把恩赐给与同类。

[14] 不弛劳：不松懈，指竭尽全力。底：至，到。豫：安乐。

[15] 体其受：身体受之于父母。参：曾参。伯奇：周大臣尹吉甫的儿子，受后母离间被父亲驱逐。

[16] 庸：用。玉汝于成：上天像磨玉石一样打磨你，使你得到成就。

[17] 没：死。

二程著作和语录（节选）

二程指北宋时期的理学家程颢和程颐兄弟二人。程颢（1032—1085年），字伯淳，世称"大程子"。程颐（1033—1107年），字叔正，世称"小程子"。程颢和程颐兄弟祖籍中山博野，后定居于洛阳，二程曾求学于周敦颐，建立了理学的洛学一派。"吾学虽有所授受，'天理'二字却是自家体贴出来。"二程兄弟认为自己接替了中断于孟子的儒家道统，其学问在当时被称为"道学"。其思想主要存于后人所编辑的《二程全书》，今有《二程集》存世。主要包括《河南程氏遗书》二十五卷，《河南程氏外书》十二卷，《河南程氏文集》十二卷，《周易程氏传》四卷，《河南程氏经说》八卷，《河南程氏粹言》二卷。

二程作为北宋时期的儒家代表，推进了儒家思想的发展。主要提出天理这一形上本体作为儒家对抗佛道的基础。认为理是实存的，包括物之所以然的"物理"和事之所当然的"人理"。"人理"又分为道德规范与原则的"义理"和人的道德本性的"性理"。理又可以分为本体之理和经验层面的殊别之理。二程用"理一而分殊"来解释二者的关系，为通过学习可以由凡到圣的修养学说奠定了理论基础。在此基础上，二程提出了对于仁、格物致知等问题的新观点。

朱熹认为："元公不由师传，默契道体，建《图》属《书》，根极领要。当时见而知之者有程氏，遂广大而推明之，使夫天理之微，人伦之著，事物之众，鬼神之幽，莫不洞然毕贯于一，而周、孔、孟氏之传，焕然复明。"（《宋元学案》卷十三之《明道学案》上）

二程的学术观点也稍有不同。黄百家认为："顾二程子虽同受学濂溪，而大程德性宽宏，规模阔广，以光风霁月为怀；二程气质刚方，文理密察，以峭壁孤峰为体。其道虽同，而造德自各有殊也。"（《宋元学案》卷十三之《明道学案》上）

程颢著作及其语录（节选）

答横渠张子厚先生书[1]

承教，谕以"定性未能不动[2]，犹累于外物"，此贤者虑之熟矣，尚何俟小子之言。然尝思之矣，敢贡其说于左右。

所谓定者，动亦定，静亦定，无将迎[3]，无内外。苟以外物为外，牵己而从之，是以己性为有内外也。且以性为随物于外，则当其在外时，何者为在内？是有意于绝外诱，而不知性之无内外也。既以内外为二本，则又乌可遽语定哉[4]！（《二程集·文集》，卷二）

[1] 张载问程颢："定性未能不动，犹累于外物，何如？"本篇是程颢的回复，也称为《定性书》。

[2] 定性：即定心，不动心。

[3] 将迎：送迎。

[4] 以内外为二本：认为性有内外之分。遽：仓促。

夫天地之常，以其心普万物而无心；圣人之常[5]，以其情顺万物而无情。故君子之学，莫若廓然而大公，物来而顺应。《易》曰："贞吉，悔亡。憧憧往来，朋从尔思。"[6] 苟规规于外诱之除，将见灭于东而生于西也，非惟日之不足，顾其端无穷，不可得而除也^[7]。

[5] 常：定心的原则。

[6] 憧憧：心意不定。程颐的《易传》注解说，"若往来憧憧然，用其私心以感物，则思之所及者有能感而动，所不及者不能感也，是其朋类则从思也，以有係之私心，既主于一隅一事，岂能廓然无所不通乎？"

[7] 规规：浅陋拘泥貌。除：去除。顾：且。

人之情各有所蔽，故不能适道，大率患在于自私而用智。自私，则不能以有为为应迹（一作物）；用智，则不能以明觉为自然。今以恶外物之心，而求照无物之地，是反鉴而索照也^[8]。《易》曰："艮其背，不获其身。行其庭，不见其人。"^[9]孟氏亦曰："所恶于智者，为其凿也。"与其非外而是内，不若内外之两忘也。两忘，则澄然无事矣。无事则定，定则明，明则尚何应物之为累哉？圣人之喜，以物之当喜；圣人之怒，以物之当怒。是圣人之喜怒，不系于心而系于物也。是则圣人岂不应于物哉？乌得以从外者为非，而更求在内者为是也？今以自私用智之喜怒，而视圣人喜怒之正为何如哉？夫人之情，易发而难制者，唯怒为甚。第能于怒时遽忘其怒，而观理之是非，亦可见外诱之不足恶，而于道亦思过半矣^[10]。

[8] 适：切合。自然：自然而然。反：反转。索：寻求。

[9] 语见《周易·艮卦》卦辞。象辞解释"艮"为"止"。程颐在《易传》中以无欲无私解释艮卦的卦义："至于所不见，则无欲以乱其心，而止乃安。不获其身，不见其身也，谓忘我也。无我则止矣。"

[10] 第：只是，但是。思过半：领悟过半。

心之精微，口不能宣，加之素拙于文辞，又吏事匆匆，未能精虑，当否伫报^[11]。然举大要，亦当近之矣。道近求远，古人所非，惟聪明裁之！

[11] 伫报：等待告知。

"生之谓性"^[1]，性即气，气即性，生之谓也。人生气禀，理有善恶，然不是性中元有此两物相对而生也。有自幼而善，有自幼而恶，是气禀有然也。善固性也，然恶亦不可不谓之性也。盖"生之谓性"，"人生而静"以上不容说，才说性，便已不是性也^[2]。凡人说性，只是说"继之者善"也者，孟子言人性善是也。夫所谓"继之者善"也，犹水流而就下也。皆水也，有流而至海，终无所污，此何烦人力之为也？有流而未远，固已渐浊；有出而甚远，方有所浊。有浊之多者，有浊之少者。清浊虽不同，然不可以浊者不为水也。如此，则人不可以不加澄治之功^[3]。故用力敏勇则疾清；用力缓怠则迟清。及其清也，则却只是元初水也。亦不是将清来换却浊，亦不是取出浊来置在一隅也。水之清，则性善之谓也。故不是善与恶在性中为两物相对，各自出来。此理，天命也；顺而循之，则道也；循此而修之，各得其分，则教也。自天命以至于教，我无加损焉。此舜"有天下而不与焉"者也[4]。（《二程集·遗书》卷一）

［1］生之谓性：天地所生就是性。

［2］才说性，便已不是性也：《礼记·乐记》有"人生而静，天之性也"。这里指人出生以前的情况。当说起性的时候已经不是人生而静的本性了。

［3］澄治：澄清修治，指修养善性。

［4］有天下而不与焉：语出《论语》，舜和大禹本来就拥有天下，不是刻意给与的。这里指天命、道和教都是自然而然的。

学者须先识仁[1]。仁者，浑然与物同体，义、礼、智、信皆仁也。识得此理，以诚敬存之而已，不须防检，不须穷索。若心懈则有防；心苟不懈，何防之有！理有未得，故须穷索；存久自明，安待穷索！此道与物无对[2]，"大"不足以明之。天地之用皆我之用。孟子言"万物皆备于我"，须"反身而诚"，乃为大乐。若反身未诚，则犹是二物有对，以己合彼，终未有之（一本下更有"未有之"三字），又安得乐！《订顽》意思[3]，乃备言此体，以此意存之，更有何事。"必有事焉而勿正，心勿忘，勿助长"，未尝致纤毫之力，此其存之之道。若存得，便合有得。盖良知良能元不丧失。以昔日习心未除，却须存习此心，久则可夺旧习。此理至约，惟患不能守。既能体之而乐，亦不患不能守也。（《二程集·遗书》卷二）

［1］此段原为其门人所记的程颢的一段语录。后来黄宗羲做《宋元学案·明道学案》时收入，以《识仁篇》为标题，单独成篇。

［2］索：探求。无对：不是相对立的两个方面。

［3］《订顽》：张载《西铭》的原名，程颐改之为《西铭》。

程颐著作及其语录（节选）

答杨时论西铭书[1]

前所寄史论十篇，其意甚正，才一观，便为人借去，俟更子细看。西铭之论，则未然。横渠立言，诚有过者，乃在《正蒙》。《西铭》之为书，推理以存义，扩前圣所未发，与孟子性善养气之论同功，二者亦前圣所未发。岂墨氏之比哉？《西铭》明理一而分殊，墨氏则二本而无分[2]。老幼及人，理一也。爱无差等，本二也。分殊之蔽，私胜而失仁；无分之罪，兼爱而无义。分立而推理一，以止私胜之流，仁之方也[3]。无别而迷兼爱，至于无父之极，义之贼也。子比而同之，过矣。且谓言体而不及用。彼欲使人推而行之，本为用也，反谓不及，不亦异乎？（《二程集·文集》卷九）

[1] 程颐与门人杨时讨论《西铭》的书信。

[2] 二本：语见《孟子·滕文公上》："且天之生物也，使之一本，而夷子二本故也。"指夷子作为墨家提倡薄葬，对自己的父母却厚葬。但墨家本身提倡兼爱，非爱有差等。因此是二本。

[3] 分立而推理一：从分殊推出老幼及人都是一理。以止私胜之流：以制止私人胜过一理的流弊。

万物皆只是一个天理[1]，己何与焉[2]？至如言"天讨有罪，五刑五用哉！天命有德，五服五章哉！"此都只是天理自然当如此。人几时与？与则便是私意。有善有恶。善则理当喜，如五服自有一个次第以章显之。恶则理当恶[3]，彼自绝于理，故五刑五用，曷尝容心喜怒于其间哉？舜举十六相，尧岂不知？只以佗善未著，故不自举。舜诛四凶，尧岂不察？只为佗恶未著，那诛得佗？举与诛，曷尝有毫发厕于其间哉？只有一个义理，义之与比[4]。（《二程集·遗书》卷二上）

[1] 天理：二程提出的哲学概念。

[2] 与：给与。

[3] 恶则理当恶：一本做"恶则理当怒"。

[4] 佗：同"他"。厕：混杂。

"寂然不动，感而遂通"者[1]，天理具备，元无欠少，不为尧存，不为桀亡。父子君臣，常理不易，何曾动来？因不动，故言"寂然"；虽不动，感便通，感非自外也。（《二程集·遗书》卷二上）

[1] "寂然不动，感而遂通"出自《周易·系辞》："易无思也，无为也，寂然不动，感而遂通天下之故，非天下之至神，其孰能与于此？"此处指天理的存在任运自然，无思无虑，所以寂然不动。"有感必应，万事皆通"，指天理自身能回应，所以"感而遂通"。

尝问先生[1]："其有知之原，当俱禀得"。先生谓："不曾禀得，何处交割得来？[2]"又语及太虚[3]，曰："亦无太虚。"遂指虚曰："皆是理，安得谓之虚？天下无实于理者。"（《二程集·遗书》卷三）

[1] 先生：指程颐。

[2] 禀：禀受。交割：移交。

[3] 太虚：张载认为"太虚即气则无无"，无形无象的太虚即是气。程颐此处认为天下都是理，没有太虚。

视听言动[1]，非理不为，即是礼。礼即是理也。不是天理，便是私欲。人虽有意于为善，亦是非理[2]。无人欲即皆天理。（《二程集·遗书》卷十五）

[1] 视听言动：指行为。

[2] 有意于为善：有意做善事。

沖漠无朕[1]，万象森然已具[2]，未应不是先，已应不是后[3]。如百尺之木，自根本至枝叶，皆是一贯，不可道上面一段事，无形无兆，却待人旋安排引入来，教人涂辙。既是涂辙，却只是一个涂辙[4]。（《二程集·遗书》卷十五）

[1] 沖漠：静默虚寂。朕：征兆。

[2] 森然：严整的样子。

[3] 未应不是先：没有回应也不意味着道就是在先的。

[4] 涂辙：行事的途径。

格物穷理[1]，非是要尽穷天下之物，但于一事上穷尽，其他可以类推。至如言孝，其所以为孝者如何，穷理[2]。如一事上穷不得，且别穷一事，或先其易者，或先其难者，各随人深浅，如千蹊万径，皆可适国，但得一道入得便可。所以能穷者，只为万物皆是一理，至如一物一事，虽小，皆有是理。（《二程集·遗书》卷十五）

[1] 格：至，就。

[2] 穷理：有的本子无此二字。

天下物皆可以理照[1]。有物必有则，一物须有一理。（《二程集·遗书》卷十八）

[1] 照：照射。指用理来反映天下物。

问："人性本明，因何有蔽？"曰："此须索理会也。孟子言人性善是也。虽荀、杨亦不知性。孟子所以独出诸儒者，以能明性也。性无不善，而有不善者才也[1]。性即是理，理则自尧、舜至于涂人，一也。才禀于气，气有清浊。禀其清者为贤，禀其浊者为愚。"又问："愚可变否？"曰："可。孔子谓'上知与下愚不移'，然亦有可移之理，惟自暴自弃者则不移也。"曰："下愚所以自暴弃者，才乎？"曰："固是也。然却道他不可移不得。性只一般，岂不可移？却被他自暴自弃，不肯去学，故移不得。使肯学时，亦有可移之理。"（《二程集·遗书》卷十八）

[1] 才：资质，才能。

随事观理，而天下之理得矣。天下之理得，然后可以至于圣人。君子之学，将以反躬而已矣。反躬在致知，致知在格物[1]。（《二程集·遗书》卷二十五）

[1] 反躬：自省检查。

朱熹著作与语录（节选）

朱熹（1130—1200 年），字元晦，号晦庵，南宋时期理学家。后人称其学派为"闽学"。朱熹是"洛学"传人，其父亲朱松与李侗共同受业于杨时的弟子罗从彦，杨时则是二程弟子。朱熹二十四岁后从李侗受学。因其学上承二程，突出"理"为万物本体，所以与二程理学合称为"程朱理学"。

朱熹的主要哲学著作有《太极图说解》《四书章句集注》《周易本义》，以及有关语录等。其子编辑《朱文公文集》一百卷。宋末黎靖德汇编《朱子语类》一百四十卷。

朱熹面对汉唐以来的佛儒道各家思想，将其整合为自己的理学体系，推动了儒学的发展。他以二程所提出的天理为中心，吸收周敦颐、张载、邵雍以及程门后学思想，着重思考理作为形上本体如何能下落到万物的问题。他引入气、理一分殊、天地之性与气质之性等概念来解决这一问题。在此基础上构建了心性论和修养功夫论，着重解决心性情的关系问题。朱熹提出了"心统性情"的观点，以此形成了格物致知取向的以道问学为特色的修养论。

中庸章句序[1]

中庸何为而作也？子思子忧道学之失其传而作也。盖自上古圣神，继天立极，而道统[2]之传有自来矣。其见于经，则"允执厥中"者，尧之所以授舜也，"人心惟危，道心惟微，惟精惟一，允执厥中"者，舜之所以授禹也。尧之一言，至矣尽矣！而舜复益[3]之以三言者，则所以明夫尧之一言，必如是而后可庶几也。

[1] 朱熹不满汉唐注疏及程门弟子的诠释而作《中庸章句》，在序中解释了子思作《中庸》的原因。

[2] 道统：学说或学派的传承体系。按照韩愈的说法，儒家道统为尧、舜、禹、汤、周文王、周武王、周公、孔子、孟轲、韩愈。

[3] 益：增加。

盖尝论之：心之虚灵知觉，一[4]而已矣，而以为有人心、道心之异者，则以其或生于形气之私，或原于性命之正，而所以为知觉者不同，是以或危殆而不安，或微妙而难见耳。然人莫不有是形，故虽上智不能无人心，亦莫不有是性，故虽下愚不能无道心。二者杂于方寸[5]之间，而不知所以治之，则危者愈危，微者愈微，而天理之公，卒无以胜夫人欲之私矣。精则察夫二者之间而不杂也，一则守其本心之正而不离也。从事于斯，无少间断，必使道心常为一身之主而人心每听命焉，则危者安，微者著，而动静云为[6]，自无过不及之差矣。

[4] 一：道心人心只是一个心。

[5] 方寸：心。

[6] 云：说。动静云为：说到动静方面的问题。

夫尧、舜、禹，天下之大圣也。以天下相传，天下之大事也。以天下之大圣，行天下之大事，而其授受之际，丁宁告诫，不过如此，则天下之理，岂有以加于此哉？

自是以来，圣圣相承，若成汤、文、武之为君，皋陶、伊、傅、周、召之为臣，既皆以此而接夫道统之传。若吾夫子，则虽不得其位，而所以继往圣、开来学，其功反有贤于尧舜者。然当是时，见而知之者，惟颜氏、曾氏之传得其宗[7]。及曾氏之再传，而复得夫子之孙子思，则去圣远而异端起矣。

[7] 颜氏：指颜渊。曾氏，指曾参。

子思惧夫愈久而愈失其真也，于是推本尧舜以来相传之意，质以平日所闻父师之言，更互演绎，作为此书，以诏后之学者[8]。盖其忧之也深，故其言之也切[9]；其虑之也远，故其说之也详。其曰天命率性，则道心之谓也；其曰择善固执，则精一之谓也；其曰君子时中，则执中之谓也。世之相后千有余年，而其言之不异，如合符节。历选前圣之书，所以提挈纲维[10]、开示蕴奥，未有若是之明且尽者也。

[8] 质：对质，验证。诏：告知。

[9] 切：诚恳。

[10] 提挈纲维：提纲挈领。

自是而又再传以得孟氏[11]，为能推明是书，以承先圣之统，及其没而遂失其传焉。则吾道之所寄，不越乎言语文字之间[12]，而异端之说日新月盛，以至于老佛之徒出，则弥近理而大乱真矣。然而尚幸此书之不泯，故程夫子兄弟者出，得有所考，以续夫千载不传之绪；得有所据，以斥夫二家似是之非[13]。盖子思之功于是为大，而微程夫子[14]，则亦莫能因其语而得其心也。惜乎其所以为说者不传，而凡石氏之所辑录，仅出于其门人之所记，是以大义虽明而微言未析。至其门人所自为说，则虽颇详尽而多所发明，然倍其师说而淫于老佛者，亦有之矣[15]。熹自早岁，即尝受读而窃疑之，沈潜反复，盖亦有年，一旦恍然似有以得其要领者，然后乃敢会众说而折其中。既为定著《章句》一篇，以俟后之君子，而一二同志，复取石氏书，删其繁乱，名以《辑略》，且记所尝论辩取舍之意，别为《或问》，以附其后。然后此书之旨，支分节解，脉络贯通，详略相因，巨细毕举，而凡诸说之同异得失，亦得以曲畅旁通，而各极其趣。虽于道统之传不敢妄议，然初学之士，或有取焉，则亦庶乎行远升高之一助云尔。

淳熙己酉[16]春三月戊申，新安朱熹序《朱子全书·四书章句集注·中庸章句》）。

[11] 孟氏：指孟子。

[12] 吾道之所寄，不越乎言语文字之间：儒家之道寄托在《中庸》等文字之中。

[13] 绪：事业。二家：指佛道二家。

[14] 微：没有，无。

[15] 石氏之所辑录：宋石𡐪编《中庸集解》。倍：同"背"，背弃，背叛。

[16] 淳熙己酉：宋孝宗淳熙十六年（1189）。

补大学格物致知传[1]

右传之五章，盖释格物、致知之义，而今亡矣。此章旧本通上下章，误在经文之下。闲尝窃取程子之意以补之，曰："所谓致知在格物者，言欲致吾之知，在即[2]物而穷其理也。盖人心之灵莫不有知，而天下之物莫不有理，惟于理有未穷，故其知有不尽也。是以大学始教，必使学者即凡天下之物，莫不因其已知之理而益穷之，以求至乎其极。至于用力之久，而一旦豁然贯通焉，则众物之表里精粗无不到，而吾心之全体大用无不明矣。此谓物格，此谓知之至也。"（《朱子全书·四书章句集注·大学章句》）

[1] 朱熹所补的"格物致知"传。

[2] 即：就，接近。

答陆子静[1]（节选）

……来书反复，其于无极太极之辨详矣。然以熹观之，伏羲作《易》，自一画以下，文王演《易》，自乾元以下，皆未尝言太极也，而孔子言之[2]。孔子赞《易》，自太极以下，未尝言无极也，而周子言之。夫先圣后圣岂不同条而共贯[3]哉？若于此有以灼然实见太极之真体，则知不言者不为少，而言之者不为多矣，何至若此之纷纷哉！既蒙不鄙而教之，熹亦不敢不尽其愚也。

[1] 陆子静：陆九渊，字子静，号象山，心学学派代表人物。与朱熹互致书信讨论无极太极等问题。

[2] 孔子言之：孔子讨论了太极。

[3] 同条而共贯：事理相通而脉络连贯。

且夫《大传》之太极者何也[4]？即两仪、四象、八卦之理具于三者之先而蕴于三者之内者也。圣人之意，正以其究竟至极，无名可名，故特谓之太极，犹曰举天下之至极无以加此云尔，初不以其中而命之也[5]。至如北极之极，屋极之极，皇极之极，民极之极，诸儒虽有解为中者，盖以此物之极常在此物之中，非指极字而训之以中也。极者，至极而已。以有形者言之，则其四方八面合辏将来，到此筑底，更无去处，从此推出，四方八面都无向背，一切停匀，故谓之极耳[6]。后人以其居中而能应四外，故指其处而以中言之，非以其义为可训中也。至于太极，则又初无形象方所之可言，但以此理至极而谓之极耳。今乃以中名之，则是所谓理有未明而不能尽乎人言之意者一也。

[4]《大传》：指《周易》之《系辞传》。

[5] 初不以其中而命之也：最初不用"中"来解释太极。

[6] 辏：聚。筑底：彻底，无所遗留。停匀：匀称，均衡。

《通书·理性命章》其首二句言理[7]，次三句言性，次八句言命，故其章内无此三字，而特以三字名其章以表之，则章内之言，固已各有所属矣。盖其所谓灵，所谓一者，乃为太极；而所谓中者，乃气禀之得中，与刚善、刚恶、柔善、柔恶者为五性，而属乎五行，初未尝以是为太极也。且曰"中焉止矣"，而又下属于"二气五行，化生万物"之云，是亦复成何等文字义理乎？今来谕乃指其中者为太极，而属之下文，则又理有未明而不能尽乎人言之意者二也。

[7]《通书·理性命章》：厥彰厥微，匪灵弗莹。刚善刚恶，柔亦如之。中焉止矣。二气五行，化生万物。五殊二实，二本则一。是万为一，一实万分。万一各正，小大有定。

若论无极二字，乃是周子灼见道体，迥出常情，不顾旁人是非，不计自己得失，勇往直前，说出人不敢说底道理，令后之学者晓然见得太极之妙，不属有无，不落方体[8]。若于此看得破，方见得此老真得千圣以来不传之秘，非但架屋下之屋，叠床上之床而已也[9]。今必以为未然，是又理有未明而不能尽乎人言之意者三也。

[8] 迥：远。方体：语出《周易》之《系辞传》："神无方，易无体"。

[9] 架屋下之屋，叠床上之床：指说"太极而无极"是没有意义的重复。

至于《大传》既曰"形而上者谓之道"矣，而又曰"一阴一阳之谓道"，此岂真以阴阳为形而上者哉？正所以见一阴一阳虽属形器，然其所以一阴而一阳者，是乃道体之所为也。故语道体之至极，则谓之太极；语太极之流行，则谓之道。虽有二名，初无两体。周子所以谓之无极，正以其无方所无形状，以为在无物之前，而未尝不立于有物之后；以为在阴阳之外，而未尝不行乎阴阳之中；以为通贯全体，无乎不在，则又初无声臭影响之可言也。今乃深诋[10]无极之不然，则是直以太极为有形状、有方所矣。直以阴阳为形而上者，则又昧于道器之分矣；又于"形而上者"之上复有"况太极乎"之语[11]，则是又以道上别有一物为太极矣。此又理有未明而不能尽乎人言之意者四也。

[10] 深诋：极力诋斥。

[11] 又于"形而上者"之上复有"况太极乎"之语：陆九渊致朱熹书信中的话。"一阴一阳已是形而上者，况太极乎。"

至熹前书所谓"不言无极，则太极同于一物，而不足为万化根本；不言太极，则无极沦于空寂，而不能为万化根本"，乃是推本周子之意，以为当时若不如此两下说破，则读者错认语意，必有偏见之病，闻人说有即谓之实有，见人说无即以为真无耳。自谓如此说得周子之意，已是大煞分明[12]，只恐知道者厌其漏泄之过甚，不谓如老兄者乃犹以为未稳而难晓也。请以熹书上下文意详之，岂谓太极可以人言而为加损者哉？是又理有未明而不能尽乎人言之意者五也。

[12] 大煞分明：极其分明。

来书又谓"《大传》明言易有太极，今乃言无，何耶？"此尤非所望于高明者。今夏因与人言《易》，其人之论正如此，当时对之不觉失笑，遂至被劾。彼俗儒胶固，随语生解，不足深怪[13]。老兄平日自视为如何，而亦为此言耶？老兄且谓《大传》之所谓有，果如两仪、四象、八卦之有定位，天地、五行、万物之有常形耶？周子之所谓无，是果虚空断灭都无生物之理耶？此又理有未明而不能尽乎人言之意者六也。

[13] 劾：检举揭发。《宋元学案》之《晦翁学案》记载："本部侍郎林栗尝与先生论易、西铭不合，劾先生'本无学术，徒窃张载程颐绪余，谓之道学'。"胶固：固执。随语生解：望文生义。

《老子》"复归于无极"[14]，无极乃无穷之义，如庄生"入无穷之门以游无极之野"云尔，非若周子所言之意也。今乃引之，而谓周子之言实出乎彼，此又理有未明而不能尽乎人言之意者七也。

[14] "复归于无极"：见《老子》第二十八章，王弼注曰："不可穷也。"

高明之学，超出方外，固未易以世间言语论量，意见测度[15]。今且以愚见执方论之，则其未合有如前所陈者，亦欲奉报，又恐徒为纷纷，重使世俗观笑；既而思之，若遂不言，则恐学者终无所取正。较是二者，宁可见笑于今人，不可得罪于后世，是以终不获已而竟陈之，不识老兄以为如何？（《朱子全书·晦庵先生朱文公文集》卷三十六）

[15] 论量：讨论估量。意见测度：想法考虑。

答黄道夫[1]

　　天地之间，有理有气。理也者，形而上之道也，生物之本也；气也者，形而下之器也。生物之具也[2]。是以人物之生，必禀此理，然后有性；必禀此气，然后有形。其性其形，虽不外乎一身，然其道器之间，分际甚明，不可乱也。若刘康公所谓"天地之中所谓命"者，理也，非气也；所谓"人受以生"，所谓"动作威仪之则"者，性也，非形也[3]。今不审此，而以魂魄鬼神解之，则是指气为理而索性于形矣，岂不误哉！所引《礼运》之言[4]，本亦自有分别。其曰天地之德者，理也；其曰"阴阳之交，鬼神之会"者，气也。今乃一之，亦不审之误也。诗曰："天生烝民，有物有则。"周子曰[5]："无极之真，二五之精，妙合而凝。"所谓真者，理也；所谓精者，气也；所谓则者，性也；所谓物者，形也。上下千有余年之间，言者非一人，记者非一笔，而其说之同如合符契，非能牵联配合而强使之齐也。此义理之原，学者不可不察。（《朱子全书·晦庵先生朱文公文集》卷五十八）

[1] 黄道夫：黄樵仲，字道夫，又号敬斋。为朱熹学侣。
[2] 具：材料，质料。
[3] 刘康公：周顷王之子。《左传》成公十三年："刘子曰：吾闻之，民受天地之中以生，所谓命也。是以有动作礼义威仪之则，以定命也。"
[4] 《礼运》：《礼记》中一篇。
[5] 周子：指周敦颐。

答陈器之[1]（节选）

　　性是太极浑然之体，本不可以名字言，但其中含具万理，而纲理之大者有四，故命之曰仁、义、礼、智。孔门未尝备[2]言，至孟子而始备言之者。盖孔子时性善之理素明，虽不详著其条，而说自具。至孟子时，异端蜂起，往往以性为不善。孟子惧是理之不明，而思有以明之；苟但曰浑然全体，则恐其如无星之秤，无寸之尺，终不足以晓天下。于是别而言之，界为四破[3]，而四端之说于是而立。

[1] 陈器之：陈埴，字器之，先后做过叶适和朱熹的弟子，著有《木钟集》。
[2] 备：完备。
[3] 界为四破：划分为四块。

　　盖四端之未发也，虽寂然不动，而其中自有条理，自有间架，不是儱侗[4]都无一物，所以外边才感，中间便应。如赤子入井之事感，则仁之理便应，而恻隐之心于是乎形[5]；如过庙过朝之事感，则礼之理便应，而恭敬之心于是乎形。盖由其中间众理浑具，各各分明，故外边所遇，随感而应。所以四端之发，各有面貌之不同，是以孟子析而为四，以示学者，使知浑然全体之中而粲然有条[6]若此，则性之善可知矣。

[4] 儱侗：同"笼统"，含糊，无区别。
[5] 应：回应。形：呈现。
[6] 粲然有条：鲜明有条理。

然四端之未发也，所谓浑然全体，无声臭之可言，无形象之可见，何以知其粲然有条如此？盖是理之可验[7]，乃依然就他发处验得。凡物必有本根。性之理虽无形，而端的之发最可验。故由其恻隐，所以必知其有仁；由其羞恶，所以必知其有义；由其恭敬，所以必知其有礼；由其是非，所以必知其有智。使其本无是理于内，则何以有是端于外？由其有是端于外，所以必知有是理于内而不可诬也。故孟子言："乃若其情，则可以为善矣，乃所谓善也。"是则孟子之言性善，盖亦溯其情而逆知[8]之尔。（《朱子全书·晦庵先生朱文公文集》卷五十八）

[7] 验：验证。
[8] 逆知：预料，向来处推理。

朱子语类（节选）

问：昨谓未有天地之先，毕竟是先有理，如何？曰：未有天地之先，毕竟也只是理。有此理便有此天地；若无此理便亦无天地，无人无物，都无该载[2]了，有理便有气，流行发育万物。曰：发育是理发育之否？曰：有此理便有此气流行发育，理无形体。曰：所谓体者是强名否？曰：是。曰：理无极，气有极否？曰：论其极将那处做极？（《朱子全书·朱子语类》卷一）

[1] 载：承载。

问理与气。曰：伊川说得好，曰："理一分殊。"合天地万物而言，只是一个理；及在人，则又各自有一个理。

问理与气[1]。曰：有是理便有是气，但理是本，而今且从理上说气。如云："太极动而生阳，动极而静，静而生阴。"[2]不成动已前便无静。程子曰："动静无端。"[3]盖此亦是且自那动处说起。若论着动以前又有静，静以前又有动，如云："一阴一阳之谓道，继之者善也。"这"继"字便是动之端。若只一开一阖而无继，便是阖杀[4]了。又问：继是动静之间否？曰：是静之终，动之始也。且如四时，到得冬月，万物都归窠了；若不生，来年便都息了。盖是贞复生元，无穷如此。又问：元亨利贞是备个动静阴阳之理，而《易》只谓《乾》有之？曰：若论文王《易》，本是作"大亨利贞"，只作两字说。孔子见这四字好，便挑开说了。所以某尝说，《易》难看，便是如此。伏羲自是伏羲《易》，文王自是文王《易》，孔子因文王底说，又却出入乎其间也。又问：有是理而后有是气。未有人时，此理何在？曰：也只在这里。如一海水，或取得一杓，或取得一担，或取得一碗，都是这海水。但是他为主，我为客；他较长久，我得之不久耳。（《朱子全书·朱子语类》卷一）

[1] 理与气的关系是理气论的重要问题之一。
[2] 语见周敦颐《太极图说》。
[3] 语见程颐《经说》之《系辞》："动静无端，阴阳无始。"
[4] 杀：终止。

问：先有理，抑先有气？曰：理未尝离乎气。然理形而上者，气形而下者。自形而上下言，岂无先后！理无形，气便粗，有渣滓[1]。"（《朱子全书·朱子语类》卷一）

[1] 渣滓：提取精华后剩的残渣。

或问：必有是理，然后有是气，如何？曰：此本无先后之可言。然必欲推其所从来，则须说先有是理。然理又非别为一物，即存乎是气之中；无是气，则是理亦无挂搭处[1]。气则为金木水火，理则为仁义礼智。"（《朱子全书·朱子语类》卷一）

[1] 挂搭处：着落，依据。

或问"理在先，气在后"。曰：理与气本无先后之可言。但推上去时，却如理在先，气在后相似。又问：理在气中发见处如何？曰：如阴阳五行错综不失条绪，便是理。若气不结聚时，理亦无所附著。故康节云："性者，道之形体；心者，性之郛郭；身者，心之区宇；物者，身之舟车。"[1]问道之体用。曰：假如耳便是体，听便是用；目是体，见是用。（《朱子全书·朱子语类》卷一）

[1] 语见邵雍《击壤集·序》。邵雍，理学的象数学派代表人物，谥号康节。

或问先有理后有气之说。曰：不消如此说。而今知得他合下是先有理，后有气邪；后有理，先有气邪？皆不可得而推究。然以意度之，则疑此气是依傍这理行，及此气之聚，则理亦在焉。盖气则能凝结造作，理却无情意，无计度，无造作[1]。只此气凝聚处，理便在其中。且如天地间人物草木禽兽，其生也，莫不有种，定不会无种了，白地生出一个物事，这个都是气。若理，则只是个净洁空阔底世界，无形迹，他却不会造作；气则能酝酿凝聚生物也。但有此气，则理便在其中。（《朱子全书·朱子

语类》卷一）

[1] 计度：思量。造作：制作。

问：有是理便有是气，似不可分先后？曰：要之，也先有理。只不可说是今日有是理，明日却有是气；也须有先后。且如万一山河大地都陷了，毕竟理却只在这里。（《朱子全书·朱子语类》卷一）

人之所以生[1]，理与气合而已。天理固浩浩不穷，然非是气，则虽有是理而无所凑泊[2]，故必二气交感，凝结生聚，然后是理有所附著。凡人之能言语动作，思虑营为，皆气也，而理存焉。故发而为孝弟忠信仁义礼智，皆理也。然而二气五行，交感万变，故人物之生有精粗之不同。自一气而言之，则人物皆受是气而生。自精粗而言，则人得其气之正且通者，物得其气之偏且塞者。惟人得其正，故是理通而无所塞；物得其偏，故是理塞而无所知。且如人，头圆象天，足方象地，平正端直，以其受天地之正气，所以识道理，有知识。物受天地之偏气，所以禽兽横生，草木头生向下，尾反在上。物之间有知者，不过只通得一路，如乌之知孝，獭之知祭[3]，犬但能守御，牛但能耕而已。人则无不知，无不能。人所以与物异者，所争者此耳。然就人之所禀而言，又有昏明清浊之异。故上知生知之资，是气清明纯粹，而无一毫昏浊，所以生知安行[4]，不待学而能，如尧舜是也。其次则亚于生知，必学而后知，必行而后至。又其次者，资禀既偏，又有所蔽，须是痛加工夫，"人一己百，人十己千"，[3]然后方能及亚于生知者。及进而不已，则成功一也。（《朱子全书·朱子语类》卷四）

[1] 此段讨论了理与气合而生人。
[2] 凑泊：附着。
[3] 獭之知祭：指獭在固定时间知道捕鱼陈列岸边，如同陈列供品祭祀。
[4] 生知安行：生而知之者，安于仁而行之者。

论天地之性，则专指理言；论气质之性，则以理与气杂而言之。未有此气，已有此性。气有不存，而性却常在。虽其方在气中，然气自是气，性自是性，亦不相夹杂。至论其遍体于物，无处不在，则又不论气之精粗，莫不有是理。（《朱子全书·朱子语类》卷四）

亚夫问[1]：气质之说，始于何人？曰：此起于张程[2]。某以为极有功于圣门，有补于后学，读之使人深有感于张程，前此未曾有人说到此。如韩退之[3]《原性》中说三品，说得也是，但不曾分明说是气质之性耳。性那里有三品来！孟子说性善，但说得本原处，下面却不曾说得气质之性，所以亦费分疏。诸子说性恶与善恶混。使张程之说早出，则这许多说话自不用纷争。故张程之说立，则诸子之说泯矣。因举横渠：形而后有气质之性。善反之，则天地之性存焉。故气质之性，君子有弗性者焉。又举明道云：论性不论气，不备；论气不论性，不明，二之则不是。且如只说个仁、义、礼、智是性，世间却有生出来便无状底，是如何？只是气禀如此。若不论那气，这道理便不周匝[4]，所以不备。若只论气禀，这个善，这个恶，却不论那一原处只是这个道理，又却不明。此自孔子曾子子思孟子理会得后，都无人说这道理。谦之[5]问：天地之气，当其昏明驳杂之时，则其理亦随而昏明驳杂否？曰：理却只恁地，只是气自如此。又问：若气如此，理不如此，则是理与气相离矣。曰：气虽是理之所生，然既生出，则理管他不得。如这理寓于气了，日用间运用都由这个气，只是气强理弱。譬如大礼赦文，一时将税都放了相似，有那村知县硬自捉缚须要他纳，缘被他近了，更自叫上面不应，便见得那气粗而理微。又如父子，若子不肖，父亦管他不得。圣人所以立教，正是要救这些子。（《朱子全书·朱子语类》卷四）

[1] 亚夫：有版本作"道夫"。
[2] 张程：指张载和二程。张载《正蒙》之《诚明篇》："形而后有气质之性，善反之则天地之性存焉。"程子说："学至变化气质，方是有功。"
[3] 韩退之：指韩愈。
[4] 周匝：完整严密。
[5] 谦之：指林光朝，字谦之，是南宋伊洛之学的倡导者，著有《艾轩集》。

问：去岁闻先生曰："只是一个道理，其分不同。"所谓分者，莫只是理一而其用不同，如君之仁，臣之敬，子之孝，父之慈，与国人交之信之类是也。曰：其体已略不同。君臣、父子、国人是体；仁敬慈孝与信是用。问：体、用皆异？曰：如这片板，只是一个道理，这一路子恁地去，那一路子恁地去。如一所屋，只是一个道理，有厅，有堂。如草木，只是一个道理，有桃，有李。如这众人，只是一个道理，有张三，有李四，李四不可为张三，张三不可为李四。如阴阳，《西铭》言理一分殊，亦是如此。又曰：分得愈见不同，愈见得理大。（《朱子全书·朱子语类》卷六）

陆九渊著作和语录（节选）

陆九渊（1139—1193 年），字子静，自号存斋，抚州金溪人。曾讲学于贵溪象山，学者称其为"象山先生"。与其兄陆九韶、陆九龄创立了"心学"，开启了理学的新方向。

《象山集》是陆持之所编辑其父陆九渊的著作，共二十八卷；陆九渊和弟子的问答则编为《象山语录》，中华书局将其重编为《陆九渊集》。

陆九渊认为自己直承孟子。其存心、养心、先立乎其大、发明本心等思想的确源于孟子并将其发扬光大。陆九渊的学术理路与程朱理学大异其趣。他认为本心即理。一方面理是宇宙之理，不因人而减损；另一方面，理为人心之理，是道德准则和规范，与宇宙之理具有本质上的同一性。正因为这样的观点，他才能与朱熹讨论太极与无极、尊德性与道问学的问题。心即理的观点使其讲太极不需再讲无极，也使其在治学方法上倾向于先立其大，同时也决定了其发明本心的修养理论。

与曾宅之[1]（节选）

　　且如"存诚""持敬"二语自不同，岂可合说？"存诚"字于古有考，"持敬"字乃后来杜撰。易曰："闲邪存其诚。"孟子曰："存其心。"某旧亦尝以"存"名斋。孟子曰："庶民去之，君子存之。"又曰："其为人也寡欲，虽有不存焉者寡矣；其为人也多欲，虽有存焉者寡矣。"只"存"一字，自可使人明得此理。此理本天所以与我，非由外烁。明得此理，即是主宰。真能为主，则外物不能移，邪说不能惑。所病于吾友者，正谓此理不明，内无所主；一向蒙绊于浮论虚说，终日只依藉外说以为主，天之所与我者反为客[2]。主客倒置，迷而不反，惑而不解。坦然明白之理可使妇人童子听之而喻；勤学之士反为之迷惑，自为支离之说以自蒙缠，穷年卒岁，靡所底丽，岂不重可怜哉[3]？使生在治古盛时，蒙被先圣王之泽，必无此病。惟其生于后世，学绝道丧，异端邪说充塞弥满，遂使有志之士罹[4]此患害，乃与世间凡庸恣情纵欲之人均其陷溺，此岂非以学术杀天下哉？（《陆九渊集》卷一）

[1] 曾宅之：朱熹弟子，名祖道，字宅之。
[2] 病：弊，不利，引申为错误。蒙绊：牵缠。依藉：依据凭借。
[3] 喻：知晓。靡所底丽：没有所附着的造诣。重：很，非常，指程度深。
[4] 罹：遭遇苦难。

　　……盖心，一心也，理，一理也，至当归一，精义无二，此心此理，实不容有二[5]。故夫子曰："吾道一以贯之。"孟子曰："夫道一而已矣。"又曰："道二，仁与不仁而已矣。"如是则为仁，反是则为不仁。仁即此心也，此理也。求则得之，得此理也；先知者，知此理也；先觉者，觉此理也；爱其亲者，此理也；敬其兄者，此理也；见孺子将入井而有怵惕恻隐之心者，此理也；可羞之事则羞之，可恶之事则恶之者，此理也；是知其为是，非知其为非，此理也；宜辞而辞，宜逊而逊者，此理也；敬此理也，义亦此理也；内此理也，外亦此理也。故曰："直方大，不习无不利。"[6]孟子曰："所不虑而知者，其良知也；所不学而能者，其良能也。""此天之所与我者"，"我固有之，非由外烁我也。"故曰："万物皆备于我矣，反身而诚，乐莫大焉。"此吾之本心也，所谓安宅、正路者，此也；所谓广居、正位、大道者，此也。（《陆九渊集》卷一）

[5] 此心此理，实不容有二：指心即理。
[6] 语见《周易》之《坤卦》六二爻辞。指敬以直内，义以方外，虽然不熟悉，亦无不利。

与朱元晦[1]（节选）

尊兄向与梭山[2]兄书云："不言无极，则太极同于一物，而不足为万化根本；不言太极，则无极沦于空寂，而不能为万化根本。"夫太极者，实有是理，圣人从而发明之耳，非以空言立论，使后人簸弄[3]于颊舌纸笔之间也。其为万化根本固自素定，其足不足，能不能，岂以人言不言之故耶？《易大传》曰："易有太极。"圣人言有，今乃言无，何也？作《大传》时不言无极，太极何尝同于一物，而不足为万化根本耶？《洪范》五皇极，列在九畴之中，不言无极，太极亦何尝同于一物，而不足为万化根本耶？太极固自若也[4]。尊兄只管言来言去，转加糊涂，此真所谓轻于立论，徒为多说，而未必果当于理也。……

[1] 朱元晦，指朱熹。
[2] 梭山：陆九渊四兄陆九韶之别号。
[3] 簸弄：玩弄。
[4] 《易大传》：指《易传》之《系辞》。五皇极：指《洪范》中第五条大法是最高的原则。九畴：九类。

后书又谓"无极即是无形，太极即是有理。周先生恐学者错认太极别为一物，故著无极二字以明之"。《易》之《大传》曰"形而上者谓之道"，又曰"一阴一阳之谓道"，一阴一阳已是形而上者，况太极乎？晓文义者举知之矣。自有《大传》，至今几年，未闻有错认太极别为一物者。设有愚谬至此，奚啻不能以三隅反[5]，何足上烦老先生特地于太极上加无极二字以晓之乎？且"极"字亦不可以"形"字释之。盖极者，中也，言无极则是犹言无中也，是奚可哉？若惧学者泥于形器而申释之，则宜如《诗》言："上天之载"，而于下赞之曰："无声无臭"可也，岂宜以无极字加于太极之上？朱子发谓濂溪得太极图于穆伯长，伯长之传出于陈希夷，其必有考[6]。希夷之学，老氏之学也。"无极"二字出于《老子·知其雄章》，吾圣人之书所无有也。《老子》首章言："无名天地之始，有名万物之母"，而卒同之，此老氏宗旨也。"无极而太极"即是此旨。老氏学之不正，见理不明，所蔽在此。兄于此学用力之深，为日之久，曾此之不能辨，何也？《通书》"中焉止矣"之言，与此昭然不类，而兄曾不之察，何也？《太极图说》以"无极"二字冠首，而《通书》终篇未尝一及"无极"字。二程言论文字至多，亦未尝一及"无极"字。假令其初实有是图，观其后来未尝一及"无极"字，可见其道之进，而不自以为是也。……

[5] 设：假设。啻：仅，只。
[6] 朱子发：宋朝人，名震，字子发。穆伯长：宋朝人，名修，字伯长。陈希夷：即陈抟，宋初著名道士。

　　来书本是主张"无极"二字，而以明理为说，其要则曰："于此有以灼然实见太极之真体。"[7] 某窃谓尊兄未曾实见太极，若实见太极，上面不必更加"无极"字，下面必不更着"真体"字。上面加"无极"字，正是叠床上之床。下面着"真体"字，正是架屋下之屋。虚见之与实见，其言固自不同也。又谓："极者，正以其究竟至极，无名可名，故特谓之太极，犹曰举天下之至极无以加此云耳。"就令如此，又何必更于上面加"无极"字也？若谓欲言其无方所，无形状，则前书固言，宜如《诗》言"上天之载"，而于其下赞之曰"无声无臭"可也，岂宜以"无极"字加于太极之上？《系辞》言"神无方"矣，岂可言无神；言"易无体"矣，岂可言无易？老氏以无为天地之始，以有为万物之母，以常无观妙，以常有观徼，直将无字搭在上面，正是老氏之学，岂可讳也？惟其所蔽在此，故其流为任术数[8]，为无忌惮。此理乃宇宙之所固有，岂可言无？若以为无，则君不君、臣不臣、父不父、子不子矣。（《陆九渊集》卷二）

[7] 要：纲领。灼然：明显貌。真体：真实本体。
[8] 术数：以阴阳五行相生相克来推知人事、判断吉凶等称为术数。

杂说（节选）

　　皇极之建，彝伦之叙[1]，反是则非，终古不易。是极是彝，根乎人心，而塞乎天地。居其室，出其言善，则千里之外应之；出其言不善，则千里之外违[2]之。是非之致，其可诬哉？

[1] 皇：大。极：原则。彝：常。伦：理。叙：顺序。
[2] 违：离。

　　念虑之正不正，在顷刻之间。念虑之不正者，顷刻而知之，即可以正。念虑之正者，顷刻而失之，即是不正。此事皆在其心。……
　　四方上下曰宇，往古来今曰宙。宇宙便是吾心，吾心即是宇宙。千万世之前，有圣人出焉，同此心同此理也。千万世之后，有圣人出焉，同此心同此理也。东南西北海有圣人出焉，同此心同此理也。近世尚同之说甚非。理之所在，安得不同？古之圣贤，道同志合，咸有一德，乃可共事，然所不同者，以理之所在，有不能尽见。虽夫子之圣，而曰："回非助我"，"启予者商"。又曰："我学不厌。"舜曰："予违汝弼。"其称尧曰："舍己从人，惟帝时克。"故不惟都俞，而有吁咈[3]。诚君子也，不能，不害为君子。诚小人也，虽能，不失为小人。（《陆九渊集》卷二十二）

[3] 都俞：肯定或赞美之词。吁咈：否定之词。

语录[1]（节选）

天理人欲之言，亦自不是至论。若天是理，人是欲，则是天人不同矣。此其原盖出于老氏。《乐记》曰："人生而静，天之性也；感于物而动，性之欲也。物至知知，而后好恶形焉。不能反躬，天理灭矣"。天理人欲之言盖出于此。《乐记》之言亦根于老氏。且如专言静是天性，则动独不是天性耶？《书》云："人心惟危，道心惟微。"解者[2]多指人心为人欲，道心为天理，此说非是。心一也，人安有二心？自人而言，则曰惟危；自道而言，则曰惟微。罔念作狂，克念作圣[3]，非危乎？无声无臭，无形无体，非微乎？因言庄子云"眇乎小哉！以属诸人；謷乎大哉！独游于天[4]。"又曰："天道之与人道也相远矣。"是分明裂天人而为二也。（《陆九渊集》卷三十四）

[1] 语录：记载了陆九渊与弟子的问答。
[2] 解者：指二程及其朱熹。
[3] 罔念：失掉觉察。狂：狂妄愚昧之人。克念：克服妄念。语出《尚书》之《多方》。
[4] 眇：渺小。謷：高大。

吕伯恭为鹅湖之集，先兄复斋谓某曰："伯恭约元晦为此集，正为学术异同。某兄弟先自不同，何以望鹅湖之同。"[1]先兄遂与某议论致辩，又令某自说，至晚罢。先兄云："子静之说是。"次早，某请先兄说。先兄云："某无说，夜来思之，子静之说极是。方得一诗云：'提孩知爱长知钦，古圣相传只此心。大抵有基方筑室，未闻无址忽成岑。留情传注翻榛塞，着意精微转陆沉。珍重友朋相切琢，须知至乐在于今。'[2]"某云："诗甚佳，但第二句微有未安。"先兄云："说得恁地，又道未安，更要如何？"某云："不妨一面起行，某沿途却和此诗。"及至鹅湖，伯恭首问先兄别后新功。先兄举诗，才四句，元晦顾伯恭曰："子寿早已上子静舡[3]了也。"举诗罢，遂致辩于先兄。某云："途中某和得家兄此诗云：'墟墓兴哀宗庙钦，斯人千古不磨心。涓流滴到沧溟水，拳石崇成泰华岑。易简工夫终久大，支离事业竟浮沉。'"举诗至此，元晦失色。至"欲知自下升高处，真伪先须辨只今。"[4]元晦大不怿[5]，于是各休息。翌日二公商量数十折议论来，莫不悉破其说。继日凡致辩，其说随屈。伯恭甚有虚心相听之意，竟为元晦所尼。后往南康，元晦延入白鹿讲说，因讲"君子喻于义"一章，元晦再三云："某在此不曾说到这里，负愧何言。"（《陆九渊集》卷三十四）

[1] 吕伯恭：即吕祖谦。南宋淳熙二年（1175）约朱熹、陆九渊等人在江西信州鹅湖寺集会，讨论朱陆异同。复斋：陆九渊之兄陆九龄。
[2] 钦：敬佩。岑：高山。传注：注释经典。榛：荆棘。塞：堵塞。翻：疏通。陆沉：陆地下沉。

［3］舡：同"船"。

［4］墟墓：坟墓。沧溟：大海。泰华：泰山华山。易简工夫：指陆九渊的"先立其大"的治学方法比较简单容易。支离事业：指朱熹的"道问学"治学方法的烦琐零碎。只今：如今。

［5］怿：喜悦，高兴。

朱济道[1]说："前尚勇决，无迟疑，做得事。后因见先生了，临事即疑恐不是，做事不得。今日中只管悔过惩艾[2]，皆无好处。"先生曰："请尊兄即今自立，正坐拱手，收拾精神，自作主宰。万物皆备于我，有何欠阙。当恻隐时自然恻隐，当羞恶时自然羞恶，当宽裕温柔时自然宽裕温柔，当发强刚毅时自然发强刚毅。"（《陆九渊集》卷三十五）

［1］朱济道：陆九渊弟子，名朱桴，字济道。
［2］惩艾：惩戒。

显仲[1]问云："某何故多昏?"先生曰："人气禀清浊不同，只自完养，不逐物，即随清明，才一逐物，便昏眩了。显仲好悬断[2]，都是妄意。人心有病，须是剥落。剥落得一番，即一番清明。后随起来，又剥落，又清明，须是剥落得净尽方是。"（《陆九渊集》卷三十五）

［1］显仲：陆九渊弟子。
［2］悬断：凭空推断。

◿◿ 王守仁著作及语录（节选）

王守仁（1472—1529 年），字伯安，浙江余姚人，因曾筑室于会稽山阳明洞，世称阳明先生。王守仁的著作经后人整理编辑为《王文成公全书》，现名为《王阳明全集》，共三十八卷，流传于世。其中在哲学上最重要的是《传习录》和《大学问》。

王阳明是心学的集大成者。随着元代对儒学的重视，儒学的发展出现了和会朱陆的趋势，这为心学的发展提供了理论条件。同时，明代中期商品经济的发展，也使传统的伦理道德观念受到较大冲击。社会矛盾尖锐化，社会乱象丛生。王阳明认为之所以会出现如此乱象就在于私欲膨胀，"心中贼"猖獗泛滥。因此，王阳明把"破心中贼"作为时代问题的解决方法，构建了其心学体系。

首先，王阳明以心即理的观点解决程朱理学的析心与理为二的弊端，为主体的道德实践确立了主体基础。心与理的分离也导致了知行的分离，这也导致了终身不行或终身不知的结果。王阳明则以心即理为理想状态说明知行本是一事，由于私欲的蒙蔽才分为两截。如果能以一念发动处为行，在一念虑方萌处下功夫，方能在源头处禁绝祸患，这样就会知行合一。

其次，王阳明又提出了致良知的观点，使良知成为最高的道德本体，进一步深化了心即理和知行合一的思想。良知是一种随时知是非的能力，是人的至善之性的发用。但良知有时会被私欲蒙蔽。因此需要致良知的道德实践活动，良知才能真正发挥作用，由此可破"心中贼"。同时其不以孔子之是非为是非的精神使人具有了冲破道德藩篱的勇气，对晚明的思想解放产生了重要影响。

但是其把所有世界收束于良知之中，必然会遗落物理世界，必然会仅以道德来把握世界，这不利于人的全面解放和发展。

爱[1]问："至善只求诸心，恐于天下事理有不能尽。"先生曰："心即理也。天下又有心外之事，心外之理乎？"爱曰："如事父之孝，事君之忠，交友之信，治民之仁，其间有许多理在，恐亦不可不察。"先生叹曰："此说之蔽久矣，岂一语所能悟！今姑就所问者言之：且如事父，不成去父上求个孝的理[2]？事君，不成去君上求个忠的理？交友治民，不成去友上、民上求个信与仁的理？都只在此心，心即理也。此心无私欲之蔽，即是天理，不须外面添一分。以此纯乎天理之心，发之事父便是孝，发之事君便是忠，发之交友治民便是信与仁。只在此心去人欲、存天理上用功便是。"爱曰："闻先生如此说，爱已觉有省悟处。但旧说缠于胸中，尚有未脱然者[3]。如事父一事，其间温清定省之类，有许多节目，不亦须讲求否[4]？"先生曰："如何不讲求？只是有个头脑，只是就此心去人欲、存天理上讲求。就如讲求冬温，也只是要尽此心之孝，恐怕有一毫人欲间杂；讲求夏清，也只是要尽此心之孝，恐怕有一毫人欲间杂；只是讲求得此心。此心若无人欲，纯是天理，是个诚于孝亲的心，冬时自然思量父母的寒，便自要去求个温的道理；夏时自然思量父母的热，便自要去求个清的道理。这都是那诚孝的心发出来的条件。却是须有这诚孝的心，然后有这条件发出来。譬之树木，这诚孝的心便是根，许多条件便是枝叶，须先有根然后有枝叶，不是先寻了枝叶然后去种根。《礼记》言：'孝子之有深爱者，必有和气；有和气者，必有愉色；有愉色者，必有婉容。'须是有个深爱做根，便自然如此。"（《王阳明全集·语录一》卷一）

[1] 爱：徐爱，字曰仁，号横山，王守仁的大弟子。
[2] 不成：助词，表示反诘。也有将"不成"断在上句"事父"之后。即：且如事文不成，去父上求个孝的理？
[3] 脱然：除去。
[4] 求：寻求。

爱因未会先生"知行合一"之训[1]，与宗贤、惟贤往复辩论，未能决，以问于先生。先生曰："试举看。"爱曰："如今人尽有知得父当孝、兄当弟者，却不能孝、不能弟，便是知与行分明是两件。"先生曰："此已被私欲隔断，不是知行的本体了。

未有知而不行者。知而不行，只是未知。圣贤教人知行，正是要复那本体，不是着你只恁的便罢[2]。故《大学》指个真知行与人看，说'如好好色，如恶恶臭'。见好色属知，好好色属行。只见那好色时已自好了，不是见了后又立个心去好。闻恶臭属知，恶恶臭属行。只闻那恶臭时已自恶了，不是闻了别立个心去恶。如鼻塞人虽见恶臭在前，鼻中不曾闻得，便亦不甚恶，亦只是不曾知臭。就如称某人知孝、某人知弟，必是其人已曾行孝行弟，方可称他知孝知弟，不成只是晓得说些孝弟的话，便可称为知孝弟？又如知痛，必已自痛了方知痛；知寒，必已自寒了；知饥，必已自饥了；知行如何分得开？此便是知行的本体，不曾有私意隔断的。圣人教人，必要是如此，方可谓之知。不然，只是不曾知。此却是何等紧切着实的工夫！如今苦苦定要说知行做两个，是甚么意？某要说做一个是甚么意？若不知立言宗旨，只管说一个两个，亦有甚用？"爱曰："古人说知行做两个，亦是要人见个分晓，一行做知的功夫，一行做行的功夫，即功夫始有下落[3]。"先生曰："此却失了古人宗旨也。某尝说知是行的主意，行是知的功夫；知是行之始，行是知之成。若会得时，只说一个知已自有行在；只说一个行已自有知在。古人所以既说一个知又说一个行者，只为世间有一种人，懵懵懂懂的任意去做，全不解思惟省察，也只是个冥行妄作，所以必说个知，方才行得是；又有一种人，茫茫荡荡悬空去思索，全不肯着实躬行，也只是个揣摸影响，所以必说一个行，方才知得真[4]。此是古人不得已补偏救弊的说话，若见得这个意时，即一言而足，今人却就将知行分作两件去做，以为必先知了然后能行，我如今且去讲习讨论做知的工夫，待知得真了方去做行的工夫，故遂终身不行，亦遂终身不知。此不是小病痛，其来已非一日矣。某今说个知行合一，正是对病的药。又不是某凿空杜撰，知行本体原是如此。今若知得宗旨时，即说两个亦不妨，亦只是一个；若不会宗旨[5]，便说一个，亦济得甚事？只是闲说话。"（《王阳明全集·语录一》卷一）

[1] 会：领会。
[2] 恁的：这样。
[3] 下落：着落，归属。
[4] 冥行：夜间行路。揣摸：推测。
[5] 会：领会。

爱问[1]："昨闻先生'止至善'之教，已觉功夫有用力处。但与朱子'格物'之训，思之终不能合。"先生曰："格物是止至善之功，既知至善，即知格物矣。"

爱曰："昨以先生之教推之格物之说，似亦见得大略。但朱子之训，其于《书》之'精一'，《论语》之'博约'，《孟子》之'尽心知性'，皆有所证据，以是未能释然[2]"。先生曰："子夏笃信圣人，曾子反求诸己。笃信固亦是，然不如反求之切。今既不得于心，安可狃于旧闻，不求是当？就如朱子，亦尊信程子，至其不得于心处，亦何尝苟从[3]？'精一'、'博约'、'尽心'本自与吾说吻合，但未之思耳。朱子格物之训，未免牵合附会，非其本旨。精是一之功，博是约之功。曰仁既明知行合一之说，此可一言而喻。尽心、知性、知天，是生知安行事；存心、养性、事天，是学知利行事。夭寿不贰，修身以俟，是困知勉行事[4]。朱子错训'格物'，只为倒看了此意，以'尽心知性'为'物格知至'，要初学便去做生知安行事，如何做得?"

爱问："'尽心知性'何以为'生知安行'?"先生曰："性是心之体，天是性之原，尽心即是尽性。'惟天下至诚为能尽其性，知天地之化育。'存心者，心有未尽也。知天，如知州、知县之知，是自己分上事，已与天为一；事天，如子之事父，臣之事君，须是恭敬奉承，然后能无失，尚与天为二，此便是圣贤之别。至于'夭寿不贰其心'，乃是教学者一心为善，不可以穷通夭寿之故，便把为善的心变动了，只去修身以俟命[5]。见得穷通寿夭有个命在，我亦不必以此动心。'事天'虽与天为二，已自见得个天在面前；'俟命'便是未曾见面，在此等候相似：此便是初学立心之始，有个困勉的意。今却倒做了，所以使学者无下手处。"爱曰："昨闻先生之教，亦影影见得功夫须是如此[6]。今闻此说，益无可疑。爱昨晓思'格物'的'物'字即是'事'字，皆从心上说。"先生曰："然。身之主宰便是心，心之所发便是意，意之本体便是知，意之所在便是物。如意在于事亲，即事亲便是一物；意在于事君，即事君便是一物；意在于仁民爱物，即仁民爱物便是一物；意在于视听言动，即视听言动便是一物。所以某说无心外之理，无心外之物。《中庸》言'不诚无物'，《大学》'明明德'之功，只是个诚意。诚意之功只是个格物。"

先生又曰："格物，如《孟子》'大人格君心'之'格'[7]，是去其心之不正，以全其本体之正。但意念所在，即要去其不正以全其正，即无时无处不是存天理，即是穷理。天理即是'明德'，穷理即是'明明德'。"（《王阳明全集·语录一》卷一）

[1] 爱：指徐爱。

[2] 释然：疑虑消除貌。

[3] 狃：因袭，拘泥。其不得于心处：与己心不合之处。

[4] 曰仁：指徐爱，字曰仁。生知安行：生而知之安于仁而行。学知利行：学而知之利于仁而行。困知勉行：有了疑惑而知勉力行仁。

[5] 故：原因。俟：等待。

[6] 影影：隐隐。

[7] 格：正，纠正。

先生曰[1]："今为吾所谓格物之学者，尚多流于口耳。况为口耳之学者，能反于此乎？天理人欲，其精微必时时用力省察克治[2]，方日渐有见。如今一说话之间，虽只讲天理，不知心中倏忽之间已有多少私欲。盖有窃发而不知者，虽用力察之，尚不易见，况徒口讲而可得尽知乎？今只管讲天理来顿放着不循；讲人欲来顿放着不去；岂格物致知之学？后世之学，其极至，只做得个义袭而取的工夫[3]。"

问格物。先生曰："格者，正也。正其不正，以归于正也。"（《王阳明全集·语

录一》卷一)

[1] 先生：指王阳明。

[2] 省察克治：反省检查，克制去除。

[3] 义袭：偶尔做事合于义。

来书云[1]："所喻知行并进[2]，不宜分别前后，即《中庸》尊德性而道问学之功交养互发，内外本末一以贯之之道。然工夫次第不能无先后之差，如知食乃食，知汤乃饮，知衣乃服，知路乃行。未有不见是物，先有是事。此亦毫厘倏忽之间，非谓截然有等[3]，今日知之而明日乃行也。"既云"交养互发，内外本末一以贯之"，则知行并进之说无复可疑矣。又云"工夫次第，不能无先后之差"，无乃自相矛盾已乎？"知食乃食"等说，此尤明白易见，但吾子为近闻障蔽，自不察耳。夫人必有欲食之心然后知食：欲食之心即是意，即是行之始矣。食味之美恶，必待入口而后知。岂有不待入口而已先知食味之美恶者邪？必有欲行之心，然后知路：欲行之心即是意，即是行之始矣。路岐之险夷必待身亲履历而后知，岂有不待身亲履历而已先知路岐之险夷者邪？"知汤乃饮，知衣乃服"，以此例之，皆无可疑。若如吾子之喻，是乃所谓不见是物而先有是事者矣。吾子又谓"此亦毫厘倏忽之间，非谓截然有等，今日知之而明日乃行也"，是亦察之尚有未精。然就如吾子之说，则知行之为合一并进，亦自断无可疑矣。（《王阳明全集·语录二》卷二）

[1] 来书：指顾东桥与王阳明的书信。

[2] 喻：知晓。

[3] 倏忽：忽而间，很快。截然：界限分明的样子。

来书云[1]："真知即所以为行，不行不足谓之知。此为学者吃紧立教，俾务躬行则可[2]。若真谓行即是知，恐其专求本心，遂遗物理，必有暗而不达之处[3]，抑岂圣门知行并进之成法哉？"

知之真切笃实处即是行，行之明觉精察处即是知。知行功夫本不可离，只为后世学者分作两截用功，失却知行本体，故有合一并进之说。"真知即所以为行，不行不足谓之知。"即如来书所云"知食乃食"等说可见，前已略言之矣。此虽吃紧救弊而发，然知行之体本来如是，非以己意抑扬其间，姑为是说以苟一时之效者也。"专求本心，遂遗物理"，此盖失其本心者也。夫物理不外于吾心，外吾心而求物理，无物理矣；遗物理而求吾心，吾心又何物邪？心之体，性也，性即理也。故有孝亲之心，即有孝之理，无孝亲之心，即无孝之理矣。有忠君之心，即有忠之理，无忠君之心，即无忠之理矣。理岂外于吾心邪？晦庵谓"人之所以为学者[4]，心与理而已"。心虽主乎一身，而实管乎天下之理，理虽散在万事，而实不外乎一人之心，是其一分一合之间，而未免已启学者心理为二之弊。此后世所以有"专求本心，遂遗物理"之患，正由不知心即理耳。夫外心以求物理，是以有暗而不达之处，此告子"义外"之说，孟子所以谓之不知义也。心，一而已，以其全体恻怛而言谓之仁[5]，以其得宜而言谓之义，以其条理而言谓之理；不可外心以求仁，不可外心以求义，独可外心以求理乎？外心以求理，此知行之所以二也。求理于吾心，此圣门知行合一之教，吾子又何疑乎？（《王阳明全集·语录二》卷二）

[1] 来书：指顾东桥写给王阳明的书信。
[2] 吃紧立教：教导的要紧之处。俾：使。务：专力从事。
[3] 暗而不达：糊涂不通达。
[4] 晦庵：指朱熹。
[5] 恻怛：恻隐，怜悯。

来书云[1]："闻语学者乃谓'即物穷理'之说，亦是玩物丧志；又取其'厌繁就约''涵养本原'数说，标示学者，指为'晚年定论'[2]，此亦恐非。"

朱子所谓"格物"云者，在即物而穷其理也。即物穷理，是就事事物物上求其所谓定理者也，是以吾心而求理于事事物物之中，析"心"与"理"而为二矣[3]。夫求理于事事物物者，如求孝之理于其亲之谓也。求孝之理于其亲，则孝之理其果在于吾之心邪？抑果在于亲之身邪？假而果在于亲之身，则亲没之后，吾心遂无孝之理欤？见孺子之入井，必有恻隐之理，是恻隐之理果在于孺子之身欤？抑在于吾心之良知欤？其或不可以从之于井欤？其或可以手而援之欤？是皆所谓理也。是果在于孺子之身欤？抑果出于吾心之良知欤？以是例之，万事万物之理莫不皆然，是可以知析心与理为二之非矣。夫析心与理而为二，此告子"义外"之说，孟子之所深辟也[4]。"务外遗内，博而寡要"，吾子既已知之矣。是果何谓而然哉？谓之玩物丧志，尚犹以为不可欤？若鄙人所谓致知格物者，致吾心之良知于事事物物也。吾心之良知，即所谓天理也。致吾心良知之天理于事事物物，则事事物物皆得其理矣。致吾心之良知者，致知也。事事物物皆得其理者，格物也。是合心与理而为一者也。合心与理而为一，则凡区区前之所云，与朱子晚年之论，皆可以不言而喻矣。（《王阳明全集·语录二》卷二）

[1] 来书：指顾东桥写给王阳明的书信。
[2] 晚年定论：指《王文成公全书》卷三附《朱子晚年定论》，王阳明按照自己的心学理论诠释朱熹思想，认为朱熹晚年痛悔旧说，已经逐渐向心学靠拢了。认为朱子和陆九渊的思想有相通之处，即"朱陆早异晚同"。
[3] 析：分。
[4] 辟：排除，避免。

庚辰往虔州[1]，再见先生，问："近来功夫虽若稍知头脑，然难寻个稳当快乐处。"先生曰："尔却去心上寻个天理，此正所谓理障[2]。此间有个诀窍。"曰："请问如何？"曰："只是致知。"曰："如何致[3]？"曰："尔那一点良知，是尔自家底准则。尔意念着处，他是便知是，非便知非，更瞒他一些不得。尔只不要欺他，实实落落依着他做去，善便存，恶便去。他这里何等稳当快乐。此便是格物的真诀，致知的实功。若不靠着这些真机，如何去格物？我亦近年体贴出来如此分明，初犹疑只依他恐有不足，精细看无些小欠缺。"（《王阳明全集·语录三》卷三）

[1] 此为王阳明的弟子陈九川与先生的答阅录。陈九川，明中期理学家。
[2] 障：遮蔽。
[3] 致：达到；推极；行。

问"知行合一"。先生曰："此须识我立言宗旨。今人学问，只因知行分作两件，故有一念发动[1]，虽是不善，然却未曾行，便不去禁止。我今说个'知行合一'正要人晓得一念发动处，便即是行了。发动处有不善，就将这不善的念克倒了，须要彻根彻底，不使那一念不善潜伏在胸中。此是我立言宗旨。"（《王阳明全集·语录三》卷三）

[1] 一念：一个念头。

先生曰："良知是造化的精灵[1]。这些精灵，生天生地，成鬼成帝，皆从此出，真是与物无对[2]。人若复得他完完全全，无少亏欠，自不觉手舞足蹈，不知天地间更有何乐可代。"（《王阳明全集·语录三》卷三）

[1] 造化：自然界。精灵：精神、灵明。
[2] 无对：无对立。

朱本思问[1]："人有虚灵[2]，方有良知。若草木瓦石之类，亦有良知否？"先生曰："人的良知，就是草木瓦石的良知。若草木瓦石无人的良知，不可以为草木瓦石矣。岂惟草木瓦石为然？天地无人的良知，亦不可为天地矣。盖天地万物与人原是一体，其发窍之最精处，是人心一点灵明。风雨露雷，日月星辰，禽兽草木，山川土石，与人原只一体。故五谷禽兽之类皆可以养人，药石之类皆可以疗疾。只为同此一气，故能相通耳。"（《王阳明全集·语录三》卷三）

[1] 朱本思：王守仁弟子，名得之。
[2] 虚灵：灵明。

先生游南镇，一友指岩中花树问曰："天下无心外之物，如此花树，在深山中自开自落，于我心亦何相关？"先生曰："你未看此花时，此花与汝心同归于寂[1]。你来看此花时，则此花颜色一时明白起来。便知此花不在你的心外。"（《王阳明全集·语录三》卷三）

[1] 寂：寂静。

丁亥年九月，先生起复，征思田[1]，将命行时，德洪与汝中论学[2]。汝中举先生教言，曰："无善无恶是心之体，有善有恶是意之动，知善知恶是良知，为善去恶是格物。"德洪曰："此意如何？"汝中曰："此恐未是究竟话头。若说心体是无善无恶，意亦是无善无恶的意，知亦是无善无恶的知，物亦是无善无恶的物矣。若说意有善恶，毕竟心体还有善恶在。"德洪曰："心体是天命之性，原是无善无恶的。但人有习心，意念上见有善恶在，格、致、诚、正、修，此正是复那性体功夫。若原无善恶，功夫亦不消说矣。"是夕侍坐天泉桥，各举请正。先生曰："我今将行，正要你们来讲破此意。二君之见正好相资为用，不可各执一边。我这里接人原有此二种：利根之人[3]，直从本原上悟入。人心本体原是明莹无滞的，原是个未发之中。利根之人一悟本体，即是功夫，人己内外，一齐俱透了。其次不免有习心在，本体受蔽，故且教在意念上实落为善去恶。功夫熟后，渣滓去得尽时，本体亦明尽了。汝中之见，是我这里接利根人的；德洪之见，是我这里为其次立法的。二君相取为用，则中人上下皆可引入于道。若各执一边，跟前便有失人，便于道体各有未尽。"既而曰："已后与朋友讲学，切不可失了我的宗旨：无善无恶是心之体，有善有恶是意之动，知善知恶是良知，为善去恶是格物。只依我这话头随人指点，自没病痛。此原是彻上彻下功夫。利根之人，世亦难遇，本体功夫，一悟尽透。此颜子、明道所不敢承当。岂可轻易望人！人有习心，不教他在良知上实用为善去恶功夫，只去悬空想个本体，一切事为俱不着实，不过养成一个虚寂。此个病痛不是小小，不可不早说破。"是日德洪、汝中俱有省。（《王阳明全集·语录三》卷三）

[1] 思田：思恩和田州。

[2] 德洪：指钱宽，字德洪，号绪山。汝中：指王畿，字汝中，号龙溪。俱是王守仁弟子。

[3] 利根：佛教用语，指根性智慧。这里指天生聪明之人。

问："人心与物同体，如[1]吾身原是血气流通的，所以谓之同体。若于人便异体了，禽兽草木益远矣，而何谓之同体？"先生曰："你只在感应之几上看，岂但禽兽草木，虽天地也与我同体的，鬼神也与我同体的。"请问。先生曰："你看这个天地中间，甚么是天地的心？"对曰："尝闻人是天地的心。"曰："人又甚么教做心？"对曰："只是一个灵明。""可知充天塞地中间，只有这个灵明，人只为形体自间隔了。我的灵明，便是天地鬼神的主宰。天没有我的灵明，谁去仰他高？地没有我的灵明，谁去俯他深？鬼神没有我的灵明，谁去辩他吉凶灾祥？天地鬼神万物离却我的灵明，便没有天地鬼神万物了。我的灵明离却天地鬼神万物，亦没有我的灵明。如此，便是一气流通的，如何与他间隔得！"又问："天地鬼神万物，千古见在，何没了我的灵明，便俱无了？"曰："今看死的人，他这些精灵游散了，他的天地鬼神万物尚在何

处?"（《王阳明全集·语录三》卷三）

[1] 如：例如。

大学问[1]

大学者，昔儒以为大人之学矣。敢问：大人之学，何以在于"明明德"乎？

阳明子曰："大人者，以天地万物为一体者也。其视天下犹一家，中国犹一人焉。若夫间形骸而分尔我者，小人矣。大人之能以天地万物为一体也，非意之也，其心之仁本若是，其与天地万物而为一也。岂惟大人，虽小人之心亦莫不然，彼顾自小之耳。是故见孺子之入井，而必有怵惕恻隐之心焉，是其仁之与孺子而为一体也；孺子犹同类者也，见鸟兽之哀鸣觳觫，而必有不忍之心，是其仁之与鸟兽而为一体也；鸟兽犹有知觉者也，见草木之摧折，而必有悯恤之心焉，是其仁之与草木而为一体也；草木犹有生意者也，见瓦石之毁坏，而必有顾惜之心焉，是其仁之与瓦石而为一体也：是其一体之仁也，虽小人之心亦必有之[2]。是乃根于天命之性，而自然灵昭不昧者也，是故谓之"明德"。小人之心既已分隔隘陋矣，而其一体之仁犹能不昧若此者，是其未动于欲，而未蔽于私之时也。及其动于欲，蔽于私，而利害相攻，忿怒相激，则将戕物圮类[3]，无所不为，其甚至有骨肉相残者，而一体之仁亡矣。是故苟无私欲之蔽，则虽小人之心，而其一体之仁犹大人也；一有私欲之蔽，则虽大人之心，而其分隔隘陋犹小人矣。故夫为大人之学者，亦惟去其私欲之蔽，以自明其明德，复其天地万物一体之本然而已耳。非能于本体之外，而有所增益之也。"

[1] 大学问：王阳明以问答的形式阐发《大学》思想。
[2] 怵惕：警惕恐惧。恻隐：同情。觳觫：恐惧发抖。顾惜：爱惜。
[3] 戕：残害。圮：毁坏。

曰：然则何以在"亲民"乎？

曰：明明德者，立其天地万物一体之体也。亲民者[4]，达其天地万物一体之用也。故明明德必在于亲民，而亲民乃所以明其明德也。是故亲吾之父，以及人之父，以及天下人之父，而后吾之仁实与吾之父、人之父与天下人之父而为一体矣；实与之为一体，而后孝之明德始明矣！亲吾之兄，以及人之兄，以及天下人之兄，而后吾之仁实与吾之兄、人之兄与天下人之兄而为一体矣；实与之为一体，而后弟之明德始明矣[5]！君臣也，夫妇也，朋友也，以至于山川鬼神鸟兽草木也，莫不实有以亲之，以达吾一体之仁，然后吾之明德始无不明，而真能以天地万物为一体矣。夫是之谓明明德于天下，是之谓家齐国治而天下平，是之谓尽性。

[4] 亲：亲近，和睦。
[5] 弟：通"悌"，指对兄长恭敬有礼。

曰：然则又乌在其为"止至善"乎？

曰：至善者，明德、亲民之极则也[6]。天命之性，粹然至善，其灵昭不昧者[6]，此其至善之发见，是乃明德之本体，而即所谓良知者也。至善之发见，是而是焉，非而非焉，轻重厚薄，随感随应，变动不居，而亦莫不自有天然之中，是乃民彝物则之极[7]，而不容少有议拟增损于其间也。少有议拟增损于其间，则是私意小智，而非至善之谓矣。自非慎独之至[8]，惟精惟一者，其孰能与于此乎？后之人惟其不知至善之在吾心，而用其私智以揣摸测度于其外，以为事事物物各有定理也，是以昧其是非之则，支离决裂，人欲肆而天理亡[9]，明德、亲民之学遂大乱于天下。盖昔之人固有欲明其明德者矣，然惟不知止于至善，而骛其私心于过高，是以失之虚罔空寂，而无有乎家国天下之施，则二氏之流是矣[10]。固有欲亲其民者矣，然惟不知止于至善，而溺其私心于卑琐，是以失之权谋智术，而无有乎仁爱恻怛之诚，则五伯功利之徒是矣[11]。是皆不知止于至善之过也。故止至善之于明德、亲民也，犹之规矩之于方圆也，尺度之于长短也，权衡之于轻重也。故方圆而不止于规矩，爽其则矣；长短而不止于尺度，乘其剂矣；轻重而不止于权衡，失其准矣；明明德、亲民而不止于至善，亡其本矣[12]。故止于至善以亲民，而明其明德，是之谓大人之学。

[6] 极则：最高的原则。灵昭：清楚明白。
[7] 民彝物则：百姓的常规，事物的常则。
[8] 慎独：在独处时谨慎小心。
[9] 肆：毫无顾忌。
[10] 骛：追求，谋求。二氏：指佛道二家。
[11] 卑琐：微末琐碎。恻怛：悲悯。五伯：指中国春秋时期的"五霸"。
[12] 爽：失。乘：当做"乖"，违背。剂：剂量。

曰："知止而后有定，定而后能静，静而后能安，安而后能虑，虑而后能得"，其说何也？

曰：人惟不知至善之在吾心，而求之于其外，以为事事物物皆有定理也，而求至善于事事物物之中，是以支离决裂，错杂纷纭，而莫知有一定之向。今焉既知至善之在吾心，而不假于外求，则志有定向，而无支离决裂、错杂纷纭之患矣。无支离决裂、错杂纷纭之患[13]，则心不妄动而能静矣。心不妄动而能静，则其日用之间，从容闲暇而能安矣。能安，则凡一念之发，一事之感，其为至善乎？其非至善乎？吾心之良知自有以详审精察之，而能虑矣。能虑则择之无不精，处之无不当，而至善于是乎可得矣。

[13] 患：弊病。

曰："物有本末"：先儒以明德为本，新民为末，两物而内外相对也。"事有终始"：先儒以知止为始，能得为终，一事而首尾相因也。如子之说，以新民为亲民，则本末之说亦有所未然欤？

曰：终始之说，大略是矣[14]。即以新民为亲民，而曰明德为本，亲民为末，其说亦未尝不可，但不当分本末为两物耳。夫木之干谓之本，木之梢谓之末，惟其一物也，是以谓之本末。若曰两物，则既为两物矣，又何可以言本末乎？新民之意，既与亲民不同，则明德之功，自与新民为二。若知明明德以亲其民，而亲民以明其明德，则明德亲民焉可析而为两乎[15]？先儒之说，是盖不知明德亲民之本为一事，而认以为两事，是以虽知本末之当为一物，而亦不得不分为两物也。

[14] 大略：大概。
[15] 析：分开。

曰：古之欲明明德于天下者，以至于先修其身，以吾子明德亲民之说通之，亦既可得而知矣。敢问欲修其身，以至于致知在格物，其工夫次第又何如其用力欤[16]？

[16] 次第：依次。

曰：此正详言明德、亲民、止至善之功也。盖身、心、意、知、物者，是其工夫所用之条理，虽亦各有其所，而其实只是一物。格、致、诚、正、修者，是其条理所用之工夫，虽亦皆有其名，而其实只是一事。何谓身心之形体？运用之谓也。何谓心身之灵明？主宰之谓也。何谓修身？为善而去恶之谓也。吾身自能为善而去恶乎？必其灵明主宰者欲为善而去恶，然后其形体运用者始能为善而去恶也。故欲修其身者，必在于先正其心也。然心之本体则性也。性无不善，则心之本体本无不正也。何从而用其正之之功乎？盖心之本体本无不正，自其意念发动而后有不正。故欲正其心者，必就其意念之所发而正之，凡其发一念而善也，好之真如好好色；发一念而恶也，恶之真如恶恶臭：则意无不诚，而心可正矣。然意之所发，有善有恶，不有以明其善恶之分，亦将真妄错杂，虽欲诚之，不可得而诚矣。故欲诚其意者，必在于致知焉。致者，至也，如云"丧致乎哀"之"致"。《易》言"知至至之"，"知至"者，知也，"至之"者，致也。"致知"云者，非若后儒所谓充扩其知识之谓也，致吾心之良知焉耳。良知者，孟子所谓"是非之心，人皆有之"者也。是非之心，不待虑而知，不待学而能，是故谓之良知。是乃天命之性，吾心之本体，自然灵昭明觉者也。凡意念之发，吾心之良知无有不自知者。其善欤[17]，惟吾心之良知自知之；其不善欤，亦惟吾心之良知自知之；是皆无所与于他人者也。故虽小人之为不善，既已无所不至，然其见君子，则必厌然掩其不善，而著其善者[18]，是亦可以见其良知之有不容于自昧者也。今欲别善恶以诚其意，惟在致其良知之所知焉尔。何则？意念之发，吾心之良知既知其为善矣，使其不能诚有以好之，而复背而去之，则是以善为恶，而自昧其知善之良知矣[19]。意念之所发，吾之良知既知其为不善矣，使其不能诚有以恶之，而复蹈而为之[20]，则是以恶为善，而自昧其知恶之良知矣。若是，则虽曰知之，犹不知也，意其可得而诚乎！今于良知所知之善恶者，无不诚好而诚恶之，则不自欺其良知而意可诚也已。然欲致其良知，亦岂影响恍惚而悬空无实之谓乎？是必实有其事矣。故致知必在于格物。物者，事也，凡意之所发必有其事，意所在之事谓之物。格者，正也，正其不正以归于正之谓也。正其不正者，去恶之谓也。归于正者，为善之谓也。夫是之谓格。《书》言"格于上下"、"格于文祖"、"格其非心"，格物之格实兼其义也[21]。良知所知之善，虽诚欲好之矣，苟不即其意之所在之物而实有以为之，则是物有未格，而好之之意犹为未诚也。良知所知之恶，虽诚欲恶之矣，苟不即其意之所在之物而实有以去之，则是物有未格，而恶之之意犹为未诚也。今焉于其良知所知之善者，即其意之所在之物而实为之，无有乎不尽。于其良知所知之恶者，即其意之所在之物而实去之，无有乎不尽。然后物无不格，而吾良知之所知者，无有亏缺障蔽，而得以极其至矣。夫然后吾心快然无复有余憾而自慊矣[22]，夫然后意之所发者，始无自欺而可以谓之诚矣。故曰："物格而后知至，知至而后意诚，意诚而后心正，心正而后身修。"盖其功夫条理虽有先后次序之可言，而其体之惟一，实无先后次序之可分。其条理功夫虽无先后次序之可分，而其用之惟精，固有纤毫不可得而缺焉者。此格致诚正之说，所以阐尧舜之正传而为孔氏之心印也[23]。

[17] 欤：语气助词。

[18] 厌然：消沮闭藏之貌。著：宣著。

[19] 背：背离。昧：隐藏。

[20] 蹈：遵循。

[21] 格于上下：见于《尚书·尧典》，上下至于天地。格于文祖：见于《尚书·舜典》，至于文祖之庙。格：至于，到。格其非心：见于《尚书·冏命》，心有妄做，则格正之。格：正。

[22] 快然：喜悦貌。自慊：自足，自快。

[23] 阐：阐发。正传：正统的传授。孔氏：孔子。心印：古圣与今人以心印证符合的思想。

德洪曰：《〈大学〉问》者，师门之教典也[24]。学者初及门，必先以此意授，使人闻言之下即得此心之知，无出于民彝物则之中，致知之功，不外乎修齐治平之内。学者果能实地用功，一番听受，一番亲切。师常曰："吾此意思有能直下承当，只此修为，直造圣域[25]。参之经典，无不吻合，不必求之多闻多识之中也。"门人有请录成书者。曰："此须诸君口口相传，若笔之于书，使人作一文字看过，无益矣。"嘉靖丁亥八月，师起征思、田，将发，门人复请。师许之。录既就，以书贻洪曰："《大学或问》数条，非不愿共学之士尽闻斯义，顾恐藉寇兵而赍盗粮，是以未欲轻出[26]。"盖当时尚有持异说以混正学者，师故云然。师既没，音容日远，吾党各以己见立说。学者稍见本体，即好为径超顿悟之说，无复有省身克己之功。谓"一见本体，超圣可以跂足[27]"，视师门诚意格物、为善去恶之旨，皆相鄙以为第二义。简略事为，言行无顾，甚者荡灭礼教，犹自以为得圣门之最上乘。噫！亦已过矣。自便径约，而不知已沦入佛氏寂灭之教，莫之觉也。古人立言，不过为学者示下学之功，而上达之机，待人自悟而有得，言语知解，非所及也。《大学》之教，自孟氏而后，不得其传者几千年矣。赖良知之明，千载一日，复大明于今日。兹未及一传，而纷错若此，又何望于后世耶？是篇邹子谦之尝附刻于《大学》古本，兹收录《续编》之首。使学者开卷读之，思吾师之教平易切实，而圣智神化之机固已跃然，不必更为别说，匪徒惑人，只以自误，无益也。（《王阳明全集·续编一》卷二十六）

[24] 教典：教义。

[25] 造：到。

[26] 藉：同"借"。赉：把东西送人。

[27] 跂足：举足。比喻时间短。

王夫之著作

王夫之（1619—1692 年），明末清初著名的思想家。字而农，号姜斋，湖南衡阳人。晚年隐居衡阳石船山麓，后人称其为"船山先生"。

王夫之的著作经后人编为《船山遗书》，其主要哲学著作有《周易外传》《尚书引义》《读四书大全说》《张子正蒙注》等。

王夫之处于明末清初的动荡时局之中，总结了明朝灭亡的教训，对整个传统文化进行了总结与批判。他认为佛道二教追求寂灭和成仙，败坏人伦。同时他清理了宋明理学的思想遗产，"推故而别致其新"，创立了朴素唯物论与辩证法相统一的思想体系。他的思想在当时没有产生重大影响。到了近代，他的思想成为启蒙思潮的重要思想资源。

周易外传[1]（节选）

"谓之"者，从其谓而立之名也[2]。"上下"者，初无定界，从乎所拟议而施之谓也[3]。然则上下无殊畛，而道器无易体[4]，明矣。天下惟器而已矣。道者器之道，器者不可谓之道之器也。

[1]《周易外传》是王夫之关于《周易》研究的第一部著作，他以传注的形式对《周易》体系做了改造，并阐发了《周易》中所包含的唯物主义和辩证法思想。

[2]"谓之"：指《周易·系辞上》中"形而上者谓之道"的"谓之"。从：根据。谓：说，称谓。名：名称。

[3]"上下"：指"形而上"与"形而下"的"上"与"下"。初：开始，本来。拟议：拟度议论。

[4] 畛：界限。道：规律。器：具体器物。

无其道则无其器，人类能言之[5]。虽然，苟有其器矣，岂患无道哉？君子之所不知，而圣人知之；圣人之所不能，而匹夫匹妇能之。人或昧于其道者，其器不成，不成非无器也。

[5] 类：一般。

无其器则无其道，人鲜能言之，而固其诚然者也。洪荒无揖让之道，唐、虞无吊伐之道[6]，汉、唐无今日之道，则今日无他年之道者多矣。未有弓矢而无射道，未有车马而无御道，未有牢醴璧币[7]、钟磬管弦而无礼乐之道。则未有子而无父道，未有弟而无兄道，道之可有而且无者多矣。故无其器则无其道，诚然之言也。而人特未之察耳[8]。

[6] 吊伐：慰问百姓，讨伐有罪。
[7] 牢醴：祭祀用的三牲和酒。
[8] 特：只是。

故古之圣人能治器[9]，而不能治道。治器者则谓之道，道得则谓之德，器成则谓之行，器用之广则谓之变通。器效之著则谓之事业[10]。

[9] 治：治理，创造。
[10] 效：成效，效果。著：显著。

故《易》有象，象者像器者也；卦有爻，爻者效器者也；爻有辞，辞者辨器者也[11]。故圣人者，善治器而已矣。自其治而言之，而上之名立焉。上之名立[12]，而下之名亦立焉。上下皆名也，非有涯量之可别者也[13]。

[11] 效器：仿效治器。辨器：辨别事物的吉凶悔吝。
[12] 上之名：指道。
[13] 涯量：界限。

形而上者，非无形之谓[14]。既有形矣！有形而后有形而上。无形之上[15]，亘古今，通万变，穷天穷地，穷人穷物，皆所未有者也。故曰："惟圣人然后可以践形[16]"，践其下，非践其上也。

[14] 非无形之谓：不是脱离形器而存在。
[15] 无形之上：脱离形器的形而上。
[16] 践：践行。

故聪明者耳目也，睿知者心思也，仁者人也，义者事也，中和者礼乐也，大公至正者刑赏也，利用者水火金木也，厚生者谷蓏丝麻也[17]，正德者君臣父子也。如其舍此而求诸未有器之先，亘古今，通万变，穷天穷地，穷人穷物，而不能为之名，而况得有其实乎？

[17] 蓏：音裸，瓜类果实的统称。

老氏瞀于此，而曰道在虚。虚亦器之虚也。释氏瞀于此，而曰道在寂。寂亦器之寂也[18]。淫词炙辇，而不能离乎器，然且标离器之名以自神，将谁欺乎[19]？

[18] 老氏，指老子。瞀：音貌，眼睛昏花。释氏，指佛教。
[19] 炙：烤。辇：古代车上盛润滑油的器具。标：标记。

器而后有形，形而后有上。无形无下，人所言也。无形无上，显然易见之理，而邪说者淫曼以衍之而不知惭[20]。则君子之所深鉴其愚而恶其妄也。

[20] 淫曼，过分延长。衍：推广，发挥。

故"作者之谓圣"，作器也；"述者之谓明"，述器也。"神而明之，存乎其人"，神明其器也。识其品式[21]，辨其条理，善其用，定其体，则默而成之，不言而信。（皆有）成器（之）在心而据之为德也[22]。

[21] 品式：品种，形式。
[22] 成器在心：也有加"皆有"与"之"字。心中有成器的计划。据：根据。

呜乎！君子之道，尽夫器而已矣。辞，所以显器而鼓天下之动，使勉于治器也[23]。王弼曰："筌非鱼，蹄非兔。"愚哉，其言之乎！筌、蹄一器也，鱼兔一器也，两器不相为通，故可以相致，而可以相合[24]。形而上者谓之道，形而下者谓之器，统之乎一形，非以相致而何容相舍乎？"得言忘象，得意忘言"，以辨虞翻之固陋则可矣[25]，而于道则愈远矣。（《周易外传·系辞上传第十二章》卷五）

[23] 尽夫器：穷尽具体事物。勉：勉励。
[24] 致：招引。合：有的作"舍"，离开。
[25] 虞翻：三国时人，以象数解释《周易》，非常烦琐。

尚书引义[1]（节选）

太甲二

习与性成者，习成而性与成也[2]。使性而无弗义[3]，则不受不义；不受不义，则习成而性终不成也。使性而有不义，则善与不善，性皆实有之；有善与不善而皆性气禀之有，不可谓天命之无[4]。气者天气，禀者禀于天也。故言性者，户[5]异其说。今言习与性成，可以得所折中矣。

[1]《尚书引义》是王夫之引申古文《尚书》之义，"借题发挥"他自己的哲学、政治思想的重要著作之一。他借《尧典》等批判了明代政治，在攻击佛老陆王之学之中阐发了唯物主义哲学思想。

[2] 习：习惯。性：人性。成：后天形成。

[3] 使：假使。弗：不。

[4] 实有：实际存有。天命之无：天命也有善与不善。

[5] 户：指各个学派。

夫性者生理也，日生则日成也。则夫天命者，岂但初生之顷[6]命之哉？但初生之顷命之，是持一物而予之于一日，俾牢持终身以不失[7]。天且有心以劳劳于给与[8]；而人之受之，一受其成形而无可损益矣。

[6] 顷：极短的时间。

[7] 俾：使。牢持：牢固保持。

[8] 天且有心以劳劳于给与：天尚且有劳作之心，对人的授予就是天的劳作。

夫天之生物，其化不息。初生之顷，非无所命也。何以知其有所命？无所命，则仁、义、礼、智无其根也。幼而少，少而壮，壮而老，亦非无所命也。何以知其有所命？不更有所命，则年逝而性亦日忘也[9]。

[9] 更：再。

形化者化醇也[10]，气化者化生也。二气之运，五行之实，始以为胎孕，后以为长养，取精用物，一受于天产地产之精英，无以异也[11]。形日以养，气日以滋，理日以成；方生而受之，一日生而一日受之。受之者有所自授[12]，岂非天哉？故天日命于人，而人日受命于天。故曰性者生也，日生而日成之也。

[10] 醇：精醇。

[11] 二气：指阴阳二气。五行：金木水火土。精英：精华。

[12] 所自授：即授予者。

夫所取之精，所用之物者，何也？二气之运，五行之实也。二气之运，五行之实，足以为长养，犹其足以为胎孕者，何也？皆理之所成也。阴阳之化，运之也微，成之也著。小而滴水粒粟，乍闻忽见之物，不能破而析之以画阴阳之畛，斯皆有所翕合焉[13]。阴为体而不害其有阳，阳为用而不悖其有阴；斯皆有所分剂焉。川流而不息，均平专一而歆合[14]。二殊五实之妙，翕合分剂于一阴一阳者，举凡口得之成味，目得之成色，耳得之成声，心得之成理者皆是也。是人之自幼讫老，无一日而非此以生者也，而可不谓之性哉？

[13] 翕合：结合，协调一致。
[14] 分剂：分量配置适当。歆：喜悦。

生之初，人未有权也[15]，不能自取而自用也。惟天所授，则皆其纯粹以精者矣。天用其化以与人，则固谓之命矣。已生以后，人既有权也，能自取而自用也。自取自用，则因乎习之所贯，为其情之所歆，于是而纯疵莫择矣[16]。

[15] 权：主动权。
[16] 贯：习惯。纯疵：纯粹与瑕疵。

乃其所取者与所用者，非他取别用，而于二殊五实之外亦无所取用，一禀受于天地之施生，则又可不谓之命哉？天命之谓性，命日受则性日生矣。目日生视，耳日生听，心日生思。形受以为器[17]，气受以为充，理受以为德。取之多，用之宏而壮；取之纯，用之粹而善；取之驳，用之杂而恶；不知其所自生而生。是以君子自强不息，日乾夕惕[18]，而择之、守之，以养性也。于是有生以后，日生之性益善而无有恶焉。

[17] 器：器官。
[18] 乾：进取。惕：警惕。

若夫二气之施不齐，五行之滞于器，不善用之则成乎疵者，人日与媮昵苟合，据之以为不释之欲，则与之浸淫披靡[19]，以与性相成，而性亦成乎不义矣。

[19] 媮：通"愉"，愉快。昵：亲昵。释：放下。浸淫披靡：逐渐败坏。

然则"狃于弗顺"之日，太甲之性非其降衷之旧；"克念允德"之时，太甲之性又失其不义之成[20]。惟命之不穷也而靡常[21]，故性屡移而异。抑惟理之本正也而无固有之疵，故善来复而无难。未成可成，已成可革。性也者，岂一受成形，不受损益也哉？故君子之养性，行所无事，而非听其自然，斯以择善必精，执中必固，无敢驰驱而戏渝已[22]。……

[20] 狎：近。降衷：降下的善。克念允德：能思念其祖，终其信德。

[21] 靡常：没有一定规律。

[22] 驰驱：放纵。戏：玩耍。渝：通"愉"，安乐。已：停止。

周子曰[23]："诚无为。"无为者诚也，诚者无不善也，故孟子以谓性善也。诚者无为也，无为而足以成，成于几也[24]。几，善恶也，故孔子以谓可移也。

有在人之几，有在天之几。成之者性，天之几也。初生之造，生后之积，俱有之也。取精用物而性与成焉，人之几也。初生所无，少壮日增也。苟明乎此，则父母未生以前，今日是已；太极未分以前，目前是已。悬一性于初生之顷，为一成不易之形，揣之曰："无善无不善"也，"有善有不善"也，"可以为善可以为不善"也。呜呼！岂不妄与！（《尚书引义·太甲二》卷三）

[23] 周子：指周敦颐。

[24] 几：事物内部微妙的道理。

说命中二（节选）

且夫知也者，固以行为功者也。行也者，不以知为功者也[1]。行焉可以得知之效也；知焉未可以得行之效也。将为格物穷理之学，抑必勉勉孜孜[2]，而后择之精，语之详，是知必以行为功也。行于君民、亲友、喜怒、哀乐之间，得而信，失而疑，道乃益明，是行可有知之效也。其力行也，得不以为歆，失不以为恤。志壹动气，惟无审虑却顾，而后德可据，是行不以知为功也[3]。冥心而思，观物而辨，时未至，理未协，情未感，力未赡，俟之他日而行乃为功，是知不得有行之效也[4]。行可兼[5]知，而知不可兼行，下学而上达，岂达焉而始学乎？君子之学，未尝离行以为知也必矣。

[1] 功：功效。

[2] 抑：于是，就。

[3] 歆：喜悦。恤：忧虑。志：意志。审虑：仔细考虑，指犹豫不决。却顾：回转头看，指反复考虑。据：据守。

[4] 协：合，共同。赡：充足。

[5] 兼：合并。

离行以为知，其卑者，则训诂之末流，无异于词章之玩物而加陋焉；其高者，瞑目据梧[6]，消心而绝物，得者或得，而失者遂叛道以流于恍惚之中。异学之贼道也，正在于此。而不但异学为然也，浮屠之参悟者此耳。抑不但浮屠为然也，黄冠之炼已沐浴，求透帘幕之光者亦此耳[7]。皆先知后行，划然离行以为知者也。而为之辞曰"知行合一"，吾滋惧矣：惧夫沉溺于行墨者之徒为异学哂也[8]；尤惧夫浮游于惝怳者之偕异学以迷也[8]。"行之惟艰"，先难者尚知所先哉！（《尚书引义·说命中二》卷三）

[6] 瞑目据梧：指靠着梧桐木的案几闭目静坐。《庄子·德充符》中说，惠施"倚树而吟，据槁梧而瞑"。

[7] 浮屠：指佛教僧人。黄冠：道士戴的帽子，这里指道士。炼己：道教认为人的精气可以炼成内丹，把炼内丹成仙的功夫叫做炼己。沐浴：炼内丹的方法，即心身净化称为沐浴。透帘幕之光：透过帘幕能看万里之外。

[8] 滋：引起。沉溺于行墨者之徒：指朱门后学。哂：讥笑。浮游于惝怳者：指陆、王之徒。

召诰无逸[1]

《易》曰："拟之而后言，议之而后动[2]。"言者，动之法也。拟以言，非浮明之可以言而即言；则如其言之议以动，非凿智之可以动而为动[3]，道（之）所以定，学之所以正也。

[1]《尚书》有《诏诰》《无逸》两篇。《无逸》中有"君子所其无逸"，《召诰》中有"王敬作所不可不敬德"之文。

[2] 拟：考虑。议：议论。

[3] 浮明：缺乏真实感受的认识。凿智：牵强附会的智巧。

夫言者因其故也，故者顺其利也[4]。舍其故而趋其新，背其利用而诡于实，浮明之言兴而凿智之动起。庄生曰"言隐于荣华"，君子有取焉。后世喜为纤妙之说[5]，陷于佛、老以乱君子之学，皆荣华之言，巧摘字句，以叛性情之固然者，可弗谨哉！

[4] 故：本来之义。顺：因顺。

[5] 取：可取之处。纤妙：微妙。

《书》云，"所其无逸"，言勿逸其所不可逸者也，而东莱吕氏为之释曰："君以无逸为所。"[6]蔡氏喜其说之巧，因屈《召诰》"作所不可不敬德"之文，破句以附会之，曰"王敬作所"；浮明惝怳[7]，可以为言而言之，背其故，违其利，饰其荣华，使趋新者诧为独得，古之人则已末如之何而惟其所诂；后之人遂将信为心法而背道以驰。夫君子言之而以动，必其诚然者而后允得所从，如之何弗谨而疾入异端邪？

[6] 言勿逸其所不可逸者也：说的是不要安于他所不应当的安逸。东莱吕氏：指南宋吕祖谦，当时学者称其为东莱先生。君以无逸为所：意为君子把无逸作为客体来对待，而

不是自身所具有的能力。

[7] 蔡氏：指南宋蔡沈。屈：指蔡沈解释《召诰》之文使符合自己的意思。破句：不该断句的地方读断。王敬作所：王能以敬为所，意为王把敬作为可以实现的客体对待。惝怳：音敞谎，模糊，没有根据。

今以谓"敬"与"无逸"之不可作所，实与名两相称也[8]。乃如曰"敬"与"无逸"之可为所[9]，名之不得其实也。此亦晓然而易知者也。不得其实，且[10]使有实，凿智足以成之，终古而不利用，用之不利，道何所定而学将奚以致功哉？

[8] 实：实际。名：名称，概念。
[9] 乃如：至于。
[10] 且：假如。

何以明其然也？天下无定所也[11]，吾之于天下，无定所也。立一界以为"所"，前未之闻，自释氏昉也[12]。境之俟用者曰"所"，用之加乎境而有功者曰"能"[13]。"能""所"之分，夫固有之，释氏为分授之名，亦非诬也。乃以俟用者为"所"，则必实有其体；以用乎俟用而以可有功者为"能"，则必实有其用。体俟用，则因"所"以发"能"；用，用乎体，则"能"必副其"所"；体用一依其实，不背其故，而名实各相称矣。

[11] 定：固定。
[12] 昉：开始。
[13] 境之俟用者曰"所"：外境等待主体作用的称为"所"。用之加乎境而有功者曰"能"：主体作用于外境而获得功效的称为"能"。

乃释氏以有为幻，以无为实，"惟心惟识"之说，抑矛盾自攻不足以立。于是诡其词曰："空我执而无能，空法执而无所[14]。"然而以心合道[15]，其有"能"有"所"也，则又固然而不容昧。是故其说又不足以立，则抑"能"其"所"[16]，"所"其"能"，消"所"以入"能"，而谓"能"为"所"，以立其说，说斯立矣。故释氏凡三变，而以"能"为"所"之说成。而吕、蔡何是之从也？"敬"、"无逸"，"能"也，非"所"也明甚，而以为"所"，岂非释氏之言乎？

[14] 空：虚幻。我执：执着于我身为实有。法执：执着于客观事物为实有。
[15] 以心合道：用心认识道。
[16] 抑：或，又。

《书》之云"敬"，则心之能正者也；其曰"无逸"，则身之能修者也。能正非所正，能修非所修，明矣。今乃"所"其所"能"，抑且"能"其所"所"，不拟而言，使人寓心于无依无据之地，以无著无住为安心之性境，以随顺物化为遍行之法位，言之巧而荣华可玩，其背道也，且以毁彝伦而有余矣[17]。

[17] 抑且：或者。无著无住：心不执着于外境。法位：真如为诸法安住之位，故名法位。彝伦：常理。

夫"能"、"所"之异其名，释氏著之，实非释氏昉之也。其所谓"能"者即用也，所谓"所"者即体也，汉儒之已言者也。所谓"能"者即思也，所谓"所"者即位也，《大易》之已言者也。所谓"能"者即己也，所谓"所"者即物也，《中庸》之已言者也。所谓"能"者，人之弘道者也，所谓"所"者，道之非能弘人者也，孔子之已言者也。援实定名而莫之能易矣。阴阳，所也；变合，能也。仁知，能也；山水，所也。中和，能也；礼乐，所也。

今曰"以敬作所"，抑曰"以无逸作所"，天下固无有"所"，而惟吾心之能作者为"所"，吾心之能作者为"所"，则吾心未作，而天下本无有"所"，是民碞之可畏，小民之所依，耳苟未闻，目苟未见，心苟未虑，皆将捐之，谓天下之固无此乎[18]？越有山，而我未至越，不可谓越无山，则不可谓我之至越者为越之山也。惟吾心之能起为天下之所起，惟吾心之能止为天下之所止，即以是凝之为区宇，而守之为依据，三界惟心而心即界，万法惟识而识即法。呜呼！孰谓儒者而有此哉！

[18] 作：兴起，发动。民碞：民心不齐。依：依靠。捐：抛弃。

夫粟所以饱，帛所以煖，礼所以履，乐所以乐，政所以正，刑所以俪，民碞之可畏实有其情，小民之所依诚有其事[19]。不以此为"所"，而以吾心勤敬之几，变动不居，因时而措者，谓之"所"焉，吾不知其以敬以无逸者，将拒物而空有其"所"乎？[20] 抑执一以废百而为之"所"也？执一以废百，拒物而自立其区宇，其勤也墨氏之胼胝也[21]，其敬也庄氏之心斋也。又其下流，则恃己以忘民碞之险阻，而谓"天变不足畏，人言不足恤"，如王安石之以乱宋者矣；堕民依之坊表[22]，而谓"五帝不可师，三王不足法"，如李斯之以亡秦者矣。下流之敝，可胜道乎！

[19] 履：履行。俪：成。
[20] 几：苗头。拒物：不承认物的实存。
[21] 胼胝：手脚磨出老茧。
[22] 堕：毁坏。坊表：牌坊，表率。

如其拒物而空之，则别立一心以治心，如释氏"心王"、"心所"之说[23]，归于莽荡，固莫如叛君父，芟须发，以自居于"意生身"之界[24]，而诧于人曰："吾严净也，敬以为所也；吾精进也，无逸以为所也。"[25] 其祸人心，贼仁义，尤酷矣哉！

[23] 心王：佛教用语。心为意识之主，故曰心王。心所：佛教用语。指所有意识现象。

[24] 莽荡：迂阔，迂远不切实际。固：固陋。芟：割。意生身：佛教用语，又称"意成身"，是说菩萨能变化生死，随意往生。

[25] 严净：异常洁净。精进：精纯无邪念，修行毫不懈怠。

古之君子以动必议者，其议必有所拟；以言必拟者，其拟必从其实[26]。议天下者，言以天下，天下所允也；议吾心者，言以吾心，吾心所允也。所孝者父，不得谓孝为父；所慈者子，不得谓慈为子；所登者山，不得谓登为山；所涉者水，不得谓涉为水；鬼神亦有凭依，犬马亦有品类，惟其允而已矣[27]。天下之所允，吾心之必允也。

[26] 拟：设想，考虑。从其实：顺从实际情况。

[27] 允：诚信，真实。

故朱子不以无逸为"所"者，求诸心而不允也。吕氏之以无逸为鱼之水，鸟之林者，未求诸心而姑允之也。呜呼！斯非可以空言争矣。知心之体，而可为"所"不可为"所"见矣[28]。知身之用，而敬必有所敬，无逸必有所无逸见矣[29]。"修辞立其诚"，诚者天下之所共见共闻者也。非其诚然者而荣华徒耀，佞人之佞[30]，异端之异，为君子儒者如之何其从之。

[28] 见：显露，出现。

[29] 所敬：所敬的客观对象。

[30] 所无逸：所无逸的客观对象。佞：巧言善辩。

夫敬者一，而所敬者非一"所"也[31]。以动之敬敬乎静，则逆亿其不必然者，而搅其心；以静之敬敬乎动，则孤守其无可用者而丧其几[32]。故有所用刚，有所用柔，有所用温，有所用厉，皆敬也。敬无"所"而后无所不敬也。故曰"作所不可不敬之德"，言不可不敬者，择之精而后执之固也。敬其可有常"所"乎？

[31] 一：一个。

[32] 以动之敬敬乎静：以动的敬谨慎对待平静。逆亿：推度。以静之敬敬乎动：以静的敬谨慎地对待动。无可用：无所作为。几：微。

无逸者，则小人之勤劳稼穑，而君子之咸和万民者也[33]。稼穑惟其"能"，弗劝弗省而无勤；咸和惟其"能"，不康不田而无功，皆"能"也[34]。有成"能"，无定"所"也[35]。非然者，衡石程书者[36]，亦无逸也；夜卧警枕，亦无逸也；卫士传餐，亦无逸也；乃至浮屠之不食不寝，求师参访者，皆无逸也。惟立以为"所"，而其

"能"也适以叛道。故曰"所其无逸",言无逸于所（不）当逸者也,其可据无逸以为"所"乎?

[33] 咸:和。咸和:和谐,团结。

[34] 劝:勉励。省:考察。康:安定。田:农业生产。

[35] 有成"能",无定"所":指的是成事的"能"是一样的,而所能的对象并非固定的。

[36] 衡:秤。石:重量计量单位。程:同"呈"。

身有无逸之"能",随时而利用;心有疾敬之"能",素位而敦仁[37]。"所"著于人伦物理之中,"能"取诸耳目心思之用。"所"不在内,故心如太虚,有感而皆应。"能"不在外,故为仁由己,反己而必诚。君子之辨此审矣,而不待辨也。心与道之固然,虽有浮明与其凿智,弗能诬以不然也。

[37] 素位:现在所处的地位。敦仁:仁厚。

汉孔氏曰[38]:"敬为所不可不敬之德。"又曰:"君子之道,所在念德,不可逸豫。"汉无浮屠之乱,儒者守圣言而无荣华之巧,固足尚也。浮屠之说泛滥以淫洗人心,吕、蔡明拒之而不觉为其所引,无拟于心理而言之,将使效之动者,贼道而心生于邪,可惧哉!(《尚书引义·召诰无逸》卷五)

[38] 汉孔氏:汉代孔安国。

读四书大全说（节选）

天下之物无涯,吾之格之也有涯。吾之所知者有量,而及其致之也不复拘于量[1]。颜子闻一知十,格一而致十也。子贡闻一知二,格一而致二也。必待格尽天下之物而后尽知万事之理,既必不可得之数。是以《补传》云,"至于用力之久,而一旦豁然贯通焉",初不云积其所格,而吾之知已无不至也。知至者,"吾心之全体大用无不明"也。则致知者,亦以求尽夫吾心之全体大用,而岂但于物求之哉?孟子曰:"梓匠轮舆[2],能与人规矩,不能使人巧。"规矩者物也,可格者也;巧者非物也,知也,不可格者也。巧固在规矩之中,故曰"致知在格物";规矩之中无巧,则格物、致知亦自为二,而不可偏废矣。(《读四书大全说·大学》卷一)

[1] 格之:即格物。致之:即致知。量:数量。
[2] 梓匠:指木工。轮舆:指造车的人。

圣人有欲，其欲即天之理。天无欲，其理即人之欲。学者有理有欲，理尽则合人之欲，欲推[1]即合天之理。于此可见：人欲之各得，即天理之大同；天理之大同，无人欲之或异。治民有道，此道也；获上有道，此道也；信友有道，此道也；顺亲有道，此道也；诚身有道，此道也。故曰"吾道一以贯之"也。

如此下语，则诸说同异可合，而较程子"有心、无心"之说为明切，可以有功于程子。（愚此解，朴实有味。解此章者，但从此求之，则不堕俗儒，不入异端矣。）[2]（《读四书大全说·论语·里仁篇》卷四）

[1] 推：推广。
[2] 括号内的内容为王夫之自注。

张子正蒙注[1]（节选）

知虚空即气，则有无、隐显，神化性命，通一无二，顾聚散、出入、形不形，能推本所从来，则深于《易》者也。

虚空者，气之量；气弥沦无涯而希微不形，则人见虚空而不见气[2]。凡虚空皆气也，聚则显，显则人谓之有，散则隐，隐则人谓之无。神化者，气之聚散不测之妙，然而有迹可见；性命者，气之健顺[3]有常之理，主持神化而寓于神化之中，无迹可见。若其实，则理在气中，气无非理，气在空中，空无非气，通一而无二者也[4]。其聚而出为人物则形，散而入于太虚则不形，抑必有所从来。盖阴阳者气之二体，动静者气之二几[5]，体同而用异则相感而动，动而成象则静，动静之几，聚散、出入、形不形之从来也。《易》之为道，乾、坤而已，乾六阳以成健，坤六阴以成顺，而阴阳相摩，则生六子以生五十六卦[6]，皆动之不容已者。或聚或散，或出或入，错综变化，要以动静夫阴阳。而阴阳一太极之实体，唯其富有充满于虚空，故变化日新，而六十四卦之吉凶大业生焉。阴阳之消长隐见不可测，而天地人物屈伸往来之故尽于此。知此者，尽《易》之蕴矣。（《张子正蒙注·太和篇》卷一）

[1] 《张子正蒙注》是王夫之对张载的《正蒙》一书作的注解。
[2] 量：容量。弥沦：迷漫，充满。
[3] 健顺：指指阴阳二气刚健、柔顺的性质。
[4] 通一而无二者：贯通一气而无二物。
[5] 二体：二端，指对立的两个方面。二几：两种变化的征兆。
[6] 六子：除去乾坤二卦的其他六卦。五十六卦：指去除八卦后以外的卦。

西方哲学篇

赫拉克利特

赫拉克利特（鼎盛年约为公元前 504—公元前 501），出生于爱非斯王族。据说他把王位让给兄弟，隐居于神庙。著有《论自然》一书，现有残篇留存。

赫拉克利特面对米利都学派关于宇宙的解释框架产生了疑问。米利都学派认为在过去某个时候有某种单一的形态。这种单一形态（如"水"、"气"或"未限定者"等）经历某种演变过程形成世界。赫拉克利特虽然认为火是世界的本原，但并不是以直接解释的方式径直断定本原及其演化过程，而是在一与多、流变与秩序、永恒和变化的关系中把握本原。同时，他也关注了人类如何反映和理解这个世界的问题。

世界是一团不断地转化的活火

（1）这个世界，对于一切存在物都是一样的，它不是任何神所创造的，也不是任何人所创造的；它过去、现在、未来永远是一团永恒的活火，在一定的分寸上燃烧，在一定的分寸上熄灭。

（2）火的转化是：首先化为海，海的一半化为土，另一半化为热风。〔意思是说：火凭着那统治一切的道或神，通过气化为水，水是世界结构的胚胎，他称之为海。从海再产生出地、天以及天地之间的东西。至于以后世界又如何返本归原，如何产生大焚烧，他明白地指出如下：〕它〔指土〕融化为海，而且是遵照着同一个道，在原先海化为土的那个分寸上转化的。

…………

（4）一切转为火，火又转为一切，有如黄金换成货物，货物又换成黄金。

（5）神是昼又是夜，是冬又是夏，是战又是和，是盈又是亏。他流转变化，同火一样，火混合着香料时，就按照各自发出的气味得到不同的名称。

（6）不死者有死，有死者不死：后者死则前者生，前者死则后者生。

（7）我们身上的生和死、醒和梦、少和老始终是同一的。前者转化，就成为后者；后者转化，就成为前者。

（8）冷的变热，热的变冷，湿的变干，干的变湿。

一切都遵循着道

（1）这道虽然万古长存，可是人们在听到它之前，以及刚刚听到它的时候，却对它理解不了。一切都遵循着这个道，然而人们试图像我告诉他们的那样，对某些言语和行为按本性——加以分析，说出它们与道的关系时，却显得毫无经验。另外还有些人则完全不知道自己醒时所做的事情，就像忘了梦中所做的事情一样。

（2）因此应当遵从那个共同的东西。可是道虽然是大家共有的，多数人却自以为是地活着，好像有自己的见解似的。

（3）他们即便听到了它，也不理解它，就像聋子似的。常言道，"在场如不在"，正是他们的写照。

（4）对那片刻不能离的道，对那支配一切的主宰，他们格格不入；对那每天都遇到的东西，他们显得很生疏。

（5）那"一"，那唯一的智慧，既愿意又不愿意接受宙斯这一称号。

（6）法律，也就是服从那唯一者的意志。

（7）如果你们不是听了我的话，而是听了我的道，那么，承认"一切是一"就是智慧的。

（8）道为灵魂所固有，是增长着的。

一切皆流，万物常新

（1）我们不能两次踏进同一条河，〔照赫拉克利特说，也不能两次摸到同一个一模一样的变迁实体，由于变化剧烈、迅速，〕它散又聚，合而又分。

（2）踏进同一条河的人，不断遇到新的水流。灵魂也是从湿气里蒸发出来的。

（3）我们踏进又踏不进同一条河，我们存在又不存在。

（4）太阳每天都是新的，永远不断地更新。

相反者相成

（1）相反的东西结合在一起，不同的音调造成最美的和谐，一切都是通过斗争而产生的。

（2）〔自然也追求对立的东西，它是用对立的东西制造出和谐，而不是用相同的东西，例如将雌雄相配，而不是将雌配雌、将雄配雄；联合相反的东西造成协调，而不是联合一致的东西。艺术也是这样做的，显然是模仿自然。绘画在画面上混合着白色和黑色、黄色和红色的成分，造成酷肖原物的形象。音乐混合音域不同的高音和低音、长音和短音，造成一支和谐的曲调。书法混合元音字母和辅音字母，拼写出完整的字句。在晦涩的哲学家赫拉克利特的话里面，也说出这样的意思：〕结合物是既完整又不完整，既协调又不协调，既和谐又不和谐的，从一切产生出一，从一产生出一切。

（3）在变换中得到休息；伺候同样的主人是疲乏的。

（4）疾病使健康成为愉快，坏事使好事成为愉快，饿使饱成为愉快，疲劳使安息成为愉快。

（5）如果没有不义，人们也就不知道正义的名字。

（6）在圆周上，终点就是起点。

（7）看不见的和谐比看得见的和谐更好。

（8）弓〔βιóς〕与生〔βíoς〕同名，它的作用却是死。

（9）赫西阿德是很多人的老师。他们深信他知道得最多，但他却不认识昼和夜。本来就是一回事嘛！

（10）他们不了解如何相反者相成：对立的统一，如弓和竖琴。

（11）善与恶是一回事。医生们用各种办法割、烧和折磨病人，却向病人索取报酬。他们完全不配得钱，因为他们起着同病一样的作用，就是说，他们办的好事只是加重了病。

（12）压榨器里的直纹和曲纹是同一道纹路。

（13）上坡路和下坡路是同一条路。

凡事都有两面

（1）海水最干净，又最脏：鱼能喝，有营养；人不能喝，有毒。

（2）驴爱草料，不要黄金。

（3）〔猪〕在污泥中取乐。

（4）猪在污泥中洗澡，鸟在灰土中洗澡。

（5）最美的猴子同人类相比也是丑的。

（6）最智慧的人同神相比，无论在智慧、美丽或其他方面，都像一只猴子。

（7）在神看来人是幼稚的，正如在成人看来儿童是幼稚的。

智慧就在于认识真理

（1）思想是最大的优点，智慧就在于说出真理，并且按照自然行事，听自然的话。

（2）思想是人人共有的。

（3）每一个人都能认识自己，都能明智。

（4）如果要想理智地说话，那就必须用这个人人共有的东西武装起来，就像城邦必须用法律武装起来一样，而且要武装得更牢固。然而人的一切法律都是靠那唯一的神圣法律养育的。因为神圣法律从心所欲地统治着，满足一切，战胜一切。

（5）一个人如果喝醉了酒，便被一个未成年的儿童领着走。他步履蹒跚，不知道自己往哪里走；因为他的灵魂潮湿了。

（6）干燥的光辉是最智慧、最高贵的灵魂。

（7）清醒的人们有一个共同的世界，可是在睡梦中人们却离开这个共同的世界，各自走进自己的世界。

（8）不能像睡着的人那样行事和说话。因为我们在梦中也自以为在行事和说话。

（9）也不能像父母膝下的儿童那样行事，就是说，不要一味单纯地仿效。

（10）他把人们的意见称为儿戏。

（11）凡是能够看到、听到、学到的东西，都是我喜爱的。

（12）爱智慧的人必须熟悉很多很多东西。

（13）灵魂的边界你是找不到的，走遍每一条街也找不到；它的根是那么深。

（14）自然喜欢躲藏起来。

（15）找金子的人挖掘了许多土才找到一点点金子。

（16）正如蜘蛛坐在蛛网中央，只要一个苍蝇碰断一根蛛丝，它就立刻发觉，很快跑过去，好像因为蛛丝被碰断而感到痛苦似的，同样情形，人的灵魂当身体某一部分受损害时，就连忙跑到那里，好像不能忍受身体的损害似的，因为它以一定的联系牢固地联结在身体上面。

（17）如果一切都变成了烟，鼻子就会把它们分辨出来。

（18）灵魂在地府里嗅着。

（19）眼睛是比耳朵可靠的见证。

（20）眼睛和耳朵对于人们是坏的见证，如果它们有着粗鄙的灵魂的话。

（21）我听过许多人讲演，这些人没有一个能够认识到智慧是与一切事有分别的东西。

（22）博学并不能使人智慧。否则它就已经使赫西阿德、毕泰戈拉以及克塞诺芬尼和赫卡泰智慧了。

（23）智慧只在于一件事，就是认识那善于驾驭一切的思想。

（24）人们认为对可见的事物的认识是最好的，正如荷马一样，然而他却比所有的希腊人都智慧。有些捉虱子的小孩嘲笑他，向他喊道：我们看见并且抓到的，我们把它放了，我们没有看见也没有抓到的，我们把它带着。

（25）应该把荷马从赛会中赶出去，并且抽他一顿鞭子，阿尔其罗科也是一样。

（26）我们对于神圣的东西大都不理解，因为我们不相信它。

（27）浅薄的人听了无论什么话都大惊小怪。

（28）因为人的心没有见识，神的心却有。

（29）人们不懂得怎样去听，也不懂得怎样去说。

（30）因为多数人尽管多次遇到要思考的事，却不加思索，别人指点了他，他也不理解，却想入非非。

（31）他们的心灵或理智是什么呢？他们相信街头卖唱的人，以庸众为师。因为他们不知道多数人是坏的，只有少数人是好的。

（32）如果爱非索的成年人都统统上吊，把他们的城邦丢给吃奶的孩子去管，那就对了。他们放逐了赫尔谟多罗，赶走了他们中间那个最优秀的人，并且说："我们中间不要什么最优秀的人，要是有的话，就让他上别处去同别人在一起吧。"

（33）狗咬它不认识的人。

（34）一个人如果最优秀，我看就抵得上一万人。

斗争是普遍的

（1）应当知道，战争是普遍的，正义就是斗争，一切都是通过斗争和必然性而产生的。

（2）战争是万物之父，也是万物之王。它使一些人成为神，使一些人成为人，使一些人成为奴隶，使一些人成为自由人。

（3）人民应当为法律而战斗，就像为城垣而战斗一样。

（4）战争中阵亡的人，神人共敬。

人的幸福在于为正义而斗争

（1）最优秀的人宁愿取一件东西而不要其他的一切，这就是：宁取永恒的光荣而不要变灭的事物。可是多数人却在那里像牲畜一样狼吞虎咽。

（2）如果幸福在于肉体快乐，那就应当说，牛找到草吃时是幸福的了。

（3）最可靠的人所认识、所坚持的事情，是可以相信的；正义当然会懂得抓住谎言的制造者和帮同作证者。

（4）人的性格就是他的守护神。

（5）与心作斗争是很困难的，因为每一个愿望都是以灵魂为代价换来的。

（6）如果一个人的愿望都得到了满足，这对他是不好的。（《赫拉克利特著作残篇》）

（选自北京大学哲学系外国哲学史教研室编译《西方哲学原著选读（上）》，商务印书馆，1981年版，第10—18页）

柏拉图

柏拉图（公元前427—公元前347），生于雅典贵族家庭，目睹了雅典民主制的衰败。苏格拉底被处死后，他对现存政体完全失望，决心以哲学改造统治者和国家。他的政治理想经历了系列失败后，他在雅典创立学园，讲授哲学、数学等。柏拉图的主要作品是四十多篇对话，其中28篇被确定为真品；现存13封书信中，可能只有4封为真。柏拉图哲学包括理念论、通种论和宇宙创造论、政治哲学等。

柏拉图继承了苏格拉底通过审视人的内心的原则来规定外部世界的思想，把心灵内在原则外在化，使其成为独立于心灵的理念世界。这一理念世界是真实普遍的世界，处于个别事物组成的世界之上和之外。理念论调和了赫拉克利特的"任何存在既是又不是一个东西"的流变思想和巴门尼德的以"存在不能既是又不是"的逻辑推翻"既存在又不存在"的说法。柏拉图认为，关于可感事物的认识只能是意见而不能是真理和知识，因为可感事物的运动变化决定其不确定性，知识的对象则是真实的、不变的理念。理念世界与现象界通过"分有"和"摹仿"联系起来。柏拉图用"分有"说明个别事物隶属的相，用"摹仿"说明个别事物与相之间的相似。

在晚期对话中，柏拉图提出"通种论"继续探索共相与殊相、殊相与个体的关系，又用"灵魂回忆"说论证人之所以能够认识理念世界的问题以及宇宙创造论。在其政治哲学中讨论了正义问题，提出哲学家成为统治者的"哲学王"思想。

可见世界与可知世界对立

我①说，"你②可以设想，像我们说的那样，有这两样东西③，一个统治着可知的世界，一个统治着可见的世界——我不说天④，免得你以为我在玩弄字眼。现在你记住这两类东西，一类是可以看见的，一类是可以理解的。"

"我记着。"

"假定你面前有一根线，分割成两个不相等的部分，分别代表着可见的东西和可知的东西。然后再把每一个部分按同样比例分割成两段，表示明暗程度的不同⑤。代表可见世界的那一部分，第一段代表各种肖像；所谓肖像，我指的首先是影子，其次是水面和光滑物体表面上的映象，以及其他类似的东西。你明白我的意思吗?"

"明白。"

"第二段代表那些肖像所仿效的东西，即实际事物，包括我们周围的动植物，以及一切自然物和人造物。"

"很好。"

"你是不是愿意承认：这两段的比例相当于不同的真实程度，而仿本与原本的比例就是意见世界与知识世界的比例?"

"当然承认。"

"现在来看看可知世界是怎样划分的。"

---

① 指苏格拉底，代表柏拉图的看法。
② 指格老贡。
③ 指"好"和太阳。
④ 希腊语 ούρανός（天）与 όρατός（可见的）声音相近，天又是可以看见的，所以这两个字眼音义双关。

太阳↓		好↓	
可见世界		可知世界	
肖像	事物	数学对象	理念
猜测	相信	了解	理解
意见		知识	

⑤ 图示如右：

"怎样?"

"是这样。在第一段里,灵魂不得不使用那些被仿效的东西,即前一部分里的实际事物,作为肖像,从假定出发进行研究,却不从假定上升到原则,而从假定下降到结论;在第二段里,灵魂则从假定过渡到超出假定的原则,并不借助于前一段里使用的那些肖像,纯粹凭借理念进行研究。"

"我不大懂你的意思。"

"我们再试试:先多说几句,你就容易懂了。我想你当然知道,研究几何和算术之类学问的人,首先要在这一学科里认定奇数和偶数、各种图形、三类角以及诸如此类的东西,把它们当成大家都承认的公设,认为不必再为自己和别人作出什么说明,谁都明白。然后他们由此出发,通过一系列的逻辑推论,最后达到他们所要证明的结论。"

"这我当然知道。"

"那你当然也知道,他们使用这些可以看见的图形,拿它们来讲解,心里想的其实不是这些看得见的形象,而是这些形象所仿效的理念;他们讲的是正方形本身,对角线本身,并不是他们在画的那个。他们画的那些东西本身是有影子、在水面上有映象的,他们现在又拿这些东西当作肖像用,目的在于看到那些只有用心灵才能看到的理念。"

"对的。"

"所以,这类东西属于可知世界的第一段。可是灵魂研究它们的时候不得不使用假设,而且并不上升到第一原则,因为它不能超出假设,而是使用实物当作肖像。这些实物又为更低的东西所仿效,与更低的东西相比,它们被认为是明晰的,因而得到人们的重视。"

"我明白,你说的是几何学之类学科的做法。"

"至于可知世界的另一段,你要明白,我指的是灵魂用辩证的力量把握到的东西。它这样做的时候,并不把假设当作原则,而是把它仅仅当作假设,也就是说,当作梯子和跳板,暂时搭一脚,以便达到假设以上的地方,把握住万有的本原。它一步一步往上爬,从一个理念到另一个理念,不用任何感性事物帮助,单凭理念本身,就可以达到结论。它从理念出发,通过理念,最后归结到理念。"

"我明白了,尽管还不透彻,因为我觉得你描述的是一件惊人的大事。但是我看出你的意思是说,辩证科学所研究的可知实在,要比从纯粹假设出发的技术科学所研究的东西更明晰。技术科学研究实在时虽然不得不通过思想,而不通过感官,但是它们并不追溯到本原,只从假设出发,所以在你看来,它们并不是运用理性来研究它们的问题,尽管这些问题与本原联系起来是属于心灵世界的。我想你会把几何学家这一类人的心理状态称为了解,而不称为理解,——把了解看成介乎理解与意见之间的东西。"

"你把我的意思懂得很透彻。现在你可以看到,有四种心理状态,相应于这四段:——理解相应于最高的一段,了解相应于第二段,相信相当于第三段,猜测相应于最后一段。你可以把它们按比例排列起来,它们的清晰程度是和它们的对象的真实程度一致的。"

"我明白你的意思,我同意你的看法,我照你所说的排列。"(柏拉图:《国家》,Ⅵ.509D—511E)

（选自北京大学哲学系外国哲学史教研室编译《西方哲学原著选读（上）》，商务印书馆，1981 年版，第 93-96 页）

◢◢◢ 亚里士多德

亚里士多德（公元前 384—公元前 322），古希腊哲学家。17 岁师从柏拉图。虽然他非常崇敬柏拉图，但是对柏拉图的学说也提出了批评。他的格言是"吾爱吾师，吾更爱真理"。亚里士多德在公元前 335 年建立吕克昂学园。由于他经常和学生在林中小路上散步并讨论问题，人们称他所创立的学派为"逍遥派"（也有译为漫步学派）。

亚里士多德的著作分为公开发表的作品和课堂讲稿。前者只留下残篇。后者由其第 11 代传人安德罗尼科在公元 100 年编辑成书。主要包括《工具篇》（逻辑学著作）、《形而上学》（形而上学著作）、《物理学》《论灵魂》《动物史》（自然哲学著作）等、《大伦理学》《尼各马可伦理学》《尤苔谟伦理学》《政治学》《城邦政制总汇》（伦理学著作）和《修辞学》《诗学》（美学著作）等。

亚里士多德不同意柏拉图的"分有"概念，认为柏拉图没有很好地解释形式与具体事物之间的关系，形式的永恒不变也没有办法解释具体事物是如何变化的。亚里士多德主张这个世界就是实在，事物的共同之处也就是事物的形式不能与具体事物分离。实体是质料和形式的结合，质料和形式都不会发生变化，变化是质料和形式结合方式的变化。这样，亚里士多德既说明了稳定，又说明了变化。

亚里士多德赋予实体两层意义。首先，实体指个别的具体事物，如同事物的专名。作为主词的专名的逻辑形式是"S 是自身"。这样的判断没有谓词。系辞"是"发挥了指称主词的作用，即"这一个"，即具体的个别事物。其次，实体是指一个事物与其他事物具有某些共同点，称为"本质"，是事物如其所是的东西，是普遍的形式。这样，第一实体到底是具体事物还是形式呢？这就留下了后世的形而上学的普遍主义与个体主义、本质主义与存在主义的争论。

亚里士多德运用"四因"解释了在特定时间内一个事物之所以成为一个事物的原因。构成一个事物的质料就是质料因，构成事物的原则是形式因，通过做某事使事物形成或者发生，这是动力因。第四个就是事物的目的，即终极因。亚里士多德认为宇宙中的一切事物和生命都有目的，包括宇宙本身也有目的。这个目的就是第一推动者，即亚里士多德所说的"纯粹思想，即思考自身"。

哲学是研究实体的本性和最确定的原则的

（1）我们必须说明，研究那些在数学上称为公理的真理，和研究实体，究竟是一门科学的工作，还是两门科学的工作。很明显，研究这两种东西是一门科学的工作。这就是哲学家的工作。因为这些真理是适用于一切存在物的，并不是只适用于某些特殊的"种"，而与其他的"种"无涉。人人都用这些真理，因为它们是对"有"①本身有效的，而每一个"种"都是"有"。但是人们仅限于把它们用来满足自己的目的，就是说仅限于他们的论证涉及的那个"种"的范围以内。既然这些真理对于一切是"有"的东西都显然有效（因为它们都是"有"），那就也是那些研究"有"本身的人应当钻研的。因为这个缘故，那些进行特殊研究的人，不管是几何学家还是算学家，都不打算对它们的真假发表任何意见。有些自然哲学家确实在这方面说过话，他们这样做是完全可以理解的，因为他们认为只有自己在研究整个自然界，在研究"有"。可是，既然在自然哲学家之上还有一类思想家（因为自然界只是"有"里面的一个特殊的"种"），这种进行一般研究、以根本实体为对象的人就也该讨论这些真理了。物理学②也是一种智慧，但不是头等智慧。有些人③在那里讨论应当接受什么真理的问题，那是由于他们缺乏逻辑训练，因为这些东西是开始专门研究前早就该知道的，不应该在听这门课的时候才钻研。

所以很明显，研究三段式的原则的工作，也属于哲学家，就是说，属于研究全部实体的本性的人。对各个"种"知道得最清楚的人，必定能够说出他所研究的对象的最确定的原则，所以，以"有"本身为研究对象的人必定能够说出一切"有"的最确定的原则。这就是哲学家。最确定的原则是决不可能弄错的原则，因为这样的原则必定是大家知道得最清楚的（因为任何人对于自己不知道的事情都可以弄错），而且不是假言的。因为一条原则，既是每个懂点事的人都必须掌握的，那就不能是一个假设；一件事情，既是每个知道点事的人都必须知道的，那就该是每个人开始专门研究前早已掌握了的。这样的一条原则显然就是最确定不移的。这是什么原则，我们就来说说吧。这就是：同一个属性，不能在同一个时候，在同一个方面，既属于又不属于同一个主体。为了预防辩证论者的反驳，我们不得不预先设想出一些可能要添上去的附加定语。这就是最确定不移的原则，因为它符合上面提出的定义。因为谁都无法相信，同一件东西会既存在又不存在，像人们认为赫拉克利特说过的那样。因为一个人说的话，他自己是不一定相信的；如果相反的属性不可能同时属于同一个主体（这个前提也必须预先加上一些通常的定语），而一个意见与另一个意见矛盾，也就是与那个意见相反，那就很明显，同一个人就不可能在同一个时候相信同一个东西既存在又不存在；因为一个人要是在这一点上弄错了，就会同时持有相反的意见。因为这个缘故，凡是从事一种论证的人，都把自己的论证归结到这条原则上，把这条原则当作根本信条；因为理所当然，它甚至是一切其他公理的出发点。（亚里士多德：《形而上学》Ⅳ.3，1005a-b）

（2）有一门学问，专门研究"有"④本身，以及"有"凭本性具有的各种属性。这

---

① "有"（τòǒυ）即"存在"或"存在的东西"，并非"拥有"或"具有"的意思。下同。

② 即自然哲学家。

③ 指以安底斯滕［Antisthenes］为代表的的犬儒学派。

④ 希腊语与汉语不同：汉语的"有"兼有"存在"和"具有"二义；希腊语的òν则兼有"存在"和"是"二义，所以凡遇"是"字处都被理解为"有"，凡遇"有"字处也都被理解为"是"。

门学问与所谓特殊科学不同，因为那些科学没有一个是一般地讨论"有"本身的。它们各自割取"有"的一部分，研究这个部分的属性；例如数理科学就是这样做的。我们现在既然是在寻求本原和最初的原因，那就很明显，一定有个东西凭本性具有那些原因。如果那些寻求存在物的元素的人是在寻求这些本原，那些元素就必然应当是"有"的元素——"有"之所以具有这些元素，并非出于偶然，正是由于它是"有"。因此我们也必须掌握"有"本身的最初原因。（亚里士多德：《形而上学》，Ⅳ.1，1003a）

（3）我们可以在好多意义上说一件东西"有"，但是一切"有"的东西都与一个中心点发生关系；这个中心点是一种确定的东西，说它"有"是毫无歧义的。所有是健康的东西都与健康①发生关系：一种东西是从保持健康这个意义说的，另一种东西是从产生健康这个意义说的，另一种东西是从表示健康这个意义说的，另一种东西是从能够健康这个意义说的②。所有是医疗的东西都与医疗发生关系，一种东西之被称为是医疗的，是因为拥有医疗技术，另一种东西是因为本性适于医疗，另一种东西则是因为它是医疗的功能。③我们还可以找到其他的词也是这样用的。所以，说一样东西"有"，也有好多意义，但是全都与一个起点有关；某些东西，我们说它"有"，是因为它们是实体④；另一些东西则是因为它们是实体的影响；另一些东西则是因为它们是趋向实体的过程，或者"是"实体的破坏、缺乏或性质，或者"是"造成或产生实体或与实体有关者的能力，或者"是"对某一与实体有关者或对实体本身的否定。因为这个缘故，我们甚至对"非有"也说它是"非有"。所以，既然有一门科学⑤专门研究所有健康的东西，其他的东西也同样可以各有专门科学来研究。因为不但那些具有共同的叫法的东西应该由一门科学来研究，就是那些涉及共同的本性的东西也该如此，因为在某种意义上，连那些东西也是有共同的叫法的。所以很明显，应当有一门科学把各种"有"的东西当作"有"来研究。既然无论在哪里，科学所研究的对象，都是那个最根本的、其他的东西所依靠并赖以得名的东西，那么，如果这是实体的话，哲学就必须掌握各种实体的各种本原和原因。（亚里士多德：《形而上学》，Ⅳ.2，1003a-b）

（4）我们在前面讨论的各种涵义的那一卷⑥里已经指出过，可以在好几种意义上说一样东西"有"，因为在一种意义上，"有"是指一样东西是什么的那个"什么"，⑦ 或"这个"⑧；在另一种意义上，是指一种性质或数量，以及诸如此类可以作谓词的东西。可是，"有"虽然有这么多意义，最根本的"有"却显然是那个"什么"，即事物的实体。

---

① 即上述的"中心点"。

② 这里举了四种东西：1. 健康的人，2. 健身操，3. 健康的面色，4. 康复中的病人，都与健康有关。

③ 这里举了三种东西：1. 医生，2. 医药，3. 疗效。

④ 实体［οὐσία 是 ὄν 的一个语法变形］，意为"所是者"，指"一个东西是什么"的那个"什么"，如"张三是人"的"人"。οὐσία 也同 ὄν 一样，兼有"是"和"有"二义。

⑤ 即医学。

⑥ 指《形而上学》，Ⅴ.7。

⑦ 什么（τίἐστι），即实体，如"张三是人"的"人"。

⑧ 这个（τόδετι），即个体。

因为我们说一件东西是什么性质的时候，是说它是好的或坏的，不是说它是三尺长的或是一个人；而我们说它是什么的时候，并不是说它是白的、热的或三尺长的，而是说它是一个人或神。至于其他的一切之被称为"有"，是因为其中有些是这个根本意义上的"有"的量，有些是它的质，有些是它的遭受，有些是它的其他等等。我们甚至于可以问："走"、"健康"、"坐"以及其他诸如此类的词，是不是意谓着这些东西是存在的？这些东西没有一样是自存的、能够与实体分离的，如果有的话，那个走着、坐着或健康的东西倒是存在的东西。现在我们看到这些东西比较实在，是因为有个确定的东西在底下撑着它们（即实体或个体）。这个东西是蕴涵在那类谓词里面的，因为我们使用"好"、"坐"等词的时候总是包含着这个意思。所以很明显，正是靠这个范畴，其他的任何一个范畴才"有"。因此，那根本的、非其他意义的、纯粹的"有"，必定是实体。

我们在好几种意义上说一样东西在先，然而实体在哪个意义上都在先：在定义上、在认识程序上、在时间上全居第一位。因为其他的范畴没有一个能够独立存在，唯有实体能如此。同时，在定义上实体也占第一位，因为每样东西的定义中都必须出现它的实体的定义。而且，我们认为自己对一件东西认识得最充分，是在知道它是什么——如人是什么，火是什么——的时候，而不是在知道它的性质、它的数量、它的位置的时候；而我们认识这些谓词中的某一个，也只是在知道数量是什么或性质是什么的时候。（亚里士多德：《形而上学》，Ⅶ.1，1028a-b）

（选自北京大学哲学系外国哲学史教研室编译《西方哲学原著选读（上）》，商务印书馆，1981 年版，第 126—131 页）

托马斯·阿奎那

托马斯·阿奎那（约 1225—1274），中世纪基督教神学家，经院哲学的集大成者。托马斯的著作卷轶浩繁，其中包含较多哲学观点的主要著作有《箴言书注》《存在与本质》等，代表作为《反异教大全》《神学大全》等。

托马斯把亚里士多德哲学与基督教结合起来，建立了包括知识论、形而上学、伦理学、政治学、法律哲学理论等在内的完整的基督教哲学。

中世纪哲学的一个基本问题是理性和信仰的关系。正统的神学家认为哲学是神学的附庸。托马斯认为哲学和神学是两门不同的科学。虽然二者有着圣地、创世、拯救等共同的研究对象，但是哲学以理性认识它们，神学靠天启认识它们，因此二者是两门独立科学。但是，他坚持神学高于哲学，杜绝了哲学批判神学的可能。

上帝存在的证明是中世纪神学的一个重要问题。托马斯认为，关于上帝存在的证明必须从经验事实出发，是后天证明。而不是安瑟尔谟那样从完满观念出发的"先天证明"。按照这样的思路，托马斯提出了关于上帝存在的五个证明，简称"五路"。"五路"的思路是把世界作为一条因果链条，从低级的可感事物出发，追溯到它们最初的原因或终极原则——上帝。

从五个方面证明上帝存在

上帝的存在，可从五个方面证明：

首先从事物的运动或变化方面论证。在世界上，有些事物是在运动着，这在我们的感觉上是明白的，也是确实的。凡事物运动，总是受其他事物推动：但是，一件事物如果没有被推向一处的潜能性，也是不可能动的。而一件事物，只要是现实的，它就在运动。因为运动不外是事物从潜能性转为现实性。一件事物，除了受某一个现实事物的影响，决不能从潜能性变为现实性。例如用火烧柴，使柴发生变化，这就是以现实的热使潜在的热变为现实的热。但是，现实性和潜能性不是一个东西，二者也不同时并存，虽然二者也可以在不同方面并存。因为既成为现实的热就不能同时是潜在的热；它只可以作为潜在的冷。因此，一件事物不可能在同一方面、同一方向上说是推动的，又是被推动的。

如果一件事物本身在动，而又必受其他事物推动，那么其他事物又必定受另一其他事物推动，但我们在此决不能一个一个地推到无限。因为，这样就会既没有第一推动者，因此也会没有第二、第三推动者。因为第一推动者是其后的推动者产生的原因，正如手杖动只是因为我们的手推动。所以，最后追到有一个不受其他事物推动的第一推动者，这是必然的。每个人都知道这个第一推动者就是上帝。

第二，从动力因的性质来讨论上帝的存在。在现象世界中，我们发现有一个动力因的秩序。这里，我们决找不到一件自身就是动力因的事物。如果有，那就应该先于动力因自身而存在，但这是不可能的。动力因，也不可能推溯到无限，因为一切动力因都遵循一定秩序。第一个动力因，是中间动力因的原因；而中间动力因，不管是多数还是单数，总都是最后的原因的原因。如果去掉原因，也就会去掉结果。因此，在动力因中，如果没有第一个动力因（如果将动力因作无限制的推溯，就会成为这样情况），那就会没有中间的原因，也不会有最后的结果。这是显然不符合实际的。因此，有一个最初的动力因，乃是必然的。这个最初动力因，大家都称为上帝。

第三，从可能和必然性来论证上帝的存在。我们看到自然界的事物，都是在产生和消灭的过程中，所以它们可能存在，也可能不存在。它们要长久存在下去，是不可能的。这种不能长久存在的东西，终不免要消失。所以，如果一切事物都会不存在，那么迟早总都会失去其存在。但是，如果这是真实的，世界就始终不该有事物存在了。因为事物若不凭借某种存在的东西，就不会产生。所以，如果在一个时候一切事物都不存在，这就意谓着任何事物要获得存在，也不可能了。这样一来，就在现在也不能有事物存在了——这样的推想，是荒谬的。因此，一切存在事物不仅是可能的，而且有些事物还必须作为必然的事物而存在。不过，每一必然的事物，其必然性有的是由于其他事物所引起，有的则不是。要把由其他事物引起必然性的事物推展到无限，这是不可能的。正如上述动力因的情形一样。因此我们不能不承认有某一东西：它自身就具有自己的必然性，而不是有赖于其他事物得到必然性，不但如此，它还使其他事物得到它们的必然性。这某一东西，一切人都说它是上帝。

第四，从事物中发现的真实性的等级论证上帝的存在。一切事物，它们的良好、真实、尊贵等，有的具有得较多，有的具有得较少。其多少不同，乃是就它们接近最高标准的程度而言的。有如某一事物被称为比较热，是指它更接近最热的东西。所以，世界上一定有一种最真实的东西，一种最美好的东西，一种最高贵的东西，由此可以推论，一定有一种最完全的存在。这些在真理中最伟大的东西，在存在中也必定是伟大的，这正如亚里士多德在《形而上学》第二章（933b 30）中所述的。在任何物类中，这种最高点就是那个物类中一切物类的原因。有如火，那是热的最高体，也是一切热的事物的原因。亚里士多德在上述书中（933b 25）这样说过。因此，世界上必然有一种东西作为世界上一切事物得以存在和具有良好以及其他完美性的原因。我们称这种原因为上帝。

第五，从世界的秩序（或目的因）来论证上帝的存在。我们看到：那些无知识的人，甚至那些生物，也为着一个目标而活动；他们活动起来，总是或常常是遵循同一途径，以求获得最好的结果。显然，他们谋求自己的目标并不是偶然的，而是有计划的。但是，一个无知者如果不受某一个有知识的和智慧的存在者的指挥，如像箭受射者指挥那样，他就不能移动到目的地。所以，必定有一个有智慧的存在者，一切自然的事物都靠它指向着它们的目的。这个存在者，我们称为上帝。（托马斯：《神学大会》，1 集，1 部，2 题，3 条）

（选自北京大学哲学系外国哲学史教研室编译《西方哲学原著选读（上）》，商务印书馆，1981 年版，第 290—293 页）

勒内·笛卡尔

笛卡尔（1596—1650），法国哲学家、物理学家、数学家和生理学家。主要作品包括《形而上学的沉思》《方法谈》《哲学原理》等。

笛卡尔所处的时代，神学的权威控制着整个思想界，所有的研究都要基于对权威的肯定来寻求对上帝、世界以及自身的理解。笛卡尔则认为，所有的权威思想都需要接受批判和检查。他指出，我们需要使用绝对可靠的方法来考察和研究形而上学问题。形而上学方法首先是运用分析方法，寻找确定的第一原则，然后运用综合方法，从第一原则推导出确定结论。这样，笛卡尔按照先分析后综合的顺序建立了方法论规则。

笛卡尔的《形而上学的沉思》运用了他所确定的方法：前三个沉思运用分析的方法，建立第一原则"我思"和终极原则"上帝"。后三个沉思运用综合方法，从简单到复杂，得到关于外部世界的知识。

笛卡尔的天赋观念论、理智至上的立场、身心二元论体现了唯理论的特征，对后来哲学产生了巨大影响。

我的方法论原则和行为守则

（1）我在比较年青的时候，在哲学的各个部门中学过一点逻辑，在数学的各个部门中学过一点几何学家们的分析①和代数，这三种艺术或科学似乎应当对我的计划有所贡献。但是对它们一加考究，我便注意到，在逻辑方面，三段论以及大部分其他的逻辑法则都只能用来向别人说明已知的事物，即便像鲁勒②的法则，也只能用来不加判断地讲不知道的东西，而不能用来求知这些东西；虽然在逻辑中事实上也包含着许多非常真并且非常好的规则，然而其中却也混杂着很多别的或者有害或者多余的东西，要想把它们区分开来，简直和从一块未经雕凿的大理石里取出一尊狄雅娜或雅典娜的神像一样不易。至于古代人的分析和近代人的代数，除了都只研究一些非常抽象而且看来毫无用处的问题以外，前者始终局限于考察各种图形，因而在运用理智时不能不使想象力过于疲劳；在后者中又是这样使人受某些规则和某些数字的约束，以致人们由它造成了一种混乱、晦涩、淆乱心智的科学，而不是一种培养心智的科学。由于这个原因，我想应当去寻求另外一种包含这两门科学的好处而没有它们的缺点的方法。法律条文过多常常会使犯罪的人有所推托，因而一个国家如果法令很少而得到严格遵守，就可以治理得很好，所以我相信，不要那些数目很多的构成逻辑的规则，单有以下四条，只要我立下坚定持久的决心，决不要在任何时刻不去遵守它们，也就已经足够了。

第一条是：决不把任何我没有明确地认识其为真的东西当作真的加以接受，也就是说，小心避免仓促的判断和偏见，只把那些十分清楚明白地呈现在我的心智之前，使我根本无法怀疑的东西放进我的判断之中。

第二条是：把我所考察的每一个难题，都尽可能地分成细小的部分，直到可以而且适于加以圆满解决的程度为止。

第三条是：按照次序引导我的思想，以便从最简单、最容易认识的对象开始，一点一点上升到对复杂的对象的认识；即便是那些彼此间并没有自然的先后次序的对象，我也给它们设定一个次序。

最后一条是：把一切情形尽量完全地列举出来，尽量普遍地加以审视，使我确信毫无遗漏。

（2）既然在动手重建住所之前，仅仅把旧房屋拆倒，预备好材料，请好建筑师，或者亲自从事建筑设计，再仔细画好新房屋的图样，仍然是不够的，还必须准备下另外一所房屋，可以在施工期间舒舒服服地住在里面，因此，为了使我在受理性的驱使对我的那些意见保持怀疑态度的时候，不要在行动方面犹疑不决，为了使我此后仍然能够尽可能地过最幸福的生活，我曾经给自己订立了一个临时的行为守则，这个守则只包括三四项规条，我很愿意把它们报告给各位。

---

① 指欧几里得的几何学。
② 鲁勒（Lullus）（1235—1315），意大利经院学者，著有《大规则》一书，为传统逻辑的典范。

第一项是：服从我国的法律和习惯，笃守上帝恩赐我从小就领受的宗教信仰，并且在其他一切事情上，遵奉那些最合乎中道、离开极端最远、为一般最明哲的、我当与之一起相处的人在实践上共同接受的意见，来规范自己。——

我的第二项规条是：在行动上要尽可能作到最坚决、最果断，当我一旦决定采取某些意见之后，即便这些意见极为可疑，我也始终加以遵守，就像它们是非常可靠的意见一样。——

我的第三项规条是：始终只求克服自己，不求克服命运，只求改变自己的欲望，不求改变世界的秩序，一般地说，就是养成一种习惯，相信除了我们的思想之外，没有一件东西完全在我的能力范围之内，这样，我对在我们以外的事物尽力而为之后，凡是我们不能做到的事，对于我们来说，就是绝对不可能的了。（笛卡尔：《谈方法》，Ⅱ和Ⅲ）

为了给科学打下牢固基础，必须破除旧有的意见

我在好多年以前就已经觉察到，我从早年以来，曾经把大量错误的意见当作真的加以接受，而我后来建立在这样一些不可靠的原则上的东西，也只能是极其可疑，极不确实的；从那时起，我就已经断定，如果我要想在科学上建立一些牢固的、经久的东西，就必须在我的一生中有一次严肃地把我从前接受到心中的一切意见一齐去掉，重新从根本做起。——然而，为了这个目的，我并没有必要把这些意见一律指为虚妄，因为这一点也许是我永远办不到的；——不过，由于基础一毁整个建筑物的其余部分就必然跟着垮台，所以我将首先打击我的一切旧意见所依据的那些原则。

我一向当作最真实可靠的东西加以接受的一切事物，都或者是由感官得知的，或者是通过感官而得知的①；可是，我有时候曾经发觉这些感官是骗人的；所以，对那些骗过我们一次的东西不要完全相信，乃是谨慎的行为。

不过也许可以说，虽然感官有时候在很不显著、离得很远的东西上欺骗我们，却仍旧有许多别的东西，我们虽是凭借感官认识它们的，却并没有理由去怀疑它们，例如我在这个地方，坐在火炉边上，穿着冬袍②，手里拿着这张纸，以及其他这一类的事情便是。我怎样能够否认这一双手、这个身体是我的呢？——

虽然这样，我在这里总应当考虑到我是一个人，因而有睡觉的习惯，并且惯常在梦中见到一些东西，和那些疯子醒的时候见到的一模一样，有时候还要更加匪夷所思。我夜里曾经不知多少次梦见自己在这个地方，穿着衣服，靠在火炉旁边，虽然我是光着身子睡在床上！

现在我们就假定自己是睡着了，就假定这样一些特殊的动作，即我们睁着眼睛，我们摇头，我们伸手以及诸如此类的事情，都只是虚假的幻觉；我们就想着我们的两手、我们的身体也许都不是我们所看见的这个样子。可是尽管这样，至少总应当承认，我们梦中所

---

① 由感官得知的如颜色、大小、形状，通过感官而得知的如听见别人说的话因而明白话的意思。

② 室内穿的便袍。

见到的那些东西是像图画一样的，只有摹仿某个实在的、真实的东西，才能够形成，因此，至少像两只眼睛、一个头、两只手、一个身体这样一些一般的东西，都不是幻想的东西，而是实在的、存在的东西。因为事实上画家们即使在用尽心机以各种稀奇古怪的形相来表现美人鱼和半羊仙人的时候，也仍然不能给予它们任何完全新的形式和性质，而只是把各种不同的动物的肢体混合起来，凑在一起；或者就算他们的想象力非常荒诞，可以捏造出一种东西来，新奇到从来没有见过有任何东西与它相像，因此他们的作品表现着一种纯粹杜撰、绝对虚妄的东西，可是至少他们用来构成这样东西的那些颜色总应该是真实的。

同样理由，纵然像一个身体、两只眼睛、一个头、两只手之类的这些一般的东西可以是想象的，却一定要承认至少有一些别的更简单、更普遍的东西是真实的、存在的，我们思想中的那些事物的形象，不管是真实的、实在的，还是捏造的、虚构的，都是由这样简单、普遍的东西混合而成的，就同由一些真实的颜色混合而成一样。

属于这一类东西的，就是一般有形体的事物及其广延，以及有广延的东西的形状、分量、数目，和它们所处的地方，它们继续存在的时间之类。因为这个缘故，如果我们因此就说，物理学、天文学、医学以及其他一切依靠考察组合物的科学，都是极其可疑、极不确实的，而算术、几何以及其他从本性上说只讨论极简单、极一般的东西而不大考虑自然中有没有这些东西的科学，则包含着某种确实的、无可怀疑的成分，那么，我们的推论也许是不错的：因为不管我醒着也好，睡着也好，二加三总是等于五，正方形总不会有四条以上的边；这样明白、这样明显的真理，看来是决不会有任何虚假或不确实的嫌疑的。

然而，我既然有时候认为别人在自己以为知道得最清楚的事情上是在骗自己，又怎么知道我每一次加二和三，数正方形的边，或者判断更加容易的事情的时候（如果可以想象出更加容易的事情的话），不也是在骗自己呢？——最后我不得不承认，凡是我从前信以为真的东西，没有一件我不能加几分怀疑；我的怀疑并不是由于漫不经心或轻率，而是有很强的、考虑成熟的理由的：所以我今后如果要想在科学上发现某种确实可靠的东西，就应当小心翼翼地避免相信那些东西，同避免相信显然虚妄的东西一样小心。（笛卡尔：《形而上学的沉思》，Ⅰ）

我思想，所以我存在

我早就指出过，在行为方面，有时候需要遵从一些明知不可靠的意见，把它们当作无可怀疑的意见看待，就像上面所说过的那样。但是由于我现在只要求专门研究真理，我想我的做法应当完全相反，我应当把凡是我能想出其中稍有疑窦的意见都一律加以排斥，认为绝对虚假，以便看一看这样以后在我心里是不是还剩下一点东西完全无可怀疑。所以，由于我们的感官有时候欺骗我们，我就很愿意假定，没有一件东西是像感官使我们想象出的那个样子，因为有些人连在对一些最简单的几何问题进行推断时也会弄错，并且作出一些谬论来，而我断定自己也和任何一个别的人一样容易弄错，所以我就把我以前用来进行证明的那些理由都一律摈弃，认为是虚假的。最后，我觉察到我们醒着的时候所有的那些思想，也同样能够在我们睡着的时候跑到我们心里来，虽然那时没有一样是真实的，因此，我就决定把一切曾经进入我的心智的事物都认为并不比我梦中的幻觉更为真实。可是等我一旦注意到，当我愿意像这样想着一切都是假的时候，这个在想这件事的"我"必然应当是某种东西，并且觉察到"我思想，所以我存在"这条真理是这样确实、这样可靠，连怀疑派的任何一种最狂妄的假定都不能使它发生动摇，于是我就立刻断定，我可以毫无疑虑地接受这条真理，把它当作我所研求的哲学的第一条原理。

然后，我就小心地考察我究竟是什么，发现我可以设想我没有身体，可以设想没有我所在的世界，也没有我所在的地点，但是我不能就此设想我不存在，相反地，正是从我想到怀疑一切其他事物的真实性这一点，可以非常明白、非常确定地推出：我是存在的；而另一方面，如果我一旦停止思想，则纵然我所想象的其余事物都真实地存在，我也没有任何理由相信我存在，由此我就认识到，我是一个实体，这个实体的全部本质或本性只是思想，它并不需要任何地点以便存在，也不依赖任何物质性的东西；因此这个"我"，亦即我赖以成为我的那个心灵，是与身体完全不同的，甚至比身体更容易认识，纵然身体并不存在，心灵也仍然不失其为心灵。

再后我就一般地来考察一个命题之所以真实确定的必要条件，因为我既然已经发现了一个命题，知道它是真实确定的，我想我也应当知道这种确定性究竟是在于哪一点。我发觉在"我思想，所以我存在"这个命题里面，并没有任何别的东西使我确信我说的是真理，我只是非常清楚地见到：必须存在，才能思想；于是我就断定：凡是我们十分明白、十分清楚地设想到的东西，都是真的。我可以把这条规则当作一般的规则，不过要确切地看出哪些东西是我们清楚地想到的，却有点困难。（笛卡尔：《谈方法》，Ⅳ）

（选自北京大学哲学系外国哲学史教研室编译《西方哲学原著选读（上）》，商务印书馆，1981 年版，第 404—411 页）

托马斯·霍布斯

霍布斯（1588—1679），英国经验主义哲学家，现代政治哲学的奠基人。主要著作包括《法的原理》《利维坦》《论公民》等。

霍布斯认为，世界上存在着物理体和政治体两大类机体，哲学也相应分为自然哲学和公民哲学。知觉是人们的基本精神活动，是由外在的运动引起的，知觉可以还原为运动中的物质。

面对战争动乱、瘟疫流行，生存成为压倒一切的需求，国家的正当性源于代表上帝意志的自然法的"君权神授"学说受到挑战。霍布斯设想了一个人类社会的自然状态：由于竞争、猜疑和荣誉，人处在和一切人的战争中。因此，每一个人具有按照自己所愿意的方式运用自己的力量保全自己生命的自由，这就是自然权利。在此基础上，霍布斯构建了社会契约论。人们互相订立契约，授权给"利维坦"以获得和平和安全。"利维坦"建立后，世上才有法律和正义的存在。这样，国家的正当性源于社会性的协定或者契约的契约主义得以开启。

从自然状态过渡到社会契约

（1）因为人的状况是一种每一个人对每一个人战争的状况；在这种情况下，每一个人都是为他自己的理性所统治。凡是他所能利用的东西，都可以帮助他反对敌人而保全自己的生命。因此，在这种情况下，每一个人对每一样事物都有权利，甚至对彼此的身体也有权利。所以，只要每一个人对每一样事物的这种自然权利继续下去，任何人（不管如何强悍或如何聪明）都不可能完全地活完自然通常许可人们生活的时间。于是，这就成了一条格言或理性的一般准则：每一个人只要有获得和平的希望，就应该力求和平；在不能得到和平时，他就可以寻求并且利用战争的一切帮助和利益。这个准则的第一部分，包含着第一个同时也是基本的自然律，就是：寻求和平，信守和平。第二部分是自然权利的概括，就是：利用一切可能的办法来保卫我们自己。

这条基本的自然律，是命令人们力求和平，从这条规律又引申出第二条规律：如果别人也愿意这样做时，一个人在为了和平与保卫自己的范围内，会想到有必要自愿放弃这种对一切事物的权利；他应该满足于相对着别人而有这么多自由，这恰如他愿意相对着他自己允许给别人的自由那样多。因为只要每个人都保有凭自己喜好做任何事情的权利，人们就永远在战争状态之中。但是如果别人都不放弃他们的权利，那么任何人就都没有理由剥夺自己的权利，因为那就等于把自己拿出来供牺牲（没有人必须如此），而不是使自己处于和平境地。这就是福音上那条律则："你们愿意别人怎样待你们，你们也要怎样待别人"。也就是那条一切人的律则：Quod tibi fieri non vis, alteri ne feceris〔己所不欲，勿施于人〕。——

每当一个人转让他的权利，或者放弃他的权利时，那总是或者由于考虑到对方转让给他某种权利，或者因为他希望由此得到某种别的好处。因为这是一种自愿行为，而任何人的自愿行为，目的都是为了某种对自己的好处，所以，有些权利，不管凭什么话语或其他表示，都不能认为人家已经放弃或转让。首先，如果有人以武力攻击一个人，要夺去他的生命，他就不能放弃抵抗的权利，因为这样就不能认为他的目的是为了对他自己的任何好处。伤害、锁链、监禁也是一样，一方面因为这种忍受得不到好处，正像忍受着让别人受伤或受监禁没有好处一样，另一方面也因为一个人看见人们以暴力对他时，不能预料他们是不是要把自己弄死。最后，放弃权利、转让权利的动机与目的，无非是使一个人生命得到安全，并且使他足以如此保全生命，也就是对生命不感觉厌倦。因此，如果一个人由于他的话语或其他表示，似乎使他自己放弃了上述目的，而他的表示其实是为了达到那个目的，那么就不能认为他好像真是那样想，或者那就是他的意愿；只能认为他对这种话语、这种行为会得到什么解释是茫然无知的。

权利的相互转让就是人们所谓的"契约"。

（2）自然界的规律本身，像正义、公道、谦让、慈悲以及（总起来说）像我们愿意别人对待我们那样对待别人，如没有某种权力所引起的恐怖使人们遵从，是与我们自然的情欲正相反的，自然的情欲是引我们趋向偏私、骄傲、报仇之类的。而契约如果没有兵力，那只是空话，根本没有力量使一个人的安全得到保证。所以，虽然有自然界的规律（任何人如果遵守这些规律就可以平安，那他就愿意遵守它们，他就会已经遵守了），如果没有树立起权力来，或者权力之大不足以保护我们的安全，那么任何人就会并且可以合法地依仗自己的能力和技术来防御别的一切人。在任何地方，如果人们分为小的氏族生活着，则互相抢劫、掠夺就成为职业，根本不被认为违反自然律，而是谁掠夺的越多，谁的荣誉就越大。在这种情况之下，人们遵守的规律只是荣誉的规律，就是：禁止残忍，不害人性命，不拿走他们的农具。像小氏族以前所做的那样，现在城邦和王国也是这样做。城邦、王国不过是较大的氏族，它们（为了自己安全）扩大领土。它们借口有危险和恐怕敌人侵入或者有可能使侵略者得到帮助，于是尽量设法用公开的武力或秘密的谋略征服或削弱邻邦，因为没有别的预防方法，这种做法就被认为是公正的，并且为后代当作荣誉来纪念。

少数人联合起来，也不会得到这种安全。因为在小集团之间，这一边或那一边只要人数稍有增加，力量的优胜程度就足以带来胜利，所以这就鼓励了侵略。使我们的安全足以获得保证所需的群众，不能以任何确定的数目来决定，而是根据与我们所恐惧的敌人相比较。当敌人的优势不是如此明显可见的决定战争事变的因素，因而激动他发动战争时，那样的群众就是足够的。

即使人数多到从来没有过那么多，可是如果他们的行动是按照他们各自的判断、各自的欲望来指导的，这样他们也不能希望得到防御和保护，来对付共同的敌人或彼此之间的伤害。因为关于如何把他们的力量加以最好的实际使用，他们意见是分歧的，这样他们就不是互相帮助，而是彼此妨碍，从而由于互相对立就把他们的力量取消了。这样他们不但容易为一群为数很少而团结一致的人们所征服，而且在没有共同的敌人时，他们也容易为了各自的利益互相攻战。如果能设想为数众多的人不要某种公共权力使他们大家畏惧就同意遵守正义和其他自然律，那么我们也就同样可以设想全人类都是如此，就根本不会有也不需要有任何公民政府或国家，因为不需要强制服从就可以得到和平。——

公共权力可以保护他们不受外人侵略以及彼此伤害，从而使他们获得安全，可以靠自己的劳力和大地的生产品养育自己，并且过着满意的生活。建立这种公共权力的唯一方法，就是把他们所有的权力与力量交付给一个人或者由一些人组成的会议，根据多数赞成，把他们大家的意志变为一个意志。这就等于说，指定一个人或者由一些人组成的会议担当起他们的人格，这个担当起他们的人格的人在公共和平与安全的事务方面所做的或指使人做的事，每个人都是有份的，都承认自己是它们的主人。这就使他们各自的意志服从他的意志，使他们各自的判断服从他的判断。这种情况不仅仅是同意或和谐，而是他们全体真正统一于同一个人格之中，这种统一的形成是由于人与人之间所订立的契约，好像每一个人要对每一个人说："我放弃我管理自己的权利，把它授予这个人或这些人的会议，只要你也同样把你的权利授予他，并且认可他的一切行动。”这样做了之后，如此联合在一个人格里的人群就叫作“国家”，拉丁文叫做 civitas。这就是那伟大的“利维坦”①的产生，或者毋宁是（更尊敬地说）那人类的上帝的产生，它在不朽的上帝之下，给我们以和平与保卫。由于国家里每个个别的人所给予他的这种权威，他就可以使用每个人转让给他的足够的权力与力量，凭着这种权力与力量所引起的恐惧，把大家的意志都引向国内和平和互相帮助，来反对国外敌人。这个人就是国家的本质，他（下一个定义）是一个人格，一大群人通过相互约定使他们自己每一个都成为这个人格的一切行动的主人，为的是当他认为适当的时候，可以使用他们大家的力量和工具来谋求他们的和平和公共的防御。

承担着这个人格的人，叫作“元首”，拥有主权，另外的一切人都是他的“臣民”。

获得这种主权有两种方式。一种是靠自然的力量，例如一个人使他的子女把他们自己以及他们自己的子女交给他来管辖，如果他们拒绝，他可以杀掉他们；或者一个人通过战争征服了他的敌人，只要他们服从他的意志，他将保留他们的生命。另外一种方式是一群人彼此同意自愿地服从某一个人或者一些人的会议，相信可以受他的保护来抵抗其他一切人。后一种方式可以叫作政治的国家或制定的国家。（霍布斯：《利维坦》，第一部，14，17）

（选自北京大学哲学系外国哲学史教研室编译《西方哲学原著选读（上）》，商务印书馆，1981 年版，第 443—447 页）

约翰·洛克

洛克（1632—1704），英国著名的哲学家，经验论的代表人物。主要著作有《人类理解论》《政府论》《关于宗教宽容的一封信》《基督教的合理性》等。

由于近代自然科学的发展，认识论研究成为哲学研究的重点。在知识的起源问题上，哲学家们对知识的对象、基础、范围、确定性以及方法等的看法不同，形成了唯理派和经验派两个认识论派别。洛克作为经验论的代表，批判了唯理派的天赋观念论，否认天赋观念的存在。在此基础上，洛克讨论了知识的来源问题，即构成知识的观念从何而来的问题。首先，他认为观念是为心灵所能知觉和思想的一切意识内容，如感觉、印象、概念、情感等都是观念。其次，他认为经验是观念的唯一来源，知识导源于经验。心灵像一块白板，通过感觉和反省的经验得到观念。感觉是外物刺激感官时产生的颜色、声音等感觉观念，反省是心灵作为内部感官主动对通过感觉获得的观念进行反省，得到一些新的观念，即知觉、思维、怀疑、推理、认识、意欲等反省观念。同时还有与情感有关的观念。由于洛克认为感觉和反省都是观念的来源，因此这一理论被称为双重经验论。

关于事物的第一性质与第二性质的问题是在古希腊时期就存在的哲学问题。洛克从其经验论出发，认为第一性质是物体固有的，不依赖人的感觉而转移。如大小、数目、运

---

① 《圣经》中提到的巨大海兽。

动、静止、位置等。第二性质则是物体的能够凭借第一性质在人的心灵中引起观念的能力。如声音、颜色等。他又区分了两种性质的观念。第一性质的观念是对物质性质的直接反映，第二性质的观念不是物体性质的直接反映，它受到主体状况的影响和制约，第二性质观念与物体的性质不是直接的反映与被反映的关系。

同时，洛克按照观念的自身构造把观念分为简单和复杂两种。简单观念是构成知识的直接对象、材料和要素。心灵把简单观念组合成复杂观念。

另外，洛克认为一切知识都建立在观念基础之上，知识不能超出我们所具有的观念的范围。知识就是我们的任何两个观念之间的连贯与契合、非契合与不一致的知觉。

在社会政治领域，洛克修改了霍布斯的自然状态理论，认为自然状态是和平、自由的状态。人们为了保护自己的私有财产，避免财产冲突从而订立契约，放弃对财产权的判决和执行的权利，将其转让给代理人以保护委托人的财产。如果代理人作为统治者不履行契约，人民有权反抗和推翻他的统治。但是除了对财产权的判决和执行的权利可以转让之外，其他的生命权、财产权和自由权都不可以转让和剥夺。

第一性的质和第二性的质

（1）为了更好地揭示我们的观念的本性，为了明白易解地来讨论它们，宜于从两方面来分别考察它们：一方面，它们是我们心中的观念或知觉，另一方面，它们是那些在物体里面引起我们这种知觉的物质的变形；这样做，可以使我们不致像平常那样，把观念认为是主体①中某种东西的精确的映象或肖像。心灵中大部分通过感觉得来的观念，并不是与某种存在于我们之外的东西相似的，正如代表这些观念的名称并不与我们的观念相似一样，虽然一听见这些名称就能在我们心中引起这些观念来。

（2）心灵在自身中知觉到的东西，或知觉、思想、理智的直接对象，我称之为观念；那种在我们心中产生任何观念的能力，我称之为具有这种能力的主体的性质。例如，一个雪球就有在我们心中产生白、冷、圆等观念的能力，这种在我们心中产生这些观念的能力，作为在雪球中的东西，我称之为性质；作为我们理智中的感觉或知觉，我就称之为观念；这些观念，如果我有时把它们说得好像是在事物本身里面，那我的意思就是指物体里面那些在我们心中产生这些观念的性质。

（3）这样被认为存在于物体中的性质有：第一种是这样一种性质，不论物体处于何种状态，它都绝对不能与物体分开；不论物体遭受什么改变或变化，受到什么力量压迫，它都仍然为物体所保持；在每一个大到足以被知觉到的物质粒子中，感官经常可以发现它；心灵也发现它与每一个虽然小到不足以单独被知觉到的物质粒子不可分。例如，取一粒麦子，把它分为两部分，每一部分仍然具有体积、广延、形状、可动性等等；把它再分一次，它仍然具有这些性质；把它一直分到各个部分都看不出来的程度，每一部分必定仍然保持着这一切性质。因为分割——绝不能除去任何物体的体积、广延、形状或可动性，而

---

① 这里的"主体"一词系指"物体""对象"而言，不是指认识的主体。以下也有同样的用法。

只是把原来的一个物体变成两块以上分明的、分离的物质，这些块物质分割之后，一块一块地计算起来，就造成了一个数目。这些性质我称之为物体的原初的或第一性的质；我想，我们可以观察到这些性质在我们心中产生以下这些简单观念：体积、广延、形状、运动或静止、数目。

（4）其次，是这样一种性质，事实上它并不是什么存在于对象本身中的东西，而是一种能力，可以借物体的第一性的质，亦即借物体的各个不可见的部分的大小、形状、组织、运动等，在我们心中产生各种不同的感觉，例如，颜色、声音、滋味等等。这些我叫作第二性的质。除此之外，还可以加上第三种性质，这些性质通常被认为只是一些力量，虽然它们同样是主体中的真实性质，就像我按照平常的说法称之为性质，但为分别起见又称之为第二性的质的那些性质一样。因为火里面那种借它的第一性的质在蜡块或土块内产生一种新颜色或新密度的能力，也同样是火里面的一种性质，就像火借同样的第一性的质——即它的不可见的部分的大小、组织和运动在我心中引起一种我从前没有感到过的新的热或烫的观念或感觉的那种能力一样。

（5）其次应该考察的，是物体怎样在我们心中产生观念；显然这是借一种冲击，因为这乃是我们所能设想的物体的唯一作用方式。

（6）如果外物在我们心中产生观念时并不和我们的心灵相接触，而我们仍然知觉到那些分别落入我们各种感官范围内的东西的原初性质，那显然一定是因为有某种来自那些东西的运动，通过我们的神经或"生命精气"，通过我们身体的某些部分，把它传到我们的大脑或感觉中枢，在那里使我们的心灵中产生我们关于那些东西的特殊观念。既然大到可见的物体的广延、形状、数目和运动，眼睛可以从远处见到，显然必定有一些不能单独被看见的物体，从那些大物体里到了眼睛里面，并且通过眼睛把某种运动传给大脑，就是这种运动在我们心中产生出我们关于那些物体的各种观念。

（7）我们可以设想，第二性的质的观念的产生方式，是和第一性的质的观念的产生方式相同的，就是说，是由不可见的微粒作用于我们感官而产生的。既然很明显地有那么许多细小的物体存在，每一个都细小到我们不能用任何一种感官来发现其大小、形状或运动——就像有空气和水的微粒，以及比空气和水的微粒小得多的微粒那样；也许小于空气和水的微粒的程度等于空气和水的微粒小于扁豆和冰雹的程度——，我们现在就可以假定：这种微粒的各种不同的运动和形状、大小和数目，在影响我们的一些感觉器官的时候，就在我们心中产生出我们那些关于物体的颜色和气味的不同的感觉，例如，一朵紫罗兰花，就是借这类具有特殊形状和大小、以不同的程度和形态运动的不可见的物质微粒的冲击，使那朵花的蓝色和香味的观念得以在我们心中产生。我们完全可以设想上帝把这些观念与这些同它们并无相似之处的运动联系在一起，就像可以设想上帝把刀片割我们肉的运动与同它毫无相似之处的痛苦的观念联系在一起一样。

（8）我对于颜色和气味所说的话，也可用于滋味和声音以及其他类似的可感觉的性质；这些性质，不论我们错误地赋予它们什么真实性，实际上并不是什么在物体本身中的东西，而是一些在我们心中产生各种感觉的能力；并且像我讲过的那样，依赖于那些第一性的质，亦即各个部分的大小、形状、组织和运动。

（9）由以上所说，我想，我们很容易得出这样的结论：物体的第一性的质的观念是和第一性的质相似的，它们的原型是确实存在于物体里面的，第二性的质在我们心中产生的观念则根本不与第二性的质相似。并没有什么与我们的观念相似的东西存在于物体本身中。这些性质，在我们用它们来称呼的物体里面，只不过是一种在我们心中产生这些感觉的能力；观念中的甜、蓝或温暖，只不过是我们称为甜、蓝或温暖的物体本身里面的不可见部分的某种大小、形状和运动而已。

（10）我们称火焰为热的和亮的，称雪为白的和冷的，称甘露为白的和甜的，这都是由这些东西在我们心中所产生的观念而得名。这些性质在物体里面的样子，通常被认为和观念在我们心里面的样子相同，后者乃是前者的完善的肖像，就像一面镜子里的肖像似的，如果有人持不同的说法，就会被大多数人认为荒唐。但是，一个人如果愿意想一想：同样的火，离得比较远，就在我们心中产生一种温暖的感觉，离得比较近，则在我们心中引起一种极为不同的痛苦的感觉，那就应该自己反省一下，自己究竟有什么理由可以说：火在他心中所产生的这个温暖的观念，是确实存在于火里面的，而同样的火以同样的方式在他心中产生的痛苦的观念，则不是存在于火里面的。为什么白和冷是在雪里面的，而痛则不是，既然在我们心里产生这两种观念的都是雪，既然雪除了借它的占体积的部分的大小、形状、数目和运动之外，就任何一种都不能产生？

（11）火或雪的各个部分的特殊大小、数目、形状和运动，是确实存在于它们之中的，不论是否有任何人的感官知觉到它们；因此可以称它们为实在的性质，因为它们确实存在于那些物体里面。但是光、热、白或冷，则和病痛不存在于甘露①里面一样，并不是确实存在于火或雪里面。如果取消对它们的感觉；如果眼睛不看光或颜色，耳朵不听声音，舌头不尝滋味，鼻子不闻气味，那么，所有的颜色、滋味、气味和声音，作为这种特殊的观念，就将消失无存，都还原成它们的原因，即各个部分的大小、形状和运动了。（洛克：《人类理智论》，第二卷，Ⅷ，7—17）

（选自北京大学哲学系外国哲学史教研室编译《西方哲学原著选读（上）》，商务印书馆，1981 年版，第 506—510 页）

乔治·巴克莱

巴克莱（1685—1753），英国哲学家，唯心主义经验论的主要代表。其主要著作有《视觉新论》《论人类知识原理》等。

从培根、霍布斯到洛克，对于人的认识和观念起源于经验的认识体现了英国经验论的传统。但是，由于时代的局限，他们并没有对认识的本质和过程作出无懈可击的回答。对于观念的形成、感性认识与理性认识的关系等的认识有很多混乱和不足，这为经验论从唯

---

① 意指饮甘露太多而得病，但是不能把病痛当作甘露的固有性质。

物主义转向唯心主义提供了可能。

巴克莱把哲学与神学结合在一起，力图在神学理论框架内安置科学。巴克莱立足于洛克的经验哲学，引申其含糊不清的地方，把经验论引向唯心主义。

首先，巴克莱强调了洛克的感觉和认识的对象是观念而不是外在事物的观点。巴克莱在此基础上将这一观点引申到对存在的规定，把存在的意义限定于人的认识对象，然后用被感知来规定认识对象的存在，由此取消了感知外的客观事物的存在。

其次，巴克莱夸大洛克怀疑物质实体确实存在的理由，认为洛克在说明观念与外物之间的"相似"时只是一种假设；洛克的第一性质的观念同样不反映外物性质，也是相对的；洛克的双重经验论也只需要心灵就可以说明观念的产生，假定物质是感觉的外在原因没有必要；等等。通过这些论证，巴克莱认为物质实体既没有自身存在的理由，也没有成为观念原因的理由。因此，物质是虚无。

最后，巴克莱为了解决上帝存在的问题，背弃了他反对物质实体的经验论的基本原则，即知识的对象只能是观念，用严格的经验论原则反对物质的存在。但在肯定精神实体的存在时运用了逻辑推理。其推论过程为：即使没有被个别心灵感知的事物，这个事物会被上帝所感知；观念不完全在个别心灵中自发产生，有一个产生一切真实观念的外在精神实体就是上帝；秩序和规律的观念不是个别心灵的产物，但是它们之间的联系证明造物主的睿智与仁慈。

人类知识的对象是各种观念

在任何一个观察过人类知识对象的人看来，显然这些对象或者是实实在在由感官印入的观念，或者是由于注意人心的各种情感和作用而感知的观念，最后，或者是借助于记忆和想象——即混合、分解或简单地表象那些由上述方法而认识的原始观念——而形成的观念。借着视觉，我可以有光和颜色及其不同程度与差异的观念。借着触觉我可以感知到硬和软、热和冷、运动和阻力以及它们在数量上或程度上的大小深浅。嗅觉供给我以气味，味觉供给我以滋味，听觉则可以把各种不同曲调的声音传入我的心中。

由于这些观念中有一些是一同出现的，我们就用一个名称来标记它们，并且因而就把它们认为是一个东西。因此，例如某种颜色、滋味、气味、形象和硬度，如果常在一块儿出现，我们便会把这些观念当作一个单独的事物来看待，并用苹果的名称来表示它。另外一些观念的集合，则构成一块石头、一棵树、一本书和其他类似的可以感觉的东西。这些东西，又因为是适意的或不适意的而引起爱、憎、悲、乐等等情感来。（巴克莱：《人类知识原理》，Ⅰ.1）

存在就是被感知

（1）不过，除了所有这些无数的观念或知识对象以外，同样还有"某种东西"知道或感知它们，并对它们进行各种活动，如意志、想象、记忆等；这样一个能感知的主动实体，就是我所谓的心灵、精神、灵魂或自我。我用这些词并不是指我的任何一个观念，而是指一个全然与观念不同的东西。观念只存在于这个东西之中，或者说，被这个东西所感知；因为一个观念的存在，就在于被感知。

（2）我的思想、情感和由想象力构成的观念，都不能离开心灵而存在，这一点是每个人都会承认的。而且，印在"感官"上的各种感觉或观念，尽管混杂，尽管结合在一起（即不管组成什么对象），也不能不在感知它们的心灵中存在，这一点在我看来，似乎也是同样明显的。只要一个人注意一下存在一词用于可以感觉的事物时的意义，我想，凭直觉就可以知道这一点。我说我写字用的桌子存在，这就是说我看见它，摸到它。假若我走出书房以后还说它存在，这个意思就是说，假若我在书房中，我就可以感知它，或者是说，有某个别的精神实际上在感知它。有气味，就是说我嗅到过它；有声音，就是说我听到过它；有颜色或形相，就是说我用视觉或触觉感知过它。这就是我用这一类说法所能够了解到的一切。因为所谓不思想的事物完全与它的被感知无关而有绝对的存在，那在我是完全不能了解的。它们的存在〔esse〕就是被感知〔percipi〕，它们不可能在心灵或感知它们的能思维的东西以外有任何存在。

（3）诚然，在人们中间奇特地流行着一种意见，认为房屋、山河，一句话，一切可感的东西，都不必被理智所感知而有一种自然的或真实的存在。不过，不论一般人用怎样大的信心和满意来采纳这个原则，但是，任何人只要留心研究一下这件事，就可以看到（假如我没有看错），这里其实包含一个明显的矛盾。因为，除了我们用感官所感知的事物之外，还有什么上述的对象呢？并且，在我们自己的观念或感觉之外，我们究竟能感知什么呢？那么，要说是任何一个观念或其结合体不被感知而存在，那岂不明明白白是背理的吗？

（4）假若我们彻底考察一下这个主张，我们就可以发现：它或许归根结底是基于抽象观念的学说，因为，把可感物的存在与它的被感知分离，以为它们不被感知而存在，这不就是一种最精巧的抽象作用吗？光和色，热和冷，广延和形状，——一句话，我们看到和感触到的东西——它们除了就是一些感觉、意念、观念或感官上的印象外，还是什么呢？并且，即使在思想中，我们能把它们与感知分离开来吗？就我来说，我诚然可以很容易把一个东西与它自身分割开来，我诚然可以在我的思想中把那些或许从未经感官感知其为如此分割的东西分割开来，或设想它们是互相分离的；例如，我可以想象一个人的身躯没有四肢，或不用想到玫瑰花本身而单单设想玫瑰花的香气。在这个范围内，我并不反对我是可以抽象地来思想的，如果这可以叫作抽象作用的话。但是，抽象作用所设想的范围，仅仅限于那些真正可能分开存在或实实在在被感知为分开存在的事物。然而，我的想象能力并不能超过真实存在或感知的可能性以外。所以，正如我不能离开了对于一个东西的实实在在的感觉而能看见它或感触到它一样，我亦不能在思想中设想任何可感物可以离开我对于它的感觉或感知。真正讲来，对象和感觉是同一个东西，因此，两者是不能彼此分离的。

（5）有些真理对于心灵非常密切和非常明显，所以一个人只要张开眼睛，就可以看出它们来的。我认为下面就是这样一个重要的真理，那就是，天上的一切星宿，地上的一切陈设，总之，构成大宇宙的一切物体，在心灵以外都没有任何存在；它们的存在就是被感知或被知道；因此，如果它们不是实际上被我所感知，或者不存在于我或任何别的被创造的精神的心中，那么，它们不是根本不存在，就是存在于某种"永恒的精神"的心中。说事物的任何一部分有一种独立于精神之外的存在，那是完全不可理解的，并且包含着抽象作用的全部荒谬。读者只要反省一下，试试看在自己的思想中是否能把一个可以感觉的东西的存在与它的被感知分离开来，就可以相信这一点了。

（8）从上面所说的看来，显然，除了"精神"或感知者以外，再也没有任何别的"实体"。但是，为了更充分地证明这一点，我们还应当认识到：一切可以感觉的性质，都只是颜色、形相、运动、气味、滋味等等，也就是说，都只是被感官所感知的观念。既然如此，那么，说观念存在于不能感知的东西中，那就是一个明显的矛盾；因为具有一个观念和感知完全是一回事。因此，颜色、形状以及类似的性质在哪一个东西中存在，那一个东西就必须感知它们。所以，显然那些观念不能有不思维的实体或基质。

（9）不过，你可以说：虽然观念本身并不离开心灵而存在，但仍然可以有与观念相似的东西，而观念只是它们的摹本或肖像；这些东西则是可以离开心灵而存在于一个不思维的实体之中的。我答复说：观念只能与观念相似，而不能与别的东西相似；一种颜色或形状只能与别的颜色或形状相似，而不能与别的东西相似。如果我们稍微考察一下我们自己的思想，我们就会发现，只有在我们的观念之间，才可能设想有一种相似关系。再者，我还可以问：所假设的那些为观念所描绘或代表的"原本"或外物，本身究竟是能被感知的呢，还是不能被感知的？如果是能被感知的，那么，它们就仍然是些观念，这正表示我的主张胜利了；但是如果你说它们是不能被感知的，那么，我可以诉诸任何人，看看断言颜色与某种不可见的东西相似，硬或软与某种不可触知的东西相似，这种说法是有意义的吗？其余的性质也是如此。（巴克莱：《人类知识原理》，Ⅰ，2-8）

（选自北京大学哲学系外国哲学史教研室编译《西方哲学原著选读（上）》），商务印书馆，1981年版，第501—505页）

大卫·休谟

休谟（1711—1776），英国经验主义哲学家。主要哲学著作有《人性论》《人类理解研究》《道德原则研究》等。

休谟受到近代实验科学的影响，提出要把实验科学的方法用于对人性的研究。

首先，休谟认为一切观念都来自简单的感觉印象，这是人性科学的第一条原则。这就坚持了知识起源于经验的立场，弥补了洛克将感觉和反省作为观念来源的缺陷。

其次，休谟将知识分为两类：关于观念的知识和关于事实的知识。关于观念的知识取决于观念自身，是证明的知识，主要指数学和逻辑，单凭思想就可以推理关于观念关系的知识。其命题是分析命题，分析命题是必然真理。分析命题可以澄清语词的意义，使思想更加清晰，但不能扩大知识范围。关于事实的知识则不同。对于观念之间的关系不能单凭思想就可以推理出来，人们需要根据观念以外的经验作出判断和检验。其命题是综合命题，是偶然真理。综合命题可以扩大知识的范围，对生活最有用。人们把休谟对知识的这一分类称为"休谟之叉"。

根据这样的原则，休谟对物质实体、心灵实体以及上帝实体给予了怀疑，既然在经验中没有关于实体的存在和性质的感觉印象，那么一切实体概念都应该从知识中清除出去。因此，休谟据此被称为不可知论者。

同时，休谟对因果必然联系也有怀疑。在经验的基础上，通过联想形成观念之间的联系就是因果关系。那么因果关系的基础是什么？他认为因果关系不属于证明知识，不能以概念分析为根据；因果关系也不属于事实知识，因为因果关系的联想以过去的经验为基础，就是过去发生的事件和未来发生的事件相似，但是这个前提无法证明，因为它正是一切经验知识的基础。企图用经验知识来证明这个推理会犯循环论证和超越经验知识范围的错误。

因果关系在知识范围内的解释失去了可能性，只好在知识范围外寻找解决途径。按照休谟的看法，因果关系不是任意和偶然的，因果推理遵循着"习惯"的原则。习惯是人性的一种倾向。人的自然本能带来因果关系的自然信念，自然信念产生习惯，从而形成因果关系推理。

休谟在道德观上采取"同情原则"和"比较原则"，主张联想是人的自然力量，使人能超出自我苦乐范围，对他人和公共利益产生共同感受。

"必然联系"这一观念只是心灵的习惯

（1）当我观察我们周围的外在事物，考察原因的作用时，我们根本不能在个别的实例中发现任何"力量"或"必然联系"，不能发现任何一种性质将原因与结果结合起来，使这一个成为另一个的必然结果。我们看到的实际上只是这个东西总归跟随着那个东西。一个弹子撞上另一个弹子，就有另一个弹子的运动随之而来。我们的外在感觉所见到的只是如此而已。心灵从对象的这种前后连续中得不到什么感觉或内在印象；因此在任何个别的、特殊的关于原因与结果的实例中，并没有任何东西能给人们以"必然联系"或"力量"的概念。

我们决不能一看到一个对象就立刻预料到它将产生什么结果。但是，如果我们的心灵是可以发现任何原因的"力量"或者"能力"的，那么我们即使没有经验，也能预见到结果，并且一开始就能单靠思维和推理确定地将它宣布出来。

实际上，任何一部分物质都不能靠它的可以感觉的性质揭出任何"力量"或"能力"，或者使我们有理由想象它可以产生出任何东西，或者有任何我们可以称之为结果的其他的东西随之而来。体积、广延、运动等性质都是自身完备的，根本不能指出任何其他事件可以由它们产生出来。各种宇宙景象是在不断的变化之中，一个事物随着另一个事物产生，形成一个不间断的连续；然而那种推动整个机器的力量是完全不为我们所知的，我们决不能从物体的任何可以感觉的性质发现它。我们知道，实际上，热是火的经常伴侣；可是它们中间的联系是什么，我们是无法猜想或想象的。因此，我们是不可能从物体作用的个别实例中凭着对于物体的思索而得出力量的观念的，因为任何物体都不能揭示出任何可以作为这个观念的来源的力量。

（2）即使我们在个别的实例或经验中见到某一特殊事件继另一事件而发生，我们根据这个实例，也没有资格建立一个普遍的规则，或者预言在同样的情形之下行将发生什么事件。个别的经验无论怎样精确可靠，我们也不能以它为根据来对整个自然进程有所断定，这样做完全可以说是一种不可原谅的粗率行为。但是，如果某一特殊事件在所有的情况之下，总是与另一事件集合在一起，我们就可以毫不踌躇地预言，在这一事件出现之后将产生另一事件，并且这是唯一可以向我们保证任何事实和存在的推论方法。于是我们将一个对象称为原因，将另一对象称为结果。我们在它们之间假设有某种联系；并且假设在一个对象中有某种能力，这个对象可以借这种能力毫无差错地产生出另一对象来，并且以最大的确定性和最严格的必然性活动着。

看来事件之间的"必然联系"这个观念，乃是由于这些事件在许许多多类似的实例中经常集合一起而产生的；我们从一切可能的观点和立场加以观察，也不能就那些实例中的任何一个指出这个观念的存在。但是许许多多的实例与每个单个实例并没有不同的地方，每个单个的实例都是被假定为确切相似的。只不过是在相似的实例反复出现若干次以后，心灵为习惯所影响，于是在某一事件发生之后，就期待经常继它之后而发生的事件发生，并且相信后一事件是会存在的。因此，我们心中所感觉到的这种联系，我们的想象从一个对象进到经常伴随的对象的这种习惯性的推移，就是我们据以形成"能力"观念或"必然联系"观念的那种感觉或印象。事情就只是如此，没有什么别的了。你就是从各个方面对这件事详加考察，也决不会为这种观念找到任何别的来源。这就是单个的实例与许许多多类似的实例不同的地方；我们从单个的实例中并不能得到这个联系观念，而一大堆类似的实例却可以将这个观念指示出来的。一个人第一次见到冲击所引起的运动的传递，例如两个弹子相撞，他并不能宣称前一事件是与后一事件相联系的，而只能说它们是集合在一起的。当他见过若干次这种性质的实例以后，他就宣称它们是相联系的了。究竟发生了什么变化，使这个人有了这个联系的新观念呢？只不过是他现在感觉到这些事件在他的想象中是相联系的，并且能够轻易地从这一事件的出现预言另一事件的出现。因此，当我们说一个对象与另一个对象相联系时，意思只是说它们在我们的思想中得到了一种联系，因而达到一种推论，根据这种推论，这两个对象可以互相证明对方的存在。这个结论多少有些特别，然而似乎具有充分明确的根据。纵然对于理智一般地不加信任，对于每一个新的特别的结论存着怀疑主义的犹疑，也是不会减轻这种结论的明确性的。最投合怀疑主义的结论的，无过于揭发人的理性和能力的软弱和狭隘了。（休谟：《人类理智研究》，Ⅶ.50，59）

（选自北京大学哲学系外国哲学史教研室编译《西方哲学原著选读（上）》，商务印

书馆，1981年版，第592—595页）

⟁ 康德

康德（1724—1804），德国哲学家，许多哲学家认为他是自柏拉图、亚里士多德以来最伟大的哲学家之一。他一生没有结婚，他的生平就是他的著作。以1770年为界，康德的著作分为前批判时期和批判时期。前批判时期主要关注自然科学方面的研究，主要著作是发表于1755年的《自然通史和天体论》。1755年，他提交了教授就职论文《论感觉界和理智界的形式和原则》，标志着其批判思想的形成。在批判时期，主要从事形而上学的批判和重建，主要著作是三大批判，即《纯粹理性批判》《实践理性批判》《判断力批判》。还有《道德形而上学基础》《道德形而上学》《自然科学的形而上学初始根据》等著作。

康德的主要著作都被冠以"批判"之名，主要是由于康德把批判看作哲学研究的新方法，同时也是对人类理性的自我批判和反思。他通过划定理性在认知方面的界限限定了人的理性运用范围。

首先，康德针对古希腊以来哲学家们都接受的观念进行了革命。以往的哲学家大都认为，有一个实在存在，我们可以通过理性和经验认识这一实在，或者如休谟所认为的我们无法认识这一实在。在康德看来，我们的观念不是符合实在，而是在某种意义上形成和确立世界，把我们的经验强加于世界。康德的革命就在于认为，对象必须依照我们的知识。他把自己比作阐释日心说的哥白尼。哥白尼将太阳围绕地球运转的"地心说"转变为地球围绕太阳运转的"日心说"，完成天文学革命。康德认为世界上外在于我们的实在的基本性质实际上源于我们的经验和理性而不是实在本身。这是一场哥白尼式的革命。康德改变了我们对于实在、观念、知识等的概念。真理不是我们的观念和实在之间的符合，而是我们自己借以构成我们的实在的法则体系。这一革命剔除了外在于我们自身的实在和真理，哲学问题发生了根本性的改变。

其次，康德调和了唯理论和经验论对于知识的来源、形成等问题的观点。康德从"休谟之叉"中得出了"先天综合判断"这一概念。分析命题的谓词包含在主词之中，有着逻辑上的蕴含关系，所以是必然命题。其真假取决于主词与谓词的蕴含关系，不取决于经验。在这样的意义上，分析命题被称为先天命题。"先天"便是先于经验、超越于经验。反之，综合命题的主词与谓词没有蕴含关系，只是偶然联系在一起，因此是偶然命题。偶然命题的真假取决于经验事实，被称为后天命题。"后天"是指来自经验、依赖经验。康德提出"先天综合判断"，包括数学命题、自然科学命题和形而上学命题，分别探讨了纯数学、纯粹自然科学和科学的形而上学何以可能的问题。他以"先验感性论"回应了数学如何可能，以"先验分析论"回应了纯粹自然科学如何可能，以"先验辩证论"回应了"传统形而上学作为人类禀赋何以可能"，以"先验方法论"回应了"未来形而上学作为科学如何可能"。这些思想体现了他试图克服唯理论和经验论的片面性的努力。

再次，康德认为道德也必须基于理性。这样的理性为纯粹实践理性。道德独立于社会，是自律的，是个人理性的一种功能。善良意志就是践行纯粹实践理性的意志，是以善良自身为目的的意志。善良意志自己为自己立法和守法，这被康德称为绝对命令，是定言式，其普遍准则是："这样行动：你意志的准则始终能够用作普遍立法的原则。"从其引出的两条推论为：始终把人当目的，而不能把人当手段；每一个理性存在者的意志都是颁布普遍律的意志。为了能够实现德福一致，康德又提出三条公设：灵魂不朽、意志自由、上帝存在。

最后，康德通过判断力批判为情感能力找到了先天原则，说明了人的艺术和文化是自然法则和道德自律的最终依据。

我们的时代要求理性必须对自己进行批判

人类的理性在它的某一个知识部门里有一种特殊的命运：它老是被一些它所不能回避的问题纠缠困扰着；这些问题都是它的本性向它提出的，可是由于它们已经完全越出了它的能力范围，它又不能给予解答。

理性陷入这种困惑处境，并不是它自己的过错。理性开始活动时所依据的原则，都是在经验中无法避而不用的，同时也是经验已经充分证明有效的。理性从这些原则出发，又受自己本性的驱使，就逐步上升，去探求更深更远的条件或根据。但是理性由于认识到这样追溯下去问题层出不穷，它的追溯活动势必永无完成之日，于是感觉到不得不求助于另外一些原则；那些原则是完全越出了可以使用经验的范围，看来完全无可置疑，连普通常识也都同意的。可是这样一来理性就陷入迷雾，遇到种种矛盾：根据这些矛盾，虽然可以推断出背后必定有谬误隐藏在某处，但是却无法发现它们，因为理性所用的原则既然超出了一切经验的界限，也就不能再用任何来自经验的试金石加以检验了。这一个纷争不息的战场，就叫形而上学。

有一个时期形而上学曾经号称一切科学的女王。如果我们拿愿望当作事实的话，形而上学的研究对象既然特别重要，这个光荣称号它也确实当之无愧。但是时代变了，风尚变了，现在对它只有无情的轻蔑；这位年迈的贵夫人备受谴责，惨遭遗弃，只得像海姑巴①一样自怨自艾地叹道：modo maxima rerum, tot generis natisque potens — nunc trahor exul, inops.〔不久前还是强中之强，有那么多儿女媳婿，威重四方——如今啊被逐出乡邦，孤零零好不凄凉〕——奥维德②《变形记》

最初，在独断论者的控制下，形而上学的统治是专制的。可是由于它的法制还带着古代蛮性的遗迹，内战频仍，它也就一步一步陷于无政府状态；而且怀疑论者们像游牧民族一样，厌恶一切固定的房舍，不时地摧毁着城郭社会。幸而他们人数不多，为患不大，独断论者们还是能够一再把它设法重建起来，虽说并不是按照着大家一致同意的计划。到了

---

① 海姑巴〔Hecuba〕，荷马史诗中战败被俘的特洛亚王后。

② 奥维德〔Ovidus〕（公元前43—公元18），罗马诗人，《变形记》是他的代表作。

近代，虽然一度出现了一种人类理智的生理学（著名的洛克创立的），好像把一切形而上学纷争都结束了，把形而上学坚持为王的合法性彻底否决了，然而结果却是，尽管这位自封的女王被追查出并非金枝玉叶，无非是普通经验的庶孽，因而理应对她的僭越表示怀疑，可是由于这个家谱实际上是为她捏造出来的，她还是始终坚持她的主张，于是一切照旧，又再度陷入陈腐的独断论，陷入人们意图使这门学问摆脱的那种备受轻蔑的状态。现在一切道路都试验过了（人们相信是这样），徒劳无功，学术界厌倦成风，流行着十足的冷漠态度，这是混乱和蒙昧的根源，同时却也是学术行将改弦更张、大放光明的发端，至少也是一个前奏，因为不恰当的努力已经使它变成漆黑一团、混乱不堪、完全无用了。

这就是说，对这样一些研究硬装着漠不关心是无济于事的，它们的对象是人类的本性决不能漠视的。那些自命为冷漠派的人，不管多么想乔装打扮，把经院的语言换成通俗的腔调，使人家认不出他们的真面目，可是他们只要一思考，就不可避免地要回到他们装作十分蔑视的形而上学主张上去。而且，这种冷漠态度出现在学术繁荣的时期，它所涉及的又恰恰是这样一门学问，这门学问的知识，如果可以得到的话，人们无论如何至少不会放弃。这可是一种值得注意、值得深思的现象。这显然不是思想肤浅的结果，而是由于当代的成熟判断力再也不肯听任虚假的知识愚弄，向理性提出了一个要求，要它承担起它的最艰巨的任务，即重新进行自我认识，并设立一个法庭来保障它的合法要求，另一方面，对于一切毫无根据的僭越要求，则不凭强制的命令，而按照理性的永恒不变的规律予以批驳；这个法庭不是别的，就是对纯粹理性本身的批判。

但我说的批判并不是对书本和体系的批判，而是从理性可以不靠任何经验独立取得的一切知识着眼，对一般理性能力进行的批判；因此要决定一般形而上学是可能的还是不可能的，要确定它的来源、范围和界限——全都要从原则出发。（康德：《纯粹理性批判》，第一版序，A vii—xii）

理性先天地认识到的，就是它自己按照概念放进去的东西

数学和物理学是理性的两门理论知识，其任务是先天地规定自己的客体。前者是完全纯粹地规定，后者至少是部分纯粹地规定，要看异于理性的知识来源有多少。

数学从人类理性的历史上最早的时期起，就在令人钦佩的希腊民族中走上了科学的可靠道路。但是大家不要以为，它是像只与理性自身打交道的逻辑那样，轻而易举地踏上了、或者自己开辟了那条康庄大道；我倒是认为，它曾经长期地（特别是在埃及人中间）停留在摸索状态中，这一转变要归功于某一个人在一次试探中灵机一动，造成了一场革命，从此以后，人们就不再偏离必须遵循的正道，这门科学的那条万古不移的、无往弗届的可靠道路就打通了、划定了。这一场思想方法上的革命要比发现绕道好望角的新航路重要的多，它的经过和首创者已经无法考订。但是第欧根尼·拉尔修给我们传下了许多传说，——举出那些微不足道的、通常认为根本无需表明的几何学证明的所谓发明人，这就表明，记住这一转变，记住它由发现这条新路的最初迹象所引起，对几何学家们必定是一

件非常重要的事，因此无法忘掉。那第一个给等腰三角形作出证明的人（不管他叫泰利士还是叫什么别的名字）心里闪出了一道光芒，因为他发现不能死死盯着自己在图形里看到的东西，也不能死死扣着这一图形的单纯概念，仿佛必须从其中认出它的特性，而只能用自己根据概念先天地设想进去并且表达出来（通过作图）的那种东西造出那些特性来；要想先天地确切认识到点什么，就必须把一种东西归给事物，这种东西不是别的，就是从自己按照概念放进了事物的那个东西必然推出来的结论。

自然科学踏上科学的阳关大道之前，步伐要缓慢得多，因为自从英明的培根提出创议以来，才不过一个半世纪光景。他的创议一方面促成了这一发现，另一方面由于已经有发现的迹象，更可以说鼓舞了这一同样只能用一场突然发生的思想革命来解释的发现。我在这里只想就自然科学以经验原则为依据这个方面对它考察一下。

当伽利略让一个他自己选定重量的球从斜面上往下滚的时侯，或者当托里拆利让空气托住一个他预先想好与一根已知水柱相等的重量的时候，或者当更晚的施塔尔从金属和石灰中除去和放回某物，使金属变成石灰、石灰又变成金属的时候，这几位自然科学家心里都闪出一道光芒。他们悟到理性只是洞察到它自己按照方案造出的东西，悟到理性必须挟着它那些按照不变规律下判断的原则走在前面，强迫自然回答它所提的问题，决不能只是让自然牵着自己的鼻子走；因为如果不这样做，那些偶然的、不按预定计划进行的观察就根本不会联系在一条必然的规律里，而那却是理性所寻求、所需要的。理性必须一只手拿着原则，拿着那些唯一能使符合一致的现象成为规律的原则，另一只手拿着自己按照那些原则设计的实验，走向自然，去向自然请教，但不是以小学生的身份，老师爱讲什么就听什么，而是以法官的身份，强迫证人回答他所提出的问题。所以，物理学上发生这场如此有利的思想方法革命，也只能归功于有人灵机一动，省悟到要以理性本身放到自然里去的东西为依据，到自然中去寻求（不是给自然捏造）那种必须向自然学习、而不能单凭理性认识到的东西。这样，自然科学才被领上了一门科学的可靠道路，多少世纪以来它只不过是在暗中摸索而已。

形而上学是一种完全孤立的思辨理性知识，高高在上，完全不受经验教导，而且完全依靠单纯的概念（不像数学那样依靠应用于直观的概念）。所以在形而上学里面，理性本身可以说是它自己的小学生，到现在为止，命运还没有给它那么大的恩惠，使它能够开辟一门科学的可靠道路，尽管它比其余的科学都要古老，而且还会继续存在下去，其余的科学却可以被横扫一切的蛮性巨吻一股脑吞噬得一干二净。因为在形而上学里面，理性继续不断地碰壁，即便想要先天地领会那些已经被最平凡的经验证实的规律（这是它的妄想），也办不到。在形而上学里，人们不得不翻来复去地走回头路，因为人们发现此路不通，不能达到自己的目的地；至于研究形而上学的人们之间，主张远远谈不上一致，倒不如说这是一个角斗场，看来专为用武而设，还从来没有一个角斗士争到一块哪怕最小的地盘，能够凭着胜利把它长远地占领下去。因此毫无疑问，它的做法到现在为止只不过是暗中摸索，而且最糟糕的是在单纯的概念中间瞎摸。

那么，形而上学至今还不能找到科学的可靠道路，问题出在哪里呢？难道这样的道路是不可能有的吗？如果是这样，自然为什么鼓动我们的理性老是不停地努力，把探索这条道路当成自己最重要的任务之一呢？还有，既然我们的理性在我们的求知欲最看重的一件事情上不仅遗弃了我们，而且以假象迷惑了我们，终于欺骗了我们，我们还有什么理由信任它！再说，既然过去走过的道路统统是错的，我们凭什么可以指望自己再去寻找的时候会比前人幸运呢？

我倒是认为，数学和自然科学都是通过一场突然革命成为今天这样的，这两个先例很值得我们注意；我们应当仔细体会一下这种对它们如此有利的思想方法转变的本质特点；既然它们也都是理性知识，与形而上学十分类似，我们就应当在形而上学里面至少试着模仿它们一下。到现在为止，大家都是认定我们的知识必须依照对象，在这个前提之下进行了多次试验，想通过概念建立某种关于对象的先天判断，从而扩大我们的知识，可是这些试验统统失败了。那么，我们不妨换一个前提试一试，看看是不是能把形而上学的问题解决得好一些。这就是假定对象必须依照我们的知识。这个假定就比较符合我们的期望，我们正是盼望能有一种关于对象的先天知识，在对象向我们呈现之前，就确立了某种关于对象的东西。这个设想同哥白尼当初的想法非常近似，他原来认定整个星群围绕观测者旋转，可是这样解释天体运动总是不能令人满意，于是他想到换一个法子试一试，假定观测者旋转而星群不动，看看是不是可以得到比较满意的解释。现在我们在形而上学里也可以用类似方式在对象的直观问题上试一试。如果直观必须依照对象的状况，我就看不出怎么能先天地认识到对象的某种状况；可是，如果对象（指感官的客体）必须依照我们直观能力的状况，我就完全能够设想这种可能性了。但是，这些直观是要变成知识的，我不能老是停留在直观上，必须把直观当作表象联系到某个作为对象的东西上去，用表象来规定对象，所以我可以有两种做法：要么假定我用来进行规定的那些概念是依照对象的，可是这样一来我就重新陷入原来的困境了，因为不能解释我怎么能先天地认识对象的某种状况；要么假定对象或经验（这是一回事，因为只有在经验中才能认识对象，对象就是呈现出来的对象）是依照这些概念的，这样我就立刻看到比较容易摆脱困境了，因为经验本身就是一种需要理智的知识，而理智的规则我是必须假定为在对象向我呈现以前就先天地在我心中的，它先天地表现在概念里，所以经验的一切对象都必然是依照概念的，必定与概念符合一致。有些对象，是只能而且必然由理性去思维的，根本不能（至少不能像理性思维它们那样）在经验中呈现，我们作个试验，把这些对象拿来思维一下（因为它们毕竟是可以思维的），这就提供了一块灵验的试金石，来验证我们所采用的这种新思想方法：我们在事物上先天地认识到的东西，只是我们自己放进事物的东西。

这个试验已经如愿以偿地成功了，它表明形而上学的第一部分可以走上一门科学的可靠道路：那一部分里探讨一些先天的概念，与那些概念相应的对象是可以切合着概念呈现在经验里的。因为我们通过思想方法上的这一改变，既能顺理成章地说明一种先天知识是可能的，更能给那些先天地为自然即全部经验对象充当基础的规律提供令人信服的证明，这两点用以往的办法是不可能办到的。但是，形而上学第一部分里所作的这种关于我们先天认识能力的演绎，却也得出了一个意想不到的、表面看来对形而上学第二部分的整个目的非常不利的结论，这就是我们决不能越出可能经验的界限，而这一点恰恰是这门学问最关切的要务。然而这个实验也正好提供了一个反证，证明上面对于我们先天理性知识作的第一个评价的结论是真实的，即：我们的先天理性知识只涉及现象，至于自在的事物本身，虽然就其自身来说是实在的，却是不能为我们所认识的。因为驱使我们必然要越出经验和一切现象的界限的，是无条件者；理性势必要求、也有理由要求在自在的事物本身中有那么一个无条件者，接在一切有条件的东西后面，借已完成条件的系列。现在我们发现，如果认定我们的经验知识是依照那些作为自在物的对象的，我们就决不能毫无矛盾地设想那个条件者；相反地，如果认定并不是我们关于各种事物的表象，即事物向我们呈现的样子，依照着这些作为自在物本身的事物，却是这些作为现象的对象依照着我们的表象方式，矛盾就没有了；因此，无条件者是不能在我们认识的（向我们呈现的）事物上面遇到，只能在我们不认识的、作为自在的事物本身的事物上面遇到的；这就表明，我们起初只是为了试验而假定的那件事情，是确有根据的。现在，我们否定了思辨理性在那个超感性领域里的任何活动之后，还剩下一件事情要做，就是做些试验，看看理性的实践知识里是不是有些资料，可以用来对无条件者这一超越的理性概念作出规定，并且以这样的方式，依着形而上学的心愿，用我们那些仅仅在实践方面才可能有的先天知识，去达到越出一切可能经验的界限这个目的。而且，这样做，思辨理性无论如何至少给我们保留了一块扩大知识的地盘，它自己虽然不能插手，却始终不禁止我们占用，甚至敦促我们用理性的实践资料尽可能把它填满。

我们仿效几何学家和自然学家的先例，给形而上学来一个全面的革命，试图以此改变形而上学的传统做法，这就是这部纯粹理性批判的任务。这部批判是探讨方法的论文，并不是科学体系本身，但它勾画了这门科学的整个轮廓，既包括它的界限，也包括它的整个内部结构。因为纯粹思辨理性本身就有这样的特点：它能够并且应当根据自己选择思考对象时所用的各种方式来测定自己的能力，并且详尽无遗地列举它自己提出问题时所用的各种方式，从而给一个形而上学体系绘出完整的蓝图；因为就第一点说，在先天的知识里，能够加给客体的只是思维主体自己拿出来的东西；就第二点说，从知识原则方面看，纯粹理性是一个完全独立的统一体，其中的每一个环节如同有机体的肢体一样，都是为了其他一切环节而存在，一切环节又都是为了每一个环节而存在的，其中的任何一条原则，如果单从一个角度看，而不同时从它与整个纯粹理性应用法的各种关系去考虑，是不能稳妥可靠地使用的。此外，形而上学还有一种稀有的幸运，是任何其他研究客体的理性科学（逻辑只研究一般思维形式）所不能分享的，只要批判把它领上了一门科学的可靠道路，它就能完全掌握适合于它的整个知识领域，从而使它的工作圆满完成，传给后世作为一份永远无须增益的财产使用，因为它只探讨一些原则，以及限制使用这些原则的情况，这都是由它自己规定的。形而上学，作为一门基本科学，也就必然具有这种完满性，对于它，我们当然可以说：nil actum reputans, si quid superesset agendum〔如果还有什么事情要做，那它就认为什么事情都没有做〕。（康德：《纯粹理性批判》，第二版序，Bx-xxiv）

纯粹理性批判不但排除理性的误用，而且给信仰留地盘

但是人们要问，我们打算通过这种由批判净化了、因而固定化了的形而上学传给后人的财产，究竟是什么呢？只要浏览一下这部著作，就会知道它的用处只是消极的，就是让我们决不要把思辨理性用到经验的界限以外去，事实上这也确实是它的第一种用处。但是这种用处马上就会变成积极的，只要我们体会到，那些使思辨理性冒险越出自己的界限的原则所带来的必然后果，事实上并不是扩大我们理性的使用范围，仔细想来倒是缩小它的使用范围，因为那些本来属于感性的原则起着威胁的作用，实际上是要把感性的界限无限扩大，从而把纯粹（实践）理性的应用完全排挤掉。由此可见，这样一种限制思辨理性的批判，就这一点看虽然是消极的，但是它这样一来同时也消除了一个障碍，使实践理性的应用不受限制，更没有被取消的危险，所以说，事实上它是有积极的、非常重要的用处的，只要我们相信，纯粹理性有一种绝对必然的实践应用（道德应用），它在用于实践的时候不可避免地要越出感性的界限，当然它这样做是无需思辨理性协助的，但是必须谨防思辨理性阻挠，才不致陷于自相矛盾。否认理性的这种工作有积极的用处，就等于说警察没有积极的用处，因为警察的主要职责只不过是防止那种使公民们担惊受怕、互不放心的不法暴行，让每一个人安居乐业而已。——

如果批判没有搞错，它是教我们要从两种意义看待客体，即一方面可视之为现象，另一方面可视之为自在物本身；如果批判对理智概念的演绎是正确的，因果原则只适用于第一种意义下的物，即成为经验对象的物，而同样的物，在第二种意义下，就不受因果原则的支配，那么，同一个意志，我们一方面认为它在现象里（在可见的行为里）是必然遵守自然规律的，因而是不自由的，另一方面又认为它属于自在物本身，是不受自然规律支配的，因而是自由的，这就并不出现矛盾了。诚然，我的灵魂，就后一种意义说，我是不能凭思辨理性（更不用说凭经验观察）来认识的，因此，自由，作为一种能在感性世界产生后果的东西的属性，我也同样不能认识。这是因为像自由这样一种东西，我是只能就其存在认识它，而又不能在时间里确切地认识的（其所以不可能，是因为我不能给我的观念提供任何直观作为它的根据），不过，既然我们的批判已在两种表象（感性的和心智的）之间作出区别，并对纯粹理智概念和由之而生的原则作出限制，我就能够思维自由，也就是说，自由的表象至少并不包含任何矛盾。如果我们承认，道德必须以自由（最严格意义的）为前提，必须视自由为我们意志的属性，因为道德引用我们理性中原来就有的实践原则当作理性的先天资料，而这些实践原则假如没有自由作为前提将是绝对不可能的；如果我们同时承认，思辨理性已经证明自由是不容思维、不可思议的，那么，上述的那个前提，即道德的前提，当然就必须让位给相反的前提，因为反面的前提不像它自己那样明显地含有矛盾，这就是说，自由以及与自由连在一起的道德（因为道德即使不以自由为前提，它的反面也不含有矛盾），就必须让位给自然机制。但是，我在道德问题上别无他求，我只要求自由不要自相矛盾，从而至少是可思维的，这样我并不需要对自由作更深远的洞

察，看出从另一个角度上说自由行为也具有自然机制。因此我认为，这样，道德学说就保住了道德学说的地位，自然学说也保住了自然学说的地位。——

如果我不同时打掉思辨理性自以为无所不知的妄自尊大，我就根本不能承认上帝、自由和不朽，以便使我的理性能有一个必要的实践应用，因为思辨理性要表示它非凡的识见，就必然要利用一些实际上仅仅适用于可能的经验对象的原则，而这些原则一旦被用到不能成为经验对象的东西上去，就等于实际上把本来不是经验对象的东西改变为现象，从而宣布纯粹理性的任何实践的扩大是不可能的了。因此，我曾不得不抛弃认识，以便让信仰有个地盘；形而上学的独断论，即形而上学里那种不对纯粹理性进行批判就盲目前进的偏见，乃是一切不信仰的真正源泉，不信仰是违反道德的，在任何时候都是极其独断的。因此，如果说，一部按照纯粹理性批判的准则撰写的系统的形而上学，给后世留下一份遗产，不能算是什么难能可贵的事，那么，这份遗产却也决不是无足轻重的礼物。因为人们既可以借此对理性进行培育，使之一反过去那种无批判的盲目摸索和轻率涉猎的作风，从而踏上可靠的科学道路，又可以借此给好学深思的青年提供一个利用时间的较好去处。过去青年们受了通常独断论过早的强烈怂恿，竟在他们一无所知而且世界上没有任何人将会能有所知的事物上牵强附会，信口开河，甚至不惜耽误他们学习基本科学的时间和精力去发明什么新思想、新主张；如果就这份礼物的无可估量的好处来说，最最重要的就在于让人们以苏格拉底的那种通过最清晰的论证来证明对方无知的方式，使一切反道德、反宗教的议论永远结束。这是因为某种形而上学在世界上是一直存在着的，将来肯定也还会有别的形而上学出现，而只要有形而上学，其中就肯定也有纯粹理性的辩证，因为后者对前者来说是自然而然的。所以，哲学的首要任务，就在于以堵塞错误来源的办法，一劳永逸地把形而上学的一切不利影响统统排除掉。（康德：《纯粹理性批判》第二版序，Bxxiv-xxxi）

形而上学判断同数学判断一样，是先天综合判断

（1）如果想要把一种知识建立成为科学，那就必须首先能准确地规定出没有任何一种别的科学与之有共同之处的、它所特有的不同之点；否则各种科学之间的界线就分不清楚，各种科学的任何一种就不能彻底地按其性质被对待了。

这些特点可以是对象的不同，或者是知识源泉的不同，或者是知识种类的不同，或者是不止一种，甚至是全部的不同兼而有之。一种可能的科学和它的领域的概念，首先就根据这些特点。

先说形而上学知识的源泉。形而上学知识这一概念本身就说明它不能是经验的。形而上学知识的原理（不仅包括公理，也包括基本概念）因而一定不是来自经验的，因为它必须不是形而下的（物理学的）知识，而是形而上的知识，也就是经验以外的知识。这样一来，它就既不能根据作为真正物理学的源泉的外经验，也不能根据作为经验心理学的基础的内经验。所以它是先天的知识，或者说是出于纯粹理智和纯粹理性的知识。

不过，讲到这里，它同纯粹数学仍然区别不开，因此就必须把它叫作纯粹哲学知识。

（2）a. 综合判断和分析判断之间的一般区别

形而上学知识只应包含先天判断，这是它的源泉的特点所决定的。不过，各种判断，无论其来源以及其逻辑形式如何，都按其内容而有所不同。按其内容，它们或者仅仅是解释性的，对知识的内容毫无增加；或者是扩展性的，对已有的知识有所增加。前者可以被称为分析判断，后者可以被称为综合判断。

分析判断在谓项里面所说到的实际上没有不是在主项的概念里面想到过的，虽然不是那么清楚，也不是那么有意识。当我说："一切物体都是有广延的"，我一点都没有把我关于物体的概念加以扩大，而只是对它加以分析，因为在做出判断之前，广延已经在这个概念里被实际想到了，虽然并没有明白说出来；所以这个判断是分析判断。相反，"某些物体是有重量的"这一命题却在它的谓项里面包含了物体的一般概念里所没有实际想到的东西；它给我的概念增加了一点东西，从而扩大了我的知识，所以这个判断就必须被称为综合判断。

b. 一切分析判断的共同原理是矛盾律

一切分析判断完全根据矛盾律，而且就其性质来说，都是先天知识，不论给它们作为材料用的概念是不是经验的。因为一个肯定的分析判断的谓项既然事先已经在主项的概念里被想到了，那么从主项里否定它就不能不陷于矛盾；同样道理，在一个否定的分析判断里，它的反面也必然要从主项而被否定，当然也是根据矛盾律。下面两个命题就是这样：一切物体都是有广延的；没有物体是没有广延的（单一的）。

就是由于这个道理，一切分析命题都是先天判断，即使它们的概念是经验的。比如，黄金是一种黄色金属；因为，为了知道这个，我在我的黄金的概念（这个概念是：这个物体是黄色的，是金属）以外，不需要更多的经验：因为我的概念恰好就是这个，我只要对它加以分析就够了，用不着在它以外再去找别的什么东西。

c. 综合判断除矛盾律外，还要求另外一种原理

有后天综合判断，这是来自经验的；但是也有确乎是先天的综合判断，是来自纯粹理智和纯粹理性的。二者有一点是一致的，即决不能只根据分析原则，即矛盾律，还要求一种完全不同的原则，尽管永远必须符合矛盾律，不论从什么原则得出来的；因为无什么都不能违背矛盾律，尽管并非任何东西都是能从它推出来的。我先把综合判断归一下类。

1. 经验判断永远是综合判断。让一个分析判断以经验为根据，那是不合情理的，因为我用不着超出我的概念去做这种判断，也用不着从经验去证明它。一个物体是有广延的，这是一个先天确立了的命题，并不是一个经验判断。因为在借助于经验以前，我在概念里早已具有我的判断的一切条件，我只要按照矛盾律从这个概念里抽出谓项来就够了，这样，判断的必然性也就同时被意识到了，这种必然性是经验无从教导我的。

2. 数学判断全都是综合判断。这一事实尽管是千真万确的，并且在其后果上非常重要，却似乎一向为人类理性的分析家们所完全忽视，甚至同他们所料想的恰恰相反。由于看到数学家们的推论都是按照矛盾律进行的（这是任何一种无可置疑的可靠性的本性所要

求的），人们就以为［数学的］基本原理也是通过矛盾律来认识的。这是非常错误的。因为一个综合命题固然要根据矛盾律才能被理解，但是必须有另外一个综合命题作为前提，由那个命题才能推出这个命题来，而永远不能只通过这个定律本身来理解。

首先必须注意的是：真正的数学命题永远不是经验的判断，而是先天的判断，因为带有必然性，这种必然性不是从经验中所能得到的。如果大家不同意我这种说法，那么好吧，我就把我的命题限制在纯粹数学上；纯粹数学这一概念本身就说明它包含的不是经验的知识，而是纯粹先天的知识。

大家可以把 7+5＝12 这个命题先想成是一个分析命题，是按照矛盾律从"7"与"5"之和这一概念得来的。然而经过进一步检查就可以看出，"7"与"5"之和这一概念所包含的只是两个数目之合而为一，绝对想不出把二者合起来的那个数目是什么。"12"这一概念是决不能仅仅由于我想到"7"与"5"之和而能想出来的，不管我把我关于像这样的一个可能的和数的概念分析多久，我也找不出"12"来。我们必须超出这些概念，借助相当于这两个数目之一的直观，比如说，用 5 个指头，或者（像塞格纳在他的《算学》[①]里所用的那样）用 5 个点，把直观所给的"5"的各单位一个一个地加到"7"的概念上去。这样我们就通过 7+5＝12 这个命题实际上扩大了我们的概念，并且在第一个概念上加上了一个新的概念，而这个新的概念是在第一个概念里所没有想到过的。因此算学命题永远是综合的，而且随着我们所采取的数字越大就越明显，因为那样我们就看得清楚，无论我们把我们的概念翻转多少遍，如果不借助于直观而只是一个劲儿地把我们的概念分析来分析去，我们是一辈子也得不到和数的。

纯粹几何学的一切公理也同样不是分析的。"直线是两点之间最短的线"，这是一个综合命题；因为我关于"直"的概念决不包含量，只包含质。所以"最短"这一概念完全是加上去的，用任何分析都不能从直线的概念里得出它来，在这上面必须借助于直观，只有直观能使综合成为可能。

几何学家们所订立的其他一些原理虽然确实是分析的，并且是根据矛盾律的，不过，作为同一命题，它们只作为在方法上连接之用，而不作为原理之用，比如 a＝a，即整体等于其自身，或者（a+b）>a，即整体大于分。而且即使是这些命题，尽管单从概念上来说它们被认为是有效的，但在数学上它们之所以被承认，也仅仅是因为它们能够在直观里被表象出来。

我们平常相信，这样无可置疑的判断，其谓项已经包含在我们的概念里了，因而这种判断是分析判断。实际上这不过是同语反复。我们是应该把某一个谓项用思想加到已有的概念上去的，并且这种必然性就结合在概念上。然而问题并不在于我应该把什么东西思想到已有的概念上去，而在于我们在这些概念里实际上（虽然是模糊地）思想到什么东西；而且这样就显出是谓项必然地结合到那些概念上去，不过不是直接地，而是借助于一种必须加进来的直观。

---

① 指塞格纳〔Segner〕著《数学入门》，1773 年（第二版）。

纯粹数学知识的实质和它同其他一切先天知识相区分的特点，在于决不是通过概念得出来的，而永远只是通过构造概念得出来的（见《纯粹理性批判》，A 713 页①）。数学在命题里必须超出概念达到与这个概念相对应的直观所包含的东西，因此，数学命题都是综合的，永远不能，也不应该通过概念的解析（也就是，通过分析）来得到。

我不能不指出：忽视了这种很自然的、看起来是微不足道的意见，给哲学带来了什么样的危害。休谟感到，作为一个哲学家的本分，应该把目光放在全部纯粹的先天知识的领域上，人类理智就是在这个领域里要求这样巨大的产业的；这时，恰恰这时他却毫不在意地从这块国土上割下全部而且是最重要的一个省份——纯粹数学，因为他想：数学的性质，姑且说数学的宪法，是以完全不同的原则为根据的，即单独根据矛盾律。并且，即使他没有像我现在这样把命题正式地、普遍地区分开来，或者使用同样的名称，但是他等于说：纯粹数学只包含分析命题，而形而上学则包含先天综合命题。在这上面他就大错而特错了，而且对他的整个观点来说，这个错误有着决定性的不良结果。假如不是犯了这个错误，他本来可以把他关于我们的综合判断的来源问题远远扩展到他的形而上学因果性概念以外去，甚至扩展到数学的先天可能性上，因为他一定会把数学也看作是综合判断。那样一来，他就决不能把他的形而上学命题仅仅以经验为根据，免得把纯粹数学公理也归之于经验，而像他这样的高明的人是不会这样做的。同形而上学结伴，会使数学不致冒受虐待的风险，因为对形而上学的打击也一定会落到数学身上，而这并不是，也不可能是他的意图。这样一来，这位高明人就必然会考虑我们目前所考虑的，而他的不可模拟的漂亮文笔，会使这些考虑得到无穷收益。

3. 真正的形而上学判断全都是综合判断。必须把属于形而上学的判断同真正的形而上学判断区分开来。很多属于形而上学的判断是分析判断，这些判断对形而上学判断来说只是一些工具，而形而上学判断才是这门科学的唯一目的，它们永远是综合判断。因为，如果概念是属于形而上学的，比如“实体”这一概念，那么单单从分析这些概念而做出来的判断也必然是属于形而上学的，，比如“实体仅仅是作为主体而存在的东西”，等等；我们通过几个这样的分析判断来探讨概念的定义。但是，分析形而上学所包含的纯粹理智概念，同分析任何别的、不属于形而上学的，甚至是经验的概念（比如：空气是一种有弹性的流体，其弹性不因任何已知的冷度而消失），在方法上是一样的。由此可见，是不是真正形而上学的东西，是决定于概念，而不是决定于分析判断的；因为这门科学在产生先天知识上是有某种特殊的东西，这个特点使之能同其他理性知识区分开来。这样，“在事物中的一切实体都是常住不变的”这一命题就是一个综合的、真正的形而上学命题。

如果人们把构成形而上学的材料和工具的先天概念，事先按照既定的原则聚到一起，那么对这些概念的分析就有很大的价值；人们因此就可以把它当作一个特殊部分，当作一种 philosophia definitiva〔解说哲学〕来讲解，它只包含属于形而上学的一些分析命题，应该同构成形而上学本身的一切综合命题分别对待。实际上，这些分析只有在形而上学上，

---

① 见《纯粹理性批判》B741 页，二．先验方法论，第一章，第一节：“数学知识是从概念的构造得出来的理性知识。构造一个概念，意即先天地提供出与概念相对应的直观来。”

也就是在有关综合命题时，才有很大用处。这些综合命题应该是由原先分析了的那些概念产生的。

总结本节：形而上学只管先天综合命题，而且只有先天综合命题才是形而上学的目的。为此，形而上学固然需要对它的概念，从而对分析判断，进行多次的分析，但是所用的方法和在其他任何一个知识种类里所用的方法没有什么不同，即只求通过分析来使概念明晰起来。不过，不单纯根据概念，同时也根据直观，来产生先天知识，以及最后，当然是在哲学知识上，产生先天综合命题，这才做成形而上学的基本内容。（康德：《未来形而上学导论》，§1，§2，§4）

批判的目的在于建立科学的形而上学

形而上学，作为理性的一种自然趋向来说，是实在的；但是如果仅仅就形而上学本身来说（就像《主要问题第三编》里的分析解决所指出的那样），它又是辩证的、虚假的。如果继而想从形而上学里得出什么原则，并且在原则的使用上跟着虽然是自然的、不过却是错误的假象跑，那么产生的就决不能是科学，而只能是一种空虚的辩证艺术，在这上面，这一个学派在运气上可能胜过另一个学派，但是无论哪一个学派都决不会受到合理的、持久的赞成。

为了使作为科学的形而上学能够做出不是虚假的说教，而是真知灼见，而是令人信服的东西起见，理性批判本身就必须把先天概念所包含的全部内容、这些概念按照不同源泉（感性、理智、理性）的类别、连同一张完整的概念表，以及对所有这些概念的分析和这些概念可能产生的一切结果，特别是通过先天概念的演绎而证明出来的先天综合知识的可能性、先天综合知识的使用原则以至使用的界线等等，统统都摆出来，把所有这些都容纳到一个完整的体系里才行。这样，批判，而且只有批判才含有能使形而上学成为科学的、经过充分研究和证实的整个方案，以至一切方法。别的途径和办法是不行的。因此，问题并不在于知道这个事业怎样可能，而是在于怎样才能实现这个事业，并且怎样才能劝说一些有识之士把他们至今所从事的迷失方向的、徒劳无益的劳动转到一个确有把握的工作上来，以及怎样才能将这样的一种联合〔力量〕用最适当的方式导向共同的目标。

至少有一点是肯定的：谁尝到了"批判"的甜头，谁就会永远讨厌一切教条主义的空话。他以前只是由于他的理性得不到所需要的更好的营养才无可奈何地满足于那些空话的。

批判和普通的学院形而上学的关系就同化学和炼金术的关系，或者天文学和占星术的关系一样。我敢保证，谁要是对《批判》里的，甚至对《导论》里的原则加以深思熟虑并很好地理解了，谁就再不会回到那种古老的、诡辩的假科学上去；不但如此，他还将以某种喜悦的心情期望一种形而上学，这种形而上学是他今后确有把握拿到手的，不需要做什么预备性的发现，而且这种形而上学能够使理性第一次地得到持久性的满足。因为这里有这样的一个好处，这个好处在一切可能的科学中间只有形而上学才有把握指望得到，那就是：形而上学能够达到不可能再有什么改变、不可能再有什么新的发现增加进来的这样一种完满、稳定的状态；因为在这里，理性知识的源泉不是在对象和对象的直观里（通过对象和对象的直观不会增加更多的东西），而是在理性本身里；并且当理性全面地、以不容有丝毫误解的确定程度把自己的能力的基本原则摆出来之后，纯粹理性就无需先天认识，也无需提出问题了。仅仅对这样确定、这样完备的一种知识的可靠期望本身就有一种特殊的引诱力，还不算这种知识的全部用途。（关于这种知识的全部用途，我以后还要谈到。）

任何虚假的艺术，任何华而不实的智慧，都有它的时间性，过时就要自消自灭；而它最兴盛的时刻同时也就是它开始衰落的时刻。对于形而上学来说，这个时刻现在已经来到。这可以由这样一个事实来证明：形而上学在文化较高的一切民族中已经衰落到怎样的地步，而在这些民族中其他各种学术却都在蓬勃发展。在旧的大学的学科设置中仍然保留着形而上学的影子；只有那么一所科学院还不时颁发奖金，诱使人们写这方面的论文。但是形而上学已经不再被列为严正的学术之一了，而任何人自己都可以下这样的判断，即一个有学问的人，当人们要称他为伟大的形而上学家时，他会以怎样的心情去接受这样一个虽然出于善意，但是不受任何人羡慕的荣誉。

不过，虽然一切教条主义的形而上学的衰落时刻毫无疑问已经来到，但是我们还不能说形而上学通过彻底的、全面的理性批判而获得再生的时刻已经来到。从任何一个趋势过渡到一个相反的趋势，都要经过渐变的阶段，而这一时刻对一个作者来说，是最危险的；但是依我看，这对这门科学来说却是最有利的。因为，旧的结合关系全面瓦解，派别思想随之而消灭时，正是学者们慢慢注意听取各种意见以便按照另外一个方案团结起来的最好时机。——

人类精神一劳永逸地放弃形而上学研究，这是一种因噎废食的办法，这种办法是不能采取的。世界上无论什么时候都要有形而上学；不仅如此，每人，尤其是每个善于思考的人，都要有形而上学，而且由于缺少一个公认的标准，每人都要随心所欲地塑造他自己类型的形而上学。至今被叫作形而上学的东西并不能满足任何一个善于思考的人的要求；然而完全放弃它又办不到。这样一来就必须试探一下对纯粹理性本身来一个批判；或者，假如现在已经有了这样的一种批判，那么就必须对它加以检查并且来一个全面的实验。因为没有别的办法比满足这一纯粹是求知的渴望更为迫切的需要了。（康德：《未来形而上学导论》，"总问题的解决"）

道德形而上学是依据先天原则立论的

古希腊哲学分为三门学问：物理学、伦理学和逻辑学。这样的划分是完全切合事情的本性的，需要改进的只是再加上划分的原则，这样做一方面可以保证划分得全面，另一方面也就能够正确地决定必要的子目。

一切理性知识都分为两类：一类是实质的，研究某一种对象；一类是形式的，只关心理智和理性自身的形式，以及一般思维的普遍规则，不分对象。形式的哲学叫作逻辑学；实质的哲学探讨特定的对象以及它们所遵守的规律，又分为两种。因为这些规律有两类：一类是自然的规律，一类是自由的规律。研究前者的叫物理学，研究后者的叫伦理学；物理学又称为自然学，伦理学又称为道德学。

逻辑学不能有任何经验的部分，就是说，不能有那样一个部分，其中的那些普遍的、必然的思维规律是建立在从经验得来的根据上面的；因为否则它就不是逻辑，不是对一切思维都有效的、可以证明的理智规范或理性规范了。自然哲学和道德哲学则相反，可以各有其经验部分，因为前者研究作为经验对象的自然界，后者研究受自然影响的人意，要确定它们的规律：前一种规律是出现某事的规律，后一种规律是应当出现某事的规律，却也要考虑某事常常不出现的条件。

凡是立足于经验根据的哲学，就可以称为经验哲学；凡是仅仅依据先天原则立论的哲学，就可以称为纯粹哲学。后者如果只是形式的，就叫逻辑学；如果局限于某些理智对象，就叫形而上学。

这样，我们就想到有两种形而上学：一种是自然形而上学，一种是道德形而上学。所以说，物理学有它的经验部分，却也有一个理性部分；伦理学也是一样，它的经验部分可以有一个特殊名称，叫作实用人学，它的理性部分则可以专门称为道德学。（康德：《道德形而上学的基础》，序）

好意是评定行为价值的绝对标准

可以毫无限制地被认为好的，只有好意；除此以外，无论在什么地方，在世界以内，甚至在世界以外，都无法想出什么别的来。理智、机灵、判断力，以及其他不管叫什么的精神才能，或是勇敢、果断、毅力等气质上的特点，毫无疑问在很多方面是好的、值得羡慕的；可是这些自然禀赋要由意志来加以利用，意志的特色就叫品格，如果品格不好，这些禀赋也可以变成特别恶劣、特别有害的。各种福分也是这样。权力，财富，荣誉，甚至健康，以及平安如意，和对自己境况的满意，即所谓幸福者也，如果没有一个好意在那里纠正它们对心情的影响，从而使整个行为原则保持正确、完全合乎目的的话，是会使人骄傲自负，并且往往使人骄横的。更不用说，一个有理性的、公正无私的旁观者，看到一个毫无纯洁好意迹象的家伙不断地走运，心里是不会舒坦的。如此看来，好意甚至是一个人配享幸福的必要条件。

有些品质甚至于对这种好意本身有帮助，可以使它工作起来方便，可是尽管如此，却并没有什么内在的绝对价值，而是始终要以一个好意为前提的，这就限制了我们可以给予它们的重视，不容许我们把它们看成绝对地好。哀乐有节，克制自己，头脑冷静，不仅在很多方面是好的，而且似乎构成了一个人内在价值的一部分；然而决不能把这些品质毫无限制地说成好的（虽然它们得到了古人的无条件赞美）。因为如果没有一个好意作原则，这些品质就可以变成极坏的东西；一个坏蛋的冷静，不仅使他的危险性大大加强，而且直接使他在我们眼里显得更加可恶，还不如不被看成头脑冷静。

好意之所以好，并不是因为它起作用或者有效果，也不是由于它适于达到某个预期的目的，而只是因为它的愿望好，它本身就好；单就它本身看，就比哪一种能够通过它满足某一爱好、甚至全部爱好的东西都要贵重得多，简直无法相比。由于运气特别不好，或者由于吝啬的自然不肯帮忙，好意是会完全没有能力达到它的目标的；如果想尽一切办法还是毫无效果，只剩下一番好意的话（当然不只是一番空愿，而是用尽一切力所能及的办法），这好意仍然是一个本身包含全部价值的东西，像一颗宝珠似的独自闪闪发光。有用或无效并不能使它的价值增减分毫。有用只好像一件道具，为的是使人们能够在日常交往中比较容易把握好意，或者是吸引那些还不是行家的人的注意，而不是为了向内行推荐它，为了确定它的价值。

这种看法认为只有意志有绝对的价值，而不在评价它的时候考虑一些效用，还是有点令人感到奇怪，因此尽管连一般常识也完全同意这种看法，仍然不免发生一种疑虑，以为其中也许暗藏着海阔天空的幻想，也许是误解了自然为什么让理性来支配我们意志的用意。因此我们要从这个观点来审查这个看法。

在一个有机的、合乎生存目的的东西所具有的各项自然禀赋中，我们认为有这样一条原则：这个东西身上用于某一目的的器官，只能是那最适合、最切合这个目的的。如果对于一个有理性又有意志的东西来说，它的保命，它的安泰，总之，它的幸福，乃是自然的本来目的，那么，自然选定创造物的理性来执行这个计划是非常失策的。因为创造物用来执行这个计划的那些行动，以及它的全部操作规程，如果由本能来规定，要准确得多；用这种办法达到那个目的，要比用理性可靠得多。假如这个受宠的创造物分配到的理性特别多，那只是为了让它对自己这种可贵的自然禀赋多多考虑，表示赞赏，感到高兴，为此感激那位赏赐它的恩主，而不是让它的贪心听从那个不足道的、不可靠的向导指点，在自然的计划中笨手笨脚地打岔。总之，自然会作好准备，不让理性打进实用的范围，不让它不知天高地厚地凭着一点微弱的见解擅自拟出谋求幸福的计划，以及达到目的的手段；自然会不仅亲自选定目的，而且亲自选定手段，并以它的先见之明，把这两件事仅仅托付给本能去掌握。

事实上我们也发现，一个人越是为了享受生活乐趣和幸福付出训练有素的理性，就越是不能得到真正的满足，因此有很多人，尤其是那些在使用理性方面最有经验的人，只要他们是很坦率的，敢于承认这一点，就会流露出一种对于理性的厌恶。这是因为他们把自己这样得来的好处盘算了一番后（姑且不说那些从发明各种奢侈办法得来的好处，就连那些从学问得来的好处也不例外，学问在他们看来归根到底也是一种理智的奢侈），发现自己事实上并不是得到了什么幸福，倒是背上了沉重的包袱，因而终于并不轻视一般普通人只是靠拢本能的引导，不让理性多影响自己的行为，倒是很羡慕他们。我们必须承认，那些人断定理性给我们带来的那种生活福利方面的好处很不值得大大吹嘘，甚至不如没有的好，这决不是发牢骚，也不是不感激世界秩序的美好，而是这个判断的深处隐藏着一种看法，认为人们的存在有一个与此不同的、可贵得多的目的，理性的本分是追求这个目的，而不是追求幸福，因此这个目的是最高的条件，人的私自目的多半不能不等而下之。

因为理性在意志的对象方面，在满足我们的各种需要方面（它有时甚至使需要变多），是不那么适于给意志充当可靠的指导员的，为了达到这方面的目的，听从一种根深蒂固的本能要靠得住的多，可是尽管如此，自然还是把理性赋予了我们，作为一种实践的能力，一种要对意志发生影响的能力；所以理性的真正使命必定在于产生一个不给其他目的当手段的、本身就好的好意，为了这个，理性是绝对必需的，而自然按照目的分配给它那些素质时却不是那样办的。这好意虽然不应该是唯一的好、全部的好，却必须是最高的好，是其余一切好的条件，甚至是欲求幸福的条件，这一情况完全可以与自然的智慧不冲突，因为我们看到，第一号无条件的目的所必须的理性的修养，以某种方式限制人们达到第二号永远有条件的目的，即幸福，至少在今生是这样；诚然幸福可以搞得七零八落，自然在其间并不是处理得不合目的，因为理性知道自己的最高实践使命在于建立一个好意，它在达到这个目的时只能得到一种它所特有的满足，就是实现了一个原来由理性单独决定的目的，尽管这也是与爱好的目的所遭到的损失结合在一起的。

这个本身就值得高度评价的、别无其他目的的好意的概念，在自然的常识里是本来就有的，不用再教，只要把它说清楚就行。这个概念，在评价我们行为的全部价值时永远占首要地位，构成了其余一切价值的条件，为了发挥它，我们要提出义务的概念来，义务概念包含着好意概念，虽然受到某些主观方面的限制和阻碍，不过这些限制和阻碍并不至于把它掩盖起来，使人们认不出它，倒是可以通过对照使它突出，显得格外鲜明。（康德：《道德形而上学的基础》，第一节）

道德行为必须出于义务，而非出于爱好

（1）有些行为，已经被公认为违背义务，虽然它们对这个或那个目的是有用的。我在这里把这些行为统统抛开，因为它们既然与义务相抵触，就根本不发生是不是出于义务的问题。还有些行为，实际上是合乎义务的，人们对这些行为并没有直接的爱好，人们之所以做这些行为，是被其他爱好所驱使。我也把这些行为撇开，因为在这种情况下，那合乎义务的行为是出于义务还是出于私心，是容易分清的。很难看出这一分别的，是这样一种情况：行为既合乎义务，行为主体又有这样做的直接爱好。例如，商人不对没有经验的顾客抬价，当然是合乎义务的；在生意兴隆的地方，明智的商人也并不那样做，而是对每一个人都收同样的定价，使小孩也同别人一样来买他的东西。这样，他就是诚实待人了；可是这并不足以使我们相信这个商人这样做是出于义务和诚实的原则；他的利益要求他这样做；我们在这件事情上不能设想他此外还有一种对顾客的直接爱好，似乎他不在价钱上特别优待任何人是出于喜爱。所以这种行动既不是出于义务，也不是出于直接的爱好，而只是出于私心。

另一方面，保命是一个人的义务，同时也是每一个人直接爱好的事。但是，由于这个缘故，大多数人的那种为了保命而惶惶不可终日的小心谨慎，是并没有内在的价值的，他

们的准则是并没有道德意义的。他们保全自己的生命虽是合乎义务的，但是并非出于义务。与此相反，如果一个人饱经忧患，绝望之余，已经毫无生趣；如果这个不幸的人非常坚强，对自己的命运十分忿怒，而不沮丧泄气，愿意死去却仍然坚持活着，活着并不是爱活，并不是出于爱好或畏惧，而是出于义务，那么，他的准则就是有道德意义的。——

（2）第二个命题是：一件出于义务的行动之所以有道德价值，并不在于它所要达到的目的，而在于它所依据的准则，因此并不取决于行动对象的实现，只是取决于行动所根据的意欲，与欲望的对象完全无关。我们行动时所抱的目的，我们行动的后果，即意志的目标或动机，并不能使行动具有无条件的道德价值。从上面的分析看来，这是很明显的。那么，道德价值如果不在意志中，不在意志所期待的后果上，又能在哪里呢？它只能在意志的原则中，与这种行动所能达到的目标无关。因为意志处在一个中间地位，好像站在岔路口，一边是它的先天原则，这是形式的，另一边是它的后天动机，这是实质；既然意志必须被某个东西所决定，当一个行动出于义务时，意志就必定是形式的用意原则所决定的，因为它完全脱离了实质的原则。

第三个命题是从以上两个命题推出来的。我要把它表达成这样：义务，就是必须做一个出于尊重规律的行动。一个对象，作为我所要做的行动的结果，我虽然可以对它有所爱好，却决不能对它有所尊重，其所以如此，正因为它是意志的结果，并不是意志的活动。同样情形，一般爱好，不管它是我的还是某个别人的，我也不能对它有所尊重，至多在第一种情况下，我可以重视它，在第二种情况下，我甚至可以喜欢它，也就是说，把它看成对我有利。只有那仅仅作为根据、决不作为结果与我的意志结合在一起的东西，那不为我的爱好服务、却克制我的爱好、至少在抉择时完全不考虑爱好的东西，总之，只有规律本身，才能是尊重的对象，因而是命令。既然一个出于义务的行动应当完全排除爱好的影响，以及一切意志对象，那么，给意志剩下的，能够决定意志的，在客观方面就只有规律，在主观方面就只有对这条实践规律的纯粹尊重，即奉行这一切准则：即便牺牲我的一切爱好，也要遵守这样一条规律。（康德：《道德形而上学的基础》，第一节）

（选自北京大学哲学系外国哲学史教研室编译《西方哲学原著选读（下）》，商务印书馆，1981 年版，第 267—353 页）

⚅ 黑格尔

黑格尔（1770—1831），德国哲学家，德国古典唯心主义的集大成者。主要著作包括《精神现象学》《逻辑学》《哲学全书》《法哲学原理》等。后人根据他的讲稿和学生听课笔记整理出版了《历史哲学讲演录》《美学讲演录》《哲学史讲演录讲演录》《宗教哲学讲演录》等。

在德国启蒙运动时代，启蒙思想家企图通过人性净化和丰富来确立市民阶级在社会中的地位，这就需要论证和回答人的主体性问题。德国思想家所确立的主体是行动的或者实践的主体。康德对这一问题的回应有着物自体的设定，因而是一种分裂的哲学。康德之后，德国古典哲学家们试图弥合康德哲学的这种分裂。

黑格尔提出了意识与世界是不可分割的整体。这表明在意识之外并无世界和实在自身；同时绝对精神为我们所有人共有。也就是说，实体即主体，是自我运动的主体，具有能动性，在辩证发展过程中实现自身，完善自身。

黑格尔认为，真理不仅是被思想的东西，而且是进行思想的东西。真理是全体，但全体只是通过自身发展而达到完满的那种本质。真理的道路是圆圈式运动过程，在诸多环节和阶段之后获得越来越高级的统一性，直至被统一为真理的全部。

真理不是存在而是生成，这就为哲学和人性提供了一个历史的角度。在生成过程中，正、反、合的三一式成为事物存在和发展的方式。同时，现实、绝对精神是一个整体的思想体系，其中的每一个命题与其他命题都有逻辑上的联系。宇宙的历史和人类意识的历史都是绝对精神的必然展开。这样，认识论、辩证法和历史的一致性在黑格尔哲学中展现出来。

应该把真正的实体理解为主体

按照我这个只有说出了体系本身才能证明正确的见解，全部关键就在于：不把真实的东西或真理理解为、表达为实体，而且把它同样理解为、表达为主体。同时要注意到，实体性中是既包含着共相或认识本身的直接性，也包含着存在或认识对象的直接性的。——把上帝理解为唯一的实体①，曾经激怒了当时听到这一定义的人们。其所以如此，一方面是由于人们本能地认为这个定义只是毁掉了自我意识，并没有把它保留下来，另一方面则是由于人们与此相反，坚持思维就是思维，普遍性本身就是这个单纯性或无差别的、不动的实体性②；如果还有第三种看法，认为思维是与实体的存在合而为一的，把直接性或直观就了解为思维，那还要看是不是这种理智的直观又重新陷入死板的单纯性，以一种不现实的方式来陈述现实本身③。

活的实体又是存在；只要它是自己建立自己的运动，只要它是使自己转化为他物的媒介，这存在实际上就是主体，换句话说，就是现实的。作为主体的实体，是纯粹的单纯否定性，正因为如此，它是单纯者的一分为二，或树立对立面的二重化，这二重化又是这种无关紧要的差别及其对立的否定：只有这个自己恢复自己的同一性，或在他物中回到自己的复归—而非原始的统一性或直接的统一性本身——才是真东西。这就是成为自己，就是以终点为目的而又以终点为起点的循环；这循环只有在完成以后，在达到它的终点之后，才是现实的。

因此神的生活和神圣的认识很可以说是一种自己爱自己的把戏；这个理念如果不包含否定方面的严酷、痛苦、忍耐和辛劳，就要沦为一种安慰，甚至沦于索然无味。那种自在的神圣生活当然是纯洁无瑕的自己与自己同一和自己与自己统一，并没有什么严肃对待异

---

① 指德国哲学家雅科比〔Fr. H. Jacobi, 1743—1819〕的学说。

② 指费希特的见解。

③ 指谢林的哲学。

在和异化、以及克服这种异化的问题。然而这种自在却是抽象的普遍性，在抽象的普遍性里是看不到它的自为存在的本性的，因此也根本看不到形式的自身运动。如果把形式宣布为本质，那么，既然如此，还以为认识自在或本质就够了，可以不管形式，还以为有了绝对原则或绝对直观就行了，不用说出形式或展示本质，那就是出于误解。正因为形式对于本质是非常重要的，其重要并不亚于本质自身，所以不能把本质只理解为、表达为本质，即直接的实体或神的纯粹自我直观，而要把它同样理解为、表达为形式，即丰富多彩的发展了的形式；这样才把本质理解和表达成了现实的东西。

真东西是全体。而全体无非是那个通过发展使自己完满的本质。至于绝对，应该说，它本质上就是结果，它在终点上才是真正的它；它的本性恰恰在于是现实的，是主体，是"成为自己"①。把绝对理解为本质上就是结果，尽管看起来很矛盾，但只要稍加思考，就能纠正这种矛盾的假相。开端，原则或绝对，在最初直接说出来的时候，只不过是共相。当我说一切动物的时候，这话并不能算一部动物学，同样情形，上帝、绝对、永恒等词也没有说出其中所包含的东西——这样一些词所表达的，事实上只是直观这个直接的东西。那多于这样一个词的东西，包括向一个句子过渡在内，都包含着一个向他物的转化（这个转化而成的他物还必须重新被吸收回来），或一个中介。而中介是人们所忌讳的，仿佛它由于出了格，就只能根本不是绝对的，也根本不在绝对之中，而处在绝对知识之外。

这种忌讳其实只不过是出于不了解中介的本性，不懂得绝对知识是怎么一回事。因为中介无非就是起推动作用的"自己与自己同一"，换句话说，它就是回到自己，就是自为地存在着的"我"这一环节，就是纯粹的否定性，如果把它降低到纯粹抽象的意义来说，就是纯粹的"成为"。这个中介、"我"或一般的"成为"，由于具有单纯性，就恰恰是正在"成为"的直接性或直接的东西本身。——因此，如果把"返回"不算真东西，不了解为绝对的积极环节，那就是一种对于理性的误解。就是这个"返回"使真东西成为结果，而又扬弃了真东西与成为结果的对立；因为这个"成为"也同样是单纯的，因而与真东西的形式（在结果中显示其单纯性）并无区别；它倒恰恰就是这个返回到单纯性的复归者。胎儿虽然自在地是人，却并非自为地是人，只有作为有教养的理性的人才是自为的，理性使他自己成了他自在地是的那个东西。这才是理性的现实性。但这个结果本身却是单纯的直接性；因为它是自觉的自由，这自由安静地处于自身之中，也并没有把对立面撇在一边不管，听其自然，而是与它和解的。

上面所说的，也可以用这样一句话来表达：理性是有目的的行动。把臆想中的自然抬高到误解了的思维之上，特别是排斥外在的目的性，曾经使目的的形式名誉扫地。但是，正像亚里士多德把自然规定为有目的的行动那样，目的是直接的、静止的、不动的东西，这不动的东西本身却是推动的，因此就是主体。它的推动力，抽象地说，就是自为的存在或纯粹的否定性。结果之所以就是开端，只是由于开端就是目的；——换句话说，现实的东西之所以就是它的概念，只是因为直接的东西，作为目的，本身就包含着"自己"，包

---

① 成为自己〔Sichselbstwerden〕，即变成自己。"成为"〔Werden〕又译"变易""生成""形成"。

含着纯粹的现实性。实现了的目的或现存的现实，就是运动和展现了的"成为"，而这个"不静"恰恰就是"自己"；"自己"之所以等于开端的那种直接性和单纯性，是因为它就是结果，就是那个回到了自己的复归者，——而回到了自己的复归者正是"自己"，"自己"就是自己与自己同一，就是单纯性。（黑格尔：《精神现象学》，序，二．1）

一切事物本身都是矛盾的

同一、差异和对立之过渡为矛盾，正像它们之过渡为它们的真理一样：假如同一、差异和对立这几个最初的反思规定都用了一个命题来提出，那么，矛盾这一规定就更加应该用"一切事物本身都自在地是矛盾的"这一命题来包括和表达，并且是以这样的意义，即：这个命题比其他命题更能表述事物的真理和本质。矛盾出现于对立之中时，它不过是发展了的无，无已经包含在同一之中并且表明了同一命题什么也没有说。这个否定进一步把自己规定为差异和对立，而这现在就是建立起来的矛盾。

但是，矛盾似乎并不像同一那样是本质的和内在的规定，这是自古以来的逻辑和普通的观念的根本成见之一；是呀！假如要谈到高低的次序，并把这两个规定分别固定下来，那么，就必须承认矛盾是更深刻的、更本质的东西。因为同一与矛盾相比，不过是单纯直接物、僵死的存在的规定，而矛盾则是一切运动与生命力的根源；事物只因为自身具有矛盾，它才会运动，才具有动力和活动。

通常人们总是首先把矛盾从事物、从一般存在的、真的东西中去掉，断言没有任何矛盾的东西；然后又反过来把矛盾推到主观反思之中，似乎主观反思通过关系和比较才建立了矛盾。但即使在这种反思中，矛盾其实也不存在。因为矛盾的东西是不可想象的、无法思维的。总之，不论在现实的事物中或在思维的反思中，矛盾都被认为是偶然，好像是一种不正常的现象或一种暂时的病态发作。

但是，至于有人主张没有矛盾，主张矛盾不是当前现有的东西，那么，我们倒不需为这样的断言去操心；一个本质的绝对规定必定在一切经验中、一切现实事物中、一切概念中都找得到的。以前在无限物那里，我们已经谈过同样的事情，无限物就是在存在的范围内显露出来的矛盾。普通经验本身也表明，至少有一大堆矛盾的事物、矛盾的结构等等，其矛盾不仅仅呈现于外在反思之中，而且也呈现在它们本身之中。其次，矛盾不单纯被认为仅仅是在这里、那里出现的不正常现象，而且是在其本质规定中的否定物，是一切自身运动的根本，而自身运动不过就是矛盾的表现。外在的感性运动本身是矛盾的直接实存。某物之所以运动，不仅是因为它在这一刻在这里，在那一刻在那里，而且是因为它在同一刻既在这里又不在这里，在同一处既存在又不存在。我们必须承认古代辩证论者所指出的运动中的矛盾，但不应由此得出结论说因此就没有运动，倒应当说运动就是实存的矛盾本身。

同样，内在的、自己特有的自身运动，一般的冲动（单子的欲望或冲力，绝对单纯物的隐德来希），不外是：某物在同一个观点之下，既是它自身，又是它自身的欠缺或否定物。抽象的自身同一，还不是生命力；但因为自在的肯定物本身就是否定性，所以它超出自身并引起自身的变化。某物之所以有生命，只是因为它自身包含矛盾，并且是把矛盾在自身中把握和保持住的力量。但是，假如一个存在物不能够在其肯定的规定中同时袭取其否定的规定，并把这一规定保持在另一规定之中，假如它不能够在自己本身中具有矛盾，那么，它就不是一个生动的统一体，不是根据，而且会以矛盾而消灭。——思辨的思维仅仅在于思维把握住矛盾并在矛盾中把握住自身，不像表象那样受矛盾支配，而只是让矛盾把它的规定消解为其他规定，或者消解为无。

假如在运动、冲动以及诸如此类的事情当中，矛盾对于表象来说，是在这些规定的单纯性中掩盖住了，那么，在对比规定中就正相反，矛盾就会直接显露出来。上与下、左与右、父与子等等以至无穷个琐屑的例子，全都在一个事物里包含着对立。上是那个不是下的东西；上被规定为只是这个而不是下，并且只是在有了一个下的情况下才有的，反过来也是一样；在每一个规定中就包含着它的对立面。父亲是儿子的另一方，儿子也是父亲的另一方，而每个另一方都是这种另一方的另一方；同时每一规定都是仅仅在与其他规定的关系中才有的，这些规定的存在是一个恒在。父亲除了对儿子的关系以外，就其自身说，也还是某样东西，但那样他便不是父亲而是一个一般的人；正如上与下、左与右除了关系而外，也还是自身反思的，也是某样东西，但那样就仅仅是一般位置了。——对立物之所以包含矛盾，是因为它们在同一观点下既彼此相关或互相扬弃，而又彼此漠不相关。当表象转到各规定漠不相关的环节时，它忘记了其中否定的统一，因此只记得它们是一般的差异物，在这样的规定之下，右就不再是右，左就不再是左，如此等等。但是，由于表象面前的确有左与右，所以它仍旧面临着这些相互否定的规定，一个规定在另一个规定之中，同时它们在这种统一中又不相互否定，而每一个都是漠不相关的、自为的。

因此，表象固然到处都以矛盾为其内容，但不曾意识到矛盾；它仍旧是外在的反思，这种外在的反思从等同转到不等同，或者说，从有区别的否定关系转到它们的自身反思的存在。这种反思使这两种规定外在地彼此对立，它所注意的只是这两种规定，而不是过渡，但这过渡却是本质的东西并包含矛盾。——这里也要提一下机智的反思，那倒是把握并表达了矛盾的。的确，机智的反思虽然没有表述出事物及其关系的概念，并且只以表象规定为它的材料和内容，可是它毕竟将事物纳入一个包含其矛盾的关系中，并完全通过矛盾使事物的概念映现出来。——但思维的理性则可以说是使差异物变钝了的区别尖锐起来，使表象的简单多样性尖锐化，达到本质的区别，达到对立。多样性的东西只有被推到矛盾的尖端，才是活泼生动的，才会在矛盾中获得否定性，而否定性则是自身运动和生命力的内在脉搏。（黑格尔：《逻辑学》，第二编，第二部分第二章，丙，注释三）

历史是一个合理的过程

我们所能订立的最普通的定义是："历史哲学"只不过是历史的思想的考察罢了。"思想"确是人类必不可少的一种东西，人类之所以异于禽兽者。所有在感觉、知识和认识方面，在我们的本能和意志方面，只要是属于人类的，都含有一种"思想"。——

哲学用以观察历史的唯一的"思想"，便是理性这个简单的概念；"理性"是世界的主宰，世界历史因此是一种合理的过程。这一种信念和见识，在历史的领域中是一个假定；但是它在哲学中，便不是一个假定了。思考的认识在哲学中证明："理性"——我们这里就用这个名词，无须查究宇宙对于上帝的关系——就是实体，也就是无限的权力；它自己的无限的素质，做着它所创始的一切自然的和精神生活的基础，还有无限的形式推动着这种"内容"。一方面，"理性"是宇宙的实体，就是说，由于"理性"和在"理性"之中，一切现实才能存在和生存。另一方面，"理性"是宇宙的无限的权力，就是说，"理性"并不是毫无能为，并不是仅仅产生一个理想、一种责任，虚悬于现实的范围以外，无人知道的地方；并不是仅仅产生一种在某些人头脑中的单独的和抽象的东西。"理性"是万物的无限的内容，是万物的精华和真相。它交给它自己的"活力"去制造的东西，便是它自己的素质；它不像有限的行动那样，它并不需要求助于外来的素质，也不需要它活动的对象。它供给它自己的营养食物，它是它自己的工作对象。它既然是它自己的生存的唯一基础和它自己的绝对的最后的目标，同时它又是实现这个目标的有力的权力，它把这个目标不但展开在"自然宇宙"的现象中，而且也展开在"精神宇宙"——世界历史的现象中。这一种"观念"是真实的、永恒的、绝对地有力的东西；它已经把它自己启示于世界，而且除了它和它的光荣以外，再也没有别的东西启示于世界——这些便是前面所谓在哲学中已经证明的、而在这里又被看作是已经证明的假定。——

从世界史的观察，我们知道世界历史的进展是一种合理的过程；知道这一种历史已经形成了"世界精神"的合理的必然的路线——这个"世界精神"的本性永远是同一的，而且它在世界存在的各种现象中，显示了它这种单一和同一的本性。正像前面所说过的，这种本性必须表现它自己为历史的最终的结果。——（黑格尔：《历史哲学讲演录》，绪论）

（选自北京大学哲学系外国哲学史教研室编译《西方哲学原著选读（下）》，商务印书馆，1981年版，第412——507页）

费尔巴哈

费尔巴哈（1804—1872），德国哲学家。主要代表著作包括《黑格尔哲学批判》《基督教的本质》《未来哲学原理》等。

费尔巴哈对黑格尔哲学进行了批判。主要认为黑格尔哲学具有头脚倒置的特征，其根本错误在于颠倒了思维和自然的关系，绝对精神只达到了思维在思辨领域与自身的同一。

费尔巴哈认为人区别于动物之处在于人有类意识。类意识就是关于无限性和无限者的意识。人是有限的，但是他的意识对象是无限的。人本学的一方面的任务就在把有限者化为无限者，这时人本学上升为神学；另一方面的任务就是把无限者化为有限者，这时神学下降为人本学。通过人本学上升为神学，费尔巴哈揭露了宗教本质，提出上帝即是人的本质，是类意识的完满性。通过神学下降为人本学，费尔巴哈得出了"爱的宗教"的主张。

人的本质是宗教的基础和对象

宗教建立在人与动物的本质区别上面——动物没有宗教。老一辈没有批判眼光的动物志学家，虽然认为大象除了其他可以赞美的特性以外，还有宗教性的美德，可是大象的宗教却是无稽之谈。研究动物界最大的专家之一居维叶，依据亲身的观察，就并不把象放在比狗更高的精神阶段上。

人与动物的这种本质区别究竟是什么呢？对于这个问题，最简单、最一般也最通常的回答是：是意识——然而是严格意义之下的意识；因为自我感的意义之下的意识，感性区别力的意义之下的意识，感知外物甚至根据一定的显著征象判别外物的意义之下的意识，是不能说不为动物所具有的。只有在一个实体能够以自己的类、自己的本质为对象的情形之下，才有最严格的意义之下的意识。动物以自己的个体为对象——因此它有自我感——，却并不以自己的类为对象——因此它缺乏那种由知识而得名的意识。什么地方有意识，什么地方就有研究科学的能力。科学就是对于类的意识。在生活中，我们与个体打交道，在科学中，则与类打交道。但是只有一种以自己的类、自己的本质为对象的实体，能够以其他的事物和实体为对象，研究它们的主要本性。

因此动物只有一种单纯的生活，人则有一种双重的生活：在动物，内在生活是与外在生活相等的，人则有一种内在生活和一种外在生活。人的内在生活是与他的类、他的本质相联系的生活。人思想，也就是说，同自己交谈、说话。动物如果没有自己以外的另一个个体，就不能行使类的职能，而人却能够不要另一个个体而行使着思维和语言的类的职能——因为思维和语言是真正的类的职能。人同时既是"我"，又是"你"；他能够替别人设想，正是因为他不仅以他的个体为对象，而且以他的类、他的本质为对象。

人的那种异于动物的本质，不仅是宗教的基础，而且是宗教的对象。然而宗教是对于无限的东西的意识；因此宗教是人对于自己的那种并非有限的、有限制的而是无限的本质的意识，而且也只能是这样。一个真正有限的实体，对于一个无限的实体是一点都不能设想的，更谈不上对它有一种意识了，因为存在的界限也就是意识的界限。毛虫的意识、生活和本质受到一定的植物的限制，不能越出这个限定的范围之外；它把这种植物与其他植物很清楚地区别开来，但是别的就不会了。这样一种有限制的且恰恰由于有限制而不犯错误、保证可靠的意识，我们并不把它称为意识，而是把它称为本能。严格的或真正的意义之下的意识，与对于无限的东西的意识是不可分的；有限制的意识不是意识；意识在本质上具有包罗万象的、无限的本性。无限者的意识不是别的，就是关于意识的无限性的意识。换句话说，在无限者的意识中，意识是以自己的本质的无限性为对象。

但是人自己意识到的人的本质是什么呢？在人中间构成类、构成真正的人类的东西是什么呢？是理性、意志、情感①。一个完善的人，是具有思维的能力、意志的能力和情感的能力的。思维的能力是认识的光芒，意志的能力是性格的力量，情感的能力就是爱。理性、爱和意志力是完善的品质，是最高的能力，是人之所以为人的绝对本质，以及人的存在的目的。人存在，是为了认识，为了爱，为了希望。可是理性的目的是什么呢？是理性。爱的目的呢？是爱。意志的目的呢？是意志的自由。我们认识，是为了认识，我们爱，是为了爱，我们希望，是为了希望，也就是为了做自由的人。真正的实体是在思维、在爱、在希望的实体。只有为了自己而存在的东西，才是真实、完善、神圣的。爱就是这样，理性就是这样，意志就是这样。在人里面超乎个别的人之上的神圣的三位一体，就是理性、爱和意志的统一。理性（想象、幻想、表象、意见）、意志、爱或情感并不是人所具有的力量——因为没有它们人就不能存在，人之所以为人只是靠它们——，它们是建立人的本质的元素，而人的本质并不是人的所有物，也不是人所制造的。这些元素是鼓舞人、决定人、支配人的力量——神圣的、绝对的力量，人是不能抗拒这些力量的②。

有感情的人怎样能抗拒感情呢？在爱的人怎样能抗拒爱呢？有理性的人怎样能抗拒理性呢？谁没有经验过声音的粉碎一切的力量呢？声音的力量不是感情的力量是什么？音乐是感情的语言——声音是发出音来的感情，是传达出来的感情。谁没有经验过爱的力量呢？最低限度，谁没有听说过爱的力量呢？爱和个别的人，是哪一个更有力量？是人支配爱，还是爱支配人？当爱驱使人为了所爱的对象甚至愉快地赴死的时候，这种连死都不怕的力量究竟是人自己个人的力量，还是爱的力量？真正思维过的人，有谁没有经验过思维的力量、那确乎无声无息的思维力量？当你沉思默想，忘了自己，忘了周围环境的时候，究竟是你支配理性，还是你为理性支配和吞并？科学的灵感，岂不是理性对你的最大胜利吗？求知欲的力量，岂不是一种绝对不可抗拒的、克服一切的力量吗？当你克服一种欲望、摆脱一种习惯的时候，总之，当你对自己获得一种胜利的时候，这种战无不胜的力量，究竟是你个人一己的、为自己打算的力量，还是那种压制你的欲望和习惯、使你对自己和自己个人的弱点充满愤恨的毅力、道德力量？③

人没有对象就不存在。那些伟大的、杰出的人——那些向我们揭露人的本质的人，通过他们的生活证实了这句话。他们只有一种主要的基本欲望：达到曾是他们活动的主要对象的这个目的。但是，这个与主体有本质的、必然的联系的对象，却不是别的东西，就是

---

① 费尔巴哈注：没有精神的唯物论者说："人之与动物不同只在于意识，他是一个动物，然而具有意识。"因此他没有考虑到，在一个发生意识的实体里面，整个本质发生了一种质的变化。不过虽说如此，却不可因此贬低动物的本质。这里不是深入研究的地方。

② 费尔巴哈注：每一个意见都坚强到足以使自己不惜以生命为代价来发表。——蒙田

③ 费尔巴哈注：这种个人——这个词和一切抽象语词一样，是一个极端不确定的、歧义的和引起误解的词——与爱、理性、意志之间的区别，究竟是不是以本性为根据的区别，这个问题对于本书的主题是无关紧要的。宗教从人身上抽出人的力量、属性、本质规定，把它们当作独立的实体崇拜——不管它们是像多神教中那样，各自成为一个实体，还是像一神教中那样，合并成为一个实体——，因此，在说明这些神圣实体的时候，以及把它们归结到人的时候，也一定要作出这种区别。此外，这种区别不仅通过对象而显露出来，而且有语言和逻辑——这是一样的——上的根据，因为人把自己与自己的精神、自己的头脑、自己的心情区别开来，好像他离开了它们还是某个东西似的。

这个主体的固有而又客观的本质。一个为多数同种而不同属的个体所共有的对象，就是这样一种对象，至少就它按照这些个体的不同而作为它们的对象的情况来说，它是它们的固有而又客观的本质。——

因此人是在对象上面意识到他自己的：对象的意识就是人的自我意识。你是从对象认识人的；人的本质是在对象上面向你显现出来的：对象是人的显示出来的本质，是人的真正的、客观的"我"。不仅精神的对象是这样，连感觉的对象也是这样的。那些离开人最远的对象，因为是人的对象，并且就它们是人的对象而言，乃是人的本质的显示。月亮、

太阳和星辰都向人呼喊：Γνῶθιδοαυτόν，认识你自己。人看见月亮、太阳和星辰，而且如同他看见它们那样看见它们，这就是人自己的本质的一个证据。动物只为生命所必需的光线所激动，人却更为最遥远的星辰的无关紧要的光线所激动。只有人，才有纯粹的、理智的、大公无私的快乐和热情——只有人，才过理论上的视觉节日。观望星空的眼睛观看每一个既无益又无害的、与地球及其需要毫无共同之处的星光，在这种星光里面观看它自己的本质、它自己的来源。眼睛具有天上的本性。因此人只有靠眼睛才上升到天上；因此理论是从注视天空开始的。最早的哲学家们是天文学家。天空使人想起自己的使命，想起自己生下来不仅是为了活动，而且是为了观看的。

人的绝对本质、人的上帝就是人自己的本质。因此对象支配他的力量就是他自己的本质的力量。例如感情的对象的力量就是感情的力量，理性的对象的力量就是理性自身的力量，意志的对象的力量就是意志的力量。本质为声音所决定的人，要受感情的支配，至少要受这样一种感情支配：这种感情，是在声音里面找到它的相应成分的。支配感情的并不是声音本身，而只是充满内容、意义和感情的声音。感情只是为充满感情的东西所决定，亦即为它自身、为它自己的本质所决定。意志也是这样，理性也是这样。因此只要我们意识到了什么样一种对象，我们也就同时意识到了我们自己的本质；我们不能做出任何别的事情而不表现我们自己。因为欲求、感受、思维是完善的、根本的、实在的活动，所以我们不可能用理性来感知理性，感情来感知感情，用意志来感知意志，把它当成一种有限制的、有限的、亦即空虚的力量。有限和空虚是一回事；有限只是对于空虚的一种婉转的说法。有限是形而上学名词、理论名词；空虚是病理学名词、实践名词。对于理智说有限的东西，对于心情说就是空虚的。但是我们不可能把意志、感情、理性认为是有限的力量，因为每一种完善性、每一种力量和本质性都是它们自身的直接证明和肯定。不认为爱好、欲求和思维是完善的活动，就不能爱好、欲求和思维；对于爱好，欲求和思维不感到一种无限的快乐，就不能感觉到自己是爱好、欲求和思维的实体。意识就是一个实体拿自己做自己的对象；因此意识并不是什么特殊的东西，并不是什么与意识到自己的实体不同的东西。否则它怎样能意识到自己呢？因此决不可能意识到一种完善性是一种不完善性，决不可能感到感情是有限制的，决不可能设想思维是有限制的。——

因此，如果你思想无限的东西，你就是思想和肯定思维能力的无限性；如果你感受无限的东西，你就是感受和肯定感情能力的无限性。理性的对象就是对象化的理性，感情的对象就是对象化的感情。如果你对于音乐没有欣赏力，没有感情，那么你听到最美的音

乐，也只是像听到耳边吹过的风、或者脚下流过的水一样。那么，当音调抓住了你的时候，是什么东西抓住了你呢？你在音调里面听到了什么呢？难道听到的不是你自己心的声音吗？因此感情只是向感情说话，因此感情只能为感情所了解，也就是只能为自己所了解——因为感情的对象本身只是感情。音乐是感情的一种独白。哲学的对话实际上也只是理性的一种独白：思想是只向思想说话的。感觉迷恋结晶体的色泽；理性只对结晶学的规律发生兴趣。理性只是以合乎理性的东西为对象①。

因此，一件东西，如果在超人的思辨和宗教的意义之下，只有派生的、主观的或人的、手段的、官能的意义，在真理的意义之下，就有原本的、神圣的、本质的、对象本身的意义。例如，如果感情是宗教的基本官能，那么上帝的本质就不表明别的东西，只表明感情的本质。"感情是神圣的东西的官能"这句话的真实而又隐蔽的意义，就在于感情是最高贵的、最优越的、亦即人中间最神圣的东西。如果感情本身没有神圣的本性，你怎样能够通过感情获知神圣的东西呢？神圣的东西只有通过神圣的东西而被认识，"上帝只有通过上帝本身而被认识"。感情获知的神圣本质事实上不是别的东西，就是感情的迷恋自己、赞美自己的本质，就是狂欢的、本身幸福的感情。

这个道理，从下列事实可以看得很明白：什么地方感情变成了无限的东西的官能，变成了宗教的主观本质，什么地方宗教的对象就失掉了它的客观价值。所以，自从感情被当成宗教的主要内容以来，基督教的那种一向非常神圣的信仰内容就变得无足轻重了。如果站在感情的立场上也把某种价值给予对象，那么，对象之得到价值，也只是为了感情，感情也许只是由于一些偶然的原因而与对象相结合；如果另外一个对象激起了同样的感情，它也就同样受到欢迎。但是感情的对象正因为如此，就变得无关紧要了，因为只要感情一旦被宣布为宗教的主观本质，实际上它也就是宗教的客观本质了，虽然并没有像这样说出来，至少没有直接说出来。我说直接，是因为这一点确实得到了间接的承认，因为把感情本身说成了宗教感情，也就取消了真正的宗教感情与反宗教的感情之间、或者至少与非宗教的感情之间的区别——这是只把感情看成神圣实体的官能这个观点的必然结果。因为你除了根据感情的本质、本性以外，有什么理由把它当成无限的、神圣的实体的官能呢？可是，一般的感情的本性，岂不也就是每一种特殊的——不管它的对象是什么——感情的本性吗？那么，是什么东西使这种感情成为宗教感情的呢？是特定的对象吗？决不是，因为只有当这个对象并非冰冷的理智或记忆的对象，而是感情的对象的时候，它本身才是一个宗教对象。那么，是什么东西呢？是感情的本性，每一种感情，尽管对象不同，都分享着这个本性。因此，把感情说成神圣的、只是因为它是感情；感情的宗教性的根据，就是感情的本性，就在感情本身之中。可是，这样一来，不是把感情宣布为绝对，宣布为神圣实体本身了吗？如果感情凭着它本身就是善的，就是宗教的，亦即圣洁的、神圣的，它不是本身之中就包含着它的上帝吗？（费尔巴哈：《基督教的本质》，第一章）

---

① 费尔巴哈注："理智容易感受的只是理智以及理智的产物。"——赖马鲁斯：《自然宗教的真理》，第4部，第8节。

自然宗教把非人的市质当作神的市质崇拜

自然是宗教的最初的和基本的对象，不过即使当它是宗教崇拜的直接对象时，例如在各种自然宗教里面，它也并不是被看成作为自然的对象，亦即并不是我们站在有神论或哲学和自然科学的立场上去看它时那个方式、那个意义下的对象。自然在人看来，原来——就是用宗教眼光去看它的时候——倒是一个像人自己那样的对象，是被当成一个有人格的、活生生的、有感觉的东西。人原来并不把自己与自然分开，因此也不把自然与自己分开；所以他把一个自然对象在他身上激起的那些感觉，直接看成了对象本身的性质。有益的、好的感觉和情绪，是由一个好的、有益的东西引起的；坏的、有害的感觉，像冷、热、饿、痛、病等，是由一个恶的东西、或者至少是由坏心、恶意、愤怒等状态下的自然引起的。因此人们不由自主地、不知不觉地——亦即必然地，虽然只是相对的、有历史条件的必然——把自然本质弄成一个情感的本质，弄成一个主观的、亦即人的本质。无怪乎人们也就直率地、有意地把自然当成一个宗教的、祈祷的对象，亦即当成一个可以由人的情感、人的祈请和侍奉决定的对象了。人使自然与他的情感同化，使自然从属他的情欲，这样，他当然就把自然搞成顺从他、服从他的了。未开化的自然人还不仅使自然具有人的动机、性癖和情欲，而且甚至把自然物体看成真正的人。所以奥勒诺科地方的印地安人把日月星辰都当作人——他们说：“这些天上的东西，都是像我们这样的人”——，巴塔哥尼亚人把群星都看成“过去的印地安人”，格陵兰人把日月星辰当作“他们的那些因为一个特殊机会而升到天上的祖先们”。所以古代的墨西哥人也相信他们奉为神的太阳和月亮有一个时期曾经是人。瞧吧！像这样，甚至最粗陋、最低级的宗教，也证实了《基督教的本质》中所说的那句话：人在宗教中只是和他自身发生关系，他的上帝只是他自己的本质，在最粗陋，最低级的宗教里，人崇拜那些离人最远、最不像人的物体，崇拜星辰、石头、树木，甚至于崇拜蟹螯，崇拜蜗牛壳，他崇拜这些东西，只是因为把自己放在这些东西里面，把这些东西想成像他自己那样的东西，或者至少把它们想成充满了像他自己那样的东西。因此宗教表现出一个值得注意的、可是很可以了解的，而且还是必然的矛盾，就是当它站在有神论或人学的立场上时，便把人的本质当作神的本质来崇拜，因为人的本质在它看来是一个与人不同的本质，是一个非人的本质，而反过来当它站在自然主义的立场上时，却又把非人的本质当作神的本质来崇拜，因为非人的本质在它看来是一个人的本质。（费尔巴哈：《宗教的本质》，26）

新哲学建立在感觉的真理性、爱的真理性上

（1）新哲学将我们所了解的存在不只是看作思维的实体，而且看作实际存在的实体——因而将存在看作存在的对象——存在自身的对象。作为存在的对象的那个存在——只有这个存在才配称为存在——就是感性的存在，直观的存在，感觉的存在，爱的存在。因此存在是一个直观的秘密，感觉的秘密，爱的秘密。

只有在感觉之中，只有在爱之中，"这个"——这个人，这件事物，亦即个别事物，才有绝对的价值，有限的东西才是无限的东西：在这里面，而且只有在这里面，才有爱的无限的深刻性，爱的神圣性，爱的真理性。只有在爱里面，才有明察秋毫的上帝，才有真理和实在。基督教的上帝本身只是由人类的爱中抽象出来的抽象物，只是爱的一个肖像。然而正因为"这个"只在爱才有绝对的价值，所以存在的秘密只在爱中显露，而不在抽象思维中显露。爱就是情欲，只有情欲才是存在的标记。只有情欲的对象——不管它是现实的还是可能的——才是存在的。无感觉、无情欲的抽象思维取消了存在与非存在之间的差别，但是这种在思维面前消失不见的差别，在爱看来正是一种实在。爱没有别的意思，就是认识这个差别。一个人如果什么都不爱——不拘对象——，对于是否有物存在，就会完全漠不关心的。但是既然只有通过爱，通过一般感觉，异于非存在的存在才呈现于我；那么，也只有通过爱，一个异于我的对象才呈现于我。痛苦是一种反对等同主观与客观的强烈的抗议。爱的痛苦，就是观念中存在的东西在现实中并不存在。在这里主观就是客观，观念就是对象；这正是不应有的，这是一种矛盾，一种幻觉，一种不幸——因此人们就要求恢复真实的情况，在真实情况之中，主观并不等于客观。甚至于动物的饥饿痛苦也只是由于胃中没有任何作为对象的东西，胃自身等于对象，空空的胃壁相互摩擦。由此可见，人的感觉在旧的超越哲学的意义之下，是没有经验的、人学的意义的；它只有本体论的、形而上学的意义。在感觉里面，尤其是在日常的感觉里面，隐藏了最高深的真理。因此爱就是有一个对象在我们头脑之外存在的真正本体论证明——除了爱，除了一般感觉之外，再没有别的对存在的证明了。一种存在使你快乐、不存在则使你痛苦的东西，只能是存在的。对象与主体之间的差别，存在与不存在之间的差别，是一种使人快乐的差别，也是一种使人痛苦的差别。

（2）新哲学建立在爱的真理性上，感觉的真理性上。在爱中，在一般感觉中——人人都承认新哲学的真理性。新哲学的基础，本身就不是别的东西，只是提高到意识的感觉实体——新哲学只是在理性中和用理性来肯定每一个人——现实的人——在心中承认的东西。新哲学是转变为理智的情感。情感不要任何抽象的、任何形而上学的、任何神学的对象和实体，它要实在的、感性的对象和实体。

（3）旧哲学曾说：不被思想的东西，就是不存在的，新哲学则说：不被爱的，不能被爱的东西，就是不存在的。不能被爱的东西，也就是不能被崇拜的东西。只有能为宗教对象的东西，才是哲学的对象。

爱是存在的标准——真理和现实的标准，客观上是如此，主观上也是如此。没有爱，也就没有真理。只有有所爱的人，才是存在的，什么都不是和什么都不爱，意思上是相同的。一个人爱得愈多，则愈是存在；愈是存在，则爱得愈多。

（4）旧哲学的出发点是这样一个命题："我是一个抽象的实体，一个仅仅思维的实体，肉体是不属于我的本质的"；新哲学则以另一个命题为出发点："我是一个实在的感觉实体，肉体属于我的本质；肉体的总体就是我的自我、我的实体本身"。由此可见，旧哲学为了防止感性观念沾染抽象概念、是在与感觉处于不断矛盾、敌对状态中进行思想的；

新哲学则正相反，是在与感觉和睦、协调的状态中进行思想的。旧哲学承认感觉的真理性——甚至用包含存在的上帝概念来承认；因为这个存在据说同时又是一个与思想中的存在不同的存在，一个在精神以外、思维以外的存在，一个现实的客观存在，亦即感性的存在——但是只是隐晦地、抽象地、不自觉地、勉强地承认，只是因为不得已而为之的；新哲学则相反，是愉快地、自觉地承认感性的真理性的：新哲学是光明正大的感性哲学。（费尔巴哈：《未来哲学原理》，33-36）

（5）感觉的对象不只是"外在的"事物。人只是通过感觉成为自己的对象——他是作为感觉对象而成为自己的对象的。主体和对象的同一性，在自我意识之中只是抽象的思想，只有在人对人的感性直观之中，才是真理和实在。

当我们用手或唇接触有触觉的东西时，我们不只感觉到石头和木头，不只感觉到骨肉，我们还感觉到触觉；我们用耳朵不只听到流水潺潺和树叶瑟瑟的声音，而且还听到爱情和智慧的热情的音调。我们用眼睛不只是看见镜面和彩色幻相，我们还能看见人的视线。因此感觉的对象不只是外在的东西，而且有内在的东西，不只是肉体，而且还有精神，不只是事物，而且还有自我。——因此一切对象都是可以通过感觉认识的，即使不能直接认识，也能间接认识，即使不能用平凡的、粗糙的感觉认识，也能用有训练的感觉认识，即使不能用解剖学家或化学家的眼睛认识，也能用哲学家的眼睛认识。由此可见，经验论认为我们的观点起源于感觉，是正确的，只是经验论忘了人的最主要的、最基本的感觉对象乃是人自己，忘了意识和理智的光辉只在人注视人的视线中才呈现出来。由此可见，唯心论在人里面寻找观念的起源，是正确的，但是唯心论却不正确地要想从孤立的、被固定为独立存在的实体、固定为灵魂的人中引导出观念的起源，总之，要想从那个并无感性对象"你"的"自我"中引导出观念的起源。观念只是通过传达，通过人与人的谈话而产生的。人们获得概念和一般理性并不是单独做到的，而只是靠你我相互做到的。人是由两个人生的——肉体的人是这样生的，精神的人也是这样生的：人与人的交往，乃是真理性和普遍性最基本的原则和标准。我所以确知在我以外有其他事物存在，乃是由于我确知在我以外有另一个人存在。我一个人所见到的东西，我是怀疑的，别人也见到的东西，才是确实的。（费尔巴哈：《未来哲学原理》，41）

（选自北京大学哲学系外国哲学史教研室编译《西方哲学原著选读（下）》，商务印书馆，1981 年版，第 529—567 页）

弗里德里希·尼采

尼采（1844—1900），德国哲学家，唯意志论和生命哲学的主要代表人物之一。主要著作包括《快乐的科学》《道德的世系》《悲剧的诞生》《查拉图斯特拉如是说》《偶像的黄昏》等。

尼采所处的时代是自然科学成为一切知识的楷模的时代，认为科学可以解决一切问题。尼采回应这个时代问题的答案就是"上帝死了"，"重估一切价值"，以此否定人类理性并建立"超人"价值观。

尼采的真理观基本主张是"真理乃是谬误",认为只有观看世界的不同方式,没有终极正确(或)不正确的方式。

在尼采看来,我们想象中存在宇宙中的和谐与秩序只是人的思想的产物。但是能够明白这一点的人太少了。那些庸众的世界观如此受到理性、规则支配,形成了奴隶道德。这些消极的奴隶道德必须被重新评估,并用新道德加以代替。新道德是建立在"超人"这种新人类的发展基础上的道德。"超人"就是最能体现权力意志的人,即肯定自我生命、充分体现个体意志、富有创造精神的人。

论真理①

真理意识。我赞美一切怀疑论,我冒昧地对怀疑论说:"让我们试验一下!"不过,凡是不让进行试验的事物和问题,我是无意过问的。这就是我的"真理意识"的极限:因为在这极限上,勇敢失去了它的权利。

生活不是论证。我们为自己创造了一个适于生活的世界——接受了各种体、线、面、因与果、动与静、形式与内涵:若没有这些可信之物,今天无人能坚持活下去!但是,那些东西并未经过验证。生活不是论证;错误可能就在生活条件之中。

最终的怀疑论。究竟什么是人的真理?不可驳倒的谬误便是。

真理是一种谬误,某类生命无它就无法生活。最终,决定问题的乃是生命价值。

真理的标准是权力感的增进。

什么是真理?惯性,令人轻松的假设,成本最小的精神力量,等等。

有各种各样的眼睛。甚至斯芬克斯也有眼睛——因此,有各种各样的真理,因此,也就没有真理。

对我们而言,一个判断的错误不足以构成对一个判断的反驳……问题在于它在多大程度上提升生命、保存生命、保存族类,甚至繁殖族类;我们的基本倾向坚持认为,最为错误的判断(比如先天综合判断)对我们而言最不可或缺,若不承认逻辑的虚构为真,若不以完全发明出来的绝对的自我同一的世界为背景衡量实在,若不以数字对世界进行不断的歪曲,人类就无法生活下去——因此,抛弃错误的判断也就是抛弃生命,就会否定生命。

"真实的世界"最终如何变成了寓言:一个谬误的历史

真实的世界:智者、虔诚者和有德者可以达到;他生活在其中,他就是它。(观念的最古老形式,比较明智,简单,且令人信服……)

真实的世界:现在是不可达到的,但许诺给智者、虔诚者和有德者("给悔过的罪人")。(观念的进步:它变得精巧,棘手,不可把握:它成了基督教的。)

---

① 所有尼采的译文,都来自 Clancy Martin。中译文分别见尼采:《快乐的科学》,黄明嘉译,上海:华东师范大学出版社,2007 年;尼采《偶像的黄昏》,卫茂平译,上海:上海人民出版社,2007 年。

真实的世界：不可达到，无法证明，不可许诺；但已经想好——它是一个安慰，一项义务，一个命令。（实际上是那个古老的太阳，但透过迷雾和怀疑。观念变得精深，灰白，北方式，康德味。）

真实的世界：不可达到？至少没有达到。没有达到，也就是未知的。因此，没有安慰，没有拯救，也没有义务：某种未知的东西如何能让我们承担义务？（拂晓。理性的第一个哈欠……）

真实的世界：一个不再有任何用处的观念，甚至不再让人承担义务——一个变得毫无价值的多余观念——因此，是一个被驳斥的观念：让我们废除它！（天明；早餐，完全的理智和快活心情的回归……）

真实的世界：我们已经废除。剩下的是什么世界？或许是那个虚假的世界？但是不！随着真实的世界的废除，虚假的世界也被废除了。（中午……最长久的谬误的终结；人类的高峰。）

论 "主人道德和奴隶道德"[①]

且不说诸如 "在我们之中有一个定言命令" 这样的主张的价值，人们还会问：这样一种主张对持这一主张的人说出了什么？有些道德，它们应该在别人面前为它们的创立者辩护，其他一些道德应该对他加以安抚，并使他对自己感到满意；还有其他一些道德，则要他走向十字架，并且忍辱负重。以其他的道德，他想进行报复，用其他的道德，他想躲藏自身，用其他的道德，他想使自己焕发光彩，并想置身于高远之物。有些道德帮助其创造者忘记那道德，其他的道德则忘掉自己——或关于自己的某种东西。许多道德家想对人类实施权力和创造性的情绪，还有一些其他人，甚至也许还有康德，用他们的道德使人去理解："我这里值得尊敬的东西，就是我能服从——而且你不应该与我有所不同！"简言之，道德不过是激情的符号语言！

通过对地球上曾经统治着或现在仍在统治着的诸多精致的和粗糙的道德的一番浏览，我发现了某些有规则地出现并且紧密相连的特性：直到最后，我发现了两种基本类型，并且完全不同。甚至在同一个人身上，在同一个灵魂内部，也存在着主人道德和奴隶道德——我必须立即补充说，在所有较高和混杂的文化中，同样存在着调和这两种道德的尝试，但是，人们仍经常发现对它们的混淆和相互误解，事实上，它们有时紧密并列着。价值的道德区别要么产生于统治阶级，这个统治阶级欣然自觉地区别于被统治阶级——要么产生于被统治阶级、奴隶和每一个等级的侍从。首先，在统治者规定什么是 "善" 时，正是高贵的、骄傲的品质被认为是出类拔萃的特征，而且决定了等级秩序。高贵之人把自己与芸芸众生区别开来，芸芸众生的品性正好与这种高贵的、骄傲的品质相反：高贵之人瞧

[①] Friedrich Nietzsche, Beyond Good and Evil, trans. Clancy Martin，中译文见尼采：《善恶之彼岸》，程志民译，北京：华夏出版社，2000 年，第 92 页。

不起芸芸众生。人们立即就注意到，在主人道德那里，"好"与"坏"的对立实际上就是"高贵"与"下贱"的对立，而"善"与"恶"的对立有一个不同的来源。胆小如鼠、卑贱、微不足道而且只考虑蝇头小利之徒受到蔑视，此外目光闪烁不定而受到怀疑的人，自甘堕落之辈，甘为鹰犬狗彘不如之徒，沿街乞讨的马屁精，尤其是撒谎者，同样被嗤之以鼻。所有贵族的一个信条是，普通人是不诚实的。因此，古希腊的贵族就这样来标榜自身，"我们，诚实的人"。显然，道德名称最初在任何地方都是被应用于人，而只是在后来派生性地应用于行动。因此，这就是道德史家从"为什么同情行为受到赞扬？"的问题开始，是一个严重的错误的原因。高贵之人认为自己是价值的创立者，并且无需得到批准，他断定"凡是对我有害的东西其本身就是有害的"，他知道，只有他才能赋予事物以尊严，他是价值的创造者。他尊敬所有在自身中认识的东西。这样的道德乃是自吹自擂。

（选自罗伯特·C. 所罗门，凯瑟琳·M. 希金斯，克兰西·马丁著，陈高华译《哲学导论：综合原典教程》，天津人民出版社 2019 年第 11 版，第 265—266，513 页）

埃德蒙德·胡塞尔

胡塞尔（1859—1938），德国哲学家和数学家，现代理性直觉主义的现象学的奠基人。其主要著作包括《数的概念》《逻辑研究》《现象学的观念》《欧洲科学的危机和先验现象学》《生活世界的现象学》等。

面对当时哲学界盛行的相对主义的哲学危机，甚至可以说是"欧洲文明的危机"，胡塞尔提出先验现象学来反各种形式的相对主义。现象学是一门"科学的"和"严格的"学科，它自觉以数学为模型，关注具有普遍必然的真的人类心灵的本质结构以及一切经验的基本法则。这些结构和法则不依靠科学的假设和前提独立地显现自身。胡塞尔提出了以研究各种意识中相同结构的现象学来重新证明确定性。对于外部的世界的本质的假设则放置在括号中加以悬置。这称为"现象学还原"。通过现象学还原，把哲学的研究对象归于纯粹意识之内。

胡塞尔的现象学力图建立一门严格科学的哲学。它包括内容、方法和道路。首先，胡塞尔批判了心理主义，认为逻辑的规律不能用心理规律来解释。其次，运用本质直观的方法来发现自在存在的数学和逻辑的本质。直观能力是人的基本认识能力，只有经历了现象学训练的人们才能领会本质直观能力。

晚年的胡塞尔提出了"交互主体理论"，对主体间建立联系的可能性依据进行研究。这实际上是对他人被看作客体对象的为我的"存在者"的反思。这为通过交互主体性建立普遍的公共理性提供了理论依据。

胡塞尔面对近代以来人们把科学理论当作唯一真实的东西而生活世界和人本身倒不真实这种危机，提出了回归生活世界的观点。胡塞尔认为，生活世界是唯一的原初世界，科学世界等其他世界都是建立于生活世界之上的世界，而且可以被还原为生活世界。

1929 年巴黎讲演①

当代哲学的四分五裂及其毫无目的的忙碌，引起了我们的思考。这种处境难道不正是因为来自笛卡尔沉思的动力在当代各派哲学中丧失了原初的活力造成的吗？重新唤起这些沉思——不是接受它们，而是在向我思的回返中揭示彻底主义的深刻真理，以及我思中的永恒价值——难道不正是唯一富有成果的文艺复兴吗？

因此，我们每一个自为而自在的人，决心从抛弃当前的一切知识开始。我们不会放弃笛卡尔为知识的绝对基础作出的指引目标。不过，首先不要把它可能有的偏见作为前提……科学要求证明，即通过返回到实际经验和直观给出的事物和事实本身而来的证明。因此，我们这些追根溯源的哲学家引导到这样一个原则：只在明证中作出判断。

这里，我们完全追随笛卡尔来一次伟大的转变，如果这个转变进行得正确的话，我们就被引导到先验主体性……让我们思考一下：作为彻底沉思的哲学家，我们现在既没有对我们来说有效的知识，也没有一个对我们来说存在的世界……然而，不管人们要求存在的现象有什么样的实在性，不管这种实在性是实在还是表象，现象自身无法当做纯粹的"虚无"摒弃。相反，它恰好是处处可能为我而造出实在和表象的现象本身，这种认识论的放弃依然是其所是：它包括整个经验的生活之流，它所有的殊相、客体的表象、其他人、文化处境等等。除了我不再简单地把世界接受为真实的以外，一切都没有变换；我不再就实在与表象的区分作出判断……这种对关于客观世界的所有观点的普遍疏离，我们称之为现象学的悬隔。正是通过这一方法，我把自己理解为这一个我，这一种意识生活，在其中，整个客观世界是为我而存在的，并恰好是为我而存在的那个世界……通过现象学的悬隔，自然人意义上的我，尤其是我自己的我，被还原为先验的我。这就是现象学还原的意义所在。

哲学作为严格的科学②

历史主义将自己定位于经验的精神生活的事实领域。由于它绝对地设定这种经验的精神生活，而不是恰恰将它自然化（尤其是因为历史思考远离自然的特殊意义，并且至少没有受到这种意义的普遍决定性的影响），这样便产生出一种相对主义，它与自然主义的心理主义关系紧密，并且陷入了类似的怀疑困难中。

---

① Edmund Hasserl. The 1929 Paris lectures, trans. Peter koestenbaum, Hague：Nijhoff, 1975. 中译文见胡塞尔：《笛卡尔沉思与巴黎讲演》，张宪译，北京：人民出版社，2008 年。

② Edmund Husserl, "Philosophy as Rigorous Science". inphenomenology and the crisis of philosophy, trans. Quentin Lauer, New York：Harper & Row, 1975. 中译文见胡塞尔：《哲学作为严格的科学》，倪梁康译，北京：商务印书馆，2002 年。

依据这种科学观点的不断变化，我们确实没有权利去谈论那种不只是作为文化构型，而是作为关于客观有效统一的科学。显然，如果将历史主义贯彻到底，它就会导向极端怀疑的主观主义。真理、理论和科学的观念就会像所有观念一样丧失其绝对有效性。一个观念具有有效性，这意味着它是一个事实的精神构成，它被视作有效的并且在这种偶然的有效性中规定着思想。这样也就不存在决然的有效性或自在的有效性，不存在那种即使无人实施，或者，即使没有一个历史的人类曾经实施过，它也仍然是其所是的有效性。因此，也就不存在对矛盾律和所有逻辑学而言的有效性，反正它们在我们的时代已经处于完全流散的状态中。也许结果会是这样：无矛盾性的逻辑原则由此而转向其对立面。

（选自罗伯特·C. 所罗门，凯瑟琳·M. 希金斯，克兰西·马丁著，陈高华译《哲学导论：综合原典教程》，天津人民出版社 2019 年第 11 版，第 267—268 页）

理查德·罗蒂

罗蒂（1931—2007），美国哲学家。他维护美国以威廉·詹姆斯和约翰·杜威为代表的实用主义。早年专攻主流分析哲学，后来试图融合美国的自由主义与欧洲大陆的文学和哲学。曾经担任斯坦福大学人文学教授和比较文学教授。他一生多产，其主要著作包括《哲学与自然之镜》《实用主义后果》《偶然、反讽与团结》《真理与进步》《筑就我们的国家》等。

罗蒂对哲学自称拥有找到真理的最佳途径这一说法表示怀疑。他认为真理的标准是相对于文化而言，所以起点是有条件的。我们无法确知信念之真的观念，我们至多能确定它们满足我们社会当前的接受标准。

团结还是客观性？[①]

反思的人类通过将他们的生命置于更大的背景下，有两种赋予他们的生命以意义的主要方式。第一种是讲述他们对于一个共同体的贡献。这个共同体可以是他们生活于其中的实际的历史的共同体，或者是另一个在时间和空间上远离的实际共同体，或者是一个完全想象的共同体，它可能由选择历史上或小说中或两者兼具的许多男女英雄组成。第二种方式是把他们自己描述成与一种非人的实在处于直接的关系之中。这种关系是直接的，是因为它并不源自这种实在与他们的部族、或他们的民族、或他们想象中的同志情谊之间的关系。我要说的是，前一种类型的种种故事体现了人们追求团结的欲望，后一种类型的种种

① Richard Rorty. "Solidarity or Objectivity？", in Philosophical Papers, Vol. Ⅰ: Objectivity Relativism, and Truth, Cambridge, Ma: Cambridge University Press, 1991. 中译文见罗蒂：《实用主义哲学》，林南译，上海：上海译文出版社，2009 年。

故事则体现了人们追求客观性的欲望。只要一个人在追求团结，他或她就不会追问被选择的共同体的诸种实践与那一共同体之外的某种事物之间的关系。只要他在追求客观性，他就与他身边的人拉开距离，这不是通过将他自己设想为某个别的真实的或想象的团体中一员，而是通过将自己黏附于某种可在不指涉任何特定的人类的情况下加以描述的事物之上来完成的。

那些想将团结奠基于客观性的人——就称他们为"实在论者"吧——必定把真理解释为与实在的符合。因此，他们必定构建一种形而上学，以此为诸信念与诸对象之间的特殊关系留出空间，人们将根据这种关系鉴别真信念与假信念。他们也必定会论证说，存在着一些证成自然的而不仅是地方性的信念的程序。因此，他们必定会构建一种为如下证成留下空间的认识论：这种证成不仅是社会的，而且也是自然的，它源自人类本性自身，而且是通过自然的这一部分与其他部分之间的一种关联才得以可能。根据他们的观点，由被认为是这种或那种文化所提供的合理证成的各种程序，可能真是合理的，也可能并不是真正合理的。因为要成为真正合理的，证成的程序就必须要导向真理，导向对现实的符合，导向事物的内在本性。

与之相反，那些想要把客观性还原为团结的人——就称他们为"实用主义者"吧——并不要求一种形而上学或一种认识论。用威廉·詹姆斯的话来说，他们把真理看作我们相信便可获益之物。因此他们无需对诸信念与诸对象之间所谓的"符合"关系作出说明，也无需对那些保证我们这个物种能够进入这一关系的人类认知能力作出说明。他们认为，真理与证成之间的鸿沟并不是某些通过离析出一种自然的、跨文化的理性（可以用这种理性来批判某些特定的文化而赞颂另一些文化）来衔接的东西，而不过是现实的好与可能的更好之间的鸿沟。从一个实用主义者的观点来看，说我们现在合理地加以相信的东西可能不是真的，只不过是说某人可以提出一个更好的观念。也就是说，既然会有新证据或新假设或全新的语汇，那么，总是会有改进信念的空间。对于实用主义者而言，对客观性的欲求并不是欲求摆脱某人的共同体的束缚，而只是欲求尽可能多的主体间的共识，尽我们所能地扩展"我们"一词的所指。因此，实用主义者所作的区分，是在这样的共识相对容易达成的那些主题和共识相对难以达成的那些主题之间的区分。

"相对主义"是实在论者加给实用主义的传统称号。这一名称可以指三种不同的观点。第一种观点是：任何一个信念都像其他任一信念一样好。第二种观点是："真"是一个歧义性的术语，有多少种证成程序，就有多少种含义。第三种观点是：离开既定社会——我们的社会——在这一或另一探究领域中使用的对熟悉的证成程序的描述，就无法谈论真理和理性。实用主义者持种族中心主义的第三种观点。但是，他并不主张自相矛盾的第一种观点，也不主张怪异的第二种观点。他认为，他的观点要好于实在论者的观点，不过，他并不认为他的观点符合诸事物的本性。他认为，正是"真"这个词的弹性——它只是赞誉的一种表达这一事实——确保了它的单义性。根据他的说法，"真"这一术语在所有文化中的意义都相同，就像"这里""那里""好""坏""你"和"我"这样一些同样富有弹性的术语在所有文化中的意思都相同一样。但是，意思的相同与所指的多样性，以及指派术语的程序的多样性，当然不矛盾。因此，他非常自由地把"真"当做一个表达赞誉的一般性术语来使用，如同他的实在论对手们那样——尤其是用它来赞誉他自己的观点。

然而，为何认为"相对主义者"是表达种族中心主义的第三种观点（实用主义者确实持有的观点）的恰当术语，这一点并不清楚。因为，实用主义者并不是持有一种肯定性的理论，即认为某事物乃是相对于另外的某事物的。相反，他作出的都是纯粹否定性的观点，即我们应该放弃知识与意见的传统区分，而这种传统的区分应该被解释为符合实在的真理与作为证成得好的信念的一个赞誉性术语的真理的区分。实在论者称这种否定性主张为"相对主义的"，其原因在于他无法相信任何人会严肃地否认真理具有一种内在的本性。因此当实用主义者认为，对于真理，除了我们每一个人将他或她发现最好加以相信的那些信念赞誉为真之外，无话可说之时，实在论者就倾向于将这一点解释为关于真理本性的一种较为肯定的理论。根据这一理论，真理不过是当代某一特定个人或团体的意见。当然，这样一种理论是自相矛盾的。但是，实用主义者并没有一套真理理论，更不用说相对主义的真理理论了。作为团结的虔诚信徒，他关于人类合作性探究的价值的说明，只有一种伦理基础，而没有一个认识论的或形而上学基础。他没有任何认识论，更没有一种相对主义的认识论。

问题不是关于如何去定义诸如"真理"或"理性"或"知识"或"哲学"这样的词，而是关于我们的社会应该让自己具有什么样的自我形象。"要避免相对主义"这样一句仪式性的祷文，作为对保存当代欧洲生活的某些习惯的需要的一种表达，是最容易理解的。这是些由启蒙运动养育起来的习惯，它们由启蒙运动通过诉诸理性得到证成，被设想为一种符合实在的跨文化的人类能力，而这种能力的拥有和使用由服从明确标准表现出来。因此，关于相对主义的真正问题是，智识、社会和政治生活中的这些相同习惯，能否作为无标准的处事方法，得到一种理性概念的证成，得到一种实用主义的真理概念的证成。

我认为，这个问题的答案是，实用主义者不可能证成这些习惯而不陷入循环论证，不过，实在论者也同样如此。实用主义者对于宽容、自由探究和对不失真的交流的寻求的证成，只能采取一种对比的形式，即在体现这些习惯的社会和不体现这些习惯的社会之间加以对比，由此导向这样一种看法：任何体验过这两种社会的人都不会选择后一种社会。温斯顿·丘吉尔（Winston Churchill）为民主所做的辩护可以说是体现这一点的典范，他说，除了迄今为止所有尝试过的政府形式之外，民主政治是可以设想的政府中最坏的一种。

我认为，对客观性的欲求部分是惧怕我们的共同体消亡的一种伪装形式，这种看法是对尼采的指责的应和，尼采说，发源于柏拉图哲学的传统是一种试图避免直面偶然性，逃避时间和机遇的努力。尼采认为，实在论之所以要受到指责，不仅是因为它的理论不连贯的论证，如我们在普特南和戴维森那里发现的那种论证，而且是基于实践的、实用的理由。尼采认为，对人类性格的考验，在于有能力忍受如下思想：不存在会聚。他希望我们能将真理设想为：

> 一支由种种隐喻、换喻和拟人论——简言之人类关系的总和——组成的机动部队，这支部队已经得到强化，在诗和修辞方面被修饰过，而且在长期服役之下显得坚毅，具有权威，对某个民族义不容辞。

尼采希望，最终出现这样的人类，他们能够并且确实如此设想真理，但仍热爱他们自己，将他们自己看作是一个好的民族，对于这个民族而言，团结就**够了**。

我认为，实用主义对支撑着实在论者的客观性观念的各种结构—内容区分的抨击，最好能被视作一种这样的努力：让我们以这种尼采式方式思考，即认为真理完全是一个团结问题。那就是为什么我认为尽管有普特南，但我们仍必须说，"只存在对话"，只有我们，必须把"跨文化的理性"观念当做最后的残余物扔掉的原因。但是，这不应使我们像尼采有时做的那样，驳斥我们的机动部队中体现了苏格拉底的对话、基督教的伙伴关系和启蒙运动的科学的观念的因素。尼采把哲学实在论诊断为一种对于恐惧和怨恨的表达，他的这一诊断与他自己对沉默、孤独和暴力的那些充满怨恨的异质的理想化的做法是并驾齐驱的。像阿多诺、海德格尔和福柯这样的后尼采思想家，则使尼采对于形而上学传统的批判与他对资产阶级教养、基督教的爱和十九世纪对于科学使世界变得更适于生活的希望并驾齐驱。我并不认为，这两套批判之间有任何值得注意的关联。在我看来，实用主义如我所说的那样，是一种团结的哲学，而不是一种绝望的哲学。从这种观点来看，苏格拉底远离诸神，基督教从万能的创世主转向在十字架上受难的人，以及培根从沉思永恒真理的科学转向作为社会进步的科学，可以被看做是为尼采的真理观所揭示的社会信仰这一幕的诸多准备。

我们这些团结的追随者们用来反对追随客观性的实在论者的最好的论证，就是尼采的如下论证：传统西方用来巩固我们的习惯的形而上学—认识论的方式，完全不再发挥作用了。它已无法行使职责了。它日益成了一种策略，就像是已然被证明是通过一种恰当的巧合而选择了我们作为其子民的那些神灵的设定。因此，我们用一种"纯粹"伦理的基础来代替我们的共同体感——或者，换一种更好的说法，我们认为我们的共同体感没有任何基础，除了共有的希望以及由这种共有的希望所创造出来的信任之外，以上这种实用主义的提法，是基于实践基础而做出来的。它不是作为如下的形而上学主张的推论被提出来的：世界中的诸对象并不包含任何内在地指导行动的特性；它也不是作为如下的认识论主张的推论提出来的：我们缺乏一种道德感的能力；它也不是作为如下的语义学主张的推论提出来的：真理可以被还原成证成。

（选自罗伯特·C. 所罗门，凯瑟琳·M. 希金斯，克兰西·马丁著，陈高华译《哲学导论：综合原典教程》，天津人民出版社，2019年第11版，第271—274页）

◢◢◢ 约翰·罗尔斯

　　罗尔斯（1921—2002），美国政治哲学家和道德哲学家，20世纪政治学和伦理学最有影响的思想家之一。其著作《正义论》唤起了哲学界对正义问题的关注，自从1971年问世以来就成为经典。

　　罗尔斯写作《正义论》的时候，美国处于内外交困时期。内有民权运动的兴起，外有朝鲜战争、越南战争、古巴导弹危机等。罗尔斯试图运用分析哲学的方法推导出一个解决现实问题的几何公式，为解决现实问题提供理论依据和基础。

　　罗尔斯认为，一个有秩序的社会必须依靠理性的反思来决定其正义原则是什么。要想使选出来的原则合理公正，就必须程序公正。

　　首先，罗尔斯设立了无知之幕和原始状态，以确保人们对于别人以及自我的财富、地位等一无所知。在这种情况下来考虑自己应该采用何种正义原则，我们就处于原始状态。在这种状态下来决定正义原则就会站在自身利益角度来进行选择。

　　其次，我们在原始状态下，会选择以下两条原则：第一条原则优于第二条原则，它要求每个人平等地拥有"能够和他人的同等自由和谐相容的最大限度的基本自由"（平等的自由权原则）；第二条原则要求人这样来安排社会和经济的不平等，"使得（a）人们能合理地指望它们对每个人有利；（b）地位和官职向所有人开放。（差别原则和公平的机会平等原则）"。

　　再次，罗尔斯探索了将正义原则应用于社会基本结构的制度结构问题。可以分为立约阶段、立宪阶段、立法阶段和执法阶段。按照这四个阶段建立起来的制度就是正义的制度。

　　最后，罗尔斯指出，正义制度的稳定性依赖于正义与善的一致性。个人具有获得善的观念的能力和获得正义感的能力。这两种能力是个人道德人格统一的基础。这两种能力维护和强化良序社会，以此保障了选择的制度的稳定性。

　　罗尔斯论证的方法是他自创的"反思平衡"方法。反思，即再次思考或反复思考。平衡，即理论系统内处于融贯状态。"反思平衡"方法又可以分为狭义和广义两种反思平衡。前者指在一套信念系统内各个层级达到一致；后者则是在多个信念系统内的各个层级和各个结构达到一致。罗尔斯使用的是广义的反思平衡法。通过反复思考，信念系统处于暂时的平衡状态。

正义论①

　　我的目的是要提出一种正义观，把诸如洛克、卢梭和康德的社会契约论加以归纳，并

---

　　① 选自罗尔斯：《正义论》，谢延光译，上海：上海译文出版社，1991年。

提升到一个更高的抽象层次上来。为了这样做，我们不打算把原始契约看作是为了加入某个社会或建立某种形式的政府而缔造的契约。相反，我们的指导原则是：适用于社会基本结构的正义原则是原始协议的目的。凡是关心增进自身利益的自由而有理性的人，都会按照一种平等的原始状态，承认这些原则为他们的团体规定了基本的条件。这些原则还要对所有进一步的协议做出规定：它们规定了可以参加什么样的社会合作和可以建立什么样的政府。对正义原则的这种看法，我将称之为正义即公平观。

因此，可想而知，是参与社会合作的那些人联合一致地选择了分配基本权利和义务并决定社会利益分配的原则。人们可以事先决定如何来调整他们对彼此的要求，以及什么是他们社会的基本宪章。每个人都必须通过理性的思考来决定是什么构成了他们的善，即他们可以合理追求的一系列目标。同样，一批人也必须一劳永逸地决定对他们来说什么是正义的，什么是不正义的。有理性的人在关于平等自由权的这种假设的状态中可能做出的选择决定了正义的原则，他们暂且假定这个选择问题是会得到解决的。

正义即公平理论中的平等的原始状态，是与传统的社会契约中的自然状态一致的。当然，这种原始状态不是被视为一种实际的历史情况，更不是一种文化的原始状态。它被理解为一种纯粹假设的状态，是为了得到某种正义观而提出来的。这种状态有许多特征，其中一个特征是：任何人都不知道他在社会中的地位，他的阶级地位和社会地位；任何人都不知道他在自然资产分配中的命运，他的能力，他的才智和力量，等等。我甚至还要假定，各方不知道他们的关于善的观念，也不知道他们的特殊心理倾向。对正义原则的选择，是在无知之幕的掩盖下进行的。这一点保证了任何人都不会在选择原则时由于天然机会的结果或社会环境中的偶然事件而有利或不利。既然人人都处于同一状态，任何人都不能设计出有利于自己特殊情况的原则，于是公平协议或交易的结果就是正义的原则。鉴于原始状态的各种情况和人们相互关系的对称，如果每个人都是道德的主体，即有理性的人，他们有他们自己的目标，而且我还要假定他们又能具有的某种正义感，那么，这种原始状态对他们来说就是公平的。也可以说，这种原始状态就是合适的初始状态，因而在这种状态中达成的协议也是公平的。这一点说明"正义即公平"这个提法是恰当的，它表达了正义原则在一种公平的原始状态中得到一致同意这一思想。这个提法并不意味着正义的概念和公平的概念是一回事，正如"诗歌即比喻"这种说法并不意味着诗歌的概念和比喻的概念是一回事一样。

我已经说过，正义即公平首先从人们可能一起作出的所有选择中认定的一种最普遍的选择，就是说，首先选择应能指导以后对体制的各种批评和改革的某种正义观的基本原则。因此，在选定正义观之后，我们假定他们还应该选择一种宪法和一个制定法律的立法机关，等等，而这一切又是按照最初商定的正义原则来进行的。如果我们的社会状态能使我们按这一系列的假设的协议而订立规定这种状态的一整套规则，那么我们的社会状态就是正义的……

我相反认为……原始状态中的人可能会选择两种颇为不同的原则。第一种原则要求平等分配基本权利和义务。第二种原则则认为，社会和经济的不平等，例如财富和权力的不平等，只有在它们最终能对每一个人的利益，尤其是对地位最不利的社会成员的利益进行补偿的情况下才是正义的。这些原则拒绝以某些人的苦难可以从一种更大的总体善中得到补偿这种借口去为体制进行辩护。为体制辩护可能是很方便的，但要求某些人为了别人的兴旺发达而使自己蒙受损失，这毕竟是不正义的。不过，如果一些人获得较大的利益能使某些人的不那么幸运的状况因此而得到改善，那就不存在不正义问题。从直觉上看，既然每个人的福利决定于合作安排，而如果没有这种安排，任何人都不可能过上一种令人满意的生活，那么，利益的分配就应该能够促成每个人都参加的那种自愿合作，包括那些状况比较不利的人，然而，只有提出合理的条件，才能指望做到这一点。上面提到的那两种原则，似乎是一种公平的协议，在这种协议的基础上，那些得天独厚的人，或社会状况比较幸运的人（不能说我们得到这两种有利条件是理所当然的），就可以指望在某种切实可行的安排成为所有人的福利的必要条件时得到别人自愿合作。有一种正义观不把天赋和社会环境的随机性所造成的偶然情况作为追求政治和经济利益的资本。一旦我们决定去寻找这种正义观，我们就是向这些原则前进了。这些原则表明，它们最后抛弃了那些从某种道德观点看似乎是社会生活中的带有随机性的那些方面。

（选自布鲁克·诺埃尔·穆尔，肯尼思·布鲁德著，李宏昀译《思想的力量》，北京联合出版公司，2017 年第 9 版 第 388—390 页）

伯特兰·罗素

罗素（1872—1970），英国哲学家、数学家、逻辑学家、历史学家，1950 年诺贝尔文学奖获得者，分析哲学创始人之一。主要著作包括《数学原理》《哲学问题》《心的分析》《人类知识》《权威和个人》等。

19 世纪末 20 世纪初，哲学家们认为，许多哲学问题是语言混乱和缺陷的结果。面对这样的问题，哲学家们强调对概念的分析，出现了所谓的分析转向。罗素是其中的主要的缔造者之一。

分析作为一种哲学方法就是把复杂的命题或概念分解为简单的命题和概念。罗素认为，通过分析，包含"数"的命题可以被转化为包含逻辑概念的命题。所有的数学概念可以用逻辑概念来定义，所有的数学真理可以用形式逻辑的原则来证明。罗素把分析方法运用于整个哲学，认为通过分析就可以得出清晰明确的结论。

罗素认为世界是由"原子事实"构成的总体。构成世界的不光是事物，还有具备各种属性并且相互之间具有各种关系的事物。最基本的事实是原子事实，自身不能被分解为更为简单、更基本的事实，在逻辑上独立于其他事实。

罗素作为新实在论者，关注知觉的经验和物理客体的关系，认为我们在哲学上不必相信存在着感觉材料之外的某种实体。自然科学对象可以用涉及感觉材料的命题来表达，这就是所谓的现象主义。虽然他的认识论立场有重大变化，但是他没有放弃他的物理的实在论，认为物理客体不被知觉时是继续存在的。

哲学问题①

我们关于真理的知识是和关于事物的知识不相同的，它有个反面，就是错误。仅就事物而论，我们可以认识它们，也可以不认识它们，但是没有一种肯定的思想状态，我们可以把它描述为是对事物的错误知识；无论如何，只要我们是以认识的知识为限时，情形便是如此。无论我们所认识的是什么，它总归是某种东西；我们可以从我们的认识作出错误的推理，但是认识本身却不可能是靠不住的。因此，谈到认识，便没有二元性。但是，谈到关于真理的知识便有二元性了。对于虚妄的，我们可以像对真确的是一样地相信。我们知道，在许许多多问题上，不同的人抱有不同的和势不两立的见解，因此，总归有些信念是错误的。既然错误的信念和真确的信念一样地常常被人坚持，所以如何把错误的信念从真确的信念中区别出来，就成了一个难题。在一件已知事例中，如何能够知道我们的信念不是错误的呢？这是一个极其困难的问题，对于这个问题，不可能有完全满意的答案。然而，这里有一个初步问题比较不困难：即我们所说真确的和虚妄的是什么意义？这个初步问题就是我们本章所要考虑的……

……我们不问我们如何能够知道一种信念是真确的还是虚妄的，我们只问：一种信念是真确的还是虚妄的这个问题是什么意义。对于这个问题的明确答案，有助于我们对哪些信念是正确的这个问题获得一个解答，但是，目前我们只问"什么是真确的？""什么是虚妄的？"，而不问"哪些信念是真确的？"和"哪些信念是虚妄的？"。把这些不同的问题完全分开来是非常重要的，因为这两者的任何混淆所产生的答案，实际上对任何一个问题都不适用。

倘若我们想要发现真理的性质，便有三点应当注意，任何理论都应当满足这三个必要条件。

（1）我们的真理理论必须是那种承认有它的反面（即虚妄）的理论。许多哲学家都未能很好地满足这个条件：他们都是根据我们在思想上认为应是真确的东西来构造起理论，于是就极难为虚妄找到一个位置。在这方面，我们的信念理论必须有别于我们的认识理论，因为就认识而论，不必考虑任何反面。

（2）就真理和虚妄的相互关联而言，倘若没有信念，便不可能有虚妄，因而便也不可能有真理，这是显而易见的。倘使我们设想一个纯粹物质的世界，在这个世界里就会没有虚妄的位置，即使其中有可以称为"事实"的一切，但是它不会有真理，这是就真理和虚妄属于同类事物而言。事实上，真理和虚妄是属于信念和陈述的性质。因此，一个纯粹的物质世界既不包括信念又不包括陈述，所以也就不会包括有真理或虚妄。

（3）但是，正和刚才我们上面所说的相反，应该注意：一种信念是真理还是虚妄，永远有赖于信念本身之外的某种东西而定。如果我相信查理第一死在断头台上，那么我的信

---

① Bertrand Russell. The Problems of philosoply. Oxford University Press，1912. 中译文见罗素：《哲学问题》，何兆武译. 北京：商务印书馆，2004 年。

念就是真确的，这并不是由于我的信念的任何内在性质——关于这一点，只凭研究信念，就可以发现——而是由于两世纪半以前所发生的历史事件。如果我相信查理第一死在他的床上，我的信念就是虚妄的；不管我的信念鲜明程度是如何高或者如何慎重才达到这个结论的，一概阻止不了这个信念之为虚妄，那原因就在于许久以前所发生的事实，而不在于我的信念的任何内在性质。因此，虽然真理和虚妄是信念的某些性质，但是这些性质是依赖于信念对于别种事物的关系，而不是依赖于信仰的任何内在性质。

上述的第三个必要条件，引导我们采取了这种见解，即认为真理存在于信念和事实相符的形式之中；整个说来，这种见解在哲学家中是最普遍的。然而，要发现一种无可反驳的相符形式，绝不是一桩容易的事情。一部分就是由于这一点，（一部分也由于觉得，倘使真理存在于思维和思维以外的某种东西的相符之中，那么在已经达到真理时，思维也永远不会知道的。）许多哲学家就都想给真理找一个定义，即真理并不存在于与完全在信念之外的某种东西的关系。真理在于一致性的学说曾尽了最大的努力，想要提出这样的定义来。据说，在我们的信念体系中，缺乏一致性就是虚妄的标志。而一个真理的精髓就在于构成为一个圆满的体系，也就是构成为大真理的一部分。

然而，这种看法有一个很大的困难，或者毋宁说，有两个极大的困难。第一个是：我们没有理由来假定只可能有一个一致的信念体系。也许一个小说家用他丰富的想象力，可以为这个世界创造出来一个过去，与我们所知道的完全相合，但是与实在的过去却又完全不同。在科学事实里，往往有两个或两个以上的假说，都可以说明我们对于某一问题所已知的一切事实；虽说在这种情况中，科学家们总想找出一些事实，目的只在于证明一个假说而排斥其余的，但是还没有理由说他们应该永远获得成功。

再者，在哲学里，两种敌对的假说都能够说明一切事实，这似乎并不罕见。因此，举例来说，人生可能是一场大梦，而外部世界所具有的实在程度不过是像梦中的客体所具有的实在程度而已；但是，尽管这种看法和已知的事实似乎并非不一致，然而还是没有理由要选择这种看法而抛弃掉普通常识看法，根据普通常识看法，别的人和别的事物都确实存在着。这样，一致性作为真理的定义就无效了，因为没有证据可以证明只有一个一致性的体系。

对于真理的这个定义，还有另外一个反驳，即认为"一致性"的意义是已知的，而在事实上，"一致性"却先假定了逻辑规律的真理。两个命题都真确时，它们是一致的；当至少其中的一个是虚妄时，彼此就不一致了。现在，为了要知道两个命题是否都是真确的，我们就必须知道像矛盾律这样的真理。比如说，根据矛盾律，"这棵树是一颗山毛榉"和"这棵树不是一颗山毛榉"这两个命题就不是一致的。但是倘使以一致性来检验矛盾律本身，我们便会发现：倘使我们假定它是虚妄的，那么便再没有什么东西是与其他东西不一致的了。这样，逻辑规律所提供的乃是架子或框架，一致性的试验只是在这个框架里适用，它们本身却不能凭借这种试验而成立。

由于上述两个原因，便不能把一致性作为提供了真理的意义而加以接受，虽则一个最重要的真理验证，往往是要在相当数量的真确性之后才成为已知的。

因此，我们不得不又回到了原来的问题——把符合事实看成是构成真理的性质。我们所谓"事实"是什么，信念和事实间所存在的相应关系的性质又是什么？为了使信念真确起见，这些仍然应当精确地加以界定。

根据我们的三个必要条件而论，我们就必须找出一种真理的理论来，（1）它许可真理有一个反面，即虚妄，（2）把真理作为是信念的一个性质，但（3）使真理的性质完全有赖于信念对于外界事物的关系。

因为必须容许有虚妄存在，所以便不可能把信念认作是心灵对一个单独客体的关系了；当然，这个客体是指我们所相信的东西。如果信念就是如此，我们便会发现，它将会和认识一样地不承认真理的反面——虚妄，从而就会永远是真确的了。这一点可以举例说明。奥赛罗虚妄地相信苔丝狄蒙娜爱着卡西欧。我们不能说，这种信念存在于一个单独客体（"苔丝狄蒙娜对于卡西欧的爱情"）的关系之内。因为如果真有这样一个客体，这个信念就会是真确的了。事实上并没有这一客体，因此，奥赛罗便不能对这样的客体有任何关系。为此，他的信念便不能存在于对这个客体的关系之内。

或者可以说，他的信念是对另一个不同的客体（"苔丝狄蒙娜爱卡西欧"）的一种关系；但是，当苔丝狄蒙娜并不爱卡西欧的时候，却来假设有这样一个客体，这和假设有"苔丝狄蒙娜对卡西欧的爱情"差不多是同样困难。为此，最好是觅得一种信念的理论，而这种理论不使信念存在于心灵对于一个单独客体的关系之内。

通常，总是把关系认为永远是存在于两造之间的，但是事实上并不永远如此。有些关系要求三造，有些要求四造，诸如此类。例如，以"之间"这个关系为例。仅就两造而论，"之间"这个关系就是不可能的；三造才是使它成为可能的最小数目。约克是在伦敦和爱丁堡之间，但假如世界上仅有伦敦和爱丁堡，那么在一个地方与另一个地方之间便不可能有什么东西了。同样，嫉妒也需要有三个人才行：没有一种关系不至少涉及到三个人的。像"甲希望乙可以促成丙和丁的婚姻"这样的命题，则牵扯到四造的关系；那就是说，甲、乙、丙和丁都在内，所牵涉到的关系，除了以牵涉到全体四个人的形式表达以外，再不可能有其他形式来表达。这样的事例可以无穷无尽，但我们所说的已经足以表明，有些关系在它们发生之前不止于需要两造。

凡是牵涉到判断或相信的关系，如果要为虚妄适当保留余地的话，就应该把它当作是几造间的一种关系，而不应该把它当作是两造间的关系看待。当奥赛罗相信苔丝狄蒙娜爱卡西欧的时候，在他心灵之前，一定不只有一个单独的客体："苔丝狄蒙娜对于卡西欧的爱情"，或者"苔丝狄蒙娜爱卡西欧"，因为这个客体还需要有一个客观的虚妄，这种客观的虚妄是不依赖任何心灵而常在的；虽然这一理论在逻辑上无可反驳，但是只要有可能，还是要避开不用。因此，如果我们把判断当作一种关系，而把心灵和各种不同的有关客体都看成是这种关系中的机缘际会，虚妄就比较容易说明了；那也就是说，苔丝狄蒙娜和爱情和卡西欧，在奥赛罗相信苔丝狄蒙娜爱卡西欧的时候，都是常在的关系中的各造。因为奥赛罗也是这种关系中的一造，因此，这种关系就是四造间的一种关系。当我们说它是四造的一种关系时，我们并不意味着，奥赛罗对于苔丝狄蒙娜具有某种关系，也不意味着奥赛罗对于爱而又对于卡西欧具有同样的关系。除了"相信"以外，别种关系也是如此；但是显而易见的是，"相信"并不是奥赛罗对于有关三造的每一个所具有的那种关系，而是对他们整个所具有的关系：其中只有一例涉及"信念"关系，但是这一例就把四造都联结在一起了。这样，在奥赛罗怀着他的信念那一刻，实际所发生的情形乃是：所谓的"信念"关系把奥赛罗、苔丝狄蒙娜、爱情和卡西欧四造联结在了一起，成为一个复杂的整体。所谓信念或判断并不是什么别的，只不过是把一个心灵和心灵以外的不同事物连系起来的这种信念关系或判断关系罢了。一桩信念行为或判断行为，就是在某一特殊时间，在几造之间所发生的信念关系或判断关系。

现在我们就可以明了，区别真理的判断和虚妄的判断究竟是什么了。为了这个目的，我们将要采用某些定义。在每一项判断行为中，都有一个执行判断的心灵，还有涉及到它所判断的几造。我们把心灵称作判断中的主体，其余几造称为客体。这样，当奥赛罗判断苔丝狄蒙娜爱卡西欧的时候，奥赛罗就是主体，客体就是苔丝狄蒙娜和卡西欧。主体和客体就称为判断的组成成分。可以注意到，判断关系具有一种所谓"意义"或"方向"的东西。我们可以打个比方说，它把它的各个客体安排成一定的次序，关于这一点，我们可以借助这句话中词的次序来表明。（在有变格的语言中，借助变格，也就是借助主格和宾格之间的区别来表示这种情形。）奥赛罗的判断"卡西欧爱苔丝狄蒙娜"和他的另一个判断"苔丝狄蒙娜爱卡西欧"是不相同的，因为判断关系把组成成分的安排次序改变了，尽管在这两句中，包括着同样的组成成分。同样，如果卡西欧判断说，苔丝狄蒙娜爱奥赛罗，这个判断的组成成分虽然还是同样的，但是它们的次序却不同了。判断关系具有某种"意义"或"方向"这一性质是它和一切其他关系所共有的。关系的"意义"就是次序和系列和许多数学概念的最终根源；但是我们无须再进一步来考虑这一方面。

我们谈到所谓"判断"关系或"相信"关系，就是把主体和客体结合在一起成为一个复杂的整体。在这一方面，判断完全和各种别的关系是一样的。只要在两造或两造以上维持一种关系，这种关系就把这几造连接成为一个复杂的整体。如果奥赛罗爱苔丝狄蒙娜，那么就有着像"奥赛罗对于苔丝狄蒙娜的爱情"这样一个复杂的整体。这种关系所连接起来的几造，其本身可以是复杂的，也可以是简单的，但是所连接起来的整体必然是复杂的。只要有一个把某几造联系起来的关系，就必定有一个由于这几造结合起来的复杂客体；反之，只要有一个复杂的客体，也就必定有一个关系来联系它的各个组成成分。当一桩信念行为出现的时候，就必定有一个复杂体，而"信念"便是其中起连系作用的关系，主体和客体便按信念关系的"意义"排成一定的次序。在考察"奥赛罗相信苔丝狄蒙娜爱卡西欧"的时候，我们已经看到，在客体之中有一个必定是一种关系——在这个事例里，这个关系就是"爱"。但是这种关系，像在信念行为中所发生的情形那样，并不是造成包括主体和客体的复杂整体的统一的那种关系，"爱"这个关系，就像它在信念行为中那样，是客体之一——它是建筑物中的一块砖，而不是水泥。"信念"关系才是水泥。当信念是真确的时候，就有另一个复杂的统一体，在这一统一体中，其中一个信念客体作为关系就把其余的客体联系起来。因此，如果奥赛罗相信苔丝狄蒙娜爱卡西欧而相信得正确，那么就必定有一个复杂的统一体："苔丝狄蒙娜对于卡西欧的爱情"，它完全由信念的各个客体所组成，各个客体安排的次序和信念中的次序相同，其中一个客体就是关系，它现在是作为结合其他客体的水泥而出现。另一方面，当某个信念是虚妄的时候，便没有这样一个只由信念的客体所组成的复杂统一体了。如果奥赛罗相信苔丝狄蒙娜爱卡西欧而信得虚妄了，那么便不存在像"苔丝狄蒙娜对于卡西欧的爱情"这样一个复杂的统一体。

因此，当一种信念和某一相联系的复杂统一体相应的时候，它便是真确的；不相应的时候，它便是虚妄的。为了明确起见，便假定信念的客体乃是两造和一个关系，而两造各按信念的"意义"排成一定的次序，如果这两造按照所排列的次序被关系结成为一个复杂体，那么这个信念就是真确的，否则，便是虚妄的。这就构成了我们所寻觅的那个真理定义和虚妄定义。判断或信念是某种复杂的统一体，心灵是它的一个组成成分；如果其余各个成分排列成信念中的同样次序，结果形成一个复杂的统一体，那么这种信念便是真确的；否则，就是虚妄的。

这样，虽然真理和虚妄乃是信念的性质，但是在某种意义上，它们都是外在的性质，因为一种信念的真实，它的条件是一种不涉及信念，（大体上）也不涉及心灵的东西，它只不过是信念的客体而已。当一个相应的复杂体不涉及心灵而只涉及它的客体的时候，一个心灵能这样相信，它就是相信得正确了。这种相应就是真理的保证，没有这种相应就只是虚妄。因此，我们同时就说明了两件事实：（1）信念的存在依赖于心灵，（2）信念的真理不依赖心灵。

我们可以把我们的理论重申如下：倘使以"奥赛罗相信苔丝狄蒙娜爱卡西欧"这个信念为例，那么我们就可以把苔丝狄蒙娜和卡西欧当作客体造，把爱叫作客体关系。如果的确有"苔丝狄蒙娜对于卡西欧的爱"这样一个复杂的统一体，其中包含有几造客体，而这几造客体是按照它们在信仰中相同的次序由客体关系所联系起来的，那么这种复杂的统一体就叫作与信仰相应的事实。因此，一个信念，在有一个与它相应的事实的时候，它便是真实的，在没有与它相应的事实的时候，它便是虚妄的。

可以看出，心灵并不创造真理，也不创造虚妄。它们创造信念，但是信念一经创造出来，心灵便不能使它们成为真实的或成为虚妄的了，除非在特殊情况中，它们涉及的未来事物不超出人的信念能力的范围，譬如，赶火车。证明信念成为真确的，乃是事实，而这个事实决不（除非在例外情况中）涉及具有这种信念的人的心灵。

（选自罗伯特·C. 所罗门，凯瑟琳·M. 希金斯，克兰西·马丁著，陈高华译《哲学导论：综合原典教程》，天津人民出版社，2019 第 11 版，第 279—284 页）

马克思主义哲学篇

马克思在 1842 年《〈科隆日报〉第 179 号的社论》中曾提出，"任何真正的哲学都是自己时代的精神上的精华"。在马克思看来：旧哲学，尤其是德国哲学，爱好宁静而孤独地追求哲学体系的完整和圆满，喜欢孤芳自怜似的自我反思和审视，但它们是不能被世人理解的，其抽象思辨常常"脱离世界"和"超出常规"，"就像一个巫师，煞有介事地念着咒语，谁也不懂得他在念叨什么"。马克思认为，真正的哲学应当"是自己的时代、自己的人民的产物，人民的最美好、最珍贵、最隐蔽的精髓都汇集在哲学思想里"。

马克思主义哲学是时代精神的精华，马克思主义哲学就是辩证唯物主义和历史唯物主义，它深刻揭示了自然、社会和人类思维的一般规律，是科学的世界观和方法论。恩格斯在《在马克思墓前的讲话》中总结，"正像达尔文发现有机界的发展规律一样，马克思发现了人类历史的发展规律，即历来为繁芜丛杂的意识形态所掩盖着的一个简单事实：人们首先必须吃、喝、住、穿，然后才能从事政治、科学、艺术、宗教等等；所以，直接的物质的生活资料的生产，从而一个民族或一个时代的一定的经济发展阶段，便构成基础，人们的国家设施、法的观点、艺术以至宗教观念，就是从这个基础上发展起来的，因而，也必须由这个基础来解释，而不是像过去那样做得相反。"

马克思主义哲学经典著作，在世界哲学发展史和马克思主义发展史中占有重要地位，产生了广泛且深远的影响和变革。这些著作蕴涵和集中体现了马克思主义哲学的基本原理和论断，生动地展示了马克思主义经典作家哲学思想的发展历程、理论原则和主要观点，是学习和掌握马克思主义哲学及马克思主义世界观和方法论的重要文献。读原著、学原文、悟原理，是学习理论最有效的办法。恩格斯指出："一个人如果想研究科学问题，首先要学会按照作者写作的原样去阅读自己要加以利用的著作，并且首先不要读出原著中没有的东西。"习近平总书记指出，学习理论最有效的办法是读原著、学原文、悟原理。只有深入到原著中，认真读原著、学原文、悟原理，才能更加深刻领会马克思主义的基本原理和科学方法，真正学会运用辩证唯物主义和历史唯物主义的立场观点发现问题、思考问题、解决问题。要学习好马克思主义哲学，必须要读原著、学原文、悟原理，认真研读马克思主义哲学经典著作，真正体悟和理解经典作家思考和解决问题的理性思维及科学方法。

马克思《1844 年经济学哲学手稿》

一、研读提示

《1844 年经济学哲学手稿》是马克思一部未完成的手稿著作，又称《巴黎手稿》，写于 1844 年 4 月至 8 月，在马克思生前没有发表。1927 年，苏联出版的《马克思和恩格斯文库》在第 3 卷附录摘要发表了这部手稿中的《第三手稿》（即笔记本Ⅲ），但这部分手稿被误认为是《神圣家族》的准备材料。1929 年 2 月，巴黎出版的《马克思主义评论》杂志第 1 期以《关于共产主义和私有制的札记》《关于需要、生产和分配的札记》为题发表了手稿的另一些片段。1932 年，苏联的阿多拉茨基等人在编辑出版的《马克思恩格斯全集》历史考证版（第一版）（MEGA[1]）第 1 部分第 3 卷中，以《1844 年经济学哲学手稿：国民经济学批判》为题全文发表了这部手稿。

《1844 年经济学哲学手稿》由序言和三个未完成的笔记手稿组成。第一部分分别就工资、资本、地租问题进行了摘录和评注，随后是异化劳动的内容；第二部分主要批判私有财产关系；第三部分是对第二手稿相关内容的补充，主要论述了"私有财产与劳动""私有财产和共产主义""对黑格尔的辩证法和整个哲学的批判""私有财产和需要""分工""货币"等内容。

《1844 年经济学哲学手稿》主要观点如下：

第一，劳动在人类历史发展过程的地位和作用。马克思指出劳动、生产是人的能动的类活动，人对自己的确证，并不是靠单纯的意识活动，而主要是靠改造自然的生产劳动。劳动是人创造自己生命的活动，是人的生命活动，是人的类生活。

第二，资本主义的生产过程是人的异化劳动过程。马克思指出在资本主义社会中，人的生产劳动就是异化劳动。异化劳动表现在劳动产品与劳动者相异化、劳动过程与劳动者相异化、人的类本质与人相异化和人与人的异化等四个方面。异化劳动构成了私有财产的本质。

第三，共产主义是人的自我异化的积极扬弃。马克思通过对异化劳动的分析，清晰地指出资本主义私有财产是无产阶级生命异化的物质的表现。当无产阶级的劳动与资本家私有财产的对立一旦达到极限，就必然促使资本主义的灭亡。在扬弃私有制、全面占有人的本质的共产主义社会，人与自然之间、人与人之间的矛盾，存在与本质、对象化与自我确证、自由与必然、个体与类之间的矛盾得到了真正解决。

第四，对黑格尔辩证法思想的批判性分析。黑格尔第一个以"抽象思辨"的否定之否定形式认知人的自我活动和自我创造，马克思肯定了这一辩证法思想的批判性和革命性。但是，马克思从劳动概念开始，把黑格尔的"自我意识"的人归结为"现实的人"，把黑格尔的精神劳动归结为物质生产实践，把黑格尔的自我意识的异化归结为现实的人的异化，从而建立起自己的、既源于费尔巴哈又超越于费尔巴哈的"彻底的自然主义或人道主义"① 的理论。

《1844 年经济学哲学手稿》是马克思从"人本唯物主义"出发批判经济学和哲学的成果，第一次将哲学、政治经济学与社会主义理论作为一个有机整体来探索，并以此批判资本主义制度。在《1844 年经济学哲学手稿》中，人本主义的逻辑得到了充分体现，同时，从现实社会出发的逻辑也开始呈现出来。在马克思后来的思想发展中，从现实出发的逻辑摆脱了人本主义逻辑的束缚，这是马克思所实现的哲学变革中的深层问题，也是马克思主义哲学走向科学理论道路的开端。

二、原著研读

卡·马克思
1844 年经济学哲学手稿（节选）

序 言

[XXXIX]② 我在《德法年鉴》上曾预告要以黑格尔法哲学批判的形式对法学和国家学进行批判。③ 在加工整理准备付印的时候发现，把仅仅针对思辨的批判同针对不同材料本身的批判混在一起，十分不妥，这样会妨碍阐述，增加理解的困难。此外，由于需要探讨的题目丰富多样，只有采用完全是格言式的叙述，才能把全部材料压缩在一本著作中，而这种格言式的叙述又会造成任意制造体系的外观。因此，我打算用不同的、独立的小册子来相继批判法、道德、政治等等，最后再以一本专门的著作来说明整体的联系、各部分的关系，并对这一切材料的思辨加工进行批判。④ 由于这个原因，在本著作中谈到的国民经济学同国家、法、道德、市民生活等等的联系，只限于国民经济学本身专门涉及的这些题目的范围。

我用不着向熟悉国民经济学的读者保证，我的结论是通过完全经验的、以对国民经济

---

① 《马克思恩格斯文集》第 1 卷，人民出版社 2009 年版，第 209 页。

② 正文中方括号 ［ ］ 内的文字是作者编的手稿页码。下同。

③ 指《黑格尔法哲学批判》这部著作。马克思本来计划在《德法年鉴》上发表这篇《导言》之后，接着完成在 1843 年已着手撰写的《黑格尔法哲学批判》并将其付印。《德法年鉴》停刊后，马克思逐渐放弃了这一计划。他在《1844 年经济学哲学手稿》的序言中曾说明了放弃这一计划的原因（见《马克思恩格斯文集》第 1 卷，人民出版社 2009 年版，第 111 页）。1844 年 5—6 月以后，马克思已经忙于其他工作，并把经济学研究提到了首位。从 1844 年 9 月起，由于需要对青年黑格尔派进行反击，马克思开始把阐述新的革命的唯物主义世界观同批判青年黑格尔派结合起来，同批判德国资产阶级和小资产阶级的唯心主义世界观结合起来。马克思和恩格斯合著的《神圣家族》和《德意志意识形态》完成了这项任务。

④ 这个计划未能实现。马克思没有写这些小册子，可能因为他后来认为，在对各种社会（其中包括资产阶级社会）的基础——生产关系作出科学的分析以前，要对法、道德、政治和上层建筑的其他范畴的问题进行独立的科学的考察是不可能的。

学进行认真的批判研究为基础的分析得出的。① 不消说，除了法国和英国的社会主义者的著作以外，我也利用了德国社会主义者的著作。② 但是，德国人为了这门科学而撰写的内容丰富而有独创性的著作，除去魏特林的著作，就要算《二十一印张》文集中赫斯的几篇论文和《德法年鉴》上恩格斯的《国民经济学批判大纲》。③ 在《德法年鉴》上，我也十分概括地提到过本著作的要点。

此外，对国民经济学的批判，以及整个实证的批判，全靠费尔巴哈的发现给它打下真正的基础。④ 从费尔巴哈起才开始了实证的人道主义的和自然主义的批判。⑤ 费尔巴哈的著作越是得不到宣扬，这些著作的影响就越是扎实、深刻、广泛和持久；费尔巴哈著作是继黑格尔的《现象学》和《逻辑学》⑥ 之后包含着真正理论和革命的唯一著作。

我认为，本著作的最后一章，即对黑格尔的辩证法和整个哲学的剖析，是完全必要的，因为当代批判的神学家［XL］不仅没有完成这样的工作，甚至没有认识到它的必要性——这是一种必然的不彻底性，因为即使是批判的神学家，毕竟还是神学家，就是说，他或者不得不从作为权威的哲学的一定前提出发，或者当他在批判的过程中以及由于别人的发现而对这些哲学前提产生怀疑的时候，就怯懦地和不适当地抛弃、撇开这些前提，仅

---

① 手稿中删去下面一段话："与此相反，不学无术的评论家则企图用'乌托邦的词句'，或者还用'完全纯粹的、完全决定性的、完全批判的批判，不单单是法的，而且是社会的、完全社会的社会'、'密集的大批群众'、'代大批群众发言的发言人'等等一类空话，来非难实证的批判者，以掩饰自己的极端无知和思想贫乏。这个评论家还应当首先提供证据，证明他除了神学的家务以外还有权过问世俗的事务。"

② 这时，马克思已经掌握了法文，对法国的文献十分熟悉。他研读了普·维·孔西得朗、皮·勒鲁、皮·约·蒲鲁东、埃·卡贝、泰·德萨米、菲·邦纳罗蒂、沙·傅立叶、劳蒂埃尔、弗·维尔加德尔和其他作者的著作，而且还经常作摘要。但他当时还没有掌握英文，因此只能通过德译本或法译本来利用英国社会主义者的著作。例如，罗·欧文的作品，他就是通过法译本和论述欧文观点的法国作家的著作来了解的。《1844年经济学哲学手稿》正文和其他文献资料表明，马克思这时还没有具备他后来例如在《哲学的贫困》（写于1847年）中所显示出来的对英国社会主义者著作的渊博知识。

③ 除了威·魏特林的主要著作《和谐与自由的保证》（1842年）以外，马克思大概还指魏特林在他本人于1841—1843年出版的杂志《年轻一代》上所发表的文章，以及他为正义者同盟撰写的纲领性著作《现实的人类和理想的人类》（1838年）。在格·海尔维格出版的《来自瑞士的二十一印张》文集中，发表了莫·赫斯的三篇匿名文章：《社会主义和共产主义》、《行动的哲学》和《唯一和完全的自由》。恩格斯的《国民经济学批判大纲》见《马克思恩格斯文集》第1卷，人民出版社2009年版，第56—86页。

④ 手稿中删去下面一句话："一些人出于狭隘的忌妒，另一些人则出于真正的愤怒，对费尔巴哈的《未来哲学》和《轶文集》中的《哲学改革纲要》——尽管这两部著作被悄悄地利用着——可以说策划了一个旨在埋没这两部著作的真正阴谋。"

⑤ 指路·费尔巴哈的整个唯物主义观点。费尔巴哈自己把这种观点称为"自然主义"和"人道主义"或"人本学"。这种观点阐发了这样一种思想：新哲学即费尔巴哈的哲学，使人这一自然界的不可分离的部分，成为自己的唯一的和最高的对象。费尔巴哈认为，这样的哲学即人本学包含着生理学，并将成为全面的科学；他断言，新时代的本质是把现实的、物质地存在着的东西神化；新哲学的本质则在于否定神学，确立唯物主义、经验主义、现实主义、人道主义。

⑥ 黑格尔的《精神现象学》第1版于1807年出版。《逻辑学》共三册，分别于1812、1813和1816年出版。1817年，《哲学全书纲要》出版，1821年，《法哲学原理》出版。

仅以一种消极的、无意识的、诡辩的方式来表明他对这些前提的屈从和对这种屈从的恼恨。① ……

　　…………

［异化劳动和私有财产］

　　［XXII］　我们是从国民经济学的各个前提出发的。我们采用了它的语言和它的规律。我们把私有财产，把劳动、资本、土地的互相分离，工资、资本利润、地租的互相分离以及分工、竞争、交换价值概念等等当做前提。我们从国民经济学本身出发，用它自己的话指出，工人降低为商品，而且降低为最贱的商品；工人的贫困同他的生产的影响和规模成反比；竞争的必然结果是资本在少数人手中积累起来，也就是垄断的更惊人的恢复；最后，资本家和地租所得者之间、农民和工人之间的区别消失了，而整个社会必然分化为两个阶级，即有产者阶级和没有财产的工人阶级。

　　国民经济学从私有财产的事实出发。它没有给我们说明这个事实。② 它把私有财产在现实中所经历的物质过程，放进一般的、抽象的公式，然后把这些公式当做规律。它不理解这些规律，就是说，它没有指明这些规律是怎样从私有财产的本质中产生出来的。国民经济学没有向我们说明劳动和资本分离以及资本和土地分离的原因。例如，当它确定工资和资本利润之间的关系时，它把资本家的利益当做最终原因；就是说，它把应当加以阐明的东西当做前提。同样，竞争到处出现，对此它则用外部情况来说明。至于这种似乎偶然的外部情况在多大程度上仅仅是一种必然的发展过程的表现，国民经济学根本没有向我们讲明。我们已经看到，交换本身在它看来是偶然的事实。贪欲以及贪欲者之间的战争即竞争，是国民经济学家所推动的仅有的车轮。③

---

　　① 手稿中删去下面的文句："他是这样消极而无意识地表现出来的：一方面，他不断反复保证他自己的批判的纯粹性，另一方面，为了使观察者和他自己不去注意批判和它的诞生地——黑格尔的辩证法和整个德国哲学——之间必要的辩论，不去注意现代批判必须克服它自身的局限性和自发性，他反而企图制造假象，似乎批判只同它之外的某种狭隘的批判形式——比如说，18世纪的批判形式——并同群众的局限性有关系。最后，当有人对他自己的哲学前提的本质有所发现——如费尔巴哈的发现——，批判的神学家一方面制造一种假象，似乎这些发现是他完成的，确切地说，他是这样制造这种假象的：他由于不能阐发这些发现的成果，就把这些成果以口号的形式抛给那些还受哲学束缚的作家；另一方面，他善于通过下述方式使自己确信，他自己的水平甚至超过这些发现：他发觉在费尔巴哈对黑格尔辩证法的批判中还缺少黑格尔辩证法的某些要素，这些要素还没有以经过批判的形式供他使用，这时，他自己并不试图或者也没有能力把这些要素引入正确的关系，反而以隐晦的、阴险的、怀疑的方式，搬用这些要素来反对费尔巴哈对黑格尔辩证法的批判。就是说，从自身开始的实证真理这一范畴刚刚以其特有的形态得到确立并显现出来，他就以一种神秘的方式搬用间接证明这一范畴来加以反对。神学的批判家认为，从哲学方面应当做出一切，来使他能够侈谈纯粹性、决定性以及完全批判的批判，是十分自然的；而当他感觉到例如黑格尔的某一因素为费尔巴哈所缺少时——因为神学的批判家并没有超出感觉而达到意识，尽管他还对'自我意识'和'精神'抱有唯灵论的偶像崇拜——，他就以为自己是真正克服哲学的人。"

　　② 马克思在《让·巴蒂斯特·萨伊〈论政治经济学〉一书摘要》中对萨伊关于财富的性质和流通的原理的论述写有如下评注："私有财产是一个事实，国民经济学对此没有说明理由，但是，这个事实是国民经济学的基础"；"没有私有财产的财富是不存在的，国民经济学按其本质来说是发财致富的科学。因此，没有私有财产的政治经济学是不存在的。这样，整个国民经济学便建立在一个没有必然性的事实的基础上。"（见《马克思恩格斯全集》历史考证版第4部分第2卷第316、319页）

　　③ 手稿中这段话下面删去一句话："我们现在必须回顾上述财产的物质运动的本质。"

正因为国民经济学不理解运动的联系，所以才把例如竞争的学说同垄断的学说，经营自由的学说同同业公会的学说，地产分割的学说同大地产的学说重新对立起来。因为竞争、经营自由、地产分割仅仅被阐述和理解为垄断、同业公会和封建所有制的偶然的、蓄意的、强制的结果，而不是必然的、不可避免的、自然的结果。

因此，我们现在必须弄清楚私有制、贪欲以及劳动、资本、地产三者的分离之间，交换和竞争之间、人的价值和人的贬值之间、垄断和竞争等等之间以及这全部异化和货币制度之间的本质联系。

我们不要像国民经济学家那样，当他想说明什么的时候，总是置身于一种虚构的原始状态。这样的原始状态什么问题也说明不了。① 国民经济学家只是使问题堕入五里雾中。他把应当加以推论的东西即两个事物之间的例如分工和交换之间的必然关系，假定为事实、事件。神学家也是这样用原罪来说明恶的起源，就是说，他把他应当加以说明的东西假定为一种具有历史形式的事实。

我们且从当前的国民经济的事实出发。

工人生产的财富越多，他的生产的影响和规模越大，他就越贫穷。② 工人创造的商品越多，他就越变成廉价的商品。物的世界的增值同人的世界的贬值成正比。劳动生产的不仅是商品，它还生产作为商品的劳动自身和工人，而且是按它一般生产商品的比例生产的。

这一事实无非是表明：劳动所生产的对象，即劳动的产品，作为一种异己的存在物，作为不依赖于生产者的力量，同劳动相对立。劳动的产品是固定在某个对象中的、物化的劳动，这就是劳动的对象化。劳动的现实化就是劳动的对象化。在国民经济的实际状况中，劳动的这种现实化表现为工人的非现实化③，对象化表现为对象的丧失和被对象奴役，占有表现为异化、外化。④

劳动的现实化竟如此表现为非现实化，以致工人非现实化到饿死的地步。对象化竟如此表现为对象的丧失，以致工人被剥夺了最必要的对象——不仅是生活的必要对象，而且是劳动的必要对象。甚至连劳动本身也成为工人只有通过最大的努力和极不规则的间歇才能加以占有的对象。对对象的占有竟如此表现为异化，以致工人生产的对象越多，他能够占有的对象就越少，而且越受自己的产品即资本的统治。

---

① 马克思在《亚·斯密〈国民财富的性质和原因的研究〉一书摘要》中写有如下评注："十分有趣的是斯密作的循环论证。为了说明分工，他假定有交换。但是为了使交换成为可能，他就以分工、以人的活动的差异为前提。他把问题置于原始状态，因而未解决问题。"（见《马克思恩格斯全集》历史考证版第 4 部分第 2 卷第 336 页）

② 这个结论在当时的社会批判性著作中相当流行。例如，威·魏特林在其著作《和谐与自由的保证》中就曾写道："正像在筑堤时要产生土坑一样，在积累财富时也要产生贫穷。"

③ 马克思在这里使用了黑格尔的术语及其探讨对立的统一的方法，把 Verwirklichung（现实化）与 Entwirklichung（非现实化）对立起来。

④ 马克思在手稿中往往并列使用两个德文术语 "Entfremdung"（异化）和 "Entäußerung"（外化）来表示异化这一概念。但他有时赋予 "Entäußerung" 另一种意义，例如，用于表示交换活动，从一种状态向另一种状态转化，就是说，用于表示那些并不意味着敌对性和异己性的关系的经济现象和社会现象。

这一切后果包含在这样一个规定中：工人对自己的劳动的产品的关系就是对一个异己的对象的关系。因为根据这个前提，很明显，工人在劳动中耗费的力量越多，他亲手创造出来反对自身的、异己的对象世界的力量就越强大，他自身、他的内部世界就越贫乏，归他所有的东西就越少。宗教方面的情况也是如此。人奉献给上帝的越多，他留给自身的就越少。① 工人把自己的生命投入对象；但现在这个生命已不再属于他而属于对象了。因此，这种活动越多，工人就越丧失对象。凡是成为他的劳动的产品的东西，就不再是他自身的东西。因此，这个产品越多，他自身的东西就越少。工人在他的产品中的外化，不仅意味着他的劳动成为对象，成为外部的存在，而且意味着他的劳动作为一种与他相异的东西不依赖于他而在他之外存在，并成为同他对立的独立力量；意味着他给予对象的生命是作为敌对的和相异的东西同他相对立。

[XXIII] 现在让我们来更详细地考察一下对象化，即工人的生产，以及对象即工人的产品在对象化中的异化、丧失。

没有自然界，没有感性的外部世界，工人什么也不能创造。自然界是工人的劳动得以实现、工人的劳动在其中活动、工人的劳动从中生产出和借以生产出自己的产品的材料。

但是，自然界一方面在这样的意义上给劳动提供生活资料，即没有劳动加工的对象，劳动就不能存在，另一方面，也在更狭隘的意义上提供生活资料，即维持工人本身的肉体生存的手段。

因此，工人越是通过自己的劳动占有外部世界、感性自然界，他就越是在两个方面失去生活资料：第一，感性的外部世界越来越不成为属于他的劳动的对象，不成为他的劳动的生活资料；第二，感性的外部世界越来越不给他提供直接意义的生活资料，即维持工人的肉体生存的手段。

因此，工人在这两方面成为自己的对象的奴隶：首先，他得到劳动的对象，也就是得到工作；其次，他得到生存资料。因此，他首先是作为工人，其次是作为肉体的主体，才能够生存。这种奴隶状态的顶点就是：他只有作为工人才能维持自己作为肉体的主体，并且只有作为肉体的主体才能是工人。

（按照国民经济学的规律，工人在他的对象中的异化表现在：工人生产得越多，他能够消费的越少；他创造的价值越多，他自己越没有价值、越低贱；工人的产品越完美，工人自己越畸形；工人创造的对象越文明，工人自己越野蛮；劳动越有力量，工人越无力；劳动越机巧，工人越愚笨，越成为自然界的奴隶。）

国民经济学由于不考察工人（劳动）同产品的直接关系而掩盖劳动本质的异化。当然，劳动为富人生产了奇迹般的东西，但是为工人生产了赤贫。劳动生产了宫殿，但是给工人生产了棚舍。劳动生产了美，但是使工人变成畸形。劳动用机器代替了手工劳动，但是使一部分工人回到野蛮的劳动，并使另一部分工人变成机器。劳动生产了智慧，但是给工人生产了愚钝和痴呆。

---

① 马克思在这里以自己的理解复述了费尔巴哈哲学关于宗教是人的本质的异化的论点。费尔巴哈说，为了使上帝富有，人就必须贫穷；为了使上帝成为一切，人就必须什么也不是。人在自身中否定了他在上帝身上所肯定的东西。

劳动对它的产品的直接关系，是工人对他的生产的对象的关系。有产者对生产对象和生产本身的关系，不过是这前一种关系的结果，而且证实了这一点。对问题的这另一个方面我们将在后面加以考察。因此，当我们问劳动的本质关系是什么的时候，我们问的是工人对生产的关系。

以上我们只是从一个方面，就是从工人对他的劳动产品的关系这个方面，考察了工人的异化、外化。但是，异化不仅表现在结果上，而且表现在生产行为中，表现在生产活动本身中。如果工人不是在生产行为本身中使自身异化，那么工人活动的产品怎么会作为相异的东西同工人对立呢？产品不过是活动、生产的总结。因此，如果劳动的产品是外化，那么生产本身必然是能动的外化，活动的外化，外化的活动。在劳动对象的异化中不过总结了劳动活动本身的异化、外化。

那么，劳动的外化表现在什么地方呢？

首先，劳动对工人来说是外在的东西，也就是说，不属于他的本质；因此，他在自己的劳动中不是肯定自己，而是否定自己，不是感到幸福，而是感到不幸，不是自由地发挥自己的体力和智力，而是使自己的肉体受折磨、精神遭摧残。因此，工人只有在劳动之外才感到自在，而在劳动中则感到不自在，他在不劳动时觉得舒畅，而在劳动时就觉得不舒畅。因此，他的劳动不是自愿的劳动，而是被迫的强制劳动。因此，这种劳动不是满足一种需要，而只是满足劳动以外的那些需要的一种手段。劳动的异己性完全表现在：只要肉体的强制或其他强制一停止，人们就会像逃避瘟疫那样逃避劳动。外在的劳动，人在其中使自己外化的劳动，是一种自我牺牲、自我折磨的劳动。最后，对工人来说，劳动的外在性表现在：这种劳动不是他自己的，而是别人的；劳动不属于他；他在劳动中也不属于他自己，而是属于别人。在宗教中，人的幻想、人的头脑和人的心灵的自主活动对个人发生作用不取决于他个人，就是说，是作为某种异己的活动，神灵的或魔鬼的活动发生作用，同样，工人的活动也不是他的自主活动。① 他的活动属于别人，这种活动是他自身的丧失。

因此，结果是，人（工人）只有在运用自己的动物机能——吃、喝、生殖，至多还有居住、修饰等等——的时候，才觉得自己在自由活动，而在运用人的机能时，觉得自己只不过是动物。动物的东西成为人的东西，而人的东西成为动物的东西。

吃、喝、生殖等等，固然也是真正的人的机能。但是，如果加以抽象，使这些机能脱离人的其他活动领域并成为最后的和唯一的终极目的，那它们就是动物的机能。

我们从两个方面考察了实践的人的活动即劳动的异化行为。第一，工人对劳动产品这个异己的、统治着他的对象的关系。这种关系同时也是工人对感性的外部世界、对自然对象——异己的与他敌对的世界——的关系。第二，在劳动过程中劳动对生产行为的关系。

---

① 这里表述的思想与费尔巴哈的论点相呼应。费尔巴哈认为宗教和唯心主义哲学是人的存在及其精神活动的异化。费尔巴哈写道，上帝作为对人来说的某种至高的、非人的东西，是理性的客观本质；上帝和宗教就是幻想的对象性本质。他还写道，黑格尔逻辑学的本质是主体的活动，是主体的被窃走的思维，而绝对哲学则使人自身的本质、人的活动在人那里异化。

这种关系是工人对他自己的活动——一种异己的、不属于他的活动——的关系。在这里，活动是受动；力量是无力；生殖是去势；工人自己的体力和智力，他个人的生命——因为，生命如果不是活动，又是什么呢？——是不依赖于他、不属于他、转过来反对他自身的活动。这是自我异化，而上面所谈的是物的异化。

［XXIV］我们现在还要根据在此以前考察的异化劳动的两个规定推出它的第三个规定。

人是类存在物，不仅因为人在实践上和理论上都把类——他自身的类以及其他物的类——当做自己的对象；而且因为——这只是同一种事物的另一种说法——人把自身当做现有的、有生命的类来对待，因为人把自身当做普遍的因而也是自由的存在物来对待。①

无论是在人那里还是在动物那里，类生活从肉体方面来说就在于人（和动物一样）靠无机界生活，而人和动物相比越有普遍性，人赖以生活的无机界的范围就越广阔。从理论领域来说，植物、动物、石头、空气、光等等，一方面作为自然科学的对象，一方面作为艺术的对象，都是人的意识的一部分，是人的精神的无机界，是人必须事先进行加工以便享用和消化的精神食粮；同样，从实践领域来说，这些东西也是人的生活和人的活动的一部分。人在肉体上只有靠这些自然产品才能生活，不管这些产品是以食物、燃料、衣着的形式还是以住房等等的形式表现出来。在实践上，人的普遍性正是表现为这样的普遍性，它把整个自然界——首先作为人的直接的生活资料，其次作为人的生命活动的对象（材料)② 和工具——变成人的无机的身体。自然界，就它自身不是人的身体而言，是人的无机的身体。人靠自然界生活。这就是说，自然界是人为了不致死亡而必须与之处于持续不断的交互作用过程的、人的身体。所谓人的肉体生活和精神生活同自然界相联系，不外是说自然界同自身相联系，因为人是自然界的一部分。

异化劳动，由于（1）使自然界同人相异化，（2）使人本身，使他自己的活动机能，使他的生命活动同人相异化，因此，异化劳动也就使类同人相异化；对人来说，异化劳动把类生活变成维持个人生活的手段。第一，它使类生活和个人生活异化；第二，它把抽象形式的个人生活变成同样是抽象形式和异化形式的类生活的目的。③

因为，首先，劳动这种生命活动、这种生产生活本身对人来说不过是满足一种需要即维持肉体生存的需要的一种手段。而生产生活就是类生活。这是产生生命的生活。一个种

---

① 马克思在本段和下一段利用了费尔巴哈哲学中表述人和整个人类时所用的术语，并且创造性地吸取了他的思想：人把人的"类本质"、人的社会性质异化在宗教中；宗教以人同动物的本质区别为基础，以意识为基础，而意识严格说来只是在存在物的类成为存在物的对象、本质的地方才存在；人不像动物那样是片面的存在物，而是普遍的、无限的存在物。

② 手稿中"材料"写在"对象"的上方。

③ 类、类生活、类本质都是费尔巴哈使用的术语，它们表示人的概念、真正人的生活的概念。真正人的生活以友谊和善良的关系，即以爱为前提，这些都是类的自我感觉或关于个人属于人群这种能动意识。费尔巴哈认为，类本质使每个具体的个人能够在无限多的不同个人中实现自己。费尔巴哈也承认人们之间确实存在着利益的相互敌对和对立关系，但是在他看来，这种关系不是产生于阶级社会的历史的现实条件，即资产阶级社会的经济生活条件，而是人的真正本质即类本质同人相异化的结果，是人同大自然本身预先决定了的和谐的类生活人为地但绝非不可避免地相脱离的结果。

的整体特性、种的类特性就在于生命活动的性质，而自由的有意识的活动恰恰就是人的类特性。生活本身仅仅表现为生活的手段。

动物和自己的生命活动是直接同一的。动物不把自己同自己的生命活动区别开来。它就是自己的生命活动。人则使自己的生命活动本身变成自己意志的和自己意识的对象。他具有有意识的生命活动。这不是人与之直接融为一体的那种规定性。有意识的生命活动把人同动物的生命活动直接区别开来。正是由于这一点，人才是类存在物。或者说，正因为人是类存在物，他才是有意识的存在物，就是说，他自己的生活对他来说是对象。仅仅由于这一点，他的活动才是自由的活动。异化劳动把这种关系颠倒过来，以致人正因为是有意识的存在物，才把自己的生命活动，自己的本质变成仅仅维持自己生存的手段。

通过实践创造对象世界，改造无机界，人证明自己是有意识的类存在物，就是说是这样一种存在物，它把类看做自己的本质，或者说把自身看做类存在物。诚然，动物也生产。动物为自己营造巢穴或住所，如蜜蜂、海狸、蚂蚁等。但是，动物只生产它自己或它的幼仔所直接需要的东西；动物的生产是片面的，而人的生产是全面的；动物只是在直接的肉体需要的支配下生产，而人甚至不受肉体需要的影响也进行生产，并且只有不受这种需要的影响才进行真正的生产；动物只生产自身，而人再生产整个自然界；动物的产品直接属于它的肉体，而人则自由地面对自己的产品。动物只是按照它所属的那个种的尺度和需要来构造，而人却懂得按照任何一个种的尺度来进行生产，并且懂得处处都把固有的尺度运用于对象；因此，人也按照美的规律来构造。

因此，正是在改造对象世界的过程中，人才真正地证明自己是类存在物。这种生产是人的能动的类生活。通过这种生产，自然界才表现为他的作品和他的现实。因此，劳动的对象是人的类生活的对象化：人不仅像在意识中那样在精神上使自己二重化，而且能动地、现实地使自己二重化，从而在他所创造的世界中直观自身。因此，异化劳动从人那里夺去了他的生产的对象，也就从人那里夺去了他的类生活，即他的现实的类对象性，把人对动物所具有的优点变成缺点，因为人的无机的身体即自然界被夺走了。

同样，异化劳动把自主活动、自由活动贬低为手段，也就把人的类生活变成维持人的肉体生存的手段。

因此，人具有的关于自己的类的意识，由于异化而改变，以致类生活对他来说竟成了手段。

这样一来，异化劳动导致：

（3）人的类本质，无论是自然界，还是人的精神的类能力，都变成了对人来说是异己的本质，变成了维持他的个人生存的手段。异化劳动使人自己的身体同人相异化，同样也使在人之外的自然界同人相异化，使他的精神本质、他的人的本质同人相异化。

（4）人同自己的劳动产品、自己的生命活动、自己的类本质相异化的直接结果就是人同人相异化。当人同自身相对立的时候，他也同他人相对立。凡是适用于人对自己的劳动、对自己的劳动产品和对自身的关系的东西，也都适用于人对他人、对他人的劳动和劳动对象的关系。

总之，人的类本质同人相异化这一命题，说的是一个人同他人相异化，以及他们中的每个人都同人的本质相异化。

人的异化，一般地说，人对自身的任何关系，只有通过人对他人的关系才得到实现和表现。

因此，在异化劳动的条件下，每个人都按照他自己作为工人所具有的那种尺度和关系来观察他人。

[XXV] 我们的出发点是国民经济事实即工人及其生产的异化。我们表述了这一事实的概念：异化的、外化的劳动。我们分析了这一概念，因而我们只是分析了一个国民经济事实。

现在让我们看一看，应该怎样在现实中去说明和表述异化的、外化的劳动这一概念。

如果劳动产品对我来说是异己的，是作为异己的力量面对着我，那么它到底属于谁呢？

如果我自己的活动不属于我，而是一种异己的活动、一种被迫的活动，那么它到底属于谁呢？

属于另一个有别于我的存在物。

这个存在物是谁呢？

是神吗？确实，起初主要的生产活动，如埃及、印度、墨西哥建造神庙的活动等等，不仅是为供奉神而进行的，而且产品本身也是属于神的。但是，神从来不是劳动的唯一主宰。自然界也不是。况且，在人通过自己的劳动使自然界日益受自己支配的情况下，在工业奇迹使神的奇迹日益变得多余的情况下，如果人竟然为讨好这些力量而放弃生产的乐趣和对产品的享受，那岂不是十分矛盾的事情。

劳动和劳动产品所归属的那个异己的存在物，劳动为之服务和劳动产品供其享受的那个存在物，只能是人自身。

如果劳动产品不是属于工人，而是作为一种异己的力量同工人相对立，那么这只能是由于产品属于工人之外的他人。如果工人的活动对他本身来说是一种痛苦，那么这种活动就必然给他人带来享受和生活乐趣。不是神也不是自然界，只有人自身才能成为统治人的异己力量。

还必须注意上面提到的这个命题：人对自身的关系只有通过他对他人的关系，才成为对他来说是对象性的、现实的关系。因此，如果人对自己的劳动产品的关系、对对象化劳动的关系，就是对一个异己的、敌对的、强有力的、不依赖于他的对象的关系，那么他对这一对象所以发生这种关系就在于有另一个异己的、敌对的、强有力的、不依赖于他的人是这一对象的主宰。如果人把他自己的活动看做一种不自由的活动，那么他是把这种活动看做替他人服务的、受他人支配的、处于他人的强迫和压制之下的活动。

人同自身以及同自然界的任何自我异化，都表现在他使自身、使自然界跟另一些与他不同的人所发生的关系上。因此，宗教的自我异化也必然表现在世俗人对僧侣或者世俗人对耶稣基督——因为这里涉及精神世界——等等的关系上。在实践的、现实的世界中，自我异化只有通过对他人的实践的、现实的关系才能表现出来。异化借以实现的手段本身就是实践的。因此，通过异化劳动，人不仅生产出他对作为异己的、敌对的力量的生产对象和生产行为的关系，而且还生产出他人对他的生产和他的产品的关系，以及他对这些他人的关系。正像他把他自己的生产变成自己的非现实化，变成对自己的惩罚一样，正像他丧失掉自己的产品并使它变成不属于他的产品一样，他也生产出不生产的人对生产和产品的支配。正像他使他自己的活动同自身相异化一样，他也使与他相异的人占有非自身的活动。

到目前为止，我们只是从工人方面考察了这一关系；下面我们还要从非工人方面来加以考察。

总之，通过异化的、外化的劳动，工人生产出一个同劳动疏远的、站在劳动之外的人对这个劳动的关系。工人对劳动的关系，生产出资本家——或者不管人们给劳动的主宰起个什么别的名字——对这个劳动的关系。

因此，私有财产是外化劳动即工人对自然界和对自身的外在关系的产物、结果和必然后果。

因此，我们通过分析，从外化劳动这一概念，即从外化的人、异化劳动、异化的生命、异化的人这一概念得出私有财产这一概念。

诚然，我们从国民经济学得到作为私有财产运动之结果的外化劳动（外化的生命）这一概念。但是，对这一概念的分析表明，尽管私有财产表现为外化劳动的根据和原因，但确切地说，它是外化劳动的后果，正像神原先不是人类理智迷误的原因，而是人类理智迷误的结果一样。后来，这种关系就变成相互作用的关系。

私有财产只有发展到最后的、最高的阶段，它的这个秘密才重新暴露出来，就是说，私有财产一方面是外化劳动的产物，另一方面又是劳动借以外化的手段，是这一外化的实现。

这些论述使至今没有解决的各种矛盾立刻得到阐明。

（1）国民经济学虽然从劳动是生产的真正灵魂这一点出发，但是它没有给劳动提供任何东西，而是给私有财产提供了一切。蒲鲁东从这个矛盾得出了有利于劳动而不利于私有财产的结论。[①] 然而，我们看到，这个表面的矛盾是异化劳动同自身的矛盾，而国民经济学只不过表述了异化劳动的规律罢了。

因此，我们也看到，工资和私有财产是同一的，因为用劳动产品、劳动对象来偿付劳动本身的工资，不过是劳动异化的必然后果，因为在工资中，劳动并不表现为目的本身，而表现为工资的奴仆。下面我们要详细说明这个问题，现在还只是作出几点［XXVI］结论。[②]

强制提高工资（且不谈其他一切困难，不谈强制提高工资这种反常情况也只有靠强制才能维持），无非是给奴隶以较多工资，而且既不会使工人也不会使劳动获得人的身份和

[①] 马克思显然是指皮·约·蒲鲁东的著作《什么是财产？》。参看该书第 3 章第 4—8 节。

[②] 马克思在这段话里从广义上使用工资范畴，以表达资本家和雇佣工人这两个阶级之间的对抗性关系。

尊严。

甚至蒲鲁东所要求的工资平等，也只能使今天的工人对自己的劳动的关系变成一切人对劳动的关系。这时社会就被理解为抽象的资本家。①

工资是异化劳动的直接结果，而异化劳动是私有财产的直接原因。因此，随着一方衰亡，另一方也必然衰亡。

（2）从异化劳动对私有财产的关系可以进一步得出这样的结论：社会从私有财产等等解放出来、从奴役制解放出来，是通过工人解放这种政治形式来表现的，这并不是因为这里涉及的仅仅是工人的解放，而是因为工人的解放还包含普遍的人的解放；其所以如此，是因为整个的人类奴役制就包含在工人对生产的关系中，而一切奴役关系只不过是这种关系的变形和后果罢了。

正如我们通过分析从异化的、外化的劳动的概念得出私有财产的概念一样，我们也可以借助这两个因素来阐明国民经济学的一切范畴，而且我们将重新发现，每一个范畴，例如买卖、竞争、资本、货币，不过是这两个基本因素的特定的、展开的表现而已。

但是，在考察这些范畴的形成以前，我们还打算解决两个任务：

（1）从私有财产对真正人的和社会的财产的关系来规定作为异化劳动的结果的私有财产的普遍本质。

（2）我们已经承认劳动的异化、劳动的外化这个事实，并对这一事实进行了分析。现在要问，人是怎样使自己的劳动外化、异化的？这种异化又是怎样由人的发展的本质引起的？我们把私有财产的起源问题变为外化劳动对人类发展进程的关系问题，就已经为解决这一任务得到了许多东西。因为人们谈到私有财产时，总以为是涉及人之外的东西。而人们谈到劳动时，则认为是直接关系到人本身。问题的这种新的提法本身就已包含问题的解决。

补入（1）　私有财产的普遍本质以及私有财产对真正人的财产的关系。

在这里外化劳动分解为两个组成部分，它们互相制约，或者说，它们只是同一种关系的不同表现，占有表现为异化、外化，而外化表现为占有，异化表现为真正得到公民权。

我们已经考察了一个方面，考察了外化劳动对工人本身的关系，也就是说，考察了外化劳动对自身的关系。我们发现，这一关系的产物或必然结果是非工人对工人和劳动的财产关系。私有财产作为外化劳动的物质的、概括的表现，包含着这两种关系：工人对劳

---

① 这是马克思在批判皮·约·蒲鲁东的"平等"观念时所持的基本论点。蒲鲁东在《什么是财产？》一书中表述的"平等"观念是建立在资本主义关系基础上的。他的空想的、改良主义的药方规定，私有财产要由"公有财产"代替，而这种"公有财产"将以平等的小占有的形式，在"平等"交换产品的条件下掌握在直接生产者手中。这实际上是指均分私有财产。蒲鲁东是这样设想交换的"平等"的，即"联合的工人"始终得到同等的工资，因为在相互交换他们的产品时，即使产品实际上不同等，但每个人得到的仍然是相同的，而一个人的产品多于另一个人的产品的余额将处于交换之外，不会成为社会的财产，这样就完全不会破坏工资的平等。马克思认为，在蒲鲁东的理论中，社会是作为抽象的资本家出现的。他指出蒲鲁东没有考虑到即使在小（"平等"）占有制度下也仍然起作用的商品生产的现实矛盾。后来，马克思在《神圣家族》这部著作中表述了这样一个结论：蒲鲁东在经济异化范围内克服经济异化，就是说，实际上根本没有克服它。

动、对自己的劳动产品和对非工人的关系，以及非工人对工人和工人的劳动产品的关系。

我们已经看到，对于通过劳动而占有自然界的工人来说，占有表现为异化，自主活动表现为替他人活动和表现为他人的活动，生命的活跃表现为生命的牺牲，对象的生产表现为对象的丧失，即对象转归异己力量、异己的人所有。现在我们就来考察一下这个同劳动和工人疏远的人对工人、劳动和劳动对象的关系。

首先必须指出，凡是在工人那里表现为外化的、异化的活动的东西，在非工人那里都表现为外化的、异化的状态。

其次，工人在生产中的现实的、实践的态度，以及他对产品的态度（作为一种内心状态），在同他相对立的非工人那里表现为理论的态度。

[XXVII] 第三，凡是工人做的对自身不利的事，非工人都对工人做了，但是，非工人做的对工人不利的事，他对自身却不做。

……

[私有财产和共产主义]

X 补入第 XXXIX 页。但是，无产和有产的对立，只要还没有把它理解为劳动和资本的对立，它还是一种无关紧要的对立，一种没有从它的能动关系上、它的内在关系上来理解的对立，还没有作为矛盾来理解的对立。① 这种对立即使没有私有财产的前进运动也能以最初的形式表现出来，如在古罗马、土耳其等。因此，它还不表现为由私有财产本身设定的对立。但是，作为对财产的排除的劳动，即私有财产的主体本质，和作为对劳动的排除的资本，即客体化的劳动，——这就是作为发展了的矛盾关系、因而也就是作为促使矛盾得到解决的能动关系的私有财产。

XX 补入同一页。自我异化的扬弃同自我异化走的是同一条道路。最初，对私有财产只是从它的客体方面来考察，——但是劳动仍然被看成它的本质。因此，它的存在形式就是"本身"应被消灭的资本。（蒲鲁东。）或者，劳动的特殊方式，即划一的、分散的因而是不自由的劳动，被理解为私有财产的有害性的根源，理解为私有财产同人相异化的存在的根源——傅立叶，他和重农学派一样，也把农业劳动看成至少是最好的劳动，② 而圣西门则相反，他把工业劳动本身说成本质，因此他渴望工业家独占统治，渴望改善工人状况。③ 最后，共产主义是被扬弃了的私有财产的积极表现；起先它是作为普遍的私有财产出现的。由于这种共产主义是从私有财产的普遍性来看私有财产关系的，所以共产主义

---

① 黑格尔在他的《逻辑学》中把"对立"和"矛盾"两个概念作了区分。在对立中两个方面的关系是这样的：其中的每一个方面为另一个方面所规定，因此都只是一个环节，但同时每一个方面也为自身所规定，这就使它具有独立性；相反，在矛盾中两个方面的关系是这样的：每一个方面都在自己的独立性中包含着另一个方面，因此两个方面的独立性都是被排斥的。

② 沙·傅立叶对政治经济学抱着极端否定的态度，认为这是一门错误的科学。他在关于未来世界、所谓协作制度的空想中，违反经济发展的现实趋向和政治经济学的基本原理，断言在"合理制度"的条件下，工业生产只能被当做对农业的补充，当做在漫长的冬闲时期和大雨季节"避免情欲消沉的一种手段"。他还断言，上帝和大自然本身确定，协作制度下的人只能为工业劳动拿出四分之一的时间，工业劳动只是辅助性的、使农业多样化的作业。

③ 昂·圣西门的这些论点，见他的《实业家问答》1824 年巴黎版。

（1）在它的最初的形态中不过是私有财产关系的普遍化和完成。① 而作为这种关系的普遍化和完成，共产主义是以双重的形态表现出来的：首先，实物财产的统治在这种共产主义面前显得如此强大，以致它想把不能被所有的人作为私有财产占有的一切都消灭；它想用强制的方法把才能等等抛弃。在这种共产主义看来，物质的直接的占有是生活和存在的唯一目的；工人这个规定并没有被取消，而是被推广到一切人身上；私有财产关系仍然是共同体同物的世界的关系；最后，这个用普遍的私有财产来反对私有财产的运动是以一种动物的形式表现出来的：用公妻制——也就是把妇女变为公有的和共有的财产——来反对婚姻（它确实是一种排他性的私有财产的形式）。人们可以说，公妻制这种思想是这个还相当粗陋的和毫无思想的共产主义的昭然若揭的秘密。② 正像妇女从婚姻转向普遍卖淫一样，财富——也就是人的对象性的本质——的整个世界，也从它同私有者的排他性的婚姻的关系转向它同共同体的普遍卖淫关系。这种共产主义——由于它到处否定人的个性——只不过是私有财产的彻底表现，私有财产就是这种否定。普遍的和作为权力而形成的忌妒，是贪欲所采取的并且只是用另一种方式使自己得到满足的隐蔽形式。任何私有财产本身所产生的思想，至少对于比自己更富足的私有财产都含有忌妒和平均主义欲望，这种忌妒和平均主义欲望甚至构成竞争的本质。粗陋的共产主义者不过是充分体现了这种忌妒和这种从想象的最低限度出发的平均主义。他具有一个特定的、有限制的尺度。对整个文化和文明的世界的抽象否定，向贫穷的、需求不高的人——他不仅没有超越私有财产的水平，甚至从来没有达到私有财产的水平——的非自然的［IV］简单状态的倒退，恰恰证明对私有财产的这种扬弃决不是真正的占有。③

共同性只是劳动的共同性以及由共同的资本——作为普遍的资本家的共同体——所支付的工资的平等的共同性。相互关系的两个方面被提高到想象的普遍性：劳动是为每个人设定的天职，而资本是共同体的公认的普遍性和力量。

把妇女当做共同淫欲的虏获物和婢女来对待，这表现了人在对待自身方面的无限的退化，因为这种关系的秘密在男人对妇女的关系上，以及在对直接的、自然的类关系的理解方式上，都毫不含糊地、确凿无疑地、明显地、露骨地表现出来。人对人的直接的、自然的、必然的关系是男人对妇女的关系。在这种自然的类关系中，人对自然的关系直接就是

---

① 马克思在这里所说的"共产主义"是指法国的格·巴贝夫、埃·卡贝、泰·德萨米，英国的罗·欧文和德国的威·魏特林所创立的空想主义的观点体系。马克思所说的共产主义的最初形态，大概首先是指 1789—1794 年法国资产阶级革命影响下形成的巴贝夫及其拥护者关于"完全平等"的社会以及在排挤私人经济的"国民公社"的基础上实现这种社会的空想主义观点。这种观点虽然也表现了当时无产阶级的要求，但整个说来还带有原始的、粗陋的、平均主义的性质。

② 在中世纪宗教共产主义共同体中，把妻子公有当做未来社会特征的观念颇为流行。1534—1535 年在明斯特掌权的德国再洗礼派试图根据这种观点引进一夫多妻制。托·康帕内拉在《太阳城》一书中就反对一夫一妻制。原始的共产主义共同体还有一些特征，如禁欲主义、对科学和艺术持否定态度。1830 年和 1840 年法国的秘密团体，如平均主义工人社和人道社也曾继承了原始的平均主义思想的某些特征。恩格斯在《大陆上社会改革的进展》（见《马克思恩格斯全集》中文第 2 版第 3 卷）一文中对此作过描述。

③ 让·雅·卢梭在《论科学和艺术》、《论人间不平等的起源和原因》等著作中认为，没有受到教育、文化和文明触动的状态，对人来说才是自然的，马克思则认为这种状态是非自然的。

人对人的关系，正像人对人的关系直接就是人对自然的关系，就是他自己的自然的规定。因此，这种关系通过感性的形式，作为一种显而易见的事实，表现出人的本质在何种程度上对人来说成为自然，或者自然在何种程度上成为人具有的人的本质。因此，从这种关系就可以判断人的整个文化教养程度。从这种关系的性质就可以看出，人在何种程度上对自己来说成为并把自身理解为类存在物、人。男人对妇女的关系是人对人最自然的关系。因此，这种关系表明人的自然的行为在何种程度上是合乎人性的，或者，人的本质在何种程度上对人来说成为自然的本质，他的人的本性在何种程度上对他来说成为自然。这种关系还表明，人的需要在何种程度上成为合乎人性的需要，就是说，别人作为人在何种程度上对他来说成为需要，他作为最具有个体性的存在在何种程度上同时又是社会存在物。

由此可见，对私有财产的最初的积极的扬弃，即粗陋的共产主义，不过是私有财产的卑鄙性的一种表现形式，这种私有财产力图把自己设定为积极的共同体。

（2）共产主义（α）还具有政治性质，是民主的或专制的；（β）是废除国家的，但同时是尚未完成的，并且仍然处于私有财产即人的异化的影响下。这两种形式的共产主义都已经认识到自己是人向自身的还原或复归，是人的自我异化的扬弃；但是，因为它还没有理解私有财产的积极的本质，也还不了解需要所具有的人的本性，所以它还受私有财产的束缚和感染。它虽然已经理解私有财产这一概念，但是还不理解它的本质。

（3）共产主义是对私有财产即人的自我异化的积极的扬弃，因而是通过人并且为了人而对人的本质的真正占有；因此，它是人向自身、也就是向社会的即合乎人性的人的复归，这种复归是完全的复归，是自觉实现并在以往发展的全部财富的范围内实现的复归。这种共产主义，作为完成了的自然主义，等于人道主义，而作为完成了的人道主义，等于自然主义，它是人和自然界之间、人和人之间的矛盾的真正解决，是存在和本质、对象化和自我确证、自由和必然、个体和类之间的斗争的真正解决。它是历史之谜的解答，而且知道自己就是这种解答。①

［V］因此，历史的全部运动，既是这种共产主义的现实的产生活动，即它的经验存在的诞生活动，同时，对它的思维着的意识来说，又是它的被理解和被认识到的生成运动；而上述尚未完成的共产主义则从个别的与私有财产相对立的历史形态中为自己寻找历史的证明，在现存的事物中寻找证明，它从运动中抽出个别环节（卡贝、维尔加德尔等人尤其喜欢卖弄这一套），把它们作为自己是历史的纯种的证明固定下来；但是，它这样做恰好说明：历史运动的绝大部分是同它的论断相矛盾的，如果它曾经存在过，那么它的这种过去的存在恰恰反驳了对本质的奢求。

不难看到，整个革命运动必然在私有财产的运动中，即在经济的运动中，为自己既找到经验的基础，也找到理论的基础。

这种物质的、直接感性的私有财产，是异化了的人的生命的物质的、感性的表现。私有财产的运动——生产和消费——是迄今为止全部生产的运动的感性展现，就是说，是人

---

① 马克思在这里使用路·费尔巴哈的术语来表述自己的观点。文中所说的"历史之谜的解答"，是指从建立在私有制基础上的社会的客观矛盾的发展中得出共产主义必然性的结论。

的实现或人的现实。宗教、家庭、国家、法、道德、科学、艺术等等，都不过是生产的一些特殊的方式，并且受生产的普遍规律的支配。因此，对私有财产的积极的扬弃，作为对人的生命的占有，是对一切异化的积极的扬弃，从而是人从宗教、家庭、国家等等向自己的合乎人性的存在即社会的存在的复归。宗教的异化本身只是发生在意识领域、人的内心领域，而经济的异化是现实生活的异化，——因此对异化的扬弃包括两个方面。不言而喻，在不同的民族那里，运动从哪个领域开始，这要看一个民族的真正的、公认的生活主要是在意识领域还是在外部世界进行，这种生活更多地是观念的生活还是现实的生活。共产主义是径直从无神论开始的（欧文）①，而无神论最初还根本不是共产主义；那种无神论主要还是一个抽象。——因此，无神论的博爱最初还只是哲学的、抽象的博爱，而共产主义的博爱则径直是现实的和直接追求实效的。——

我们已经看到，在被积极扬弃的私有财产的前提下，人如何生产人——他自己和别人；直接体现他的个性的对象如何是他自己为别人的存在，同时是这个别人的存在，而且也是这个别人为他的存在。但是，同样，无论是劳动的材料还是作为主体的人，都既是运动的结果，又是运动的出发点（并且二者必须是这个出发点，私有财产的历史必然性就在于此）。因此，社会性质是整个运动的普遍性质；正像社会本身生产作为人的人一样，社会也是由人生产的。活动和享受，无论就其内容或就其存在方式来说，都是社会的活动和社会的享受。自然界的人的本质只有对社会的人来说才是存在的；因为只有在社会中，自然界对人来说才是人与人联系的纽带，才是他为别人的存在和别人为他的存在，只有在社会中，自然界才是人自己的合乎人性的存在的基础，才是人的现实的生活要素。只有在社会中，人的自然的存在对他来说才是人的合乎人性的存在，并且自然界对他来说才成为人。因此，社会是人同自然界的完成了的本质的统一，是自然界的真正复活，是人的实现了的自然主义和自然界的实现了的人道主义。②

[Ⅵ] 社会的活动和社会的享受决不仅仅存在于直接共同的活动和直接共同的享受这种形式中，虽然共同的活动和共同的享受，即直接通过同别人的实际交往表现出来和得到确证的那种活动和享受，在社会性的上述直接表现以这种活动的内容的本质为根据并且符合这种享受的本性的地方都会出现。

甚至当我从事科学之类的活动，即从事一种我只在很少情况下才能同别人进行直接联系的活动的时候，我也是社会的，因为我是作为人活动的。不仅我的活动所需的材料——甚至思想家用来进行活动的语言——是作为社会的产品给予我的，而且我本身的存在就是社会的活动；因此，我从自身所做出的东西，是我从自身为社会做出的，并且意识到我自己是社会存在物。

---

① 指罗·欧文对一切宗教的批判言论。用欧文的话来说，宗教给人以危险的和可悲的前提，在社会中培植人为的敌对。欧文指出，宗教的褊狭性是达到普遍的和谐和快乐的直接障碍；欧文认为任何宗教观念都是极端谬误的。

② 马克思在这一页结尾标示的通栏线下面写了一句话："卖淫不过是工人普遍卖淫的一个特殊表现，因为卖淫是一种关系，这种关系不仅包括卖淫者，而且包括逼人卖淫者——后者的下流无耻尤为严重——，因此，资本家等等也包括在卖淫这一范畴中。"

我的普遍意识不过是以现实共同体、社会存在物为生动形态的那个东西的理论形态，而在今天，普遍意识是现实生活的抽象，并且作为这样的抽象是与现实生活相敌对的。因此，我的普遍意识的活动——作为一种活动——也是我作为社会存在物的理论存在。

首先应当避免重新把"社会"当做抽象的东西同个体对立起来。个体是社会存在物。因此，他的生命表现，即使不采取共同的、同他人一起完成的生命表现这种直接形式，也是社会生活的表现和确证。人的个体生活和类生活不是各不相同的，尽管个体生活的存在方式是——必然是——类生活的较为特殊的或者较为普遍的方式，而类生活是较为特殊的或者较为普遍的个体生活。

作为类意识，人确证自己的现实的社会生活，并且只是在思维中复现自己的现实存在；反之，类存在则在类意识中确证自己，并且在自己的普遍性中作为思维着的存在物自为地存在着。

因此，人是特殊的个体，并且正是人的特殊性使人成为个体，成为现实的、单个的社会存在物，同样，人也是总体，是观念的总体，是被思考和被感知的社会的自为的主体存在，正如人在现实中既作为对社会存在的直观和现实享受而存在，又作为人的生命表现的总体而存在一样。

可见，思维和存在虽有区别，但同时彼此又处于统一中。

死似乎是类对特定的个体的冷酷的胜利，并且似乎是同类的统一相矛盾的；但是，特定的个体不过是一个特定的类存在物，而作为这样的存在物是迟早要死的。

// （4）私有财产不过是下述情况的感性表现：人变成对自己来说是对象性的，同时，确切地说，变成异己的和非人的对象；他的生命表现就是他的生命的外化，他的现实化就是他的非现实化，就是异己的现实。同样，对私有财产的积极的扬弃，就是说，为了人并且通过人对人的本质和人的生命、对象性的人和人的产品的感性的占有，不应当仅仅被理解为直接的、片面的享受，不应当仅仅被理解为占有、拥有。人以一种全面的方式，就是说，作为一个完整的人，占有自己的全面的本质。人对世界的任何一种人的关系——视觉、听觉、嗅觉、味觉、触觉、思维、直观、情感、愿望、活动、爱，——总之，他的个体的一切器官，正像在形式上直接是社会的器官的那些器官一样，［Ⅶ］是通过自己的对象性关系，即通过自己同对象的关系而对对象的占有，对人的现实的占有；这些器官同对象的关系，是人的现实的实现（因此，正像人的本质规定和活动是多种多样的一样，人的现实也是多种多样的），是人的能动和人的受动，因为按人的方式来理解的受动，是人的一种自我享受。//

//私有制使我们变得如此愚蠢而片面，以致一个对象，只有当它为我们所拥有的时候，就是说，当它对我们来说作为资本而存在，或者它被我们直接占有，被我们吃、喝、穿、住等等的时候，简言之，在它被我们使用的时候，才是我们的。尽管私有制本身也把占有的这一切直接实现仅仅看做生活手段，而它们作为手段为之服务的那种生活，是私有制的生活——劳动和资本化。//

//因此，一切肉体的和精神的感觉都被这一切感觉的单纯异化即拥有的感觉所代替。

人的本质只能被归结为这种绝对的贫困，这样它才能够从自身产生出它的内在丰富性。（关于拥有这个范畴，见《二十一印张》文集中赫斯的论文。①）//

//因此，对私有财产的扬弃，是人的一切感觉和特性的彻底解放；但这种扬弃之所以是这种解放，正是因为这些感觉和特性无论在主体上还是在客体上都成为人的。眼睛成为人的眼睛，正像眼睛的对象成为社会的、人的、由人并为了人创造出来的对象一样。因此，感觉在自己的实践中直接成为理论家。感觉为了物而同物发生关系，但物本身是对自身和对人的一种对象性的、人的关系，反过来也是这样。// //当物按人的方式同人发生关系时，我才能在实践上按人的方式同物发生关系。因此，需要和享受失去了自己的利己主义性质，而自然界失去了自己的纯粹的有用性，因为效用成了人的效用。

同样，别人的感觉和精神也为我自己所占有。因此，除了这些直接的器官以外，还以社会的形式形成社会的器官。例如，同他人直接交往的活动等等，成为我的生命表现的器官和对人的生命的一种占有方式。

不言而喻，人的眼睛与野性的、非人的眼睛得到的享受不同，人的耳朵与野性的耳朵得到的享受不同，如此等等。

我们知道，只有当对象对人来说成为人的对象或者说成为对象性的人的时候，人才不致在自己的对象中丧失自身。只有当对象对人来说成为社会的对象，人本身对自己来说成为社会的存在物，而社会在这个对象中对人来说成为本质的时候，这种情况才是可能的。//

//因此，一方面，随着对象性的现实在社会中对人来说到处成为人的本质力量的现实，成为人的现实，因而成为人自己的本质力量的现实，一切对象对他来说也就成为他自身的对象化，成为确证和实现他的个性的对象，成为他的对象，这就是说，对象成为他自身。对象如何对他来说成为他的对象，这取决于对象的性质以及与之相适应的本质力量的性质；因为正是这种关系的规定性形成一种特殊的、现实的肯定方式。眼睛对对象的感觉不同于耳朵，眼睛的对象是不同于耳朵的对象的。每一种本质力量的独特性，恰好就是这种本质力量的独特方式，是它的对象性的、现实的、活生生的存在的独特方式。因此，人不仅通过思维，［VIII］而且以全部感觉在对象世界中肯定自己。

另一方面，即从主体方面来看：只有音乐才激起人的音乐感；对于没有音乐感的耳朵来说，最美的音乐也毫无意义，不是对象，因为我的对象只能是我的一种本质力量的确证，就是说，它只能像我的本质力量作为一种主体能力自为地存在着那样才对我而存在，因为任何一个对象对我的意义（它只是对那个与它相适应的感觉来说才有意义）恰好都以我的感觉所及的程度为限。因此，社会的人的感觉不同于非社会的人的感觉。只是由于人

---

① 关于拥有（Haben）这个范畴，可参看莫·赫斯的一些著作。他在《行动的哲学》一文中写道："正是求存在的欲望，即希求作为特定的个体性、作为受限制的自我、作为有限的存在物而持续存在的欲望，导致贪欲。反之，对一切规定性的否定，抽象的自我和抽象的共产主义，空洞的'自在之物'的结果、批判主义和革命的结果、无从满足的应有的结果，则导致存在和拥有。助动词就这样成了名词。"（见《来自瑞士的二十一印张》1843 年苏黎世一温特图尔版第 1 卷第 329 页）马克思和恩格斯在《神圣家族》中也谈到过"拥有"和"不拥有"。

的本质客观地展开的丰富性，主体的、人的感性的丰富性，如有音乐感的耳朵、能感受形式美的眼睛，总之，那些能成为人的享受的感觉，即确证自己是人的本质力量的感觉，才一部分发展起来，一部分产生出来。因为，不仅五官感觉，而且连所谓精神感觉、实践感觉（意志、爱等等），一句话，人的感觉、感觉的人性，都是由于它的对象的存在，由于人化的自然界，才产生出来的。

五官感觉的形成是迄今为止全部世界历史的产物。囿于粗陋的实际需要的感觉，也只具有有限的意义。//对于一个忍饥挨饿的人来说并不存在人的食物形式，而只有作为食物的抽象存在；食物同样也可能具有最粗糙的形式，而且不能说，这种进食活动与动物的进食活动有什么不同。忧心忡忡的、贫穷的人对最美丽的景色都没有什么感觉；经营矿物的商人只看到矿物的商业价值，而看不到矿物的美和独特性；他没有矿物学的感觉。因此，一方面为了使人的感觉成为人的，另一方面为了创造同人的本质和自然界的本质的全部丰富性相适应的人的感觉，无论从理论方面还是从实践方面来说，人的本质的对象化都是必要的。

通过私有财产及其富有和贫困——或物质的和精神的富有和贫困——的运动，正在生成的社会发现这种形成所需的全部材料；//同样，已经生成的社会创造着具有人的本质的这种全部丰富性的人，创造着具有丰富的、全面而深刻的感觉的人作为这个社会的恒久的现实。——//

我们看到，主观主义和客观主义，唯灵主义和唯物主义，活动和受动，只是在社会状态中才失去它们彼此间的对立，从而失去它们作为这样的对立面的存在；我们看到，//理论的对立本身的解决，只有通过实践方式，只有借助于人的实践力量，才是可能的；因此，这种对立的解决绝对不只是认识的任务，而是现实生活的任务，而哲学未能解决这个任务，正是因为哲学把这仅仅看做理论的任务。——//

//我们看到，工业的历史和工业的已经生成的对象性的存在，是一本打开了的关于人的本质力量的书，是感性地摆在我们面前的人的心理学；对这种心理学人们至今还没有从它同人的本质的联系，而总是仅仅从外在的有用性这种关系来理解，因为在异化范围内活动的人们仅仅把人的普遍存在，宗教，或者具有抽象普遍本质的历史，如政治、艺术和文学等等，［IX］理解为人的本质力量的现实性和人的类活动。在通常的、物质的工业中（人们可以把这种工业理解为上述普遍运动的一部分，正像可以把这个运动本身理解为工业的一个特殊部分一样，因为全部人的活动迄今为止都是劳动，也就是工业，就是同自身相异化的活动），人的对象化的本质力量以感性的、异己的、有用的对象的形式，以异化的形式呈现在我们面前。如果心理学还没有打开这本书即历史的这个恰恰最容易感知的、最容易理解的部分，那么这种心理学就不能成为内容确实丰富的和真正的科学。//如果科学从人的活动的如此广泛的丰富性中只知道那种可以用"需要"、"一般需要！"的话来表达的东西，那么人们对于这种高傲地撇开人的劳动的这一巨大部分而不感觉自身不足的科学究竟应该怎样想呢？——

自然科学展开了大规模的活动并且占有了不断增多的材料。而哲学对自然科学始终是疏远的，正像自然科学对哲学也始终是疏远的一样。过去把它们暂时结合起来，不过是离奇的幻想。存在着结合的意志，但缺少结合的能力。甚至历史编纂学也只是顺便地考虑到自然科学，仅仅把它看做是启蒙、有用性和某些伟大发现的因素。然而，自然科学却通过工业日益在实践上进入人的生活，改造人的生活，并为人的解放作准备，尽管它不得不直接地使非人化充分发展。工业是自然界对人，因而也是自然科学对人的现实的历史关系。因此，如果把工业看成人的本质力量的公开的展示，那么自然界的人的本质，或者人的自然的本质，也就可以理解了；因此，自然科学将抛弃它的抽象物质的方向，或者更确切地说，是抛弃唯心主义方向，从而成为人的科学的基础，正像它现在已经——尽管以异化的形式——成了真正人的生活的基础一样；说生活还有别的什么基础，科学还有别的什么基础——这根本就是谎言。//在人类历史中即在人类社会的形成过程中生成的自然界，是人的现实的自然界；因此，通过工业——尽管以异化的形式——形成的自然界，是真正的、人本学的自然界。——//

感性（见费尔巴哈）必须是一切科学的基础。科学只有从感性意识和感性需要这两种形式的感性出发，因而，科学只有从自然界出发，才是现实的科学。[①]可见，全部历史是为了使"人"成为感性意识的对象和使"人作为人"的需要成为需要而作准备的历史（发展的历史）[②]。历史本身是自然史的一个现实部分，即自然界生成为人这一过程的一个现实部分。自然科学往后将包括关于人的科学，正像关于人的科学包括自然科学一样：这将是一门科学。[X]人是自然科学的直接对象；因为直接的感性自然界，对人来说直接是人的感性（这是同一个说法），直接是另一个对他来说感性地存在着的人；因为他自己的感性，只有通过别人，才对他本身来说是人的感性。但是，自然界是关于人的科学的直接对象。人的第一个对象——人——就是自然界、感性；而那些特殊的、人的、感性的本质力量，正如它们只有在自然对象中才能得到客观的实现一样，只有在关于自然本质的科学中才能获得它们的自我认识。思维本身的要素，思想的生命表现的要素，即语言，具有感性的性质。自然界的社会的现实和人的自然科学或关于人的自然科学，是同一个说法。——

//我们看到，富有的人和人的丰富的需要代替了国民经济学上的富有和贫困。富有的人同时就是需要有人的生命表现的完整性的人，在这样的人的身上，他自己的实现作为内在的必然性、作为需要而存在。不仅人的富有，而且人的贫困，——在社会主义的前提下——同样具有人的因而是社会的意义。贫困是被动的纽带，它使人感觉到自己需要的最大财富是他人。因此，对象性的本质在我身上的统治，我的本质活动的感性爆发，是激情，从而激情在这里就成了我的本质的活动。——//

（5）任何一个存在物只有当它用自己的双脚站立的时候，才认为自己是独立的，而且只有当它依靠自己而存在的时候，它才是用自己的双脚站立的。靠别人恩典为生的人，把

---

① 路·费尔巴哈《关于哲学改革的临时纲要》（《德国现代哲学和政论界轶文集》1843年苏黎世—温特图尔版第2卷第84—85页）以及《未来哲学原理》1843年苏黎世—温特图尔版第58—70页。

② 手稿中"发展的历史"写在"作准备的历史"的上方。

自己看成一个从属的存在物。但是，如果我不仅靠别人维持我的生活，而且别人还创造了我的生活，别人还是我的生活的泉源，那么我就完全靠别人的恩典为生；如果我的生活不是我自己的创造，那么我的生活就必定在我自身之外有这样一个根源。因此，创造〔Schöpfung〕是一个很难从人民意识中排除的观念。自然界的和人的通过自身的存在，对人民意识来说是不能理解的，因为这种存在是同实际生活的一切明显的事实相矛盾的。

……

但是，因为对社会主义的人来说，整个所谓世界历史不外是人通过人的劳动而诞生的过程，是自然界对人来说的生成过程，所以关于他通过自身而诞生、关于他的形成过程，他有直观的、无可辩驳的证明。因为人和自然界的实在性，即人对人来说作为自然界的存在以及自然界对人来说作为人的存在，已经成为实际的、可以通过感觉直观的，所以关于某种异己的存在物、关于凌驾于自然界和人之上的存在物的问题，即包含着对自然界的和人的非实在性的承认的问题，实际上已经成为不可能的了。无神论，作为对这种非实在性的否定，已不再有任何意义，因为无神论是对神的否定，并且正是通过这种否定而设定人的存在；但是，社会主义作为社会主义已经不再需要这样的中介；它是从把人和自然界看做本质这种理论上和实践上的感性意识开始的。社会主义是人的不再以宗教的扬弃为中介的积极的自我意识，正像现实生活是人的不再以私有财产的扬弃即共产主义为中介的积极的现实一样。共产主义是作为否定的否定的肯定，因此，它是人的解放和复原的一个现实的、对下一段历史发展来说是必然的环节。共产主义是最近将来的必然的形态和有效的原则，但是，这样的共产主义并不是人类发展的目标，并不是人类社会的形态。——

〔对黑格尔的辩证法和整个哲学的批判〕

（6）在这一部分，为了便于理解和论证，对黑格尔的整个辩证法，特别是《现象学》和《逻辑学》中有关辩证法的叙述，以及最后对现代批判运动同黑格尔的关系略作说明，也许是适当的。——

现代德国的批判着意研究旧世界的内容，而且批判的发展完全拘泥于所批判的材料，以致对批判的方法采取完全非批判的态度，同时，对于我们如何对待黑格尔的辩证法这一表面上看来是形式的问题，而实际上是本质的问题，则完全缺乏认识。对于现代的批判同黑格尔的整个哲学，特别是同辩证法的关系问题是如此缺乏认识，以致像施特劳斯①和布鲁诺·鲍威尔这样的批判家仍然受到黑格尔逻辑学的束缚；前者是完全被束缚，后者在自己的《符类福音作者》中（与施特劳斯相反，他在这里用抽象的人的"自我意识"代替了"抽象的自然界"的实体）②，甚至在《基督教真相》中，至少是有可能完全地被束缚。例如，《基督教真相》一书中说：

---

① 大·施特劳斯《耶稣传》1835—1836年蒂宾根版第1—2卷；《为我的著作〈耶稣传〉辩护和关于评述现代神学特性的论争文集》1837年蒂宾根版第1—3册；《评述和批判。神学、人类学和美学方面的轶文集》1839年莱比锡版；《基督教教理的历史发展及其同现代科学的斗争》1840—1841年蒂宾根—斯图加特版第1—2卷。

② 布·鲍威尔《符类福音作者的福音故事考证》1841年莱比锡版第1卷第Ⅵ—ⅩⅤ页。

"自我意识设定世界、设定差别，并且在它所创造的东西中创造自身，因为它重新扬弃了它的创造物同它自身的差别，因为它只是在创造活动中和运动中才是自己本身，——这个自我意识在这个运动中似乎就没有自己的目的了"，等等。或者说："他们〈法国唯物主义者〉① 还未能看到，宇宙的运动只有作为自我意识的运动，才能实际上成为自为的运动，从而达到同自身的统一。"②

这些说法甚至在语言上都同黑格尔的观点毫无区别，实际上，这是在逐字逐句重述黑格尔的观点。

[XII] 鲍威尔在他的《自由的正义事业》一书中对格鲁培先生提出的"那么逻辑学的情况如何呢？"这一唐突的问题避而不答，却让他去问未来的批判家。③ 这表明，鲍威尔在进行批判活动（鲍威尔《符类福音作者》）时对于同黑格尔辩证法的关系是多么缺乏认识，而且在物质的批判活动之后也还缺乏这种认识。

但是，即使现在，在费尔巴哈不仅在收入《轶文集》的《纲要》中，而且更详细地在《未来哲学》中从根本上推翻了旧的辩证法和哲学之后；在无法完成这一事业的上述批判反而认为这一事业已经完成，并且宣称自己是"纯粹的、坚决的、绝对的、洞察一切的批判"之后；在批判以唯灵论的狂妄自大态度把整个历史运动归结为世界的其他部分——它把这部分世界与它自身对立起来而归入"群众"这一范畴——和它自身之间的关系，并且把一切独断的对立消融于它本身的聪明和世界的愚蠢之间、批判的基督和作为"群氓"的人类之间的一个独断的对立中之后；在批判每日每时以群众的愚钝无知来证明它本身的超群出众之后；在批判终于宣称这样一天——那时整个正在堕落的人类将聚集在批判面前，由批判加以分类，而每一类人都将得到一份赤贫证明书——即将来临，即以这种形式宣告批判的末日审判④之后；在批判于报刊上宣布它既对人的感觉又对它自己独标一格地雄踞其上的世界具有优越性，而且只是不时从它那尖酸刻薄的口中发出奥林波斯山众神的哄笑声⑤之后，——在以批判的形式消逝着的唯心主义（青年黑格尔主义）做出这一切滑稽可笑的动作之后，这种唯心主义甚至一点也没想到现在已经到了同自己的母亲即黑格尔辩证法批判地划清界限的时候，甚至一点也没表明它对费尔巴哈辩证法的批判态度。这是对自身持完全非批判的态度。

费尔巴哈是唯一对黑格尔辩证法采取严肃的、批判的态度的人；只有他在这个领域内

---

① 引文中尖括号〈 〉内的文字和标点符号是马克思或恩格斯加的。下同。

② 布·鲍威尔《基督教真相》1843 年苏黎世—温特图尔版第 113—115 页。

③ 见布·鲍威尔《自由的正义事业和我自己的事业》1842 年苏黎世—温特图尔版第 85、193—194 页。鲍威尔在这本书中既分析批判了奥·弗·格鲁培的小册子《布鲁诺·鲍威尔和大学的教学自由》（1842 年柏林版），也批判了菲·马尔海内克的《关于黑格尔哲学对基督教神学的意义的公开演讲绪论》（1842 年柏林版）。未来的批判家指在《文学总汇报》上发表言论的青年黑格尔分子。

④ 见梅·希策尔《苏黎世通讯》（1844 年《文学总汇报》第 5 期第 12、15 页）。并见马克思和恩格斯《神圣家族》第 7 章第 1 节《批判的群众》，第 9 章《批判的末日的审判》（《马克思恩格斯全集》中文第 1 版第 2 卷）。

⑤ 见布·鲍威尔《本省通讯》（1844 年《文学总汇报》第 6 期第 30—32 页）。并见《马克思恩格斯文集》第 1卷，人民出版社 2009 年版，第 348—355 页。

作出了真正的发现，总之，他真正克服了旧哲学。费尔巴哈成就的伟大以及他把这种成就贡献给世界时所表现的那种谦虚纯朴，同批判所持的相反的态度形成惊人的对照。

费尔巴哈的伟大功绩在于：（1）证明了哲学不过是变成思想的并且通过思维加以阐明的宗教，不过是人的本质的异化的另一种形式和存在方式；因此哲学同样应当受到谴责；①

（2）创立了真正的唯物主义和实在的科学，因为费尔巴哈使社会关系即"人与人之间的"关系也同样成为理论的基本原则；②

（3）他把基于自身并且积极地以自身为根据的肯定的东西同自称是绝对肯定的东西的那个否定的否定对立起来。③

费尔巴哈这样解释了黑格尔的辩证法（从而论证了要从肯定的东西即从感觉确定的东西出发）：

黑格尔从异化出发（在逻辑上就是从无限的东西、抽象的普遍的东西出发），从实体出发，从绝对的和不变的抽象出发，就是说，说得更通俗些，他从宗教和神学出发。

第二，他扬弃了无限的东西，设定了现实的、感性的、实在的、有限的、特殊的东西。（哲学，对宗教和神学的扬弃。）

第三，他重新扬弃了肯定的东西，重新恢复了抽象、无限的东西。宗教和神学的恢复。④

由此可见，费尔巴哈把否定的否定仅仅看做哲学同自身的矛盾，看做在否定神学（超验性等等）之后又肯定神学的哲学，即同自身相对立而肯定神学的哲学。

否定的否定所包含的肯定或自我肯定和自我确证，被认为是对自身还不能确信因而自身还受对立面影响的、对自身怀疑因而需要证明的肯定，即被认为是没有用自己的存在证明自身的、没有被承认的［XIII］肯定；因此，感觉确定的、以自身为根据的肯定是同这种肯定直接地而非间接地对立着的。

费尔巴哈还把否定的否定、具体概念看做在思维中超越自身的和作为思维而想直接成为直观、自然界、现实的思维。⑤

但是，因为黑格尔根据否定的否定所包含的肯定方面把否定的否定看成真正的和唯一的肯定的东西，而根据它所包含的否定方面把它看成一切存在的唯一真正的活动和自我实现的活动，所以他只是为历史的运动找到抽象的、逻辑的、思辨的表达，这种历史还不是作为既定的主体的人的现实历史，而只是人的产生的活动、人的形成的历史。——我们既要说明这一运动在黑格尔那里所采取的抽象形式，也要说明这一运动在黑格尔那里同现代

---

① 路·费尔巴哈《未来哲学原理》1843年苏黎世—温特图尔版第1—33页。
② 路·费尔巴哈《未来哲学原理》1843年苏黎世—温特图尔版第77—84页。
③ 路·费尔巴哈《未来哲学原理》1843年苏黎世—温特图尔版第62—70页。
④ 路·费尔巴哈《未来哲学原理》1843年苏黎世—温特图尔版第33—58页。
⑤ 马克思在这里转述了路·费尔巴哈《未来哲学原理》1843年苏黎世—温特图尔版第29—30节中对黑格尔的批判性意见。

的批判即同费尔巴哈的《基督教的本质》一书所描述的同一过程①的区别；或者更正确些说，要说明这一在黑格尔那里还是非批判的运动所具有的批判的形式。——

……

（选自《马克思恩格斯文集》第 1 卷，人民出版社 2009 年版，第 111—201 页）

马克思《关于费尔巴哈的提纲》

一、研读提示

《关于费尔巴哈的提纲》是 1845 年春马克思于布鲁塞尔写在其 1844—1847 年记事本中的一段笔记。笔记上端的另一种笔迹写着："1. 关于费尔巴哈。"《关于费尔巴哈的提纲》在马克思生前并没有发表，1888 年恩格斯在准备出版《路德维希·费尔巴哈和德国古典哲学的终结》而阅读马克思以前的一些笔记时，发现了这 11 条关于费尔巴哈的提纲。恩格斯称："它作为包含着新世界观的天才萌芽的第一个文献，是非常宝贵的。"② 恩格斯在发表此文时对个别地方作了文字修改，并以《马克思论费尔巴哈》为题作为附录收入《路德维希·费尔巴哈和德国古典哲学的终结》中。《马克思恩格斯全集》俄文版和德文版编者根据恩格斯在这篇序言中的提法将这一笔记定名为《关于费尔巴哈的提纲》。

《关于费尔巴哈的提纲》由 11 条笔记构成。第 1、2、3、8 条主要探讨新唯物主义的基本观点；第 4、5、6、7、9 条批判费尔巴哈人本唯物主义，确立探讨现实的人的新思路；第 10、11 条强调新唯物主义的价值指向。《关于费尔巴哈的提纲》是马克思天才世界观的"萌芽"，是马克思新唯物主义的诞生地。通过批判考察旧唯物主义与唯心主义的共同缺陷，马克思确立了科学的实践观，为新唯物主义奠定了科学的基础。正是在《关于费尔巴哈的提纲》以及《德意志意识形态》、《哲学的贫困》等著作中，马克思创立了新唯物主义，实现了哲学变革。

《关于费尔巴哈的提纲》由 11 条构成，主要批判了包括费尔巴哈在内的旧唯物主义忽视主体能动性和唯心主义抽象地发展主体能动性的错误，阐明了科学的实践观是新唯物主义的出发点，是其区别于包括旧唯物主义和唯心主义在内的一切旧哲学的本质特征；揭示了在思维的真理性标准、宗教异化的根源、历史主体与客体关系、社会生活和人的本质等一系列主要哲学问题上，新唯物主义同以费尔巴哈为代表的旧唯物主义的根本对立，批判了后者的直观性和唯心史观；阐明了新、旧唯物主义在阶级基础和社会基础上的区别，并从社会功能和历史使命的角度进一步揭示了新唯物主义同一切旧哲学的区别。

---

① 路·费尔巴哈《基督教的本质》1841 年莱比锡版第 37—247 页。
②《马克思恩格斯文集》第 4 卷，人民出版社 2009 年版，第 266 页。

二、原著研读

卡·马克思

关于费尔巴哈的提纲

1. 关于费尔巴哈①

一

从前的一切唯物主义（包括费尔巴哈的唯物主义）的主要缺点是：对对象、现实、感性，只是从客体的或者直观的形式去理解，而不是把它们当做感性的人的活动，当做实践去理解，不是从主体方面去理解。因此，和唯物主义相反，唯心主义却把能动的方面抽象地发展了，当然，唯心主义是不知道现实的、感性的活动本身的。费尔巴哈想要研究跟思想客体确实不同的感性客体，但是他没有把人的活动本身理解为对象性的［gegenständliche］活动。因此，他在《基督教的本质》中仅仅把理论的活动看做是真正人的活动，而对于实践则只是从它的卑污的犹太人的表现形式去理解和确定。因此，他不了解“革命的”、“实践批判的”活动的意义。

二

人的思维是否具有客观的［gegenständliche］真理性，这不是一个理论的问题，而是一个实践的问题。人应该在实践中证明自己思维的真理性，即自己思维的现实性和力量，自己思维的此岸性。关于思维——离开实践的思维——的现实性或非现实性的争论，是一个纯粹经院哲学②的问题。

三

关于环境和教育起改变作用的唯物主义学说忘记了：环境是由人来改变的，而教育者本人一定是受教育的。因此，这种学说必然会把社会分成两部分，其中一部分凌驾于社会之上。

环境的改变和人的活动或自我改变的一致，只能被看做是并合理地理解为革命的实践。

四

费尔巴哈是从宗教上的自我异化，从世界被二重化为宗教世界和世俗世界这一事实出发的。他做的工作是把宗教世界归结于它的世俗基础。但是，世俗基础使自己从自身中分离出去，并在云霄中固定为一个独立王国，这只能用这个世俗基础的自我分裂和自我矛盾来说明。因此，对于这个世俗基础本身应当在自身中、从它的矛盾中去理解，并且在实践中使之发生革命。因此，例如，自从发现神圣家族的秘密在于世俗家庭之后，世俗家庭本

---

① 马克思 1845 年的稿本。

② 经院哲学也称烦琐哲学，是欧洲中世纪基督教学院中形成的一种哲学。经院哲学家们通过烦琐的抽象推理的方法来解释基督教教义和信条，实际上把哲学当做“神学的婢女”。

身就应当在理论上和实践中被消灭。

五

费尔巴哈不满意抽象的思维而喜欢直观；但是他把感性不是看做实践的、人的感性的活动。

六

费尔巴哈把宗教的本质归结于人的本质。但是，人的本质不是单个人所固有的抽象物，在其现实性上，它是一切社会关系的总和。

费尔巴哈没有对这种现实的本质进行批判，因此他不得不：

（1）撇开历史的进程，把宗教感情固定为独立的东西，并假定有一种抽象的——孤立的——人的个体。

（2）因此，本质只能被理解为"类"，理解为一种内在的、无声的、把许多个人自然地联系起来的普遍性。

七

因此，费尔巴哈没有看到，"宗教感情"本身是社会的产物，而他所分析的抽象的个人，是属于一定的社会形式的。

八

全部社会生活在本质上是实践的。凡是把理论引向神秘主义的神秘东西，都能在人的实践中以及对这种实践的理解中得到合理的解决。

九

直观的唯物主义，即不是把感性理解为实践活动的唯物主义，至多也只能达到对单个人和市民社会的直观。

十

旧唯物主义的立脚点是市民社会，新唯物主义的立脚点则是人类社会或社会的人类。

十一

哲学家们只是用不同的方式解释世界，问题在于改变世界。

（选自《马克思恩格斯文集》第 1 卷，人民出版社 2009 年版，第 499—502 页）

◢◣ 马克思和恩格斯《德意志意识形态》

一、研读提示

《德意志意识形态》全称为《德意志意识形态——对费尔巴哈、布·鲍威尔和施蒂纳所代表的现代德国哲学以及各式各样先知所代表的德国社会主义的批判》。《德意志意识形态》是马克思和恩格斯于 1845 年秋至 1846 年 5 月共同撰写而成，但这部著作在他们生前未能出版。他们也多次在德国寻找出版商出版该书，但由于书报检查机关的政治迫害和阻挠，加上出版商对书中所批判的哲学流派及其代表人物的"同情"，因而未能如期出版。只有这部著作的第二卷第四章在《威斯特伐利亚汽船》杂志 1847 年 8 月号和 9 月号上发表过。这部著作以手稿形式保存下来，没有总标题。现在的书名源于马克思在 1847 年 4 月 6 日发表的声明《驳卡尔·格律恩》中对这部著作的称呼。

《德意志意识形态》区别于以往的哲学体系，确立了物质生产的基础性地位，建构了历史唯物主义的理论体系，并以之作为论述共产主义社会的理论基础，是体现马克思哲学思想的核心文本，是马克思主义哲学创立的标志，全书由两卷组成，第一卷第一章是全书的重点。第一卷包括三章，第一章批判了费尔巴哈人本主义哲学的唯心史观，阐明了社会存在决定社会意识、生产力和生产关系的矛盾是社会发展的根源等唯物史观的基本原理。第二章批判了布·鲍威尔用"个别的自我意识"将人抽象化的唯心史观。第三章批判了麦·施蒂纳将"我"视为"唯一者"这一极端个人主义哲学的唯心史观。在这一卷里，马克思和恩格斯还论述了关于共产主义和无产阶级革命的理论。第二卷批判了当时在德国流行的所谓"真正的社会主义"或"德国的社会主义"。"真正的社会主义"企图用德意志意识形态阐明共产主义"真理"，从现实的历史基础回到意识形态的基础上去，共产主义于是完全成为抽象人道主义的宣传。这种回避现实社会矛盾、脱离具体的阶级生活和现实关系而宣扬普遍的人类之爱的追求，无疑是一种假社会主义。马克思和恩格斯还揭示了这种假社会主义的哲学基础、社会根源和阶级本质。

二、原著研读

卡·马克思和弗·恩格斯
德意志意识形态（节选）

第一卷 第一章
费尔巴哈
唯物主义观点和唯心主义观点的对立

[Ⅰ]

正如德意志意识形态家们①所宣告的，德国在最近几年里经历了一次空前的变革。从施特劳斯开始的黑格尔体系的解体过程发展为一种席卷一切"过去的力量"的世界性骚动。在普遍的混乱中，一些强大的王国产生了，又匆匆消逝了，瞬息之间出现了许多英雄，但是马上又因为出现了更勇敢更强悍的对手而销声匿迹。这是一次革命，法国革命同

---

① "意识形态家"原文为 Ideologe，过去曾译"思想家"、"玄想家"。Ideologe一词是由 Ideologie（意识形态）派生出来的。为了保持这两个词译法的一致性，现将"思想家"、"玄想家"改为"意识形态家"。当时以青年黑格尔派为主要代表的德国哲学，颠倒意识与存在、思想与现实的关系，以纯思想批判代替反对现存制度的实际斗争。马克思和恩格斯把这种哲学称为"德意志意识形态"，把鼓吹这种哲学的人称为"德意志意识形态家"。

它相比只不过是儿戏；这是一次世界斗争，狄亚多希①的斗争在它面前简直微不足道。一些原则为另一些原则所代替，一些思想勇士为另一些思想勇士所歼灭，其速度之快是前所未闻的。在 1842—1845 年这三年间，在德国进行的清洗比过去三个世纪都要彻底得多。

据说这一切都是在纯粹的思想领域中发生的。

然而，不管怎么样，这里涉及的是一个有意义的事件：绝对精神的瓦解过程。在最后一点生命的火花熄灭之后，这具残骸②的各个组成部分就分解了，它们重新化合，构成新的物质。那些以哲学为业，一直以经营绝对精神为生的人们，现在都扑向这种新的化合物。每个人都不辞劳苦地兜售他所得到的那一份。竞争不可避免。起初这种竞争还相当体面，并且循规蹈矩。后来，当商品充斥德国市场，而在世界市场上尽管竭尽全力也无法找到销路的时候，按照通常的德国方式，生意都因搞批量的和虚假的生产，因质量降低、原料掺假、伪造商标、买空卖空、票据投机以及没有任何现实基础的信用制度而搞糟了。竞争变成了激烈的斗争，而这个斗争现在却被吹嘘和构想成一种具有世界历史意义的变革，一种产生了十分重大的结果和成就的因素。

为了正确地评价这种甚至在可敬的德国市民心中唤起怡然自得的民族感情的哲学叫卖，为了清楚地表明这整个青年黑格尔派运动的狭隘性、地域局限性，特别是为了揭示这些英雄们的真正业绩和关于这些业绩的幻想之间的令人啼笑皆非的显著差异，就必须站在德国以外的立场上来考察一下这些喧嚣吵嚷。③

一　费尔巴哈

A. 一般意识形态，特别是德意志意识形态

德国的批判，直至它最近所作的种种努力，都没有离开过哲学的基地。这个批判虽然没有研究过自己的一般哲学前提，但是它谈到的全部问题终究是在一定的哲学体系即黑格尔体系的基地上产生的。不仅是它的回答，而且连它所提出的问题本身，都包含着神秘主义。对黑格尔的这种依赖关系正好说明了为什么在这些新出现的批判家中甚至没有一个人试图对黑格尔体系进行全面的批判，尽管他们每一个人都断言自己已经超越黑格尔哲学。他们和黑格尔的论战以及他们相互之间的论战，只局限于他们当中的每一个人都抓住黑格尔体系的某一方面，用它来反对整个体系，也反对别人所抓住的那些方面。起初他们还是抓住纯粹的、未加伪造的黑格尔的范畴，如"实体"和"自我意识"④，但是后来却用一

---

① 狄亚多希是马其顿亚历山大大帝的将领们，他们在亚历山大死后为争夺权力而彼此进行残酷的厮杀。在这场争斗的过程中（公元前 4 世纪末至 3 世纪初），亚历山大的帝国这个不巩固的、实行军事管理的联盟分裂为许多单独的国家。

② 原文是 caput mortum，原意为"骷髅"；在化学中，是指蒸馏过程结束后的残留物。

③ 手稿中删去以下一段话："因此，我们在对这个运动的个别代表人物进行专门批判之前，先提出一些有关德国哲学和整个意识形态的一般意见，这些意见要进一步揭示所有代表人物共同的意识形态前提。这些意见将充分表明我们在进行批判时所持的观点，而表明我们的观点对于了解和说明以后各种批评意见是必要的。我们这些意见正是针对费尔巴哈的，因为只有他才至少向前迈进了一步，只有他的著作才可以认真地加以研究。"

④ 大·施特劳斯和布·鲍威尔使用的基本范畴。

些比较世俗的名称如"类"、"唯一者"、"人"① 等等，使这些范畴世俗化。

从施特劳斯到施蒂纳的整个德国哲学批判都局限于对宗教观念的批判②。他们的出发点是现实的宗教和真正的神学。至于什么是宗教意识，什么是宗教观念，他们后来下的定义各有不同。其进步在于：所谓占统治地位的形而上学观念、政治观念、法律观念、道德观念以及其他观念也被归入宗教观念或神学观念的领域；还在于：政治意识、法律意识、道德意识被宣布为宗教意识或神学意识，而政治的、法律的、道德的人，总而言之，"人"，则被宣布为宗教的人。宗教的统治被当成了前提。一切占统治地位的关系逐渐地都被宣布为宗教的关系，继而被转化为迷信——对法的迷信，对国家的迷信等等。到处涉及的都只是教义和对教义的信仰。世界在越来越大的规模内被圣化了，直到最后可尊敬的圣麦克斯③完全把它宣布为圣物，从而一劳永逸地把它葬送为止。

老年黑格尔派认为，只要把一切都归入黑格尔的逻辑范畴，他们就理解了一切。青年黑格尔派则硬说一切都包含宗教观念或者宣布一切都是神学上的东西，由此来批判一切。青年黑格尔派同意老年黑格尔派的这样一个信念，即认为宗教、概念、普遍的东西统治着现存世界。不过一派认为这种统治是篡夺而加以反对，另一派则认为这种统治是合法的而加以赞扬。

既然青年黑格尔派认为，观念、思想、概念，总之，被他们变为某种独立东西的意识的一切产物，是人们的真正枷锁，就像老年黑格尔派把它们看做是人类社会的真正镣铐一样，那么不言而喻，青年黑格尔派只要同意识的这些幻想进行斗争就行了。既然根据青年黑格尔派的设想，人们之间的关系、他们的一切举止行为、他们受到的束缚和限制，都是他们意识的产物，那么青年黑格尔派完全合乎逻辑地向人们提出一种道德要求，要用人的、批判的或利己的意识④来代替他们现在的意识，从而消除束缚他们的限制。这种改变意识的要求，就是要求用另一种方式来解释存在的东西，也就是说，借助于另外的解释来承认它。青年黑格尔派的意识形态家们尽管满口讲的都是所谓"震撼世界的"⑤ 词句，却是最大的保守派。如果说，他们之中最年轻的人宣称只为反对"词句"而斗争，那就确切地表达了他们的活动。不过他们忘记了：他们只是用词句来反对这些词句；既然他们仅仅反对这个世界的词句，那么他们就绝对不是反对现实的现存世界。这种哲学批判所能达到的唯一结果，是从宗教史上对基督教作一些说明，而且还是片面的说明。至于他们的全部其他论断，只不过是进一步修饰他们的要求：想用这样一些微不足道的说明作出具有世界历史意义的发现。

这些哲学家没有一个想到要提出关于德国哲学和德国现实之间的联系问题，关于他们

① 路·费尔巴哈和麦·施蒂纳使用的基本范畴。

② 手稿中删去以下这段话："这种批判自以为是使世界消除一切灾难的绝对救世主。宗教总是被看做和解释成这些哲学家们所厌恶的一切关系的终极原因，他们的主要敌人。"

③ 指麦·施蒂纳（约·卡·施米特的笔名）。马克思和恩格斯在《德意志意识形态》中也用其他绰号称呼他，例如，称他为"圣桑乔"、"圣者"、"教父"、"乡下佬雅各"等等。

④ 指路·费尔巴哈、布·鲍威尔和麦·施蒂纳所说的意识。

⑤ "震撼世界的"一词是《维干德季刊》上一篇匿名文章的用语（见该杂志1845年第4卷第327页）。

所作的批判和他们自身的物质环境之间的联系问题。

———

1. 一般意识形态，特别是德国哲学

A.

我们开始要谈的前提不是任意提出的，不是教条，而是一些只有在臆想中才能撇开的现实前提。这是一些现实的个人，是他们的活动和他们的物质生活条件，包括他们已有的和由他们自己的活动创造出来的物质生活条件。因此，这些前提可以用纯粹经验的方法来确认。

全部人类历史的第一个前提无疑是有生命的个人的存在。① 因此，第一个需要确认的事实就是这些个人的肉体组织以及由此产生的个人对其他自然的关系。当然，我们在这里既不能深入研究人们自身的生理特性，也不能深入研究人们所处的各种自然条件——地质条件、山岳水文地理条件、气候条件以及其他条件。② 任何历史记载都应当从这些自然基础以及它们在历史进程中由于人们的活动而发生的变更出发。

可以根据意识、宗教或随便别的什么来区别人和动物。一当人开始生产自己的生活资料，即迈出由他们的肉体组织所决定的这一步的时候，人本身就开始把自己和动物区别开来。人们生产自己的生活资料，同时间接地生产着自己的物质生活本身。

人们用以生产自己的生活资料的方式，首先取决于他们已有的和需要再生产的生活资料本身的特性。这种生产方式不应当只从它是个人肉体存在的再生产这方面加以考察。更确切地说，它是这些个人的一定的活动方式，是他们表现自己生命的一定方式、他们的一定的生活方式。个人怎样表现自己的生命，他们自己就是怎样。因此，他们是什么样的，这同他们的生产是一致的——既和他们生产什么一致，又和他们怎样生产一致。因而，个人是什么样的，这取决于他们进行生产的物质条件。

这种生产第一次是随着人口的增长而开始的。而生产本身又是以个人彼此之间的交往〔Verkehr〕③ 为前提的。这种交往的形式又是由生产决定的。

———

各民族之间的相互关系取决于每一个民族的生产力、分工和内部交往的发展程度。这个原理是公认的。然而不仅一个民族与其他民族的关系，而且这个民族本身的整个内部结构也取决于自己的生产以及自己内部和外部的交往的发展程度。一个民族的生产力发展的水平，最明显地表现于该民族分工的发展程度。任何新的生产力，只要它不是迄今已知的

———

① 手稿中删去以下这句话："这些个人把自己和动物区别开来的第一个历史行动不在于他们有思想，而在于他们开始生产自己的生活资料。"

② 手稿中删去以下这句话："但是，这些条件不仅决定着人们最初的、自然形成的肉体组织，特别是他们之间的种族差别，而且直到如今还决定着肉体组织的整个进一步发展或不发展。"

③ "交往"（Verkehr）这个术语在《德意志意识形态》中含义很广。它包括单个人、社会团体以及国家之间的物质交往和精神交往。马克思和恩格斯在这部著作中指出：物质交往，首先是人们在生产过程中的交往，这是任何其他交往的基础。《德意志意识形态》中所用的"交往形式"、"交往方式"、"交往关系"、"生产关系和交往关系"这些术语，表达了马克思和恩格斯在这个时期形成的生产关系概念。

生产力单纯的量的扩大（例如，开垦土地），都会引起分工的进一步发展。

一个民族内部的分工，首先引起工商业劳动同农业劳动的分离，从而也引起城乡的分离和城乡利益的对立。分工的进一步发展导致商业劳动同工业劳动的分离。同时，由于这些不同部门内部的分工，共同从事某种劳动的个人之间又形成不同的分工。这种种分工的相互关系取决于农业劳动、工业劳动和商业劳动的经营方式（父权制、奴隶制、等级、阶级）。在交往比较发达的条件下，同样的情况也会在各民族间的相互关系中出现。

分工的各个不同发展阶段，同时也就是所有制的各种不同形式。这就是说，分工的每一个阶段还决定个人在劳动材料、劳动工具和劳动产品方面的相互关系。

…………

思想、观念、意识的生产最初是直接与人们的物质活动，与人们的物质交往，与现实生活的语言交织在一起的。人们的想象、思维、精神交往在这里还是人们物质行动的直接产物。表现在某一民族的政治、法律、道德、宗教、形而上学等的语言中的精神生产也是这样。人们是自己的观念、思想等等的生产者，① 但这里所说的人们是现实的、从事活动的人们，他们受自己的生产力和与之相适应的交往的一定发展——直到交往的最遥远的形态——所制约。意识［das Bewußtsein］在任何时候都只能是被意识到了的存在［das bewußte Sein］，而人们的存在就是他们的现实生活过程。如果在全部意识形态中，人们和他们的关系就像在照相机中一样是倒立成像的，那么这种现象也是从人们生活的历史过程中产生的，正如物体在视网膜上的倒影是直接从人们生活的生理过程中产生的一样。

德国哲学从天国降到人间；和它完全相反，这里我们是从人间升到天国。这就是说，我们不是从人们所说的、所设想的、所想象的东西出发，也不是从口头说的、思考出来的、设想出来的、想象出来的人出发，去理解有血有肉的人。我们的出发点是从事实际活动的人，而且从他们的现实生活过程中还可以描绘出这一生活过程在意识形态上的反射和反响的发展。甚至人们头脑中的模糊幻象也是他们的可以通过经验来确认的、与物质前提相联系的物质生活过程的必然升华物。因此，道德、宗教、形而上学和其他意识形态，以及与它们相适应的意识形式便不再保留独立性的外观了。它们没有历史，没有发展，而发展着自己的物质生产和物质交往的人们，在改变自己的这个现实的同时也改变着自己的思维和思维的产物。不是意识决定生活，而是生活决定意识。前一种考察方法从意识出发，把意识看做是有生命的个人。后一种符合现实生活的考察方法则从现实的、有生命的个人本身出发，把意识仅仅看做是他们的意识。

这种考察方法不是没有前提的。它从现实的前提出发，它一刻也不离开这种前提。它的前提是人，但不是处在某种虚幻的离群索居和固定不变状态中的人，而是处在现实的、可以通过经验观察到的、在一定条件下进行的发展过程中的人。只要描绘出这个能动的生活过程，历史就不再像那些本身还是抽象的经验主义者所认为的那样，是一些僵死的事实的汇集，也不再像唯心主义者所认为的那样，是想象的主体的想象活动。

----

① 手稿中删去以下这句话："而且人们是受他们的物质生活的生产方式，他们的物质交往和这种交往在社会结构和政治结构中的进一步发展所制约的。"

在思辨终止的地方，在现实生活面前，正是描述人们实践活动和实际发展过程的真正的实证科学开始的地方。关于意识的空话将终止，它们一定会被真正的知识所代替。对现实的描述会使独立的哲学失去生存环境，能够取而代之的充其量不过是从对人类历史发展的考察中抽象出来的最一般的结果的概括。这些抽象本身离开了现实的历史就没有任何价值。它们只能对整理历史资料提供某些方便，指出历史资料的各个层次的顺序。但是这些抽象与哲学不同，它们绝不提供可以适用于各个历史时代的药方或公式。相反，只是在人们着手考察和整理资料——不管是有关过去时代的还是有关当代的资料——的时候，在实际阐述资料的时候，困难才开始出现。这些困难的排除受到种种前提的制约，这些前提在这里是根本不可能提供出来的，而只能从对每个时代的个人的现实生活过程和活动的研究中产生。这里我们只举出几个我们用来与意识形态相对照的抽象，并用历史的实例来加以说明。

[Ⅱ]

…………

[……]① 实际上，而且对实践的唯物主义者即共产主义者来说，全部问题都在于使现存世界革命化，实际地反对并改变现存的事物。② 如果在费尔巴哈那里有时也遇见类似的观点，那么它们始终不过是一些零星的猜测，而且对费尔巴哈的总的观点的影响微乎其微，以致只能把它们看做是具有发展能力的萌芽。费尔巴哈对感性世界的"理解"一方面仅仅局限于对这一世界的单纯的直观，另一方面仅仅局限于单纯的感觉。费尔巴哈设定的是"人"，而不是"现实的历史的人"。③ "人"实际上是"德国人"。在前一种情况下，在对感性世界的直观中，他不可避免地碰到与他的意识和他的感觉相矛盾的东西，这些东西扰乱了他所假定的感性世界的一切部分的和谐，特别是人与自然界的和谐。为了排除这些东西，他不得不求助于某种二重性的直观，这种直观介于仅仅看到"眼前"的东西的普通直观和看出事物的"真正本质"的高级的哲学直观之间。④ 他没有看到，他周围的感性世界决不是某种开天辟地以来就直接存在的、始终如一的东西，而是工业和社会状况的产物，是历史的产物，是世世代代活动的结果，其中每一代都立足于前一代所奠定的基础上，继续发展前一代的工业和交往，并随着需要的改变而改变他们的社会制度。甚至连最简单的"感性确定性"的对象也只是由于社会发展、由于工业和商业交往才提供给他的。大家知道，樱桃树和几乎所有的果树一样，只是在几个世纪以前由于商业才移植到我们这个地区。由此可见，樱桃树只是由于一定的社会在一定时期的这种活动才为费尔巴哈的

---

① 这里缺五页手稿。

② 马克思加了边注："费尔巴哈"。

③ 马克思和恩格斯在这里和后面的论述，主要涉及路·费尔巴哈的著作《未来哲学原理》，并且从中引用了费尔巴哈的一些用语。

④ 恩格斯加了边注："注意：费尔巴哈的错误不在于他使眼前的东西即感性外观从属于通过对感性事实作比较精确的研究而确认的感性现实，而在于他要是不用哲学家的'眼睛'，就是说，要是不戴哲学家的'眼镜'来观察感性，最终会对感性束手无策。"

"感性确定性"所感知。①

……

一开始就进入历史发展过程的第三种关系是:每日都在重新生产自己生命的人们开始生产另外一些人,即繁殖。这就是夫妻之间的关系,父母和子女之间的关系,也就是家庭。这种家庭起初是唯一的社会关系,后来,当需要的增长产生了新的社会关系而人口的增多又产生了新的需要的时候,这种家庭便成为从属的关系了(德国除外)。这时就应该根据现有的经验材料来考察和阐明家庭,而不应该像通常在德国所做的那样,根据"家庭的概念"来考察和阐明家庭。此外,不应该把社会活动的这三个方面看做是三个不同的阶段,而只应该看做是三个方面,或者,为了使德国人能够明白,把它们看做是三个"因素"。从历史的最初时期起,从第一批人出现以来,这三个方面就同时存在着,而且现在也还在历史上起着作用。

这样,生命的生产,无论是通过劳动而生产自己的生命,还是通过生育而生产他人的生命,就立即表现为双重关系:一方面是自然关系,另一方面是社会关系;社会关系的含义在这里是指许多个人的共同活动,不管这种共同活动是在什么条件下、用什么方式和为了什么目的而进行的。由此可见,一定的生产方式或一定的工业阶段始终是与一定的共同活动方式或一定的社会阶段联系着的,而这种共同活动方式本身就是"生产力";由此可见,人们所达到的生产力的总和决定着社会状况,因而,始终必须把"人类的历史"同工业和交换的历史联系起来研究和探讨。但是,这样的历史在德国是写不出来的,这也是很明显的,因为对于德国人来说,要做到这一点不仅缺乏理解能力和材料,而且还缺乏"感性确定性";而在莱茵河彼岸之所以不可能有关于这类事情的任何经验,是因为那里再没有什么历史。由此可见,人们之间一开始就有一种物质的联系。这种联系是由需要和生产方式决定的,它和人本身有同样长久的历史;这种联系不断采取新的形式,因而就表现为"历史",它不需要用任何政治的或宗教的呓语特意把人们维系在一起。

只有现在,在我们已经考察了原初的历史的关系的四个因素、四个方面之后,我们才发现:人还具有"意识"②。但是这种意识并非一开始就是"纯粹的"意识。"精神"从一开始就很倒霉,受到物质的"纠缠",物质在这里表现为振动着的空气层、声音,简言之,即语言。语言和意识具有同样长久的历史;语言是一种实践的、既为别人存在因而也为我自身而存在的、现实的意识。语言也和意识一样,只是由于需要,由于和他人交往的迫切需要才产生的。③ 凡是有某种关系存在的地方,这种关系都是为我而存在的;动物不对什么东西发生"关系",而且根本没有"关系";对于动物来说,它对他物的关系不是作为关系存在的。因而,意识一开始就是社会的产物,而且只要人们存在着,它就仍然是这种产物。当然,意识起初只是对直接的可感知的环境的一种意识,是对处于开始意识到自身的个人之外的其他人和其他物的狭隘联系的一种意识。同时，它也是对自然界的一种意识，自然界起初是作为一种完全异己的、有无限威力的和不可制服的力量与人们对立的，人们同自然界的关系完全像动物同自然界的关系一样，人们就像牲畜一样慑服于自然界，因而，这是对自然界的一种纯粹动物式的意识（自然宗教）①；但是，另一方面，意识到必须和周围的个人来往，也就是开始意识到人总是生活在社会中的。这个开始，同这一阶段的社会生活本身一样，带有动物的性质；这是纯粹的畜群意识，这里，人和绵羊不同的地方只是在于：他的意识代替了他的本能，或者说他的本能是被意识到了的本能。由于生产效率的提高，需要的增长以及作为二者基础的人口的增多，这种绵羊意识或部落意识获得了进一步的发展和提高。与此同时分工也发展起来。分工起初只是性行为方面的分工，后来是由于天赋（例如体力）、需要、偶然性等等才自发地或"自然地"形成的分工。分工只是从物质劳动和精神劳动分离的时候起才真正成为分工②。从这时候起意识才能现实地想象：它是和现存实践的意识不同的某种东西；它不用想象某种现实的东西就能现实地想象某种东西。从这时候起，意识才能摆脱世界而去构造"纯粹的"理论、神学、哲学、道德等等。但是，如果这种理论、神学、哲学、道德等等同现存的关系发生矛盾，那么，这仅仅是因为现存的社会关系同现存的生产力发生了矛盾。不过，在一定民族的各种关系的范围内，这种现象的出现也可能不是因为在该民族范围内出现了矛盾，而是因为在该民族意识和其他民族的实践之间，亦即在某一民族的民族意识和普遍意识之间③出现了矛盾（就像目前德国的情形那样）——既然这个矛盾似乎只表现为民族意识范围内的矛盾，那么在这个民族看来，斗争也就限于这种民族废物，因为这个民族就是废物本身。但是，意识本身究竟采取什么形式，这是完全无关紧要的。我们从这一大堆赘述中只能得出一个结论：上述三个因素即生产力、社会状况和意识，彼此之间可能而且一定会发生矛盾，因为分工使精神活动和物质活动④、享受和劳动、生产和消费由不同的个人来分担这种情况不仅成为可能，而且成为现实，而要使这三个因素彼此不发生矛盾，则只有再消灭分工。此外，不言而喻，"幽灵"、"枷锁"、"最高存在物"、"概念"、"疑虑"显然只是孤立的个人的一种观念上的、思辨的、精神的表现，只是他的观念，即关于真正经验的束缚和界限的观念；生活的生产方式以及与此相联系的交往形式就在这些束缚和界限的范围内运动着。⑤

---

① 马克思加了边注："这里立即可以看出，这种自然宗教或对自然界的这种特定关系，是由社会形式决定的，反过来也是一样。这里和任何其他地方一样，自然界和人的同一性也表现在：人们对自然界的狭隘的关系决定着他们之间的狭隘的关系，而他们之间的狭隘的关系又决定着他们对自然界的狭隘的关系，这正是因为自然界几乎还没有被历史的进程所改变。"

② 马克思加了边注："与此同时出现的是意识形态家、僧侣的最初形式。

③ 马克思加了边注："宗教。具有真正的意识形态的德国人"。

④ 手稿中删去以下这句话："活动和思维，即没有思想的活动和没有活动的思想。"

⑤ 手稿中删去以下这句话："这种关于现存的经济界限的观念上的表现，不是纯粹理论上的，而且在实践的意识中也存在着，就是说，使自己自由存在的并且同现存的生产方式相矛盾的意识，不是仅仅构成宗教和哲学，而且也构成国家。"

......

正是由于特殊利益和共同利益之间的这种矛盾，共同利益才采取国家这种与实际的单个利益和全体利益相脱离的独立形式，同时采取虚幻的共同体的形式，而这始终是在每一个家庭集团或部落集团中现有的骨肉联系、语言联系、较大规模的分工联系以及其他利益的联系的现实基础上，特别是在我们以后将要阐明的已经由分工决定的阶级的基础上产生的，这些阶级是通过每一个这样的人群分离开来的，其中一个阶级统治着其他一切阶级。从这里可以看出，国家内部的一切斗争——民主政体、贵族政体和君主政体相互之间的斗争，争取选举权的斗争等等，不过是一些虚幻的形式——普遍的东西一般说来是一种虚幻的共同体的形式——，在这些形式下进行着各个不同阶级间的真正的斗争（德国的理论家们对此一窍不通，尽管在《德法年鉴》和《神圣家族》中已经十分明确地向他们指出过这一点）。从这里还可以看出，每一个力图取得统治的阶级，即使它的统治要求消灭整个旧的社会形式和一切统治，就像无产阶级那样，都必须首先夺取政权，以便把自己的利益又说成是普遍的利益，而这是它在初期不得不如此做的。

......

最后，分工立即给我们提供了第一个例证，说明只要人们还处在自然形成的社会中，就是说，只要特殊利益和共同利益之间还有分裂，也就是说，只要分工还不是出于自愿，而是自然形成的，那么人本身的活动对人来说就成为一种异己的、同他对立的力量，这种力量压迫着人，而不是人驾驭着这种力量。原来，当分工一出现之后，任何人都有自己一定的特殊的活动范围，这个范围是强加于他的，他不能超出这个范围：他是一个猎人、渔夫或牧人，或者是一个批判的批判者，只要他不想失去生活资料，他就始终应该是这样的人。而在共产主义社会里，任何人都没有特殊的活动范围，而是都可以在任何部门内发展，社会调节着整个生产，因而使我有可能随自己的兴趣今天干这事，明天干那事，上午打猎，下午捕鱼，傍晚从事畜牧，晚饭后从事批判，这样就不会使我老是一个猎人、渔夫、牧人或批判者。社会活动的这种固定化，我们本身的产物聚合为一种统治我们、不受我们控制、使我们的愿望不能实现并使我们的打算落空的物质力量，这是迄今为止历史发展中的主要因素之一。受分工制约的不同个人的共同活动产生了一种社会力量，即成倍增长的生产力。因为共同活动本身不是自愿地而是自然形成的，所以这种社会力量在这些个人看来就不是他们自身的联合力量，而是某种异己的、在他们之外的强制力量。关于这种力量的起源和发展趋向，他们一点也不了解；因而他们不再能驾驭这种力量，相反，这种力量现在却经历着一系列独特的、不仅不依赖于人们的意志和行为反而支配着人们的意志和行为的发展阶段。

这种"异化"（用哲学家易懂的话来说）当然只有在具备了两个实际前提之后才会消灭。要使这种异化成为一种"不堪忍受的"力量，即成为革命所要反对的力量，就必须让它把人类的大多数变成完全"没有财产的"人，同时这些人又同现存的有钱有教养的世界相对立，而这两个条件都是以生产力的巨大增长和高度发展为前提的。另一方面，生产力的这种发展（随着这种发展，人们的世界历史性的而不是地域性的存在同时已经是经验的存在了）之所以是绝对必需的实际前提，还因为如果没有这种发展，那就只会有贫穷、极端贫困的普遍化；而在极端贫困的情况下，必须重新开始争取必需品的斗争，全部陈腐污浊的东西又要死灰复燃。其次，生产力的这种发展之所以是绝对必需的实际前提，还因为：只有随着生产力的这种普遍发展，人们的普遍交往才能建立起来；普遍交往，一方面，可以产生一切民族中同时都存在着"没有财产的"群众这一现象（普遍竞争），使每一民族都依赖于其他民族的变革；最后，地域性的个人为世界历史性的、经验上普遍的个人所代替。不这样，（1）共产主义就只能作为某种地域性的东西而存在；（2）交往的力量本身就不可能发展成为一种普遍的因而是不堪忍受的力量：它们会依然处于地方的、笼罩着迷信气氛的"状态"；（3）交往的任何扩大都会消灭地域性的共产主义。共产主义只有作为占统治地位的各民族"一下子"同时发生的行动，在经验上才是可能的，而这是以生产力的普遍发展和与此相联系的世界交往为前提的。

共产主义对我们来说不是应当确立的状况，不是现实应当与之相适应的理想。我们所称为共产主义的是那种消灭现存状况的现实的运动。这个运动的条件是由现有的前提产生的。

…………

最后，我们从上面所阐述的历史观中还可以得出以下的结论：（1）生产力在其发展的过程中达到这样的阶段，在这个阶段上产生出来的生产力和交往手段在现存关系下只能造成灾难，这种生产力已经不是生产的力量，而是破坏的力量（机器和货币）。与此同时还产生了一个阶级，它必须承担社会的一切重负，而不能享受社会的福利，它被排斥于社会之外，因而不得不同其他一切阶级发生最激烈的对立；这个阶级构成了全体社会成员中的大多数，从这个阶级中产生出必须实行彻底革命的意识，即共产主义的意识，这种意识当然也可以在其他阶级中形成，只要它们认识到这个阶级的状况；（2）那些使一定的生产力能够得到利用的条件，是社会的一定阶级实行统治的条件，这个阶级的由其财产状况产生的社会权力，每一次都在相应的国家形式中获得实践的观念的表现，因此一切革命斗争都是针对在此以前实行统治的阶级的①；（3）迄今为止的一切革命始终没有触动活动的性质，始终不过是按另外的方式分配这种活动，不过是在另一些人中间重新分配劳动，而共产主义革命则针对活动迄今具有的性质，消灭劳动②，并消灭任何阶级的统治以及这些阶级本身，因为完成这个革命的是这样一个阶级，它在社会上已经不算是一个阶级，它已经不被承认是一个阶级，它已经成为现今社会的一切阶级、民族等等的解体的表现；（4）无论为了使这种共产主义意识普遍地产生还是为了实现事业本身，使人们普遍地发生变化是必需的，这种变化只有在实际运动中，在革命中才有可能实现；因此，革命之所以必需，不仅是因为没有任何其他的办法能够推翻统治阶级，而且还因为推翻统治阶级的那个阶

---

① 马克思加了边注："这些人所关心的是维持现在的生产状况。"

② 手稿中删去以下这句话："消灭在……统治下活动的现代形式"。马克思在这里所说的"消灭劳动"，是指消灭资本主义私有制统治下的异化劳动。关于这种说法的含义，可见《马克思恩格斯文集》第 1 卷，人民出版社 2009 年版，第 570—573、579—582 页。关于异化劳动，可参看马克思《1844 年经济学哲学手稿》。

级，只有在革命中才能抛掉自己身上的一切陈旧的肮脏东西，才能胜任重建社会的工作。①

由此可见，这种历史观就在于：从直接生活的物质生产出发阐述现实的生产过程，把同这种生产方式相联系的、它所产生的交往形式即各个不同阶段上的市民社会理解为整个历史的基础，从市民社会作为国家的活动描述市民社会，同时从市民社会出发阐明意识的所有各种不同的理论产物和形式，如宗教、哲学、道德等等，而且追溯它们产生的过程。这样做当然就能够完整地描述事物了（因而也能够描述事物的这些不同方面之间的相互作用）。② 这种历史观和唯心主义历史观不同，它不是在每个时代中寻找某种范畴，而是始终站在现实历史的基础上，不是从观念出发来解释实践，而是从物质实践出发来解释各种观念形态，由此也就得出下述结论：意识的一切形式和产物不是可以通过精神的批判来消灭的，不是可以通过把它们消融在"自我意识"中或化为"怪影"、"幽灵"、"怪想"③等等来消灭的，而只有通过实际地推翻这一切唯心主义谬论所由产生的现实的社会关系，才能把它们消灭；历史的动力以及宗教、哲学和任何其他理论的动力是革命，而不是批判。这种观点表明：历史不是作为"源于精神的精神"消融在"自我意识"④ 中而告终的，历史的每一阶段都遇到一定的物质结果，一定的生产力总和，人对自然以及个人之间历史地形成的关系，都遇到前一代传给后一代的大量生产力、资金和环境，尽管一方面这些生产力、资金和环境为新的一代所改变，但另一方面，它们也预先规定新的一代本身的生活条件，使它得到一定的发展和具有特殊的性质。由此可见，这种观点表明：人创造环境，同样，环境也创造人。每个个人和每一代所遇到的现成的东西：生产力、资金和社会交往形式的总和，是哲学家们想象为"实体"和"人的本质"的东西的现实基础，是他们加以神化并与之斗争的东西的现实基础，这种基础尽管遭到以"自我意识"和"唯一者"的身份出现的哲学家们的反抗，但它对人们的发展所起的作用和影响却丝毫也不因此而受到干扰。各代所遇到的这些生活条件还决定着这样的情况：历史上周期性地重演的革命动荡是否强大到足以摧毁现存一切的基础；如果还没有具备这些实行全面变革的物质因

---

① 手稿中删去以下这段话："至于谈到革命的这种必要性，所有的共产主义者，不论是法国的、英国的或德国的，早就一致同意了，而圣布鲁诺却继续心安理得地幻想，认为'现实的人道主义'即共产主义所以取代'唯灵论的地位'（唯灵论根本没有什么地位）只是为了赢得崇敬。他继续幻想：那时候'灵魂将得救，人间将成为天国，天国将成为人间。'（神学家总是念念不忘天国）'那时候欢乐和幸福将要永世高奏天国的和谐曲'（第140页）。当末日审判——这一切都要在这一天发生，燃烧着的城市火光在天空的映照将是这一天的朝霞——突然来临的时候，当耳边响起由这种'天国的和谐曲'传出的有炮声为之伴奏、有断头台为之击节的《马赛曲》和《卡马尼奥拉曲》旋律的时候；当卑贱的'群众'高唱着ça ira, ça ira并把'自我意识'吊在路灯柱上的时候，我们这位神圣的教父将会大吃一惊。圣布鲁诺毫无根据地为自己描绘了一幅'永世欢乐和幸福'的振奋人心的图画。'费尔巴哈的爱的宗教的追随者'对这种'欢乐和幸福'似乎有独特的想法，他们在谈到革命的时候，强调的是与'天国的和谐曲'截然不同的东西。我们没有兴致来事先构想圣布鲁诺在末日审判这一天的行为。至于应当把进行革命的无产者了解为反抗自我意识的'实体'或想要推翻批判的'群众'，还是了解为还没有足够的浓度来消化鲍威尔思想的一种精神'流出体'，这个问题也确实难以解决。"

② 马克思加了边注："费尔巴哈"。

③ 麦·施蒂纳《唯一者及其所有物》一书中的用语。

④ 布·鲍威尔《评路德维希·费尔巴哈》一文中的用语。

素，就是说，一方面还没有一定的生产力，另一方面还没有形成不仅反抗旧社会的个别条件，而且反抗旧的"生活生产"本身、反抗旧社会所依据的"总和活动"的革命群众，那么，正如共产主义的历史所证明的，尽管这种变革的观念已经表述过千百次，但这对于实际发展没有任何意义。

…………

[Ⅲ]

统治阶级的思想在每一时代都是占统治地位的思想。这就是说，一个阶级是社会上占统治地位的物质力量，同时也是社会上占统治地位的精神力量。支配着物质生产资料的阶级，同时也支配着精神生产资料，因此，那些没有精神生产资料的人的思想，一般地是隶属于这个阶级的。占统治地位的思想不过是占统治地位的物质关系在观念上的表现，不过是以思想的形式表现出来的占统治地位的物质关系；因而，这就是那些使某一个阶级成为统治阶级的关系在观念上的表现，因而这也就是这个阶级的统治的思想。此外，构成统治阶级的各个个人也都具有意识，因而他们也会思维；既然他们作为一个阶级进行统治，并且决定着某一历史时代的整个面貌，那么，不言而喻，他们在这个历史时代的一切领域中也会这样做，就是说，他们还作为思维着的人，作为思想的生产者进行统治，他们调节着自己时代的思想的生产和分配；而这就意味着他们的思想是一个时代的占统治地位的思想。例如，在某一国家的某个时期，王权、贵族和资产阶级为夺取统治而争斗，因而，在那里统治是分享的，那里占统治地位的思想就会是关于分权的学说，于是分权就被宣布为"永恒的规律"。

……

把占统治地位的思想同进行统治的个人分割开来，主要是同生产方式的一定阶段所产生的各种关系分割开来，并由此得出结论说，历史上始终是思想占统治地位，这样一来，就很容易从这些不同的思想中抽象出"思想"、观念等等，并把它们当做历史上占统治地位的东西，从而把所有这些个别的思想和概念说成是历史上发展着的概念的"自我规定"。在这种情况下，从人的概念、想象中的人、人的本质、人中能引申出人们的一切关系，也就很自然了。思辨哲学就是这样做的。黑格尔本人在《历史哲学》的结尾承认，他"所考察的仅仅是概念的前进运动"，他在历史方面描述了"真正的神正论"（第446页）。①这样一来，就可以重新回复到"概念"的生产者，回复到理论家、意识形态家和哲学家，并得出结论说：哲学家、思维着的人本身自古以来就是在历史上占统治地位的。这个结论，如我们所看到的，早就由黑格尔表述过了。这样，证明精神在历史上的最高统治（施蒂纳的教阶制）的全部戏法，可以归结为以下三个手段：

第一，必须把进行统治的个人——而且是由于种种经验的原因、在经验的条件下和作为物质的个人进行统治的个人——的思想同这些进行统治的个人本身分割开来，从而承认思想或幻想在历史上的统治。

---

① 黑格尔《历史哲学讲演录》1837年柏林版（《黑格尔全集》第9卷）。

第二，必须使这种思想统治具有某种秩序，必须证明，在一个个相继出现的占统治地位的思想之间存在着某种神秘的联系，而要做到这一点，就得把这些思想看做是"概念的自我规定"（所以能这样做，是因为这些思想凭借自己的经验的基础，彼此确实是联系在一起的，还因为它们被仅仅当做思想来看待，因而就变成自我差别，变成由思维产生的差别）。

第三，为了消除这种"自我规定着的概念"的神秘外观，便把它变成某种人物——"自我意识"；或者，为了表明自己是真正的唯物主义者，又把它变成在历史上代表着"概念"的许多人物——"思维着的人"、"哲学家"、意识形态家，而这些人又被看做是历史的制造者、"监护人会议"、统治者。① 这样一来，就把一切唯物主义的因素从历史上消除了，就可以任凭自己的思辨之马自由奔驰了。

……

[Ⅳ]

……

共产主义和所有过去的运动不同的地方在于：它推翻一切旧的生产关系和交往关系的基础，并且第一次自觉地把一切自发形成的前提看做是前人的创造，消除这些前提的自发性，使这些前提受联合起来的个人的支配。因此，建立共产主义实质上具有经济的性质，这就是为这种联合创造各种物质条件，把现存的条件变成联合的条件。共产主义所造成的存在状况，正是这样一种现实基础，它使一切不依赖于个人而存在的状况不可能发生，因为这种存在状况只不过是各个人之间迄今为止的交往的产物。这样，共产主义者实际上把迄今为止的生产和交往所产生的条件看做无机的条件。然而他们并不以为过去世世代代的意向和使命就是给他们提供资料，也不认为这些条件对于创造它们的个人来说是无机的。有个性的个人与偶然的个人之间的差别，不是概念上的差别，而是历史事实。在不同的时期，这种差别具有不同的含义，例如，等级在 18 世纪对于个人来说就是某种偶然的东西，家庭或多或少地也是如此。这种差别不是我们为每个时代划定的，而是每个时代本身在既存的各种不同的因素之间划定的，而且不是根据概念而是在物质生活冲突的影响下划定的。在后来时代（与在先前时代相反）被看做是偶然的东西，也就是在先前时代传给后来时代的各种因素中被看做是偶然的东西，是曾经与生产力发展的一定水平相适应的交往形式。生产力与交往形式的关系就是交往形式与个人的行动或活动的关系。（这种活动的基本形式当然是物质活动，一切其他的活动，如精神活动、政治活动、宗教活动等都取决于它。当然，物质生活的这样或那样的形式，每次都取决于已经发达的需求，而这些需求的产生，也像它们的满足一样，本身是一个历史过程，这种历史过程在羊或狗那里是没有的（这是施蒂纳顽固地提出来反对人的主要论据②），尽管羊或狗的目前形象无疑是历史过程的产物——诚然，不以它们的意愿为转移。）个人相互交往的条件，在上述这种矛盾产生

---

① 马克思加了边注："人='思维着的人的精神'"。

② 麦·施蒂纳《施蒂纳的评论者》一文中的议论；并见麦·施蒂纳《唯一者及其所有物》1845 年莱比锡版第443 页。

以前，是与他们的个性相适合的条件，对于他们来说不是什么外部的东西；在这些条件下，生存于一定关系中的一定的个人独力生产自己的物质生活以及与这种物质生活有关的东西，因而这些条件是个人的自主活动的条件，并且是由这种自主活动产生出来的①。这样，在矛盾产生以前，人们进行生产的一定条件是同他们的现实的局限状态，同他们的片面存在相适应的，这种存在的片面性只是在矛盾产生时才表现出来，因而只是对于后代才存在。这时人们才觉得这些条件是偶然的桎梏，并且把这种视上述条件为桎梏的意识也强加给先前的时代。

……

市民社会包括各个人在生产力发展的一定阶段上的一切物质交往。它包括该阶段的整个商业生活和工业生活，因此它超出了国家和民族的范围，尽管另一方面它对外仍必须作为民族起作用，对内仍必须组成为国家。"市民社会"这一用语是在 18 世纪产生的，当时财产关系已经摆脱了古典古代的和中世纪的共同体。真正的市民社会②只是随同资产阶级发展起来的；但是市民社会这一名称始终标志着直接从生产和交往中发展起来的社会组织，这种社会组织在一切时代都构成国家的基础以及任何其他的观念的上层建筑的基础。

国家和法同所有制的关系

……因为资产阶级已经是一个阶级，不再是一个等级了，所以它必须在全国范围内而不再是在一个地域内组织起来，并且必须使自己通常的利益具有一种普遍的形式。由于私有制摆脱了共同体，国家获得了和市民社会并列并且在市民社会之外的独立存在；实际上国家不外是资产者为了在国内外相互保障各自的财产和利益所必然要采取的一种组织形式。目前国家的独立性只有在这样的国家里才存在：在那里，等级还没有完全发展成为阶级，在那里，比较先进的国家中已被消灭的等级还起着某种作用，并且那里存在某种混合体，因此在这样的国家里居民的任何一部分也不可能对居民的其他部分进行统治。德国的情况就正是这样。现代国家的最完善的例子就是北美。法国、英国和美国的一些近代著作家都一致认为，国家只是为了私有制才存在的，可见，这种思想也渗入日常的意识了。

因为国家是统治阶级的各个人借以实现其共同利益的形式，是该时代的整个市民社会获得集中表现的形式，所以可以得出结论：一切共同的规章都是以国家为中介的，都获得了政治形式。由此便产生了一种错觉，好像法律是以意志为基础的，而且是以脱离其现实基础的意志即自由意志为基础的。同样，法随后也被归结为法律。

（选自《马克思恩格斯文集》第 1 卷，人民出版社，2009 年版，第 512—584 页）

---

① 马克思加了边注："交往形式本身的生产。"

② "市民社会"的原文是"bürgerliche Gesellschaft"，这个术语也有"资产阶级社会"的意思。

马克思和恩格斯《共产党宣言》

一、研读提示

《共产党宣言》写于 1847 年 12 月—1948 年 1 月，发表于 1848 年 2 月，是马克思和恩格斯受共产主义者同盟第二次代表大会委托为世界上第一个无产阶级政党——共产主义者同盟起草的纲领。《共产党宣言》是马克思主义哲学同工人运动相结合的光辉篇章和马克思主义的纲领性文献。《共产党宣言》的发表，不仅标志着科学社会主义的诞生，也标志着马克思主义的公开问世和国际共产主义运动的兴起。

《宣言》由序言和正文两个部分组成。序言部分有七篇，其中前两篇序言由马克思和恩格斯合写，马克思去世后，后面五篇序言由恩格斯撰写。正文部分的内容分为四章。第一章资产者和无产者，主要阐述了阶级斗争理论和无产阶级的历史地位，科学证明了资产阶级的灭亡和无产阶级的胜利是同样不可避免的客观规律。第二章无产者和共产党人，主要阐述了无产阶级政党的纲领，驳斥了资产阶级对共产党人的种种责难，论述了无产阶级革命和无产阶级专政的基本思想。第三章社会主义的和共产主义的文献，主要批判了当时流行的各种社会主义，包括封建的社会主义、小资产阶级的社会主义、德国"真正的社会主义"、资产阶级改良主义的社会主义、空想社会主义等。第四章共产党人对各种反对党派的态度，主要阐述了共产党对其他党派的策略，指出共产党人要立足于现实，要积极支持并参加当时的革命斗争，要牢记无产阶级的革命原则和最终目标。

《宣言》是马克思和恩格斯第一次对马克思主义基本原理的系统阐述，主要阐述了社会存在决定社会意识的历史唯物主义的原理，指出了阶级斗争在阶级社会推动历史发展的重要作用，论证了资本主义必然灭亡和共产主义必然胜利的客观规律，揭示了无产阶级的阶级特点和历史使命并论述了共产党的性质、特点、基本纲领和策略原则，为无产阶级政党的建设奠定了坚实的理论基础。

二、原著研读

卡·马克思和弗·恩格斯
共产党宣言（节选）

1872 年德文版序言

共产主义者同盟①这个在当时条件下自然只能是秘密团体的国际工人组织，1847 年 11 月在伦敦举行的代表大会上委托我们两人起草一个准备公布的详细的理论和实践的党纲。结果就产生了这个《宣言》，《宣言》原稿在二月革命②前几星期送到伦敦付印。《宣言》最初用德文出版，它用这种文字在德国、英国和美国至少印过 12 种不同的版本。第一个英译本是由海伦·麦克法林女士翻译的，于 1850 年在伦敦《红色共和党人》杂志上发表，

---

① 共产主义者同盟是历史上第一个建立在科学社会主义基础上的无产阶级政党，1847 年在伦敦成立。共产主义者同盟的前身是 1836 年成立的正义者同盟，这是一个主要由无产阶级化的手工业工人组成的德国政治流亡者秘密组织，后期也有一些其他国家的人参加。随着形势的发展，正义者同盟的领导成员终于确信马克思和恩格斯的理论是正确的，并认识到必须使同盟摆脱旧的密谋传统和方式，遂于 1847 年邀请马克思和恩格斯参加正义者同盟，协助同盟改组。1847 年 6 月，正义者同盟在伦敦召开第一次代表大会，按照恩格斯的倡议把同盟的名称改为共产主义者同盟，因此这次大会也是共产主义者同盟的第一次代表大会。大会还批准了以无产阶级政党组织原则为基础的章程草案，并用"全世界无产者，联合起来！"的战斗口号取代了正义者同盟原来的"人人皆兄弟！"的口号。同年 11 月 29 日—12 月 8 日举行的同盟第二次代表大会通过了章程，大会委托马克思和恩格斯起草同盟的纲领，这就是 1848 年 2 月问世的《共产党宣言》。由于法国革命爆发，在伦敦的同盟中央委员会于 1848 年 2 月底把同盟的领导权移交给了以马克思为首的布鲁塞尔区部委员会。在马克思被驱逐出布鲁塞尔并迁居巴黎以后，巴黎于 3 月初成了新的中央委员会的驻在地，恩格斯也当选为中央委员。1848 年 3 月下半月—4 月初，马克思、恩格斯和数百名德国工人（他们多半是共产主义者同盟盟员）回国参加已经爆发的德国革命。马克思和恩格斯在 3 月下旬所写的《共产党在德国的要求》（见《马克思恩格斯全集》中文第 1 版第 5 卷）是共产主义者同盟在这次革命中的政治纲领。当时，由马克思任主编的《新莱茵报》已成为共产主义者同盟的指导中心。虽然 1848 年二月革命的失败使共产主义者同盟遭受了打击，但同盟仍于 1849—1850 年进行了改组并继续开展活动。1850 年夏，共产主义者同盟中央委员会内部在策略问题上的原则性分歧达到了极其尖锐的程度。以马克思和恩格斯为首的中央委员会多数派坚决反对维利希—沙佩尔集团提出的宗派主义、冒险主义的策略，反对该集团无视革命发展的客观规律和德国及欧洲其他各国的现实政治形势而主张立即发动革命。1850 年 9 月中，维利希—沙佩尔集团的分裂活动最终导致同盟与该集团决裂。1851 年 5 月，由于警察迫害和大批盟员被捕，共产主义者同盟在德国的活动实际上已陷于停顿。1852 年 11 月 17 日，科隆共产党人案件宣判后不久，同盟根据马克思的建议宣告解散。共产主义者同盟在国际工人运动史上起了巨大的作用，它是培养无产阶级革命家的学校，是国际工人协会（第一国际）的前身，相当多的前共产主义者同盟盟员都积极参加了国际工人协会的筹建工作。

② 二月革命指 1848 年 2 月爆发的法国资产阶级民主革命。代表金融资产阶级利益的"七月王朝"推行极端反动的政策，反对任何政治改革和经济改革，阻碍资本主义发展，加剧对无产阶级和农民的剥削，引起全国人民的不满；农业歉收和经济危机进一步加深了国内矛盾。1848 年 2 月 22—24 日巴黎爆发革命，推翻了"七月王朝"，建立了资产阶级共和派的临时政府，宣布成立法兰西第二共和国。二月革命为欧洲 1848—1849 年革命拉开了序幕。无产阶级和小资产阶级积极参加了这次革命，但革命果实却落到了资产阶级手里。

1871 年至少又有三种不同的英译本在美国出版。法译本于 1848 年六月起义①前不久第一次在巴黎印行，最近又有法译本在纽约《社会主义者报》上发表；现在有人在准备新译本。波兰文译本在德文本初版问世后不久就在伦敦出现。俄译本是 60 年代在日内瓦出版的。丹麦文译本也是在原书问世后不久就出版了。

不管最近 25 年来的情况发生了多大的变化，这个《宣言》中所阐述的一般原理整个说来直到现在还是完全正确的。某些地方本来可以作一些修改。这些原理的实际运用，正如《宣言》中所说的，随时随地都要以当时的历史条件为转移，所以第二章末尾提出的那些革命措施根本没有特别的意义。如果是在今天，这一段在许多方面都会有不同的写法了。由于最近 25 年来大工业有了巨大发展而工人阶级的政党组织也跟着发展起来，由于首先有了二月革命的实际经验而后来尤其是有了无产阶级第一次掌握政权达两月之久的巴黎公社②的实际经验，所以这个纲领现在有些地方已经过时了。特别是公社已经证明："工人阶级不能简单地掌握现成的国家机器，并运用它来达到自己的目的。"（见《法兰西内战。国际工人协会总委员会宣言》德文版第 19 页，那里对这个思想作了更详细的阐述。）其次，很明显，对于社会主义文献所作的批判在今天看来是不完全的，因为这一批判只包括到 1847 年为止；同样也很明显，关于共产党人对待各种反对党派的态度的论述（第四章）虽然在原则上今天还是正确的，但是就其实际运用来说今天毕竟已经过时，因为政治形势已经完全改变，当时所列举的那些党派大部分已被历史的发展彻底扫除了。

但是《宣言》是一个历史文件，我们已没有权利来加以修改。下次再版时也许能加上一篇论述 1847 年到现在这段时期的导言。这次再版太仓促了，我们来不及做这件工作。

卡尔·马克思　弗里德里希·恩格斯

1872 年 6 月 24 日于伦敦

1882 年俄文版序言

巴枯宁翻译的《共产党宣言》俄文第一版，60 年代初③由《钟声》印刷所出版。当时西方认为这件事（《宣言》译成俄文出版）不过是著作界的一件奇闻。这种看法今天是不可能有了。

---

① 1848 年六月起义指 1848 年 6 月巴黎无产阶级的起义。二月革命后，无产阶级要求把革命推向前进，资产阶级共和派政府推行反对无产阶级的政策，6 月 22 日颁布了封闭"国家工场"的挑衅性法令，激起巴黎工人的强烈反抗。6 月 23—26 日，巴黎工人举行了大规模武装起义。6 月 25 日，镇压起义的让·巴·菲·布雷亚将军在枫丹白露哨兵站被起义者打死，两名起义者后来被判处死刑。经过四天英勇斗争，起义被资产阶级共和派政府残酷镇压下去。马克思论述这次起义时指出："这是分裂现代社会的两个阶级之间的第一次大规模的战斗。这是保存还是消灭资产阶级制度的斗争。"

② 巴黎公社是 1871 年法国无产阶级在巴黎建立的人类历史上第一个无产阶级政权。1871 年 3 月 18 日，巴黎无产者举行武装起义，夺取了政权；28 日巴黎公社宣告成立。公社打碎了资产阶级国家机器，废除常备军代之以人民武装，废除官僚制度代之以民主选举产生的、对选民负责的、受群众监督的公职人员。公社没收逃亡资本家的企业交给工人管理，并颁布一系列保护劳动者利益的法令。5 月 28 日，巴黎公社在国内外反动势力的打击下遭到失败，总共只存在了 72 天。

③ 应是 1869 年。

当时（1847 年 12 月）卷入无产阶级运动的地区是多么狭小，这从《宣言》最后一章《共产党人对各国各种反对党派的态度》①中可以看得很清楚。在这一章里，正好没有说到俄国和美国。那时，俄国是欧洲全部反动势力的最后一支庞大后备军；美国正通过移民吸收欧洲无产阶级的过剩力量。这两个国家，都向欧洲提供原料，同时又都是欧洲工业品的销售市场。所以，这两个国家不管怎样当时都是欧洲现存秩序的支柱。

今天，情况完全不同了！正是欧洲移民，使北美能够进行大规模的农业生产，这种农业生产的竞争震撼着欧洲大小土地所有制的根基。此外，这种移民还使美国能够以巨大的力量和规模开发其丰富的工业资源，以至于很快就会摧毁西欧特别是英国迄今为止的工业垄断地位。这两种情况反过来对美国本身也起着革命作用。作为整个政治制度基础的农场主的中小土地所有制，正逐渐被大农场的竞争所征服；同时，在各工业区，人数众多的无产阶级和神话般的资本积聚第一次发展起来了。

现在来看看俄国吧！在 1848—1849 年革命期间，不仅欧洲的君主，而且连欧洲的资产者，都把俄国的干涉看做是帮助他们对付刚刚开始觉醒的无产阶级的唯一救星。沙皇被宣布为欧洲反动势力的首领。现在，沙皇在加特契纳成了革命的俘虏②，而俄国已是欧洲革命运动的先进部队了。

《共产主义宣言》③的任务是宣告现代资产阶级所有制必然灭亡。但是在俄国，我们看见，除了迅速盛行起来的资本主义狂热和刚开始发展的资产阶级土地所有制外，大半土地仍归农民公共占有。那么试问：俄国公社，这一固然已经大遭破坏的原始土地公共占有形式，是能够直接过渡到高级的共产主义的公共占有形式呢？或者相反，它还必须先经历西方的历史发展所经历的那个瓦解过程呢？

对于这个问题，目前唯一可能的答复是：假如俄国革命将成为西方无产阶级革命的信号而双方互相补充的话，那么现今的俄国土地公有制便能成为共产主义发展的起点。

卡尔·马克思　弗里德里希·恩格斯

1882 年 1 月 21 日于伦敦

1883 年德文版序言

本版序言不幸只能由我一个人署名了。马克思这位比其他任何人都更应受到欧美整个工人阶级感谢的人物，已经长眠于海格特公墓，他的墓上已经初次长出了青草。在他逝世以后，就更谈不上对《宣言》作什么修改或补充了。因此，我认为更有必要在这里再一次明确地申述下面这一点。

贯穿《宣言》的基本思想：每一历史时代的经济生产以及必然由此产生的社会结构，是该时代政治的和精神的历史的基础；因此（从原始土地公有制解体以来）全部历史都是

---

① 《宣言》最后一章的标题应是《共产党人对各种反对党派的态度》。

② 1881 年 3 月 1 日民意党人刺杀沙皇亚历山大二世以后，亚历山大三世因害怕民意党人采取新的恐怖行动，终日藏匿在彼得堡附近的加特契纳行宫内，因而被人们戏谑地称为"加特契纳的俘虏"。

③ 即《共产党宣言》。

阶级斗争的历史，即社会发展各个阶段上被剥削阶级和剥削阶级之间、被统治阶级和统治阶级之间斗争的历史；而这个斗争现在已经达到这样一个阶段，即被剥削被压迫的阶级（无产阶级），如果不同时使整个社会永远摆脱剥削、压迫和阶级斗争，就不再能使自己从剥削它压迫它的那个阶级（资产阶级）下解放出来。——这个基本思想完全是属于马克思一个人的。①

这一点我已经屡次说过，但正是现在必须在《宣言》正文的前面也写明这一点。

弗·恩格斯

1883 年 6 月 28 日于伦敦

共产党宣言

一个幽灵，共产主义的幽灵，在欧洲游荡。为了对这个幽灵进行神圣的围剿，旧欧洲的一切势力，教皇和沙皇、梅特涅和基佐、法国的激进派和德国的警察，都联合起来了。

有哪一个反对党不被它的当政的敌人骂为共产党呢？又有哪一个反对党不拿共产主义这个罪名去回敬更进步的反对党人和自己的反动敌人呢？

从这一事实中可以得出两个结论：

共产主义已经被欧洲的一切势力公认为一种势力；

现在是共产党人向全世界公开说明自己的观点、自己的目的、自己的意图并且拿党自己的宣言来反驳关于共产主义幽灵的神话的时候了。

为了这个目的，各国共产党人集会于伦敦，拟定了如下的宣言，用英文、法文、德文、意大利文、佛拉芒文和丹麦文公之于世。

一　资产者和无产者②

至今一切社会的历史③都是阶级斗争的历史。

---

① 恩格斯在 1890 年德文版转载该序言时在此处加了一个注："我在英译本序言中说过：'在我看来这一思想对历史学必定会起到像达尔文学说对生物学所起的那样的作用，我们两人早在 1845 年前的几年中就已经逐渐接近了这个思想。当时我个人独自在这方面达到什么程度，我的《英国工人阶级状况》一书就是最好的说明。但是到 1845 年春我在布鲁塞尔再次见到马克思时，他已经把这个思想考虑成熟，并且用几乎像我在上面所用的那样明晰的语句向我说明了。'"

② 恩格斯在 1888 年英文版上加了一个注："资产阶级是指占有社会生产资料并使用雇佣劳动的现代资本家阶级。无产阶级是指没有自己的生产资料，因而不得不靠出卖劳动力来维持生活的现代雇佣工人阶级。"

③ 恩格斯在 1888 年英文版上加了一个注："这是指有文字记载的全部历史。在 1847 年，社会的史前史、成文史以前的社会组织，几乎还没有人知道。后来，哈克斯特豪森发现了俄国的土地公有制，毛勒证明了这种公有制是一切条顿族的历史起源的社会基础，而且人们逐渐发现，农村公社是或者曾经是从印度到爱尔兰的各地社会的原始形态。最后，摩尔根发现了氏族的真正本质及其对部落的关系，这一卓绝发现把这种原始共产主义社会的内部组织的典型形式揭示出来了。随着这种原始公社的解体，社会开始分裂为各个独特的、终于彼此对立的阶级。关于这个解体过程，我曾经试图在《家庭、私有制和国家的起源》（1886 年斯图加特第 2 版）中加以探讨。"

自由民和奴隶、贵族和平民、领主和农奴、行会师傅①和帮工，一句话，压迫者和被压迫者，始终处于相互对立的地位，进行不断的、有时隐蔽有时公开的斗争，而每一次斗争的结局都是整个社会受到革命改造或者斗争的各阶级同归于尽。

在过去的各个历史时代，我们几乎到处都可以看到社会完全划分为各个不同的等级，看到社会地位分成多种多样的层次。在古罗马，有贵族、骑士、平民、奴隶，在中世纪，有封建主、臣仆、行会师傅、帮工、农奴，而且几乎在每一个阶级内部又有一些特殊的阶层。

从封建社会的灭亡中产生出来的现代资产阶级社会并没有消灭阶级对立。它只是用新的阶级、新的压迫条件、新的斗争形式代替了旧的。

但是，我们的时代，资产阶级时代，却有一个特点：它使阶级对立简单化了。整个社会日益分裂为两大敌对的阵营，分裂为两大相互直接对立的阶级：资产阶级和无产阶级。

从中世纪的农奴中产生了初期城市的城关市民；从这个市民等级中发展出最初的资产阶级分子。

美洲的发现、绕过非洲的航行，给新兴的资产阶级开辟了新天地。东印度和中国的市场、美洲的殖民化、对殖民地的贸易、交换手段和一般商品的增加，使商业、航海业和工业空前高涨，因而使正在崩溃的封建社会内部的革命因素迅速发展。

以前那种封建的或行会的工业经营方式已经不能满足随着新市场的出现而增加的需求了。工场手工业代替了这种经营方式。行会师傅被工业的中间等级排挤掉了；各种行业组织之间的分工随着各个作坊内部的分工的出现而消失了。

但是，市场总是在扩大，需求总是在增加。甚至工场手工业也不再能满足需要了。于是，蒸汽和机器引起了工业生产的革命。现代大工业代替了工场手工业；工业中的百万富翁、一支一支产业大军的首领、现代资产者，代替了工业的中间等级。

大工业建立了由美洲的发现所准备好的世界市场。世界市场使商业、航海业和陆路交通得到了巨大的发展。这种发展又反过来促进了工业的扩展，同时，随着工业、商业、航海业和铁路的扩展，资产阶级也在同一程度上发展起来，增加自己的资本，把中世纪遗留下来的一切阶级排挤到后面去。

由此可见，现代资产阶级本身是一个长期发展过程的产物，是生产方式和交换方式的一系列变革的产物。

资产阶级的这种发展的每一个阶段，都伴随着相应的政治上的进展②。它在封建主统治下是被压迫的等级，在公社③里是武装的和自治的团体，在一些地方组成独立的城市共

---

① 恩格斯在1888年英文版上加了一个注："行会师傅就是在行会中享有全权的会员，是行会内部的师傅，而不是行会的首领。"

② "相应的政治上的进展"在1888年英文版中是"这个阶级的相应的政治上的进展"。

③ 恩格斯在1888年英文版上加了一个注："法国的新兴城市，甚至在它们从封建主手里争得地方自治和'第三等级'的政治权利以前，就已经称为'公社'了。一般说来，这里是把英国当做资产阶级经济发展的典型国家，而把法国当做资产阶级政治发展的典型国家。"恩格斯在1890年德文版上加了一个注："意大利和法国的市民，从他们的封建主手中买得或争得最初的自治权以后，就把自己的城市共同体称为'公社'。"

和国①，在另一些地方组成君主国中的纳税的第三等级②；后来，在工场手工业时期，它是等级君主国③或专制君主国中同贵族抗衡的势力，而且是大君主国的主要基础；最后，从大工业和世界市场建立的时候起，它在现代的代议制国家里夺得了独占的政治统治。现代的国家政权不过是管理整个资产阶级的共同事务的委员会罢了。

资产阶级在历史上曾经起过非常革命的作用。

资产阶级在它已经取得了统治的地方把一切封建的、宗法的和田园诗般的关系都破坏了。它无情地斩断了把人们束缚于天然尊长的形形色色的封建羁绊，它使人和人之间除了赤裸裸的利害关系，除了冷酷无情的"现金交易"，就再也没有任何别的联系了。它把宗教虔诚、骑士热忱、小市民伤感这些情感的神圣发作，淹没在利己主义打算的冰水之中。它把人的尊严变成了交换价值，用一种没有良心的贸易自由代替了无数特许的和自力挣得的自由。总而言之，它用公开的、无耻的、直接的、露骨的剥削代替了由宗教幻想和政治幻想掩盖着的剥削。

资产阶级抹去了一切向来受人尊崇和令人敬畏的职业的神圣光环。它把医生、律师、教士、诗人和学者变成了它出钱招雇的雇佣劳动者。

资产阶级撕下了罩在家庭关系上的温情脉脉的面纱，把这种关系变成了纯粹的金钱关系。

资产阶级揭示了，在中世纪深受反动派称许的那种人力的野蛮使用，是以极端怠惰作为相应补充的。它第一个证明了，人的活动能够取得什么样的成就。它创造了完全不同于埃及金字塔、罗马水道和哥特式教堂的奇迹；它完成了完全不同于民族大迁徙④和十字军征讨⑤的远征。

资产阶级除非对生产工具，从而对生产关系，从而对全部社会关系不断地进行革命，否则就不能生存下去。反之，原封不动地保持旧的生产方式，却是过去的一切工业阶级生存的首要条件。生产的不断变革，一切社会状况不停的动荡，永远的不安定和变动，这就是资产阶级时代不同于过去一切时代的地方。一切固定的僵化的关系以及与之相适应的素被尊崇的观念和见解都被消除了，一切新形成的关系等不到固定下来就陈旧了。一切等级的和固定的东西都烟消云散了，一切神圣的东西都被亵渎了。人们终于不得不用冷静的眼光来看他们的生活地位、他们的相互关系。

---

① 在 1888 年英文版中这里加上了"（例如在意大利和德国）"。

② 在 1888 年英文版中这里加上了"（例如在法国）"。

③ "等级君主国"在 1888 年英文版中是"半封建君主国"。

④ 民族大迁徙指公元 3—7 世纪日耳曼、斯拉夫及其他部落向罗马帝国的大规模迁徙。4 世纪上半叶，日耳曼部落中的西哥特人因遭到匈奴人的进攻侵入罗马帝国。经过长期的战争，西哥特人于 5 世纪在西罗马帝国境内定居下来，建立了自己的国家。日耳曼人的其他部落也相继在欧洲和北非建立了独立的国家。民族大迁徙对摧毁罗马帝国的奴隶制度和推动西欧封建制度的产生起了重要的作用。

⑤ 十字军征讨指 11—13 世纪西欧天主教会、封建主和大商人打着从伊斯兰教徒手中解放圣地耶路撒冷的宗教旗帜，主要对东地中海沿岸伊斯兰教国家发动的侵略战争。因参加者的衣服上缝有红十字，故称"十字军"。十字军征讨前后共八次，历时近 200 年，最后以失败而告终。十字军征讨给东方国家的人民带来了深重的灾难，也使西欧国家的人民遭受惨重的牺牲，但是，它在客观上也对东西方的经济和文化交流起到了一定的促进作用。

不断扩大产品销路的需要，驱使资产阶级奔走于全球各地。它必须到处落户，到处开发，到处建立联系。

资产阶级，由于开拓了世界市场，使一切国家的生产和消费都成为世界性的了。使反动派大为惋惜的是，资产阶级挖掉了工业脚下的民族基础。古老的民族工业被消灭了，并且每天都还在被消灭。它们被新的工业排挤掉了，新的工业的建立已经成为一切文明民族的生命攸关的问题；这些工业所加工的，已经不是本地的原料，而是来自极其遥远的地区的原料；靠本国产品来满足的需要，被新的、要靠极其遥远的国家和地带的产品来满足的需要所代替了。过去那种地方的和民族的自给自足和闭关自守状态，被各民族的各方面的互相往来和各方面的互相依赖所代替了。物质的生产是如此，精神的生产也是如此。各民族的精神产品成了公共的财产。民族的片面性和局限性日益成为不可能，于是由许多种民族的和地方的文学形成了一种世界的文学①。

资产阶级，由于一切生产工具的迅速改进，由于交通的极其便利，把一切民族甚至最野蛮的民族都卷到文明中来了。它的商品的低廉价格，是它用来摧毁一切万里长城、征服野蛮人最顽强的仇外心理的重炮。它迫使一切民族——如果它们不想灭亡的话——采用资产阶级的生产方式；它迫使它们在自己那里推行所谓的文明，即变成资产者。一句话，它按照自己的面貌为自己创造出一个世界。

资产阶级使农村屈服于城市的统治。它创立了巨大的城市，使城市人口比农村人口大大增加起来，因而使很大一部分居民脱离了农村生活的愚昧状态。正像它使农村从属于城市一样，它使未开化和半开化的国家从属于文明的国家，使农民的民族从属于资产阶级的民族，使东方从属于西方。

资产阶级日甚一日地消灭生产资料、财产和人口的分散状态。它使人口密集起来，使生产资料集中起来，使财产聚集在少数人的手里。由此必然产生的结果就是政治的集中。各自独立的、几乎只有同盟关系的、各有不同利益、不同法律、不同政府、不同关税的各个地区，现在已经结合为一个拥有统一的政府、统一的法律、统一的民族阶级利益和统一的关税的统一的民族。

资产阶级在它的不到一百年的阶级统治中所创造的生产力，比过去一切世代创造的全部生产力还要多，还要大。自然力的征服，机器的采用，化学在工业和农业中的应用，轮船的行驶，铁路的通行，电报的使用，整个整个大陆的开垦，河川的通航，仿佛用法术从地下呼唤出来的大量人口——过去哪一个世纪料想到在社会劳动里蕴藏有这样的生产力呢？

由此可见，资产阶级赖以形成的生产资料和交换手段，是在封建社会里造成的。在这些生产资料和交换手段发展的一定阶段上，封建社会的生产和交换在其中进行的关系，封建的农业和工场手工业组织，一句话，封建的所有制关系，就不再适应已经发展的生产力了。这种关系已经在阻碍生产而不是促进生产了。它变成了束缚生产的桎梏。它必须被炸

---

① "文学"一词德文是"Literatur"，这里泛指科学、艺术、哲学、政治等等方面的著作。

毁，它已经被炸毁了。

起而代之的是自由竞争以及与自由竞争相适应的社会制度和政治制度、资产阶级的经济统治和政治统治。

现在，我们眼前又进行着类似的运动。资产阶级的生产关系和交换关系，资产阶级的所有制关系，这个曾经仿佛用法术创造了如此庞大的生产资料和交换手段的现代资产阶级社会，现在像一个魔法师一样不能再支配自己用法术呼唤出来的魔鬼了。几十年来的工业和商业的历史，只不过是现代生产力反抗现代生产关系、反抗作为资产阶级及其统治的存在条件的所有制关系的历史。只要指出在周期性的重复中越来越危及整个资产阶级社会生存的商业危机就够了。在商业危机期间，总是不仅有很大一部分制成的产品被毁灭掉，而且有很大一部分已经造成的生产力被毁灭掉。在危机期间，发生一种在过去一切时代看来都好像是荒唐现象的社会瘟疫，即生产过剩的瘟疫。社会突然发现自己回到了一时的野蛮状态；仿佛是一次饥荒、一场普遍的毁灭性战争，使社会失去了全部生活资料；仿佛是工业和商业全被毁灭了。这是什么缘故呢？因为社会上文明过度，生活资料太多，工业和商业太发达。社会所拥有的生产力已经不能再促进资产阶级文明和资产阶级所有制关系的发展；相反，生产力已经强大到这种关系所不能适应的地步，它已经受到这种关系的阻碍；而它一着手克服这种障碍，就使整个资产阶级社会陷入混乱，就使资产阶级所有制的存在受到威胁。资产阶级的关系已经太狭窄了，再容纳不了它本身所造成的财富了。资产阶级用什么办法来克服这种危机呢？一方面不得不消灭大量生产力，另一方面夺取新的市场，更加彻底地利用旧的市场。这究竟是怎样的一种办法呢？这不过是资产阶级准备更全面更猛烈的危机的办法，不过是使防止危机的手段越来越少的办法。

资产阶级用来推翻封建制度的武器，现在却对准资产阶级自己了。

但是，资产阶级不仅锻造了置自身于死地的武器；它还产生了将要运用这种武器的人——现代的工人，即无产者。

随着资产阶级即资本的发展，无产阶级即现代工人阶级也在同一程度上得到发展；现代的工人只有当他们找到工作的时候才能生存，而且只有当他们的劳动增殖资本的时候才能找到工作。这些不得不把自己零星出卖的工人，像其他任何货物一样，也是一种商品，所以他们同样地受到竞争的一切变化、市场的一切波动的影响。

由于推广机器和分工，无产者的劳动已经失去了任何独立的性质，因而对工人也失去了任何吸引力。工人变成了机器的单纯的附属品，要求他做的只是极其简单、极其单调和极容易学会的操作。因此，花在工人身上的费用，几乎只限于维持工人生活和延续工人后代所必需的生活资料。但是，商品的价格，从而劳动的价格①，是同它的生产费用相等的。因此，劳动越使人感到厌恶，工资也就越减少。不仅如此，机器越推广，分工越细

---

① 马克思和恩格斯在他们的早期著作中曾经使用"出卖劳动"、"劳动价格"这些概念。马克思后来纠正了这一说法，认为工人出卖的不是他们的劳动，而是他们的劳动力。恩格斯在《〈雇佣劳动与资本〉1891 年单行本导言》中对此作了详细说明（见《马克思恩格斯文集》第 1 卷第 708—709 页）。

致，劳动量①也就越增加，这或者是由于工作时间的延长，或者是由于在一定时间内所要求的劳动的增加，机器运转的加速，等等。

现代工业已经把家长式的师傅的小作坊变成了工业资本家的大工厂。挤在工厂里的工人群众就像士兵一样被组织起来。他们是产业军的普通士兵，受着各级军士和军官的层层监视。他们不仅仅是资产阶级的、资产阶级国家的奴隶，他们每日每时都受机器、受监工、首先是受各个经营工厂的资产者本人的奴役。这种专制制度越是公开地把营利宣布为自己的最终目的，它就越是可鄙、可恨和可恶。

手的操作所要求的技巧和气力越少，换句话说，现代工业越发达，男工也就越受到女工和童工的排挤。对工人阶级来说，性别和年龄的差别再没有什么社会意义了。他们都只是劳动工具，不过因为年龄和性别的不同而需要不同的费用罢了。

当厂主对工人的剥削告一段落，工人领到了用现钱支付的工资的时候，马上就有资产阶级中的另一部分人——房东、小店主、当铺老板等等向他们扑来。

以前的中间等级的下层，即小工业家、小商人和小食利者，手工业者和农民——所有这些阶级都降落到无产阶级的队伍里来了，有的是因为他们的小资本不足以经营大工业，经不起较大的资本家的竞争；有的是因为他们的手艺已经被新的生产方法弄得不值钱了。无产阶级就是这样从居民的所有阶级中得到补充的。

无产阶级经历了各个不同的发展阶段。它反对资产阶级的斗争是和它的存在同时开始的。

最初是单个的工人，然后是某一工厂的工人，然后是某一地方的某一劳动部门的工人，同直接剥削他们的单个资产者作斗争。他们不仅仅攻击资产阶级的生产关系，而且攻击生产工具本身②；他们毁坏那些来竞争的外国商品，捣毁机器，烧毁工厂，力图恢复已经失去的中世纪工人的地位。

在这个阶段上，工人是分散在全国各地并为竞争所分裂的群众。工人的大规模集结，还不是他们自己联合的结果，而是资产阶级联合的结果，当时资产阶级为了达到自己的政治目的必须而且暂时还能够把整个无产阶级发动起来。因此，在这个阶段上，无产者不是同自己的敌人作斗争，而是同自己的敌人的敌人作斗争，即同专制君主制的残余、地主、非工业资产者和小资产者作斗争。因此，整个历史运动都集中在资产阶级手里；在这种条件下取得的每一个胜利都是资产阶级的胜利。

但是，随着工业的发展，无产阶级不仅人数增加了，而且结合成更大的集体，它的力量日益增长，而且它越来越感觉到自己的力量。机器使劳动的差别越来越小，使工资几乎到处都降到同样低的水平，因而无产阶级内部的利益、生活状况也越来越趋于一致。资产者彼此间日益加剧的竞争以及由此引起的商业危机，使工人的工资越来越不稳定；机器的日益迅速和继续不断的改良，使工人的整个生活地位越来越没有保障；单个工人和单个

---

① "劳动量"在 1888 年英文版中是"劳动负担"。

② 这句话在 1888 年英文版中是"他们不是攻击资产阶级的生产关系，而是攻击生产工具本身"。

资产者之间的冲突越来越具有两个阶级的冲突的性质。工人开始成立反对资产者的同盟①；他们联合起来保卫自己的工资。他们甚至建立了经常性的团体，以便为可能发生的反抗准备食品。有些地方，斗争爆发为起义。

工人有时也得到胜利，但这种胜利只是暂时的。他们斗争的真正成果并不是直接取得的成功，而是工人的越来越扩大的联合。这种联合由于大工业所造成的日益发达的交通工具而得到发展，这种交通工具把各地的工人彼此联系起来。只要有了这种联系，就能把许多性质相同的地方性的斗争汇合成全国性的斗争，汇合成阶级斗争。而一切阶级斗争都是政治斗争。中世纪的市民靠乡间小道需要几百年才能达到的联合，现代的无产者利用铁路只要几年就可以达到了。

无产者组织成为阶级，从而组织成为政党这件事，不断地由于工人的自相竞争而受到破坏。但是，这种组织总是重新产生，并且一次比一次更强大、更坚固、更有力。它利用资产阶级内部的分裂，迫使他们用法律形式承认工人的个别利益。英国的十小时工作日法案②就是一个例子。

旧社会内部的所有冲突在许多方面都促进了无产阶级的发展。资产阶级处于不断的斗争中：最初反对贵族；后来反对同工业进步有利害冲突的那部分资产阶级；经常反对一切外国的资产阶级。在这一切斗争中，资产阶级都不得不向无产阶级呼吁，要求无产阶级援助，这样就把无产阶级卷进了政治运动。于是，资产阶级自己就把自己的教育因素③即反对自身的武器给予了无产阶级。

其次，我们已经看到，工业的进步把统治阶级的整批成员抛到无产阶级队伍里去，或者至少也使他们的生活条件受到威胁。他们也给无产阶级带来了大量的教育因素④。

最后，在阶级斗争接近决战的时期，统治阶级内部的、整个旧社会内部的瓦解过程，就达到非常强烈、非常尖锐的程度，甚至使得统治阶级中的一小部分人脱离统治阶级而归附于革命的阶级，即掌握着未来的阶级。所以，正像过去贵族中有一部分人转到资产阶级方面一样，现在资产阶级中也有一部分人，特别是已经提高到能从理论上认识整个历史运动的一部分资产阶级思想家，转到无产阶级方面来了。

在当前同资产阶级对立的一切阶级中，只有无产阶级是真正革命的阶级。其余的阶级都随着大工业的发展而日趋没落和灭亡，无产阶级却是大工业本身的产物。

---

① 在 1888 年英文版中这里加上了"（工联）"。

② 英国工人阶级从 18 世纪末开始争取用立法手段限制工作日，从 19 世纪 30 年代起，广大无产阶级群众投入争取十小时工作日的斗争。十小时工作日法案是英国议会在 1847 年 6 月 8 日通过的，作为法律于 1848 年 5 月 1 日起生效。该法律将妇女和儿童的日劳动时间限制为 10 小时。但是，许多英国工厂主并不遵守这项法律，他们寻找种种借口把工作日从早晨 5 时半延续到晚上 8 时半。工厂视察员伦·霍纳的报告就是很好的证明（参看《马克思恩格斯文集》第 5 卷第 314—330 页）。

恩格斯在《十小时工作日问题》和《英国的十小时工作日法》（见《马克思恩格斯全集》中文第 2 版第 10 卷）中对该法案作了详细分析。关于英国工人阶级争取正常工作日的斗争，马克思在《资本论》第一卷第八章（见《马克思恩格斯文集》第 5 卷第 267—350 页）中作了详细考察。

③ "教育因素"在 1888 年英文版中是"政治教育和普通教育的因素"。

④ "大量的教育因素"在 1888 年英文版中是"启蒙和进步的新因素"。

中间等级，即小工业家、小商人、手工业者、农民，他们同资产阶级作斗争，都是为了维护他们这种中间等级的生存，以免于灭亡。所以，他们不是革命的，而是保守的。不仅如此，他们甚至是反动的，因为他们力图使历史的车轮倒转。如果说他们是革命的，那是鉴于他们行将转入无产阶级的队伍，这样，他们就不是维护他们目前的利益，而是维护他们将来的利益，他们就离开自己原来的立场，而站到无产阶级的立场上来。

流氓无产阶级是旧社会最下层中消极的腐化的部分，他们在一些地方也被无产阶级革命卷到运动里来，但是，由于他们的整个生活状况，他们更甘心于被人收买，去干反动的勾当。

在无产阶级的生活条件中，旧社会的生活条件已经被消灭了。无产者是没有财产的；他们和妻子儿女的关系同资产阶级的家庭关系再没有任何共同之处了；现代的工业劳动，现代的资本压迫，无论在英国或法国，无论在美国或德国，都是一样的，都使无产者失去了任何民族性。法律、道德、宗教在他们看来全都是资产阶级偏见，隐藏在这些偏见后面的全都是资产阶级利益。

过去一切阶级在争得统治之后，总是使整个社会服从于它们发财致富的条件，企图以此来巩固它们已经获得的生活地位。无产者只有废除自己的现存的占有方式，从而废除全部现存的占有方式，才能取得社会生产力。无产者没有什么自己的东西必须加以保护，他们必须摧毁至今保护和保障私有财产的一切。

过去的一切运动都是少数人的，或者为少数人谋利益的运动。无产阶级的运动是绝大多数人的，为绝大多数人谋利益的独立的运动。无产阶级，现今社会的最下层，如果不炸毁构成官方社会的整个上层，就不能抬起头来，挺起胸来。

如果不就内容而就形式来说，无产阶级反对资产阶级的斗争首先是一国范围内的斗争。每一个国家的无产阶级当然首先应该打倒本国的资产阶级。

在叙述无产阶级发展的最一般的阶段的时候，我们循序探讨了现存社会内部或多或少隐蔽着的国内战争，直到这个战争爆发为公开的革命，无产阶级用暴力推翻资产阶级而建立自己的统治。

我们已经看到，至今的一切社会都是建立在压迫阶级和被压迫阶级的对立之上的。但是，为了有可能压迫一个阶级，就必须保证这个阶级至少有能够勉强维持它的奴隶般的生存的条件。农奴曾经在农奴制度下挣扎到公社成员的地位，小资产者曾经在封建专制制度的束缚下挣扎到资产者的地位。现代的工人却相反，他们并不是随着工业的进步而上升，而是越来越降到本阶级的生存条件以下。工人变成赤贫者，贫困比人口和财富增长得还要快。由此可以明显地看出，资产阶级再不能做社会的统治阶级了，再不能把自己阶级的生存条件当做支配一切的规律强加于社会了。资产阶级不能统治下去了，因为它甚至不能保证自己的奴隶维持奴隶的生活，因为它不得不让自己的奴隶落到不能养活它反而要它来养活的地步。社会再不能在它统治下生存下去了，就是说，它的生存不再同社会相容了。

资产阶级生存和统治的根本条件，是财富在私人手里的积累，是资本的形成和增殖；资本的条件是雇佣劳动。雇佣劳动完全是建立在工人的自相竞争之上的。资产阶级无意中造成而又无力抵抗的工业进步，使工人通过结社而达到的革命联合代替了他们由于竞争而造成的分散状态。于是，随着大工业的发展，资产阶级赖以生产和占有产品的基础本身也就从它的脚下被挖掉了。它首先生产的是它自身的掘墓人。资产阶级的灭亡和无产阶级的胜利是同样不可避免的。

二　无产者和共产党人

共产党人同全体无产者的关系是怎样的呢？

共产党人不是同其他工人政党相对立的特殊政党。

他们没有任何同整个无产阶级的利益不同的利益。

他们不提出任何特殊的①原则，用以塑造无产阶级的运动。

共产党人同其他无产阶级政党不同的地方只是：一方面，在无产者不同的民族的斗争中，共产党人强调和坚持整个无产阶级共同的不分民族的利益；另一方面，在无产阶级和资产阶级的斗争所经历的各个发展阶段上，共产党人始终代表整个运动的利益。

因此，在实践方面，共产党人是各国工人政党中最坚决的、始终起推动作用的部分②；在理论方面，他们胜过其余无产阶级群众的地方在于他们了解无产阶级运动的条件、进程和一般结果。

共产党人的最近目的是和其他一切无产阶级政党的最近目的一样的：使无产阶级形成为阶级，推翻资产阶级的统治，由无产阶级夺取政权。

共产党人的理论原理，决不是以这个或那个世界改革家所发明或发现的思想、原则为根据的。

这些原理不过是现存的阶级斗争、我们眼前的历史运动的真实关系的一般表述。废除先前存在的所有制关系，并不是共产主义所独具的特征。

一切所有制关系都经历了经常的历史更替、经常的历史变更。

例如，法国革命废除了封建的所有制，代之以资产阶级的所有制。

共产主义的特征并不是要废除一般的所有制，而是要废除资产阶级的所有制。

但是，现代的资产阶级私有制是建立在阶级对立上面、建立在一些人对另一些人的剥削上③面的产品生产和占有的最后而又最完备的表现。

从这个意义上说，共产党人可以把自己的理论概括为一句话：消灭私有制。

有人责备我们共产党人，说我们要消灭个人挣得的、自己劳动得来的财产，要消灭构成个人的一切自由、活动和独立的基础的财产。

好一个劳动得来的、自己挣得的、自己赚来的财产！你们说的是资产阶级财产出现以前的那种小资产阶级的、小农的财产吗？那种财产用不着我们去消灭，工业的发展已经把

---

① "特殊的"在1888年英文版中是"宗派的"。

② "最坚决的、始终起推动作用的部分"在1888年英文版中是"最先进的和最坚决的部分，推动所有其他部分前进的部分"。

③ "一些人对另一些人的剥削"在1888年英文版中是"少数人对多数人的剥削"。

它消灭了，而且每天都在消灭它。

或者，你们说的是现代的资产阶级的私有财产吧？

但是，难道雇佣劳动、无产者的劳动，会给无产者创造出财产来吗？没有的事。这种劳动所创造的是资本，即剥削雇佣劳动的财产，只有在不断产生出新的雇佣劳动来重新加以剥削的条件下才能增殖的财产。现今的这种财产是在资本和雇佣劳动的对立中运动的。让我们来看看这种对立的两个方面吧。

做一个资本家，这就是说，他在生产中不仅占有一种纯粹个人的地位，而且占有一种社会的地位。资本是集体的产物，它只有通过社会许多成员的共同活动，而且归根到底只有通过社会全体成员的共同活动，才能运动起来。

因此，资本不是一种个人力量，而是一种社会力量。

因此，把资本变为公共的、属于社会全体成员的财产，这并不是把个人财产变为社会财产。这里所改变的只是财产的社会性质。它将失掉它的阶级性质。

现在，我们来看看雇佣劳动。

雇佣劳动的平均价格是最低限度的工资，即工人为维持其工人的生活所必需的生活资料的数额。因此，雇佣工人靠自己的劳动所占有的东西，只够勉强维持他的生命的再生产。我们决不打算消灭这种供直接生命再生产用的劳动产品的个人占有，这种占有并不会留下任何剩余的东西使人们有可能支配别人的劳动。我们要消灭的只是这种占有的可怜的性质，在这种占有下，工人仅仅为增殖资本而活着，只有在统治阶级的利益需要他活着的时候才能活着。

在资产阶级社会里，活的劳动只是增殖已经积累起来的劳动的一种手段。在共产主义社会里，已经积累起来的劳动只是扩大、丰富和提高工人的生活的一种手段。

因此，在资产阶级社会里是过去支配现在，在共产主义社会里是现在支配过去。在资产阶级社会里，资本具有独立性和个性，而活动着的个人却没有独立性和个性。

而资产阶级却把消灭这种关系说成是消灭个性和自由！说对了。的确，正是要消灭资产者的个性、独立性和自由。

在现今的资产阶级生产关系的范围内，所谓自由就是自由贸易、自由买卖。

但是，买卖一消失，自由买卖也就会消失。关于自由买卖的言论，也像我们的资产者的其他一切关于自由的大话一样，仅仅对于不自由的买卖来说，对于中世纪被奴役的市民来说，才是有意义的，而对于共产主义要消灭买卖、消灭资产阶级生产关系和资产阶级本身这一点来说，却是毫无意义的。

我们要消灭私有制，你们就惊慌起来。但是，在你们的现存社会里，私有财产对十分之九的成员来说已经被消灭了，这种私有制之所以存在，正是因为私有财产对十分之九的成员来说已经不存在。可见，你们责备我们，是说我们要消灭那种以社会上的绝大多数人没有财产为必要条件的所有制。

总而言之，你们责备我们，是说我们要消灭你们的那种所有制。的确，我们是要这样做的。

从劳动不再能变为资本、货币、地租，一句话，不再能变为可以垄断的社会力量的时候起，就是说，从个人财产不再能变为资产阶级财产①的时候起，你们说，个性被消灭了。

由此可见，你们是承认，你们所理解的个性，不外是资产者、资产阶级私有者。这样的个性确实应当被消灭。

共产主义并不剥夺任何人占有社会产品的权力，它只剥夺利用这种占有去奴役他人劳动的权力。

有人反驳说，私有制一消灭，一切活动就会停止，懒惰之风就会兴起。

这样说来，资产阶级社会早就应该因懒惰而灭亡了，因为在这个社会里劳者不获，获者不劳。所有这些顾虑，都可以归结为这样一个同义反复：一旦没有资本，也就不再有雇佣劳动了。

所有这些对共产主义的物质产品的占有方式和生产方式的责备，也被扩展到精神产品的占有和生产方面。正如阶级的所有制的终止在资产者看来是生产本身的终止一样，阶级的教育的终止在他们看来就等于一切教育的终止。

资产者唯恐失去的那种教育，对绝大多数人来说是把人训练成机器。

但是，你们既然用你们资产阶级关于自由、教育、法等等的观念来衡量废除资产阶级所有制的主张，那就请你们不要同我们争论了。你们的观念本身是资产阶级的生产关系和所有制关系的产物，正像你们的法不过是被奉为法律的你们这个阶级的意志一样，而这种意志的内容是由你们这个阶级的物质生活条件来决定的。

你们的利己观念使你们把自己的生产关系和所有制关系从历史的、在生产过程中是暂时的关系变成永恒的自然规律和理性规律，这种利己观念是你们和一切灭亡了的统治阶级所共有的。谈到古代所有制的时候你们所能理解的，谈到封建所有制的时候你们所能理解的，一谈到资产阶级所有制你们就再也不能理解了。

消灭家庭！连极端的激进派也对共产党人的这种可耻的意图表示愤慨。

现代的、资产阶级的家庭是建立在什么基础上的呢？是建立在资本上面，建立在私人发财上面的。这种家庭只是在资产阶级那里才以充分发展的形式存在着，而无产者的被迫独居和公开的卖淫则是它的补充。

资产者的家庭自然会随着它的这种补充的消失而消失，两者都要随着资本的消失而消失。

你们是责备我们要消灭父母对子女的剥削吗？我们承认这种罪状。

但是，你们说，我们用社会教育代替家庭教育，就是要消灭人们最亲密的关系。

而你们的教育不也是由社会决定的吗？不也是由你们进行教育时所处的那种社会关系决定的吗？不也是由社会通过学校等等进行的直接的或间接的干涉决定的吗？共产党人并没有发明社会对教育的作用；他们仅仅是要改变这种作用的性质，要使教育摆脱统治阶级

———————————
① 在1888年英文版中这里加上了"变为资本"。

的影响。

无产者的一切家庭联系越是由于大工业的发展而被破坏，他们的子女越是由于这种发展而被变成单纯的商品和劳动工具，资产阶级关于家庭和教育、关于父母和子女的亲密关系的空话就越是令人作呕。

但是，你们共产党人是要实行公妻制的啊。整个资产阶级异口同声地向我们这样叫喊。

资产者是把自己的妻子看做单纯的生产工具的。他们听说生产工具将要公共使用，自然就不能不想到妇女也会遭到同样的命运。

他们想也没有想到，问题正在于使妇女不再处于单纯生产工具的地位。

其实，我们的资产者装得道貌岸然，对所谓的共产党人的正式公妻制表示惊讶，那是再可笑不过了。公妻制无需共产党人来实行，它差不多是一向就有的。

我们的资产者不以他们的无产者的妻子和女儿受他们支配为满足，正式的卖淫更不必说了，他们还以互相诱奸妻子为最大的享乐。

资产阶级的婚姻实际上是公妻制。人们至多只能责备共产党人，说他们想用正式的、公开的公妻制来代替伪善地掩蔽着的公妻制。其实，不言而喻，随着现在的生产关系的消灭，从这种关系中产生的公妻制，即正式的和非正式的卖淫，也就消失了。

有人还责备共产党人，说他们要取消祖国，取消民族。

工人没有祖国。决不能剥夺他们所没有的东西。因为无产阶级首先必须取得政治统治，上升为民族的阶级①，把自身组织成为民族，所以它本身还是民族的，虽然完全不是资产阶级所理解的那种意思。

随着资产阶级的发展，随着贸易自由的实现和世界市场的建立，随着工业生产以及与之相适应的生活条件的趋于一致，各国人民之间的民族分隔和对立日益消失。

无产阶级的统治将使它们更快地消失。联合的行动，至少是各文明国家的联合的行动，是无产阶级获得解放的首要条件之一。

人对人的剥削一消灭，民族对民族的剥削就会随之消灭。

民族内部的阶级对立一消失，民族之间的敌对关系就会随之消失。

从宗教的、哲学的和一切意识形态的观点对共产主义提出的种种责难，都不值得详细讨论了。

人们的观念、观点和概念，一句话，人们的意识，随着人们的生活条件、人们的社会关系、人们的社会存在的改变而改变，这难道需要经过深思才能了解吗？

思想的历史除了证明精神生产随着物质生产的改造而改造，还证明了什么呢？任何一个时代的统治思想始终都不过是统治阶级的思想。

当人们谈到使整个社会革命化的思想时，他们只是表明了一个事实：在旧社会内部已经形成了新社会的因素，旧思想的瓦解是同旧生活条件的瓦解步调一致的。

---

① "民族的阶级"在 1888 年英文版中是"民族的领导阶级"。

当古代世界走向灭亡的时候，古代的各种宗教就被基督教战胜了。当基督教思想在18世纪被启蒙思想击败的时候，封建社会正在同当时革命的资产阶级进行殊死的斗争。信仰自由和宗教自由的思想，不过表明自由竞争在信仰领域①里占统治地位罢了。

"但是"，有人会说，"宗教的、道德的、哲学的、政治的、法的观念等等在历史发展的进程中固然是不断改变的，而宗教、道德、哲学、政治和法在这种变化中却始终保存着。

此外，还存在着一切社会状态所共有的永恒真理，如自由、正义等等。但是共产主义要废除永恒真理，它要废除宗教、道德，而不是加以革新，所以共产主义是同至今的全部历史发展相矛盾的。"

这种责难归结为什么呢？至今的一切社会的历史都是在阶级对立中运动的，而这种对立在不同的时代具有不同的形式。

但是，不管阶级对立具有什么样的形式，社会上一部分人对另一部分人的剥削却是过去各个世纪所共有的事实。因此，毫不奇怪，各个世纪的社会意识，尽管形形色色、千差万别，总是在某些共同的形式中运动的，这些形式，这些意识形式，只有当阶级对立完全消失的时候才会完全消失。

共产主义革命就是同传统的所有制关系实行最彻底的决裂；毫不奇怪，它在自己的发展进程中要同传统的观念实行最彻底的决裂。

不过，我们还是把资产阶级对共产主义的种种责难撇开吧。

前面我们已经看到，工人革命的第一步就是使无产阶级上升为统治阶级，争得民主。

无产阶级将利用自己的政治统治，一步一步地夺取资产阶级的全部资本，把一切生产工具集中在国家即组织成为统治阶级的无产阶级手里，并且尽可能快地增加生产力的总量。

要做到这一点，当然首先必须对所有权和资产阶级生产关系实行强制性的干涉，也就是采取这样一些措施，这些措施在经济上似乎是不够充分的和无法持续的，但是在运动进程中它们会越出本身，②而且作为变革全部生产方式的手段是必不可少的。

这些措施在不同的国家里当然会是不同的。

但是，最先进的国家几乎都可以采取下面的措施：

1. 剥夺地产，把地租用于国家支出。

2. 征收高额累进税。

3. 废除继承权。

4. 没收一切流亡分子和叛乱分子的财产。

5. 通过拥有国家资本和独享垄断权的国家银行，把信贷集中在国家手里。

6. 把全部运输业集中在国家手里。

7. 按照共同的计划增加国家工厂和生产工具，开垦荒地和改良土壤。

---

① "信仰领域" 在 1872、1883 和 1890 年德文版中是 "知识领域"。

② 在 1888 年英文版中这里加上了 "使进一步向旧的社会制度进攻成为必要"。

8. 实行普遍劳动义务制，成立产业军，特别是在农业方面。

9. 把农业和工业结合起来，促使城乡对立①逐渐消灭。②

10. 对所有儿童实行公共的和免费的教育。取消现在这种形式的儿童的工厂劳动。把教育同物质生产结合起来，等等。

当阶级差别在发展进程中已经消失而全部生产集中在联合起来的个人③的手里的时候，公共权力就失去政治性质。原来意义上的政治权力，是一个阶级用以压迫另一个阶级的有组织的暴力。如果说无产阶级在反对资产阶级的斗争中一定要联合为阶级，通过革命使自己成为统治阶级，并以统治阶级的资格用暴力消灭旧的生产关系，那么它在消灭这种生产关系的同时，也就消灭了阶级对立的存在条件，消灭了阶级本身的存在条件④，从而消灭了它自己这个阶级的统治。

代替那存在着阶级和阶级对立的资产阶级旧社会的，将是这样一个联合体，在那里，每个人的自由发展是一切人的自由发展的条件。

（选自《马克思恩格斯文集》第 2 卷，人民出版社 2009 年版，第 3—53 页）

马克思《资本论》

一、研读提示

《资本论》是马克思耗费毕生精力创作的鸿篇巨制，是马克思主义发展史上一部具有划时代意义的经典著作，是"工人阶级的圣经"。《资本论》彻底地剖析了资本主义的经济制度和政治制度，其著作中的哲学分析严谨缜密，具有显著的逻辑性，可以说《资本论》是资本逻辑批判与哲学理论批判的高度统一。《资本论》作为马克思继《政治经济学批判。第一分册》之后最主要的经济学著作，是马克思在整理《政治经济学批判》第二分册的过程中改变写作计划的产物。

1859 年《政治经济学批判。第一分册》包括"商品"和"货币"两章，出版后，从1861 年 8 月起，马克思以"《政治经济学批判》续"为标题，开始撰写第三章"资本一般"，在写作过程中，马克思不断发现新的理论问题，因而不断地改写。到 1863 年 7 月，马克思完成了一部由 23 个笔记本构成的篇幅巨大的手稿，现被称为《1861—1863 年经济学手稿》。这部手稿除了关于"资本生产过程"及相关理论的阐述外，还有超过一半篇幅的以"剩余价值理论"为题的剩余价值理论批判史。1862 年，马克思改变了原有的写作

---

① "对立"在 1872、1883 和 1890 年德文中是"差别"。

② 在 1888 年英文版中这一条是："把农业和工业结合起来；通过把人口更平均地分布于全国的办法逐步消灭城乡差别。"

③ "联合起来的个人"在 1888 年英文版中是"巨大的全国联合体"。

④ "消灭了阶级本身的存在条件"在 1872、1883 和 1890 年德文版中是"消灭了阶级本身"。

计划，把第三章"资本一般"以"资本论"为标题单独出版，而"政治经济学批判"这个名称只作为副标题。这样，《政治经济学批判》的"六册"结构就转变为《资本论》"四卷"① 结构：（1）资本的生产过程；（2）资本的流通过程；（3）资本主义生产的总过程；（4）剩余价值理论史。

根据新的写作计划，在写完《1861—1863 年经济学手稿》后，1863 年 8 月，马克思开始按新的计划写作《资本论》，到 1865 年年底完成了一至三册草稿，现被称为《1863—1865 年经济学手稿》。此手稿较为完整地展现了《资本论》的体系逻辑。1867 年 9 月，《资本论》第一卷出版。此外，马克思还为《资本论》第二卷先后写下了 8 个手稿。恩格斯 1885 年据此编辑出版了《资本论》第二卷。1894 年，恩格斯以《1863—1865 年经济学手稿》第三册为基础整理出版了《资本论》第三卷。后来，恩格斯计划以《1861—1863 年经济学手稿》的"剩余价值理论"部分等为基础整理"剩余价值理论史"。恩格斯逝世后，考茨基认为自己不宜作如此大量的删节，最终将其编为与《资本论》并行的《剩余价值学说史》，于 1905—1910 年间分三卷出版。1956—1962 年苏联又重新整理出版了第四卷手稿，命名为《剩余价值理论》。

马克思生前出版了《资本论》第一卷的德文第一版（1867）和第二版（1872—1873）以及俄文版（1872）和法文版（1872—1875）。其中，法文版经马克思的改写，"在原本之外有独立的科学价值"②。马克思逝世后，恩格斯除编辑出版《资本论》第二卷（德文两版，1885、1893）和第三卷（德文版，1894）外，定稿了第一卷德文第三版（1883）、英文版（1887）和德文第四版（1890）的出版工作。其中，德文第四版经过全面的校订，成为《资本论》第一卷后来各种译本的范本。

《资本论》由四卷构成，其中第一卷阐述了资本的生产过程，涉及商品和货币、货币转化为资本、剩余价值的生产过程、资本积累过程等内容；第二卷阐述了资本的流通过程，涉及资本形态变化、资本循环与周转、社会总资本的再生产和流通等内容；第三卷阐述了资本主义生产的总过程，涉及剩余价值转化为利润、利润转化为平均利润和生息资本、超额利润转化为地租、各种收入及其源泉等内容；第四卷以剩余价值学说为基础，对政治经济学说史进行批判性考察，进一步划清了马克思主义政治经济学与资产阶级政治经济学的关系。

---

① 马克思原定为三卷四册，恩格斯将原第二卷的两册独立为两卷，四册遂变成四卷。参见《马克思恩格斯文集》第 3 卷，人民出版社 2009 年版，第 456 页。

② 《马克思恩格斯文集》第 5 卷，人民出版社 2009 年版，第 27 页。

二、原著研读

卡·马克思
资本论第一卷（节选）

第一版序言

我把这部著作的第一卷交给读者。这部著作是我 1859 年发表的《政治经济学批判》的续篇。初篇和续篇相隔很久，是由于多年的疾病一再中断了我的工作。

……

万事开头难，每门科学都是如此。所以本书第一章，特别是分析商品的部分，是最难理解的。其中对价值实体和价值量的分析，我已经尽可能地做到通俗易懂。以货币形式为完成形态的价值形式，是极无内容和极其简单的。然而，两千多年来人类智慧对这种形式进行探讨的努力，并未得到什么结果①，而对更有内容和更复杂的形式的分析，却至少已接近于成功。为什么会这样呢？因为已经发育的身体比身体的细胞容易研究些。并且，分析经济形式，既不能用显微镜，也不能用化学试剂。二者都必须用抽象力来代替。而对资产阶级社会说来，劳动产品的商品形式，或者商品的价值形式，就是经济的细胞形式。在浅薄的人看来，分析这种形式好像是斤斤于一些琐事。这的确是琐事，但这是显微解剖学所要做的那种琐事。

因此，除了价值形式那一部分外，不能说这本书难懂。当然，我指的是那些想学到一些新东西、因而愿意自己思考的读者。

物理学家是在自然过程表现得最确实、最少受干扰的地方观察自然过程的，或者，如有可能，是在保证过程以其纯粹形态进行的条件下从事实验的。我要在本书研究的，是资本主义生产方式以及和它相适应的生产关系和交换关系。到现在为止，这种生产方式的典型地点是英国。因此，我在理论阐述上主要用英国作为例证。但是，如果德国读者看到英国工农业工人所处的境况而伪善地耸耸肩膀，或者以德国的情况远不是那样坏而乐观地自我安慰，那我就要大声地对他说：这正是说的阁下的事情！

问题本身并不在于资本主义生产的自然规律所引起的社会对抗的发展程度的高低。问题在于这些规律本身，在于这些以铁的必然性发生作用并且正在实现的趋势。工业较发达的国家向工业较不发达的国家所显示的，只是后者未来的景象。

撇开这点不说。在资本主义生产已经在我们那里完全确立的地方，例如在真正的工厂里，由于没有起抗衡作用的工厂法，情况比英国要坏得多。在其他一切方面，我们也同西欧大陆所有其他国家一样，不仅苦于资本主义生产的发展，而且苦于资本主义生产的不发展。除了现代的灾难而外，压迫着我们的还有许多遗留下来的灾难，这些灾难的产生，是由于古老的、陈旧的生产方式以及伴随着它们的过时的社会关系和政治关系还在苟延残

---

① 见《马克思恩格斯文集》第 5 卷，人民出版社 2009 年版，第 74-75 页。

喘。不仅活人使我们受苦，而且死人也使我们受苦。死人抓住活人！

德国和西欧大陆其他国家的社会统计，与英国相比是很贫乏的。然而它还是把帷幕稍稍揭开，使我们刚刚能够窥见幕内美杜莎的头。如果我国各邦政府和议会像英国那样，定期指派委员会去调查经济状况，如果这些委员会像英国那样，有全权去揭发真相，如果为此能够找到像英国工厂视察员、编写《公共卫生》报告的英国医生、调查女工童工受剥削的情况以及居住和营养条件等等的英国调查委员那样内行、公正、坚决的人们，那么，我国的情况就会使我们大吃一惊。柏修斯需要一顶隐身帽来追捕妖怪。我们却用隐身帽紧紧遮住眼睛和耳朵，以便有可能否认妖怪的存在。

决不要在这上面欺骗自己。正像 18 世纪美国独立战争给欧洲中等阶级敲起了警钟一样，19 世纪美国南北战争又给欧洲工人阶级敲起了警钟。在英国，变革过程已经十分明显。它达到一定程度后，一定会波及大陆。在那里，它将采取较残酷的还是较人道的形式，那要看工人阶级自身的发展程度而定。所以，现在的统治阶级，撇开其较高尚的动机不说，他们的切身利益也迫使他们除掉一切可以由法律控制的、妨害工人阶级发展的障碍。因此，我在本卷中还用了很大的篇幅来叙述英国工厂立法的历史、内容和结果。一个国家应该而且可以向其他国家学习。一个社会即使探索到了本身运动的自然规律——本书的最终目的就是揭示现代社会的经济运动规律——，它还是既不能跳过也不能用法令取消自然的发展阶段。但是它能缩短和减轻分娩的痛苦。

为了避免可能产生的误解，要说明一下。我决不用玫瑰色描绘资本家和地主的面貌。不过这里涉及的人，只是经济范畴的人格化，是一定的阶级关系和利益的承担者。我的观点是把经济的社会形态的发展理解为一种自然史的过程。不管个人在主观上怎样超脱各种关系，他在社会意义上总是这些关系的产物。同其他任何观点比起来，我的观点是更不能要个人对这些关系负责的。

在政治经济学领域内，自由的科学研究遇到的敌人，不只是它在一切其他领域内遇到的敌人。政治经济学所研究的材料的特殊性质，把人们心中最激烈、最卑鄙、最恶劣的感情，把代表私人利益的复仇女神召唤到战场上来反对自由的科学研究。例如，英国高教会派宁愿饶恕对它的三十九条信纲中的三十八条信纲进行的攻击，而不饶恕对它的现金收入的三十九分之一进行的攻击。在今天，同批评传统的财产关系相比，无神论本身是一种很小的过失。但在这方面，进步仍然是无可怀疑的。以最近几星期内发表的蓝皮书《就工业和工联问题同女王陛下驻外使团的信函往来》为例。英国女王驻外使节在那里坦率地说，在德国，在法国，一句话，在欧洲大陆的一切文明国家，现有的劳资关系的变化同英国一样明显，一样不可避免。同时，大西洋彼岸的北美合众国副总统威德先生也在公众集会上说：在奴隶制废除后，资本关系和土地所有权关系的变化会提到日程上来！这是时代的标志，不是用紫衣黑袍遮掩得了的。这并不是说明天就会出现奇迹。但这表明，甚至在统治阶级中间也已经透露出一种模糊的感觉：现在的社会不是坚实的结晶体，而是一个能够变化并且经常处于变化过程中的有机体。

这部著作的第二卷将探讨资本的流通过程（第二册）和总过程的各种形式（第三

册），第三卷即最后一卷（第四册）将探讨理论史。

任何的科学批评的意见我都是欢迎的。而对于我从来就不让步的所谓舆论的偏见，我仍然遵守伟大的佛罗伦萨人的格言：

走你的路，让人们去说罢！

卡尔·马克思

1867 年 7 月 25 日于伦敦

第二版跋

…………

《资本论》在德国工人阶级广大范围内迅速得到理解，是对我的劳动的最好的报酬。一个在经济方面站在资产阶级立场上的人，维也纳的工厂主迈尔先生，在普法战争期间发行的一本小册子中说得很对：被认为是德国世袭财产的卓越的理论思维能力，已在德国的所谓有教养的阶级中完全消失了，但在德国工人阶级中复活了。

在德国，直到现在，政治经济学一直是外来的科学。古斯塔夫·冯·居利希在他的《商业、工业和农业的历史叙述》中，特别是在 1830 年出版的该书的前两卷中，已经大体上谈到了在我们这里妨碍资本主义生产方式发展、因而也妨碍现代资产阶级社会建立的历史条件。可见，政治经济学在我国缺乏生长的土壤。它作为成品从英国和法国输入；德国的政治经济学教授一直是学生。别国的现实在理论上的表现，在他们手中变成了教条集成，被他们用包围着他们的小资产阶级世界的精神去解释，就是说，被曲解了。……

从 1848 年起，资本主义生产在德国迅速地发展起来，现在正是它的欺诈盛行的时期。但是我们的专家还是命运不好。当他们能够不偏不倚地研究政治经济学时，在德国的现实中没有现代的经济关系。而当这些关系出现时，他们所处的境况已经不再容许他们在资产阶级的视野之内进行不偏不倚的研究了。只要政治经济学是资产阶级的政治经济学，就是说，只要它把资本主义制度不是看做历史上过渡的发展阶段，而是看做社会生产的绝对的最后的形式，那就只有在阶级斗争处于潜伏状态或只是在个别的现象上表现出来的时候，它还能够是科学。

拿英国来说。英国古典政治经济学是属于阶级斗争不发展的时期的。它的最后的伟大的代表李嘉图，终于有意识地把阶级利益的对立、工资和利润的对立、利润和地租的对立当做他的研究的出发点，因为他天真地把这种对立看做社会的自然规律。这样，资产阶级的经济科学也就达到了它的不可逾越的界限。还在李嘉图活着的时候，就有一个和他对立的人西斯蒙第批判资产阶级的经济科学了。

随后一个时期，从 1820 年到 1830 年，在英国，政治经济学方面的科学活动极为活跃。这是李嘉图的理论庸俗化和传播的时期，同时也是他的理论同旧的学派进行斗争的时期。这是一场出色的比赛。当时的情况，欧洲大陆知道得很少，因为论战大部分是分散在杂志论文、关于时事问题的著作和抨击性小册子上。这一论战的不偏不倚的性质——虽然李嘉图的理论也例外地被用做攻击资产阶级经济的武器——可由当时的情况来说明。一方面，大工业本身刚刚脱离幼年时期；大工业只是从 1825 年的危机才开始它的现代生活的周期循环，就证明了这一点。另一方面，资本和劳动之间的阶级斗争被推到后面：在政治方面是由于纠合在神圣同盟周围的政府和封建主同资产阶级所领导的人民大众之间发生了纠纷；在经济方面是由于工业资本和贵族土地所有权之间发生了纷争。这种纷争在法国是隐藏在小块土地所有制和大土地所有制的对立后面，在英国则在谷物法颁布后公开爆发出来。这个时期英国的政治经济学文献，使人想起魁奈医生逝世后法国经济学的狂飙时期，但这只是像晚秋晴日使人想起春天一样。1830 年，最终决定一切的危机发生了。

资产阶级在法国和英国夺得了政权。从那时起，阶级斗争在实践方面和理论方面采取了日益鲜明的和带有威胁性的形式。它敲响了科学的资产阶级经济学的丧钟。现在问题不再是这个或那个原理是否正确，而是它对资本有利还是有害，方便还是不方便，违背警章还是不违背警章。无私的研究让位于豢养的文丐的争斗，不偏不倚的科学探讨让位于辩护士的坏心恶意。……

1848 年大陆的革命也在英国产生了反应。那些还要求有科学地位、不愿单纯充当统治阶级的诡辩家和献媚者的人，力图使资本的政治经济学同这时已不容忽视的无产阶级的要求调和起来。于是，以约翰·斯图亚特·穆勒为最著名代表的平淡无味的混合主义产生了。这宣告了"资产阶级"经济学的破产，关于这一点，俄国的伟大学者和批评家尼·车尔尼雪夫斯基在他的《穆勒政治经济学概述》中已作了出色的说明。

可见，在资本主义生产方式的对抗性质在法国和英国通过历史斗争而明显地暴露出来以后，资本主义生产方式才在德国成熟起来，同时，德国无产阶级比德国资产阶级在理论上已经有了更明确的阶级意识。因此，当资产阶级政治经济学作为一门科学看来在德国有可能产生的时候，它又成为不可能了。

在这种情况下，资产阶级政治经济学的代表人物分成了两派。一派是精明的、贪利的实践家，他们聚集在庸俗经济学辩护论的最浅薄的因而也是最成功的代表巴师夏的旗帜下；另一派是以经济学教授资望自负的人，他们追随约·斯·穆勒，企图调和不能调和的东西。① 德国人在资产阶级经济学衰落时期，也同在它的古典时期一样，始终只是学生、盲从者和模仿者，是外国大商行的小贩。

所以，德国社会特殊的历史发展，排除了"资产阶级"经济学在德国取得任何独创的成就的可能性，但是没有排除对它进行批判的可能性。就这种批判代表一个阶级而论，它能代表的只是这样一个阶级，这个阶级的历史使命是推翻资本主义生产方式和最后消灭阶级。这个阶级就是无产阶级。

德国资产阶级的博学的和不学无术的代言人，最初企图像他们在对付我以前的著作时曾经得逞那样，用沉默置《资本论》于死地。当这种策略已经不再适合当时形势的时候，他们就借口批评我的书，开了一些药方来"镇静资产阶级的意识"，但是他们在工人报刊上（例如约瑟夫·狄慈根在《人民国家报》上发表的文章）遇到了强有力的对手，至今

---

① 关于穆勒的较详细的评述，见《马克思恩格斯文集》第 5 卷，人民出版社 2009 年版，第 590—592 页。

还没有对这些对手作出答复。①

1872 年春，彼得堡出版了《资本论》的优秀的俄译本。初版 3000 册现在几乎已售卖一空。1871 年，基辅大学政治经济学教授尼·季别尔先生在他的《李嘉图的价值和资本理论》一书中就已经证明，我的价值、货币和资本的理论就其要点来说是斯密—李嘉图学说的必然的发展。使西欧读者在阅读他的这本出色的著作时感到惊异的，是纯理论观点的始终一贯。

人们对《资本论》中应用的方法理解得很差，这已经由对这一方法的各种互相矛盾的评论所证明。

…………

德国的评论家当然大叫什么黑格尔的诡辩。彼得堡的《欧洲通报》在一篇专谈《资本论》的方法的文章（1872 年 5 月号第 427—436 页）中，认为我的研究方法是严格的实在论的，而叙述方法不幸是德国辩证法的。作者写道：

"如果从外表的叙述形式来判断，那么最初看来，马克思是最大的唯心主义哲学家，而且是德国的极坏的唯心主义哲学家。而实际上，在经济学的批判方面，他是他的所有前辈都无法比拟的实在论者……决不能把他称为唯心主义者。"

我回答这位作者先生的最好的办法，是从他自己的批评中摘出几段话来，这几段话也会使某些不懂俄文原文的读者感到兴趣。

这位作者先生从我的《政治经济学批判》序言（1859 年柏林版第 4—7 页，在那里我说明了我的方法的唯物主义基础）中摘引一段话后说：

"在马克思看来，只有一件事情是重要的，那就是发现他所研究的那些现象的规律。而且他认为重要的，不仅是在这些现象具有完成形式和处于一定时期内可见到的联系中的时候支配着它们的那个规律。在他看来，除此而外，最重要的是这些现象变化的规律，这些现象发展的规律，即它们由一种形式过渡到另一种形式，由一种联系秩序过渡到另一种联系秩序的规律。他一发现了这个规律，就详细地来考察这个规律在社会生活中表现出来的各种后果……所以马克思竭力去做的只是一件事：通过准确的科学研究来证明社会关系的一定秩序的必然性，同时尽可能完善地指出那些作为他的出发点和根据的事实。为了这个目的，只要证明现有秩序的必然性，同时证明这种秩序不可避免地要过渡到另一种秩序的必然性就完全够了，而不管人们相信或不相信，意识到或没有意识到这种过渡。马克思把社会运动看做受一定规律支配的自然史过程，这些规律不仅不以人的意志、意识和意图为转移，反而决定人的意志、意识和意图……既然意识要素在文化史上只起着这种从属作

---

① 德国庸俗经济学的油嘴滑舌的空谈家，指责我的著作的文体和叙述方法。对于《资本论》文字上的缺点，我本人的评判比任何人都更为严厉。然而，为了使这些先生及其读者受益和愉快，我要在这里援引一篇英国的和一篇俄国的评论。同我的观点完全敌对的《星期六评论》在其关于德文第一版的短评中说道：叙述方法"使最枯燥无味的经济问题具有一种独特的魅力"。1872 年 4 月 20 日的《圣彼得堡消息报》也说："除了少数太专门的部分以外，叙述的特点是通俗易懂，明确，尽管研究对象的科学水平很高却非常生动。在这方面，作者……和大多数德国学者大不相同，这些学者……用含糊不清、枯燥无味的语言写书，以致普通人看了脑袋都要裂开。"但是，对现代德国民族自由党教授的著作的读者说来，要裂开的是和脑袋完全不同的东西。

用,那么不言而喻,以文化本身为对象的批判,比任何事情更不能以意识的某种形式或某种结果为依据。这就是说,作为这种批判的出发点的不能是观念,而只能是外部的现象。批判将不是把事实和观念比较对照,而是把一种事实同另一种事实比较对照。对这种批判唯一重要的是,对两种事实进行尽量准确的研究,使之真正形成相互不同的发展阶段,但尤其重要的是,对各种秩序的序列、对这些发展阶段所表现出来的顺序和联系进行同样准确的研究……但是有人会说,经济生活的一般规律,不管是应用于现在或过去,都是一样的。马克思否认的正是这一点。在他看来,这样的抽象规律是不存在的……根据他的意见,恰恰相反,每个历史时期都有它自己的规律……一旦生活经过了一定的发展时期,由一定阶段进入另一阶段时,它就开始受另外的规律支配。总之,经济生活呈现出的现象和生物学的其他领域的发展史颇相类似……旧经济学家不懂得经济规律的性质,他们把经济规律同物理学定律和化学定律相比拟……对现象所作的更深刻的分析证明,各种社会有机体像动植物有机体一样,彼此根本不同……由于这些有机体的整个结构不同,它们的各个器官有差别,以及器官借以发生作用的条件不一样等等,同一个现象就受完全不同的规律支配。例如,马克思否认人口规律在任何时候在任何地方都是一样的。相反地,他断言每个发展阶段有它自己的人口规律……生产力的发展水平不同,生产关系和支配生产关系的规律也就不同。马克思给自己提出的目的是,从这个观点出发去研究和说明资本主义经济制度,这样,他只不过是极其科学地表述了任何对经济生活进行准确的研究必须具有的目的……这种研究的科学价值在于阐明支配着一定社会有机体的产生、生存、发展和死亡以及为另一更高的有机体所代替的特殊规律。马克思的这本书确实具有这种价值。"

这位作者先生把他称为我的实际方法的东西描述得这样恰当,并且在谈到我个人对这种方法的运用时又抱着这样的好感,那他所描述的不正是辩证方法吗?

当然,在形式上,叙述方法必须与研究方法不同。研究必须充分地占有材料,分析它的各种发展形式,探寻这些形式的内在联系。只有这项工作完成以后,现实的运动才能适当地叙述出来。这点一旦做到,材料的生命一旦在观念上反映出来,呈现在我们面前的就好像是一个先验的结构了。

我的辩证方法,从根本上来说,不仅和黑格尔的辩证方法不同,而且和它截然相反。在黑格尔看来,思维过程,即甚至被他在观念这一名称下转化为独立主体的思维过程,是现实事物的创造主,而现实事物只是思维过程的外部表现。我的看法则相反,观念的东西不外是移入人的头脑并在人的头脑中改造过的物质的东西而已。

将近30年以前,当黑格尔辩证法还很流行的时候,我就批判过黑格尔辩证法的神秘方面。但是,正当我写《资本论》第一卷时,今天在德国知识界发号施令的、愤懑的、自负的、平庸的模仿者们,却已高兴地像莱辛时代大胆的莫泽斯·门德尔松对待斯宾诺莎那样对待黑格尔,即把他当做一条"死狗"了。因此,我公开承认我是这位大思想家的学生,并且在关于价值理论的一章中,有些地方我甚至卖弄起黑格尔特有的表达方式。辩证法在黑格尔手中神秘化了,但这决没有妨碍他第一个全面地有意识地叙述了辩证法的一般运动形式。在他那里,辩证法是倒立着的。必须把它倒过来,以便发现神秘外壳中的合理内核。

辩证法，在其神秘形式上，成了德国的时髦东西，因为它似乎使现存事物显得光彩。辩证法，在其合理形态上，引起资产阶级及其空论主义的代言人的恼怒和恐怖，因为辩证法在对现存事物的肯定的理解中同时包含对现存事物的否定的理解，即对现存事物的必然灭亡的理解；辩证法对每一种既成的形式都是从不断的运动中，因而也是从它的暂时性方面去理解；辩证法不崇拜任何东西，按其本质来说，它是批判的和革命的。

使实际的资产者最深切地感到资本主义社会充满矛盾的运动的，是现代工业所经历的周期循环的各个变动，而这种变动的顶点就是普遍危机。这个危机又要临头了，虽然它还处于预备阶段；由于它的舞台的广阔和它的作用的强烈，它甚至会把辩证法灌进新的神圣普鲁士德意志帝国的暴发户们的头脑里去。

卡尔·马克思

1873 年 1 月 24 日于伦敦

第一章　商品

4. 商品的拜物教性质及其秘密

最初一看，商品好像是一种简单而平凡的东西。对商品的分析表明，它却是一种很古怪的东西，充满形而上学的微妙和神学的怪诞。就商品是使用价值来说，不论从它靠自己的属性来满足人的需要这个角度来考察，或者从它作为人类劳动的产品才具有这些属性这个角度来考察，它都没有什么神秘的地方。很明显，人通过自己的活动按照对自己有用的方式来改变自然物质的形态。……

可见，商品的神秘性质不是来源于商品的使用价值。这种神秘性质也不是来源于价值规定的内容。因为，第一，不管有用劳动或生产活动怎样不同，它们都是人体的机能，而每一种这样的机能不管内容和形式如何，实质上都是人的脑、神经、肌肉、感官等等的耗费。这是一个生理学上的真理。第二，说到作为决定价值量的基础的东西，即这种耗费的持续时间或劳动量，那么，劳动的量可以十分明显地同劳动的质区别开来。在一切社会状态下，人们对生产生活资料所耗费的劳动时间必然是关心的，虽然在不同的发展阶段上关心的程度不同。① 最后，一旦人们以某种方式彼此为对方劳动，他们的劳动也就取得社会的形式。

可是，劳动产品一旦采取商品形式就具有的谜一般的性质究竟是从哪里来的呢？显然是从这种形式本身来的。人类劳动的等同性，取得了劳动产品的等同的价值对象性这种物的形式；用劳动的持续时间来计量的人类劳动力的耗费，取得了劳动产品的价值量的形式；最后，生产者的劳动的那些社会规定借以实现的生产者关系，取得了劳动产品的社会关系的形式。

---

① 第二版注：在古日耳曼人中，一摩尔根土地的面积是按一天的劳动来计算的。因此，摩尔根又叫做 Tagwerk［一日的工作］（或 Tagwanne）（jurnale 或 jurnalis，terra jurnalis，jornalis 或 diurnalis），Mannwerk［一人的工作］，Mannskraft［一人的力量］，Mannsmaad，Mannshauet［一人的收割量］等等。见格奥尔格·路德维希·冯·毛勒《马尔克制度、农户制度、乡村制度、城市制度和公共政权的历史概论》1854 年慕尼黑版第 129 页及以下几页。

可见，商品形式的奥秘不过在于：商品形式在人们面前把人们本身劳动的社会性质反映成劳动产品本身的物的性质，反映成这些物的天然的社会属性，从而把生产者同总劳动的社会关系反映成存在于生产者之外的物与物之间的社会关系。由于这种转换，劳动产品成了商品，成了可感觉而又超感觉的物或社会的物。……商品形式和它借以得到表现的劳动产品的价值关系，是同劳动产品的物理性质以及由此产生的物的关系完全无关的。这只是人们自己的一定的社会关系，但它在人们面前采取了物与物的关系的虚幻形式。因此，要找一个比喻，我们就得逃到宗教世界的幻境中去。在那里，人脑的产物表现为赋有生命的、彼此发生关系并同人发生关系的独立存在的东西。在商品世界里，人手的产物也是这样。我把这叫做拜物教。劳动产品一旦作为商品来生产，就带上拜物教性质，因此拜物教是同商品生产分不开的。

商品世界的这种拜物教性质，像以上分析已经表明的，是来源于生产商品的劳动所特有的社会性质。

使用物品成为商品，只是因为它们是彼此独立进行的私人劳动的产品。这种私人劳动的总和形成社会总劳动。因为生产者只有通过交换他们的劳动产品才发生社会接触，所以，他们的私人劳动的独特的社会性质也只有在这种交换中才表现出来。换句话说，私人劳动在事实上证实为社会总劳动的一部分，只是由于交换使劳动产品之间、从而使生产者之间发生了关系。因此，在生产者面前，他们的私人劳动的社会关系就表现为现在这个样子，就是说，不是表现为人们在自己劳动中的直接的社会关系，而是表现为人们之间的物的关系和物之间的社会关系。

劳动产品只是在它们的交换中，才取得一种社会等同的价值对象性，这种对象性是与它们的感觉上各不相同的使用对象性相分离的。劳动产品分裂为有用物和价值物，实际上只是发生在交换已经十分广泛和十分重要的时候，那时有用物是为了交换而生产的，因而物的价值性质还在物本身的生产中就被注意到了。从那时起，生产者的私人劳动真正取得了二重的社会性质。一方面，生产者的私人劳动必须作为一定的有用劳动来满足一定的社会需要，从而证明它们是总劳动的一部分，是自然形成的社会分工体系的一部分。另一方面，只有在每一种特殊的有用的私人劳动可以同任何另一种有用的私人劳动相交换从而相等时，生产者的私人劳动才能满足生产者本人的多种需要。完全不同的劳动所以能够相等，只是因为它们的实际差别已被抽去，它们已被化成它们作为人类劳动力的耗费、作为抽象的人类劳动所具有的共同性质。私人生产者的头脑把他们的私人劳动的这种二重的社会性质，只是反映在从实际交易、产品交换中表现出来的那些形式中，也就是把他们的私人劳动的社会有用性，反映在劳动产品必须有用，而且是对别人有用的形式中；把不同种劳动的相等这种社会性质，反映在这些在物质上不同的物即劳动产品具有共同的价值性质的形式中。

可见，人们使他们的劳动产品彼此当做价值发生关系，不是因为在他们看来这些物只是同种的人类劳动的物质外壳。恰恰相反，他们在交换中使他们的各种产品作为价值彼此相等，也就使他们的各种劳动作为人类劳动而彼此相等。他们没有意识到这一点，但是他们这样做了。① ……

产品交换者实际关心的问题，首先是他用自己的产品能换取多少别人的产品，就是说，产品按什么样的比例交换。当这些比例由于习惯而逐渐达到一定的稳固性时，它们就好像是由劳动产品的本性产生的。例如，一吨铁和两盎司金的价值相等，就像一磅金和一磅铁虽然有不同的物理属性和化学属性，但是重量相等一样。实际上，劳动产品的价值性质，只是通过劳动产品表现为价值量才确定下来。价值量不以交换者的意志、设想和活动为转移而不断地变动着。在交换者看来，他们本身的社会运动具有物的运动形式。不是他们控制这一运动，而是他们受这一运动控制。要有充分发达的商品生产，才能从经验本身得出科学的认识，理解彼此独立进行的，但作为自然形成的社会分工部分而互相全面依赖的私人劳动，不断地被化为它们的社会的比例尺度，这是因为在私人劳动产品的偶然的不断变动的交换比例中，生产这些产品的社会必要劳动时间作为起调节作用的自然规律强制地为自己开辟道路，就像房屋倒在人的头上时重力定律强制地为自己开辟道路一样。②因此，价值量由劳动时间决定是一个隐藏在商品相对价值的表面运动后面的秘密。这个秘密的发现，消除了劳动产品的价值量纯粹是偶然决定的这种假象，但是决没有消除价值量的决定所采取的物的形式。

对人类生活形式的思索，从而对这些形式的科学分析，总是采取同实际发展相反的道路。这种思索是从事后开始的，就是说，是从发展过程的完成的结果开始的。给劳动产品打上商品烙印，因而成为商品流通的前提的那些形式，在人们试图了解它们的内容而不是了解它们的历史性质（这些形式在人们看来已经是不变的了）以前，就已经取得了社会生活的自然形式的固定性。因此，只有商品价格的分析才导致价值量的决定，只有商品共同的货币表现才导致商品的价值性质的确定。但是，正是商品世界的这个完成的形式——货币形式，用物的形式掩盖了私人劳动的社会性质以及私人劳动者的社会关系，而不是把它们揭示出来。如果我说，上衣、皮靴等等把麻布当做抽象的人类劳动的一般化身而同它发生关系，这种说法的荒谬是一目了然的。但是当上衣、皮靴等等的生产者使这些商品同作为一般等价物的麻布（或者金银，这丝毫不改变问题的性质）发生关系时，他们的私人劳动同社会总劳动的关系正是通过这种荒谬形式呈现在他们面前。

这种种形式恰好形成资产阶级经济学的各种范畴。对于这个历史上一定的社会生产方式即商品生产的生产关系来说，这些范畴是有社会效力的，因而是客观的思维形式。因此，一旦我们逃到其他的生产形式中去，商品世界的全部神秘性，在商品生产的基础上笼罩着劳动产品的一切魔法妖术，就立刻消失了。

……

---

① 第二版注：因此，当加利阿尼说价值是人和人之间的一种关系时，他还应当补充一句：这是被物的外壳掩盖着的关系。（加利阿尼《货币论》，载于库斯托第编《意大利政治经济学名家文集·现代部分》1803 年米兰版第 3 卷第 221 页）

② "我们应该怎样理解这个只有通过周期性的革命才能为自己开辟道路的规律呢？这是一个以当事人的无意识活动为基础的自然规律。"（弗里德里希·恩格斯《国民经济学批判大纲》，载于阿尔诺德·卢格和卡尔·马克思编的《德法年鉴》1844 年巴黎版）

最后，让我们换一个方面，设想有一个自由人联合体，他们用公共的生产资料进行劳动，并且自觉地把他们许多个人劳动力当做一个社会劳动力来使用。……这个联合体的总产品是一个社会产品。这个产品的一部分重新用做生产资料。这一部分依旧是社会的。而另一部分则作为生活资料由联合体成员消费。因此，这一部分要在他们之间进行分配。这种分配的方式会随着社会生产有机体本身的特殊方式和随着生产者的相应的历史发展程度而改变。仅仅为了同商品生产进行对比，我们假定，每个生产者在生活资料中得到的份额是由他的劳动时间决定的。这样，劳动时间就会起双重作用。劳动时间的社会的有计划的分配，调节着各种劳动职能同各种需要的适当的比例。另一方面，劳动时间又是计量生产者在共同劳动中个人所占份额的尺度，因而也是计量生产者在共同产品的个人可消费部分中所占份额的尺度。在那里，人们同他们的劳动和劳动产品的社会关系，无论在生产上还是在分配上，都是简单明了的。

在商品生产者的社会里，一般的社会生产关系是这样的：生产者把他们的产品当做商品，从而当做价值来对待，而且通过这种物的形式，把他们的私人劳动当做等同的人类劳动来互相发生关系。对于这种社会来说，崇拜抽象人的基督教，特别是资产阶级发展阶段的基督教，如新教、自然神教等等，是最适当的宗教形式。……只有当实际日常生活的关系，在人们面前表现为人与人之间和人与自然之间极明白而合理的关系的时候，现实世界的宗教反映才会消失。只有当社会生活过程即物质生产过程的形态，作为自由联合的人的产物，处于人的有意识有计划的控制之下的时候，它才会把自己的神秘的纱幕揭掉。但是，这需要有一定的社会物质基础或一系列物质生存条件，而这些条件本身又是长期的、痛苦的发展史的自然产物。

第五章 劳动过程和价值增殖过程
1. 劳动过程

…………

劳动首先是人和自然之间的过程，是人以自身的活动来中介、调整和控制人和自然之间的物质变换的过程。人自身作为一种自然力与自然物质相对立。为了在对自身生活有用的形式上占有自然物质，人就使他身上的自然力——臂和腿、头和手运动起来。当他通过这种运动作用于他身外的自然并改变自然时，也就同时改变他自身的自然。他使自身的自然中蕴藏着的潜力发挥出来，并且使这种力的活动受他自己控制。在这里，我们不谈最初的动物式的本能的劳动形式。现在，工人是作为他自己的劳动力的卖者出现在商品市场上。对于这种状态来说，人类劳动尚未摆脱最初的本能形式的状态已经是太古时代的事了。我们要考察的是专属于人的那种形式的劳动。蜘蛛的活动与织工的活动相似，蜜蜂建筑蜂房的本领使人间的许多建筑师感到惭愧。但是，最蹩脚的建筑师从一开始就比最灵巧的蜜蜂高明的地方，是他在用蜂蜡建筑蜂房以前，已经在自己的头脑中把它建成了。劳动过程结束时得到的结果，在这个过程开始时就已经在劳动者的表象中存在着，即已经观念地存在着。他不仅使自然物发生形式变化，同时他还在自然物中实现自己的目的，这个目的是他所知道的，是作为规律决定着他的活动的方式和方法的，他必须使他的意志服从这个目的。但是这种服从不是孤立的行为。除了从事劳动的那些器官紧张之外，在整个劳动时间内还需要有作为注意力表现出来的有目的的意志，而且，劳动的内容及其方式和方法越是不能吸引劳动者，劳动者越是不能把劳动当做他自己体力和智力的活动来享受，就越需要这种意志。

劳动过程的简单要素是：有目的的活动或劳动本身，劳动对象和劳动资料。

土地（在经济学上也包括水）最初以食物，现成的生活资料供给人类①，它未经人的协助，就作为人类劳动的一般对象而存在。所有那些通过劳动只是同土地脱离直接联系的东西，都是天然存在的劳动对象。例如从鱼的生活要素即水中分离出来的即捕获的鱼，在原始森林中砍伐的树木，从地下矿藏中开采的矿石。相反，已经被以前的劳动可以说滤过的劳动对象，我们称为原料。例如，已经开采出来正在洗的矿石。……

劳动资料是劳动者置于自己和劳动对象之间、用来把自己的活动传导到劳动对象上去的物或物的综合体。……土地是他的原始的食物仓，也是他的原始的劳动资料库。……劳动资料的使用和创造，虽然就其萌芽状态来说已为某几种动物所固有，但是这毕竟是人类劳动过程独有的特征，所以富兰克林给人下的定义是"a toolmaking animal"，制造工具的动物。动物遗骸的结构对于认识已经绝种的动物的机体有重要的意义，劳动资料的遗骸对于判断已经消亡的经济的社会形态也有同样重要的意义。各种经济时代的区别，不在于生产什么，而在于怎样生产，用什么劳动资料生产。② 劳动资料不仅是人类劳动力发展的测量器，而且是劳动借以进行的社会关系的指示器。……

…………

可见，在劳动过程中，人的活动借助劳动资料使劳动对象发生预定的变化。过程消失在产品中。它的产品是使用价值，是经过形式变化而适合人的需要的自然物质。劳动与劳动对象结合在一起。劳动对象化了，而对象被加工了。在劳动者方面曾以动的形式表现出来的东西，现在在产品方面作为静的属性，以存在的形式表现出来。劳动者纺纱，产品就是纺成品。

如果整个过程从其结果的角度，从产品的角度加以考察，那么劳动资料和劳动对象二者表现为生产资料③，劳动本身则表现为生产劳动。④

…………

可见，一个使用价值究竟表现为原料、劳动资料还是产品，完全取决于它在劳动过程中所起的特定的作用，取决于它在劳动过程中所处的地位，随着地位的改变，它的规定也就改变。

---

① "土地的自然产品，数量很小，并且完全不取决于人，自然提供这点产品，正像给一个青年一点钱，使他走上勤劳致富的道路一样。"（詹姆斯·斯图亚特《政治经济学原理》1770年都柏林版第1卷第116页）

② 在从工艺上比较各个不同的生产时代时，真正的奢侈品在一切商品中意义最小。——马克思原注

③ 例如，把尚未捕获的鱼叫做渔业的生产资料，好像是奇谈怪论。但是至今还没有发明一种技术，能在没有鱼的水中捕鱼。

④ 这个从简单劳动过程的观点得出的生产劳动的定义，对于资本主义生产过程是绝对不够的。

··········

劳动消费它自己的物质要素，即劳动对象和劳动资料，把它们吞食掉，因而是消费过程。这种生产消费与个人消费的区别在于：后者把产品当做活的个人的生活资料来消费，而前者把产品当做劳动即活的个人发挥作用的劳动力的生活资料来消费。因此，个人消费的产物是消费者本身，生产消费的结果是与消费者不同的产品。

··········

劳动过程，就我们在上面把它描述为它的简单的、抽象的要素来说，是制造使用价值的有目的的活动，是为了人类的需要而对自然物的占有，是人和自然之间的物质变换的一般条件，是人类生活的永恒的自然条件，因此，它不以人类生活的任何形式为转移，倒不如说，它为人类生活的一切社会形式所共有。……

··········

劳动过程，就它是资本家消费劳动力的过程来说，显示出两个特殊现象。

工人在资本家的监督下劳动，他的劳动属于资本家。……

其次，产品是资本家的所有物，而不是直接生产者工人的所有物。……

2. 价值增殖过程

······

……正如商品本身是使用价值和价值的统一一样，商品生产过程必定是劳动过程和价值形成过程的统一。

现在我们就把生产过程作为价值形成过程来考察。

我们知道，每个商品的价值都是由物化在该商品的使用价值中的劳动的量决定的，是由生产该商品的社会必要劳动时间决定的。这一点也适用于作为劳动过程的结果而归我们的资本家所有的产品。因此，首先必须计算对象化在这个产品中的劳动。

假定这个产品是棉纱。

生产棉纱，首先要有原料，例如 10 磅棉花。而棉花的价值是多少，在这里先用不着探究，因为资本家已经在市场上按照棉花的价值例如 10 先令把它购买了。……我们再假定，棉花加工时消耗的纱锭量代表纺纱用掉的一切其他劳动资料，价值为 2 先令。如果 12 先令的金额是 24 个劳动小时或 2 个工作日的产物，那么首先可以得出，2 个工作日对象化在棉纱中。

··········

生产棉花所需要的劳动时间，是生产以棉花为原料的棉纱所需要的劳动时间的一部分，因而包含在棉纱中。生产纱锭所需要的劳动时间也是如此，因为没有纱锭的磨损或消费，棉花就不能纺成纱。[①]

··········

---

① "影响商品价值的，不仅是直接花费在商品上的劳动，而且还有花费在协助这种劳动的器具、工具和建筑物上的劳动。"（李嘉图《政治经济学原理》1821 年伦敦第 3 版第 1 章第 16 页）

因此，生产资料即棉花和纱锭的表现为 12 先令价格的价值，是棉纱价值或产品价值的组成部分。

…………

在劳动过程中，劳动不断由动的形式转为存在形式，由运动形式转为对象性形式。一小时终了时，纺纱运动就表现为一定量的棉纱，于是一定量的劳动，即一个劳动小时，对象化在棉花中。我们说劳动小时，也就是纺纱工人的生命力在一小时内的耗费，因为在这里，纺纱劳动只作为劳动力的耗费，而不是作为纺纱这种特殊劳动才具有意义。

……

同劳动本身一样，在这里，原料和产品也都与我们从本来意义的劳动过程的角度考察时完全不同了。原料在这里只是当做一定量劳动的吸收器。……

…………

在劳动力出卖时，曾假定它的日价值＝3 先令，在 3 先令中体现了 6 个劳动小时，而这也就是生产出工人每天平均的生活资料量所需要的劳动量。现在，如果我们的纺纱工人在 1 个劳动小时内把 $1\frac{2}{3}$ 磅棉花转化为 $1\frac{2}{3}$ 磅棉纱，他在 6 小时内就会把 10 磅棉花转化为 10 磅棉纱。因此，在纺纱过程中，棉花吸收了 6 个劳动小时。这个劳动时间表现为 3 先令金额。这样，由于纺纱本身，棉花就被加上了 3 先令的价值。

现在我们来看看产品即 10 磅棉纱的总价值。在这 10 磅棉纱中对象化了 $2\frac{1}{2}$ 个工作日：2 日包含在棉花和纱锭量中，$\frac{1}{2}$ 是在纺纱过程中被吸收的。这个劳动时间表现为 15 先令金额。因此，同 10 磅棉纱的价值相一致的价格是 15 先令，1 磅棉纱的价格是 1 先令 6 便士。

我们的资本家愣住了。产品的价值等于预付资本的价值。预付的价值没有增殖，没有产生剩余价值，因此，货币没有转化为资本。……

…………

让我们更仔细地来看一看。劳动力的日价值是三先令，因为在劳动力本身中对象化了半个工作日，就是说，因为每天生产劳动力所必要的生活资料要费半个工作日。但是，包含在劳动力中的过去劳动和劳动力所能提供的活劳动，劳动力一天的维持费和劳动力一天的耗费，是两个完全不同的量。前者决定它的交换价值，后者构成它的使用价值。维持一个工人 24 小时的生活只需要半个工作日，这种情况并不妨碍工人劳动一整天。因此，劳动力的价值和劳动力在劳动过程中的价值增殖，是两个不同的量。资本家购买劳动力时，正是看中了这个价值差额。劳动力能制造棉纱或皮靴的有用属性，只是一个必要条件，因为劳动必须以有用的形式耗费，才能形成价值。但是，具有决定意义的，是这个商品独特的使用价值，即它是价值的源泉，并且是大于它自身的价值的源泉。这就是资本家希望劳动力提供的独特的服务。在这里，他是按照商品交换的各个永恒规律行事的。事实上，劳动力的卖者，和任何别的商品的卖者一样，实现劳动力的交换价值而让渡劳动力的使用价值。他不交出后者，就不能取得前者。劳动力的使用价值即劳动本身不归它的卖者所有，正如已经卖出的油的使用价值不归油商所有一样。货币占有者支付了劳动力的日价值，因此，劳动力一天的使用即一天的劳动就归他所有。劳动力维持一天只费半个工作日，而劳动力却能发挥作用或劳动一整天，因此，劳动力使用一天所创造的价值比劳动力自身一天的价值大一倍。这种情况对买者是一种特别的幸运，对卖者也决不是不公平。

我们的资本家早就预见到了这种情况，这正是他发笑的原因。因此，工人在工场中遇到的，不仅是 6 小时而且是 12 小时劳动过程所必需的生产资料。如果 10 磅棉花吸收 6 个劳动小时，转化为 10 磅棉纱，那么 20 磅棉花就会吸收 12 个劳动小时，转化为 20 磅棉纱。我们来考察一下这个延长了的劳动过程的产品。现在，在这 20 磅棉纱中对象化了 5 个工作日，其中 4 个工作日对象化在已消耗的棉花和纱锭量中，1 个工作日是在纺纱过程中被棉花吸收的。5 个工作日用金来表现是 30 先令，或 1 镑 10 先令。因此这就是 20 磅棉纱的价格。1 磅棉纱仍然和以前一样值 1 先令 6 便士。但是，投入劳动过程的商品的价值总和是 27 先令。棉纱的价值是 30 先令。产品的价值比为了生产产品而预付的价值增长了 $\frac{1}{9}$。

27 先令转化为 30 先令，带来了 3 先令的剩余价值。戏法终于变成了。货币转化为资本了。

问题的一切条件都履行了，商品交换的各个规律也丝毫没有违反。等价物换等价物。作为买者，资本家对每一种商品——棉花、纱锭和劳动力——都按其价值支付。然后他做了任何别的商品购买者所做的事情。他消费它们的使用价值。劳动力的消费过程（同时是商品的生产过程）提供的产品是 20 磅棉纱，价值 30 先令。资本家在购买商品以后，现在又回到市场上来出售商品。他卖棉纱是 1 先令 6 便士一磅，既不比它的价值贵，也不比它的价值贱。然而他从流通中取得的货币比原先投入流通的货币多 3 先令。他的货币转化为资本的这整个过程，既在流通领域中进行，又不在流通领域中进行。它是以流通为中介，因为它以在商品市场上购买劳动力为条件。它不在流通中进行，因为流通只是为价值增殖过程作准备，而这个过程是在生产领域中进行的。所以，"在这个最美好的世界上，一切都十全十美"①。

…………

如果我们现在把价值形成过程和价值增殖过程比较一下，就会知道，价值增殖过程不外是超过一定点而延长了的价值形成过程。如果价值形成过程只持续到这样一点，即资本所支付的劳动力价值恰好为新的等价物所补偿，那就是单纯的价值形成过程。如果价值形成过程超过这一点而持续下去，那就成为价值增殖过程。

其次，如果我们把价值形成过程和劳动过程比较一下，就会知道，劳动过程的实质在于生产使用价值的有用劳动。在这里，运动只是从质的方面来考察，从它的特殊的方式和方法，从目的和内容方面来考察。在价值形成过程中，同一劳动过程只是表现出它的量的方面。所涉及的只是劳动操作所需要的时间，或者说，只是劳动力被有用地消耗的时间长

---

① "在这个最美好的世界上，一切都十全十美"（Tout pour le mieux dans le meilleur des mondes possibles）是伏尔泰小说《老实人》中的一句格言。

度。在这里，进入劳动过程的商品，已经不再作为在劳动力有目的地发挥作用时执行一定职能的物质因素了。它们只是作为一定量的对象化劳动来计算。无论是包含在生产资料中的劳动，或者是由劳动力加进去的劳动，都只按时间尺度计算。它等于若干小时、若干日等等。

但是，劳动只是在生产使用价值所耗费的时间是社会必要时间的限度内才被计算。……

我们看到，以前我们分析商品时所得出的创造使用价值的劳动和创造价值的同一个劳动之间的区别，现在表现为生产过程的不同方面的区别了。

作为劳动过程和价值形成过程的统一，生产过程是商品生产过程；作为劳动过程和价值增殖过程的统一，生产过程是资本主义生产过程，是商品生产的资本主义形式。

…………

第二十四章 所谓原始积累
7. 资本主义积累的历史趋势

资本的原始积累，即资本的历史起源，究竟是指什么呢？既然它不是奴隶和农奴直接转化为雇佣工人，因而不是单纯的形式变换，那么它就只是意味着直接生产者的被剥夺，即以自己劳动为基础的私有制的解体。

私有制作为社会的、集体的所有制的对立物，只是在劳动资料和劳动的外部条件属于私人的地方才存在。但是私有制的性质，却依这些私人是劳动者还是非劳动者而有所不同。私有制在最初看来所表现出的无数色层，只不过反映了这两极间的各种中间状态。

劳动者对他的生产资料的私有权是小生产的基础，而小生产又是发展社会生产和劳动者本人的自由个性的必要条件。诚然，这种生产方式在奴隶制度、农奴制度以及其他从属关系中也是存在的。但是，只有在劳动者是自己使用的劳动条件的自由私有者，农民是自己耕种的土地的自由私有者，手工业者是自己运用自如的工具的自由私有者的地方，它才得到充分发展，才显示出它的全部力量，才获得适当的典型的形式。

这种生产方式是以土地和其他生产资料的分散为前提的。它既排斥生产资料的积聚，也排斥协作，排斥同一生产过程内部的分工，排斥对自然的社会统治和社会调节，排斥社会生产力的自由发展。它只同生产和社会的狭隘的自然产生的界限相容。要使它永远存在下去，那就像贝魁尔公正地指出的那样，等于"下令实行普遍的中庸"。它发展到一定的程度，就产生出消灭它自身的物质手段。从这时起，社会内部感到受它束缚的力量和激情就活动起来。这种生产方式必然要被消灭，而且已经在消灭。它的消灭，个人的分散的生产资料转化为社会的积聚的生产资料，从而多数人的小财产转化为少数人的大财产，广大人民群众被剥夺土地、生活资料、劳动工具，——人民群众遭受的这种可怕的残酷的剥夺，形成资本的前史。这种剥夺包含一系列的暴力方法，其中我们只考察了那些具有划时代意义的资本原始积累的方法。对直接生产者的剥夺，是用最残酷无情的野蛮手段，在最下流、最龌龊、最卑鄙和最可恶的贪欲的驱使下完成的。靠自己劳动挣得的私有制，即以各个独立劳动者与其劳动条件相结合为基础的私有制，被资本主义私有制，即以剥削他人的但形式上是自由的劳动为基础的私有制所排挤。①

一旦这一转化过程使旧社会在深度和广度上充分瓦解，一旦劳动者转化为无产者，他们的劳动条件转化为资本，一旦资本主义生产方式站稳脚跟，劳动的进一步社会化，土地和其他生产资料的进一步转化为社会地使用的即公共的生产资料，从而对私有者的进一步剥夺，就会采取新的形式。现在要剥夺的已经不再是独立经营的劳动者，而是剥削许多工人的资本家了。

这种剥夺是通过资本主义生产本身的内在规律的作用，即通过资本的集中进行的。一个资本家打倒许多资本家。随着这种集中或少数资本家对多数资本家的剥夺，规模不断扩大的劳动过程的协作形式日益发展，科学日益被自觉地应用于技术方面，土地日益被有计划地利用，劳动资料日益转化为只能共同使用的劳动资料，一切生产资料因作为结合的、社会的劳动的生产资料使用而日益节省，各国人民日益被卷入世界市场网，从而资本主义制度日益具有国际的性质。随着那些掠夺和垄断这一转化过程的全部利益的资本巨头不断减少，贫困、压迫、奴役、退化和剥削的程度不断加深，而日益壮大的、由资本主义生产过程本身的机制所训练、联合和组织起来的工人阶级的反抗也不断增长。资本的垄断成了与这种垄断一起并在这种垄断之下繁盛起来的生产方式的桎梏。生产资料的集中和劳动的社会化，达到了同它们的资本主义外壳不能相容的地步。这个外壳就要炸毁了。资本主义私有制的丧钟就要响了。剥夺者就要被剥夺了。

从资本主义生产方式产生的资本主义占有方式，从而资本主义的私有制，是对个人的、以自己劳动为基础的私有制的第一个否定。但资本主义生产由于自然过程的必然性，造成了对自身的否定。这是否定的否定。这种否定不是重新建立私有制，而是在资本主义时代的成就的基础上，也就是说，在协作和对土地及靠劳动本身生产的生产资料的共同占有的基础上，重新建立个人所有制。

以个人自己劳动为基础的分散的私有制转化为资本主义私有制，同事实上已经以社会的生产经营为基础的资本主义所有制转化为社会所有制比较起来，自然是一个长久得多、艰苦得多、困难得多的过程。前者是少数掠夺者剥夺人民群众，后者是人民群众剥夺少数掠夺者。②

（选自《马克思恩格斯文集》第 5 卷，人民出版社 2009 年版，第 7—23，88—97，

---

① "我们是处于社会的全新状态中……我们努力使任何一种所有制同任何一种劳动相分离。"（西斯蒙第《政治经济学新原理》第 2 卷第 434 页）

② "资产阶级无意中造成而又无力抵抗的工业进步，使工人通过结社而达到的革命联合代替了他们由于竞争而造成的分散状态。于是，随着大工业的发展，资产阶级赖以生产和占有产品的基础本身也就从它的脚下被挖掉了。它首先生产的是它自身的掘墓人。资产阶级的灭亡和无产阶级的胜利是同样不可避免的……在当前同资产阶级对立的一切阶级中，只有无产阶级是真正革命的阶级。其余的阶级都随着大工业的发展而日趋没落和灭亡，无产阶级却是大工业本身的产物。中间等级，即小工业家、小商人、手工业者、农民，他们同资产阶级作斗争，都是为了维护他们这种中间等级的生存，以免于灭亡……他们甚至是反动的，因为他们力图使历史的车轮倒转。"（卡尔·马克思和弗·恩格斯《共产党宣言》1848 年伦敦版第 11、9 页）

207—230，872—875 页）

恩格斯《反杜林论》

一、研读提示

《反杜林论》全称《反杜林论（欧根·杜林先生在科学中实行的变革）》，是恩格斯于 1876—1878 年间回击杜林对马克思主义的攻击而写的论文合辑。

欧根·杜林（1833—1921）是德国小资产阶级思想家，曾在柏林大学任讲师。1875年前后，他打着"社会主义的行家"兼"改革家"的旗号，发表了《哲学教程》、《国民经济学及社会经济学教程》以及《国民经济学及社会主义批判史》三部著作，试图建立哲学、政治经济学和社会主义的一整套理论，并向马克思主义发起进攻。

为了回击杜林对马克思主义的进攻，巩固马克思主义在德国社会主义工人党内的主导地位，推动德国社会主义工人党在思想上的统一和理论水平上的提高，应德国社会主义工人党领导人李卜克内西的请求，恩格斯在和马克思商量后，决定对杜林实施反击，撰写了《反杜林论》一书。马克思和恩格斯关注杜林的观点，缘于杜林在 1867 年 12 月《现代知识补充材料》杂志第 3 卷第 3 期上发表了对马克思《资本论》第 1 卷的评论。1875 年前后，杜林出版著作公开攻击马克思主义，恩格斯毅然决定中断《自然辩证法》的写作，全力反击杜林。1876 年 9 月，恩格斯在马克思的支持下，决定"把一切都搁下来去收拾无聊的杜林"，开始撰写一系列批判杜林《哲学教程》的论文。从 1877 年 1 月至 5 月，《前进报》以《欧根·杜林先生在哲学中实行的变革》为总标题，发表了恩格斯的这组论文。1877 年 7 月，这组论文以《欧根·杜林先生在科学中实行的变革。一、哲学》为题，用单行本形式出版。论文发表后，立即在党内外引起极大反响。恩格斯约于 1877 年 6—8 月写完政治经济学编，约于 1877 年 8 月至 1878 年 4 月写完社会主义编。其中，政治经济学编的最后一章是由马克思亲自撰写的。《前进报》的学术附刊在 1877 年 7—12 月，以《欧根·杜林先生在政治经济学中实行的变革》为题发表了政治经济学编；1878 年 5—7 月，以《欧根·杜林先生在社会主义中实行的变革》为题发表了社会主义编。1878 年 7 月，又以《欧根·杜林先生在科学中实行的变革。二、政治经济学。社会主义》为题将全书合并出版，恩格斯写了序言。

《反杜林论》的主体由引论、第一编哲学、第二编政治经济学、第三编社会主义构成，对马克思主义的哲学、政治经济学和社会主义思想进行了系统论述。哲学部分的篇章结构为：（1）"三、分类。先验主义"、"四、世界模式论"，批判杜林哲学的原则和一般世界模式理论，阐述了马克思主义物质统一性观点；（2）"五、自然哲学。时间和空间"、"六、自然哲学。天体演化学，物理学，化学"、"七、自然哲学。有机界"、"八、自然哲学。有机界（续完）"，批判杜林的自然观，阐述了马克思主义的自然观；（3）"九、道德和法。永恒真理"、"十、道德和法。平等"、"十一、道德和法。自由和必然",批判杜林的历史观,阐述了马克思主义的历史观;(4)"十二、辩证法。量和质"、"十三、辩证法。否定的否定",批判杜林的辩证法思想,阐述马克思主义的辩证法;(5)"十四、结论",总结第一编的内容。《反杜林论》系统阐发了马克思主义三个组成部分的基本内容,并第一次揭示了哲学、政治经济学和科学社会主义思想之间的内在关系和有机联系,是恩格斯对马克思主义哲学原理体系化的有益探索,在马克思主义发展史上具有重要地位。

二、原著研读

弗·恩格斯

反杜林论(节选)

三个版本的序言

一

这部著作决不是什么"内心冲动"的结果。恰恰相反。

三年前,当杜林先生突然以社会主义的行家兼改革家身份向当代挑战的时候,我在德国的友人再三向我请求,要我在当时的社会民主党中央机关报《人民国家报》上对这一新的社会主义理论进行评析。他们认为,为了不在如此年轻的、不久前才最终统一起来的党内造成派别分裂和混乱局面的新的可能,这样做是完全必要的。……此外,还可以看到,这个新改宗者受到了一部分社会主义出版物的热忱欢迎,……还有些人已经打算以通俗的形式在工人中散布这种学说。最后,杜林先生及其小宗派采用各种大吹大擂和阴谋的手法,迫使《人民国家报》对这种如此野心勃勃的新学说明确表态。

虽然如此,我还是过了一年才下决心放下其他工作,着手来啃这一个酸果。这是一只一上口就不得不把它啃完的果子;它不仅很酸,而且很大。这种新的社会主义理论是以某种新哲学体系的最终实际成果的形式出现的。因此,必须联系这个体系来研究这一理论,同时研究这一体系本身;必须跟着杜林先生进入一个广阔的领域,在这个领域中,他谈到了所有可能涉及的东西,而且还不止这些东西。这样就产生了一系列的论文,它们从1877年初开始陆续发表在《人民国家报》的续刊——莱比锡的《前进报》上,现汇集成书,献给读者。

由此可见,对象本身的性质迫使批判不得不详尽,这样的详尽是同这一对象的学术内容即同杜林著作的学术内容极不相称的。但是,批判之所以这样详尽,还可以归因于另外两种情况。一方面,这样做使我在这本书所涉及到的很不相同的领域中,有可能正面阐发我对这些在现时具有较为普遍的科学意义或实践意义的争论问题的见解。这在每一章里都可以看到,尽管这本书的目的并不是以另一个体系去同杜林先生的"体系"相对立,可是希望读者不要忽略我所提出的各种见解之间的内在联系。我现在已有充分的证据,表明我在这方面的工作不是完全没有成效的。

另一方面，"创造体系的"杜林先生在当代德国并不是个别的现象。近来，天体演化学、一般自然哲学、政治学、经济学等等的体系如雨后春笋出现在德国。最不起眼的哲学博士，甚至大学生，动辄就要创造一个完整的"体系"。……甚至德国的社会主义，特别是自从有了杜林先生的范例以后，近来也十分热衷于高超的胡说，造就出以"科学"自炫但对这种科学又"确实什么也没有学到"① 的各色人物。这是一种幼稚病，它表明德国大学生开始向社会民主主义转变，而这种幼稚病是和这一转变分不开的，可是我们的工人因有非常健康的本性，一定会克服这种幼稚病。

如果在那些我最多只能以涉猎者的资格发表看法的领域里我不得不跟着杜林先生走，那么这不是我的过错。在这种情况下，我大多只是限于举出确切的、无可争辩的事实去反驳我的论敌的错误的或歪曲的论断。在法学上以及在自然科学的某些问题上，我就是这样做的。在其他情况下，涉及的是理论自然科学的一般观点，就是说，是这样一个领域，在那里，专业自然科学家也不得不越出他的专业的范围，而涉及到邻近的领域——在那里，他像微耳和先生所承认的，也和我们任何人一样只是一个"半通"②。在这里，人们对于表达上的些许不确切之处和笨拙之处会相互谅解，我希望也能够得到这样的谅解。

……

1878 年 6 月 11 日于伦敦

二

本书要出新版，是出乎我意料的。本书所批判的对象现在几乎已被遗忘了；这部著作不仅在 1877 年至 1878 年间分篇登载于莱比锡的《前进报》上，以飨成千上万的读者，而且还汇编成单行本大量发行。我在几年前对杜林先生的评论，现在怎么还能使人发生兴趣呢？

这首先是下述情况造成的：在反社会党人法③颁布之后，这部著作和几乎所有当时正在流行的我的其他著作一样，立即在德意志帝国遭到查禁。谁只要不是死抱住神圣同盟④各国的传统的官僚偏见不放，谁就一定会明白这种措施带来的效果：被禁的书籍两倍、三

---

① "确实什么也没有学到"这句流传很广的话，有人认为出自法国海军上将德·帕纳 1796 年的一封信，另有人认为此话出自法国外交大臣沙·达来朗之口，是针对保皇党人讲的，认为他们没有能够从 18 世纪末法国资产阶级革命中吸取任何教训。

② "半通"的说法出自鲁·微耳和 1877 年 9 月 22 日在慕尼黑德国自然科学家和医生第五十次代表大会第三次全体会议上所作的报告。见鲁·微耳和《现代国家中的科学自由》1877 年柏林版第 13 页。

③ 反社会党人法即反社会党人非常法，是俾斯麦政府在帝国国会多数的支持下于 1878 年 10 月 19 日通过并于 10 月 21 日生效的一部法律，其目的在于反对社会主义运动和工人运动。这部法律将德国社会民主党置于非法地位，党的一切组织、群众性的工人组织被取缔，社会主义的和工人的刊物都被查禁，社会主义文献被没收，社会民主党人遭到镇压。但是，社会民主党在马克思和恩格斯的积极帮助下战胜了自己队伍中的机会主义分子和极"左"分子，得以在非常法生效期间正确地把地下工作同利用合法机会结合起来，大大加强和扩大了自己在群众中的影响。在日益壮大的工人运动的压力下，反社会党人非常法于 1890 年 10 月 1 日被废除。

④ 神圣同盟是欧洲各专制君主镇压欧洲各国进步运动和维护封建君主制度的反动联盟。该同盟是战胜拿破仑第一以后，由俄国沙皇亚历山大一世和奥地利首相梅特涅倡议，于 1815 年 9 月 26 日在巴黎建立的，同时还缔结了神圣同盟条约。几乎所有的欧洲君主国家都参加了该同盟。这些国家的君主负有相互提供经济、军事和其他方面援助的义务，以维持维也纳会议上重新划定的边界和镇压各国革命。

倍地畅销，这暴露了柏林的大人先生们的无能，他们颁布了禁令，却不能执行。事实上，由于帝国政府的帮忙，我的若干短篇著作发行了比我自身努力所能达到的更多的新版；我没有时间对正文作适当的修订，而大部分只好干脆任其照旧版翻印。

不过还有另一种情况。本书所批判的杜林先生的"体系"涉及非常广泛的理论领域，这使我不能不跟着他到处跑，并以自己的见解去反驳他的见解。因此消极的批判成了积极的批判；论战转变成对马克思和我所主张的辩证方法和共产主义世界观的比较连贯的阐述，而这一阐述包括了相当多的领域。我们的这一世界观，首先在马克思的《哲学的贫困》和《共产主义宣言》① 中问世，经过足足 20 年的潜伏阶段，到《资本论》出版以后，就越来越迅速地为日益广泛的各界人士所接受。现在，它已远远越出欧洲的范围，在一切有无产者和无畏的科学理论家的国家里，都受到了重视和拥护。因此，看来有这样的读者，他们对于这一问题的兴趣极大，他们由于对论战中所作的正面阐述感兴趣，因而愿意了解现在在许多方面已经失去对象的同杜林观点的论战。

顺便指出：本书所阐述的世界观，绝大部分是由马克思确立和阐发的，而只有极小的部分是属于我的，所以，我的这种阐述不可能在他不了解的情况下进行，这在我们相互之间是不言而喻的。在付印之前，我曾把全部原稿念给他听，而且经济学那一编的第十章（《〈批判史〉论述》）就是马克思写的，只是由于外部的原因，我才不得不很遗憾地把它稍加缩短。在各种专业上互相帮助，这早就成了我们的习惯。

现在的新版，除了一章，其余都按第一版翻印，未作修改。一方面，我没有时间作彻底的修订，尽管我很想修改某些叙述。我担负着编印马克思遗稿的责任，这比其他一切事情都远为重要。此外，我的良心也不允许我作任何修改。本书是一部论战性的著作，我觉得，既然我的对手不能作什么修改，那我这方也理应不作什么修改。我只能要求有反驳杜林先生的答辩的权利。可是杜林先生针对我的论战所写的东西，我没有看过，而且如无特殊的必要，我也不想去看；我在理论上对他的清算已告结束。况且，杜林先生后来遭到柏林大学的卑劣的、不公正的对待，我对他更应当遵守文字论战的道义准则。当然，这所大学为了这件事受到了谴责。一所大学既然可以在人所共知的情况下剥夺杜林先生的教学自由，那么如果有人要在同样的人所共知的情况下把施韦宁格先生硬塞给它，它也就不应当感到惊讶了。②

…………

马克思和我，可以说是唯一把自觉的辩证法从德国唯心主义哲学中拯救出来并运用于唯物主义的自然观和历史观的人。可是要确立辩证的同时又是唯物主义的自然观，需要具

---

① 即《共产党宣言》。

② 杜林（1863 年起任柏林大学非公聘讲师，1873 年起任私立女子中学教员）从 1872 年开始就在自己的著作中猛烈抨击大学的教授们。例如，在《力学一般原则批判史》（1872 年）第一版中，他就指责海·亥姆霍兹故意对罗·迈尔的著作保持缄默。杜林还尖锐地批评了大学的各种制度，因此遭到了反动教授们的迫害。1876 年，根据大学教授们的倡议，他被剥夺了在女子中学任教的资格。在《力学一般原则批判史》第二版（1877 年）和论妇女教育的小册子（1877 年）中，杜林再次提出了自己的指责，言辞更加激烈。1877 年 7 月，根据哲学系的要求，他被剥夺了在大学执教的权利。而俾斯麦的私人医生恩·施韦宁格于 1884 年被任命为柏林大学教授。

备数学和自然科学的知识。马克思是精通数学的，可是对于自然科学，我们只能作零星的、时停时续的、片断的研究。因此，当我退出商界并移居伦敦①，从而有时间进行研究的时候，我尽可能地使自己在数学和自然科学方面来一次彻底的——像李比希所说的——"脱毛"②，八年当中，我把大部分时间用在这上面。当我不得不去探讨杜林先生的所谓自然哲学时，我正处在这一脱毛过程的中间。……

…………

不过，要从相互联系上，而且在每个单独的领域中这样做，却是一项艰巨的工作。不仅所要掌握的这个领域几乎是无穷无尽的，而且就是在这整个的领域内，自然科学本身也正处在急剧的变革过程中，以致那些即使把全部空闲时间用来干这件事的人，也很难跟踪不失。可是自从卡尔·马克思去世之后，更紧迫的义务占去了我全部的时间，所以我不得不中断我的工作。目前我只好满足于本书所作的概述，等将来有机会再把所获得的成果汇集发表，或许同马克思所遗留下来的极其重要的数学手稿一齐发表。③

…………

1885 年 9 月 23 日于伦敦

三

这一新版，除了几处无足轻重的文字上的修改，都是照前一版翻印的。只有一章，即第二编第十章《〈批判史〉论述》，我作了重要的增补，理由如下。

…………

最后，我感到十分满意的是，自从第二版以来，本书所主张的观点已经深入科学界和工人阶级的公众意识，而且是在世界上一切文明国家里。

弗·恩格斯
1894 年 5 月 23 日于伦敦

引　论

一　概　论

现代社会主义，就其内容来说，首先是对现代社会中普遍存在的有财产者和无财产者之间、资产者和雇佣工人之间的阶级对立以及生产中普遍存在的无政府状态这两个方面进行考察的结果。但是，就其理论形式来说，它起初表现为 18 世纪法国伟大的启蒙学者们

---

① 恩格斯于 1869 年 7 月 1 日停止了在曼彻斯特的欧门—恩格斯公司的工作，于 1870 年 9 月 29 日迁居伦敦。

② 尤·李比希在他关于农业化学的主要著作的导言中谈到自己的科学观点的发展时指出："化学正在取得异常迅速的进展，而希望赶上它的化学家们则处于不断脱毛的状态。不适于飞翔的旧羽毛从翅膀上脱落下来，而代之以新生的羽毛，这样飞起来就更有力更轻快。"见尤·李比希《化学在农业和生理学中的应用》1862 年不伦瑞克第 7 版第 1 卷第 26 页。

③ 指恩格斯的《自然辩证法》和马克思的数学手稿。马克思的数学手稿共有 1000 多页，写于 19 世纪 50 年代末至 80 年代初。

所提出的各种原则的进一步的、据称是更彻底的发展。① 同任何新的学说一样，它必须首先从已有的思想材料出发，虽然它的根子深深扎在经济的事实中。

在法国为行将到来的革命启发过人们头脑的那些伟大人物，本身都是非常革命的。他们不承认任何外界的权威，不管这种权威是什么样的。宗教、自然观、社会、国家制度，一切都受到了最无情的批判；一切都必须在理性的法庭面前为自己的存在作辩护或者放弃存在的权利。思维着的知性成了衡量一切的唯一尺度。那时，如黑格尔所说的，是世界用头脑立地的时代。② 最初，这句话的意思是：人的头脑以及通过头脑的思维发现的原理，要求成为人类的一切活动和社会结合的基础；后来这句话又有了更广泛的含义：同这些原理相矛盾的现实，实际上都被上下颠倒了。以往的一切社会形式和国家形式、一切传统观念，都被当做不合理性的东西扔到垃圾堆里去了；到现在为止，世界所遵循的只是一些成见；过去的一切只值得怜悯和鄙视。只是现在阳光才照射出来。从今以后，迷信、非正义、特权和压迫，必将为永恒的真理、永恒的正义、基于自然的平等和不可剥夺的人权所取代。

现在我们知道，这个理性的王国不过是资产阶级的理想化的王国；永恒的正义在资产阶级的司法中得到实现；平等归结为法律面前的资产阶级的平等；被宣布为最主要的人权之一的是资产阶级的所有权；而理性的国家、卢梭的社会契约③在实践中表现为，而且也只能表现为资产阶级的民主共和国。18 世纪伟大的思想家们，也同他们的一切先驱者一样，没有能够超出他们自己的时代使他们受到的限制。

但是，除了封建贵族和资产阶级之间的对立，还存在着剥削者和被剥削者、游手好闲的富人和从事劳动的穷人之间的普遍的对立。正是由于这种情形，资产阶级的代表才能标榜自己不是某一特殊的阶级的代表，而是整个受苦人类的代表。不仅如此，资产阶级从它产生的时候起就背负着自己的对立物：资本家没有雇佣工人就不能存在，随着中世纪的行会师傅发展成为现代的资产者，行会帮工和行会外的短工便相应地发展成为无产者。虽然总的说来，资产阶级在同贵族斗争时有理由认为自己同时代表当时的各个劳动阶级的利益，但是在每一个大的资产阶级运动中，都爆发过作为现代无产阶级的发展程度不同的先驱者的那个阶级的独立运动。例如，德国宗教改革和农民战争时期的托马斯·闵采尔派，

① 在《引论》的草稿中，这一段是这样写的："现代社会主义，虽然实质上是由于对现存社会中有财产者和无财产者之间、工人和剥削者之间的阶级对立进行考察而产生的，但是，就其理论形式来说，起初却表现为 18 世纪法国伟大的启蒙学者们所提出的各种原则的更彻底的、进一步的发展，因为它的最初代表摩莱里和马布利也是属于启蒙学者之列的。"

② 恩格斯在《社会主义从空想到科学的发展》中的这个地方加了一个注，见《马克思恩格斯文集》第 3 卷第 523 页。

③ 社会契约是让·雅·卢梭提出的政治理论。按照这一理论，人们最初生活在自然状态，在这种状态下，人人都是平等的。私有财产的形成和不平等的占有关系的发展决定了人们从自然状态向市民状态的过渡，并导致以社会契约为基础的国家的形成。政治上的不平等的进一步发展破坏了这种社会契约，导致某种新的自然状态的形成。能够消除这一自然状态的，据说是以某种新的社会契约为基础的理性国家。卢梭在 1755 年阿姆斯特丹版的《论人间不平等的起源和原因》以及 1762 年阿姆斯特丹版的《社会契约论，或政治权利的原则》这两部著作中详细阐述了这一理论。

英国大革命时期的平等派①，法国大革命时期的巴贝夫。伴随着一个还没有成熟的阶级的这些革命暴动，产生了相应的理论表现；在 16 世纪和 17 世纪有理想社会制度的空想的描写②，而在 18 世纪已经有了直接共产主义的理论（摩莱里和马布利）。平等的要求已经不再限于政治权利方面，它也应当扩大到个人的社会地位方面；不仅应当消灭阶级特权，而且应当消灭阶级差别本身。禁欲主义的、斯巴达式的共产主义，是这种新学说的第一个表现形式。后来出现了三个伟大的空想主义者：圣西门、傅立叶和欧文。在圣西门那里，除无产阶级的倾向外，资产阶级的倾向还有一定的影响。欧文在资本主义生产最发达的国家里，在这种生产所造成的种种对立的影响下，直接从法国唯物主义出发，系统地阐述了他的消除阶级差别的方案。

所有这三个人有一个共同点：他们都不是作为当时已经历史地产生的无产阶级的利益的代表出现的。他们和启蒙学者一样，并不是想解放某一个阶级，而是想解放全人类。他们和启蒙学者一样，想建立理性和永恒正义的王国；但是他们的王国和启蒙学者的王国是有天壤之别的。按照这些启蒙学者的原则建立起来的资产阶级世界也是不合理性的和非正义的，所以也应该像封建制度和一切更早的社会制度一样被抛到垃圾堆里去。真正的理性和正义至今还没有统治世界，这只是因为它们没有被人们正确地认识。所缺少的只是个别的天才人物，现在这种人物已经出现而且已经认识了真理；至于天才人物是在现在出现，真理正是在现在被认识到，这并不是从历史发展的联系中必然产生的、不可避免的事情，而纯粹是一种侥幸的偶然现象。这种天才人物在 500 年前也同样可能诞生，这样他就能使人类免去 500 年的迷误、斗争和痛苦。

这种见解本质上是英国和法国的一切社会主义者以及包括魏特林在内的第一批德国社会主义者的见解。对所有这些人来说，社会主义是绝对真理、理性和正义的表现，只要它被发现了，它就能用自己的力量征服世界；因为绝对真理是不依赖于时间、空间和人类的历史发展的，所以，它在什么时候和什么地方被发现，那纯粹是偶然的事情。同时，绝对真理、理性和正义在每个学派的创始人那里又是各不相同的；而因为在每个学派的创始人那里，绝对真理、理性和正义的独特形式又是由他们的主观知性、他们的生活条件、他们的知识水平和思维训练水平所决定的，所以，解决各种绝对真理的这种冲突的办法就只能是它们互相磨损。由此只能得出一种折中的不伦不类的社会主义，这种社会主义实际上直到今天还统治着法国和英国大多数社会主义工人的头脑，它是由各学派创始人的比较温和的批判性言论、经济学原理和关于未来社会的观念组成的色调极为复杂的混合物，这种混合物的各个组成部分，在辩论的激流中越是磨去其锋利的棱角，就像溪流中的卵石一样，这种混合物就越容易构成。为了使社会主义变为科学，就必须首先把它置于现实的基础之上。

---

① 指"真正平等派"，又称"掘地派"。他们是 17 世纪英国资产阶级革命时期的激进派，代表城乡贫民阶层的利益，要求消灭土地私有制，宣传原始的平均共产主义思想，并企图通过集体开垦公有土地来实现这种思想。

② 这里首先是指空想共产主义的代表人物托·莫尔的著作《乌托邦》（1516 年出版）和托·康帕内拉的《太阳城》（1623 年出版）。

在此期间，同 18 世纪的法国哲学并列和继它之后，近代德国哲学产生了，并且在黑格尔那里完成了。它的最大的功绩，就是恢复了辩证法这一最高的思维形式。……

当我们通过思维来考察自然界或人类历史或我们自己的精神活动的时候，首先呈现在我们眼前的，是一幅由种种联系和相互作用无穷无尽地交织起来的画面，其中没有任何东西是不动的和不变的，而是一切都在运动、变化、生成和消逝。这种原始的、素朴的、但实质上正确的世界观是古希腊哲学的世界观，而且是由赫拉克利特最先明白地表述出来的：一切都存在而又不存在，因为一切都在流动，都在不断地变化，不断地生成和消逝。但是，这种观点虽然正确地把握了现象的总画面的一般性质，却不足以说明构成这幅总画面的各个细节；而我们要是不知道这些细节，就看不清总画面。为了认识这些细节，我们不得不把它们从自然的或历史的联系中抽出来，从它们的特性、它们的特殊的原因和结果等等方面来分别加以研究。这首先是自然科学和历史研究的任务；而这些研究部门，由于十分明显的原因，在古典时代的希腊人那里只占有从属的地位，因为他们首先必须搜集材料。精确的自然研究只是在亚历山大里亚时期①的希腊人那里才开始，而后来在中世纪由阿拉伯人继续发展下去；可是，真正的自然科学只是从 15 世纪下半叶才开始，从这时起它就获得了日益迅速的进展。把自然界分解为各个部分，把各种自然过程和自然对象分成一定的门类，对有机体的内部按其多种多样的解剖形态进行研究，这是最近 400 年来在认识自然界方面获得巨大进展的基本条件。但是，这种做法也给我们留下了一种习惯：把各种自然物和自然过程孤立起来，撇开宏大的总的联系去进行考察，因此，就不是从运动的状态，而是从静止的状态去考察；不是把它们看做本质上变化的东西，而是看做固定不变的东西；不是从活的状态，而是从死的状态去考察。这种考察方式被培根和洛克从自然科学中移植到哲学中以后，就造成了最近几个世纪所特有的局限性，即形而上学的思维方式。

在形而上学者看来，事物及其在思想上的反映即概念，是孤立的、应当逐个地和分别地加以考察的、固定的、僵硬的、一成不变的研究对象。他们在绝对不相容的对立中思维；他们的说法是："是就是，不是就不是；除此以外，都是鬼话。"② 在他们看来，一个事物要么存在，要么就不存在；同样，一个事物不能同时是自身又是别的东西。正和负是绝对互相排斥的；原因和结果也同样是处于僵硬的相互对立中。初看起来，这种思维方式对我们来说似乎是极为可信的，因为它是合乎所谓常识的。然而，常识在日常应用的范围内虽然是极可尊敬的东西，但它一跨入广阔的研究领域，就会碰到极为惊人的变故。形而上学的考察方式，虽然在相当广泛的、各依对象性质而大小不同的领域中是合理的，甚至必要的，可是它每一次迟早都要达到一个界限，一超过这个界限，它就会变成片面的、狭隘的、抽象的，并且陷入无法解决的矛盾，因为它看到一个一个的事物，忘记它们互相间

① 亚历山大里亚时期是指公元前 3 世纪到公元 7 世纪时期。这个时期因埃及的一个港口城市亚历山大里亚（位于地中海沿岸）成了当时国际经济关系最大中心之一而得名。在这一时期，许多科学，如数学和力学（欧几里得和阿基米德）、地理学、天文学、解剖学、生理学等等，都获得了很大的发展。

② 参看《新约全书·马太福音》第 5 章第 37 节。

的联系；看到它们的存在，忘记它们的生成和消逝；看到它们的静止，忘记它们的运动；因为它只见树木，不见森林。例如，在日常生活中，我们知道并且可以肯定地说，某一动物存在还是不存在；但是，在进行较精确的研究时，我们就发现，这有时是极其复杂的事情。这一点法学家们知道得很清楚，他们为了判定在子宫内杀死胎儿是否算是谋杀，曾绞尽脑汁去寻找一条合理的界限，结果总是徒劳。同样，要确定死亡的那一时刻也是不可能的，因为生理学证明，死亡并不是突然的、一瞬间的事情，而是一个很长的过程。同样，任何一个有机体，在每一瞬间都既是它本身，又不是它本身；在每一瞬间，它消化着外界供给的物质，并排泄出其他物质；在每一瞬间，它的机体中都有细胞在死亡，也有新的细胞在形成；经过或长或短的一段时间，这个机体的物质便完全更新了，由其他物质的原子代替了，所以，每个有机体永远是它本身，同时又是别的东西。在进行较精确的考察时，我们也发现，某种对立的两极，例如正和负，既是彼此对立的，又是彼此不可分离的，而且不管它们如何对立，它们总是互相渗透的；同样，原因和结果这两个概念，只有应用于个别场合时才有其本来的意义；可是，只要我们把这种个别的场合放到它同宇宙的总联系中来考察，这两个概念就交汇起来，融合在普遍相互作用的看法中，而在这种相互作用中，原因和结果经常交换位置；在此时或此地是结果，在彼时或彼地就成了原因，反之亦然。

所有这些过程和思维方法都是形而上学思维的框子所容纳不下的。相反，对辩证法来说，上述过程正好证明它的方法是正确的，因为辩证法在考察事物及其在观念上的反映时，本质上是从它们的联系、它们的联结、它们的运动、它们的产生和消逝方面去考察的。自然界是检验辩证法的试金石，而且我们必须说，现代自然科学为这种检验提供了极其丰富的、与日俱增的材料，并从而证明了，自然界的一切归根到底是辩证地而不是形而上学地发生的。可是，由于学会辩证地思维的自然科学家到现在还屈指可数，所以，现在理论自然科学中普遍存在的并使教师和学生、作者和读者同样感到绝望的那种无限混乱的状态，完全可以从已经发现的成果和传统的思维方式之间的这个冲突中得到说明。

因此，要精确地描绘宇宙、宇宙的发展和人类的发展，以及这种发展在人们头脑中的反映，就只有用辩证的方法，只有不断地注意生成和消逝之间、前进的变化和后退的变化之间的普遍相互作用才能做到。近代德国哲学一开始就是以这种精神进行活动的。康德一开始他的学术生涯，就把牛顿的稳定的太阳系和太阳系经过有名的第一推动后的永恒存在变成了历史的过程，即太阳和一切行星由旋转的星云团产生的过程。同时，他已经作出了这样的结论：太阳系的产生也预示着它将来的不可避免的灭亡。过了半个世纪，他的观点由拉普拉斯从数学上作出了证明；又过了半个世纪，分光镜证明了，在宇宙空间存在着凝聚程度不同的炽热的气团。①

这种近代德国哲学在黑格尔的体系中完成了，在这个体系中，黑格尔第一次——这是他的伟大功绩——把整个自然的、历史的和精神的世界描写为一个过程，即把它描写为处在不断的运动、变化、转变和发展中，并企图揭示这种运动和发展的内在联系②。从这个观点来看，人类的历史已经不再是乱七八糟的、统统应当被这时已经成熟了的哲学理性的法庭所唾弃并最好尽快被人遗忘的毫无意义的暴力行为，而是人类本身的发展过程，而思维的任务现在就是要透过一切迷乱现象探索这一过程的逐步发展的阶段，并且透过一切表面的偶然性揭示这一过程的内在规律性。

黑格尔没有解决这个任务，这在这里没有多大关系。他的划时代的功绩是提出了这个任务。这不是任何个人所能解决的任务。虽然黑格尔和圣西门一样是当时最博学的人物，但是他毕竟受到了限制，首先是他自己的必然有限的知识的限制，其次是他那个时代的在广度和深度方面都同样有限的知识和见解的限制。但是，除此以外还有第三种限制。黑格尔是唯心主义者，就是说，在他看来，他头脑中的思想不是现实的事物和过程的或多或少抽象的反映，相反，在他看来，事物及其发展只是在世界出现以前已经在某个地方存在着的"观念"的现实化的反映。这样，一切都被头足倒置了，世界的现实联系完全被颠倒了。所以，不论黑格尔如何正确地和天才地把握了一些个别的联系，但由于上述原因，就是在细节上也有许多东西不能不是牵强的、造作的、虚构的，一句话，被歪曲的。黑格尔的体系作为体系来说，是一次巨大的流产，但也是这类流产中的最后一次。就是说，它还包含着一个无法解决的内在矛盾：一方面，它以历史的观点作为基本前提，即把人类的历史看做一个发展过程，这个过程按其本性来说在认识上是不能由于所谓绝对真理的发现而结束的；但是另一方面，它又硬说它自己就是这种绝对真理的化身。关于自然和历史的无所不包的、最终完成的认识体系，是同辩证思维的基本规律相矛盾的；但是，这样说决不排除，相反倒包含下面一点，即对整个外部世界的有系统的认识是可以一代一代地取得巨大进展的。

一旦了解到以往的德国唯心主义是完全荒谬的，那就必然导致唯物主义，但是要注意，并不是导致 18 世纪的纯粹形而上学的、完全机械的唯物主义。同那种以天真的革命

---

① 根据伊·康德的星云假说，太阳系是从原始星云（拉丁文：nebula——雾）发展而来的。康德在 1755 年柯尼斯堡和莱比锡出版的著作《自然通史和天体论，或根据牛顿原理试论宇宙的结构和机械起源》中阐述了这一假说。这本书是匿名出版的。皮·拉普拉斯关于太阳系的构成的假说最初是在法兰西共和四年（1796 年）在巴黎出版的《宇宙体系论》第 1—2 卷最后一章中阐述的。在他生前编好，死后即 1835 年出版的此书的最后一版（第 6 版）中，这个假说是在第七个注中阐述的。宇宙空间存在着类似康德—拉普拉斯星云假说所设想的原始星云的炽热的气团，是由英国天文学家威·哈金斯于 1864 年用光谱学方法证实的，他在天文学中广泛地运用了古·基尔霍夫和罗·本生在 1859 年发明的光谱分析法。恩格斯在这里参考了安·赛奇《太阳》1872 年不伦瑞克版第 787、789—790 页。

② 在《引论》的草稿中，对黑格尔哲学作了如下的描述："就哲学被看做是凌驾于其他一切科学之上的特殊科学来说，黑格尔体系是哲学的最后最完善的形式。全部哲学都随着这个体系没落了。但是留下的是辩证的思维方式以及关于自然的、历史的和精神的世界是一个无止境地运动着和转变着的、处在不断的生成和消逝过程中的世界的观点。现在不再向哲学，而是向一切科学提出这样的要求：在自己的特殊领域内揭示这个不断的转变过程的运动规律。而这就是黑格尔哲学留给它的继承者的遗产。"

精神简单地抛弃以往的全部历史的做法相反，现代唯物主义把历史看做人类的发展过程，而它的任务就在于发现这个过程的运动规律。无论在 18 世纪的法国人那里，还是在黑格尔那里，占统治地位的自然观都认为，自然界是一个沿着狭小的圆圈循环运动的、永远不变的整体，牛顿所说的永恒的天体和林耐所说的不变的有机物种也包含在其中。同这种自然观相反，现代唯物主义概括了自然科学的新近的进步，从这些进步来看，自然界同样也有自己的时间上的历史，天体和在适宜条件下生存在天体上的有机物种都是有生有灭的；至于循环，即使能够存在，其规模也要大得无比。在这两种情况下，现代唯物主义本质上都是辩证的，而且不再需要任何凌驾于其他科学之上的哲学了。一旦对每一门科学都提出要求，要它们弄清它们自己在事物以及关于事物的知识的总联系中的地位，关于总联系的任何特殊科学就是多余的了。于是，在以往的全部哲学中仍然独立存在的，就只有关于思维及其规律的学说——形式逻辑和辩证法。其他一切都归到关于自然和历史的实证科学中去了。

但是，自然观的这种变革只能随着研究工作提供相应的实证的认识材料而实现，而在这期间一些在历史观上引起决定性转变的历史事实却老早就发生了。1831 年在里昂发生了第一次工人起义[①]；在 1838—1842 年，第一次全国性的工人运动，即英国宪章派的运动[②]达到了高潮。无产阶级和资产阶级之间的阶级斗争一方面随着大工业的发展，另一方面随着资产阶级新近取得的政治统治的发展，在欧洲最先进的国家的历史中升到了重要地位。事实日益令人信服地证明，资产阶级经济学关于资本和劳动的利益一致、关于自由竞争必将带来普遍和谐和人民的普遍福利的学说完全是撒谎。[③] 所有这些事实都再也不能置之不理了，同样，作为这些事实的理论表现（虽然是极不完备的表现）的法国和英国的社会主义也不能再置之不理了。但是，旧的、还没有被排除掉的唯心主义历史观不知道任何基于物质利益的阶级斗争，而且根本不知道任何物质利益；生产和一切经济关系，在它那里只是被当做"文化史"的从属因素顺便提一下。

新的事实迫使人们对以往的全部历史作一番新的研究，结果发现：以往的全部历史，

---

① 1831 年初，法国丝织业中心里昂的工人掀起了一场以要求提高工价为主要目标的运动，工人多次举行集会、请愿、游行。10 月间，与包买商谈判达成最低工价协议。但随之在七月王朝商业大臣的支持下，包买商撕毁协议。1831 年 11 月 21 日，工人举行抗议示威，与军警发生冲突，随后转为自发的武装起义。

② 指宪章运动。宪章运动是 19 世纪 30—50 年代中期英国工人的政治运动，其口号是争取实施人民宪章。人民宪章要求实行普选权并为保障工人享有此项权利而创造种种条件。按照列宁所下的定义，宪章运动是"世界上第一次广泛的、真正群众性的、政治上已经成型的无产阶级革命运动"（见《列宁全集》中文第 2 版第 36 卷第 292 页）。宪章运动曾出现过三次高潮，其衰落的原因在于英国工商业垄断的加强、工人阶级政治上的不成熟，以及英国资产阶级用超额利润收买英国工人阶级上层（"工人贵族"），造成了英国工人阶级中机会主义倾向的增长，这种倾向增长的表现就是工联领袖放弃了对宪章运动的支持。

③ 在《引论》的草稿中，接着有下面一段话："在法国，1834 年的里昂起义也宣告了无产阶级反对资产阶级的斗争。英国和法国的社会主义理论获得了历史价值，并且也必然在德国引起反响和评论，虽然在德国，生产还只是刚刚开始摆脱小规模的经营。因此，现在与其说在德国还不如说在德国人中间形成的理论的社会主义，其全部材料都不得不是进口的……"

都是阶级斗争的历史①；这些互相斗争的社会阶级在任何时候都是生产关系和交换关系的产物，一句话，都是自己时代的经济关系的产物；因而每一时代的社会经济结构形成现实基础，每一个历史时期的由法的设施和政治设施以及宗教的、哲学的和其他的观念形式所构成的全部上层建筑，归根到底都应由这个基础来说明。这样一来，唯心主义从它的最后的避难所即历史观中被驱逐出去了，一种唯物主义的历史观被提出来了，用人们的存在说明他们的意识，而不是像以往那样用人们的意识说明他们的存在这样一条道路已经找到了。

可是，以往的社会主义同这种唯物主义历史观是不相容的，正如法国唯物主义的自然观同辩证法和近代自然科学不相容一样。以往的社会主义固然批判了现存的资本主义生产方式及其后果，但是，它不能说明这个生产方式，因而也就不能对付这个生产方式；它只能简单地把它当做坏东西抛弃掉。但是，问题在于：一方面应当说明资本主义生产方式的历史联系和它在一定历史时期存在的必然性，从而说明它灭亡的必然性；另一方面应当揭露这种生产方式的一直还隐蔽着的内在性质，因为以往的批判主要是针对有害的后果，而不是针对事物的进程本身。这已经由于剩余价值的发现而完成了。已经证明，无偿劳动的占有是资本主义生产方式和通过这种生产方式对工人进行的剥削的基本形式；即使资本家按照劳动力作为商品在商品市场上所具有的全部价值来购买他的工人的劳动力，他从这种劳动力榨取的价值仍然比他对这种劳动力的支付要多；这种剩余价值归根到底构成了有产阶级手中日益增加的资本量由以积累起来的价值量。这样就说明了资本主义生产和资本生产的过程。

这两个伟大的发现——唯物主义历史观和通过剩余价值揭开资本主义生产的秘密，都应当归功于马克思。由于这两个发现，社会主义变成了科学，现在首先要做的是对这门科学的一切细节和联系作进一步的探讨。

当欧根·杜林先生大叫大嚷地跳上舞台，宣布他在哲学、政治经济学和社会主义中已实行了全面的变革的时候，理论上的社会主义和已经死去的哲学方面的情形大体上就是这样。

现在我们来看看，杜林先生对我们许下了什么诺言，他又是怎样履行他的诺言的。

第一编　哲学
三　分类。先验主义

按照杜林先生的说法，哲学是对世界和生活的意识的最高形式的阐发，在更广的意义上说，还包括一切知识和意愿的原则②。……除了一切存在的基本形式，哲学只有两个真正的研究对象，即自然界和人类世界。这样：在我们的材料整理上就自然而

---

① 在《社会主义从空想到科学的发展》德文第一版（1883 年）中，恩格斯对这个原理作了如下更加确切的表述："以往的全部历史，除原始状态外，都是阶级斗争的历史。"（见《马克思恩格斯文集》第 3 卷第 544 页）

② 引文中加点处是马克思、恩格斯加着重号的地方。下同。

然地分成了三部分，这就是：一般的世界模式论，关于自然原则的学说，以及最后关于人的学说。在这个序列中，同时也包含某种内在的逻辑次序，因为适用于一切存在的那些形式的原则走在前面，而运用这些原则的对象性领域则按其从属次序跟在后面。

杜林先生就是这样说的，而且这里几乎完全是逐字逐句地引述的。

可见，他所谓的原则，就是从思维而不是从外部世界得来的那些形式的原则，这些原则应当被运用于自然界和人类，因而自然界和人类都应当适应这些原则。但是，思维从什么地方获得这些原则呢？从自身中吗？不，因为杜林先生自己说：纯粹观念的领域只限于逻辑模式和数学形式（而且我们将会看到，后者是错误的）。逻辑模式只能同思维形式有关系；但是这里所谈的只是存在的形式，外部世界的形式，思维永远不能从自身中，而只能从外部世界中汲取和引出这些形式。这样一来，全部关系都颠倒了：原则不是研究的出发点，而是它的最终结果；这些原则不是被应用于自然界和人类历史，而是从它们中抽象出来的；不是自然界和人类去适应原则，而是原则只有在符合自然界和历史的情况下才是正确的。这是对事物的唯一唯物主义的观点，而杜林先生的相反的观点是唯心主义的，它把事物完全头足倒置了，从思想中，从世界形成之前就久远地存在于某个地方的模式、方案或范畴中，来构造现实世界，这完全像一个叫做黑格尔的人的做法。

确实是这样。我们可以把黑格尔的《全书》[①] 以及它的全部热昏的胡话同杜林先生的最后的终极的真理对照一下。在杜林先生那里首先是一般的世界模式论，这在黑格尔那里称为逻辑学。其次，他们两人把这些模式或者说逻辑范畴应用于自然界，就是自然哲学；而最后，把它们应用于人类，就是黑格尔叫做精神哲学的东西。这样，杜林这套序列的"内在的逻辑次序"就"自然而然地"引导我们回到了黑格尔的《全书》，它如此忠实地抄袭《全书》，竟使黑格尔学派的永世流浪的犹太人柏林的米希勒教授[②]感激涕零。

如果完全自然主义地把"意识"、"思维"当做某种现成的东西，当做一开始就和存在、自然界相对立的东西，那么结果总是如此。如果这样，那么意识和自然，思维和存在，思维规律和自然规律如此密切地相适应，就非常奇怪了。可是，如果进一步问：究竟什么是思维和意识，它们是从哪里来的，那么就会发现，它们都是人脑的产物，而人本身是自然界的产物，是在自己所处的环境中并且和这个环境一起发展起来的；这里不言而喻，归根到底也是自然界产物的人脑的产物，并不同自然界的其他联系相矛盾，而是相适

---

① 《全书》指黑格尔的《哲学全书纲要》，该书第 1 部为《逻辑学》，第 2 部为《自然哲学》，第 3 部为《精神哲学》。黑格尔哲学的研究者将《全书》中的《逻辑学》称做《小逻辑》，以区别于黑格尔的另一部《逻辑学》，后者被称为《大逻辑》。

② 恩格斯称卡·米希勒为"黑格尔学派的永世流浪的犹太人"，显然是由于米希勒始终不渝地笃信被肤浅理解的黑格尔主义。例如，1876 年，米希勒开始出版五卷集的《哲学体系》，其总的结构完全是模仿黑格尔的《哲学全书纲要》。见卡·米希勒《作为精确科学的哲学体系（包括逻辑、自然哲学和精神哲学）》1876—1881 年第 1—5 卷。

应的。①

……

不言而喻，在这样的意识形态的基础上是不可能建立任何唯物主义学说的。我们以后会看到，杜林先生不得不一再把有意识的行动方式，即直截了当地叫做上帝的东西，硬塞给自然界。

此外，我们的现实哲学家把全部现实的基础从现实世界搬到思想世界，还有另一种动机。关于这种一般世界模式论、关于这种存在的形式原则的科学，正是杜林先生的哲学的基础。如果世界模式论不是从头脑中，而仅仅是通过头脑从现实世界中得来的，如果存在的原则是从实际存在的事物中得来的，那么为此我们所需要的就不是哲学，而是关于世界和世界中所发生的事情的实证知识；由此产生的也不是哲学，而是实证科学。但是这样一来，杜林先生的整部著作就是徒劳无益的东西了。

其次，既然这样的哲学已不再需要，那么任何体系，甚至哲学的自然体系也就不再需要了。关于自然界所有过程都处在一种系统联系中的认识，推动科学到处从个别部分和整体上去证明这种系统联系。但是，对这种联系作恰当的、毫无遗漏的、科学的陈述，对我们所处的世界体系形成精确的思想映象，这无论对我们还是对所有时代来说都是不可能的。如果在人类发展的某一时期，这种包括世界各种联系——无论是物质的联系还是精神的和历史的联系——的最终完成的体系建立起来了，那么，人的认识的领域就从此完结，而且从社会按照那个体系来安排的时候起，未来的历史的进一步发展就中断了，——这是荒唐的想法，是纯粹的胡说。这样人们就碰到一个矛盾：一方面，要毫无遗漏地从所有的联系中去认识世界体系；另一方面，无论是从人们的本性或世界体系的本性来说，这个任务是永远不能完全解决的。但是，这个矛盾不仅存在于世界和人这两个因素的本性中，而且还是所有智力进步的主要杠杆，它在人类的无限的前进发展中一天天不断得到解决，这正像某些数学课题在无穷级数或连分数中得到解答一样。事实上，世界体系的每一个思想映象，总是在客观上受到历史状况的限制，在主观上受到得出该思想映象的人的肉体状况和精神状况的限制。可是杜林先生一开始就宣布，他的思维方式是排除受主观主义限制的世界观的任何趋向的。我们在前面已经看到，杜林先生是无所不在的——在一切可能的天体上。现在我们又看到，他是无所不知的。他解决了科学的最终课题，从而封闭了一切科学走向未来的道路。

…………

四　世界模式论

…………

……第一，思维既把相互联系的要素联合为一个统一体，同样也把意识的对象分解为它们的要素。没有分析就没有综合。第二，思维，如果它不做蠢事的话，只能把这样一些意识的要素综合为一个统一体，在这些意识的要素中或者在它们的现实原型中，这个统一

---

① 1885 年准备出版《反杜林论》第二版时，恩格斯曾经打算在这个地方加一条注释，后来，他把这条注释的草稿（《关于现实世界中数学上的无限之原型》）收入《自然辩证法》。

体以前就已经存在了。如果我把鞋刷子综合在哺乳动物的统一体中，那它决不会因此就长出乳腺来。可见，存在的统一性，或者说把存在理解为一个统一体的根据，正是需要加以证明的；当杜林先生向我们保证，他认为存在是统一的而不是什么两重性的东西的时候，他无非是向我们发表他的无足轻重的意见罢了。

…………

当我们说到存在，并且仅仅说到存在的时候，统一性只能在于：我们所说的一切对象都是存在的、实有的。它们被综合在这种存在的统一性中，而不在任何别的统一性中；说它们都是存在的这个一般性论断，不仅不能赋予它们其他共同的或非共同的特性，而且暂时排除了对所有这些特性的考虑。因为只要我们离开存在是所有这些事物的共同点这一简单的基本事实，哪怕离开一毫米，这些事物的差别就开始出现在我们眼前。至于这些差别是否在于一些是白的，另一些是黑的，一些是有生命的，另一些是无生命的，一些是所谓此岸的，另一些是所谓彼岸的，那我们是不能根据把单纯的存在同样地加给一切事物这一点来作出判断的。

世界的统一性并不在于它的存在，尽管世界的存在是它的统一性的前提，因为世界必须先存在，然后才能是统一的。在我们的视野的范围之外，存在甚至完全是一个悬而未决的问题。世界的真正的统一性在于它的物质性，而这种物质性不是由魔术师的三两句话所证明的，而是由哲学和自然科学的长期的和持续的发展所证明的。

九 道德和法。永恒真理

……

人的思维是至上的吗？在我们回答"是"或"不是"以前，我们必须先研究一下：什么是人的思维。它是单个人的思维吗？不是。但是，它只是作为无数亿过去、现在和未来的人的个人思维而存在。如果我现在说，这种概括于我的观念中的所有这些人（包括未来的人）的思维是至上的，是能够认识现存世界的，只要人类足够长久地延续下去，只要在认识器官和认识对象中没有给这种认识规定界限，那么，我只是说了些相当陈腐而又相当无聊的空话。因为最可贵的结果就是使得我们对我们现在的认识极不信任，因为很可能我们还差不多处在人类历史的开端，而将来会纠正我们的错误的后代，大概比我们有可能经常以十分轻蔑的态度纠正其认识错误的前代要多得多。

杜林先生本人宣布下面这一点是一种必然性：意识，因而也包括思维和认识，都只能表现在一系列的个人中。我们能够说这些个人中的每一个人的思维具有至上性，这只是就这样一点而言的，即我们不知道有任何一种力量能够强制处在健康清醒状态的每一个人接受某种思想。但是，至于说到每一个人的思维所达到的认识的至上意义，那么我们大家都知道，它是根本谈不上的，而且根据到目前为止的一切经验看来，这些认识所包含的需要改善的东西，无例外地总是要比不需要改善的或正确的东西多得多。

换句话说，思维的至上性是在一系列非常不至上地思维着的人中实现的；拥有无条件的真理权的认识是在一系列相对的谬误中实现的；二者都只有通过人类生活的无限延续才能完全实现。

在这里，我们又遇到了在上面已经遇到过的矛盾①：一方面，人的思维的性质必然被看做是绝对的，另一方面，人的思维又是在完全有限地思维着的个人中实现的。这个矛盾只有在无限的前进过程中，在至少对我们来说实际上是无止境的人类世代更迭中才能得到解决。从这个意义来说，人的思维是至上的，同样又是不至上的，它的认识能力是无限的，同样又是有限的。按它的本性、使命、可能和历史的终极目的来说，是至上的和无限的；按它的个别实现情况和每次的现实来说，又是不至上的和有限的。

永恒真理的情况也是一样。如果人类在某个时候达到了只运用永恒真理，只运用具有至上意义和无条件真理权的思维成果的地步，那么人类或许就到达了这样的一点，在那里，知识世界的无限性就现实和可能而言都穷尽了，从而就实现了数清无限数这一著名的奇迹。

然而，不正是存在着如此确凿的、以致在我们看来表示任何怀疑都等于发疯的那种真理吗？二乘二等于四，三角形三内角的和等于两个直角，巴黎在法国，人不吃饭就会饿死，等等，这些不都是这种真理吗？这不就是说，还是存在着永恒真理，最后的终极的真理吗？

确实是这样。我们可以按照早已知道的方法把整个认识领域分成三大部分。第一个部分包括所有研究非生物界的并且或多或少能用数学方法处理的科学，即数学、天文学、力学、物理学、化学。如果有人喜欢对极简单的事物使用大字眼，那么也可以说，这些科学的某些成果是永恒真理，是最后的终极的真理，所以这些科学也叫做精密科学。然而决不是一切成果都是如此。由于变数的应用以及它的可变性被推广于无限小和无限大，一向非常循规蹈矩的数学犯了原罪；它吃了智慧果，这为它开辟了获得最大成就但也造成谬误的道路。……最后的终极的真理在这里随着时间的推移变得非常罕见了。

…………

第二类科学是研究活的有机体的科学。在这一领域中，展现出如此错综复杂的相互关系和因果联系，以致不仅每个已经解决的问题都引起无数的新问题，而且每一个问题也多半都只能一点一点地、通过一系列常常需要花几百年时间的研究才能得到解决；此外，对各种相互联系作系统理解的需要，总是一再迫使我们在最后的终极的真理的周围造起茂密的假说之林。……因此，谁想在这里确立确实是真正的不变的真理，那么他就必须满足于一些陈词滥调，如所有的人必定要死，所有的雌性哺乳动物都有乳腺等等；他甚至不能说，高等动物是靠胃和肠而不是靠头脑消化的，因为集中于头脑的神经活动对于消化是必不可少的。

但是，在第三类科学中，即在按历史顺序和现今结果来研究人的生活条件、社会关系、法的形式和国家形式及其由哲学、宗教、艺术等等组成的观念上层建筑的历史科学中，永恒真理的情况还更糟。……因此，在这里认识在本质上是相对的，因为它只限于了

---

① 见《马克思恩格斯文集》第9卷，人民出版社2009年版，第40页。

解只存在于一定时代和一定民族中的、而且按其本性来说是暂时的一定社会形式和国家形式的联系和结果。因此，谁要在这里猎取最后的终极的真理，猎取真正的、根本不变的真理，那么他是不会有什么收获的，除非是一些陈词滥调和老生常谈，例如，人一般地说不劳动就不能生活，人直到现在总是分为统治者和被统治者，拿破仑死于 1821 年 5 月 5 日，如此等等。

但是，值得注意的是：正是在这一领域，我们最常遇到所谓永恒真理，最后的终极的真理等等。宣布二乘二等于四，鸟有喙，或诸如此类的东西为永恒真理的，只是这样的人，他企图从永恒真理的存在得出结论：在人类历史的领域内也存在着永恒真理、永恒道德、永恒正义等等，它们要求具有同数学的认识和应用相似的适用性和有效范围。这时，我们可以准确地预料，这位人类的朋友一有机会就向我们声明：一切以往的永恒真理的制造者或多或少都是蠢驴和骗子，全都陷入谬误，犯了错误；但是他们的谬误和他们的错误的存在是合乎自然规律的，并且证明真理和合乎实际的东西掌握在他手里；而他这个现在刚出现的预言家在提包里带着已经准备好的最后的终极的真理，永恒道德和永恒正义。这一切已经出现过成百上千次，如果现在还有人竟如此轻率地认为，别人做不到这一点，只有他才能做到，那就不能不令人感到奇怪了。但是在这里，我们至少还遇到了这样一位预言家，他在别人否认任何个人能提供最后的终极的真理的时候，照例总是表现出高度的义愤。这样的否认，甚至单纯的怀疑，都是软弱状态、极端紊乱、虚无、比单纯的虚无主义更坏的腐蚀性怀疑、一片混乱以及诸如此类的可爱的东西。像所有的预言家那样，他也没有作批判性的科学的研究和判断，而只是直接进行道义上的谴责。

我们本来在上面还可以举出研究人的思维规律的科学，即逻辑学和辩证法。但是在这方面，永恒真理的情况也不见得好些。杜林先生把本来意义的辩证法宣布为纯粹的无稽之谈，而已经写成的和现在还在写的关于逻辑学的许多书籍充分证明，在这里播下的最后的终极的真理也远比有些人所想的要稀少得多。

此外，我们根本不用担心我们现在所处的认识阶段和先前的一切阶段一样都不是最后的。这一阶段已经包括大量的认识材料，并且要求每一个想在任何专业内成为内行的人进行极深刻的专门研究。但是认识就其本性而言，或者对漫长的世代系列来说是相对的而且必然是逐步趋于完善的，或者就像在天体演化学、地质学和人类历史中一样，由于历史材料不足，甚至永远是有缺陷的和不完善的，而谁要以真正的、不变的、最后的终极的真理的标准来衡量认识，那么，他只是证明他自己的无知和荒谬，即使真正的动机并不像在这里那样是要求个人不犯错误。真理和谬误，正如一切在两极对立中运动的逻辑范畴一样，只是在非常有限的领域内才具有绝对的意义；这一点我们刚才已经看到了，即使是杜林先生，只要他稍微知道一点正是说明一切两极对立的不充分性的辩证法的初步知识，他也会知道的。只要我们在上面指出的狭窄的领域之外应用真理和谬误的对立，这种对立就变成相对的，因而对精确的科学的表达方式来说就是无用的；但是，如果我们企图在这一领域之外把这种对立当做绝对有效的东西来应用，那我们就会完全遭到失败；对立的两极都向自己的对立面转化，真理变成谬误，谬误变成真理。……可见，关于最后的终极的真理，例如在物理学上，情况就是这样。因此，真正科学的著作照例要避免使用像谬误和真理这种教条式的道德的说法，而这种说法我们在现实哲学这样的著作中到处可以碰到，这种著作想强迫我们把空空洞洞的信口胡说当做至上的思维的至上的结论来接受。

…………

如果说，在真理和谬误的问题上我们没有什么前进，那么在善和恶的问题上就更没有前进了。这一对立完全是在道德领域中，也就是在属于人类历史的领域中运动，在这里播下的最后的终极的真理恰恰是最稀少的。善恶观念从一个民族到另一个民族、从一个时代到另一个时代变更得这样厉害，以致它们常常是互相直接矛盾的。但是，如果有人反驳说，无论如何善不是恶，恶不是善；如果把善恶混淆起来，那么一切道德都将完结，而每个人都将可以为所欲为了。杜林先生的意见，只要除去一切隐晦玄妙的词句，就是这样的。但是问题毕竟不是这样简单地解决的。如果事情真的这样简单，那么关于善和恶就根本不会有争论了，每个人都会知道什么是善，什么是恶。但是今天的情形是怎样的呢？今天向我们宣扬的是什么样的道德呢？首先是由过去信教时代传下来的基督教的封建的道德，这种道德主要又分成天主教的和新教的道德，其中又不乏不同分支，从耶稣会①天主教的和正统新教的道德，直到松弛的启蒙的道德。和这些道德并列的，有现代资产阶级的道德，和资产阶级道德并列的，又有未来的无产阶级道德，所以仅仅在欧洲最先进国家中，过去、现在和将来就提供了三大类同时和并列地起作用的道德论。哪一种是合乎真理的呢？如果就绝对的终极性来说，哪一种也不是；但是，现在代表着现状的变革、代表着未来的那种道德，即无产阶级道德，肯定拥有最多的能够长久保持的因素。

但是，如果我们看到，现代社会的三个阶级即封建贵族、资产阶级和无产阶级都各有自己的特殊的道德，那么我们由此只能得出这样的结论：人们自觉地或不自觉地，归根到底总是从他们阶级地位所依据的实际关系中——从他们进行生产和交换的经济关系中，获得自己的伦理观念。

但是在上述三种道德论中还是有一些对所有这三者来说都是共同的东西——这不至少就是一成不变的道德的一部分吗？——这三种道德论代表同一历史发展的三个不同阶段，所以有共同的历史背景，正因为这样，就必然有许多共同之处。不仅如此，对同样的或差不多同样的经济发展阶段来说，道德论必然是或多或少地互相一致的。从动产的私有制发展起来的时候起，在一切存在着这种私有制的社会里，道德戒律一定是共同的：切勿偷盗②。这个戒律是否因此而成为永恒的道德戒律呢？绝对不会。在偷盗动机已被消除的社会里，就是说在随着时间的推移顶多只有精神病患者才会偷盗的社会里，如果一个道德说教者想庄严地宣布一条永恒真理：切勿偷盗，那他将会遭到什么样的嘲笑啊！

因此，我们拒绝想把任何道德教条当做永恒的、终极的、从此不变的伦理规律强加给我们的一切无理要求，这种要求的借口是，道德世界也有凌驾于历史和民族差别之上的不

---

① 耶稣会是天主教的修会之一，以对抗宗教改革运动为宗旨。耶稣会会士以各种形式渗入社会各阶层进行活动，为达到目的而不择手段，在欧洲声誉不佳。

② 参看《旧约全书·出埃及记》第20章第15节和《旧约全书·申命记》第5章第19节。

变的原则。相反，我们断定，一切以往的道德论归根到底都是当时的社会经济状况的产物。而社会直到现在是在阶级对立中运动的，所以道德始终是阶级的道德；它或者为统治阶级的统治和利益辩护，或者当被压迫阶级变得足够强大时，代表被压迫者对这个统治的反抗和他们的未来利益。没有人怀疑，在这里，在道德方面也和人类认识的所有其他部门一样，总的说是有过进步的。但是我们还没有越出阶级的道德。只有在不仅消灭了阶级对立，而且在实际生活中也忘却了这种对立的社会发展阶段上，超越阶级对立和超越对这种对立的回忆的、真正人的道德才成为可能。现在可以去评价杜林先生的自我吹嘘了。他竟在旧的阶级社会中要求在社会革命的前夜把一种永恒的、不以时间和现实变化为转移的道德强加给未来的无阶级的社会！我们姑且假定他对这种未来社会的结构至少是有概略了解的，——这一点我们直到现在还不知道。

············

十　道德和法。平等

我们已经不止一次地领教了杜林先生的方法。他的方法就是：把每一类认识对象分解成它们的所谓最简单的要素，把同样简单的所谓不言而喻的公理应用于这些要素，然后再进一步运用这样得出的结论。……

············

虽然我们关于杜林先生对平等观念的浅薄而拙劣的论述已经谈完，但是我们对平等观念本身的论述没有因此结束，这一观念特别是通过卢梭起了一种理论的作用，在大革命中和大革命之后起了一种实际的政治的作用，而今天在差不多所有国家的社会主义运动中仍然起着巨大的鼓动作用。这一观念的科学内容的确立，也将确定它对无产阶级鼓动的价值。

一切人，作为人来说，都有某些共同点，在这些共同点所及的范围内，他们是平等的，这样的观念自然是非常古老的。但是现代的平等要求与此完全不同；这种平等要求更应当是从人的这种共同特性中，从人就他们是人而言的这种平等中引申出这样的要求：一切人，或至少是一个国家的一切公民，或一个社会的一切成员，都应当有平等的政治地位和社会地位。要从这种相对平等的原始观念中得出国家和社会中的平等权利的结论，要使这个结论甚至能够成为某种自然而然的、不言而喻的东西，必然要经过而且确实已经经过几千年。在最古老的自然形成的公社中，最多只谈得上公社成员之间的平等权利，妇女、奴隶和外地人自然不在此列。在希腊人和罗马人那里，人们的不平等的作用比任何平等要大得多。如果认为希腊人和野蛮人、自由民和奴隶、公民和被保护民、罗马的公民和罗马的臣民（该词是在广义上使用的），都可以要求平等的政治地位，那么这在古代人看来必定是发了疯。在罗马帝国时期，所有这些区别，除自由民和奴隶的区别外，都逐渐消失了；这样，至少对自由民来说产生了私人的平等，在这种平等的基础上罗马法发展起来了，它是我们所知道的以私有制为基础的法的最完备形式。但是只要自由民和奴隶之间的对立还存在，就谈不上从一般人的平等得出的法的结论，这一点我们不久前在北美合众国各蓄奴州里还可以看得到。

基督教只承认一切人的一种平等，即原罪的平等，这同它曾经作为奴隶和被压迫者的宗教的性质是完全适合的。此外，基督教至多还承认上帝的选民的平等，但是这种平等只是在开始时才被强调过。在新宗教的最初阶段同样可以发现财产共有的痕迹，这与其说是来源于真正的平等观念，不如说是来源于被迫害者的团结。僧侣和俗人对立的确立，很快就使这种基督教平等的萌芽也归于消失。——日耳曼人在西欧的横行，逐渐建立了空前复杂的社会的和政治的等级制度，从而在几个世纪内消除了一切平等观念，但是同时使西欧和中欧卷入了历史的运动，在那里第一次创造了一个牢固的文化区域，并在这个区域内第一次建立了一个由互相影响和互相防范的、主要是民族国家所组成的体系。这样就准备了一个基础，后来只是在这个基础上才有可能谈人的平等和人权的问题。

此外，在封建的中世纪的内部孕育了这样一个阶级，这个阶级在它进一步的发展中，注定成为现代平等要求的代表者，这就是资产阶级。资产阶级本身最初是一个封建等级，当 15 世纪末海上航路的伟大发现为它开辟了一个新的更加广阔的活动场所时，它使封建社会内部的主要靠手工进行的工业和产品交换发展到比较高的水平。欧洲以外的、以前只在意大利和黎凡特①之间进行的贸易，这时已经扩大到了美洲和印度，就重要性来说，很快就超过了欧洲各国之间的和每个国家内部的交换。美洲的黄金和白银在欧洲泛滥起来，它好似一种瓦解因素渗入封建社会的一切罅隙、裂缝和细孔。手工业生产不再能满足日益增长的需要；在最先进的国家的主要工业部门里，手工业生产为工场手工业代替了。

可是社会的政治结构决不是紧跟着社会经济生活条件的这种剧烈的变革立即发生相应的改变。当社会日益成为资产阶级社会的时候，国家制度仍然是封建的。大规模的贸易，特别是国际贸易，尤其是世界贸易，要求有自由的、在行动上不受限制的商品占有者，他们作为商品占有者是有平等权利的，他们根据对他们所有人来说都平等的、至少在当地是平等的权利进行交换。从手工业向工场手工业转变的前提是，有一定数量的自由工人（所谓自由，一方面是他们摆脱了行会的束缚，另一方面是他们失去了自己使用自己劳动力所必需的资料），他们可以和厂主订立契约出租他们的劳动力，因而作为缔约的一方是和厂主权利平等的。最后，一切人类劳动由于而且只是由于都是一般人类劳动而具有的等同性和同等意义②，在现代资产阶级经济学的价值规律中得到了自己的不自觉的，但最强烈的表现，根据这一规律，商品的价值是由其中所包含的社会必要劳动来计量的③。——但是，在经济关系要求自由和平等权利的地方，政治制度却每一步都以行会束缚和各种特权同它对抗。地方特权、差别关税以及各种各样的特别法令，不仅在贸易方面打击外国人或殖民地居民，而且还时常打击本国的各类国民；行会特权处处和时时都一再阻挡着工场手工业发展的道路。无论在哪里，道路都不是自由通行的，对资产阶级竞争者来说机会都不是平等的，而自由通行和机会平等是首要的和愈益迫切的要求。

社会的经济进步一旦把摆脱封建桎梏和通过消除封建不平等来确立权利平等的要求提

---

① 地中海东岸诸国的旧称。

② 参看马克思《资本论》第 1 卷，《马克思恩格斯文集》第 5 卷第 70—75 页。

③ 从资产阶级社会的经济条件中这样推导出现代平等观念，首先是由马克思在《资本论》中作出的。

上日程，这种要求就必定迅速地扩大其范围。只要为工业和商业的利益提出这一要求，就必须为广大农民要求同样的平等权利。农民遭受着从十足的农奴制开始的各种程度的奴役，他们必须把自己绝大部分的劳动时间无偿地献给仁慈的封建领主，此外，还得向领主和国家交纳无数的贡税。另一方面，也不能不要求废除封建特惠、贵族免税权以及个别等级的政治特权。由于人们不再生活在像罗马帝国那样的世界帝国中，而是生活在那些相互平等地交往并且处在差不多相同的资产阶级发展阶段的独立国家所组成的体系中，所以这种要求就很自然地获得了普遍的、超出个别国家范围的性质，而自由和平等也很自然地被宣布为人权。这种人权的特殊资产阶级性质的典型表现是美国宪法，它最先承认了人权，同时确认了存在于美国的有色人种奴隶制：阶级特权不受法律保护，种族特权被神圣化。

可是大家知道，从资产阶级由封建时代的市民等级破茧而出的时候起，从中世纪的等级转变为现代的阶级的时候起，资产阶级就由它的影子即无产阶级不可避免地一直伴随着。同样地，资产阶级的平等要求也由无产阶级的平等要求伴随着。从消灭阶级特权的资产阶级要求提出的时候起，同时就出现了消灭阶级本身的无产阶级要求——起初采取宗教的形式，借助于原始基督教，以后就以资产阶级的平等理论本身为依据了。无产阶级抓住了资产阶级所说的话，指出：平等应当不仅仅是表面的，不仅仅在国家的领域中实行，它还应当是实际的，还应当在社会的、经济的领域中实行。尤其是从法国资产阶级自大革命开始把公民的平等提到重要地位以来，法国无产阶级就针锋相对地提出社会的、经济的平等的要求，这种平等成了法国无产阶级所特有的战斗口号。

因此，无产阶级所提出的平等要求有双重意义。或者它是对明显的社会不平等，对富人和穷人之间、主人和奴隶之间、骄奢淫逸者和饥饿者之间的对立的自发反应——特别是在初期，例如在农民战争中，情况就是这样；它作为这种自发反应，只是革命本能的表现，它在这里，而且仅仅在这里找到自己被提出的理由。或者它是从对资产阶级平等要求的反应中产生的，它从这种平等要求中吸取了或多或少正当的、可以进一步发展的要求，成了用资本家本身的主张发动工人起来反对资本家的鼓动手段；在这种情况下，它是和资产阶级平等本身共存亡的。在上述两种情况下，无产阶级平等要求的实际内容都是消灭阶级的要求。任何超出这个范围的平等要求，都必然要流于荒谬。我们已经举出了关于这方面的例子，当我们转到杜林先生关于未来的幻想时，我们还会发现更多的这类例子。

可见，平等的观念，无论以资产阶级的形式出现，还是以无产阶级的形式出现，本身都是一种历史的产物，这一观念的形成，需要一定的历史条件，而这种历史条件本身又以长期的以往的历史为前提。所以，这样的平等观念说它是什么都行，就不能说它是永恒的真理。如果它现在对广大公众来说——在这种或那种意义上——是不言而喻的，如果它像马克思所说的，"已经成为国民的牢固的成见"①，那么这不是由于它具有公理式的真理性，而是由于18世纪的思想得到普遍传播和仍然合乎时宜。……

---

① 见马克思《资本论》第1卷，《马克思恩格斯文集》第5卷第75页。恩格斯在《反杜林论》中引用的是《资本论》第一卷德文第二版，只是在为出版《反杜林论》第三版而修改第二编第十章时，才引用了《资本论》第一卷德文第三版。因此，《反杜林论》中《资本论》的有些引文与现在通行的《资本论》德文第四版的文字略有差异。

十一 道德和法。自由和必然

············

如果不谈所谓自由意志、人的责任能力、必然和自由的关系等问题，就不能很好地议论道德和法的问题。现实哲学对这一问题的解答，不仅有一个，而且甚至有两个。

> "人们用来代替一切伪自由学说的，是这样一种关系的合乎经验的特性，在这种关系中，一方面是理性的认识，另方面是本能的冲动，双方似乎联成一个合力。动力学的这种基本事实应当从观察中取得，而且为了对尚未发生的事情进行预测，要按照性质和大小尽可能地作出一般的估计。这样，几千年来人们为之费尽心机的关于内在自由的愚蠢幻想不仅被彻底扫除，而且还被生活的实际安排所需要的某种积极的东西所代替。"

根据这种看法，自由是在于：理性的认识把人拉向右边，非理性的冲动把人拉向左边，而在这样的力的平行四边形中，真正的运动就按对角线的方向进行。这样说来，自由就是认识和冲动、知性和非知性之间的平均值，而在每一个人身上，这种自由的程度，用天文学的术语来说，可以根据经验用"人差"① 来确定。但是在几页以后，杜林先生又说：

> "我们把道德责任建立在自由上面，但是这种自由在我们看来，只不过是按照先天的和后天的知性对自觉动机的感受。所有这样的动机，尽管会觉察到行动中可能出现对立，总是以不可回避的自然规律性起着作用；但是，当我们应用道德杠杆时，我们正是估计到了这种不可回避的强制。"

这第二个关于自由的定义随随便便地就给了第一个定义一记耳光，它又只是对黑格尔观念的极端庸俗化。黑格尔第一个正确地叙述了自由和必然之间的关系。在他看来，自由是对必然的认识。"必然只有在它没有被理解时才是盲目的。"② 自由不在于幻想中摆脱自然规律而独立，而在于认识这些规律，从而能够有计划地使自然规律为一定的目的服务。这无论对外部自然的规律，或对支配人本身的肉体存在和精神存在的规律来说，都是一样的。这两类规律，我们最多只能在观念中而不能在现实中把它们互相分开。因此，意志自由只是借助于对事物的认识来作出决定的能力。因此，人对一定问题的判断越是自由，这个判断的内容所具有的必然性就越大；而犹豫不决是以不知为基础的，它看来好像是在许多不同的和相互矛盾的可能的决定中任意进行选择，但恰好由此证明它的不自由，证明它被正好应该由它支配的对象所支配。因此，自由就在于根据对自然界的必然性的认识来支

---

① 人差指确定天体通过已知平面瞬间的系统误差，这种误差是以观察员的心理生理特点和记录天体通过时刻的方式为转移的。

② 见黑格尔《哲学全书纲要》第 1 部（即《小逻辑》）第 147 节附释。

配我们自己和外部自然；因此它必然是历史发展的产物。最初的、从动物界分离出来的人，在一切本质方面是和动物本身一样不自由的；但是文化上的每一个进步，都是迈向自由的一步。在人类历史的初期，发现了从机械运动到热的转化，即摩擦生火；在到目前为止的发展的末期，发现了从热到机械运动的转化，即蒸汽机。而尽管蒸汽机在社会领域中实现了巨大的解放性的变革——这一变革还没有完成一半——，但是毫无疑问，就世界性的解放作用而言，摩擦生火还是超过了蒸汽机，因为摩擦生火第一次使人支配了一种自然力，从而最终把人同动物界分开。蒸汽机永远不能在人类的发展中引起如此巨大的飞跃，尽管在我们看来，蒸汽机确实是所有那些以它为依靠的巨大生产力的代表，唯有借助于这些生产力，才有可能实现这样一种社会状态，在这里不再有任何阶级差别，不再有任何对个人生活资料的忧虑，并且第一次能够谈到真正的人的自由，谈到那种同已被认识的自然规律和谐一致的生活。但是，整个人类历史还多么年轻，硬说我们现在的观点具有某种绝对的意义，那是多么可笑，这一点从下述的简单的事实中就可以看到：到目前为止的全部历史，可以称为从实际发现机械运动转化为热到发现热转化为机械运动这样一段时间的历史。

当然，杜林先生对历史的看法是不同的。一般说来，历史作为谬误的历史、无知和野蛮的历史、暴力和奴役的历史，是现实哲学所厌恶的一个对象，但是具体说来，历史被分为两大段落：（1）从物质的自身等同的状态到法国革命，（2）从法国革命到杜林先生；在这里，

> 19世纪"在实质上还是反动的，在精神方面，它甚至比18世纪还更加这样<! >"。虽然如此，它已经孕育着社会主义，因而也孕育着"比法国革命的先驱们和英雄们所臆想的<! >更加巨大的变革的萌芽"。

现实哲学对于到目前为止的历史的蔑视，是以下述议论为理由的：

> "如果想到未来的那些千年的系列，那么要靠原始记载来作历史回忆的那很少的几个千年，连同这期间的以往人类状态，……人类作为整体来说，还很年轻，如果有朝一日科学的回忆不是以千年而是以万年来计算，那么，我们的制度在精神上不成熟的幼稚状态，对于以后将被视为太古时代的我们的时代来说，将具有无可争辩的意义，不言而喻的前提。"

我们不去推敲最后一句话的真正"天然的语言形式"，我们仅仅指出下面两点：第一，这个"太古时代"在一切情况下，对一切未来的世代来说，总还是一个极有趣的历史时期，因为它建立了全部以后的更高的发展的基础，因为它以人从动物界分离出来为出发点，并且以克服将来联合起来的人们永远不会再遇到的那些困难为内容。第二，同这个太古时代相比，未来的、不再为这些困难和障碍所妨碍的历史时期，将有空前的科学、技术和社会的成果，所以，选择这个太古时代的终结作为一个时机，以便利用在我们这个十分"落后"和"退步"的世纪的精神上不成熟的幼稚状态的基础上所发现的最后的终极的真

理、不变的真理和根底深厚的概念，来为这些未来的千年制定种种规范，这无论如何是非常奇怪的。人们只有成为哲学上的理查·瓦格纳（但没有瓦格纳那样的才能），才看不到：对于到目前为止的历史发展的这一切蔑视，同样非常适用于这个历史发展的所谓最后成果，即所谓现实哲学。

......

（选自《马克思恩格斯文集》第 9 卷，人民出版社 2009 年版，第 7—30，37—47，89—122 页）

恩格斯《自然辩证法》

一、研读提示

19 世纪 70 年代之后，自然科学获得了长足的发展，一些自然科学家由于缺乏唯物主义的立场，陷入到唯心主义之中；与此同时，无产阶级运动的发展，迫切需要科学总结自然科学的新成果，形成关于世界的科学观念。马克思、恩格斯非常关注自然科学的发展进程，同时，在他们的分工合作中，恩格斯更加关注这方面的研究。1873 年恩格斯就有了写作《自然辩证法》的宏大计划。《自然辩证法》的写作过程大致可分为两个时期，从计划写作到 1876 年 5 月为第一时期，恩格斯在这一时期收集材料并完成了片断的大部分和导言；从 1878 年 7 月到 1882 年 11 月为第二时期，恩格斯在这一时期拟定了具体写作计划，完成了几乎所有的论文和相当数量的片断。马克思逝世之后，恩格斯将主要精力转到了《资本论》的编辑与出版上，《自然辩证法》没有最终完成。1925 年，《自然辩证法》以德文和俄译文对照的形式全文发表，载于《马克思恩格斯文库》第 2 卷。

《自然辩证法》作为恩格斯的主要哲学著作之一，是马克思主义自然观的新探索，深刻阐述了辩证唯物主义的自然观、认识论，辩证法的基本原理和一般规律，提出了劳动在从猿到人的转变过程中起决定作用的思想，以及人与自然、社会的关系，不仅开了自然辩证法研究的先河，而且为马克思主义哲学体系的建构奠定了更加坚实的基础。其由 10 篇大致完成的论文、169 个札记和片断以及两个计划草案构成，内容十分丰富。根据恩格斯为《自然辩证法》拟订的"1878 年的计划"，可分为五个部分，一是"历史导论"，主要是"导言"，阐述了自然科学发展的历史，论证了辩证唯物主义自然观创立的必然性；二是"黑格尔以来的理论发展进程。哲学和自然科学"，说明哲学对自然科学的指导作用；三是"辩证法作为科学"，阐述了辩证法的基本规律和范畴，并依据自然科学材料进行了论证；四是"物质的运动形式以及各门科学的联系"和"各门科学的辩证内容"，阐述了各门自然科学研究对象和理论内容的辩证法；五是"自然界和社会"，主要是《劳动在从猿到人的转变中的作用》，提出了"劳动创造了人本身"的思想，论述了人（社会）和自然相互作用的原理。

二、原著研读

弗·恩格斯

自然辩证法（节选）

［导言］

现代的自然研究不同于古代人的天才的自然哲学的直觉，也不同于阿拉伯人的非常重要的、但是零散的并且大部分都无果而终的发现，它是唯一得到科学的、系统的、全面的发展的自然研究——现代的自然研究同整个近代史一样，发端于这样一个伟大的时代，这个时代，我们德国人根据我们当时所遭遇的民族不幸称之为宗教改革，法国人称之为文艺复兴，而意大利人则称之为 16 世纪，但这些名称没有一个能把这个时代充分地表达出来。这个时代是从 15 世纪下半叶开始的。王权依靠市民摧毁了封建贵族的权力，建立了巨大的、实质上以民族为基础的君主国，而现代的欧洲国家和现代的资产阶级社会就在这种君主国里发展起来；当市民和贵族还在互相争斗时，德国农民战争就预告了未来的阶级斗争，因为德国农民战争不仅把起义的农民引上了舞台——这已经不是什么新鲜事了——，而且在农民之后，把现代无产阶级的先驱也引上了舞台，他们手持红旗，高喊财产公有的要求。拜占庭灭亡时抢救出来的手稿，罗马废墟中发掘出来的古代雕像，在惊讶的西方面前展示了一个新世界——希腊古代；在它的光辉的形象面前，中世纪的幽灵消逝了；意大利出现了出人意料的艺术繁荣，这种艺术繁荣好像是古典古代的反照，以后就再也不曾达到过。在意大利、法国、德国都产生了新的文学，即最初的现代文学；英国和西班牙跟着很快进入了自己的古典文学时代。旧世界的界限被打破了；直到这个时候才真正发现了地球，奠定了以后的世界贸易以及从手工业过渡到工场手工业的基础，而工场手工业则构成现代大工业的起点。教会的精神独裁被摧毁了，日耳曼语各民族大部分都直截了当地抛弃了它，接受了新教，同时，在罗曼语各民族那里，一种从阿拉伯人那里吸收过来并从新发现的希腊哲学那里得到营养的开朗的自由思想，越来越深地扎下了根，为 18 世纪的唯物主义作了准备。

这是人类以往从来没有经历过的一次最伟大的、进步的变革，是一个需要巨人并且产生了巨人的时代，那是一些在思维能力、激情和性格方面，在多才多艺和学识渊博方面的巨人。给资产阶级的现代统治打下基础的人物，决没有市民局限性。相反，这些人物都不同程度地体现了那种勇于冒险的时代特征。那时，几乎没有一个著名人物不曾作过长途的旅行，不会说四五种语言，不在好几个专业上放射出光芒。莱奥纳多·达·芬奇不仅是大画家，而且也是大数学家、力学家和工程师，他在物理学的各种不同分支中都有重要的发现。阿尔布雷希特·丢勒是画家、铜版雕刻家、雕塑家、建筑师，此外还发明了一种筑城学体系，这种筑城学体系已经包含了一些在很久以后又被蒙塔朗贝尔和近代德国筑城学采用的观念。马基雅弗利是政治家、历史编纂学家、诗人，同时又是第一个值得一提的近代军事著作家。路德不但清扫了教会这个奥吉亚斯的牛圈，而且也清扫了德国语言这个奥吉亚斯的牛圈，创造了现代德国散文，并且创作了成为 16 世纪《马赛曲》的充满胜利信心的赞美诗的词和曲。① 那个时代的英雄们还没有成为分工的奴隶，而分工所产生的限制人的、使人片面化的影响，在他们的后继者那里我们是常常看到的。而尤其突出的是，他们几乎全都置身于时代运动中，在实际斗争中意气风发，站在这一方面或那一方面进行斗争，有人用舌和笔，有人用剑，有些人则两者并用。因此他们具有成为全面的人的那种性格上的丰富和力量。书斋里的学者是例外：他们不是二流或三流的人物，就是唯恐烧着自己手指的小心翼翼的庸人。

自然研究当时也在普遍的革命中发展着，而且它本身就是彻底革命的，因为它必须为争取自己的生存权利而斗争。自然研究同开创了近代哲学的意大利伟大人物携手并进，并使自己的殉道者被送到火刑场和宗教裁判所的牢狱。值得注意的是，新教徒在迫害自由的自然研究方面超过了天主教徒。塞尔维特正要发现血液循环过程的时候，加尔文便烧死了他，而且还活活地把他烤了两个钟头；而宗教裁判所则只是满足于直截了当地烧死乔尔丹诺·布鲁诺。

自然研究通过一个革命行动宣布了自己的独立，仿佛重演了路德焚毁教谕的行动，这个革命行动就是哥白尼那本不朽著作的出版，他用这本著作向自然事物方面的教会权威提出了挑战，虽然他当时还有些胆怯，而且可以说直到临终之际才采取了这一行动。从此自然研究便开始从神学中解放出来，尽管彼此间一些不同主张的争论一直延续到现在，而且在许多人的头脑中还远没有得到解决。但是科学的发展从此便大踏步地前进，而且很有力量，可以说同从其出发点起的（时间）距离的平方成正比。这种发展仿佛要向世界证明：从此以后，对有机物的最高产物即人的精神起作用的，是一种和无机物的运动规律正好相反的运动规律。

在自然科学的这一刚刚开始的最初时期，主要工作是掌握现有的材料。……

然而，这个时期的突出特征是形成了一种独特的总观点，其核心就是自然界绝对不变的看法。不管自然界本身是怎样产生的，只要它一旦存在，那么它在存在的时候就总是这个样子。……自然界中的任何变化、任何发展都被否定了。开初那样革命的自然科学，突然面对着一个彻头彻尾保守的自然界，在这个自然界中，今天的一切都和一开始的时候一模一样，而且直到世界末日或万古永世，一切都仍将和一开始的时候一模一样。

18 世纪上半叶的自然科学在知识上，甚至在材料的整理上大大超过了希腊古代，但是在以观念形式把握这些材料上，在一般的自然观上却大大低于希腊古代。在希腊哲学家看来，世界在本质上是某种从混沌中产生出来的东西，是某种发展起来的东西、某种生成的东西。在我们所探讨的这个时期的自然科学家看来，世界却是某种僵化的东西、某种不变的东西，而在他们中的大多数人看来，是某种一下子就造成的东西。科学还深深地禁锢在

---

① 路德通过翻译圣经创造了现代德国散文，促进了德国语言的发展。路德翻译的圣经第一个全译本于 1534 年在维滕贝格出版。路德的赞美诗《我们的主是坚固堡垒》被海涅称赞为"宗教改革的马赛曲"（《德国的宗教和哲学史》第 2 册）。恩格斯在 1885 年 5 月 15 日给海·施留特尔的信中也用了海涅的这句话。

神学之中。它到处寻找，并且找到了一种不能从自然界本身来解释的外来的推动作为最后的原因。……这时的自然科学所达到的最高的普遍的思想，是关于自然界的安排的合目的性的思想，是浅薄的沃尔弗式的目的论，根据这种理论，猫被创造出来是为了吃老鼠，老鼠被创造出来是为了给猫吃，而整个自然界被创造出来是为了证明造物主的智慧。当时的哲学博得的最高荣誉就是：它没有被同时代的自然知识的狭隘状况引入迷途，它——从斯宾诺莎一直到伟大的法国唯物主义者——坚持从世界本身来说明世界，并把细节的证明留给未来的自然科学。

我把18世纪的唯物主义者也算入这个时期，因为除了上面所叙述的，再也没有其他的自然科学材料可供他们利用。康德的划时代的著作①对于他们依然是一个秘密，而拉普拉斯在他们以后很久才出现。我们不要忘记：这种陈旧的自然观，虽然由于科学的进步而显得漏洞百出，但是它仍然统治了19世纪的整个上半叶②，并且一直到现在，所有学校里主要还在讲授它。③

在这种僵化的自然观上打开第一个突破口的，不是一位自然科学家，而是一位哲学家。1755年，康德的《自然通史和天体论》出版。关于第一推动的问题被排除了；地球和整个太阳系表现为某种在时间的进程中生成的东西。如果大多数自然科学家对于思维并不像牛顿在"物理学，当心形而上学啊！"④这个警告中那样表现出厌恶，那么他们一定会从康德的这个天才发现中得出结论，从而避免无穷无尽的弯路，省去在错误方向上浪费的无法估算的时间和劳动，因为在康德的发现中包含着一切继续进步的起点。如果地球是某种生成的东西，那么它现在的地质的、地理的和气候的状况，它的植物和动物，也一定是某种生成的东西，它不仅在空间中必然有彼此并列的历史，而且在时间上也必然有前后相继的历史。如果当时立即沿着这个方向坚决地继续研究下去，那么自然科学现在就会大大超过它目前的水平。但是哲学能够产生什么成果呢？康德的著作没有产生直接的成果，

----

① 伊·康德的划时代的著作指康德于1755年在柯尼斯堡和莱比锡匿名出版的著作《自然通史和天体论，或根据牛顿原理试论宇宙的结构和机械起源》，康德在这部著作中提出了星云假说。

② 恩格斯在此处页边上写着："旧自然观的知识，为把全部自然科学概括为一个整体提供了基础：法国的百科全书派还是纯粹机械地进行罗列，后来圣西门和由黑格尔完成的德国自然哲学同时做过这方面的工作。"

③ 有一个人以自己的科学成就提供了排除上述观点的极其重要的材料，可是直到1861年，这个人居然还毫不动摇地相信这种观点，下面这段典型的表述就是证明：

"我们的太阳系的所有安排，就我们所能观察到的而言，就是为了保持现存的东西，保持其长久不变。正如从远古以来，地球上的任何一种动物，任何一种植物，都没有变得更完善些，或者说根本就没有变过那样；正如我们在一切有机体中只见到各个阶段彼此并列，而不是前后相继；正如我们本身的种属从躯体方面来看始终是一样的，——同样，甚至同时存在的诸天体的极大的多样性，也并没有使我们有理由认为，这各种形式无非是各种不同的发展阶段，正好相反，一切被创造出来的东西本身具有同样的完美性。"（梅特勒《通俗天文学》1861年柏林第5版第316页）

④ 指伊·牛顿在他的基本著作《自然哲学的数学原理》第2版第3册的结尾部分《总识》中所表达的思想。牛顿写道："到目前为止，我已用重力说明了天体现象和海洋的潮汐。但是我没有指出重力本身的原因。"他在列举了重力的某些性质以后接着说："至今我还不能从种种现象推论出重力的这些性质的原因，假说这个东西我是不考虑的。凡不是从现象中推论出来的，都应该叫做假说；凡是假说，不管它是形而上学的或物理学的，力学的或隐蔽性质的，都不能用于实验哲学之中。在这种哲学中，一切定理都由现象推论而来，并用归纳法加以概括。"黑格尔也注意到牛顿的这种看法，他在《哲学全书纲要》第98节附释1中指出："牛顿……直接警告物理学，不要陷入形而上学……"

直到很多年以后拉普拉斯和赫歇尔才充实了这部著作的内容，并且作了更详细的论证，因此才使"星云假说"逐渐受人重视。进一步的一些发现使它终于获得了胜利；其中最重要的发现是：恒星的自行；宇宙空间中具有阻抗的介质得到证实；宇宙物质的化学同一性以及康德所假定的炽热星云团的存在通过光谱分析得到证明①。

但是，如果这个逐渐被认识到的观点，即关于自然界不是存在着，而是生成着和消逝着的观点，没有从其他方面得到支持，那么大多数自然科学家是否会这样快地意识到变化着的地球竟承载着不变的有机体这样一个矛盾，那倒是值得怀疑的。……

……

……因此，不仅无机界和有机界之间的鸿沟缩减到最小限度，而且机体种源说过去遇到的一个最根本的困难也被排除了。新的自然观就其基本点来说已经完备：一切僵硬的东西溶解了，一切固定的东西消散了，一切被当做永恒存在的特殊的东西变成了转瞬即逝的东西，整个自然界被证明是在永恒的流动和循环中运动着。

————

于是我们又回到了希腊哲学的伟大创立者的观点：整个自然界，从最小的东西到最大的东西，从沙粒到太阳，从原生生物到人，都处于永恒的产生和消逝中，处于不断的流动中，处于不息的运动和变化中。只有这样一个本质的差别：在希腊人那里是天才的直觉，在我们这里则是以实验为依据的严格科学的研究的结果，因而其形式更加明确得多。当然，对这种循环的经验证明并不是完全没有缺陷的，但是这些缺陷与已经确立的东西相比是无足轻重的，而且会一年一年地得到弥补。如果我们想到科学的最主要的部门——超出行星范围的天文学、化学、地质学——作为科学而存在还不足 100 年，生理学的比较方法作为科学而存在还不足 50 年，而几乎一切生命发展的基本形式即细胞被发现还不到 40 年，那么这种证明在细节上怎么会没有缺陷呢！②

————

从旋转的、炙热的气团中（它们的运动规律也许要经过几个世纪的观察弄清了恒星的自行以后才能揭示出来），经过收缩和冷却，发展出了以银河最外端的星环为界限的我们的宇宙岛的无数个太阳和太阳系。这一发展显然不是到处都具有同样的速度。在我们的星系中，黑暗的、不仅仅是行星的天体的存在，即熄灭了的太阳的存在，越来越迫使天文学予以承认（梅特勒）；另一方面，属于我们这一星系的（依据赛奇的观点）还有一部分气状星云，它们是还没有形成的太阳；这并不排斥这样的情况：另一些星云如梅特勒所认为的，是一些遥远的独立宇宙岛，这些宇宙岛的相对发展阶段要用分光镜才能确定。③

拉普拉斯以一种至今尚未被超越的方法详细地证明了一个太阳系是如何从一个单独的

————————————

① 恩格斯在此处页边上写着："同样是由康德发现的潮汐对地球自转的阻碍作用现在才被认识。"

② 手稿中本段上下端均用横线同上下文隔开，中间画有几道斜线，恩格斯通常以这一方式表示手稿相应段落已在其他著作中利用。

③ 恩格斯在这里以及后面利用了下列著作：约·亨·梅特勒《宇宙的奇妙结构，或通俗天文学》1861 年柏林增订第 5 版和安·赛奇《太阳》1872 年不伦瑞克版。恩格斯在《导言》的第二部分利用了他从这两本著作中作的摘录，这些摘录大概是 1876 年 1—2 月作的（见《马克思恩格斯全集》中文第 1 版第 20 卷第 618—622 页）。

气团中发展起来的；以后的科学越来越证实了他的说法。

在这样形成的各个天体——太阳以及行星和卫星上，最初是我们称为热的那种物质运动形式占优势。甚至在今天太阳还具有的那种温度下，也是谈不上元素的化合物的；对太阳的进一步的观察将会表明，在这种场合下热会在多大程度上转变为电和磁；在太阳上发生的机械运动不过是由于热和重力发生冲突而造成的，这在现在几乎已成定论。

单个的天体越小，冷却得越快。首先冷却的是卫星、小行星和流星，正如我们的月球早已死寂一样。行星冷却较慢，而最慢的是中心天体。

随着进一步的冷却，相互转化的物理运动形式的交替就越来越占有重要地位，直到最后达到这样一点，从这一点起，化学亲和性开始起作用，以前化学上没有区分的元素现在彼此在化学上区分开来，获得了化学性质，相互发生化合作用。这些化合作用随着温度的下降（这不仅对每一种元素，而且对元素的每一种化合作用都产生不同的影响），随着一部分气态物质由于温度下降先变成液态，然后又变成固态，随着这样造成的新条件，而不断地变换。

当行星有了一层硬壳而且在其表面有了积水的时候，行星固有的热同中心天体传递给它的热相比就开始越来越处于次要地位。它的大气层变成我们现在所理解的气象现象的活动场所，它的表面成为地质变化的场所，在这些地质变化中，大气层的沉降物所起的沉积作用，同来自炽热而流动的地球内核的慢慢减弱的外张作用相比越来越占有优势。

最后，一旦温度降低到至少在相当大的一部分地面上不再超过能使蛋白质生存的限度，那么在具备其他适当的化学的先决条件的情况下，就形成了活的原生质。这些先决条件是什么，今天我们还不知道，这是不足为怪的，因为直到现在连蛋白质的化学式都还没有确定下来，我们甚至还不知道化学上不同的蛋白体究竟有多少，而且只是在大约十年前才认识到，完全无结构的蛋白质执行着生命的一切主要机能：消化、排泄、运动、收缩、对刺激的反应、繁殖。

也许经过了多少万年，才形成了进一步发展的条件，这种没有形态的蛋白质由于形成核和膜而得以产生第一个细胞。而随着这第一个细胞的产生，也就有了整个有机界的形态发展的基础；我们根据古生物学档案的完整类比材料可以假定，最初发展出来的是无数种无细胞的和有细胞的原生生物，其中只有加拿大假原生物①留传了下来；在这些原生生物中，有一些逐渐分化为最初的植物，另一些则分化为最初的动物。从最初的动物中，主要由于进一步的分化而发展出了动物的无数的纲、目、科、属、种，最后发展出神经系统获得最充分发展的那种形态，即脊椎动物的形态，而在这些脊椎动物中，最后又发展出这样一种脊椎动物，在它身上自然界获得了自我意识，这就是人。

人也是由分化而产生的。不仅从个体方面来说是如此——从一个单独的卵细胞分化为自然界所产生的最复杂的有机体，而且从历史方面来说也是如此。经过多少万年的努力，

---

① 加拿大假原生物（Eozoon canadense）是在加拿大发现的一种化石，曾被看做最古的原始有机体的遗骸（见亨·阿·尼科尔森《地球古代生命史》1876 年爱丁堡—伦敦版第 70—71 页）。1878 年德国动物学家卡·默比乌斯否定关于这种化石的有机起源的意见。

手脚的分化，直立行走，最后终于确定下来，于是人和猿区别开来，于是奠定了分音节的语言的发展和人脑的巨大发展的基础，这种发展使人和猿之间的鸿沟从此不可逾越了。手的专业化意味着工具的出现，而工具意味着人所特有的活动，意味着人对自然界进行改造的反作用，意味着生产。狭义的动物也有工具，然而这只是它们的身躯的肢体，蚂蚁、蜜蜂、海狸就是这样；动物也进行生产，但是它们的生产对周围自然界的作用在自然界面前只等于零。只有人能够做到给自然界打上自己的印记，因为他们不仅迁移动植物，而且也改变了他们的居住地的面貌、气候，甚至还改变了动植物本身，以致他们活动的结果只能和地球的普遍灭亡一起消失。而人所以能做到这一点，首先和主要是借助于手。甚至蒸汽机这一直到现在仍是人改造自然界的最强有力的工具，正因为是工具，归根到底还是要依靠手。但是随着手的发展，头脑也一步一步地发展起来，首先产生了对取得某些实际效益的条件的意识，而后来在处境较好的民族中间，则由此产生了对制约着这些条件的自然规律的理解。随着自然规律知识的迅速增加，人对自然界起反作用的手段也增加了；如果人脑不随着手、不和手一起、不是部分地借助于手而相应地发展起来，那么单靠手是永远造不出蒸汽机来的。

随同人，我们进入了历史。动物也有一部历史，即动物的起源和逐渐发展到今天这样的状态的历史。但是这部历史对它们来说是被创造出来的，如果说它们自己也参与了创造，那也是不自觉和不自愿的。相反，人离开狭义的动物越远，就越是有意识地自己创造自己的历史，未能预见的作用、未能控制的力量对这一历史的影响就越小，历史的结果和预定的目的就越加符合。但是，如果用这个尺度来衡量人类的历史，甚至衡量现代最发达的民族的历史，我们就会发现：在这里，预定的目的和达到的结果之间还总是存在着极大的出入。未能预见的作用占据优势，未能控制的力量比有计划运用的力量强大得多。只要人的最重要的历史活动，这种使人从动物界上升到人类并构成人的其他一切活动的物质基础的历史活动，即人的生活必需品的生产，也就是今天的社会生产，还被未能控制的力量的意外的作用所左右，而人所期望的目的只是作为例外才能实现，而且往往适得其反，那么情况就不能不是这样。我们在最先进的工业国家中已经降服了自然力，迫使它为人们服务；这样我们就无限地增加了生产，现在一个小孩所生产的东西，比以前的 100 个成年人所生产的还要多。而结果又怎样呢？过度劳动日益增加，群众日益贫困，每十年发生一次大崩溃。达尔文并不知道，当他证明经济学家们当做最高的历史成就加以颂扬的自由竞争、生存斗争是动物界的正常状态的时候，他对人们，特别是对他的同胞作了多么辛辣的讽刺。只有一种有计划地生产和分配的自觉的社会生产组织，才能在社会方面把人从其余的动物中提升出来，正像一般生产曾经在物种方面把人从其余的动物中提升出来一样。历史的发展使这种社会生产组织日益成为必要，也日益成为可能。一个新的历史时期将从这种社会生产组织开始，在这个时期中，人自身以及人的活动的一切方面，尤其是自然科学，都将突飞猛进，使以往的一切都黯然失色。

　　但是，一切产生出来的东西，都注定要灭亡①。也许经过多少亿年，多少万代生了又死；但是这样一个时期会无情地到来，那时日益衰竭的太阳热将不再能融解从两极逼近的冰，那时人们越来越聚集在赤道周围，最终连在那里也不再能够找到足以维持生存的热，那时有机生命的最后痕迹也将渐渐地消失，而地球，一个像月球一样死寂的冰冻的球体，将在深深的黑暗里沿着越来越狭小的轨道围绕着同样死寂的太阳旋转，最后就落到太阳上面。有的行星遭到这种命运比地球早些，有的比地球晚些；代替配置得和谐的、光明的、温暖的太阳系的，只是一个寒冷的、死去的球体，它在宇宙空间里循着自己的孤寂的轨道运行着。像我们的太阳系一样，我们的宇宙岛的其他一切星系或早或迟地都要遭到这样的命运，无数其他的宇宙岛的星系都是如此，还有这样一些星系，它们发出的光在地球上还有活人的眼能接受时将不会达到地球，甚至连这样一些星系也要遭到同样的命运。

　　…………

　　有一点是肯定的：曾经有一个时期，我们的宇宙岛的物质把如此大量的运动——究竟是何种运动，我们到现在还不知道——转化成了热，以致（依据梅特勒的说法）从中可能产生了至少包括 2000 万颗星的诸太阳系，而这些太阳系的逐渐死寂同样是不容置疑的。这个转化是怎样进行的呢？关于我们的太阳系的将来的遗骸②是否总是重新变为新的太阳系的原料，我们和赛奇神父一样，一无所知。在这里，我们要么必须求助于造物主，要么不得不作出如下的结论：形成我们的宇宙岛的太阳系的炽热原料，是按自然的途径，即通过运动的转化产生出来的，而这种转化是运动着的物质天然具有的，因而转化的条件也必然要由物质再生产出来，尽管这种再生产要到亿万年之后才或多或少偶然地发生，然而也正是在这种偶然中包含着必然性。

　　这种转化的可能性越来越得到承认。现在人们得出了这样的见解：诸天体的最终命运是互相碰在一起。人们甚至已经计算这种碰撞必然产生的热量。天文学所报道的新星的突然闪现和已知旧星的同样突然的亮度增加，用这种碰撞最容易说明。同时，不仅我们的行星群绕着太阳运动，我们的太阳在我们的宇宙岛内运动，而且我们的整个宇宙岛也在宇宙空间中不断运动，和其余的宇宙岛处于暂时的相对的平衡中；因为连自由浮动的物体的相对平衡也只有在相互制约的运动中才能存在；此外，还有一些人认为宇宙空间中的温度不是到处都一样的。最后，我们知道，我们的宇宙岛的无数个太阳的热，除了极小的一部分以外，都消失在空间里，甚至不能把宇宙空间的温度提高百万分之一摄氏度。这全部巨大的热量变成了什么呢？它是不是永远用于为宇宙空间供暖的尝试，是不是实际上已不复存在而只在理论上仍然存在于宇宙空间的温度已上升百亿分之一度或更低度数这一事实中？这个假定否认了运动的不灭性；它认可这样一种可能：由于诸天体不断地相互碰在一起，一切现存的机械运动都变为热，而且这种热将发散到宇宙空间中去，因此尽管存在"力的不灭性"，一切运动还是会停下来（在这里顺便可以看出，用力的不灭性这个说法替代运

---

　　① 歌德《浮士德》第 1 部第 3 场《书斋》。
　　② 遗骸的原文是"caput mortuum"，直译是骷髅，转译是遗骸，燃烧、化学反应等等之后的残渣；这里指熄灭的太阳和落在太阳上失去生命的行星。

动的不灭性这个说法，这是多么错误）。于是我们得出这样一个结论：发散到宇宙空间中去的热一定有可能通过某种途径（指明这一途径，将是以后某个时候自然研究的课题）转变为另一种运动形式，在这种运动形式中，它能够重新集结和活动起来。因此，阻碍已死的太阳重新转化为炽热气团的主要困难便消除了。

此外，诸天体在无限时间内永恒重复的先后相继，不过是无数天体在无限空间内同时并存的逻辑补充——这一原理的必然性，甚至德雷帕的反理论的美国人头脑也不得不承认了①。

这是物质运动的一个永恒的循环，这个循环完成其轨道所经历的时间用我们的地球年是无法量度的，在这个循环中，最高发展的时间，即有机生命的时间，尤其是具有自我意识和自然界意识的人的生命的时间，如同生命和自我意识的活动空间一样，是极为有限的；在这个循环中，物质的每一有限的存在方式，不论是太阳或星云，个别动物或动物种属，化学的化合或分解，都同样是暂时的，而且除了永恒变化着的、永恒运动着的物质及其运动和变化的规律以外，再没有什么永恒的东西了。但是，不论这个循环在时间和空间中如何经常地和如何无情地完成着，不论有多少亿个太阳和地球产生和灭亡，不论要经历多长时间才能在一个太阳系内而且只在一个行星上形成有机生命的条件，不论有多么多的数也数不尽的有机物必定先产生和灭亡，然后具有能思维的脑子的动物才从它们中间发展出来，并在一个很短的时间内找到适于生存的条件，而后又被残酷地毁灭，我们还是确信：物质在其一切变化中仍永远是物质，它的任何一个属性任何时候都不会丧失，因此，物质虽然必将以铁的必然性在地球上再次毁灭物质的最高的精华——思维着的精神，但在另外的地方和另一个时候又一定会以同样的铁的必然性把它重新产生出来。

神灵世界中的自然研究

深入人民意识的辩证法有一个古老的命题：两极相联。根据这个道理，我们在寻找幻想、轻信和迷信的极端表现时，如果不是面向像德国自然哲学那样竭力把客观世界嵌入自己主观思维框子内的自然科学派别，而是面向与此相反的派别，即一味吹捧经验、极端蔑视思维而实际上思想极度贫乏的派别，我们就不致于犯什么错误。后一个学派在英国占据统治地位。它的始祖，备受称颂的弗兰西斯·培根就已经渴望他的新的经验归纳法能够付诸应用，并首先做到：延年益寿，在某种程度上使人返老还童，改形换貌，易身变体，创造新种，腾云驾雾，呼风唤雨。他抱怨这种研究无人问津，他在他的自然史中开出了制取黄金和创造种种奇迹的正式的丹方。② 同样，伊萨克·牛顿在晚年也热衷于注释《约翰启示录》③。因此，难怪近年来以几个远非最差的人物为代表的英国经验主义，看来竟不可

---

① "无限空间中的无数天体导致无限时间中天体先后相继的概念。"（德雷帕《欧洲智力发展史》第 2 卷第［325］页）

② 指弗·培根计划写的百科全书式的著作《伟大的复兴》，特别是它的第三部分。培根的计划未能完全实现。该著作第三部分的材料以《自然现象，或可作为哲学基础的自然的和实验的历史》为标题于 1622 年在伦敦出版。

③ 伊·牛顿以神学为题材的最著名的著作是他逝世六年后于 1733 年在伦敦出版的《评但以理书和圣约翰启示录》。

救药地迷恋于从美国输入的招魂术和降神术。

…………

够了。这里已经看得一清二楚，究竟什么是从自然科学走向神秘主义的最可靠的道路。这并不是过度滋蔓的自然哲学理论，而是蔑视一切理论、怀疑一切思维的最肤浅的经验。证明神灵存在的并不是那种先验的必然性，而是华莱士先生、克鲁克斯先生之流的经验的观察。既然我们相信克鲁克斯利用光谱分析进行的观察（铊这种金属就是由此发现的），或者相信华莱士在马来群岛所获得的动物学上的丰富的发现，人们就要求我们同样去相信这两位研究者在唯灵论方面的经验和发现。而如果我们认为，在这里毕竟有一个小小的区别，即前一种发现可以验证，而后一种却不能，那么降神者就会反驳我们说：不是这么回事，他们是乐于给我们提供机会来验证这些神灵现象的。

实际上，蔑视辩证法是不能不受惩罚的。对一切理论思维尽可以表示那么多的轻视，可是没有理论思维，的确无法使自然界中的两件事实联系起来，或者洞察二者之间的既有的联系。在这里，问题只在于思维正确或不正确，而轻视理论显然是自然主义地进行思维，因而是错误地进行思维的最可靠的道路。但是，根据一个自古就为人们所熟知的辩证法规律，错误的思维贯彻到底，必然走向原出发点的反面。所以，经验主义者蔑视辩证法便受到惩罚：连某些最清醒的经验主义者也陷入最荒唐的迷信中，陷入现代唯灵论中去了。

…………

事实上，单凭经验是对付不了唯灵论者的。第一，那些"高级的"现象，只有当有关的"研究者"已经着迷到像克鲁克斯自己天真无比地描绘的那样，只能看到他应看到或他想看到的东西的时候，才能够显现出来。第二，唯灵论者并不在乎成百件的所谓事实被揭露为骗局，成打的所谓神媒被揭露为下流的江湖骗子。只要所谓的奇迹还没有被逐一揭穿，唯灵论者就仍然有足够的活动地盘，华莱士在伪造神灵照片的事件中就一清二楚地说明了这一点。伪造物的存在，正好证明了真实物的真实。

…………

辩证法

（阐明辩证法这门同形而上学相对立的关于联系的科学的一般性质。）

————

可见，辩证法的规律是从自然界的历史和人类社会的历史中抽象出来的。辩证法的规律无非是历史发展的这两个方面和思维本身的最一般的规律。它们实质上可归结为下面三个规律：

量转化为质和质转化为量的规律；

对立的相互渗透的规律；

否定的否定的规律。

所有这三个规律都曾经被黑格尔按照其唯心主义的方式当做纯粹的思维规律而加以阐

明：第一个规律是在他的《逻辑学》的第一部分即存在论中；第二个规律占据了他的《逻辑学》的整个第二部分，这也是全书的最重要的部分，即本质论；最后，第三个规律表现为构筑整个体系的基本规律。错误在于：这些规律是作为思维规律强加于自然界和历史的，而不是从它们中推导出来的。由此就产生了整个牵强的并且常常是令人震惊的结构：世界，不管它愿意与否，必须适应于某种思想体系，而这种思想体系本身又只是人类思维的某一特定发展阶段的产物。如果我们把事情顺过来，那么一切都会变得很简单，在唯心主义哲学中显得极端神秘的辩证法规律就会立即变得简单而朗若白昼了。

…………

我们在这里不打算写辩证法的手册，而只想说明辩证法规律是自然界的实在的发展规律，因而对于理论自然研究也是有效的。因此，我们不能深入地考察这些规律之间的内部联系。

……

劳动在从猿到人的转变中的作用

政治经济学家说：劳动是一切财富的源泉。其实，劳动和自然界在一起才是一切财富的源泉，自然界为劳动提供材料，劳动把材料转变为财富。但是劳动的作用还远不止于此。劳动是整个人类生活的第一个基本条件，而且达到这样的程度，以致我们在某种意义上不得不说：劳动创造了人本身。

在好几十万年以前，在地质学家叫做第三纪的那个地质时代的某个还不能确切肯定的时期，大概是在这个时代的末期，在热带的某个地方——可能是现在已经沉入印度洋底的一大片陆地上，生活着一个异常高度发达的类人猿的种属。达尔文曾经向我们大致地描述了我们的这些祖先：它们浑身长毛，有胡须和尖耸的耳朵，成群地生活在树上。[1]

这种猿类，大概首先由于它们在攀援时手干着和脚不同的活这样一种生活方式的影响，在平地上行走时也开始摆脱用手来帮忙的习惯，越来越以直立姿势行走。由此就迈出了从猿过渡到人的具有决定意义的一步。

…………

如果说我们的遍体长毛的祖先的直立行走一定是先成为习惯，并且随着时间的推移才成为必然，那么这就必须有这样的前提：手在此期间已经越来越多地从事其他活动了。在猿类中，手和脚的使用也已经有某种分工了。……但是，正是在这里我们看到，甚至和人最相似的猿类的不发达的手，同经过几十万年的劳动而高度完善化的人手相比，竟存在着多么大的差距。骨节和筋肉的数目和一般排列，两者是相同的，然而即使最低级的野蛮人的手，也能做任何猿手都模仿不了的数百种动作。任何一只猿手都不曾制造哪怕是一把最粗笨的石刀。

因此，我们的祖先在从猿过渡到人的好几十万年的过程中逐渐学会的使自己的手能做

---

[1] 参看查·达尔文《人类起源和性的选择》第1卷第6章《论人类的血缘和谱系》。

出的一些动作，在开始时只能是非常简单的。最低级的野蛮人，甚至那种可以认为已向更近乎兽类的状态倒退而同时躯体也退化了的野蛮人，也远远高于这种过渡性的生物。在人用手把第一块石头做成石刀以前，可能已经过了一段漫长的时间，和这段时间相比，我们所知道的历史时间就显得微不足道了。但是具有决定意义的一步迈出了：手变得自由了，并能不断掌握新的技能，而由此获得的更大的灵活性便遗传下来，并且一代一代地增加着。

所以，手不仅是劳动的器官，它还是劳动的产物。只是由于劳动，由于总是要去适应新的动作，由于这样所引起的肌肉、韧带以及经过更长的时间引起的骨骼的特殊发育遗传下来，而且由于这些遗传下来的灵巧性不断以新的方式应用于新的越来越复杂的动作，人的手才达到这样高度的完善，以致像施魔法一样产生了拉斐尔的绘画、托瓦森的雕刻和帕格尼尼的音乐。

…………

更加重要得多的是手的发展对机体其余部分的直接的、可证明的反作用。我们已经说过，我们的猿类祖先是一种群居的动物，人，一切动物中最爱群居的动物，显然不可能来源于某种非群居的最近的祖先。随着手的发展、随着劳动而开始的人对自然的支配，在每一新的进展中扩大了人的眼界。他们在自然对象中不断地发现新的、以往所不知道的属性。另一方面，劳动的发展必然促使社会成员更紧密地互相结合起来，因为劳动的发展使互相支持和共同协作的场合增多了，并且使每个人都清楚地意识到这种共同协作的好处。一句话，这些正在生成中的人，已经达到彼此间不得不说些什么的地步了。需要也就造成了自己的器官：猿类的不发达的喉头，由于音调的抑扬顿挫的不断加多，缓慢地然而肯定无疑地得到改造，而口部的器官也逐渐学会发出一个接一个的清晰的音节。

语言是从劳动中并和劳动一起产生出来的，这个解释是唯一正确的，拿动物来比较，就可以证明。动物，甚至高度发达的动物，彼此要传递的信息很少，不用分音节的语言就可以互通信息。在自然状态下，没有一种动物会感到不能说话或不能听懂人的语言是一种缺陷。它们经过人的驯养，情形就完全不同了。狗和马在和人的接触中所养成的对于分音节的语言的听觉十分敏锐，以致它们在它们的想象力所及的范围内，能够很容易地学会听懂任何一种语言。此外，它们还获得了如对人表示依恋、感激等等的表达感受的能力，而这种能力是它们以前所没有的。和这些动物经常接触的人几乎不能不相信：有足够的情况表明，这些动物现在感到没有说话能力是一个缺陷。不过，它们的发音器官可惜过分地专门朝特定方向发展了，再也无法补救这种缺陷。但是，只要有发音器官，这种不能说话的情形在某种限度内是可以克服的。鸟的口部器官和人的口部器官肯定是根本不同的，然而鸟是唯一能学会说话的动物，而且在鸟里面叫声最令人讨厌的鹦鹉说得最好。人们别再说鹦鹉不懂得它自己所说的是什么了。它一连几个小时唠唠叨叨重复它那几句话，的确纯粹是出于喜欢说话和喜欢跟人交往。但是在它的想象力所及的范围内，它也能学会懂得它所说的是什么。如果我们把骂人话教给鹦鹉，使它能够想象到这些话的意思（这是从热带回来的水手们的一种主要娱乐），然后惹它发怒，那么我们马上会看到，它会像柏林卖菜的女贩一样正确地使用它的骂人话。它在乞求美味食品时也有这样的情形。

首先是劳动，然后是语言和劳动一起，成了两个最主要的推动力，在它们的影响下，猿脑就逐渐地过渡到人脑；后者和前者虽然十分相似，但是要大得多和完善得多。随着脑的进一步的发育，脑的最密切的工具，即感觉器官，也进一步发育起来。正如语言的逐渐发展必然伴随有听觉器官的相应的完善化一样，脑的发育也总是伴随有所有感觉器官的完善化。鹰比人看得远得多，但是人的眼睛识别东西远胜于鹰。狗比人具有锐敏得多的嗅觉，但是它连被人当做各种物的特定标志的不同气味的百分之一也辨别不出来。至于触觉，在猿类中刚刚处于最原始的萌芽状态，只是由于劳动才随着人手本身而一同形成。——脑和为它服务的感官、越来越清楚的意识以及抽象能力和推理能力的发展，又反作用于劳动和语言，为这二者的进一步发展不断提供新的推动力。这种进一步的发展，并不是在人同猿最终分离时就停止了，而是在此以后大体上仍然大踏步地前进着，虽然在不同的民族和不同的时代就程度和方向来说是不同的，有时甚至由于局部的和暂时的退步而中断；由于随着完全形成的人的出现又增添了新的因素——社会，这种发展一方面便获得了强有力的推动力，另一方面又获得了更加确定的方向。

从攀树的猿群进化到人类社会之前，一定经过了几十万年——这在地球的历史上只不过相当于人的生命中的一秒钟①。但是人类社会最后毕竟出现了。人类社会区别于猿群的特征在我们看来又是什么呢？是劳动。猿群满足于把它们由于地理位置或由于抵抗了邻近的猿群而占得的觅食地区的食物吃光。为了获得新的觅食地区，它们进行迁徙和战斗，但是除了无意中用自己的粪便肥沃土地以外，它们没有能力从觅食地区索取比自然界的赐予更多的东西。一旦所有可能的觅食地区都被占据了，猿类就不能再扩大繁殖了；这种动物的数目最多只能保持不变。但是一切动物对待食物都是非常浪费的，并且常常毁掉还处在胚胎状态中的新生的食物。狼不像猎人那样爱护第二年就要替它生小鹿的牝鹿；希腊的山羊不等幼嫩的灌木长大就把它们吃光，它们把这个国家所有的山岭都啃得光秃秃的。动物的这种"掠夺行为"在物种的渐变过程中起了重要的作用，因为这种行为强迫动物去适应不同于惯用食物的食物，因此它们的血液就获得了和过去不同的化学成分，整个身体的结构也渐渐变得不同了，而从前某个时候固定下来的物种也就灭绝了。毫无疑义，这种掠夺行为有力地促进了我们的祖先转变成人。在智力和适应能力远远高于其他一切猿种的某个猿种中，这种掠夺行为必然造成的结果就是食用植物的数目越来越扩大，食用植物中可食用的部分也越来越增多，总之，就是食物越来越多样化，随之摄入身体内的物质，即向人转变的化学条件，也越来越多样化。但是，这一切还不是真正的劳动。劳动是从制造工具开始的。我们所发现的最古老的工具是些什么东西呢？根据已发现的史前时期的人的遗物来判断，并且根据最早历史时期的人群和现在最不开化的野蛮人的生活方式来判断，最古老的工具是些什么东西呢？是打猎的工具和捕鱼的工具，而前者同时又是武器。但是打猎和捕鱼的前提是从只吃植物过渡到同时也吃肉，而这又是向人转变的重要一步。肉类食物

---

① 这方面的一流权威威廉·汤姆生爵士曾经计算过：从地球冷却到植物和动物能在地面上生存的时候起，已经过去了一亿年多一点。

几乎现成地含有身体的新陈代谢所必需的各种最重要的物质；它缩短了消化过程以及身体内其他植物性过程即同植物生活相应的过程的时间，因此为过真正动物的生活赢得了更多的时间、更多的物质和更多的精力。这种正在生成中的人离植物界越远，他超出动物界的程度也就越高。如果说除吃肉外还要习惯于吃植物这一情况使野猫和野狗变成了人的奴仆，那么除吃植物外也要吃肉的习惯则大大促进了正在生成中的人的体力和独立性。但是最重要的还是肉食对于脑的影响；脑因此得到了比过去丰富得多的为脑本身的营养和发展所必需的物质，因而它就能够一代一代更迅速更完善地发育起来。请素食主义者先生们恕我直言，如果不吃肉，人是不会到达现在这个地步的，至于说在我们所知道的一切民族中，都曾经有一个时期由于吃肉而竟吃起人来（柏林人的祖先，韦累塔比人或维耳茨人，在 10 世纪还吃他们的父母）①，这在今天同我们已经毫不相干。

肉食引起了两个新的有决定意义的进步，即火的使用和动物的驯养。前者更加缩短了消化过程，因为它为嘴提供了可说是已经半消化了的食物；后者使肉食更加丰富起来，因为它在打猎之外开辟了新的更经常性的肉食来源，除此以外还提供了奶和奶制品之类的新的食品，而这类食品就其养分来说至少不逊于肉类。这样，对于人来说，这两种进步就直接成为新的解放手段。这里逐一详谈它们的各种间接的影响，未免扯得太远，虽然对于人类和社会的发展来说，这些影响也具有非常重大的意义。

正如人学会吃一切可以吃的东西一样，人也学会了在任何气候下生活。人分布在所有可居住的地面上，人是唯一能独立自主地这样做的动物。其他的动物，虽然也习惯于各种气候，但这不是独立自主的行为，而只是跟着人学会这样做的，例如家畜和有害小动物就是这样。从原来居住的常年炎热的地带，迁移到比较冷的、一年中分成冬季和夏季的地带，就产生了新的需要：要有住房和衣服以抵御寒冷和潮湿，要有新的劳动领域以及由此而来的新的活动，这就使人离开动物越来越远了。

由于手、说话器官和脑不仅在每个人身上，而且在社会中发生共同作用，人才有能力完成越来越复杂的动作，提出并达到越来越高的目的②。劳动本身经过一代又一代变得更加不同、更加完善和更加多方面了。除打猎和畜牧外，又有了农业，农业之后又有了纺纱、织布、冶金、制陶和航海。伴随着商业和手工业，最后出现了艺术和科学；从部落发展成了民族和国家。法和政治发展起来了，而且和它们一起，人间事物在人的头脑中的虚幻的反映——宗教，也发展起来了。在所有这些起初表现为头脑的产物并且似乎支配着人类社会的创造物面前，劳动的手的较为简陋的产品退到了次要地位；何况能作出劳动计划的头脑在社会发展的很早的阶段上（例如，在简单的家庭中），就已经能不通过自己的手而是通过别人的手来完成计划好的劳动了。迅速前进的文明完全被归功于头脑，归功于脑的发展和活动；人们已经习惯于用他们的思维而不是用他们的需要来解释他们的行为（当

---

① 参看雅·格林《德国古代法》1854 年格丁根第 2 版第 488 页所引用的德国修道士拉·诺特克尔（约 952—1022 年）的证明材料。恩格斯在其未完成的著作《爱尔兰史》中也引证了诺特克尔的这个材料（见《马克思恩格斯全集》中文第 1 版第 16 卷第 559 页）。

② 恩格斯在此处手稿的页边上写着："感觉器官"。

然，这些需要是反映在头脑中，是进入意识的）。这样，随着时间的推移，便产生了唯心主义世界观，这种世界观，特别是从古典古代世界没落时起，就支配着人的头脑。它现在还非常有力地支配着人的头脑，甚至达尔文学派的唯物主义自然科学家们对于人类的产生也不能提出明确的看法，因为他们在那种意识形态的影响下，认识不到劳动在这中间所起的作用。

正如我们已经指出的，动物通过它们的活动同样也改变外部自然界，虽然在程度上不如人。我们也看到：动物对环境的这些改变又反过来作用于改变环境的动物，使它们发生变化。因为在自然界中任何事物都不是孤立发生的。每个事物都作用于别的事物，反之亦然，而且在大多数场合下，正是忘记这种多方面的运动和相互作用，才妨碍我们的自然科学家看清最简单的事物。……

……但是一切动物的一切有计划的行动，都不能在地球上打下自己的意志的印记。这一点只有人才能做到。

一句话，动物仅仅利用外部自然界，简单地通过自身的存在在自然界中引起变化；而人则通过他所作出的改变来使自然界为自己的目的服务，来支配自然界。① 这便是人同其他动物的最终的本质的差别，而造成这一差别的又是劳动。

但是我们不要过分陶醉于我们人类对自然界的胜利。对于每一次这样的胜利，自然界都对我们进行报复。每一次胜利，起初确实取得了我们预期的结果，但是往后和再往后却发生完全不同的、出乎预料的影响，常常把最初的结果又消除了。美索不达米亚、希腊、小亚细亚以及其他各地的居民，为了得到耕地，毁灭了森林，但是他们做梦也想不到，这些地方今天竟因此而成为不毛之地，因为他们使这些地方失去了森林，也就失去了水分的积聚中心和贮藏库。阿尔卑斯山的意大利人，当他们在山南坡把那些在山北坡得到精心保护的枞树林砍光用尽时，没有预料到，这样一来，他们就把本地区的高山畜牧业的根基毁掉了；他们更没有预料到，他们这样做，竟使山泉在一年中的大部分时间内枯竭了，同时在雨季又使更加凶猛的洪水倾泻到平原上。在欧洲推广马铃薯的人，并不知道他们在推广这种含粉块茎的同时也使瘰疬传播开来了。因此我们每走一步都要记住：我们决不像征服者统治异族人那样支配自然界，决不像站在自然界之外的人似的去支配自然界——相反，我们连同我们的肉、血和头脑都是属于自然界和存在于自然界之中的；我们对自然界的整个支配作用，就在于我们比其他一切生物强，能够认识和正确运用自然规律。

事实上，我们一天天地学会更正确地理解自然规律，学会认识我们对自然界习常过程的干预所造成的较近或较远的后果。特别自本世纪自然科学大踏步前进以来，我们越来越有可能学会认识并从而控制那些至少是由我们的最常见的生产行为所造成的较远的自然后果。而这种事情发生得越多，人们就越是不仅再次地感觉到，而且也认识到自身和自然界的一体性，那种关于精神和物质、人类和自然、灵魂和肉体之间的对立的荒谬的、反自然的观点，也就越不可能成立了，这种观点自古典古代衰落以后出现在欧洲并在基督教中得

---

① 恩格斯在此处手稿的页边上写着："改良"。

到最高度的发展。

　　但是，如果说我们需要经过几千年的劳动才多少学会估计我们的生产行为在自然方面的较远的影响，那么我们想学会预见这些行为在社会方面的较远的影响就更加困难得多了。我们曾提到马铃薯以及随之而来的瘰疬症的蔓延。但是，同工人降低到以马铃薯为生这一事实对各国人民大众的生活状况所带来的影响比起来，同1847年爱尔兰因马铃薯遭受病害而发生的大饥荒比起来，瘰疬症又算得了什么呢？在这次饥荒中，有100万吃马铃薯或差不多专吃马铃薯的爱尔兰人进了坟墓，并有200万人逃亡海外。当阿拉伯人学会蒸馏酒精的时候，他们做梦也想不到，他们由此而制造出来的东西成了使当时还没有被发现的美洲的土著居民灭绝的主要工具之一。以后，当哥伦布发现美洲的时候，他也不知道，他因此复活了在欧洲早已被抛弃的奴隶制度，并奠定了贩卖黑奴的基础。17世纪和18世纪从事制造蒸汽机的人们也没有料到，他们所制作的工具，比其他任何东西都更能使全世界的社会状态发生革命，特别是在欧洲，由于财富集中在少数人一边，而另一边的绝大多数人则一无所有，起初使得资产阶级赢得社会的和政治的统治，尔后使资产阶级和无产阶级之间发生阶级斗争，而这一阶级斗争的结局只能是资产阶级的垮台和一切阶级对立的消灭。但是，就是在这一领域中，我们也经过长期的、往往是痛苦的经验，经过对历史材料的比较和研究，渐渐学会了认清我们的生产活动在社会方面的间接的、较远的影响，从而有可能去控制和调节这些影响。

　　但是要实行这种调节，仅仅有认识还是不够的。为此需要对我们的直到目前为止的生产方式，以及同这种生产方式一起对我们的现今的整个社会制度实行完全的变革。

　　到目前为止的一切生产方式，都仅仅以取得劳动的最近的、最直接的效益为目的。那些只是在晚些时候才显现出来的、通过逐渐的重复和积累才产生效应的较远的结果，则完全被忽视了。原始的土地公有制，一方面同眼界极短浅的人们的发展状态相适应，另一方面以可用土地的一定剩余为前提，这种剩余为应付这种原始经济的意外的灾祸提供了某种回旋余地。这种剩余的土地用光了，公有制也就衰落了。而一切较高的生产形式，都导致居民分为不同的阶级，因而导致统治阶级和被压迫阶级之间的对立；这样一来，生产只要不以被压迫者的最贫乏的生活需要为限，统治阶级的利益就会成为生产的推动因素。在西欧现今占统治地位的资本主义生产方式中，这一点表现得最为充分。支配着生产和交换的一个个资本家所能关心的，只是他们的行为的最直接的效益。不仅如此，甚至连这种效益——就所制造的或交换的产品的效用而言——也完全退居次要地位了；销售时可获得的利润成了唯一的动力。

　　资产阶级的社会科学，即古典政治经济学，主要只研究人以生产和交换为取向的行为在社会方面所产生的直接预期的影响。这同以这种社会科学为其理论表现的社会组织是完全相适合的。在各个资本家都是为了直接的利润而从事生产和交换的地方，他们首先考虑的只能是最近的最直接的结果。当一个厂主卖出他所制造的商品或者一个商人卖出他所买进的商品时，只要获得普通的利润，他就满意了，至于商品和买主以后会怎么样，他并不关心。关于这些行为在自然方面的影响，情况也是这样。西班牙的种植场主曾在古巴焚烧山坡上的森林，以为木灰作为肥料足够最能赢利的咖啡树利用一个世代之久，至于后来热带的倾盆大雨竟冲毁毫无保护的沃土而只留下赤裸裸的岩石，这同他们又有什么相干呢？在今天的生产方式中，面对自然界和社会，人们注意的主要只是最初的最明显的成果，可是后来人们又感到惊讶的是：取得上述成果的行为所产生的较远的后果，竟完全是另外一回事，在大多数情况下甚至是完全相反的；需求和供给之间的和谐，竟变成二者的两极对立，每十年一次的工业周期的过程就显示了这种对立，德国在"崩溃"① 期间也体验到了这种对立的小小的前奏；以自己的劳动为基础的私有制，必然进一步发展为劳动者丧失财产，同时一切财产越来越集中在不劳动的人的手中；［……］②

（选自《马克思恩格斯文集》第 9 卷，人民出版社 2009 年版，第 408—426，442—452，463—464，550—563 页

▨ 恩格斯《路德维希·费尔巴哈和德国古典哲学的终结》

一、研读提示

《路德维希·费尔巴哈和德国古典哲学的终结》写于 1886 年初，最初发表在德国社会民主党理论杂志《新时代》1886 年第 4 卷的第 4、5 期上。1888 年，恩格斯作了修改，写了序言，并收入马克思 1845 年春所写的《关于费尔巴哈的提纲》作为附录，以单行本形式在斯图加特出版。

《路德维希·费尔巴哈和德国古典哲学的终结》是恩格斯为了回击各种反马克思主义思潮、非马克思主义思潮对马克思主义的攻击和正确引导工人阶级革命斗争的发展方向而写作的。在这一著作中，恩格斯详细阐述了马克思主义哲学同德国古典哲学的批判继承关系及本质区别，具体说明了马克思主义哲学的理论来源和自然科学基础，全面论述了辩证唯物主义和历史唯物主义的基本原理，深刻分析了马克思主义哲学的诞生在哲学领域引起的革命性变革及其意义。

《路德维希·费尔巴哈和德国古典哲学的终结》包括 1888 年单行本序言、正文四章和一个简短的结束语。序言说明了写作本书的动因；第一章主要揭示隐藏在德国古典哲学中的体系与方法的对立，揭示了黑格尔辩证法的革命意义；第二章阐述了哲学基本问题，论述了唯物主义哲学的发展过程，并对费尔巴哈哲学进行了准确的评价；第三章对费尔巴哈的宗教哲学和伦理学思想进行了分析，指出费尔巴哈的"爱"的宗教思想实质上是对资本

---

① 指 1873 年世界经济危机，这场危机席卷了奥地利、德国、北美、英国、法国、荷兰、比利时、意大利、俄国等国家，具有猛烈而深刻的特点。在德国，这场危机从 1873 年 5 月以"大崩溃"开始，一直延续到 70 年代末。

② 手稿到此中断。

主义社会的辩护，没有找到从抽象王国通向现实世界的道路；第四章对唯物主义历史观进行了正面论述，指出工人阶级是德国古典哲学的真正继承者。其核心内容是阐述了马克思主义哲学的创立及其在哲学史上实现的革命性变革及其意义，提出并阐述了哲学的基本问题，论述了马克思主义哲学特别是历史唯物主义的主要原理。

二、原著研读

弗·恩格斯

路德维希·费尔巴哈和德国古典哲学的终结

1888 年单行本序言

马克思在《政治经济学批判》（1859 年柏林版）的序言中说，1845 年我们两人在布鲁塞尔着手"共同阐明我们的见解"——主要由马克思制定的唯物主义历史观——"与德国哲学的意识形态的见解的对立，实际上是把我们从前的哲学信仰清算一下。这个心愿是以批判黑格尔以后的哲学的形式来实现的。两厚册八开本的原稿早已送到威斯特伐利亚的出版所，后来我们才接到通知说，由于情况改变，不能付印。既然我们已经达到了我们的主要目的——自己弄清问题，我们就情愿让原稿留给老鼠的牙齿去批判了"①。

从那时起已经过了 40 多年，马克思也已逝世，而我们两人谁也没有过机会回到这个题目上来。关于我们和黑格尔的关系，我们曾经在一些地方作了说明，但是无论哪个地方都不是全面系统的。至于费尔巴哈，虽然他在好些方面是黑格尔哲学和我们的观点之间的中间环节，我们却从来没有回顾过他。

这期间，马克思的世界观远在德国和欧洲境界以外，在世界的一切文明语言中都找到了拥护者。另一方面，德国的古典哲学在国外，特别是在英国和斯堪的纳维亚各国，有某种复活。甚至在德国，各大学里借哲学名义来施舍的折中主义残羹剩汁，看来已叫人吃厌了。

在这种情况下，我感到越来越有必要把我们同黑格尔哲学的关系，我们怎样从这一哲学出发又怎样同它脱离，作一个简要而又系统的阐述。同样，我也感到我们还要还一笔信誉债，就是要完全承认，在我们的狂飚突进时期，费尔巴哈给我们的影响比黑格尔以后任何其他哲学家都大。所以，当《新时代》杂志编辑部要我写一篇批评文章来评述施达克那本论费尔巴哈的书②时，我也就欣然同意了。我的这篇文章发表在该杂志 1886 年第 4 期和第 5 期，现在经过修订以单行本出版。

在这篇稿子送去付印以前，我又把 1845—1846 年的旧稿③找出来看了一遍。其中关于费尔巴哈的一章没有写完。已写好的部分是阐述唯物主义历史观的；这种阐述只是表明当

---

① 见马克思《〈政治经济学批判〉序言》）（《马克思恩格斯文集》第 2 卷第 593 页）。
② 哲学博士卡·尼·施达克《路德维希·费尔巴哈》1885 年斯图加特斐·恩克出版社版。
③ 指马克思和恩格斯《德意志意识形态》手稿。

时我们在经济史方面的知识还多么不够。旧稿中缺少对费尔巴哈学说本身的批判；所以，旧稿对现在这一目的是不适用的。可是我在马克思的一本旧笔记中找到了十一条关于费尔巴哈的提纲，现在作为本书附录刊印出来。这是匆匆写成的供以后研究用的笔记，根本没有打算付印。但是它作为包含着新世界观的天才萌芽的第一个文献，是非常宝贵的。

弗里德里希·恩格斯

1888 年 2 月 21 日伦敦

路德维希·费尔巴哈和德国古典哲学的终结

一

我们面前的这部著作①使我们返回到一个时期，这个时期就时间来说离我们不过一代之久，但是它对德国现在的一代人却如此陌生，似乎已经相隔整整一个世纪了。然而这终究是德国准备 1848 年革命的时期；那以后我国所发生的一切，仅仅是 1848 年的继续，仅仅是革命遗嘱的执行罢了。

正像在 18 世纪的法国一样，在 19 世纪的德国，哲学革命也作了政治变革的前导。但是这两个哲学革命看起来是多么不同啊！法国人同整个官方科学，同教会，常常也同国家进行公开的斗争；他们的著作在国外，在荷兰或英国印刷，而他们本人则随时都可能进巴士底狱②。相反，德国人是一些教授，一些由国家任命的青年的导师，他们的著作是公认的教科书，而全部发展的最终体系，即黑格尔的体系，甚至在某种程度上已经被推崇为普鲁士王国的国家哲学！在这些教授后面，在他们的迂腐晦涩的言词后面，在他们的笨拙枯燥的语句里面竟能隐藏着革命吗？那时被认为是革命代表人物的自由派，不正是最激烈地反对这种使人头脑混乱的哲学吗？但是，不论政府或自由派都没有看到的东西，至少有一个人在 1833 年已经看到了，这个人就是亨利希·海涅。③

举个例子来说吧。不论哪一个哲学命题都没有像黑格尔的一个著名命题那样引起近视的政府的感激和同样近视的自由派的愤怒，这个命题就是：

> "凡是现实的都是合乎理性的，凡是合乎理性的都是现实的。"④

这显然是把现存的一切神圣化，是在哲学上替专制制度、警察国家、专断司法、书报检查制度祝福。弗里德里希-威廉三世是这样认为的，他的臣民也是这样认为的。但是，在黑格尔看来，决不是一切现存的都无条件地也是现实的。在他看来，现实性这种属性仅仅属于那同时是必然的东西；

---

① 哲学博士卡·尼·施达克《路德维希·费尔巴哈》1885 年斯图加特斐·恩克出版社版。

② 巴士底狱是 14—18 世纪巴黎的城堡和国家监狱。从 16 世纪起，主要是用来囚禁政治犯。

③ 指海涅在其著作《论德国宗教和哲学的历史》中关于德国哲学革命的言论。这部著作发表于 1833—1834 年，是对德国精神生活中所发生事件的评论。海涅的评论贯穿了这样的思想：当时由黑格尔哲学总其成的德国哲学革命，是德国即将到来的民主革命的序幕。

④ 恩格斯在这里套用了黑格尔《法哲学原理》序言中的话。

"现实性在其展开过程中表明为必然性"

所以，他决不认为政府的任何一个措施——黑格尔本人举"某种税制"为例——都已经无条件地是现实的。① 但是必然的东西归根到底会表明自己也是合乎理性的。因此，黑格尔的这个命题应用于当时的普鲁士国家，只是意味着：这个国家只在它是必然的时候是合乎理性的，是同理性相符合的。如果说它在我们看来终究是恶劣的，而它尽管恶劣却继续存在，那么，政府的恶劣可以从臣民的相应的恶劣中找到理由和解释。当时的普鲁士人有他们所应得的政府。

但是，根据黑格尔的意见，现实性决不是某种社会状态或政治状态在一切环境和一切时代所具有的属性。恰恰相反，罗马共和国是现实的，但是把它排斥掉的罗马帝国也是现实的。法国的君主制在 1789 年已经变得如此不现实，即如此丧失了任何必然性，如此不合理性，以致必须由大革命（黑格尔总是极其热情地谈论这次大革命）来把它消灭。所以，在这里，君主制是不现实的，革命是现实的。这样，在发展进程中，以前一切现实的东西都会成为不现实的，都会丧失自己的必然性、自己存在的权利、自己的合理性；一种新的、富有生命力的现实的东西就会代替正在衰亡的现实的东西——如果旧的东西足够理智，不加抵抗即行死亡，那就和平地代替；如果旧的东西抗拒这种必然性，那就通过暴力来代替。这样一来，黑格尔的这个命题，由于黑格尔的辩证法本身，就转化为自己的反面：凡在人类历史领域中是现实的，随着时间的推移，都会成为不合理性的，就是说，注定是不合理性的，一开始就包含着不合理性；凡在人们头脑中是合乎理性的，都注定要成为现实的，不管它同现存的、表面的现实多么矛盾。按照黑格尔的思维方法的一切规则，凡是现实的都是合乎理性的这个命题，就变为另一个命题：凡是现存的，都一定要灭亡。②

但是，黑格尔哲学（我们在这里只限于考察这种作为从康德以来的整个运动的完成的哲学）的真实意义和革命性质，正是在于它彻底否定了关于人的思维和行动的一切结果具有最终性质的看法。哲学所应当认识的真理，在黑格尔看来，不再是一堆现成的、一经发现就只要熟读死记的教条了；现在，真理是在认识过程本身中，在科学的长期的历史发展中，而科学从认识的较低阶段向越来越高的阶段上升，但是永远不能通过所谓绝对真理的发现而达到这样一点，在这一点上它再也不能前进一步，除了袖手一旁惊愕地望着这个已经获得的绝对真理，就再也无事可做了。在哲学认识的领域是如此，在任何其他的认识领域以及在实践行动的领域也是如此。历史同认识一样，永远不会在人类的一种完美的理想状态中最终结束；完美的社会、完美的"国家"是只有在幻想中才能存在的东西；相反，一切依次更替的历史状态都只是人类社会由低级到高级的无穷发展进程中的暂时阶段。每

---

① 参看黑格尔《哲学全书纲要》第 1 部《逻辑学》第 147 节；第 142 节附释。该书第一版于 1817 年在海德堡出版。

② 这里套用了歌德《浮士德》第 1 部第 3 场《书斋》中靡菲斯特菲勒司的话。

一个阶段都是必然的，因此，对它发生的那个时代和那些条件说来，都有它存在的理由；但是对它自己内部逐渐发展起来的新的、更高的条件来说，它就变成过时的和没有存在的理由了；它不得不让位于更高的阶段，而这个更高的阶段也要走向衰落和灭亡。正如资产阶级依靠大工业、竞争和世界市场在实践中推翻了一切稳固的、历来受人尊崇的制度一样，这种辩证哲学推翻了一切关于最终的绝对真理和与之相应的绝对的人类状态的观念。在它面前，不存在任何最终的东西、绝对的东西、神圣的东西；它指出所有一切事物的暂时性；在它面前，除了生成和灭亡的不断过程、无止境地由低级上升到高级的不断过程，什么都不存在。它本身就是这个过程在思维着的头脑中的反映。诚然，它也有保守的方面：它承认认识和社会的一定阶段对它那个时代和那种环境来说都有存在的理由，但也不过如此而已。这种观察方法的保守性是相对的，它的革命性质是绝对的——这就是辩证哲学所承认的唯一绝对的东西。

我们在这里用不着去研究这种观察方法是否同自然科学的现状完全符合的问题，自然科学预言了地球本身存在的可能的末日和它适合居住状况的相当肯定的末日，从而承认，人类历史不仅有上升的过程，而且有下降的过程。无论如何，我们离社会历史开始下降的转折点还相当遥远，我们也不能要求黑格尔哲学去研究当时还根本没有被自然科学提到日程上来的问题。

但是这里确实必须指出一点：黑格尔并没有这样清楚地作出如上的阐述。这是他的方法必然要得出的结论，但是他本人从来没有这样明确地作出这个结论。原因很简单，因为他不得不去建立一个体系，而按照传统的要求，哲学体系是一定要以某种绝对真理来完成的。所以，黑格尔，特别是在《逻辑学》① 中，尽管如此强调这种永恒真理不过是逻辑的或历史的过程本身，他还是觉得自己不得不给这个过程一个终点，因为他总得在某个地方结束他的体系。在《逻辑学》中，他可以再把这个终点作为起点，因为在这里，终点即绝对观念——它所以是绝对的，只是因为他关于这个观念绝对说不出什么来——"外化"也就是转化为自然界，然后在精神中，即在思维中和在历史中，再返回到自身。但是，要在全部哲学的终点上这样返回到起点，只有一条路可走。这就是把历史的终点设想成人类达到对这个绝对观念的认识，并宣布对绝对观念的这种认识已经在黑格尔的哲学中达到了。但是这样一来，黑格尔体系的全部教条内容就被宣布为绝对真理，这同他那消除一切教条东西的辩证方法是矛盾的；这样一来，革命的方面就被过分茂密的保守的方面所窒息。在哲学的认识上是这样，在历史的实践上也是这样。人类既然通过黑格尔这个人想出了绝对观念，那么在实践上也一定达到了能够在现实中实现这个绝对观念的地步。因此，绝对观念对同时代人的实践的政治的要求不可提得太高。因此，我们在《法哲学》的结尾发现，绝对观念应当在弗里德里希-威廉三世向他的臣民再三许诺而又不予兑现的那种等级君主制中得到实现，就是说，应当在有产阶级那种适应于当时德国小资产阶级关系的、有限的和温和的间接统治中得到实现；在这里还用思辨的方法向我们论证了贵族的必要性。

---

① 黑格尔《逻辑学》1812—1816 年纽伦堡版。这部著作共分三册：《客观逻辑。存在论》（1812）、《客观逻辑。本质论》（1813）和《主观逻辑或概念论》（1816）。

可见，单是体系的内部需要就足以说明，为什么彻底革命的思维方法竟产生了极其温和的政治结论。这个结论的特殊形式当然是由下列情况造成的：黑格尔是一个德国人，而且和他的同时代人歌德一样，拖着一根庸人的辫子。歌德和黑格尔在各自的领域中都是奥林波斯山上的宙斯，但是两人都没有完全摆脱德国庸人的习气。

但是，这一切并没有妨碍黑格尔的体系包括了以前任何体系所不可比拟的广大领域，而且没有妨碍它在这一领域中阐发了现在还令人惊奇的丰富思想。精神现象学（也可以叫做同精神胚胎学和精神古生物学类似的学问，是对个人意识各个发展阶段的阐述，这些阶段可以看做人类意识在历史上所经过的各个阶段的缩影）、逻辑学、自然哲学、精神哲学，而精神哲学又分成各个历史部门来研究，如历史哲学、法哲学、宗教哲学、哲学史、美学等等——在所有这些不同的历史领域中，黑格尔都力求找出并指明贯穿这些领域的发展线索；同时，因为他不仅是一个富于创造性的天才，而且是一个百科全书式的学识渊博的人物，所以他在各个领域中都起了划时代的作用。当然，由于"体系"的需要，他在这里常常不得不求救于强制性的结构，对这些结构，直到现在他的渺小的敌人还发出如此可怕的喊叫。但是这些结构仅仅是他的建筑物的骨架和脚手架；人们只要不是无谓地停留在它们面前，而是深入到大厦里面去，那就会发现无数的珍宝，这些珍宝就是在今天也还保持着充分的价值。在一切哲学家那里，正是"体系"是暂时性的东西，这恰恰因为"体系"产生于人类精神的永恒的需要，即克服一切矛盾的需要。但是，假定一切矛盾都一下子永远消除了，那么我们就达到了所谓绝对真理，世界历史就完结了，而世界历史虽然已经无事可做，却一定要继续发展下去——因而这是一个新的、不可解决的矛盾。一旦我们认识到（就获得这种认识来说，归根到底没有一个人比黑格尔本人对我们的帮助更大），这样给哲学提出的任务，无非就是要求一个哲学家完成那只有全人类在其前进的发展中才能完成的事情，那么以往那种意义上的全部哲学也就完结了。我们把沿着这个途径达不到而且任何单个人都无法达到的"绝对真理"撇在一边，而沿着实证科学和利用辩证思维对这些科学成果进行概括的途径去追求可以达到的相对真理。总之，哲学在黑格尔那里完成了，一方面，因为他在自己的体系中以最宏伟的方式概括了哲学的全部发展；另一方面，因为他（虽然是不自觉地）给我们指出了一条走出这些体系的迷宫而达到真正地切实地认识世界的道路。

可以理解，黑格尔的体系在德国的富有哲学味道的气氛中曾发生了多么巨大的影响。这是一次胜利进军，它延续了几十年，而且决没有随着黑格尔的逝世而停止。相反，正是从1830年到1840年，"黑格尔主义"取得了独占的统治，它甚至或多或少地感染了自己的敌手；正是在这个时期，黑格尔的观点自觉地或不自觉地大量渗入了各种科学，也渗透了通俗读物和日报，而普通的"有教养的意识"就是从这些通俗读物和日报中汲取自己的思想材料的。但是，这一全线胜利仅仅是一种内部斗争的序幕罢了。

黑格尔的整个学说，如我们所看到的，为容纳各种极不相同的实践的党派观点留下了广阔场所；而在当时的理论的德国，有实践意义的首先是两种东西：宗教和政治。特别重视黑格尔的体系的人，在两个领域中都可能是相当保守的；认为辩证方法是主要的东西的人，在政治上和宗教上都可能属于最极端的反对派。黑格尔本人，虽然在他的著作中相当频繁地爆发出革命的怒火，但是总的说来似乎更倾向于保守的方面；他在体系上所花费的"艰苦的思维劳动"倒比他在方法上所花费的要多得多。到 30 年代末，他的学派内的分裂越来越明显了。左翼，即所谓青年黑格尔派，在反对虔诚派的正统教徒和封建反动派的斗争中一点一点地放弃了在哲学上对当前的紧迫问题所采取的超然态度，由于这种态度，他们的学说在此之前曾经得到国家的容忍，甚至保护；到了 1840 年，正统教派的虔诚和封建专制的反动随着弗里德里希-威廉四世登上了王座，这时人们就不可避免地要公开站在这一派或那一派方面了。斗争依旧是用哲学的武器进行的，但已经不再是为了抽象的哲学目的；问题已经直接是要消灭传统的宗教和现存的国家了。如果说在《德国年鉴》中实践的最终目的主要还是穿着哲学的外衣出场，那么，在 1842 年的《莱茵报》① 上青年黑格尔学派已经直接作为努力向上的激进资产阶级的哲学出现，只是为了迷惑书报检查机关才用哲学伪装起来。

但是，政治在当时是一个荆棘丛生的领域，所以主要的斗争就转为反宗教的斗争；这一斗争，特别是从 1840 年起，间接地也是政治斗争。1835 年出版的施特劳斯的《耶稣传》成了第一个推动力。后来，布鲁诺·鲍威尔反对该书中所阐述的福音神话发生说，证明许多福音故事都是作者自己虚构的。两人之间的争论是在"自我意识"对"实体"的斗争这一哲学幌子下进行的。神奇的福音故事是在宗教团体内部通过不自觉的、传统的创作神话的途径形成的呢，还是福音书作者自己虚构的——这个问题竟扩展为这样一个问题：在世界历史中起决定作用的力量是"实体"呢，还是"自我意识"；最后，出现了施蒂纳，现代无政府主义的先知（巴枯宁从他那里抄袭了许多东西），他用他的至上的"唯一者"② 压倒了至上的"自我意识"。

我们不打算更详细地考察黑格尔学派解体过程的这一方面。在我们看来，更重要的是：对现存宗教进行斗争的实践需要，把大批最坚决的青年黑格尔分子推回到英国和法国的唯物主义。他们在这里跟自己的学派的体系发生了冲突。唯物主义把自然界看做唯一现实的东西，而在黑格尔的体系中自然界只是绝对观念的"外化"，可以说是这个观念的下降；无论如何，思维及其思想产物即观念在这里是本原的，而自然界是派生的，只是由于观念的下降才存在。他们就在这个矛盾中彷徨，尽管程度各不相同。

这时，费尔巴哈的《基督教的本质》出版了。它直截了当地使唯物主义重新登上王座，这就一下子消除了这个矛盾。自然界是不依赖任何哲学而存在的；它是我们人类（本身就是自然界的产物）赖以生长的基础；在自然界和人以外不存在任何东西，我们的宗教幻想所创造出来的那些最高存在物只是我们自己的本质的虚幻反映。魔法被破除了；"体

---

① 指《莱茵政治、商业和工业日报》，该报是德国的一家日报，青年黑格尔派的喉舌，1842 年 1 月 1 日—1843 年 3 月 31 日在科隆出版。该报由莱茵省一些反对普鲁士专制政体的资产阶级人士创办，曾吸收了几个青年黑格尔分子撰稿。1842 年 4 月马克思开始为该报撰稿，同年 10 月起成为该报编辑部成员。《莱茵报》也发表过许多恩格斯的文章。在马克思担任编辑期间，该报的革命民主主义性质日益明显，政府对该报进行了特别严格的检查，1843 年 4 月 1 日将其查封。

② 指麦·施蒂纳《唯一者及其所有物》1845 年莱比锡版。

系"被炸开并被抛在一旁了,矛盾既然仅仅是存在于想象之中,也就解决了。——这部书的解放作用,只有亲身体验过的人才能想象得到。那时大家都很兴奋:我们一时都成为费尔巴哈派了。马克思曾经怎样热烈地欢迎这种新观点,而这种新观点又是如何强烈地影响了他(尽管还有种种批判性的保留意见),这可以从《神圣家族》中看出来。

甚至这部书的缺点也加强了它的一时的影响。美文学的、有时甚至是夸张的笔调赢得了广大的读者,无论如何,在抽象而费解的黑格尔主义的长期统治以后,使人们的耳目为之一新。对于爱的过度崇拜也是这样。这种崇拜,尽管不能认为有道理,在"纯粹思维"的已经变得不能容忍的至高统治下也是情有可原的。但是我们不应当忘记,从1844年起在德国的"有教养的"人们中间像瘟疫一样传播开来的"真正的社会主义",正是同费尔巴哈的这两个弱点紧密相连的。它以美文学的词句代替了科学的认识,主张靠"爱"来实现人类的解放,而不主张用经济上改革生产的办法来实现无产阶级的解放,一句话,它沉溺在令人厌恶的美文学和泛爱的空谈中了。它的典型代表就是卡尔·格律恩先生。

还有一点不应当忘记:黑格尔学派虽然解体了,但是黑格尔哲学并没有被批判地克服。施特劳斯和鲍威尔各自抓住黑格尔哲学的一个方面,在论战中互相攻击。费尔巴哈打破了黑格尔的体系,简单地把它抛在一旁。但是简单地宣布一种哲学是错误的,还制服不了这种哲学。像对民族的精神发展有过如此巨大影响的黑格尔哲学这样的伟大创作,是不能用干脆置之不理的办法来消除的。必须从它的本来意义上"扬弃"它,就是说,要批判地消灭它的形式,但是要救出通过这个形式获得的新内容。下面可以看到,这一任务是怎样实现的。

但是这时,1848年的革命毫不客气地把全部哲学都撇在一旁,正如费尔巴哈把他的黑格尔撇在一旁一样。这样一来,费尔巴哈本人也被挤到后台去了。

二

全部哲学,特别是近代哲学的重大的基本问题,是思维和存在的关系问题。在远古时代,人们还完全不知道自己身体的构造,并且受梦中景象的影响①,于是就产生一种观念:他们的思维和感觉不是他们身体的活动,而是一种独特的、寓于这个身体之中而在人死亡时就离开身体的灵魂的活动。从这个时候起,人们不得不思考这种灵魂对外部世界的关系。如果灵魂在人死时离开肉体而继续活着,那就没有理由去设想它本身还会死亡;这样就产生了灵魂不死的观念,这种观念在那个发展阶段出现决不是一种安慰,而是一种不可抗拒的命运,并且往往是一种真正的不幸,例如在希腊人那里就是这样。关于个人不死的无聊臆想之所以普遍产生,不是因为宗教上的安慰的需要,而是因为人们在普遍愚昧的情况下不知道对已经被认为存在的灵魂在肉体死后该怎么办。由于十分相似的原因,通过自然力的人格化,产生了最初的神。随着各种宗教的进一步发展,这些神越来越具有了超世界的形象,直到最后,通过智力发展中自然发生的抽象化过程——几乎可以说是蒸馏过

---

① 在蒙昧人和低级野蛮人中间,现在还流行着这样一种观念:梦中出现的人的形象是暂时离开肉体的灵魂;因而现实的人要对自己出现于他人梦中时针对做梦者而采取的行为负责。例如伊姆·特恩于1884年在圭亚那的印第安人中就发现了这种情形。

程，在人们的头脑中，从或多或少有限的和互相限制的许多神中产生了一神教的唯一的神的观念。

因此，思维对存在、精神对自然界的关系问题，全部哲学的最高问题，像一切宗教一样，其根源在于蒙昧时代的愚昧无知的观念。但是，这个问题，只是在欧洲人从基督教中世纪的长期冬眠中觉醒以后，才被十分清楚地提了出来，才获得了它的完全的意义。思维对存在的地位问题，这个在中世纪的经院哲学中也起过巨大作用的问题：什么是本原的，是精神，还是自然界？——这个问题以尖锐的形式针对着教会提了出来：世界是神创造的呢，还是从来就有的？

哲学家依照他们如何回答这个问题而分成了两大阵营。凡是断定精神对自然界说来是本原的，从而归根到底承认某种创世说的人（而创世说在哲学家那里，例如在黑格尔那里，往往比在基督教那里还要繁杂和荒唐得多），组成唯心主义阵营。凡是认为自然界是本原的，则属于唯物主义的各种学派。

除此之外，唯心主义和唯物主义这两个用语本来没有任何别的意思，它们在这里也不是在别的意义上使用的。下面我们可以看到，如果给它们加上别的意义，就会造成怎样的混乱。

但是，思维和存在的关系问题还有另一个方面：我们关于我们周围世界的思想对这个世界本身的关系是怎样的？我们的思维能不能认识现实世界？我们能不能在我们关于现实世界的表象和概念中正确地反映现实？用哲学的语言来说，这个问题叫做思维和存在的同一性问题，绝大多数哲学家对这个问题都作了肯定的回答。例如在黑格尔那里，对这个问题的肯定回答是不言而喻的，因为我们在现实世界中所认识的，正是这个世界的思想内容，也就是那种使世界成为绝对观念的逐步实现的东西，这个绝对观念是从来就存在的，是不依赖于世界并且先于世界而在某处存在的；但是思维能够认识那一开始就已经是思想内容的内容，这是十分明显的。同样明显的是，在这里，要证明的东西已经默默地包含在前提里面了。但是，这决不妨碍黑格尔从他的思维和存在的同一性的论证中作出进一步的结论：他的哲学因为对他的思维来说是正确的，所以也就是唯一正确的；而思维和存在的同一性要得到证实，人类就要马上把他的哲学从理论转移到实践中去，并按照黑格尔的原则来改造整个世界。这是他和几乎所有的哲学家所共有的幻想。

但是，此外，还有其他一些哲学家否认认识世界的可能性，或者至少是否认彻底认识世界的可能性。在近代哲学家中，休谟和康德就属于这一类，而他们在哲学的发展上是起过很重要的作用的。对驳斥这一观点具有决定性的东西，凡是从唯心主义观点出发所能说的，黑格尔都已经说了；费尔巴哈所增加的唯物主义的东西，与其说是深刻的，不如说是机智的。对这些以及其他一切哲学上的怪论的最令人信服的驳斥是实践，即实验和工业。既然我们自己能够制造出某一自然过程，按照它的条件把它生产出来，并使它为我们的目的服务，从而证明我们对这一过程的理解是正确的，那么康德的不可捉摸的"自在之物"就完结了。动植物体内所产生的化学物质，在有机化学开始把它们——制造出来以前，一直是这种"自在之物"；一旦把它们制造出来，"自在之物"就变成为我之物了，例如茜草的色素——茜素，我们已经不再从地里的茜草根中取得，而是用便宜得多、简单得多的方法从煤焦油里提炼出来了。哥白尼的太阳系学说有 300 年之久一直是一种假说，这个假说尽管有 99%、99.9%、99.99%的可靠性，但毕竟是一种假说；而当勒维烈从这个太阳系学说所提供的数据中，不仅推算出必定存在一个尚未知道的行星，而且还推算出这个行星在太空中的位置的时候，当后来加勒确实发现了这个行星①的时候，哥白尼的学说就被证实了。如果新康德主义者企图在德国复活康德的观点，而不可知论者企图在英国复活休谟的观点（在那里休谟的观点从来没有绝迹），那么，鉴于这两种观点在理论上和实践上早已被驳倒，这种企图在科学上就是开倒车，而在实践上只是一种暗中接受唯物主义而当众又加以拒绝的羞羞答答的做法。

但是，在从笛卡儿到黑格尔和从霍布斯到费尔巴哈这一长时期内，推动哲学家前进的，决不像他们所想象的那样，只是纯粹思想的力量。恰恰相反，真正推动他们前进的，主要是自然科学和工业的强大而日益迅猛的进步。在唯物主义者那里，这已经是一目了然的了，而唯心主义体系也越来越加进了唯物主义的内容，力图用泛神论来调和精神和物质的对立；因此，归根到底，黑格尔的体系只是一种就方法和内容来说唯心主义地倒置过来的唯物主义。

由此可以明白，为什么施达克在他对费尔巴哈的评述中，首先研究费尔巴哈对思维和存在的关系这个基本问题的立场。在简短的导言里，作者对以前的，特别是从康德以来的哲学家的见解，都是用不必要的晦涩难懂的哲学语言来阐述的，并且由于过分形式主义地拘泥于黑格尔著作中的个别词句而大大贬低了黑格尔。在这个导言以后，他详细地叙述了费尔巴哈的有关著作中相继表现出来的这位哲学家的"形而上学"本身的发展进程。这一部分叙述得很用心、很明白，不过像整本书一样，哲学用语堆砌得太多，而这决不是到处都不可避免的。作者越是不保持同一学派或者哪怕是费尔巴哈本人的用语，越是把各种流派，特别是现在流行的自封的哲学派别的用语混在一起，这种堆砌所造成的混乱就越大。

费尔巴哈的发展进程是一个黑格尔主义者（诚然，他从来不是完全正统的黑格尔主义者）走向唯物主义的发展进程，这一发展使他在一定阶段上同自己的这位先驱者的唯心主义体系完全决裂了。他势所必然地终于认识到，黑格尔的"绝对观念"之先于世界的存在，在世界之前就有的"逻辑范畴的预先存在"，不外是对世界之外的造物主的信仰的虚幻残余；我们自己所属的物质的、可以感知的世界，是唯一现实的；而我们的意识和思维，不论它看起来是多么超感觉的，总是物质的、肉体的器官即人脑的产物。物质不是精神的产物，而精神本身只是物质的最高产物。这自然是纯粹的唯物主义。但是费尔巴哈到这里就突然停止不前了。他不能克服通常的哲学偏见，即不反对事情本身而反对唯物主义这个名称的偏见。他说：

> "在我看来，唯物主义是人的本质和人类知识的大厦的基础；但是，我认为它不
> 是生理学家、狭义的自然科学家如摩莱肖特所认为的而且从他们的观点和专业出发所

---

① 德国天文学家约·加勒于 1846 年 9 月 23 日发现了海王星。

必然认为的那种东西，即大厦本身。向后退时，我同唯物主义者完全一致；但是往前进时就不一致了。"①

费尔巴哈在这里把唯物主义这种建立在对物质和精神关系的特定理解上的一般世界观同这一世界观在特定的历史阶段即 18 世纪所表现的特殊形式混为一谈了。不仅如此，他还把唯物主义同它的一种肤浅的、庸俗化了的形式混为一谈，18 世纪的唯物主义现在就以这种形式继续存在于自然科学家和医生的头脑中，并且被毕希纳、福格特和摩莱肖特在 50 年代拿着到处叫卖。但是，像唯心主义一样，唯物主义也经历了一系列的发展阶段。甚至随着自然科学领域中每一个划时代的发现，唯物主义也必然要改变自己的形式；而自从历史也得到唯物主义的解释以后，一条新的发展道路也在这里开辟出来了。

上一世纪的唯物主义主要是机械唯物主义，因为那时在所有自然科学中只有力学，而且只有固体（天上的和地上的）力学，简言之，即重力的力学，达到了某种完善的地步。化学刚刚处于幼稚的燃素说的形态中。生物学尚在襁褓中；对植物和动物的机体只作过粗浅的研究，并用纯粹机械的原因来解释；正如在笛卡儿看来动物是机器一样，在 18 世纪的唯物主义者看来，人是机器。仅仅运用力学的尺度来衡量化学性质的和有机性质的过程（在这些过程中，力学定律虽然也起作用，但是被其他较高的定律排挤到次要地位），这是法国古典唯物主义的一个特有的，但在当时不可避免的局限性。

这种唯物主义的第二个特有的局限性在于：它不能把世界理解为一种过程，理解为一种处在不断的历史发展中的物质。这是同当时的自然科学状况以及与此相联系的形而上学的即反辩证法的哲学思维方法相适应的。人们已经知道，自然界处在永恒的运动中。但是根据当时的想法，这种运动是永远绕着一个圆圈旋转，因而始终不会前进；它总是产生同一结果。这种想法在当时是不可避免的。康德的太阳系起源理论刚刚提出，而且还只是被看做纯粹的奇谈。地球发展史，即地质学，还完全没有人知道，而关于现今的生物是由简单到复杂的长期发展过程的结果的看法，当时还根本不可能科学地提出来。因此，对自然界的非历史观点是不可避免的。根据这一点大可不必去责备 18 世纪的哲学家，因为连黑格尔也有这种观点。在黑格尔看来，自然界只是观念的"外化"，它不能在时间上发展，只能在空间扩展自己的多样性，因此，它把自己所包含的一切发展阶段同时地、并列地展示出来，并且注定永远重复始终是同一的过程。黑格尔把发展是在空间以内，但在时间（这是一切发展的基本条件）以外发生的这种谬论强加于自然界，恰恰是在地质学、胚胎学、植物和动物生理学以及有机化学都已经建立起来，并且在这些新科学的基础上到处都出现了对后来的进化论的天才预想（例如歌德和拉马克）的时候。但是，体系要求这样，于是，方法为了迎合体系就不得不背叛自己。

这种非历史观点也表现在历史领域中。在这里，反对中世纪残余的斗争限制了人们的视野。中世纪被看做是千年普遍野蛮状态造成的历史的简单中断；中世纪的巨大进步——

---

① 这段引文在卡·施达克的《路德维希·费尔巴哈》1885 年斯图加特版第 166 页上引用过。引文摘自卡·格律恩《路德维希·费尔巴哈的书简、遗稿及其哲学特征的阐述》1874 年莱比锡—海德堡版第 2 卷第 308 页。

欧洲文化领域的扩大，在那里一个挨着一个形成的富有生命力的大民族，以及 14 世纪和 15 世纪的巨大的技术进步，这一切都没有被人看到。这样一来，对伟大历史联系的合理看法就不可能产生，而历史至多不过是一部供哲学家使用的例证和图解的汇集罢了。

50 年代在德国把唯物主义庸俗化的小贩们，根本没有突破他们的老师们的这些局限。自然科学后来获得的一切进步，仅仅成了他们否认有世界创造主存在的新证据；实际上，他们所做的事情决不是进一步发展理论。如果说唯心主义当时已经智穷才竭，并且由于 1848 年革命受到了致命的打击，那么，它感到满足的是，唯物主义在这个时候更是江河日下。费尔巴哈拒绝为这种唯物主义负责是完全对的；只是他不应该把这些巡回传教士的学说同一般唯物主义混淆起来。

但是，这里应当注意两种情况。第一，费尔巴哈在世时，自然科学也还处在剧烈的酝酿过程中，这一过程只是在最近 15 年才达到了足以澄清问题的相对完成的地步；新的认识材料以空前的规模被提供出来，但是，只是到最近才有可能在纷纷涌来的这一大堆杂乱的发现中建立起联系，从而使它们有了条理。虽然三个决定性的发现——细胞、能量转化和以达尔文命名的进化论的发现，费尔巴哈在世时全看到了，但是，这位在乡间过着孤寂生活的哲学家怎么能够对科学充分关注，给这些发现以足够的评价呢？何况对这些发现就连当时的自然科学家有的还持有异议，有的还不懂得充分利用。这里只能归咎于德国的可怜状况，由于这种状况，当时哲学讲席都被那些故弄玄虚的折中主义的小识小见之徒占据了，而比所有这些人高明百倍的费尔巴哈，却不得不在穷乡僻壤中过着农民式的孤陋寡闻的生活。因而，现在已经成为可能的、排除了法国唯物主义的一切片面性的、历史的自然观，始终没有为费尔巴哈所了解，这就不是他的过错了。

第二，费尔巴哈说得完全正确：纯粹自然科学的唯物主义虽然

"是人类知识的大厦的基础，但不是大厦本身"。

因为，我们不仅生活在自然界中，而且生活在人类社会中，人类社会同自然界一样也有自己的发展史和自己的科学。因此，问题在于使关于社会的科学，即所谓历史科学和哲学科学的总和，同唯物主义的基础协调起来，并在这个基础上加以改造。但是，这一点费尔巴哈是做不到的。他虽然有"基础"，但是在这里仍然受到传统的唯心主义的束缚，这一点他自己也是承认的，他说：

"向后退时，我同唯物主义者是一致的；但是往前进时就不一致了。"

但是在这里，在社会领域内，正是费尔巴哈本人没有"前进"，没有超过自己在 1840 年或 1844 年的观点，这仍旧主要是由于他的孤寂生活，这种生活迫使这位比其他任何哲学家都更爱好社交的哲学家从他的孤寂的头脑中，而不是从同与他才智相当的人们的友好或敌对的接触中产生出自己的思想。费尔巴哈在这个领域内究竟在多大程度上仍然是唯心主义者，我们将在下面加以详细的考察。

这里还应当指出，施达克在找费尔巴哈的唯心主义时找错了地方。他说：

"费尔巴哈是唯心主义者，他相信人类的进步。"（第 19 页）"唯心主义仍旧是一
切的基础、根基。在我们看来，实在论只是在我们追求自己的理想的意图时使我们不
致误入迷途而已。难道同情、爱以及对真理和正义的热诚不是理想的力量吗？"（第Ⅷ
页）

第一，在这里无非是把对理想目的的追求叫做唯心主义。但这些目的至多同康德的唯
心主义及其"绝对命令"有必然联系；然而康德自己把他的哲学叫做"先验的唯心主
义"，决不是因为那里也讲到道德的理想，而完全是由于别的理由，这是施达克会记得的。
有一种迷信，认为哲学唯心主义的中心就是对道德理想即对社会理想的信仰，这种迷信是
在哲学之外产生的，是在那些把席勒诗歌中符合他们需要的少数哲学上的只言片语背得烂
熟的德国庸人中产生的。没有一个人比恰恰是十足唯心主义者的黑格尔更尖锐地批评了康
德的软弱无力的"绝对命令"（它之所以软弱无力，是因为它要求不可能的东西，因而永
远达不到任何现实的东西），没有一个人比他更辛辣地嘲笑了席勒所传播的那种沉湎于不
能实现的理想的庸人习气（见《现象学》① ）。

第二，决不能避免这种情况：推动人去从事活动的一切，都要通过人的头脑，甚至吃
喝也是由于通过头脑感觉到饥渴而开始，并且同样由于通过头脑感觉到饱足而停止。外部
世界对人的影响表现在人的头脑中，反映在人的头脑中，成为感觉、思想、动机、意志，
总之，成为"理想的意图"，并且以这种形态变成"理想的力量"。如果一个人只是由于
他追求"理想的意图"并承认"理想的力量"对他的影响，就成了唯心主义者，那么任
何一个发育稍稍正常的人都是天生的唯心主义者了，怎么还会有唯物主义者呢？

第三，关于人类（至少在现时）总的说来是沿着进步方向运动的这种信念，是同唯物
主义和唯心主义的对立绝对不相干的。法国唯物主义者同自然神论者②伏尔泰和卢梭一
样，几乎狂热地抱有这种信念，并且往往为它付出最大的个人牺牲。如果说有谁为了"对
真理和正义的热诚"（就这句话的正面的意思说）而献出了整个生命，那么，例如狄德罗
就是这样的人。由此可见，施达克把这一切说成是唯心主义，这只是证明：唯物主义这个
名词以及两个派别的全部对立，在这里对他来说已经失去了任何意义。

事实上，施达克在这里向那种由于教士的多年诽谤而流传下来的对唯物主义这个名称
的庸人偏见作了不可饶恕的让步，虽然这也许是不自觉的。庸人把唯物主义理解为贪吃、
酗酒、娱目、肉欲、虚荣、爱财、吝啬、贪婪、牟利、投机，简言之，即他本人暗中迷恋
着的一切龌龊行为；而把唯心主义理解为对美德、普遍的人类爱的信仰，总之，对"美好
世界"的信仰。他在别人面前夸耀这个"美好世界"，但是他自己至多只是在这样的时候

① 即黑格尔《精神现象学》。
② 自然神论是一种推崇理性原则，把上帝解释为非人格的始因的宗教哲学理论，曾是资产阶级反对封建制度和
正统宗教的一种理论武器，也是无神论在当时的一种隐蔽形式。这种理论反对蒙昧主义和神秘主义，认为上帝不过是
"世界理性"或"有智慧的意志"，上帝在创世之后就不再干预世界事务，而让世界按它本身的规律存在和发展下去。
在封建教会世界观统治的条件下，自然神论者往往站在理性主义的立场上批判中世纪的神学世界观，揭露僧侣们的寄
生生活和招摇撞骗的行为。

才相信这个"美好世界",这时,他由于自己习以为常的"唯物主义的"放纵而必然感到懊丧或遭到破产,并因此唱出了他心爱的歌:人是什么?一半是野兽,一半是天使。

在其他方面,施达克极力保护费尔巴哈,反对现今在德国以哲学家名义大吹大擂的大学教师们的攻击和学说。对关心德国古典哲学的这些不肖子孙的人们来说,这的确是很重要的;对施达克本人来说,这也许是必要的。不过我们就怜惜怜惜读者吧。

三

我们一接触到费尔巴哈的宗教哲学和伦理学,他的真正的唯心主义就显露出来了。费尔巴哈决不希望废除宗教,他希望使宗教完善化。哲学本身应当融化在宗教中。

"人类的各个时期仅仅由于宗教的变迁而彼此区别开来。某一历史运动,只有在它深入人心的时候,才是根深蒂固的。心不是宗教的形式,因而不应当说宗教也存在于心中;心是宗教的本质。"① (引自施达克的书,第 168 页)

按照费尔巴哈的看法,宗教是人与人之间的感情的关系、心灵的关系,过去这种关系是在现实的虚幻映象中(借助于一个神或许多神,即人类特性的虚幻映象)寻找自己的真理,现在却直接地而不是间接地在我和你之间的爱中寻找自己的真理了。归根到底,在费尔巴哈那里,性爱即使不是他的新宗教借以实现的最高形式,也是最高形式之一。

人与人之间的,特别是两性之间的感情关系,是自从有人类以来就存在的。而性爱在最近 800 年间获得了这样的发展和地位,竟成了这个时期中一切诗歌必须环绕着旋转的轴心了。现存的通行的宗教只限于使国家对性爱的管理即婚姻立法神圣化;这些宗教也许明天就会完全消失,但是爱情和友谊的实践并不会发生丝毫变化。在法国,从 1793 年到 1798 年,基督教的确曾经消失到这种程度,连拿破仑去恢复它也不能不遇到抵抗和困难,但是在这一期间,并没有感觉到需要用费尔巴哈意义上的宗教去代替它。

在这里,费尔巴哈的唯心主义就在于:他不是抛开对某种在他看来也已成为过去的特殊宗教的回忆,直截了当地按照本来面貌看待人们彼此间以相互倾慕为基础的关系,即性爱、友谊、同情、舍己精神等等,而是断言这些关系只有在用宗教名义使之神圣化以后才会获得自己的完整的意义。在他看来,主要的并不是存在着这种纯粹人的关系,而是要把这些关系看做新的、真正的宗教。这些关系只是在盖上了宗教的印记以后才被认为是完满的。宗教一词是从 religare 一词来的,本来是联系的意思。因此,两个人之间的任何联系都是宗教。这种词源学上的把戏是唯心主义哲学的最后一着。这个词的意义,不是按照它的实际使用的历史发展来决定,而竟然按照来源来决定。因此,仅仅为了使宗教这个对唯心主义回忆很宝贵的名词不致从语言中消失,性爱和性关系竟被尊崇为"宗教"。在 40 年代,巴黎的路易·勃朗派改良主义者正是这样说的,他们也认为不信宗教的人只是一种怪物,并且对我们说:因此,无神论就是你们的宗教!费尔巴哈想以一种本质上是唯物主义的自然观为基础建立真正的宗教,这就等于把现代化学当做真正的炼金术。如果无神的宗

---

① 这段引文摘自路·费尔巴哈的著作《哲学原理。变化的必然性》,见卡·格律恩《路德维希·费尔巴哈的书简、遗稿及其哲学特征的阐述》1874 年莱比锡—海德堡版第 1 卷第 407 页。

教可以存在，那么没有哲人之石的炼金术也可以存在了。况且，炼金术和宗教之间是有很紧密的联系的。哲人之石有许多类似神的特性，公元头两世纪埃及和希腊的炼金术士在基督教学说的形成上也出了一份力量。柯普和拜特洛所提供的材料就证明了这一点。

费尔巴哈的下面这个论断是绝对错误的：

"人类的各个时期仅仅由于宗教的变迁而彼此区别开来。"

重大的历史转折点有宗教变迁相伴随，只是就迄今存在的三种世界宗教——佛教、基督教和伊斯兰教而言。古老的自发产生的部落宗教和民族宗教是不传布的，一旦部落或民族的独立遭到破坏，它们便失掉任何抵抗力；拿日耳曼人来说，甚至他们一接触正在崩溃的罗马世界帝国以及它刚刚采用的，适应于它的经济、政治、精神状态的世界基督教，这种情形就发生了。仅仅在这些多少是人工造成的世界宗教，特别是基督教和伊斯兰教那里，我们才发现比较一般的历史运动带有宗教的色彩，甚至在基督教传播的范围内，具有真正普遍意义的革命也只有在资产阶级解放斗争的最初阶段即从 13 世纪到 17 世纪，才带有这种宗教色彩；而且，这种色彩不能像费尔巴哈所想的那样，用人的心灵和人的宗教需要来解释，而要用以往的整个中世纪的历史来解释，中世纪的历史只知道一种形式的意识形态，即宗教和神学。但是到了 18 世纪，资产阶级已经强大得足以建立他们自己的、同他们的阶级地位相适应的意识形态了，这时他们才进行了他们的伟大而彻底的革命——法国革命，而且仅仅诉诸法律的和政治的观念，只是在宗教挡住他们的道路时，他们才理会宗教；但是他们没有想到要用某种新的宗教来代替旧的宗教；大家知道，罗伯斯比尔在这方面曾遭受了怎样的失败。

同他人交往时表现纯粹人类感情的可能性，今天已经被我们不得不生活于其中的、以阶级对立和阶级统治为基础的社会破坏得差不多了。我们没有理由把这种感情尊崇为宗教，从而更多地破坏这种可能性。同样，对历史上的重大的阶级斗争的理解，特别是在德国，已经被流行的历史编纂学弄得够模糊了，用不着我们去把这些斗争的历史变为教会史的单纯附属品，使这种理解成为完全不可能。由此可见，现在我们已经离开费尔巴哈多么远了。他那赞美新的爱的宗教的"最美丽的篇章"现在已经不值一读了。

费尔巴哈认真地研究过的唯一的宗教是基督教，即以一神教为基础的西方的世界宗教。他指出，基督教的神只是人的虚幻的反映、映象。但是，这个神本身是长期的抽象过程的产物，是以前的许多部落神和民族神集中起来的精华。与此相应，被反映为这个神的人也不是一个现实的人，而同样是许多现实的人的精华，是抽象的人，因而本身又是一个思想上的形象。费尔巴哈在每一页上都宣扬感性，宣扬专心研究具体的东西、研究现实，可是这同一个费尔巴哈，一谈到人们之间纯粹的性关系以外的某种关系，就变成完全抽象的了。

他在这种关系中仅仅看到一个方面——道德。在这里，同黑格尔比较起来，费尔巴哈的惊人的贫乏又使我们诧异。黑格尔的伦理学或关于伦理的学说就是法哲学，其中包括：（1）抽象的法，（2）道德，（3）伦理，其中又包括家庭、市民社会、国家。在这里，形式是唯心主义的，内容是实在论的。法、经济、政治的全部领域连同道德都包括进去了。在费尔巴哈那里情况恰恰相反。就形式讲，他是实在论的，他把人作为出发点；但是，关于这个人生活的世界却根本没有讲到，因而这个人始终是在宗教哲学中出现的那种抽象的人。这个人不是从娘胎里生出来的，他是从一神教的神羽化而来的，所以他也不是生活在现实的、历史地发生和历史地确定了的世界里面；虽然他同其他的人来往，但是任何一个其他的人也和他本人一样是抽象的。在宗教哲学里，我们终究还可以看到男人和女人，但是在伦理学里，连这最后一点差别也消失了。的确，在费尔巴哈那里间或也出现这样的命题：

> "皇宫中的人所想的，和茅屋中的人所想的是不同的。"① ——"如果你因为饥饿、贫困而身体内没有养料，那么你的头脑中、你的感觉中以及你的心中便没有供道德用的养料了。"② ——"政治应当成为我们的宗教"③，等等。

但是，费尔巴哈完全不知道用这些命题去干什么，它们始终是纯粹的空话，甚至施达克也不得不承认，政治对费尔巴哈是一个不可通过的区域，而

"关于社会的学说，即社会学，对他来说，是一个未知的领域"。④

在善恶对立的研究上，他同黑格尔比起来也是肤浅的。黑格尔指出：

> "有人以为，当他说人本性是善的这句话时，是说出了一种很伟大的思想；但是他忘记了，当人们说人本性是恶的这句话时，是说出了一种更伟大得多的思想。"⑤

在黑格尔那里，恶是历史发展的动力的表现形式。这里有双重意思，一方面，每一种新的进步都必然表现为对某一神圣事物的亵渎，表现为对陈旧的、日渐衰亡的、但为习惯所崇奉的秩序的叛逆；另一方面，自从阶级对立产生以来，正是人的恶劣的情欲——贪欲和权势欲成了历史发展的杠杆，关于这方面，例如封建制度的和资产阶级的历史就是一个独一无二的持续不断的证明。但是，费尔巴哈就没有想到要研究道德上的恶所起的历史作用。历史对他来说是一个不愉快的可怕的领域。他有句名言：

"当人最初从自然界产生的时候，他也只是一个纯粹的自然物，而不是人。人是人、

---

① 引自路·费尔巴哈《驳躯体和灵魂、肉体和精神的二元论》，见《费尔巴哈全集》1846 年莱比锡版第 2 卷第 363 页。

② 这段引文在卡·施达克《路德维希·费尔巴哈》1885 年斯图加特版第 254 页上引用过。引文摘自路·费尔巴哈的著作《贫穷操纵并取消所有法律》，见卡·格律恩《路德维希·费尔巴哈的书简、遗稿及其哲学特征的阐述》1874 年莱比锡—海德堡版第 2 卷第 285—286 页。

③ 这段引文在卡·施达克《路德维希·费尔巴哈》1885 年斯图加特版第 280 页上引用过。引文摘自路·费尔巴哈的著作《哲学原理。变化的必然性》，见卡·格律恩《路德维希·费尔巴哈的书简、遗稿及其哲学特征的阐述》1874 年莱比锡—海德堡版第 1 卷第 409 页。

④ 见卡·施达克《路德维希·费尔巴哈》1885 年斯图加特版第 280 页。

⑤ 黑格尔关于恶是历史发展动力的思想见他的著作《法哲学原理》第 18、139 节以及《宗教哲学讲演录》第 3 部第 2 篇第 3 章。后面这本著作的第一版于 1832 年在柏林出版。

文化、历史的产物。"① ——

甚至这句名言在他那里也是根本不结果实的。

从上述一切可以明白，关于道德，费尔巴哈所告诉我们的东西只能是极其贫乏的。追求幸福的欲望是人生来就有的，因而应当是一切道德的基础。但是，追求幸福的欲望受到双重的矫正。第一，受到我们的行为的自然后果的矫正：酒醉之后，必定头痛；放荡成习，必生疾病。第二，受到我们的行为的社会后果的矫正：要是我们不尊重他人同样的追求幸福的欲望，那么他们就会反抗，妨碍我们自己追求幸福的欲望。由此可见，我们要满足我们的这种欲望，就必须能够正确地估量我们的行为的后果，另一方面还必须承认他人有相应的欲望的平等权利。因此，对己以合理的自我节制，对人以爱（又是爱！），这就是费尔巴哈的道德的基本准则，其他一切准则都是从中引申出来的。无论费尔巴哈的妙趣横生的议论或施达克的热烈无比的赞美，都不能掩盖这几个命题的贫乏和空泛。

如果一个人只同自己打交道，他追求幸福的欲望只有在非常罕见的情况下才能得到满足，而且决不会对己对人都有利。他的这种欲望要求同外部世界打交道，要求有得到满足的手段：食物、异性、书籍、娱乐、辩论、活动、消费和加工的对象。费尔巴哈的道德或者是以每一个人无疑地都有这些满足欲望的手段和对象为前提，或者只向每一个人提供无法应用的忠告，因而对于没有这些手段的人是一文不值的。这一点，费尔巴哈自己也说得很直截了当：

> "皇宫中的人所想的，和茅屋中的人所想的是不同的。""如果你因为饥饿、贫困而身体内没有养料，那么你的头脑中、你的感觉中以及你的心中便没有供道德用的养料了。"

至于说到他人追求幸福的平等权利，情况是否好一些呢？费尔巴哈提出这种要求，认为这种要求是绝对的，是适合于任何时代和任何情况的。但是这种要求从什么时候起被认为是适合的呢？在古代的奴隶和奴隶主之间，在中世纪的农奴和领主之间，难道谈得上有追求幸福的平等权利吗？被压迫阶级追求幸福的欲望不是被冷酷无情地"依法"变成了统治阶级的这种欲望的牺牲品吗？——是的，这也是不道德的，但是现在平等权利被承认了。资产阶级在反对封建制度的斗争中和在发展资本主义生产的过程中不得不废除一切等级的即个人的特权，而且起初在私法方面，后来逐渐在公法方面实施了个人在法律上的平等权利，从那时以来并且由于那个缘故，平等权利在口头上是被承认了。

但是，追求幸福的欲望只有极微小的一部分可以靠观念上的权利来满足，绝大部分却要靠物质的手段来实现，而由于资本主义生产所关心的，是使绝大多数权利平等的人仅有最必需的东西来勉强维持生活，所以资本主义对多数人追求幸福的平等权利所给予的尊重，即使有，也未必比奴隶制或农奴制所给予的多一些。至于说到幸福的精神手段、教育

---

① 引自路·费尔巴哈《我的哲学经历的特征描述片断》，见《费尔巴哈全集》1846 年莱比锡版第 2 卷第 411 页。

手段，情况是否好一些呢？就连"萨多瓦的教师"① 不也是一个神话人物吗？

不仅如此。根据费尔巴哈的道德论，证券交易所就是最高的道德殿堂，只要人们的投机始终都是得当的。如果我的追求幸福的欲望把我引进了交易所，而且我在那里又善于正确地估量我的行为的后果，因而这些后果只使我感到愉快而不引起任何损失，就是说，如果我经常赚钱的话，那么费尔巴哈的指示就算执行了。我也并没有因此就妨碍另一个人的同样的追求幸福的欲望，因为另一个人和我一样，是自愿到交易所去的，他和我达成投机交易时是按照他追求幸福的欲望行事，正如我是按照我追求幸福的欲望行事一样。如果他赔了钱，那么这就证明他的行为是不道德的，因为他盘算错了，而且，我在对他执行应得的惩罚时，甚至可以摆出现代拉达曼的威风来。只要爱不纯粹是温情的空话，交易所也是由爱统治的，因为每个人都靠别人来满足自己追求幸福的欲望，而这就是爱应当做的事情，爱也在这里得到实现。如果我在那里正确地预见到我的行动的后果，因而赌赢了，那么我就执行了费尔巴哈道德的一切最严格的要求，而且还成了富翁。换句话说，费尔巴哈的道德是完全适合于现代资本主义社会的，不管他自己多么不愿意或想不到是这样。

可是爱啊！——真的，在费尔巴哈那里，爱随时随地都是一个创造奇迹的神，可以帮助克服实际生活中的一切困难——而且这是在一个分裂为利益直接对立的阶级的社会里。这样一来，他的哲学中的最后一点革命性也消失了，留下的只是一个老调子：彼此相爱吧！不分性别、不分等级地互相拥抱吧！——大家都陶醉在和解中了！

简单扼要地说，费尔巴哈的道德论是和它的一切前驱者一样的。它是为一切时代、一切民族、一切情况而设计出来的；正因为如此，它在任何时候和任何地方都是不适用的，而在现实世界面前，是和康德的绝对命令一样软弱无力的。实际上，每一个阶级，甚至每一个行业，都各有各的道德，并且，只要它能破坏这种道德而不受惩罚，它就加以破坏。而本应把一切人都联合起来的爱，则表现在战争、争吵、诉讼、家庭纠纷、离婚以及一些人对另一些人的尽可能的剥削中。

但是，费尔巴哈所提供的强大推动力怎么能对他本人毫无结果呢？理由很简单，因为费尔巴哈不能找到从他自己所极端憎恶的抽象王国通向活生生的现实世界的道路。他紧紧地抓住自然界和人；但是，在他那里，自然界和人都只是空话。无论关于现实的自然界或关于现实的人，他都不能对我们说出任何确定的东西。要从费尔巴哈的抽象的人转到现实的、活生生的人，就必须把这些人作为在历史中行动的人去考察。而费尔巴哈反对这样做，因此，他所不了解的 1848 年对他来说只意味着和现实世界最后分离，意味着退入孤寂的生活。在这方面，主要又要归咎于德国的状况，这种状况使他落得这种悲惨的结局。

但是，费尔巴哈没有走的一步，必定会有人走的。对抽象的人的崇拜，即费尔巴哈的新宗教的核心，必定会由关于现实的人及其历史发展的科学来代替。这个超出费尔巴哈而进一步发展费尔巴哈观点的工作，是由马克思于 1845 年在《神圣家族》中开始的。

---

① "萨多瓦的教师"是普鲁士军队在 1866 年奥普战争中萨多瓦一役获胜后，德国资产阶级政论文章中的流行用语，其意是将普鲁士军队获胜的原因归功于普鲁士优越的国民教育制度。这一用语源于《外国》杂志的编辑奥·佩舍尔发表在该杂志 1866 年 7 月 17 日第 29 期上的一篇题为《最近的战争历史的教训》的文章。

四

施特劳斯、鲍威尔、施蒂纳、费尔巴哈，就他们没有离开哲学这块土地来说，都是黑格尔哲学的分支。施特劳斯写了《耶稣传》和《教义学》① 以后，就只从事写作勒南式的哲学和教会史的美文学作品；鲍威尔只是在基督教起源史方面做了一些事情，虽然他在这里所做的也是重要的；施蒂纳甚至在巴枯宁把他同蒲鲁东混合起来并且把这个混合物命名为"无政府主义"以后，依然是一个怪物；唯有费尔巴哈是个杰出的哲学家。但是，不仅哲学这一似乎凌驾于一切专门科学之上并把它们包罗在内的科学的科学，对他来说，仍然是不可逾越的屏障，不可侵犯的圣物，而且作为一个哲学家，他也停留在半路上，他下半截是唯物主义者，上半截是唯心主义者；他没有批判地克服黑格尔，而是简单地把黑格尔当做无用的东西抛在一边，同时，与黑格尔体系的百科全书式的丰富内容相比，他本人除了矫揉造作的爱的宗教和贫乏无力的道德以外，拿不出什么积极的东西。

但是，从黑格尔学派的解体过程中还产生了另一个派别，唯一的真正结出果实的派别。这个派别主要是同马克思的名字联系在一起的。②

同黑格尔哲学的分离在这里也是由于返回到唯物主义观点而发生的。这就是说，人们决心在理解现实世界（自然界和历史）时按照它本身在每一个不以先入为主的唯心主义怪想来对待它的人面前所呈现的那样来理解；他们决心毫不怜惜地抛弃一切同事实（从事实本身的联系而不是从幻想的联系来把握的事实）不相符合的唯心主义怪想。除此以外，唯物主义并没有别的意义。不过在这里第一次对唯物主义世界观采取了真正严肃的态度，把这个世界观彻底地（至少在主要方面）运用到所研究的一切知识领域里去了。

黑格尔不是简单地被放在一边，恰恰相反，上面所阐述的他的革命方面即辩证方法被接过来了。但是这种方法在黑格尔的形式中是无用的。在黑格尔那里，辩证法是概念的自我发展。绝对概念不仅是从来就存在的（不知在哪里？），而且是整个现存世界的真正的活的灵魂。它通过在《逻辑学》中详细探讨过的并且完全包含在它自身中的一切预备阶段而向自身发展；然后它使自己"外化"，转化为自然界，它在自然界中并没有意识到它自己，而是采取自然必然性的形式，经过新的发展，最后在人身上重新达到自我意识；这个自我意识，在历史中又从粗糙的形式中挣脱出来，直到绝对概念终于在黑格尔哲学中又完全地达到自身为止。因此，在自然界和历史中所显露出来的辩证的发展，即经过一切迂回曲折

---

① 指大·施特劳斯《基督教教理的历史发展及其同现代科学的斗争》1840—1841 年蒂宾根—斯图加特版第1—2卷，该书第二部的标题是《基督教教理的物质内容（教义学）》。

② 请允许我在这里作一点个人的说明。近来人们不止一次地提到我参加了制定这一理论的工作，因此，我在这里不得不说几句话，把这个问题澄清。我不能否认，我和马克思共同工作40年，在这以前和这个期间，我在一定程度上独立地参加了这一理论的创立，特别是对这一理论的阐发。但是，绝大部分基本指导思想（特别是在经济和历史领域内），尤其是对这些指导思想的最后的明确的表述，都是属于马克思的。我所提供的，马克思没有我也能够做到，至多有几个专门的领域除外。至于马克思所做到的，我却做不到。马克思比我们大家都站得高些，看得远些，观察得多些和快些。马克思是天才，我们至多是能手。没有马克思，我们的理论远不会是现在这个样子。所以，这个理论用他的名字命名是理所当然的。

和暂时退步而由低级到高级的前进运动的因果联系，在黑格尔那里，只是概念的自己运动的翻版，而这种概念的自己运动是从来就有的（不知在什么地方），但无论如何是不依任何能思维的人脑为转移的。这种意识形态上的颠倒是应该消除的。我们重新唯物地把我们头脑中的概念看做现实事物的反映，而不是把现实事物看做绝对概念的某一阶段的反映。这样，辩证法就归结为关于外部世界和人类思维的运动的一般规律的科学，这两个系列的规律在本质上是同一的，但是在表现上是不同的，这是因为人的头脑可以自觉地应用这些规律，而在自然界中这些规律是不自觉地、以外部必然性的形式、在无穷无尽的表面的偶然性中实现的，而且到现在为止在人类历史上多半也是如此。这样，概念的辩证法本身就变成只是现实世界的辩证运动的自觉的反映，从而黑格尔的辩证法就被倒转过来了，或者宁可说，不是用头立地而是重新用脚立地了。而且值得注意的是，不仅我们发现了这个多年来已成为我们最好的工具和最锐利的武器的唯物主义辩证法，而且德国工人约瑟夫·狄慈根不依靠我们，甚至不依靠黑格尔也发现了它。①

而这样一来，黑格尔哲学的革命方面就恢复了，同时也摆脱了那些曾经在黑格尔那里阻碍它贯彻到底的唯心主义装饰。一个伟大的基本思想，即认为世界不是既成事物的集合体，而是过程的集合体，其中各个似乎稳定的事物同它们在我们头脑中的思想映象即概念一样都处在生成和灭亡的不断变化中，在这种变化中，尽管有种种表面的偶然性，尽管有种种暂时的倒退，前进的发展终究会实现——这个伟大的基本思想，特别是从黑格尔以来，已经成了一般人的意识，以致它在这种一般形式中未必会遭到反对了。但是，口头上承认这个思想是一回事，实际上把这个思想分别运用于每一个研究领域，又是一回事。如果人们在研究工作中始终从这个观点出发，那么关于最终解决和永恒真理的要求就永远不会提出了；人们就始终会意识到他们所获得的一切知识必然具有的局限性，意识到他们在获得知识时所处的环境对这些知识的制约性；人们对于还在不断流行的旧形而上学所不能克服的对立，即真理和谬误、善和恶、同一和差别、必然和偶然之间的对立也不再敬畏了；人们知道，这些对立只有相对的意义，今天被认为是合乎真理的认识都有它隐蔽着的、以后会显露出来的错误的方面，同样，今天已经被认为是错误的认识也有它合乎真理的方面，因而它从前才能被认为是合乎真理的；被断定为必然的东西，是由纯粹的偶然性构成的，而所谓偶然的东西，是一种有必然性隐藏在里面的形式，如此等等。

旧的研究方法和思维方法，黑格尔称之为"形而上学的"方法，主要是把事物当做一成不变的东西去研究，它的残余还牢牢地盘踞在人们的头脑中，这种方法在当时是有重大的历史根据的。必须先研究事物，尔后才能研究过程。必须先知道一个事物是什么，尔后才能觉察这个事物中所发生的变化。自然科学中的情形正是这样。认为事物是既成的东西的旧形而上学，是从那种把非生物和生物当做既成事物来研究的自然科学中产生的。而当这种研究已经进展到可以向前迈出决定性的一步，即可以过渡到系统地研究这些事物在自然界本身中所发生的变化的时候，在哲学领域内也就响起了旧形而上学的丧钟。事实上，

---

① 见《人脑活动的实质。一个手艺人的描述》汉堡迈斯纳出版社版。它指约·狄慈根的著作《人脑活动的实质。一个手艺人的描述，纯粹的和实践的理性的再批判》1869 年汉堡版。

直到上一世纪末，自然科学主要是搜集材料的科学，关于既成事物的科学，但是在本世纪，自然科学本质上是整理材料的科学，是关于过程、关于这些事物的发生和发展以及关于联系——把这些自然过程结合为一个大的整体——的科学。研究植物机体和动物机体中的过程的生理学，研究单个机体从胚胎到成熟的发育过程的胚胎学，研究地壳逐渐形成过程的地质学，所有这些科学都是我们这个世纪的产儿。

但是，首先是三大发现使我们对自然过程的相互联系的认识大踏步地前进了：第一是发现了细胞，发现细胞是这样一种单位，整个植物体和动物体都是从它的繁殖和分化中发育起来的。这一发现，不仅使我们知道一切高等有机体都是按照一个共同规律发育和生长的，而且使我们通过细胞的变异能力看出有机体能改变自己的物种从而能完成比个体发育更高的发育的道路。——第二是能量转化，它向我们表明了一切首先在无机界中起作用的所谓力，即机械力及其补充，所谓位能、热、辐射（光或辐射热）、电、磁、化学能，都是普遍运动的各种表现形式，这些运动形式按照一定的度量关系由一种转变为另一种，因此，当一种形式的量消失时，就有另一种形式的一定的量代之出现，因此，自然界中的一切运动都可以归结为一种形式向另一种形式不断转化的过程。——最后，达尔文第一次从联系中证明，今天存在于我们周围的有机自然物，包括人在内，都是少数原始单细胞胚胎的长期发育过程的产物，而这些胚胎又是由那些通过化学途径产生的原生质或蛋白质形成的。

由于这三大发现和自然科学的其他巨大进步，我们现在不仅能够说明自然界中各个领域内的过程之间的联系，而且总的说来也能说明各个领域之间的联系了，这样，我们就能够依靠经验自然科学本身所提供的事实，以近乎系统的形式描绘出一幅自然界联系的清晰图画。描绘这样一幅总的图画，在以前是所谓自然哲学的任务。而自然哲学只能这样来描绘：用观念的、幻想的联系来代替尚未知道的现实的联系，用想象来补充缺少的事实，用纯粹的臆想来填补现实的空白。它在这样做的时候提出了一些天才的思想，预测到一些后来的发现，但是也发表了十分荒唐的见解，这在当时是不可能不这样的。今天，当人们对自然研究的结果只要辩证地即从它们自身的联系进行考察，就可以制成一个在我们这个时代是令人满意的"自然体系"的时候，当这种联系的辩证性质，甚至违背自然科学家的意志，使他们受过形而上学训练的头脑不得不承认的时候，自然哲学就最终被排除了。任何使它复活的企图不仅是多余的，而且是倒退。

这样，自然界也被承认为历史发展过程了。而适用于自然界的，同样适用于社会历史的一切部门和研究人类的（和神的）事物的一切科学。在这里，历史哲学、法哲学、宗教哲学等等也都是以哲学家头脑中臆造的联系来代替应当在事变中去证实的现实的联系，把全部历史及其各个部分都看做观念的逐渐实现，而且当然始终只是哲学家本人所喜爱的那些观念的逐渐实现。这样看来，历史是不自觉地，但必然是为了实现某种预定的理想目的而努力，例如在黑格尔那里，是为了实现他的绝对观念而努力，而力求达到这个绝对观念的坚定不移的意向就构成了历史事变中的内在联系。这样，人们就用一种新的——不自觉的或逐渐自觉的——神秘的天意来代替现实的、尚未知道的联系。因此，在这里也完全像在自然领域里一样，应该通过发现现实的联系来清除这种臆造的人为的联系；这一任务，归根到底，就是要发现那些作为支配规律在人类社会的历史上起作用的一般运动规律。

但是，社会发展史却有一点是和自然发展史根本不相同的。在自然界中（如果我们把人对自然界的反作用撇开不谈）全是没有意识的、盲目的动力，这些动力彼此发生作用，而一般规律就表现在这些动力的相互作用中。在所发生的任何事情中，无论在外表上看得出的无数表面的偶然性中，或者在可以证实这些偶然性内部的规律性的最终结果中，都没有任何事情是作为预期的自觉的目的发生的。相反，在社会历史领域内进行活动的，是具有意识的、经过思虑或凭激情行动的、追求某种目的的人；任何事情的发生都不是没有自觉的意图，没有预期的目的的。但是，不管这个差别对历史研究，尤其是对各个时代和各个事变的历史研究如何重要，它丝毫不能改变这样一个事实：历史进程是受内在的一般规律支配的。因为在这一领域内，尽管各个人都有自觉预期的目的，总的说来在表面上好像也是偶然性在支配着。人们所预期的东西很少如愿以偿，许多预期的目的在大多数场合都互相干扰，彼此冲突，或者是这些目的本身一开始就是实现不了的，或者是缺乏实现的手段的。这样，无数的单个愿望和单个行动的冲突，在历史领域内造成了一种同没有意识的自然界中占统治地位的状况完全相似的状况。行动的目的是预期的，但是行动实际产生的结果并不是预期的，或者这种结果起初似乎还和预期的目的相符合，而到了最后却完全不是预期的结果。这样，历史事件似乎总的说来同样是由偶然性支配着的。但是，在表面上是偶然性在起作用的地方，这种偶然性始终是受内部的隐蔽着的规律支配的，而问题只是在于发现这些规律。

无论历史的结局如何，人们总是通过每一个人追求他自己的、自觉预期的目的来创造他们的历史，而这许多按不同方向活动的愿望及其对外部世界的各种各样作用的合力，就是历史。因此，问题也在于，这许多单个的人所预期的是什么。愿望是由激情或思虑来决定的。而直接决定激情或思虑的杠杆是各式各样的。有的可能是外界的事物，有的可能是精神方面的动机，如功名心、"对真理和正义的热忱"、个人的憎恶，或者甚至是各种纯粹个人的怪想。但是，一方面，我们已经看到，在历史上活动的许多单个愿望在大多数场合下所得到的完全不是预期的结果，往往是恰恰相反的结果，因而它们的动机对全部结果来说同样地只有从属的意义。另一方面，又产生了一个新的问题：在这些动机背后隐藏着的又是什么样的动力？在行动者的头脑中以这些动机的形式出现的历史原因又是什么？

旧唯物主义从来没有给自己提出过这样的问题。因此，它的历史观——如果它有某种历史观的话——本质上也是实用主义的，它按照行动的动机来判断一切，把历史人物分为君子和小人，并且照例认为君子是受骗者，而小人是得胜者。旧唯物主义由此得出的结论是，在历史的研究中不能得到很多有教益的东西；而我们由此得出的结论是，旧唯物主义在历史领域内自己背叛了自己，因为它认为在历史领域中起作用的精神的动力是最终原因，而不去研究隐藏在这些动力后面的是什么，这些动力的动力是什么。不彻底的地方并不在于承认精神的动力，而在于不从这些动力进一步追溯到它的动因。相反，历史哲学，特别是黑格尔所代表的历史哲学，认为历史人物的表面动机和真实动机都决不是历史事变的最终原因，认为这些动机后面还有应当加以探究的别的动力；但是它不在历史本身中寻找这种动力，反而从外面，从哲学的意识形态把这种动力输入历史。例如黑格尔，他不从古希腊历史本身的内在联系去说明古希腊的历史，而只是简单地断言，古希腊的历史无非是"美好的个性形式"的制定，是"艺术作品"本身的实现。① 在这里，黑格尔关于古希腊人作了许多精彩而深刻的论述，但是这并不妨碍我们今天对那些纯属空谈的说明表示不满。

因此，如果要去探究那些隐藏在——自觉地或不自觉地，而且往往是不自觉地——历史人物的动机背后并且构成历史的真正的最后动力的动力，那么问题涉及的，与其说是个别人物，即使是非常杰出的人物的动机，不如说是使广大群众、使整个整个的民族，并且在每一民族中间又是使整个整个阶级行动起来的动机；而且也不是短暂的爆发和转瞬即逝的火光，而是持久的、引起重大历史变迁的行动。探讨那些作为自觉的动机明显地或不明显地，直接地或以意识形态的形式，甚至以被神圣化的形式反映在行动着的群众及其领袖即所谓伟大人物的头脑中的动因——这是能够引导我们去探索那些在整个历史中以及个别时期和个别国家的历史中起支配作用的规律的唯一途径。使人们行动起来的一切，都必然要经过他们的头脑；但是这一切在人们的头脑中采取什么形式，这在很大程度上是由各种情况决定的。现在工人不再像 1848 年在莱茵地区那样简单地捣毁机器，但是，这决不是说，他们已经容忍按照资本主义方式应用机器。

但是，在以前的各个时期，对历史的这些动因的探究几乎是不可能的，因为它们和自己的结果的联系是混乱而隐蔽的，在我们今天这个时期，这种联系已经简化了，以致人们有可能揭开这个谜了。从采用大工业以来，就是说，至少从 1815 年签订欧洲和约以来，在英国，谁都知道，土地贵族（landed aristocracy）和资产阶级（middle class）这两个阶级争夺统治的要求，是英国全部政治斗争的中心。在法国，随着波旁王室的返国，同样的事实也被人们意识到了；复辟时期的历史编纂学家，从梯叶里到基佐、米涅和梯也尔，总是指出这一事实是理解中世纪以来法国历史的钥匙。而从 1830 年起，在这两个国家里，工人阶级即无产阶级，已被承认是为争夺统治而斗争的第三个战士。当时关系已经非常简化，只有故意闭起眼睛的人才看不见，这三大阶级的斗争和它们的利益冲突是现代历史的动力，至少是这两个最先进国家的现代历史的动力。

但是，这些阶级是怎样产生的呢？初看起来，那种从前是封建的大土地占有制的起源，还可以（至少首先可以）归于政治原因，归于暴力掠夺，但是对于资产阶级和无产阶级，这就说不通了。在这里，显而易见，这两大阶级的起源和发展是由于纯粹经济的原因。而同样明显的是，土地占有制和资产阶级之间的斗争，正如资产阶级和无产阶级之间的斗争一样，首先是为了经济利益而进行的，政治权力不过是用来实现经济利益的手段。资产阶级和无产阶级这两个阶级是由于经济关系发生变化，确切些说，是由于生产方式发生变化而产生的。最初是从行会手工业到工场手工业的过渡，随后又是从工场手工业到使

① 参看黑格尔《历史哲学讲演录》第 2 部第 2 篇。

用蒸汽和机器的大工业的过渡，使这两个阶级发展起来了。在一定阶段上，资产阶级推动的新的生产力——首先是分工和许多局部工人在一个综合性手工工场里的联合——以及通过生产力发展起来的交换条件和交换需要，同现存的、历史上继承下来的而且被法律神圣化的生产秩序不相容了，就是说，同封建社会制度的行会特权以及许多其他的个人特权和地方特权（这些特权对于非特权等级来说都是桎梏）不相容了。资产阶级所代表的生产力起来反抗封建土地占有者和行会师傅所代表的生产秩序了；结局是大家都知道的：封建桎梏被打碎了，在英国是逐渐打碎的，在法国是一下子打碎的，在德国还没有完全打碎。但是，正像工场手工业在一定发展阶段上曾经同封建的生产秩序发生冲突一样，大工业现在已经同代替封建生产秩序的资产阶级生产秩序相冲突了。被这种秩序、被资本主义生产方式的狭隘范围所束缚的大工业，一方面使全体广大人民群众越来越无产阶级化，另一方面生产出越来越多的没有销路的产品。生产过剩和大众的贫困，两者互为因果，这就是大工业所陷入的荒谬的矛盾，这个矛盾必然要求通过改变生产方式来使生产力摆脱桎梏。

因此，在现代历史中至少已经证明，一切政治斗争都是阶级斗争，而一切争取解放的阶级斗争，尽管它必然地具有政治的形式（因为一切阶级斗争都是政治斗争），归根到底都是围绕着经济解放进行的。因此，至少在这里，国家、政治制度是从属的东西，而市民社会、经济关系的领域是决定性的因素。从传统的观点看来（这种观点也是黑格尔所尊崇的），国家是决定的因素，市民社会是被国家决定的因素。表面现象是同这种看法相符合的。就单个人来说，他的行动的一切动力，都一定要通过他的头脑，一定要转变为他的意志的动机，才能使他行动起来，同样，市民社会的一切要求（不管当时是哪一个阶级统治着），也一定要通过国家的意志，才能以法律形式取得普遍效力。这是问题的形式方面，这方面是不言而喻的；不过要问一下，这个仅仅是形式上的意志（不论是单个人的或国家的）有什么内容呢？这一内容是从哪里来的呢？为什么人们所期望的正是这个而不是别的呢？在寻求这个问题的答案时，我们就发现，在现代历史中，国家的意志总的说来是由市民社会的不断变化的需要，是由某个阶级的优势地位，归根到底，是由生产力和交换关系的发展决定的。

但是，既然甚至在拥有巨量生产资料和交往手段的现代，国家都不是一个具有独立发展的独立领域，而它的存在和发展归根到底都应该从社会的经济生活条件中得到解释，那么，以前的一切时代就必然更是这样了，那时人们物质生活的生产还没有使用这样丰富的辅助手段来进行，因而这种生产的必要性必不可免地在更大程度上支配着人们。既然在今天这个大工业和铁路的时代，国家总的说来还只是以集中的形式反映了支配着生产的阶级的经济需要，那么，在以前的时代，国家就必然更加是这样了，那时每一代人都要比我们今天更多得多地耗费一生中的时间来满足自己的物质需要，因而要比我们今天更多地依赖于这种物质需要。对从前各个时代的历史的研究，只要在这方面是认真进行的，都会最充分地证实这一点；但是，在这里当然不能进行这种研究了。

如果说国家和公法是由经济关系决定的，那么不言而喻，私法也是这样，因为私法本质上只是确认单个人之间的现存的、在一定情况下是正常的经济关系。但是，这种确认所采取的形式可以是很不相同的。人们可以把旧的封建的法的形式大部分保存下来，并且赋予这种形式以资产阶级的内容，甚至直接给封建的名称加上资产阶级的含义，就像在英国与民族的全部发展相一致而发生的那样；但是人们也可以像在西欧大陆上那样，把商品生产者社会的第一个世界性法律即罗马法以及它对简单商品占有者的一切本质的法的关系（如买主和卖主、债权人和债务人、契约、债务等等）所作的无比明确的规定作为基础。这样做时，为了仍然是小资产阶级的和半封建的社会的利益，人们可以或者是简单地通过审判的实践降低罗马法，使它适合于这个社会的状况（普通法），或者是依靠所谓开明的进行道德说教的法学家的帮助把它加工成一种适应于这种社会状况的特殊法典，这种法典，在这种情况下即使从法学观点看来也是不好的（普鲁士邦法）；但是这样做时，人们也可以在资产阶级大革命以后，以同一个罗马法为基础，制定出像法兰西民法典这样典型的资产阶级社会的法典。因此，如果说民法准则只是以法的形式表现了社会的经济生活条件，那么这种准则就可以依情况的不同而把这些条件有时表现得好，有时表现得坏。

国家作为第一个支配人的意识形态力量出现在我们面前。社会创立一个机关来保护自己的共同利益，免遭内部和外部的侵犯。这种机关就是国家政权。它刚一产生，对社会来说就是独立的，而且它越是成为某个阶级的机关，越是直接地实现这一阶级的统治，它就越独立。被压迫阶级反对统治阶级的斗争必然要变成政治的斗争，变成首先是反对这一阶级的政治统治的斗争；对这一政治斗争同它的经济基础的联系的认识，就日益模糊起来，并且会完全消失。即使在斗争参加者那里情况不完全是这样，但是在历史编纂学家那里差不多总是这样的。在关于罗马共和国内部斗争的古代史料中，只有阿庇安一人清楚而明确地告诉我们，这一斗争归根到底是为什么进行的，即为土地所有权进行的。

但是，国家一旦成了对社会来说是独立的力量，马上就产生了另外的意识形态。这就是说，在职业政治家那里，在公法理论家和私法法学家那里，同经济事实的联系就完全消失了。因为经济事实要以法律的形式获得确认，必须在每一个别场合都采取法律动机的形式，而且，因为在这里，不言而喻地要考虑到现行的整个法的体系，所以，现在法律形式就是一切，而经济内容则什么也不是。公法和私法被看做两个独立的领域，它们各有自己的独立的历史发展，它们本身都可以系统地加以说明，并需要通过彻底根除一切内部矛盾来作出这种说明。

更高的即更远离物质经济基础的意识形态，采取了哲学和宗教的形式。在这里，观念同自己的物质存在条件的联系，越来越错综复杂，越来越被一些中间环节弄模糊了。但是这一联系是存在着的。从15世纪中叶起的整个文艺复兴时期，本质上是城市的从而是市民阶级的产物，同样，从那时起重新觉醒的哲学也是如此。哲学的内容本质上仅仅是那些和中小市民阶级发展为大资产阶级的过程相适应的思想的哲学表现。在上一世纪的那些往往既是哲学家又是政治经济学家的英国人和法国人那里，这种情形是表现得很明显的，而在黑格尔学派那里，这一情况我们在上面已经说明了。

现在我们再简略地谈谈宗教，因为宗教离开物质生活最远，而且好像同物质生活最不相干。宗教是在最原始的时代从人们关于他们自身的自然和周围的外部自然的错误的、最原始的观念中产生的。但是，任何意识形态一经产生，就同现有的观念材料相结合而发展起来，并对这些材料作进一步的加工；不然，它就不是意识形态了，就是说，它就不是把思想当做独立地发展的、仅仅服从自身规律的独立存在的东西来对待了。人们头脑中发生的这一思想过程，归根到底是由人们的物质生活条件决定的，这一事实，对这些人来说必然是没有意识到的，否则，全部意识形态就完结了。因此，大部分是每个有亲属关系的民族集团所共有的这些原始的宗教观念，在这些集团分裂以后，便在每个民族那里依各自遇到的生活条件而独特地发展起来，而这一过程对一系列民族集团来说，特别是对雅利安人（所谓印欧人）来说，已由比较神话学详细地证实了。这样在每一个民族中形成的神，都是民族的神，这些神的王国不越出它们所守护的民族领域，在这个界线以外，就无可争辩地由别的神统治了。只要这些民族存在，这些神也就继续活在人们的观念中；这些民族没落了，这些神也就随着灭亡。罗马世界帝国使得古老的民族没落了（关于罗马世界帝国产生的经济条件，我们没有必要在这里加以研究），古老的民族的神就灭亡了，甚至罗马的那些仅仅适合于罗马城这个狭小圈子的神也灭亡了；罗马曾企图除本地的神以外还承认和供奉一切多少受崇敬的异族的神，这就清楚地表明了有以一种世界宗教来充实世界帝国的需要。但是一种新的世界宗教是不能这样用皇帝的敕令创造出来的。新的世界宗教，即基督教，已经从普遍化了的东方神学，特别是犹太神学同庸俗化了的希腊哲学，特别是斯多亚派哲学①的混合中悄悄地产生了。我们必须重新进行艰苦的研究，才能够知道基督教最初是什么样子，因为它那流传到我们今天的官方形式仅仅是尼西亚宗教会议②为了使它成为国教而赋予它的那种形式。它在250年后已经变成国教这一事实，足以证明它是适应时势的宗教。在中世纪，随着封建制度的发展，基督教成为一种同它相适应的、具有相应的

---

① 斯多亚派是公元前4世纪末产生于古希腊的一个哲学派别，因其创始人芝诺通常在雅典集市的画廊（画廊的希腊文是"στοά"）讲学，故称斯多亚派，又称画廊学派。斯多亚派哲学分为逻辑学、物理学和伦理学，以伦理学为中心，逻辑学和物理学只是为伦理学提供基础。这个学派主要宣扬服从命运并带有浓厚宗教色彩的泛神论思想，其中既有唯物主义倾向，又有唯心主义思想。早期斯多亚派认为，认识来源于对外界事物的感觉，但又承认关于神、善恶、正义等的先天观念。他们把赫拉克利特的火和逻各斯看成一个东西，认为宇宙实体既是物质性的，同时又是创造一切并统治万物的世界理性，也是神、天命和命运，或称自然。人是自然的一部分，也受天命支配，人应该顺应自然的规律而生活，即遵照理性和道德而生活。合乎理性的行为就是德行，只有德行才能使人幸福。人要有德行，成为善人，就必须用理性克制情欲，达到清心寡欲以至无情无欲的境界。中期斯多亚派强调社会责任、道德义务，加强了道德生活中的禁欲主义倾向。晚期斯多亚派宣扬安于命运，服从命运，认为人的一生注定是有罪的、痛苦的，只有忍耐和克制欲望，才能摆脱痛苦和罪恶，得到精神的安宁和幸福。晚期斯多亚派的伦理思想为基督教的兴起准备了思想条件。

② 尼西亚宗教会议是基督教会第一次世界性主教会议。这次会议于325年由罗马皇帝君士坦丁一世在小亚细亚的尼西亚城召开，约300名主教或代表主教的长老出席。会议针对当时教会存在的"三位一体"派和阿里乌派的信仰分歧，通过了一切基督徒必须遵守"三位一体"的信条（正统基督教教义的基本原则），不承认信条以叛国罪论。会议还制定了教会法规，以加强主教权力，实为加强皇帝权力。因主教由皇帝任免，从此基督教成为罗马帝国国教。

封建等级制的宗教。当市民阶级兴起的时候，新教异端首先在法国南部的阿尔比派①中间，在那里的城市最繁荣的时代，同封建的天主教相对抗而发展起来。中世纪把意识形态的其他一切形式——哲学、政治、法学，都合并到神学中，使它们成为神学中的科目。因此，当时任何社会运动和政治运动都不得不采取神学的形式；对于完全由宗教培育起来的群众感情说来，要掀起巨大的风暴，就必须让群众的切身利益披上宗教的外衣出现。市民阶级从最初起就给自己制造了一种由无财产的、不属于任何公认的等级的城市平民、短工和各种仆役所组成附属品，即后来的无产阶级的前身，同样，宗教异端也早就分成了两派：市民温和派和甚至也为市民异教徒所憎恶的平民革命派。

新教异端的不可根绝是同正在兴起的市民阶级的不可战胜相适应的；当这个市民阶级已经充分强大的时候，他们从前同封建贵族进行的主要是地方性的斗争便开始具有全国性的规模了。第一次大规模的行动发生在德国，这就是所谓的宗教改革②。那时市民阶级既不够强大又不够发展，不足以把其他的反叛等级——城市平民、下层贵族和乡村农民——联合在自己的旗帜之下。贵族首先被击败；农民举行了起义，形成了这次整个革命运动的顶点；城市背弃了农民，革命被各邦君主的军队镇压下去了，这些君主攫取了革命的全部果实。从那时起，德国有整整三个世纪从那些能独立地干预历史的国家的行列中消失了。但是除德国人路德外，还出现了法国人加尔文，他以真正法国式的尖锐性突出了宗教改革的资产阶级性质，使教会共和化和民主化。当路德的宗教改革在德国已经蜕化并把德国引向灭亡的时候，加尔文的宗教改革却成了日内瓦、荷兰和苏格兰共和党人的旗帜，使荷兰摆脱了西班牙和德意志帝国的统治，并为英国发生的资产阶级革命的第二幕提供了意识形态的外衣。在这里，加尔文教派显示出它是当时资产阶级利益的真正的宗教外衣，因此，在1689年革命③由于一部分贵族同资产阶级间的妥协而结束以后，它也没有得到完全的承认。英国的国教会恢复了，但不是恢复到它以前的形式，即由国王充任教皇的天主教，而是强烈地加尔文教派化了。旧的国教会庆祝欢乐的天主教礼拜日，反对枯燥的加尔文教派礼拜日。新的资产阶级化的国教会，则采用后一种礼拜日，这种礼拜日至今还在装饰着英国。

---

① 阿尔比派是基督教的一个教派，12—13世纪广泛传播于法国南部和意大利北部的城市，其主要发源地是法国南部阿尔比城。阿尔比派反对天主教的豪华仪式和教阶制度，它以宗教的形式反映了城市商业和手工业居民对封建制度的反抗。法国南部的部分贵族也加入了阿尔比派，他们企图剥夺教会的土地。法国北部的封建主和教皇称该派为南方法兰西的"异教徒"。1209年教皇英诺森三世曾组织十字军征讨阿尔比派。经过20年战争和残酷的镇压，阿尔比派运动终于失败。

② 指16世纪德国马丁·路德领导的宗教改革运动。参看恩格斯《德国农民战争》第二章（《马克思恩格斯文集》第2卷）。

③ 1689年革命指1688年英国政变。这次政变驱逐了斯图亚特王朝的詹姆斯二世，宣布荷兰共和国的执政者奥伦治的威廉三世为英国国王。从1689年起，在英国确立了以土地贵族和大资产阶级的妥协为基础的立宪君主制。这次没有人民群众参加的政变被资产阶级史学家称做"光荣革命"。

　　在法国，1685 年加尔文教派中的少数派曾遭到镇压，被迫皈依天主教或者被驱逐出境。① 但是这有什么用处呢？那时自由思想家皮埃尔·培尔已经在忙于从事活动，而 1694 年伏尔泰也诞生了。路易十四的暴力措施只是使法国的资产阶级更便于以唯一同已经发展起来的资产阶级相适应的、非宗教的、纯粹政治的形式进行自己的革命。出席国民议会的不是新教徒，而是自由思想家了。由此可见，基督教进入了它的最后阶段。此后，它已不能成为任何进步阶级的意向的意识形态外衣了；它越来越变成统治阶级专有的东西，统治阶级只把它当做使下层阶级就范的统治手段。同时，每个不同的阶级都利用它自己认为适合的宗教：占有土地的容克利用天主教的耶稣会派或新教的正统派，自由的和激进的资产者则利用理性主义，至于这些先生们自己相信还是不相信他们各自的宗教，这是完全无关紧要的。

　　这样，我们看到，宗教一旦形成，总要包含某些传统的材料，因为在一切意识形态领域内传统都是一种巨大的保守力量。但是，这些材料所发生的变化是由造成这种变化的人们的阶级关系即经济关系引起的。在这里只说这一点就够了。

　　上面的叙述只能是对马克思的历史观的一个概述，至多还加了一些例证。证明只能由历史本身提供；而在这里我可以说，在其他著作中证明已经提供得很充分了。但是，这种历史观结束了历史领域内的哲学，正如辩证的自然观使一切自然哲学都成为不必要的和不可能的一样。现在无论在哪一个领域，都不再是从头脑中想出联系，而是从事实中发现联系了。这样，对于已经从自然界和历史中被驱逐出去的哲学来说，要是还留下什么的话，那就只留下一个纯粹思想的领域：关于思维过程本身的规律的学说，即逻辑和辩证法。

――――

　　随着 1848 年革命而来的是，"有教养的"德国抛弃了理论，转入了实践的领域。以手工劳动为基础的小手工业和工场手工业已经为真正的大工业所代替；德国重新出现在世界市场上；新的小德意志帝国至少排除了由小邦分立、封建残余和官僚制度造成的阻碍这一发展的最显著的弊病。但是，思辨②在多大程度上离开哲学家的书房而在证券交易所筑起自己的殿堂，有教养的德国也就在多大程度上失去了在德国最深沉的政治屈辱时代曾经是德国的光荣的伟大理论兴趣——那种不管所得成果在实践上是否能实现，不管它是否违反警方规定都照样致力于纯粹科学研究的兴趣。诚然，德国的官方自然科学，特别是在专门研究的领域中仍然保持着时代的高度，但是，正如美国《科学》杂志已经公正地指出的，在研究单个事实之间的重大联系方面的决定性进步，即把这些联系概括为规律，现在更多地是出在英国，而不像从前那样出在德国。而在包括哲学在内的历史科学的领域内，那种旧有的在理论上毫无顾忌的精神已随着古典哲学完全消失了；起而代之的是没有头脑的折中主义，是对职位和收入的担忧，直到极其卑劣的向上爬的思想。这种科学的官方代表都

――――――――――

　　① 17 世纪 20 年代起对胡格诺教徒（加尔文派新教徒）施加的政治迫害和宗教迫害加剧，路易十四于 1685 年取消了亨利四世 1598 年颁布的南特敕令。这个敕令曾给予胡格诺教徒以信教和敬神的自由；由于南特敕令的取消，数十万胡格诺教徒离开了法国。

　　② 德文 "Spekulation" 既有"思辨"的意思，也有"投机"的意思。

变成毫无掩饰的资产阶级的和现存国家的意识形态家，但这已经是在资产阶级和现存国家同工人阶级公开对抗的时代了。

德国人的理论兴趣，只是在工人阶级中还没有衰退，继续存在着。在这里，它是根除不了的。在这里，对职位、牟利，对上司的恩典，没有任何考虑。相反，科学越是毫无顾忌和大公无私，它就越符合工人的利益和愿望。在劳动发展史中找到了理解全部社会史的锁钥的新派别，一开始就主要是面向工人阶级的，并且从工人阶级那里得到了同情，这种同情是它在官方科学那里既没有寻找也没有期望过的。德国的工人运动是德国古典哲学的继承者。

弗·恩格斯写于 1886 年初

（选自《马克思恩格斯文集》第 4 卷，人民出版社 2009 年版，第 261—313 页）

马克思恩格斯关于历史唯物主义的书信

一、研读提示

从理论形态上讲，马克思主义不仅集中体现在马克思和恩格斯的大量著作之中，而且也散见于他们的数千封信件当中，作为他们思想创造的原始记录，与他们的论著一样是马克思主义哲学的重要文献。这里节选了 7 封书信，书信的内容大多涉及马克思和恩格斯在思想发展的不同时期对历史唯物主义重要内容的清晰解读和细致阐述。

二、原著研读

1. 马克思致帕维尔·瓦西里耶维奇·安年科夫

巴 黎

［1846 年］12 月 28 日于布鲁塞尔
那慕尔郊区奥尔良路 42 号

亲爱的安年科夫先生：

············

我必须坦白地对您说，我认为它整个说来是一本坏书，是一本很坏的书。您自己在来信里对蒲鲁东先生在这一杂乱无章而妄自尊大的著作中所炫耀的"德国哲学的一个角落"曾经取笑了一番，但是您认为哲学之毒并没有感染他的经济学论述。我也丝毫不把蒲鲁东先生在经济学论述中的错误归咎于他的哲学。蒲鲁东先生之所以给我们提供了对政治经济学的谬误批判，并不是因为他有一种可笑的哲学；而他之所以给我们提供了一种可笑的哲学，却是因为他不了解处于现代社会制度联结［engrènement］——如果用蒲鲁东先生像借用其他许多东西那样从傅立叶那里借用的这个名词来表示的话——关系中的现代社会制度。

为什么蒲鲁东先生要谈上帝，谈普遍理性，谈无人身的人类理性，认为它永无谬误，认为它永远等于它自身，认为只要正确地意识到它就可以获得真理呢？为什么他要借软弱的黑格尔主义来把自己装扮成坚强的思想家呢？

他自己给了我们一把解开这个哑谜的钥匙。蒲鲁东先生在历史中看到了一系列的社会发展。他发现进步是在历史中实现的。最后，他发现，人们作为个人并不知道他们在做些什么，他们误解了自身的运动，就是说，他们的社会发展初看起来似乎是和他们的个人发展不同、分离和毫不相干的。他无法解释这些事实，于是就作出假设，说是一种普遍理性在自我表现。发明一些神秘的原因即不合常理的空话，那是最容易不过的了。

但是，蒲鲁东先生既然承认自己完全不理解人类的历史发展——他在使用普遍理性、上帝等等响亮的字眼时就承认了这一点——，岂不是含蓄地和必然地承认他不能理解经济发展吗？

社会——不管其形式如何——是什么呢？是人们交互活动的产物。人们能否自由选择某一社会形式呢？决不能。在人们的生产力发展的一定状况下，就会有一定的交换［commerce］和消费形式。在生产、交换和消费发展的一定阶段上，就会有相应的社会制度形式、相应的家庭、等级或阶级组织，一句话，就会有相应的市民社会。有一定的市民社会，就会有不过是市民社会的正式表现的相应的政治国家。这就是蒲鲁东先生永远不会了解的东西，因为，当他从诉诸国家转而诉诸市民社会，即从诉诸社会的正式表现转而诉诸正式社会的时候，他竟认为他是在完成一桩伟业。

这里不必再补充说，人们不能自由选择自己的生产力——这是他们的全部历史的基础，因为任何生产力都是一种既得的力量，是以往的活动的产物。可见，生产力是人们应用能力的结果，但是这种能力本身决定于人们所处的条件，决定于先前已经获得的生产力，决定于在他们以前已经存在、不是由他们创立而是由前一代人创立的社会形式。后来的每一代人都得到前一代人已经取得的生产力并当做原料来为自己新的生产服务，由于这一简单的事实，就形成人们的历史中的联系，就形成人类的历史，这个历史随着人们的生产力以及人们的社会关系的愈益发展而愈益成为人类的历史。由此就必然得出一个结论：人们的社会历史始终只是他们的个体发展的历史，而不管他们是否意识到这一点。他们的物质关系形成他们的一切关系的基础。这种物质关系不过是他们的物质的和个体的活动所借以实现的必然形式罢了。

蒲鲁东先生混淆了思想和事物。人们永远不会放弃他们已经获得的东西，然而这并不是说，他们永远不会放弃他们在其中获得一定生产力的那种社会形式。恰恰相反。为了不致丧失已经取得的成果，为了不致失掉文明的果实，人们在他们的交往［commerce］方式不再适合于既得的生产力时，就不得不改变他们继承下来的一切社会形式。——我在这里使用"commerce"一词是就它的最广泛的意义而言，就像在德文中使用"Verkehr"一词那样。例如：各种特权、行会和公会的制度、中世纪的全部规则，曾是唯一适应于既得的生产力和产生这些制度的先前存在的社会状况的社会关系。在行会制度及各种规则的保护下积累了资本，发展了海上贸易，建立了殖民地，而人们如果想把这些果实赖以成熟起来的那些形式保存下去，他们就会失去这一切果实。于是就爆发了两次霹雳般的震动，即1640年和1688年的革命。一切旧的经济形式、一切和这些形式相适应的社会关系、曾经是旧市民社会的正式表现的政治国家，当时在英国都被破坏了。可见，人们借以进行生产、消费和交换的经济形式是暂时的和历史性的形式。随着新的生产力的获得，人们便改变自己的生产方式，而随着生产方式的改变，他们便改变所有不过是这一特定生产方式的必然关系的经济关系。

这正是蒲鲁东先生没有理解、更没有证明的。蒲鲁东先生无法探索出历史的实在进程，他就给我们提供了一套怪论，一套妄图充当辩证怪论的怪论。他觉得没有必要谈到17、18和19世纪，因为他的历史是在想象的云雾中发生并高高超越于时间和空间的。一句话，这是黑格尔式的陈词滥调，这不是历史，不是世俗的历史——人类的历史，而是神圣的历史——观念的历史。在他看来，人不过是观念或永恒理性为了自身的发展而使用的工具。蒲鲁东先生所说的进化，是在绝对观念的神秘怀抱中发生的进化。如果揭去这种神秘词句的帷幕，那就可以看到，蒲鲁东先生给我们提供的是经济范畴在他的头脑中的排列次序。我用不着花很多力气就可以向您证明，这是一个非常没有秩序的头脑中的秩序。

蒲鲁东先生的书一开头就论述价值，论述他的这个拿手好戏。我这次不来分析他书中的这些论述。

永恒理性的一系列经济进化是从分工开始的。在蒲鲁东先生看来，分工是一件非常简单的事情。但是，难道种姓制度不是某种分工吗？难道行会制度不是另一种分工吗？难道在英国开始于17世纪中叶而结束于18世纪末叶的工场手工业时期的分工不是又和大工业即现代工业中的分工截然不同吗？

蒲鲁东先生离开真理这样遥远，竟然忘记了连普通经济学家都会做的事情。他谈分工时，竟没有感到必须谈世界市场。真行！难道14世纪和15世纪的分工，即在还没有殖民地、美洲对欧洲说来还不存在以及同东亚来往只有通过君士坦丁堡的那个时代的分工，不是一定与已经存在充分发展的殖民地的17世纪时的分工有根本的不同吗？

但是还不止于此。难道各族人民的整个内部组织、他们的一切国际关系不都是某种分工的表现吗？难道这一切不是一定要随着分工的改变而改变吗？

蒲鲁东先生竟如此不懂得分工问题，甚至没有提到例如在德国从9世纪到12世纪发生的城市和乡村的分离。这样，在蒲鲁东先生看来，这种分离必然成为永恒的规律，因为他既不知道这种分离的来源，也不知道这种分离的发展。他在他的整本书中都这样论述，仿佛这个一定生产方式的产物一直会存在到世界末日似的。蒲鲁东先生就分工问题所说的一切，最多不过是亚当·斯密和其他成百上千的人在他以前说过的东西的归纳，并且是个很表面、很不完备的归纳。

第二个进化是机器。在蒲鲁东先生那里，分工和机器间的联系是十分神秘的。每一种分工方式都有其特殊的生产工具。例如，从17世纪中叶到18世纪中叶，人们并不是一切工作都用双手来做。他们已经有了工具，而且是很复杂的工具，如织机、帆船、杠杆等等。

由此可见，把机器的产生看做一般分工的结果，是再可笑不过了。

我再顺便指出一点：蒲鲁东先生由于不懂得机器产生的历史，就更不懂得机器发展的历史。可以说，在 1825 年——第一次普遍危机时期——以前，消费的需求一般说来比生产增长得快，机器的发展是市场需求的必然结果。从 1825 年起，机器的发明和运用只是雇主和工人之间斗争的结果。而这一点也只适用于英国。至于欧洲各国，迫使它们使用机器的，是英国在它们的国内市场和世界市场上的竞争。最后，在北美，机器的引进既是由于和其他国家的竞争，也是由于人手不够，即由于北美的人口和工业上的需求不相称。根据这些事实您就可以得出结论：蒲鲁东先生把竞争这个鬼怪召来当做第三个进化，当做机器的反题，是表现得多么明达啊！

最后，把机器说成一种同分工、竞争、信贷等等并列的经济范畴，这根本就是极其荒谬的。

机器不是经济范畴，正像拉犁的牛不是经济范畴一样。现代运用机器一事是我们的现代经济制度的关系之一，但是利用机器的方式和机器本身完全是两回事。火药无论是用来伤害一个人，或者是用来给这个人医治创伤，它终究还是火药。

当蒲鲁东先生按照这里列举的次序在自己的头脑中产生出竞争、垄断、税收或警察、贸易差额、信用和所有权的时候，他真是在大显身手。在英国，几乎全部信用事业都在机器发明以前的 18 世纪初就发展起来了。公债不过是增加税收和满足资产阶级掌握政权所造成的新需要的一种新方式。

最后，所有权成为蒲鲁东先生的体系中的最后一个范畴。在现实世界中，情形恰恰相反：蒲鲁东先生的分工和所有其他范畴都是社会关系，这些关系的总和构成现在称之为所有权的东西；在这些关系之外，资产阶级所有权不过是形而上学的或法学的幻想。另一时代的所有权，封建所有权，是在完全不同的社会关系中发展起来的。蒲鲁东先生把所有权规定为独立的关系，就不只是犯了方法上的错误：他清楚地表明自己没有理解把资产阶级生产所具有的各种形式结合起来的纽带，他不懂得一定时代中各种生产形式的历史的和暂时的性质。蒲鲁东先生看不到现代种种社会制度是历史的产物，既不懂得它们的起源，也不懂得它们的发展，所以他只能对它们作教条式的批判。

因此，为了说明发展，蒲鲁东先生不得不求救于虚构。他想象分工、信用、机器等等都是为他的固定观念即平等观念而发明出来的。他的说明是极其天真的。这些东西都是特意为了平等而发明出来的，但是不幸它们掉过头来反对平等了。这就是他的全部论断。换句话说，他作出一种主观随意的假设，而因为实际发展进程和他的虚构每一步都是矛盾的，他就作出结论说，这里存在着矛盾。他对我们隐瞒了一点，这就是矛盾只存在于他的固定观念和现实运动之间。

这样，蒲鲁东先生主要是由于缺乏历史知识而没有看到：人们在发展其生产力时，即在生活时，也发展着一定的相互关系；这些关系的形式必然随着这些生产力的改变和发展而改变。他没看到：经济范畴只是这些现实关系的抽象，它们仅仅在这些关系存在的时候才是真实的。这样他就陷入了资产阶级经济学家的错误之中，这些经济学家把这些经济范畴看做永恒的规律，而不是看做历史性的规律——只是适用于一定的历史发展阶段、一定的生产力发展阶段的规律。所以，蒲鲁东先生不是把政治经济学范畴看做实在的、暂时的、历史性的社会关系的抽象，而是神秘地颠倒黑白，把实在的关系只看做这些抽象的体现。这些抽象本身竟是从世界开始存在时起就已安睡在天父心怀中的公式。

在这里，这位善良的蒲鲁东先生陷入了严重的智力上的痉挛。既然所有这些经济范畴都是从上帝的心里流出来的东西，既然它们是人们的隐蔽的和永恒的生命，那么为什么：第一，有发展存在；第二，蒲鲁东先生不是一个保守分子？他认为这些明显的矛盾是由于有一整串对抗存在。

现在我们举个例子来阐明这一串对抗。

垄断是好东西，因为它是一个经济范畴，因而是从上帝那里流出来的东西。竞争是好东西，因为它也是一个经济范畴。……

但是，请稍稍看一下现实生活吧。在现代经济生活中，您不仅可以看到竞争和垄断，而且可以看到它们的综合，这个综合并不是公式，而是运动。垄断产生竞争，竞争产生垄断。但是，这个方程式远不像资产阶级经济学家所想象的那样能消除现代状况的困难，反而会造成更困难、更混乱的状况。因此，如果改变现代经济关系赖以存在的基础，消灭现代的生产方式，那就不仅会消灭竞争、垄断以及它们的对抗，而且还会消灭它们的统一、它们的综合，亦即消灭使竞争和垄断达到真正平衡的运动。

现在我给您举一个蒲鲁东先生的辩证法的例子。

自由和奴隶制形成一种对抗。我没有必要谈自由的好的方面或坏的方面。至于奴隶制，它的坏的方面就不必去说了。唯一需要说明的，是奴隶制的好的方面。这里所说的，不是间接奴隶制，即对无产者的奴役。……

…………

蒲鲁东先生很清楚地了解，人们生产呢子、麻布、丝绸——了解这么点东西确是一个大功劳！可是，蒲鲁东先生不了解，人们还按照自己的生产力而生产出他们在其中生产呢子和麻布的社会关系。蒲鲁东先生更不了解，适应自己的物质生产水平而生产出社会关系的人，也生产出各种观念、范畴，即恰恰是这些社会关系的抽象的、观念的表现。所以，范畴也和它们所表现的关系一样不是永恒的。它们是历史的和暂时的产物。而在蒲鲁东先生看来却完全相反，抽象、范畴是始因。根据他的意见，创造历史的，正是抽象、范畴，而不是人。抽象、范畴就其本身来说，即把它同人们及其物质活动分离开来，自然是不朽的、不变的、不动的。它不过是一种纯粹理性的存在物，这干脆就是说，抽象就其本身来说是抽象的。多么美妙的同义反复！

这样，当做范畴形式来看的经济关系，对于蒲鲁东先生说来，是既无起源又无发展的永恒的公式。

换个方式说：蒲鲁东先生不是直接肯定资产阶级生活对他说来是永恒的真理。他间接地说出了这一点，因为他神化了以观念形式表现资产阶级关系的范畴。既然资产阶级社会的产物被他想象为范畴形式、观念形式，他就把这些产物视为自行产生的、具有自己的生命的、永恒的东西。可见，他并没有超出资产阶级的视野。由于他谈到资产阶级的观念时，认为它们是永恒真理，所以他就寻找这些观念的综合，寻求它们的平衡，而没有看到，现在它们达到平衡的方式是唯一可能的方式。

其实，他所做的是一切好心的资产者所做的事情。他们都说，竞争、垄断等等在原则上，即如果把它们看做抽象的观念，是生活的唯一的基础，但是它们在实践中还得大加改善。他们全都希望有竞争而没有竞争的悲惨后果。他们全都希望有一种不可能的事情，即希望有资产阶级的生活条件而没有这些条件的必然后果。他们全都不了解，资产阶级生产形式是一种历史的和暂时的形式，也正像封建形式的情况一样。他们之所以犯这个错误，是由于在他们看来作为资产者的人是一切社会的唯一可能的基础，是由于他们不能想象会有这样一种社会制度：在那里人不再是资产者。

所以，蒲鲁东先生必然是一个空论家。变革现代世界的历史运动，对他来说不过是要发现两种资产阶级思想的正确的平衡、综合的问题。于是这个机灵的家伙就借用他的敏锐感觉来发现上帝的隐秘思想，发现两个孤立思想的统一，而这两个思想所以是孤立的，仅仅是因为蒲鲁东先生把它们从实际生活中孤立出来，把它们从现代生产即作为这两个思想所表现的种种现实的结合物的现代生产中孤立出来。蒲鲁东先生用自己头脑中奇妙的运动，代替了由于人们既得的生产力和他们的不再与此种生产力相适应的社会关系相互冲突而产生的伟大历史运动，代替了在一个民族内各个阶级间以及各个民族彼此间酝酿着的可怕的战争，代替了唯一能解决这种冲突的群众的实践和暴力的行动，总之，代替了这一广阔的、持久的和复杂的运动。可见，历史是由学者，即由有本事从上帝那里窃取隐秘思想的人们创造的。平凡的人只需应用他们所泄露的天机。

…………

只有一点我完全同意蒲鲁东先生，这就是他对社会主义温情的厌恶。在他以前，我因嘲笑那种绵羊般的、温情的、空想的社会主义而招致许多敌视。但是，蒲鲁东先生用他的小资产者的温情（我指的是他关于家庭生活、关于夫妻恩爱的空谈及其一切庸俗议论）来反对社会主义的温情（这种温情在比如傅立叶那里要比我们这位善良的蒲鲁东先生大言不惭的庸俗议论高深得多呢）时，岂不是给自己造成一些奇怪的幻想？……蒲鲁东先生彻头彻尾是个小资产阶级的哲学家和经济学家。小资产者在已经发展了的社会中，迫于本身所处的地位，必然是一方面成为社会主义者，另一方面又成为经济学家，就是说，他既迷恋于大资产阶级的豪华，又同情人民的苦难。他同时既是资产者又是人民。他在自己的心灵深处引以为骄傲的，是他不偏不倚，是他找到了一个自诩不同于中庸之道的真正的平衡。这样的小资产者把矛盾加以神化，因为矛盾是他存在的基础。他自己只不过是社会矛盾的体现。他应当在理论上说明他在实践中的面目，而蒲鲁东先生的功绩就在于他做了法国小资产阶级的科学解释者；这是一种真正的功绩，因为小资产阶级将是一切正在酝酿着的社会革命的组成部分。

…………

忠实于您的卡尔·马克思

（选自《马克思恩格斯文集》第 10 卷，人民出版社 2009 年版，第 41—53 页）

2. 马克思致约瑟夫·魏德迈

纽约

1852 年 3 月 5 日于伦敦
索霍区第恩街 28 号

亲爱的魏维：

……至于讲到我，无论是发现现代社会中有阶级存在或发现各阶级间的斗争，都不是我的功劳。在我以前很久，资产阶级历史编纂学家就已经叙述过阶级斗争的历史发展，资产阶级经济学家也已经对各个阶级作过经济上的分析。我所加上的新内容就是证明了下列几点：（1）阶级的存在仅仅同生产发展的一定历史阶段相联系；（2）阶级斗争必然导致无产阶级专政；（3）这个专政不过是达到消灭一切阶级和进入无阶级社会的过渡……

（选自《马克思恩格斯文集》第 10 卷，人民出版社 2009 年版，第 106 页）

3. 恩格斯致康拉德·施米特

柏林

1890 年 8 月 5 日于伦敦

亲爱的施米特：

…………

对德国的许多青年著作家来说，"唯物主义"这个词大体上只是一个套语，他们把这个套语当做标签贴到各种事物上去，再不作进一步的研究，就是说，他们一把这个标签贴上去，就以为问题已经解决了。但是我们的历史观首先是进行研究工作的指南，并不是按照黑格尔学派的方式构造体系的杠杆。必须重新研究全部历史，必须详细研究各种社会形态的存在条件，然后设法从这些条件中找出相应的政治、私法、美学、哲学、宗教等等的观点。在这方面，到现在为止只做了很少的一点工作，因为只有很少的人认真地这样做过。在这方面，我们需要人们出大力，这个领域无限广阔，谁肯认真地工作，谁就能做出许多成绩，就能超群出众。但是，许许多多年轻的德国人却不是这样，他们只是用历史唯物主义的套语（一切都可能被变成套语）来把自己的相当贫乏的历史知识（经济史还处在襁褓之中呢！）尽速构成体系，于是就自以为非常了不起了。那时就可能有一个巴尔特冒出来，并攻击在他那一圈人中间确实已经退化为套语的东西本身。

但是所有这一切都是会好转的。我们在德国现在已经非常强大，足以经得起许多变故。反社会党人法①给予我们一种极大的好处，那就是它使我们摆脱了那些染有社会主义

---

① 即反社会党人非常法，是俾斯麦政府在帝国国会多数的支持下于 1878 年 10 月 19 日通过并于 10 月 21 日生效的一项法律。它把德国社会民主党置于非法地位，党的一切组织、群众性的工人组织被取缔，社会主义的和工人的刊物都被查封，社会主义文献被没收，社会民主党人遭到镇压。该法于 1890 年 10 月 1 日被废除。

色彩的德国大学生的纠缠。现在我们已经非常强大，足以消化掉这些重又趾高气扬的德国大学生。您自己确实已经做出些成绩，您一定会注意到，在依附于党的青年著作家中间，是很少有人下一番功夫去钻研经济学、经济学史、商业史、工业史、农业史和社会形态发展史的。……这些先生们往往以为，一切东西对工人来说都是足够好的。他们竟不知道，马克思认为自己的最好的东西对工人来说也还不够好，他认为给工人提供的东西比最好的稍差一点，那就是犯罪！……

（选自《马克思恩格斯文集》第 10 卷，人民出版社 2009 年版，第 585—588 页）

4. 恩格斯致约瑟夫·布洛赫

柯尼斯堡

1890 年 9 月 21［—22］日于伦敦

尊敬的先生：

……根据唯物史观，历史过程中的决定性因素归根到底是现实生活的生产和再生产。无论马克思或我都从来没有肯定过比这更多的东西。如果有人在这里加以歪曲，说经济因素是唯一决定性的因素，那么他就是把这个命题变成毫无内容的、抽象的、荒诞无稽的空话。经济状况是基础，但是对历史斗争的进程发生影响并且在许多情况下主要是决定着这一斗争的形式的，还有上层建筑的各种因素：阶级斗争的各种政治形式及其成果——由胜利了的阶级在获胜以后确立的宪法等等，各种法的形式以及所有这些实际斗争在参加者头脑中的反映，政治的、法律的和哲学的理论，宗教的观点以及它们向教义体系的进一步发展。这里表现出这一切因素间的相互作用，而在这种相互作用中归根到底是经济运动作为必然的东西通过无穷无尽的偶然事件（即这样一些事物和事变，它们的内部联系是如此疏远或者是如此难于确定，以致我们可以认为这种联系并不存在，忘掉这种联系）向前发展。否则把理论应用于任何历史时期，就会比解一个简单的一次方程式更容易了。

我们自己创造着我们的历史，但是第一，我们是在十分确定的前提和条件下创造的。其中经济的前提和条件归根到底是决定性的。但是政治等等的前提和条件，甚至那些萦回于人们头脑中的传统，也起着一定的作用，虽然不是决定性的作用。……

但是第二，历史是这样创造的：最终的结果总是从许多单个的意志的相互冲突中产生出来的，而其中每一个意志，又是由于许多特殊的生活条件，才成为它所成为的那样。这样就有无数互相交错的力量，有无数个力的平行四边形，由此就产生出一个合力，即历史结果，而这个结果又可以看做一个作为整体的、不自觉地和不自主地起着作用的力量的产物。因为任何一个人的愿望都会受到任何另一个人的妨碍，而最后出现的结果就是谁都没有希望过的事物。所以到目前为止的历史总是像一种自然过程一样地进行，而且实质上也是服从于同一运动规律的。但是，各个人的意志——其中的每一个都希望得到他的体质和外部的、归根到底是经济的情况（或是他个人的，或是一般社会性的）使他向往的东西——虽然都达不到自己的愿望，而是融合为一个总的平均数，一个总的合力，然而从这一事实中决不应作出结论说，这些意志等于零。相反，每个意志都对合力有所贡献，因而是包括在这个合力里面的。

另外，我请您根据原著来研究这个理论，而不要根据第二手的材料来进行研究——这的确要容易得多。在马克思所写的文章中，几乎没有一篇不是贯穿着这个理论的。特别是《路易·波拿巴的雾月十八日》①，这本书是运用这个理论的十分出色的例子。《资本论》中的许多提示也是这样。再者，我也可以向您指出我的《欧根·杜林先生在科学中实行的变革》②和《路德维希·费尔巴哈和德国古典哲学的终结》③，我在这两部书里对历史唯物主义作了就我所知是目前最为详尽的阐述。

青年们有时过分看重经济方面，这有一部分是马克思和我应当负责的。我们在反驳我们的论敌时，常常不得不强调被他们否认的主要原则，并且不是始终都有时间、地点和机会来给其他参与相互作用的因素以应有的重视。但是，只要问题一关系到描述某个历史时期，即关系到实际的应用，那情况就不同了，这里就不容许有任何错误了。可惜人们往往以为，只要掌握了主要原理——而且还并不总是掌握得正确，那就算已经充分地理解了新理论并且立刻就能够应用它了。在这方面，我不能不责备许多最新的"马克思主义者"，他们也的确造成过惊人的混乱……

（选自《马克思恩格斯文集》第10卷，人民出版社2009年版，第591—594页）

5. 恩格斯致康拉德·施米特
柏林

1890年10月27日于伦敦

亲爱的施米特：

…………

凡是存在着社会规模的分工的地方，局部劳动过程也都成为相互独立的。生产归根到底是决定性的东西。但是，产品贸易一旦离开本来的生产而独立起来，它就循着本身的运动方向运行，这一运动总的说来是受生产运动支配的，但是在单个的情况下和在这个总的隶属关系以内，它毕竟还是循着这个新因素的本性所固有的规律运行的，这个运动有自己的阶段，并且也对生产运动起反作用。……

…………

在上述关于我对生产和商品贸易的关系以及两者和货币贸易的关系的见解的几点说明中，我基本上也已经回答了您关于历史唯物主义本身的问题。从分工的观点来看问题最容易理解。社会产生它不能缺少的某些共同职能。被指定执行这种职能的人，形成社会内部分工的一个新部门。这样，他们也获得了同授权给他们的人相对立的特殊利益，他们同这些人相对立而独立起来，于是就出现了国家。然后便发生像在商品贸易中和后来在货币贸易中发生的那种情形：新的独立的力量总的说来固然应当尾随生产的运动，然而由于它本

① 见《马克思恩格斯文集》第2卷。
② 恩格斯《反杜林论》，见《马克思恩格斯文集》第9卷。
③ 见《马克思恩格斯文集》第4卷。

身具有的、即它一经获得便逐渐向前发展的相对独立性，它又对生产的条件和进程发生反作用。这是两种不相等的力量的相互作用：一方面是经济运动，另一方面是追求尽可能大的独立性并且一经确立也就有了自己的运动的新的政治权力。总的说来，经济运动会为自己开辟道路，但是它也必定要经受它自己所确立的并且具有相对独立性的政治运动的反作用，即国家权力的以及和它同时产生的反对派的运动的反作用。正如在货币市场中，总的说来，并且在上述条件之下，反映出，而且当然是头足倒置地反映出工业市场的运动一样，在政府和反对派之间的斗争中也反映出先前已经存在着并且正在斗争着的各个阶级的斗争，但是这个斗争同样是头足倒置地、不再是直接地、而是间接地、不是作为阶级斗争、而是作为维护各种政治原则的斗争反映出来的，并且是这样头足倒置起来，以致需要经过上千年我们才终于把它的真相识破。

国家权力对于经济发展的反作用可以有三种：它可以沿着同一方向起作用，在这种情况下就会发展得比较快；它可以沿着相反方向起作用，在这种情况下，像现在每个大民族的情况那样，它经过一定的时期都要崩溃；或者是它可以阻止经济发展沿着某些方向走，而给它规定另外的方向——这种情况归根到底还是归结为前两种情况中的一种。但是很明显，在第二和第三种情况下，政治权力会给经济发展带来巨大的损害，并造成大量人力和物力的浪费。

此外，还有侵占和粗暴地毁灭经济资源的情况；由于这种情况，从前在一定条件下某一地方和某一民族的全部经济发展可能被毁灭。现在，这种情况多半都有相反的作用，至少在各大民族中间是如此：从长远看，战败者在经济上、政治上和道义上赢得的东西有时比胜利者更多。

法也与此相似：产生了职业法学家的新分工一旦成为必要，就又开辟了一个新的独立领域，这个领域虽然一般地依赖于生产和贸易，但是它仍然具有对这两个领域起反作用的特殊能力。在现代国家中，法不仅必须适应于总的经济状况，不仅必须是它的表现，而且还必须是不因内在矛盾而自相抵触的一种内部和谐一致的表现。而为了达到这一点，经济关系的忠实反映便日益受到破坏。……这样，"法的发展"的进程大部分只在于首先设法消除那些由于将经济关系直接翻译成法律原则而产生的矛盾，建立和谐的法的体系，然后是经济进一步发展的影响和强制力又一再突破这个体系，并使它陷入新的矛盾（这里我暂时只谈民法）。

经济关系反映为法的原则，同样必然是一种头足倒置的反映。这种反映是在活动者没有意识到的情况下发生的；法学家以为他是凭着先验的原理来活动的，然而这只不过是经济的反映而已。这样一来，一切都头足倒置了。而这种颠倒——在它没有被认识的时候构成我们称之为意识形态观点的那种东西——又对经济基础发生反作用，并且能在某种限度内改变经济基础，我认为这是不言而喻的。以家庭的同一发展阶段为前提，继承法的基础是经济的。尽管如此，也很难证明：例如在英国立遗嘱的绝对自由，在法国对这种自由的严格限制，在一切细节上都只是出于经济的原因。但是二者都对经济起着很大的反作用，因为二者都影响财产的分配。

至于那些更高地悬浮于空中的意识形态的领域，即宗教、哲学等等，它们都有一种被历史时期所发现和接受的史前的东西，这种东西我们今天不免要称之为愚昧。这些关于自然界、关于人本身的性质、关于灵魂、魔力等等的形形色色的虚假观念，多半只是在消极意义上以经济为基础；史前时期低水平的经济发展有关于自然界的虚假观念作为补充，但是有时也作为条件，甚至作为原因。虽然经济上的需要曾经是，而且越来越是对自然界的认识不断进展的主要动力，但是，要给这一切原始状态的愚昧寻找经济上的原因，那就太迂腐了。科学的历史，就是逐渐消除这种愚昧的历史，或者说，是用新的、但越来越不荒唐的愚昧取而代之的历史。从事这些事情的人们又属于分工的特殊部门，并且认为自己是致力于一个独立的领域。只要他们形成社会分工之内的独立集团，他们的产物，包括他们的错误在内，就要反过来影响全部社会发展，甚至影响经济发展。但是，尽管如此，他们本身又处于经济发展的起支配作用的影响之下。……但是，每一个时代的哲学作为分工的一个特定的领域，都具有由它的先驱传给它而它便由此出发的特定的思想材料作为前提。因此，经济上落后的国家在哲学上仍然能够演奏第一小提琴：18 世纪的法国对英国来说是如此（法国人是以英国哲学为依据的），后来的德国对英法两国来说也是如此。但是，不论在法国或是在德国，哲学和那个时代的普遍的学术繁荣一样，也是经济高涨的结果。经济发展对这些领域也具有最终的至上权力，这在我看来是确定无疑的，但是这种至上权力是发生在各个领域本身所规定的那些条件的范围内：例如在哲学中，它是发生在这样一种作用所规定的条件的范围内，这种作用就是各种经济影响（这些经济影响多半又只是在它的政治等等的外衣下起作用）对先驱所提供的现有哲学材料发生的作用。经济在这里并不重新创造出任何东西，但是它决定着现有思想材料的改变和进一步发展的方式，而且多半也是间接决定的，因为对哲学发生最大的直接影响的，是政治的、法律的和道德的反映。

关于宗教，我在论费尔巴哈①的最后一章里已经把最必要的东西说过了。

因此，如果巴尔特认为我们否认经济运动的政治等等的反映对这个运动本身的任何反作用，那他就简直是跟风车作斗争了。他只需看看马克思的《雾月十八日》②，那里谈到的几乎都是政治斗争和政治事件所起的特殊作用，当然是在它们一般依赖于经济条件的范围内。或者看看《资本论》，例如关于工作日的那一篇③，那里表明立法起着多么重大的作用，而立法就是一种政治行动。也可以看看关于资产阶级的历史的那一篇（第二十四章）④。再说，如果政治权力在经济上是无能为力的，那么我们何必要为无产阶级的政治专政而斗争呢？暴力（即国家权力）也是一种经济力量！

……

所有这些先生们所缺少的东西就是辩证法。他们总是只在这里看到原因，在那里看到结果。他们从来看不到：这是一种空洞的抽象，这种形而上学的两极对立在现实世界只存

---

① 恩格斯《路德维希·费尔巴哈和德国古典哲学的终结》，见《马克思恩格斯文集》第 4 卷。

② 马克思《路易·波拿巴的雾月十八日》，见《马克思恩格斯文集》第 2 卷。

③ 见《马克思恩格斯文集》第 5 卷第 267—350 页。

④ 见《马克思恩格斯文集》第 5 卷第 820—875 页。

在于危机中，而整个伟大的发展过程是在相互作用的形式中进行的（虽然相互作用的力量很不相等：其中经济运动是最强有力的、最本原的、最有决定性的），这里没有什么是绝对的，一切都是相对的。对他们说来，黑格尔是不存在的……

（选自《马克思恩格斯文集》第 10 卷，人民出版社 2009 年版，第 594—601 页）

6. 恩格斯致弗兰茨·梅林

柏林

1893 年 7 月 14 日于伦敦

亲爱的梅林先生：

…………

此外，只有一点还没有谈到，这一点在马克思和我的著作中通常也强调得不够，在这方面我们大家都有同样的过错。这就是说，我们大家首先是把重点放在从基本经济事实中引出政治的、法的和其他意识形态的观念以及以这些观念为中介的行动，而且必须这样做。但是我们这样做的时候为了内容方面而忽略了形式方面，即这些观念等等是由什么样的方式和方法产生的。这就给了敌人以称心的理由来进行曲解或歪曲，保尔·巴尔特就是个明显的例子①。

意识形态是由所谓的思想家通过意识、但是通过虚假的意识完成的过程。推动他的真正动力始终是他所不知道的，否则这就不是意识形态的过程了。因此，他想象出虚假的或表面的动力。因为这是思维过程，所以它的内容和形式都是他从纯粹的思维中——或者从他自己的思维中，或者从他的先辈的思维中引出的。他只和思想材料打交道，他毫不迟疑地认为这种材料是由思维产生的，而不去进一步研究这些材料的较远的、不从属于思维的根源。而且他认为这是不言而喻的，因为在他看来，一切行动既然都以思维为中介，最终似乎都以思维为基础。

历史方面的意识形态家（历史在这里应当是政治、法律、哲学、神学，总之，一切属于社会而不是单纯属于自然界的领域的简单概括）在每一科学领域中都有一定的材料，这些材料是从以前的各代人的思维中独立形成的，并且在这些世代相继的人们的头脑中经过了自己的独立的发展道路。当然，属于本领域或其他领域的外部事实对这种发展可能共同起决定性的作用，但是这种事实本身又被默认为只是思维过程的果实，于是我们便始终停留在纯粹思维的范围之中，而这种思维仿佛顺利地消化了甚至最顽强的事实。

正是国家制度、法的体系、各个不同领域的意识形态观念的独立历史这种外观，首先迷惑了大多数人。如果说，路德和加尔文"克服了"官方的天主教，黑格尔"克服了"费希特和康德，卢梭以其共和主义的《社会契约论》间接地"克服了"立宪主义者孟德斯鸠，那么，这仍然是神学、哲学、政治学内部的一个过程，它表现为这些思维领域历史中的一个阶段，完全不越出思维领域。而自从出现了关于资本主义生产永恒不变和绝对完

---

① 指保·巴尔特《黑格尔和包括马克思及哈特曼在内的黑格尔派的历史哲学》1890 年莱比锡版。

善的资产阶级幻想以后，甚至重农主义者和亚当·斯密克服重商主义者，也被看做纯粹的思想胜利；不是被看做改变了的经济事实在思想上的反映，而是被看做对始终普遍存在的实际条件最终达到的真正理解。如果狮心理查和菲力浦-奥古斯特实行了自由贸易，而不是卷入了十字军征讨，那我们就可以避免 500 年的贫穷和愚昧。

对问题的这一方面（我在这里只能稍微谈谈），我觉得我们大家都有不应有的疏忽。这是一个老问题：起初总是为了内容而忽略形式。如上所说，我也这样做过，而且我总是在事后才发现错误。因此，我不仅根本不想为此对您提出任何责备——我在您之前就在这方面有过错，我甚至没有权利这样做——，相反，我只是想让您今后注意这一点。

与此有关的还有意识形态家们的一个愚蠢观念。这就是：因为我们否认在历史中起作用的各种意识形态领域有独立的历史发展，所以我们也否认它们对历史有任何影响。这是由于通常把原因和结果非辩证地看做僵硬对立的两极，完全忘记了相互作用。这些先生们常常几乎是故意地忘记，一种历史因素一旦被其他的、归根到底是经济的原因造成了，它也就起作用，就能够对它的环境，甚至对产生它的原因发生反作用。例如在您的书中第475 页上巴尔特讲到教士等级和宗教的地方，就是如此。我很高兴您收拾了这个平庸得令人难以置信的家伙。而他们还让这个人在莱比锡当历史教授呢！那里曾经有个老瓦克斯穆特，这个人头脑也很平庸，但对事实很敏感，完全是另一种人！

…………

（选自《马克思恩格斯文集》第 10 卷，人民出版社 2009 年版，第 656—659 页）

7. 恩格斯致瓦尔特·博尔吉乌斯

布雷斯劳

1894 年 1 月 25 日于伦敦西北区

瑞琴特公园路 122 号

尊敬的先生：

对您的问题回答如下：

1. 我们视之为社会历史的决定性基础的经济关系，是指一定社会的人们生产生活资料和彼此交换产品（在有分工的条件下）的方式。因此，这里包括生产和运输的全部技术。这种技术，照我们的观点看来，也决定着产品的交换方式以及分配方式，从而在氏族社会解体后也决定着阶级的划分，决定着统治关系和奴役关系，决定着国家、政治、法等等。此外，在经济关系中还包括这些关系赖以发展的地理基础和事实上由过去沿袭下来的先前各经济发展阶段的残余（这些残余往往只是由于传统或惰性才继续保存着），当然还包括围绕着这一社会形式的外部环境。

如果像您所说的，技术在很大程度上依赖于科学状况，那么，科学则在更大得多的程度上依赖于技术的状况和需要。社会一旦有技术上的需要，这种需要就会比十所大学更能把科学推向前进。整个流体静力学（托里拆利等）是由于 16 世纪和 17 世纪意大利治理山区河流的需要而产生的。关于电，只是在发现它在技术上的实用价值以后，我们才知道了一些理性的东西。可惜在德国，人们撰写科学史时习惯于把科学看做是从天上掉下来的。

2. 我们把经济条件看做归根到底制约着历史发展的东西。而种族本身就是一种经济因素。不过这里有两点不应当忽视：

（a）政治、法、哲学、宗教、文学、艺术等等的发展是以经济发展为基础的。但是，它们又都互相作用并对经济基础发生作用。这并不是说，只有经济状况才是原因，才是积极的，其余一切都不过是消极的结果，而是说，这是在归根到底不断为自己开辟道路的经济必然性的基础上的相互作用。例如，国家就是通过保护关税、自由贸易、好的或者坏的财政制度发生作用的，甚至德国庸人的那种从 1648—1830 年德国经济的可怜状况中产生的致命的疲惫和软弱（最初表现为虔诚主义，尔后表现为多愁善感和对诸侯贵族的奴颜婢膝），也不是没有对经济起过作用。这曾是重新振兴的最大障碍之一，而这一障碍只是由于革命战争和拿破仑战争把慢性的穷困变成了急性的穷困才动摇了。所以，并不像人们有时不加思考地想象的那样是经济状况自动发生作用，而是人们自己创造自己的历史，但他们是在既定的、制约着他们的环境中，是在现有的现实关系的基础上进行创造的，在这些现实关系中，经济关系不管受到其他关系——政治的和意识形态的——多大影响，归根到底还是具有决定意义的，它构成一条贯穿始终的、唯一有助于理解的红线。

（b）人们自己创造自己的历史，但是到现在为止，他们并不是按照共同的意志，根据一个共同的计划，甚至不是在一个有明确界限的既定社会内来创造自己的历史。他们的意向是相互交错的，正因为如此，在所有这样的社会里，都是那种以偶然性为其补充和表现形式的必然性占统治地位。在这里通过各种偶然性来为自己开辟道路的必然性，归根到底仍然是经济的必然性。这里我们就来谈谈所谓伟大人物问题。恰巧某个伟大人物在一定时间出现于某一国家，这当然纯粹是一种偶然现象。但是，如果我们把这个人去掉，那时就会需要有另外一个人来代替他，并且这个代替者是会出现的，不论好一些或差一些，但是最终总是会出现的。恰巧拿破仑这个科西嘉人做了被本身的战争弄得精疲力竭的法兰西共和国所需要的军事独裁者，这是个偶然现象。但是，假如没有拿破仑这个人，他的角色就会由另一个人来扮演。这一点可以由下面的事实来证明：每当需要有这样一个人的时候，他就会出现，如恺撒、奥古斯都、克伦威尔等等。如果说马克思发现了唯物史观，那么梯叶里、米涅、基佐以及 1850 年以前英国所有的历史编纂学家则表明，人们已经在这方面作过努力，而摩尔根对于同一观点的发现表明，发现这一观点的时机已经成熟了，这一观点必定被发现。

历史上所有其他的偶然现象和表面的偶然现象都是如此。我们所研究的领域越是远离经济，越是接近于纯粹抽象的意识形态，我们就越是发现它在自己的发展中表现为偶然现象，它的曲线就越是曲折。如果您画出曲线的中轴线，您就会发现，所考察的时期越长，所考察的范围越广，这个轴线就越是接近经济发展的轴线，就越是同后者平行而进。

在德国，达到正确理解的最大障碍，就是著作界对于经济史的不负责任的忽视。不仅很难抛掉学校里灌输的那些历史观，而且更难搜集为此所必需的材料。例如，老古·冯·

居利希在自己的枯燥的材料汇集①中的确收集了能够说明无数政治事实的大量材料，可是他的著作又有谁读过呢！

此外，我认为马克思在《雾月十八日》② 一书中所作出的光辉范例，能对您的问题给予颇为圆满的回答，正是因为那是一个实际的例子。我还认为，大多数问题都已经在《反杜林论》第一编第九至十一章、第二编第二至四章和第三编第一章或导言里，后来又在《费尔巴哈》③ 最后一章里谈到了。

请您不要过分推敲上面所说的每一句话，而要把握总的联系；可惜我没有时间能像给报刊写文章那样字斟句酌地向您阐述这一切。

……

（选自《马克思恩格斯文集》第 10 卷，人民出版社 2009 年版，第 667—670 页）

---

① 古·居利希《关于当代主要商业国家的商业、工业和农业的历史叙述》1830—1845 年耶拿版。
② 马克思《路易·波拿巴的雾月十八日》，见《马克思恩格斯文集》第 2 卷。
③ 恩格斯《路德维希·费尔巴哈和德国古典哲学的终结》，见《马克思恩格斯文集》第 4 卷。

科学技术哲学篇

《科学革命的结构》

[美国] 托马斯·库恩

《科学革命的结构》是关于科学哲学的一本重要著作，作者托马斯·库恩（1922—1996）是美国物理学家、科学哲学家、科学史家，被誉为"二战后最具影响力的一位英文写作的哲学家"。代表作有《哥白尼革命》《科学革命的结构》《必要的张力》等。

一、作者介绍

托马斯·库恩（Thomas Samuel Kuhn），1922 年 7 月 18 日出生于美国俄亥俄州的辛辛那提市的一个殷实的实业家家庭里。

1939 年，17 岁的库恩进入哈佛大学学习，专业是物理学。

1943 年，年仅 21 岁的库恩获物理学学士学位，从而开始了他的研究生阶段的学习。

1946 年，库恩获理学硕士学位，开始着手准备物理学博士学位论文。

1947 年，库恩被邀请参加一期为社会科学家举办的讲述物理学发展的讲座，他暂时中断了正在进行的博士论文的准备工作，转而仔细地研究了伽利略、牛顿、亚里士多德等人的力学理论。这使他第一次对科学史有所了解。在科学史的研究中，库恩发现，无论是新的，还是旧的力学理论体系，在它们的那段历史时期，都能解决一些实际的问题。但是，它们对相同的观察事实的解释竟没有相似之处。亚里士多德的力学体系与牛顿的体系的关系是这样，牛顿体系同爱因斯坦体系的关系也是如此。所以库恩认为，传统的关于科学本质的进步性质以及知识的不断积累增长的观点，不管怎样的言之成理，却不能说明历史研究中所呈现出来的实际情况。但是，这些观点历来是许多科学问题讨论中的基本原则，因此库恩强烈地感到，有必要彻底揭穿它们貌似有理的假象。这样一来，库恩原有的专业计划就必须改变，从理论物理转到科学史，这对库恩一生的学术生涯产生了决定性影响。

1949 年，库恩在哈佛大学获哲学博士学位。在此期间，库恩一方面准备博士论文，另一方面把相当一部分时间用到了科学史的研究上。1948 年库恩取得哈佛学会初级会员资格，这使他能有一个为期三年的自由学习时期。在此期间他读了法国著名科学史家 A. 柯依列（Koyre）、美国逻辑学家 W. V. O. 蒯因、瑞士心理学家让·皮亚杰等人的著作。这种多学科的丰饶的土壤促使他那颗探索科学知识增长规律的种子破土而出。

1951 年波士顿洛厄尔研究所邀他演讲，库恩在演讲中表述了其正在形成之中的科学观。

1951 起到 1956 年，库恩留在哈佛大学任助理教授，讲授普通教育和科学史。

1957 年库恩发表了他的第一部主要著作《哥白尼：西方思想发展史中的行星天文学》。在这本著作中，库恩较为详细地分析了哥白尼提出"日心说"这一科学史事件，对于力学和科学思想史所产生的变革性作用，说明了这一变革能够发生的科学史内在和外在的必备条件。

1958—1959 年库恩应邀去加利福尼亚州的一个行为科学高级研究中心工作。在这里他有机会同许多社会科学学者交流思想，在这种交流和沟通之中他终于认清了以后被他称为"范式"的东西在科学研究中的作用。

1958—1964 年，库恩在加州大学伯克利分校任教，并于 1961 年成为该校科学史专业的教授，讲授科学史。

1962 年，库恩发表了他的最重要的科学哲学著作《科学革命的结构》。

1964 年到 1968 年，库恩在普林斯顿大学任科学史和科学哲学教授。

1968—1979 年期间，库恩的德文、英文版的论文集《必要的张力》（1977）以及专著《黑体理论与量子不连续性》（1978）出版。在这些书里，库恩通过一系列的科学史事件分析，进一步补充了他在《科学革命的结构》一书中对科学革命和范式所下的定义。

1979 年以后，库恩应邀去麻省理工学院进行教学研究工作。一方面，他在麻省理工学院所设立的"科学、技术和社会发展中心"讲授"科学知识的增长"等课程；另一方面，他在语言和哲学系里为进一步扩展和深化《科学革命的结构》一书的思想而从事科学哲学的研究工作。

1968—1970 年库恩任美国科学史学会主席，是美国科学院院士。

1982 年 10 月，在美国费城，美国科学史学会、科学哲学学会、技术史学会和科学的社会研究学会四个学会共同召开的年会上，库恩被授予萨顿勋章。

1996 年 6 月 17 日库恩因患支气管和喉癌卒于家中。

二、写作背景

第二次世界大战结束后，世界从动荡不安步入了一个相对稳定的社会经济建设期。科学技术的突飞猛进催生了一系列的理论与技术创新，促使科学技术日益整体化，学科间相互交叉渗透的趋势大大增强，科学技术与社会经济的互动更加频繁。自然科学的发展表现出了与以往不同的明显的新特点，预示着人类文明史和认识史进入一个重要的时期。以往的科学更多地表现为个体劳动的特征；现代科学技术的发展，促使这种劳动方式发生改变，它使科学制度化、专业化和集约化的程度大大提高。

自然科学家与社会科学家自觉地开展跨社会科学与自然科学的合作研究。人文社会科学有其自身的特点，它是以研究人的行为为中心展开的。人本身既高度复杂，又高度统一，集生理、心理、政治、科学、文化、经济、伦理诸要素于一身，呈现出可交叉研究的属性。由此反观自然科学，更能揭示出科学的本质，库恩正是得益于此。在 20 世纪 50 年代末，他在与社会科学家一起工作当中，发现了社会科学家共同体与自然科学家共同体之间的差异，并使他产生恰当地描述科学"范式"的思想。

在 1958 年至 1959 年间，库恩应邀到主要由社会科学家组成的斯坦福行为科学高级研究中心从事研究工作。在此期间，他深深感觉到自然科学家与社会科学家团体的不同以及科学家之间对于科学的本质、方法等问题的显著分歧；经过深入的研究，他于 1962 年发表了《科学革命的结构》一书。

这本书的出版引起了科学哲学界的震动，一时间，自然科学界和社会科学界形成了研究、讨论此书的热潮，从而为库恩赢得了世界性的声誉。这本书也是科学哲学历史学派的奠基之作。在这本书中，库恩反对那种把科学知识的增长看成直线式的积累，或者不断推翻的增长的观点，反对把科学和科学思想的历史发展过程看成逻辑或逻辑方法的过程。他依据科学史材料，提出了科学和科学思想发展的动态结构理论，第一次明确地使用了这个理论的核心概念"范式"。在这个动态结构理论中，库恩认为科学的实际发展是受范式制约的常规科学以及突破旧范式的科学革命的交替过程。这些思想使库恩从专门科学史家转变为科学哲学家。

三、本书的主要思想

《科学革命的结构》是从事科学史与科学哲学研究的学者们不可不读的基本文献，"科学革命"也已成为欧美大学相关科系的必修课程。在该书中，库恩所阐述的范式理论的动态发展模式是科学哲学研究中的一个进步，因此该书引导了科学哲学界的一场认识论的大变革，成为科学哲学史上一道重要的分水岭。

库恩认为，旧的历史观只是把历史视为一堆轶事和年表，旧的科学观只是把科学视为一堆现行课本中的事实、理论和方法的总汇，这都是不符合历史与科学形态的真实轮廓的。因而，他主张赋予科学的历史以一种规范的含义，创立一种牵涉到社会学和社会心理学的科学哲学。基于这种观点，库恩提出了一个以"范式"理论为中心的动态科学发展模式：前科学时期—常规科学—反常与危机—科学革命—新的常规科学。库恩认为，在任何一门科学的早期发展阶段，各种假说和理论相互排斥，各种学派之间也没有任何共同信念，这就是前科学时期。但随着观察与实验的深入发展，总会出现一些代表性的科学成就，这些成就不仅可以吸引一大批拥护者，而且还为他们留下有待深入解决的问题，这样，这些代表性的成就成为一种"范式"，科学进入了常规科学发展时期。最早从前科学时期进入常规科学时期的是天文学，而后是力学，再后是化学、物理学；一门学科出现统一范式之后，就进入了常规科学时期，而常规科学的特征就是知识的积累和继承。在常规科学时期，科学共同体对共同范式坚信不移，正如宗教信徒对其教义坚信不移一样。范式建立之后，科学家就在该范式中从事常规科学的解谜工作。在历史上，燃素说和氧气说，亚里士多德物理学和近代力学，经典力学和相对论，都可以视为不同的范式。库恩说："常规科学"是严格根据一种或多种已有科学成就所进行的科学研究，某一科学共同体承认这些成就就是一定时期内进一步开展活动的基础。"在库恩看来，范式就是在一定时期内规定着科学发展的范围与方向的重大科学成就，它提供给专业科学家以一种思路，形成某一特定时代的特定科学共同体所支持的共同信念。这种范式包括符号概括、模型、范例在内，具有比一般的抽象规则优先的地位。因而，库恩认为，在常规科学时期，科学的发展是受范式限制的，科学的活动就是在范式的指导下解难题或消除疑点的活动。库恩说："正是这些因信仰范式而产生的限制，对科学的发展都成为不可缺少的。由于集中注意狭小范围中比较深奥的问题，范式会迫使科学家仔细而深入地研究自然界的某一部分，否则就不能想象。"这样，范式对科学的限制反而可以积极促使科学在一定范围内取得成就。但同时，库恩又认为，这种限制使科学局限于狭小的范围内，在某种程度上又不利于科学的发展。而且，解难题活动所追求的目标是科学知识的稳步扩大和精确化，即使有所成就，也毫无新颖之处。所以，随着观察与实验的深入，科学研究必须不断地揭示意料之外的新现象，逐渐发现原有范式解决不了的难题。这些难题就构成旧范式的反常。随着反常的日益增多，旧的科学范式越来越应付不了，从而陷入危机之中。在库恩看来，由于科学家总是趋向于保留旧的范式，在常规科学时期有时会出现反常，科学家们往往对此并不在意，也不想抛弃原有范式，而是对一些范式作一些调整；当反常出现的频率增加，而且出现对范式的根本威胁时，危机就到来了，而危机是新范式出现的前奏，科学家们不得不进行一场科学革命，建立新的常规科学，继续进行解决疑难的活动，人类的科学知识也在革命中不断发展。

危机的标志就是旧的科学范式在科学家的改造之下发生各种变形，出现各种各样相互冲突的解释。这时，科学革命的时机就到来了。库恩说："科学革命在这里被当作是那些非积累的发展事例，在其中，一套较陈旧的规范全部或局部被一套新的不相容的规范所代替。"科学革命就是一种新范式取代原有范式的变革。在库恩看来，这种变革是困难的，因为它是科学家的世界观的根本改变，是特定的科学共同体的观念的转变。在一次革命以后，科学家将在一个不同的世界里工作；同时，科学教科书也开始重写，但它只把科学革命的结果写进去，革命本身却被掩饰起来，科学又一次归结为似乎主要是积累起来的，因而，"革命是无形的"。然而，在库恩看来，无论如何，科学在这种革命中还是进步了。他说："革命的解决就是科学思想的进化过程，它是由科学团体内部冲突所选择的实现未来科学的最合适的方式。一连串这样的革命选择的最后结果，由正常研究的各个时期分开，是一套我们称之为现代科学知识的适应得很好的工具。"

四、本书的主要章节介绍

这本书引导了一次科学哲学界认识论的大变革，为人们明确界定了科学的发展过程。

"第一章　绪论"。库恩首先质疑了一个被大部分科学家所接受的常识：科学的发展是一个累积的过程，我们在一些基本方面已经被教科书误导了。本章的目的是要勾画出一种大异其趣的科学观，它能从研究活动本身的历史记载中得出。本章旨在勾画出这个形象的轮廓，使新编年史学的某些含义更加明确。知道了这些，那么就对后面几章的阅读有了清晰的轮廓，使得阅读相对容易一些。

"第二章　通向常规科学之路"。在这一章开头，库恩明确了两个基本概念，"常规科学"和"范式"。

所谓"常规科学"，就是"坚实的建立在一种或多种过去科学成就基础上的研究，这些科学成就为某个科学共同体在一段时间内公认为是进一步研究的基础"。

而"范式"是指具有两个特征的成就，一是有一批坚定的拥护者，使他们脱离科学活动的其他竞争模式；二是这些成就又足以无限制地为重新组成的一批实践者留下有待解决的种种问题。由此，库恩将常规的科学研究界定为某范式基础上的理论和实验活动，包括确定重要事实、理论与事实相一致、阐明理论等三方面的内容。

常规科学时代的研究过程中，大部分科学家对于共同的范式坚信不疑。常规研究无论在观念上还是在现象上都很少要求创造性的东西，他们的任务是搜集观察和实验的资料，进行一般理论性研究即解难题或释疑。但有这样一批人，他们正在挑战"范式"。对于原范式不熟悉的局外人，他们可能提出解决一揽子问题的方案，例如道尔顿的原子论。道尔顿本是气象学家，在研究气体混合的过程中，他对构成气体的微粒产生了兴趣。当时化学界并没有单质、化合物、混合物、纯净物的概念。当时的化学家们认为碳酸气（二氧化碳）在不同的实验当中碳含量可能是 50%，也可能是 60%。但道尔顿这个外行人基于古希腊哲学中原子论的观念，认为碳原子、氧原子必然在其中按照一个固定的比例匹配。由此，他展开研究，并于 1799 年 10 月 21 日，道尔顿报告了他的化学原子论，并且宣读了他的第二篇论文《第一张关于物体的最小质点的相对重量表》。

道尔顿的原子论是继拉瓦锡的氧化学说之后理论化学的又一次重大进步，他揭示出了一切化学现象的本质都是原子运动，明确了化学的研究对象，对化学真正成为一门学科具有重要意义。此后，化学及其相关学科得到了蓬勃发展；在哲学思想上，原子论揭示了化学反应现象与本质的关系，继天体演化学说诞生以后，又一次冲击了当时僵化的自然观，为科学方法论的发展、辩证自然观的形成以及整个哲学认识论的发展具有重要意义。但是任何挑战都是有代价的、有危险的，他们可能是冒着对师长权威的触犯。还有就是政治宗教对科学革命的危害，如为科学献身的布鲁诺，托勒密的天文体系和中世纪天主教神权有着某种程度联系，哥白尼的日心说在罗马教廷看来是非常"反动的"，伽利略也跟着吃了些苦头。

"第三章　常规科学的本质"。库恩提出一个得到公认的范式是辨别常规科学的标准，这一章中，库恩说明这种范式所容许的研究的本质究竟是什么。换句话说，如果一门学科已经有了一个公认的范式，那么还会剩下什么东西供人研究呢？库恩认为常规科学的目的既不是去发现新类型的现象，也不是发明新的理论，而只是为了澄清范式所已经提供的那些现象和理论。无论是在现象上还是在理论上，常规科学的研究有且只有三个焦点。

第一个焦点是与范式本身符合相当好的、特别能表明范式具有揭示事物本质能力的那类事实。库恩指出：诸如比重、波长之于物理学；星球轨道、周期之于天文学；物质酸性、结构式之于化学等等，都属于这一类的事实。但是，库恩没有说明这一类事实的研究目的是什么？是为了让范式更具说服力，还是为了别的什么？

第二个焦点是对于范式的验证性研究，比如验证广义相对论的水星近日点实验等。库恩认为这种研究的目的是为了证实理论和实际的一致性——也就是说，这一研究的目的仍旧是为了让范式更具说服力。

第三个焦点是指那些阐明范式的经验工作，解决范式理论中剩余的模糊性，并且容许解决那些先前只是注意但尚未解决的问题，也就是能让范式本身进一步精确化、普遍化的那些工作。显然，这些工作的目的仍旧是为了保持范式的活力。

综合起来看，在库恩的眼里，常规科学时期的研究都集中在确保范式更有说服力、更具活力之上。但是按照一般的看法，让一个已经颇为成熟的理论更加成熟的研究往往都是缺少开创性、缺乏吸引力的，为什么常规科学的研究能够对无数科学家产生普遍吸引力呢？

"第四章　常规科学即是解谜"。在第四章中库恩着重强调常规科学的研究是解谜，也就是在范式不变的基础上扩大范式所能应用的范围和精确度。

科学家们对重复之前曾完成程序的拒斥，提供了一个常规科学问题之所以如此迷人的线索。库恩认为，正是对谜的挑战，才是解谜专家前进的主要力量。我们都有过这样的经历，那就是当我们对一件事情特别着迷的时候，即使它的危险困难再大再多，我们对它的痴迷还是不减。那么我们便可以理解热衷于解谜的解谜专家了，他们把最伟大的科学头脑都倾注在解谜上。

既然是解谜，也必然有一定的"规则"可言。库恩认为，解谜的规则既包括此前已经确立的观点，也包括其他的有着丰富内容的东西。比如，对某种仪器的特定使用方式也属于规则的一种，就好像尺规作图的例子一样。简言之，科学家作出的各种承诺：概念的、理论的、工具的、方法论的，都可以归入规则的行列之中。但是库恩在后面又同时提出，常规科学是一种高度确定性的活动，它不必要完全由规则所确定。这也就是他为什么在开始时引进共有范式而不用规则的原因，他认为，规则导源于范式，但即使没有规则，范式仍能指导研究。

既然规则可有可无，而范式却是源泉，那为什么库恩要把规则在这里提出来了呢？一是想展现一下规则的作用，二是借此表现它和范式的关系，通过对比来强调范式在常规研究传统中的地位。

"第五章 范式的优先性"。这一章进一步说明了范式比规则的优先性，且范式无需规则的介入就能够确定常规科学。库恩列举了四个理由来说明范式的优先性。一是，指导过特定科学研究传统的诸规则极其困难。二是，范式植根于教育的本性之中。三是，范式通过直接模仿以指导研究，只要范式不受损害，那么即使合理性没有一致意见或对合理性根本无任何考虑，范式仍能发挥其指导功能。四是，范式代替规则将使我们对科学领域和专业的多样性更容易理解。

在这一章中库恩还提到了量子理论，有许多物理学家都以此为例，但只有少数物理学家接触到量子力学的基本原理。其他人或将它应用于化学或固态物理学，显而易见的是对于这些人，量子力学意味着不同的东西。这也就证明了，虽然量子力学是许多科学团体的范式，但对不同团体来说，它的意义也就不一样。

"第六章 反常与科学发现的突现"。在谈反常与科学发现的突现时，库恩首先提到了一个"氧气"发现的争论，反映出了争论过程中矛盾迭出的情况，有助于阐明发现的本质，进而理解发现在科学中突现的条件。

第二个例子是 X 射线的发现，库恩认为这些预期是暗含在已确立的实验室程序的设计和诠释之中的。只要科学家决定使用某种特定的仪器，并用一种特殊的方式使用它，那就等于做了一个假定，即只有某些类型的情况会发生。

第三个例子是关于莱顿瓶的发现，它是可以归为由理论推导出来的那一类。由看似是悖论的一种方式来推翻之前事实表明的，就是有理论事先预期的发现都是常规科学的组成部分，并不会产生新类型的事实。

这三种例子所具有的共同特征包括：先意识到反常，观察与概念认识上逐渐地并且同时地突现，以及范式范畴与程序的随之改变，而这种改变往往伴随着阻力。这对人们的启示就是要留心生活的细节，有时候发现的一些反常的东西往往值得好好研究一番。

而接下来的心理实验也为科学发现过程提供了一种极为简单又极富有说服力的图式。反常只在范式提供的背景下显现出来，范式越精确，涵盖面越广，那么它作为对反常的一个指示器就越灵敏。

"第七章 危机与科学理论的突现"。第七章和第六章是并列的关系，讲的是危机和科学发现的关系。库恩也举了三个例子。第一个经典的例子就是哥白尼天文学，因为天文学传统一再受到外在条件影响而中断，又没有印刷条件，导致科学家之间的交流受到限制，这些困难逐步被大家察觉到。最终到了 16 世纪，更多的天文学家认识到天文学的范式在应用于自己的传统问题时失败了。还有两个例子是拉瓦锡的燃素理论和 19 世纪后期物理学中的危机。在这三个案例中，一个新理论只有在常规的问题解决活动宣告失败之后才突现出来。而且造成危机的每个问题的解在相应的科学危机还未出现时，至少已经部分地被预见过，而在没有危机的情况下，这些预见就被忽略了。这就更凸显了危机的作用。

"第八章 对危机的反应"。面对危机，人们又有什么反应呢？科学和制造工业一样，科学理论的范式就相当于制造业中的工具，而更换工具显然是一种浪费，只有万不得已的时候才值得这么做。而危机的意义就在于，它指出，更换工具的时机已经到来了。但是，单纯的危机不会导致范式更迭。因为危机出现时，人们往往只会修正理论去适应新问题，或者甚至简单将其忽略，留待后人解决。真正导致范式更迭的，是要在危机之外出现一个新的竞争的范式，否则什么都不会发生。范式改变，这世界本身也随之改变了。前面说了那么多，库恩还没有直接说到与科学革命的结构相关的东西。在书的后几章库恩终于开始讲什么是科学革命，它们在科学发展过程中的作用是什么了。范式的转换被称为革命，还拿前面的例子来说，因为范式是科学发展中的工具，工具翻新了，革命也就随之产生了。第一次工业革命就是以大机器生产为标志的，它颠覆了之前的手工业制造。关于革命的解决，也就是如果新旧范式不具有可比性，那么新范式又如何得以推翻旧范式？库恩认为，能够使科学家弃旧迎新的，就在于新理论本身的美感，或者说是科学家对于新理论的适应感。虽然这种美感往往只能吸引一小部分人，但新理论的最终胜利却有赖于这小部分人。正是他们出于非常个人的原因接受了新理论，然后在新理论的基础上展开进一步研究，从而使得新理论日渐完善，说服力也日渐强大，于是才会将整个科学共同体吸引过来。

　　"第九章　科学革命的本质与必然性"。科学革命在这里指科学发展中的非累积性事件，其中旧范式全部或部分地为一个与其完全不能并立的新范式所取代。科学革命只会使那些其研究领域受到范式转换直接影响的研究者产生革命性的感觉。对局外人而言，所谓革命不过是发展过程中的必经阶段而已。政治革命的目的，是要以现有的政治制度不允许的方式，来改变现有的政治制度。过渡阶段，社会不是完全由制度统治的。原则上，一种新现象的突现并不一定会与以往的科学研究相冲突。一种新理论可能讨论未知现象，可能站在更高的角度把低层次的理论组合在一起，而无需改变其他理论的本质。这样科学发展就会是累积性的。这种观点与一种认识论相关：认为知识是由人的心灵直接赋予原始感觉材料的结构。但实际上科学从未因为积累始料未及的新奇现象而发展过。原则上只有三类现象可以引发新理论：一是那些现存范式已经妥善解释的现象；二是那些本质已为现有范式表明，但其细节的理解却又待范式完善的现象；三是公认的反常现象。成功的新理论必然做出一些与旧理论不同的预言。虽然方程式上牛顿理论是爱因斯坦理论的特例，但他们并非牛顿定律。因为这些陈述只能以爱因斯坦理论加以诠释，这些概念在牛顿体系中的意义截然不同。所以并不能说人们可以从爱因斯坦理论中推导出牛顿定律。以前不存在的或者无足轻重的问题随着新范式的出现，可能会成为能导致重大科学成就的重要问题。范式改变—问题改变—解谜规则改变。范式不仅给了科学家地图，还给了他们绘图指南。学习范式时，科学家同时学到了理论、方法和标准，他们通常彼此纠缠，难分难解。因此当范式变化时，通常决定问题和解答问题的正当性的标准，也会发生重大改变。两个科学学派辩论时必然涉及对方的标准和自身范式的优缺点（就跟辩论一样，最终都类似循环论证）。最后总会涉及这些问题：哪些问题比较值得去解答？这种价值问题只有用常规科学之外的标准才能解答，而正是求助外部标准的必要，才最明显地表现出范式辩论的革命性特征。一些甚至比辩论中的标准和价值更重要的东西也出现了问题。

　　总之，第六章到第九章是对科学革命过程的描述，在常规科学研究稳定地扩展其学科的广度和精度的过程中，自然界违反了常规科学范式所做的预测，通过调整范式理论也无法使这一"反常"与预测相符。面对这一危机，只有改变范式才能使自然界的这一事实成为人们所能描述的科学事实。这一新的范式并非无中生有的创造，而是处理了之前旧范式的研究成果，通过一个不同的框架使它们处于一个新的相互关系系统中，这就是科学的革命。

"第十章 革命是世界观的改变"。科学革命的时候，常规科学发生了变化，科学家对环境的知觉必须重新训练，在一些熟悉的情况中他必须去学习去看一种新的格式塔。范式改变之后，科学家看到的事物会改变，研究的科学问题需要的数据也会改变。"格式塔"（Gestalt）一词具有两种含义。一种含义是指形状或形式，亦即物体的性质。例如，用"有角的"或"对称的"这样一些术语来表示物体的一般性质，以示三角形（在几何图形中）或时间序列（在曲调中）的一些特性。在这个意义上说，格式塔意即"形式"。另一种含义是指一个具体的实体和它具有一种特殊形状或形式的特征。例如，"有角的"或"对称的"是指具体的三角形或曲调，而非第一种含义那样意指三角形或时间序列的概念，它涉及物体本身，而不是物体的特殊形式，形式只是物体的属性之一。在这个意义上说，格式塔即任何分离的整体。

后四章更多是对科学革命的诠释以及意义的表述。库恩认为科学革命是世界观的改变，范式的转化是不可通约的。并在最后以革命的进步为题比较了科学与艺术、政治理论或者哲学的不同发展，认为科学的发展是从一个原始开端出发的演化过程，但这一过程并不朝向任何目标。

《寂静的春天》

[美国] 蕾切尔·卡逊

《寂静的春天》是美国作家蕾切尔·卡逊创作的，首次出版于 1962 年。1992 年，《寂静的春天》被推选为近 50 年来最具有影响的书。它告诫人们，关注环境不仅是工业界和政府的事情，也是民众的分内之事。蕾切尔·卡逊的影响力已经超过了《寂静的春天》中所关心的那些领域。该书将近代污染对生态的影响透彻地展示在读者面前，给予人类强有力的警示。作者在书中对农业科学家的科学实践活动和政府的政策提出挑战，并号召人们迅速改变对自然世界的看法和观点，呼吁人们认真思考人类社会的发展问题。

一、作者介绍

蕾切尔·卡逊 1907 年 5 月 27 日生于宾夕法尼亚州泉溪镇，并在那儿度过童年。她 1935 年至 1952 年间供职于美国联邦政府所属的鱼类及野生生物调查所，这使她有机会接触到许多环境问题。在此期间，她曾写过一些有关海洋生态的著作，如《在海风下》《海的边缘》《环绕着我们的海洋》，这些著作使她获得了一流作家的声誉。

二、写作背景

20 世纪 50 年代正值第二次世界大战之后东西方对峙的"冷战"时期，美国的企业界为了经济开发而大量砍伐森林，破坏自然，"三废"污染严重。特别是为了增加粮食生产和木材出口，美国农业部放任财大气粗的化学工业界开发 DDT 等剧毒杀虫剂并不顾后果地执行大规模空中喷洒计划。导致鸟类、鱼类和益虫大量死亡，而害虫却因产生抗体而数量剧增。化学毒性通过食物链进入人体，诱发癌症和胎儿畸形等。当自然、生物甚至人类受到伤害时，责任感和科学家的良知使卡逊不能沉默。在身患绝症，靠放疗维持生命，几乎瘫痪和失明的情况下，她只身面对企业界和政府官僚科研机构权威们的强大压力，对只顾商业利益不顾人类安危的工业集团和曾获得过诺贝尔奖的化学药品 DDT 发起了挑战：她专门研究危害不次于核辐射的"死神的特效药"（剧毒农药），开始了她称为"讨伐"恶势力的行动。经过 4 年顽强刻苦的调查研究，写出了《寂静的春天》，该书于 1962 年出版。

三、市书的主要思想

在《寂静的春天》中，卡逊向公众发出呼吁，要求停止使用有毒化学品的私人和公共计划，这些计划将最终毁掉地球上的生命。她希望人们了解真相并针对现状做出行动，因为关注环境不仅是工业界和政府的事情，也是民众的分内之事。那些阴险的毒物，通过喷雾剂和尘土、食物传播，要远比核战争的放射性残骸危险。

卡逊在书中指出花费了数以百万计的税款的喷药计划一开始就注定要失败，使用它们或者任何企图对付迅速产生的抗药性的新产品都是无效的，这被越来越多的病虫害所证实。她详细描述了消灭吉卜赛蛾的计划在杀死吉卜赛蛾的同时也杀死了鱼、螃蟹和鸟类，她还详细描述了消灭火蚁的计划杀死的是牛、雏鸡，而不是火蚁；由于破坏了自然控制（生态）的手段，许多其他计划导致了更多害虫的产生。因此卡逊主张用其他方法代替广泛使用的化学毒剂，并介绍了使用瓢虫控制介壳虫等成功事例，她认为只要引入天敌或者对手，新出现在某地的有害物种就不会造成很大的麻烦。自然界的生存斗争能让害虫的数量保持在较低水平。

我们必须与其他生物共同分享我们的地球，为了解决这个问题，我们发明了许多新的、富于想象力和创造性的方法，随着这一形势的发展，一个要反复提及的话题是：我们是在与生命——活的群体、它们经受的所有压力和反压力、它们的兴盛与衰败——打交道。

只有认真地对待生命的这种力量，并小心翼翼地设法将这种力量引导到对人类有益的轨道上来，我们才能希望在昆虫群落和我们本身之间形成一种合理的协调。

"控制自然"这个词是一个妄自尊大的想象产物，是当生物学和哲学还处于低级幼稚阶段时的产物，当时人们设想中的"控制自然"就是要大自然为人们的方便有利而存在。

"应用昆虫学"上的这些概念和做法在很大程度上应归咎于科学上的蒙昧。这样一门如此原始的科学却已经用最现代化、最可怕的化学武器武装起来了：这些武器在被用来对付昆虫之余，已转过来威胁着我们整个的大地了，这真是我们的巨大不幸。

四、本书的主要章节介绍

该书以寓言式的开头描绘了一个美丽村庄的突变。书的前半部分对土壤、植物、动物、水源等相互联系的生态网络的讲解，说明了化学药剂对大自然产生的毒害；后半部分则针对人类生活所接触的化学毒害问题，提出严重的警告。卡逊以详尽的阐释和独到的分析，细致地讲述了以 DDT 为代表的杀虫剂的广泛使用给人们的生存环境所造成的难以逆转的危害——人类不断想控制自然的结果，却使生态破坏殆尽，也在不知不觉间累积毒物于自身甚至遗祸子孙。

"第一章　明日寓言"。一个虚构的城镇，由于某种原因，发生了可怕变化，到处蔓延着死亡的气息。

"第二章　忍耐的义务"。人们用剧毒的 DDT 杀死害虫，同时使大自然面临威胁。人类对自然改造的速度超过了自然自我修复的速度，致使地球的生命和环境平衡遭到破坏，指出人们使用杀虫剂已经造成了一些问题，为下文开了个头。

"第三章　死神的特效药"。杀虫剂工业突飞猛进，随着人们频繁大量使用杀虫剂，昆虫产生了抗药性，而使得人们不得不加强杀虫剂药效，如此反复，昆虫并没有因此被消灭，反而使杀虫剂中的有害物质积累在植物和动物的组织里危害未来形态的遗传物质。

"第四章　地表水和地下水"。淡水资源的缺乏，接着讲杀虫剂通过各种途径渗透到水中，造成水体污染，而水循环扩散了污染，再通过食物链积累循环，使其危害无所不在。

"第五章　土壤的疆域"。化学制剂残留在土壤中，使土壤丧失孕育生命的能力。从土壤的产生过程，微小生物的腐烂、降解作用，实现生物圈循环，以及一些生活在土壤里的昆虫（蚯蚓）的作用等方面，说明土壤与生命之间是相互依赖的关系，"生命创造了土壤，而异常丰富多彩的生命物质也生存于土壤之中"，从而形成一个交织的生命网。但是有毒的杀虫剂则会杀害这些有益共生体，破坏土壤的生物平衡，而且这些化学药剂并不会稀释消失，而会长期残留在土壤中，并慢慢积累，越来越多。这些杀虫剂会被土壤上的植物吸收，致使我们的食物长期受到污染。

"第六章　大地的绿色斗篷"。除草剂的使用将各种植物一同铲除。举例介绍了鼠尾草和鸟鼠尾草与尖角羚羊之间相互平衡的自然系统，由于人们为实现眼前的利益铲除鼠尾草，使这个生态系统遭到了破坏，这里的其他生物也跟着消失，土地变得贫瘠。指出了因为消灭鼠尾草而出现的影响。接着又指出了因其采取的消灭手法——喷药枪——而带来的更深层次的影响：喷药枪杀死了鼠尾草的同时还一并杀死了其他的植物，进而影响更多的生态系统，人们因此遭受风景及与风景有关的各种利益的无限损失。接着通过金盏草消灭线虫这个例子说明，杂草并不都是无益的，我们不该在还不了解一些植物是否会对土壤起有益作用之前残忍地将其根除。最后卡逊提议利用食物链的关系引入相应昆虫以抑制杂草的生长。

"第七章　不必要的大破坏"。为杀死害虫（甲虫）而喷洒化学制剂，导致家畜和野生动物中毒。

"第八章　鸟儿不再歌唱"。对树木喷药使得毒素进入鸟类体内。

"第九章　死亡之河"。对水生生物尤其是鱼类带来灾难性影响。

"第十章　空中撒药，无孔不入"。为快速杀死并非具有极大害处的舞毒蛾和火蚁，人们从空中撒药，并导致奶牛、蜜蜂、鸟类等动植物中毒。

第七章到第十章讲了几个关于杀虫剂使用破坏环境的具体案例，比较通俗易懂。包括美国中西部为了消灭日本甲虫喷药，为了治理榆树病喷药导致鸟类灭绝，药剂进入水体导致鱼类灭绝，为消灭火蚁导致的野生动物灭绝和奶牛体内化学物质富集。

"第十一章　波吉亚家族的噩梦"。杀虫药被广泛应用到家居、园艺和食品中，人们在日常生活中也可能中毒。强调农药的危害，举了日常生活的几个例子来说明其广泛的危害性，还提到美国的药物管制机制的不健全，使得杀虫剂被滥用，试图让所有人重视农药被掩盖忽视的具有很大危害的事实。

"第十二章　人类的代价"。人体作为一个生态系统，脏器和各系统受到杀虫药剂的损害。毒素会存储在人的肝脏中，影响肝脏正常功能的发挥，并降低肝脏对疾病的抵抗力，引发肝炎、肝硬化等肝脏疾病。还指出杀虫剂能直接影响神经系统，患者会出现刺痛、发热、疲劳、四肢疼痛、神经性紧张痉挛等急性中毒症状，以及健忘、失眠、做恶梦、癫狂、肌肉萎缩等长期的后遗症。

"第十三章　穿过狭窄的窗户"。从细胞、线粒体、染色体等微观角度看杀虫剂无孔不入的影响。

"第十四章　每四个人中有一个"。维持现状会导致每四个人中有一个患癌：一些农药含有致癌物并可能使癌症发病率上升。

在第十三章和第十四章中，卡逊用大量的生物学知识来论述氯化烃和有机磷酸盐干扰细胞的原理，对线粒体和 DNA 的破坏和致癌作用，增加了其理论的权威性。

"第十五章　大自然的报复"。昆虫具有超强的繁殖能力，杀虫剂是消灭不了昆虫的，虫灾几年后会再次出现，并且更具破坏性。更糟糕的是，杀虫剂的药效并不是选择性的，它除了杀死害虫之外，还会把害虫的天敌一起消灭。并指出有效的昆虫控制需要由自然界来完成，可是只有 2% 的科学人员在研究生物控制，而剩下的 98% 都受聘去研究化学杀虫剂。

"第十六章　雪崩的轰鸣声"。大量使用杀虫剂的后果是昆虫出现了抗药性，并带来了大的麻烦。随着昆虫抗药性的不断提高，人们不得不用一种杀虫剂替代另一种杀虫剂，这样无限的继续下去，人类会面临死亡的困境。在回答人是否也会产生抗药性的问题上，卡逊认为人一个世纪只能演化三代，昆虫十几天就演化一代，人不可能是昆虫对手。

"第十七章　另一条道路"。有很多非化学的方法能达到控虫的目的，科学家正努力将其从实验室转向投入使用。卡逊呼吁，人们要做出正确的选择，寻求有效的生物控制的方法，例如用放射性来使昆虫不育；利用昆虫本身的生活特征来制造消灭昆虫的武器。卡逊举的例子是用吸引剂来迷惑雄蛾，从而改变它的正常行为，干扰其与雌蛾配对，以此来达到控制繁殖的目的；利用微生物控制昆虫、利用病毒消灭昆虫，而且昆虫病菌具有专一性，所引发的疾病只局限在昆虫之中，因此不用担心其负面影响；卡逊举出了几个例子说明通过引入昆虫的天敌来控制虫灾的可行性。

《寂静的春天》整本书就是在讲杀虫剂的危害，并辅以大量的例子。她的文字里充满了感情，同时掩盖了一点科学性，有一点激进，至今仍有许多人质疑它。同时正是这本不寻常的书，在世界范围内引起人们对野生动物的关注，唤起了人们的野生动物保护意识。这本书同时引发了公众对环境问题的关注，促使环境保护问题被提到了各国政府面前，各种环境保护组织纷纷成立，促使联合国于 1972 年 6 月 5—16 日在斯德哥尔摩召开了"联合国人类环境会议"，并签署了《人类环境宣言》。从历史的角度看，这本书是具有革命性的。

《科学哲学的兴起》

［德国］汉斯·赖欣巴哈

一、作者介绍

汉斯·赖欣巴哈（Hans Reichenbach，1891—1953），德国著名哲学家，早年在斯图加特工学院、柏林大学、慕尼黑大学、哥廷根大学学习工程、数学物理学和哲学；在爱尔兰根大学获哲学博士学位。曾经在柏林大学跟随爱因斯坦研究相对论；后在德国斯图加特工学院、柏林大学和土耳其的伊斯坦布尔大学任教；1938 年赴美，任加州大学洛杉矶分校教授，同时曾在哥伦比亚大学、巴黎大学讲学。他对概率、归纳、空间、时间、几何、相对论、量子力学基础、科学规律和可证实性等方面的研究作出了重要贡献。他著作甚丰，主要有：《经验和预测》（1938）、《量子力学的哲学基础》（1944）、《科学哲学的兴起》（1951）等。

赖欣巴哈早年信奉康德哲学，坚持唯理主义，后受石里克影响，转向逻辑实证主义。不过他自称其逻辑证实主义观点为逻辑经验主义，但基本观点是与卡尔纳普以及其他逻辑实证主义是一致的。他跟卡尔纳普一样，坚持经验证实原则，坚持分析命题与综合命题的绝对区分，坚持主张一切形而上学命题都是没有意义的伪命题，并主张哲学的任务不是研究世界观或本体论问题，而是对科学的命题系统进行逻辑句法的分析，等等。他被尊为逻辑实证主义运动的主要创始人之一，他的思想对整个逻辑实证主义运动有重要影响。

二、写作背景

赖欣巴哈在青少年时代就接受了康德的唯理论哲学思想，对先验综合判断尤其感兴趣，这在激发他研究数学、逻辑和概率问题，探索它们在物理世界中的可应用性方面起了很大作用。在从师爱因斯坦研究相对论后，他的观点发生了显著变化。从1920年起，他发表了一系列论著，从相对论出发批判传统思辨哲学及康德的先验哲学，这表明他已转到经验论的立场上。后来，他又根据逻辑经验主义的意义分析和经验证实原则，通过两类命题的划分批判了康德的先验综合判断学说。但这些思想当时没有来得及全面展开。由于纳粹的迫害，他被迫逃亡。同时，逻辑实证主义（逻辑经验主义）运动在欧洲也很难维持。从20世纪30年代后期起，维也纳学派、柏林学派和华沙学派的主要代表人物先后移居至北美，使美国成为逻辑实证主义后期发展的中心。不过在此期间，逻辑实证主义也面临着日益尖锐的挑战，其中奎因对意义分析原则的批判、波普尔对经验证实原则的批判，都是致命性的。另外，在美国这个充满实用气息的环境里，逻辑经验主义本身也逐渐发生了深刻的演变，呈现出与实用主义合流的趋势。在这种情况下，逻辑实证主义亟需重建哲学基础，开展启蒙式的宣传运动，以巩固自己的哲学阵地。赖欣巴哈的《科学哲学的兴起》一书便是应这种需要撰写的。

三、本书的主要思想

思辨哲学与科学哲学的根本区别在于以下几个方面：首先，思辨哲学家试图通过构造庞大的思想体系获得支配宇宙总体的最普遍的原则；科学哲学则通过对科学成果进行逻辑分析的方法建立知识论，它只是澄清有意义的问题，而把对宇宙的解释权完全交给科学家。其次，思辨哲学寻求绝对的确定性，认为理性这个宇宙的立法者能够把事物的一切内在性质显示给人类思维；科学哲学则拒绝承认任何关于物理世界的知识是绝对确定的，强调不可能确切地陈述个别事件及其制约规律，否定先验综合真理的存在。最后，思辨哲学对知识采取了超越论的见解，其特点是主张知识超越可观察事物，它所依靠的是感性知觉以外的其他来源；科学哲学则对知识采取功能论的见解，它认为知识是一种预言工具，感性观察是非分析性真理的唯一可容许的判断标准。如果完成了哲学观方面的转换，就不难看到，科学哲学运用逻辑分析方法可以达到像自然科学那样精确、完备、可靠的结论。

赖欣巴哈对从科学问题分析中所得出的哲学结论进行了综述，并将这些结论和旧的思辨哲学进行了比较。他指出：① 思辨哲学努力想获取一种关于普遍性的、关于支配宇宙的最普遍原则的知识。科学哲学则与此相反，它把对宇宙的解释完全留给科学家去做，而只用对科学的结果进行分析的方法建立着知识论。② 思辨哲学追求的是绝对的确定性，科学哲学则拒绝承认任何关于物理世界的知识是绝对确定的。至于唯一可以获得确定性的逻辑和数学的原理，则是分析的，因此也是空洞的。③ 思辨哲学竭力想用它建立绝对知识的同样方法去建立道德指令，然而科学哲学已完全放弃了这种打算，它认为道德目的是意愿行为的产物，而不是认识的产物。

四、本书的主要章节介绍

《科学哲学的兴起》全书分为两部分。第一部分为"思辨哲学的根源"，主要是对古希腊以来的传统哲学进行分析和批判。第二部分为"科学哲学的成果"，通过对一系列科学问题的研究，阐述了科学哲学的观点、方法和特征。最后，赖欣巴哈对从科学问题分析中所得出的哲学结论进行了综述，并将这些结论和旧的思辨哲学进行了比较。

（一）原序

首先赖欣巴哈介绍了这本书写作的基本论点以及写作目的和意图。赖欣巴哈强调：许多人都认为哲学是与思辨不能分开的。简言之，哲学不是一种科学。本书旨在建立与此相反的论点。即哲学思辨是一种过渡阶段的产物（过渡阶段：哲学问题被提出，但不具备逻辑手段解答的时候）。这本书的写作目的就是要指出，哲学已从思辨进展为科学了。这本书的意图是探讨哲学错误的根源，然后提出例证，证明哲学已摆脱错误而升向真理了。

其次赖欣巴哈强调，这本书可以用来作为一本科学哲学的入门书。因为这本书不会像其他哲学书那样晦涩难懂，也就是说你在不具备专业知识的情况下也可以读懂这本书。

（二）第一部分　思辨哲学的根源

书的第一部分所涉及的是考察传统哲学的种种缺点。这部分的探讨方向是思辨哲学所以发达的心理根源。

"问题"。这部分内容很简短，主要就是告诉读者，在开始研究哲学或者试图理解哲学是什么的时候，应该首先学会提出问题，并且这个问题是可能回答上来或者是可以被推测出答案的。

"普遍性的寻求和假的解释"。普遍性：获取知识的本质就是对概括或者说对普遍性的一种寻求。就是说当我们观察到一个事实，我们通常都会把它归结到普遍规律当中去。（举个例子：我们人活着需要吃东西，这时候我们会把这种事实归结到能量守恒的规律当中去。）而在把这个事实归结到普遍规律的这个过程可以称为解释。

假解释：而在解释的过程中，很可能出现一种情况，你掌握的普遍规律不足以解释你看到的事实，但是人的通性是往往更倾向于找到问题的"答案"而不是这个问题的正确答案到底是什么，这时候人们往往就会掺杂一些自己的想象，把一些性质强加在物理对象上，并自我安慰式地把这种性质认定为这个物理对象本就有的性质，这就是假解释的产生原因。（这里赖欣巴哈举了一些例子，比如说亚里士多德"一座未来的雕像的形式必定在那块木头被雕刻前就存在它里面了"；柏拉图的"有一个理想状态存在于物理世界之外，现实的物理事物以不完善的方式显示着理想事物的属性"。）

确定性的寻求和唯理论的知识见解"。

确定性寻求：通常来说由感官直接获得的知识通过我们简单的分析就能知道是否可靠，就是说我们人是有基本判断力的，一些简单规律我们直接就可以判断对错，而这个时候我们往往不满足于此，希望通过更缜密的逻辑和更精确的语言寻找更深层次的规律，这个过程就是确定性寻求。

唯理论：通过批判康德的如"先天这个词的意义不是从经验中得出来的，是从理性中得出并且必然是真的"这样一些先天综合原理，然后说明自己对唯理论的坚信和看法。赖欣巴哈认为人的思想不是一成不变的，也没有一个僵硬的范畴，而是随着认识世界、观察世界不断丰富、完善、追求真理摒弃谬误的一个动态过程。（赖欣巴哈认为康德的观念中，因果关系是必然的，是先天的，但事实上在因果关系过程中我们不能保证这个果就是这个因导致的，举个例子：一个人钢琴弹得好，恰好他爸妈都是音乐老师，所以断定他基因比别人好，更有天赋。但实际上忽略了他的后天努力很有可能占更大一部分原因。）

"道德指导的寻求和伦理认识平行论"。

道德指导的寻求：通过对事物的认识和对知识的分析，然后发现其规范规律和伦理，以此作为道德指导，这个过程就是道德指导的寻求。

伦理认识平行论：赖欣巴哈给出的观点是"把伦理领悟认为是认识亦即知道的一个形式的理论"（简单来说就是伦理和认识是平行关系的，比如一个人做了不道德行为，那他就是无知）。在这部分赖欣巴哈肯定了这种观点是正确的，并且认为这个过程中存在着逻辑推导和演绎"如果……那么……"，这个过程就像推导数学公理一样。同时在这部分赖欣巴哈对康德和黑格尔进行了批判，他肯定了康德把伦理问题看成伦理学公理，但因为康德本身坚持综合先天真理，而这些伦理学公理是从后天经验性中得来的，因此赖欣巴哈觉得康德的观点是自相矛盾的。对于黑格尔，赖欣巴哈认为他致力于希望用一种简单的虚构来解释事物的内在逻辑，把思想从一个极端推向另一个极端，目的性过于强烈，对事物的解释掺杂个人臆想在里面。

"经验论的研究法：成功和失败"。在这一部分赖欣巴哈主要解释了什么是经验论，并且通过将经验论和唯理论进行比较说明经验论存在的一些问题，意思就是说经验论所观察到的知识仅限于过去和现在，对未来的知识是不可观察的。现代经验论认识到了这种错误，但其纠正的方式也不过是对未来的知识进行了一种假定。在这部分赖欣巴哈对培根给予了高度赞扬，他认为培根的归纳推论对经验科学起到了推动作用，因为这种归纳推理的出现让人们对事物的认识不再仅仅停留于表象，此后的哲学家如休谟、洛克对此的批判或者肯定的观点，都是在培根的观点之上建立或衍生出来的。

"经典物理学的两重性：它的经验论方面和唯理论方面"。在这部分赖欣巴哈主要介绍了从古至今一些哲学家所发展的各种不同形式的唯理论和经验论，上到希腊时期毕达哥拉斯定理、托勒密体系，下到近代哥白尼和伽利略学说，对他们的成就一一做了评述。

（三）第二部分 科学哲学的成果

书的第二部分转向对于现代科学哲学的阐述。赖欣巴哈尝试把现代科学的分析和使用符号逻辑而发展出来的种种哲学成果收集在这里。

"新哲学的来源"。因为赖欣巴哈在第一部分最后提到，18世纪末物理学的哲学出现了一个停顿时期，只不过因为新的成就建立使得人们并没有发现这个短暂的停顿。然后赖欣巴哈在这一章就重点介绍了新哲学与过去哲学的不同之处及产生原因。新哲学与过去哲学的不同之处在于，一个问题只寻求一个答案，而不是把许多答案凑在一起形成一个完整的哲学体系。至于为什么会出现这种不同，用赖欣巴哈的话说就是新哲学的研究人员把更多的精力投入到解答问题、澄清问题上，而不是把精力都放在解释这个事情的逻辑关系上。（科学的成分取代人为臆想占主导的成分。）

"几何学的本性"。在这部分赖欣巴哈提出，几何学分为两类，第一类：① 几何学是欧几里得式的，但有普遍的力畸变着光线和测量杆。② 几何学是非欧式的，同时也没有普遍的力。第二类：① 几何学是欧几里得式的，同时也没有普遍的力。② 几何学是非欧式的，但有普遍的力畸变着光线和测量杆。赖欣巴哈意在告诉读者：在不同的条件下，几何学有不同的形式，并且这种条件作为前提是能够决定结果的。

"什么是时间？"在这部分赖欣巴哈的观点就是，时间的本质其实是一种"因果关系"，我们赋予了时间概念，如我们规定一天24小时，并且目前我们的世界是三维空间，所以不存在绝对时间，也没绝对同时性，就是说时间是一直流逝的。（人不能两次同时踏进同一条河流。）

"自然的规律"。在这部分赖欣巴哈的观点是这个世界上并没有自然规律（也就是我们常说的"如果……那么一定"……），而我们所谓的普遍规律其实只是一种概率规律（"如果……那么在某一百分数之内……"）。比如说天阴必下雨，并不是说天阴一定就会下雨，而是在天阴的情况，百分之八十的概率会下雨。

"原子存在吗？"赖欣巴哈从"原子是否存在"这个问题出发，从原子的角度说明微观世界里有很多是可被观察可被证实的（比如两个粒子间的或一个粒子和一道光之间的冲突），同样也存在很多不可观察的东西（如两次冲突中的间隔情况）。那么同样在宏观世界里也是如此，也就是说我们所看到的事物要么是非黑即白，要么可能是黑白之间。

"进化"。在这部分赖欣巴哈通过达尔文进化论以及爱因斯坦相对论等例证，说明了进化实际上是一种概率规律，也就是在"自然的规律"中提到的"如果……那么某一百分数之内……"。

"现代逻辑"。在这部分赖欣巴哈表达的观点是现代逻辑更倾向于符号逻辑，正因如此出现了两种极端，要么被人憎恶要么特别受欢迎，喜欢符号逻辑的人往往会在某些领域超出常人，获得成功。

"预言性的知识"。在这部分赖欣巴哈着重介绍了归纳逻辑用到的工具——归纳法。它是一种预言性工具。与符号逻辑不同的是，符号逻辑是一种演绎逻辑，只涉及以逻辑必然性为特性的思维演算；归纳逻辑则需要使用归纳演算。但由于归纳法并不导致自然规律（"如果……那么……"），只是导致概率规律（"如果……那么在某一百分数之内……"），所以在某些情况下还是会导致错误结论。

"插曲：哈姆雷特的独白"。在这部分插入哈姆雷特的独白，作为概率规律的一个论据。

"关于知识的功能论见解"。在这部分赖欣巴哈主要谈了他对于知识功能论的一些看法。

"伦理学的本性"。在这部分赖欣巴哈解释了伦理学的本性：伦理学就是求得意愿的实现，它也是通过一个集体环境对意愿的制约。

"旧哲学和新哲学：一个比较"。在这部分赖欣巴哈把旧哲学（思辨哲学）和新哲学（科学哲学）做了比较。大致的区别就是旧哲学过分追求结果，所以在这个过程中很可能出现很多人为因素掺杂其中，导致很多结果和真相并不相符。而科学哲学则有更多理性，强调真实性。也就是一个强调结果，一个注重过程。

《科学哲学的兴起》一书明确阐述了逻辑经验主义的思想渊源、哲学性质和主要原则，对科学哲学取得的成果作了全面概述，并就逻辑分析和经验证实的方法论基础进行了论证，为捍卫逻辑经验主义的经验证实原则提供了必要的前提。同时，这部著作在宣传逻辑经验主义学说方面也开了普及运动之先河，产生了很大的反响。此后，其他逻辑实证主义者也发表了一系列科学哲学基础著作，如卡尔纳普的《科学哲学导论》、亨普尔的《自然科学的哲学》等，使逻辑实证主义在美国迅速传播和发展，并且取代实用主义占据哲学界的主导地位。